लीला पुरुषोत्तम

भगवान श्रीकृष्ण

(जीवन और दर्शन)

लीला पुरुषो

लोकभारती प्रकाशन

पहली मंजिल, दरबारी बिल्डिंग, महात्मा गाँधी मार्ग, इलाहाबाद-1

भगवान श्रीकृष्ण

डॉ० जयराम मिश्र

लोकभारती प्रकाशन
पहली मंजिल, दरबारी बिल्डिंग
महात्मा गाँधी मार्ग, इलाहाबाद-1
वेबसाइट : www.lokbhartiprakashan.com
ई-मेल : info@lokbhartiprakashan.com

शाखाएँ : 1-बी, नेताजी सुभाष मार्ग, दरियागंज
नई दिल्ली-110 002
अशोक राजपथ, साइंस कॉलेज के सामने
पटना-800 006

प्रथम संस्करण : 1986
वर्तमान संस्करण : 2010

आवरण : लोकभारती स्टूडियो

इण्डियन प्रेस प्रा. लि.
36, पन्नालाल रोड, इलाहाबाद-211 002
द्वारा मुद्रित

LILA PURUSHOTTAM
BHAGVAN SRI KRISHNA
by Dr. Jai Ram Mishra
ISBN : 978-81-8031-507-7

मूल्य : रु. 395.00

अनुक्रम

प्राक्कथन

भगवान् श्रीकृष्ण अध्यात्ममार्गियों और साहित्यकारों दोनों के बीच अत्यधिक लोकप्रिय रहे हैं। वह षोडशकलायुक्त पूर्ण ब्रह्म के अवतार हैं तथा उनका व्यक्तित्व ज्ञान, भक्ति और योग तीनों का लोकातीत समुच्चय है। यही कारण है कि समुद्र की तरह विशाल और गहरी भारतीय संस्कृति में अनेक पयस्विनियों की भाँति प्रवाहित विभिन्न पंथों के परमार्थ-पथिक श्रीकृष्ण-चरित्र के प्रति समान रूप से आकर्षित होकर उन्हें अपना जीवन-सर्वस्व समझते रहे हैं। दूसरी ओर कवियों-साहित्यकारों के प्रबल आकर्षण का कारण है, उनके चरित्र में मानव की निम्नगा और ऊर्ध्वगा वृत्तियों का ऐसा अद्‌भुत संश्लेषण कि जिससे दोनों स्तरों पर संचरित होने वाली भावनाएँ समान रूप से परितृप्त होती हैं। माखनचोरी और अखिल सृष्टि-संचालन, रासलीला और योगसाधना, विलासमय कौतुक और अश्वों की वल्गा अर्थात् परस्पर विरोधी अंतर्वृत्तियों के रसात्मक समंजन से प्राप्त ऐसा मनस्तोष अन्य किसी चरित्र द्वारा कहाँ संभव है?

ज्ञान-विज्ञान के अद्‌भुत कोश 'महाभारत' के केन्द्रीय चरित्र भगवान् कृष्ण ही हैं। इसमें उनके जीवन, लीलाओं और महिमा का आख्यान इतना विशद और सरस है कि यह अंश 'महाभारत' से यदि पृथक् कर दिया जाय तो उसकी स्थिति तंतुओं से अलग कर दिये गए वस्त्र की सी होगी। 'श्रीमद्‌भगवद्‌गीता' 'महाभारत' के ही भीष्मपर्व का अंश है, जो विश्व के सर्वोत्कृष्ट आध्यात्मिक ग्रंथ के रूप में प्रतिष्ठित है। प्रस्थानत्रयी में परिगणित गीता में स्वयं भगवान् कृष्ण के श्रीमुख से मानवधर्म का संगोपांग निरूपण हुआ है। आधुनिक युग में स्वामी विवेकानन्द, स्वामी रामतीर्थ, लोकमान्य तिलक, महात्मा गांधी जैसी आध्यात्मिक एवं कर्मयोगी विभूतियों ने इसी महान ग्रंथ से दिव्य प्रेरणा प्राप्त की थी।

गीता के अध्ययन का सौभाग्य मुझे सन् ४२-४३ में मलाका जेल, इलाहाबाद में प्राप्त हुआ। वहीं मैंने गीता कंठस्थ की। उग्र राजनीतिक कार्यों के कारण प्राप्त तनहाई-बेड़ी की सज़ा में गीता ही मेरा अवलम्ब रही। पूज्यतम पिता जी के आदेश से मैंने महाभारत, श्रीमद्‌भागवत, हरवंश पुराण आदि कृष्णचरित सम्बन्धी आर्षग्रंथों की कई आवृत्तियाँ कीं और तब लीला पुरुषोत्तम भगवान् श्रीकृष्ण के बहुआयामी स्वरूप और अवतारतत्व को मैं किंचित समझ सका।

लोकभारती प्रकाशन के श्री रमेशचन्द्र और श्री दिनेशचन्द्र ने आग्रहपूर्वक

मुझसे गुरु नानक, स्वामी रामतीर्थ, आदि शंकराचार्य तथा भगवान् श्रीराम और श्रीकृष्ण पर पुस्तकें लिखवाईं। इन पावन चरित्रों को लिखकर मैंने पूर्ण संतोष प्राप्त किया और लेखनकालीन साधना भी परम आनंदमयी रही। अतः इन प्रकाशक बंधुओं को मैं हृदय से धन्यवाद देता हूँ।

यह ग्रंथ मैंने अपने भतीजे चि० डा० विभुराम के साथ ज्ञानपुर (वाराणसी) रहकर लिखा है। विभु ने मनोयोग से पाण्डुलिपि देखी है, उसे मेरा स्नेह-आशीष। उसकी सहधर्मिणी डा० रोहिणी तथा मेरी भतीजी आयुष्मती राजेश्वरी ने मेरी भलीभांति सेवा-शुश्रूषा की, इन दोनों को मेरा हार्दिक आशीष।

ज्ञानपुर निवासकाल में डा० कपिलदेव द्विवेदी तथा डा० हृदयनारायण मिश्र का निकट सान्निध्य मुझे प्राप्त हुआ। डा० द्विवेदी की घोर कर्मठता से मुझे निरंतर प्रेरणा मिलती रही तथा दार्शनिक डा० मिश्र प्रायः नित्य स्वयं आकर अपनी बातों से मेरे दिन भर के श्रम का परिहार करते रहे, एतदर्थ इन दोनों स्नेही व्यक्तियों को मैं धन्यवाद देता हूँ।

मेरे अग्रज श्री परमात्माराम मिश्र तथा अनुज श्री भृगुराम मिश्र पुस्तकें लिखने के लिए मुझे बराबर प्रोत्साहित करते रहते हैं। अग्रज श्रद्धा के और अनुज मेरे स्नेह के पात्र हैं।

सुधी पाठकों को यह पुस्तक अर्पित करते हुए अंत में मैं यह कामना करता हूँ कि वे लीला पुरुषोत्तम भगवान् श्रीकृष्ण से शक्ति और प्रेरणा ग्रहण कर प्रेयस् और श्रेयस् दोनों को समुन्नत करें और आध्यात्मिक जीवन की प्राप्ति करें।

—जयराम मिश्र

४१ ए/१५ एम तिलकनगर
अल्लापुर, इलाहाबाद
फाल्गुन, शुक्ल एकादशी
२२ मार्च, १९८६ ई०

प्रस्तावना

देश, जाति और समाज तथा शान्ति, स्वाधीनता और धर्मानुवर्तिता को अक्षुण्ण और निर्दोष बनाये रखने के लिये ही राष्ट्र का उद्भव और क्षात्रशक्ति का अभ्युदय होता है। इस उद्देश्य से देश की ब्राह्मणशक्ति—विज्ञान, दर्शन और धर्म, त्याग और तपस्या की शक्ति—अपनी साधना के महान् फलों को राष्ट्र को सौंप कर क्षात्रशक्ति को अजेय बनाती है। इसी उद्देश्य से देश की वैश्यशक्ति भी क्षात्र-शक्ति के सामने सिर झुकाकर उसके आदेश के अनुसार चलती है और देश की अर्थ-सम्पत्ति को उसके हाथों में समर्पित करती है। राष्ट्रशक्ति के पापलिप्त हो जाने पर राष्ट्र और जाति के सैकड़ों टुकड़े हो जाते हैं। समाज में अत्याचार, अविचार और दुष्ट नीति का प्राबल्य हो जाता है। ईर्ष्या, संघर्ष, द्वन्द्व एवं एक-दूसरे को गिराने की भावना की अतिशयता हो जाती है। आध्यात्मिक आदर्श और दैवी-सम्पत्ति का ह्रास हो जाता है। ब्राह्मणशक्ति भी आसुरी शक्ति के शिकंजे में फँसकर अपने मौलिक गुणों का परित्याग कर देती है। अधर्म की उत्तरोत्तर वृद्धि होने लगती है। उसी अधर्म की धर्म के रूप में प्रतिष्ठा और पूजा होने लगती है एवं सुललित भाषा में उसका गुणगान किया जाता है। हिंसा-मंत्र की जन-मन-मोहक भाषा में व्याख्या और प्रचार होने लगता है। असुरों की असाधारण शक्ति और उनकी प्रतिभा की महिमा का कीर्तन होने लगता है। मानव-प्राणों में विद्वेष की भयानक आग भड़कने लगती है। सनातन आर्य सभ्यता का जड़ोन्मूलन होने लगता है।

द्वापर युग के अंत में भारतवर्ष के मगध प्रदेश के राजा जरासन्ध की शक्ति असीम थी। उसके आश्रय में अनेक मल्ल-योद्धा थे। वे अत्यधिक नृशंस, क्रूर और आततायी थे। आसुरी शक्ति के साक्षात् प्रतीक थे। वे सब जरासन्ध के संकेत मात्र से उसकी आज्ञा आनन-फानन में पूरी कर देते थे। जरासन्ध भगवान् आशुतोष शंकर का परमोपासक था। पर उसकी उपासना परम तामसी थी। उसने छियासी प्रतिशत राजाओं को बन्दी बना लिया था। उसने पहाड़ों की घाटी में एक अभेद्य दुर्ग के भीतर उन्हें कैद में रखा था। वह उन राजाओं को अनेक भाँति की यातनाएँ देता था। पेट भर अन्न भी उन्हें नहीं देता था। उनके वस्त्र जीर्ण-शीर्ण और मलिन थे। वे भूख से तड़प रहे थे और उनके मुँह सूख रहे थे। जेल में बन्द रहने के कारण उनके शरीर के अंग शिथिल पड़ गये थे। वे निराशा की अग्नि में दग्ध

हो रहे थे। वास्तविक बात यह थी कि उन बन्दी राजाओं की बलि देकर भगवान् आशुतोष शंकर को पूजकर जरासंध महती आसुरी शक्ति से सम्पन्न होना चाहता था। युद्ध में वह अजेय था। सब देवता और असुर भी उसे नहीं जीत सकते थे।

जरासन्ध का दामाद कंस अपने पिता राजा उग्रसेन को बन्दी बनाकर स्वयं मथुरा का राजा बन गया था। उसकी क्रूरता का ओर-छोर नहीं था। उसने अपनी बहिन देवकी और बहनोई वसुदेव को भी बन्दी बनाकर जेल में डाल दिया था। उसने आकाशवाणी द्वारा यह सुन रखा था कि उसकी बहिन देवकी के गर्भ की आठवीं सन्तान उसके वध का कारण होगी। परिणामस्वरूप वह देवकी के गर्भ से उत्पन्न सभी सन्तानों की बारी-बारी से हत्या करता जाता था। सारी प्रजा पर उसका आसुरी शासन था। लोग उसके भय से थर्राते थे। उसके विरुद्ध वे अपनी ज़बान नहीं खोल सकते थे। वह आसुरी-शक्ति का भाण्डार था। बड़े-बड़े असुर उसके मित्र थे। उनकी सहायता से वह सामान्य जनता पर कहर ढा रहा था। उसके अनाचार और अत्याचार से सारी प्रजा त्रस्त थी।

इसी प्रकार चेदि देश का राजा शिशुपाल भी कुछ कम अत्याचारी और क्रूर नहीं था। वह भी जरासन्ध की हाँ में हाँ मिलानेवाला और उसका घनिष्ठ मित्र था। शाल्व शिशुपाल का सखा था। वह रुक्मिणी के विवाह के अवसर पर बारात में शिशुपाल की ओर से आया हुआ था। उस समय यदुवंशियों ने युद्ध में जरासन्ध आदि के साथ-साथ शाल्व को भी जीत लिया था। सब राजाओं के सामने शाल्व ने यह प्रतिज्ञा की थी कि "मैं पृथ्वी से यदुवंशियों को मिटा कर छोड़ूंगा। सबलोग मेरा पौरुष देख लेना।" इसके पश्चात् उसने भगवान् शंकर की आराधना प्रारंभ की। उन दिनों वह दिन में केवल एक बार मुट्ठीभर राख फाँक लिया करता था। शंकर भगवान् उसकी आराधना से प्रसन्न हो गये। उन्होंने शाल्व के संकल्पानुसार उसे एक ऐसा विमान प्रदान किया जो देवता, असुर, मनुष्य, गंधर्व, नाग और राक्षसों से तोड़ा नहीं जा सकता था। इच्छानुसार वह गमन कर सकता था और लोगों की दृष्टि में अदृश्य हो जाता था। विमान पाकर वह और भी मदोन्मत्त हो गया था।

दुर्योधन कलि का अंशावतार और धृतराष्ट्र का ज्येष्ठ पुत्र था। वह राज्य-लोभी, अहंकारी, ईर्ष्यालु, दम्भी, महत्वाकांक्षी, गुरुजनों की आज्ञा की अवहेलना करनेवाला, आत्मप्रशंसक, अपनी इच्छा के विरुद्ध वर्तनेवाले शुभचिन्तकों को शत्रु की दृष्टि से देखनेवाला था। यह परम हठधर्मी और दुराग्रही था। अपने दुराग्रह को पूरा करने के लिये वह जघन्य से जघन्य पाप कर सकता था। वस्तुतः उसी के कारण भविष्य में समस्त कुरुवंश और पृथ्वी के अन्यान्य श्रेष्ठ वीरों का नाश हुआ।

भारत में ऐक्य की प्रतिष्ठा और एक अखण्ड धर्मराज्य की स्थापना में प्रबल विघ्न थी, असुरबलगर्वित राज्य-सुख भोग के प्यासे राजाओं की क्षुद्र स्वार्थबुद्धि। देश के टुकड़े-टुकड़े करके जो लोग विभिन्न प्रदेशों की राज्यशक्ति और राष्ट्रशक्ति पर अधिकार जमाये बैठे थे, उनमें से बहुत से ऐसे थे, जो सम्पूर्ण देश के नैतिक, आध्यात्मिक और आर्थिक कल्याण की अपेक्षा अपनी प्रभुत्वरक्षा और ऐश्वर्यवृद्धि के लिये ही अत्यधिक उत्सुक थे। भारतीय महाजाति के सभी अंग-प्रत्यंगों में प्रेमपूर्ण ऐक्य स्थापन के लिये चेष्टा न करके वे अपनी सामरिक और आर्थिक शक्ति को केवल अपनी प्रधानता की प्रतिष्ठा में ही लगाते थे। सेना का संघटन करके दिग्विजय के लिये निकलना और दूसरों के धन को लूटना उन पराक्रमी वीरों का आदर्श था और इसी के द्वारा उनके नाम, यश और मर्यादा की भी वृद्धि समझी जाती थी। अपने ऐश्वर्य और प्रभुत्व के विकास के लिये वे न्याय और धर्म का त्याग करने में गौरव समझते थे। ऐसे राज्यलोलुप, इन्द्रियपरायण, अर्थ लोभी एवं असुर-भावापन्न राजाओं का आश्रय पाकर ही जगत् में अधर्म का अभ्युत्थान और धर्म की ग्लानि हुआ करती है।

द्वापर युग के अन्त में मानवजाति पर आसुरीशक्ति के इस आधिपत्य को, मानवमात्र के शरीर-मन-बुद्धि पर इस अत्याचार को, मानवी साधना पर दम्भ, मोह, हिंसा, घृणा, असत्य और अन्याय को सहन करने में वसुन्धरा असमर्थ हो गयी और वह अपने त्राण के लिये विश्व के प्राण-पुरुष, सर्व चैतन्यमय भगवान् की शरण में गयी। उन भक्तवत्सल परमात्मा ने वसुन्धरा की गुहार सुनी और भगवान् श्रीकृष्ण के रूप में अवतरित होकर साधुओं का त्राण और दुष्टों का संहार किया। असुरों के द्वारा विध्वस्त की हुई, लोभ, मोह, मद से ग्रसित इस पुण्य भूमि भारत में स्वयं भगवान् अवतीर्ण हुए और उन्होंने भाँति-भाँति से विभक्त, दावानल से दग्ध मरणोन्मुख भारत को अखण्ड, अमर, नित्य, उज्ज्वल, प्रशांत महाभारत के रूप में प्रतिष्ठित करने के लिये अपनी भगवती-शक्ति को नियुक्त किया। भारत की अखण्डता, भारतीय आत्मा की मुक्ति, भारतीय मानवसमाज के सनातन नैतिक और आध्यात्मिक आदर्श की विजय और इस सुमहान् समुज्ज्वल आदर्श के आधार पर भारतीय महाजाति का संगठन—यह था उन लीलामय भगवान् श्रीकृष्ण का जीवन-व्रत, उनके समस्त कर्म और सम्पूर्ण चेष्टाओं का लक्ष्य।

उन्होंने चाहा था, भारतवर्ष को महामिलन का क्षेत्र बनाकर समस्त जगत के सामने इस महामिलन का आदर्श उपस्थित करना। आसुरी प्रतियोगिता और प्रति-द्वंद्विता—वीभत्स संग्राम और कलह, अनार्यजुष्ट हिंसा, घृणा और भय, दुर्बल पर प्रबल का अत्याचार, अवनत के प्रति उन्नत की अवज्ञा, सरलचित्त-अशिक्षित जन-

साधारण के प्रति प्रभुत्वकामी कूटबुद्धि, शिक्षित सम्प्रदाय की प्रवंचना और अखण्ड महाजाति-संगठन के प्रतिकूल सभी प्रकार के दोषों को सभी प्रकार के नर-नारियों के साधन-क्षेत्र तथा चित्तक्षेत्र से दूर हटाकर उनकी जगह प्रेम सहानुभूति, सेवा और सहयोग, यज्ञ और त्याग, साम्य और मैत्री, करुणा और मुदिता तथा धर्म, अर्थ, काम और मोक्ष के समन्वय की नींव पर महाभारतीय सभ्यता के विशाल प्रासाद का निर्माण करने के लिये भगवान् श्रीकृष्ण ने अपनी शक्ति को नियोजित किया था।

इस महाभारत के संगठन के लिए उन्होंने विशाल भारत की सभी जाति, सभी समाज, सभी सम्प्रदाय और सभी राष्ट्रों को आग्रह के साथ आमन्त्रित किया था। वे चाहते थे भारत की समस्त शक्तियों का मिलन, आर्य और अनार्य का, परस्पर प्रतिद्वन्द्वी राष्ट्रीय शक्तियों का, ब्राह्मण, क्षत्रिय, वैश्य और शूद्रों का, वेदवादी और वेदविमुख सम्प्रदायों का, याज्ञिक और तपस्वियों का, गृहस्थ और संन्यासियों का, कर्मयोगी, ज्ञानी और भक्तों का, शैव, शाक्त और वैष्णवों का, देवपूजकों, सगुणोपासकों और निर्गुण ब्रह्म के उपासकों का – सब का प्राण से प्राण मिलाकर मिलन, राष्ट्रीय, सामाजिक, नैतिक और आध्यात्मिक–सब प्रकार के मतों का महासम्मेलन। सभी श्रेणियों के, सभी भावों के, सभी स्तरों के मानव सम्मिलित होकर—समस्त भेदों में एक अभेदभूमि का आविष्कार करके, सारी विषमताओं के भीतर एक महान् साम्य-सूत्र का निर्माण करके, एक महामानवता के आदर्श पर सभी अनुप्राणित हों और इस महामानवता के आदर्श पर ही परिवार, समाज, जाति, राष्ट्र और सम्प्रदाय आदि का संगठन हो—यही था उनका अभिप्राय। उनके विराट् प्राण की सूक्ष्म अनुभूति, उनकी विशाल बुद्धि की महान् कल्पनाशक्ति, उनकी अदम्य और असीम कर्मशक्ति और असाधारण, अचिंत्य तपःशक्ति मानवीय उपायों द्वारा इस महामिलन की महती योजना में लग गयी।

युद्ध में भगवान् श्रीकृष्ण की कोई रति नहीं थी। किसी के साथ संघर्ष करने में उनको उल्लास नहीं था। सर्वत्र—समस्त विषयों में वे प्रेम के पथ से, शान्ति के पथ से, अहिंसा और सत्य के पथ से, अपौरुषेय वेदवाणी और सुनिपुण विचार की सहायता से मनुष्य की अन्तरात्मा को जगाकर विश्वमानव के महामिलन के आदर्श प्रचार में लगे थे। उनके इस आदर्श प्रचार-कार्य में महाभारत और श्रीमद्भागवत पुराण के रचयिता, वेदव्याख्याता पराशरनंदन महर्षि कृष्णद्वैपायन व्यास को उन्होंने प्रधान आचार्य के रूप में प्राप्त किया था। विश्वभारत के गुरुस्थानीय, अशेष शास्त्रार्थदर्शी महामनीषी व्यासदेव की सहायता वासुदेव श्रीकृष्ण के लक्ष्यसाधन में विशेष उपयोगी सिद्ध हुई थी। आचार्य व्यासदेव ने अपने शिष्य-प्रशिष्यों के सहयोग से भगवान् वासुदेव के आदर्श और भावधारा का, जीवन और

वाणी का विभिन्न शैली, विभिन्न छन्दों और नाना युक्ति तर्कों द्वारा, प्रामाणिक शास्त्रों के व्याख्याकौशल के द्वारा आर्य और आर्येतर समाज में सर्वत्र प्रचार किया। श्रीकृष्ण के द्वारा उपदेश किये हुए सुमहान् आदर्श को केन्द्र बनाकर और तद्भावभावित निष्काम कर्मयोगी, ब्रह्मज्ञानी एवं अनन्य भक्तों के जीवन को आदर्श बनाकर, तदनुकूल शास्त्र, युक्ति और इतिहास का आश्रय लेकर आचार्यप्रवर व्यासदेव ने बड़ी ही निपुणता के साथ पारिवारिक, सामाजिक, राष्ट्रीय, नैतिक और आध्यात्मिक—सभी प्रकार की समस्याओं के सामंजस्यपूर्ण समाधान का मार्ग दिखलाया है। इस उद्देश्य से उन्होंने जिन ग्रंथों का निर्माण किया, उनमें महाभारत सर्वश्रेष्ठ है। महाभारत के प्राणस्थानीय श्रीकृष्णोपदिष्ट श्रीमद्भगवद्गीता के प्रकाश से ही व्यासदेव ने उपनिषदों—अपौरुषेय श्रुतिवाक्यों की व्याख्या और उनका समन्वय करके वेदान्तविज्ञान की रचना की है। इन सबके अंतर्गत ही उन्होंने श्रीकृष्ण के जीवन, कर्मादर्श, भावादर्श और दार्शनिक सिद्धान्त को चिर-स्थायी रूप प्रदान किया है। श्रीकृष्ण के द्वारा प्रचारित आदर्श को ही महामुनि व्यासदेव ने सनातन आर्यसाधना का यथार्थ तात्पर्य बताकर प्राचीन शास्त्रों की व्याख्या और नये शास्त्रों का निर्माण किया है। पाराशर कृष्णद्वैपायन का इस प्रकार सर्वाङ्गीण समर्थन सर्वजनमान्य अपौरुषेय वेद के समर्थनरूप से वासुदेव श्रीकृष्ण के जीवनव्रत को सार्थक करने में विशेष सहायक सिद्ध हुआ।

भगवान् श्रीकृष्ण के प्रेमधर्म की वाणी, उनके ऐक्य-संस्थापन और साम्य का आदर्श उनकी अखण्ड महाभारत-प्रतिष्ठा की कल्पना, उनका आध्यात्मिक नींव पर राष्ट्र और समाज के प्रासाद-निर्माण का संकल्प, उस युग के असुरभावापन्न परस्पर प्रतिद्वन्द्वी राष्ट्र-नियन्ताओं को अच्छा नहीं लगा। वे उनके आदर्शों को सहजभाव से अपनाने को राजी नहीं हुए। भगवान् श्रीकृष्ण का आदर्श और समाज के समस्त स्तरों में उसका प्रचार और प्रसार उनकी स्वार्थदृष्टि में नितान्त विप्लवात्मक था। अतः श्रीकृष्णजी और उनके दिये हुए उपदेश उनकी आँखों की किरकिरी बनकर कसकने लगे। उनकी धारणा हो गयी कि श्रीकृष्ण हमें हमारी शक्ति और कूटबुद्धि के द्वारा प्राप्त किये हुए ऐश्वर्य, प्रभुत्व, मान-सम्मान और निग्रहानुग्रह के सामर्थ्य से वंचित करके एक विराट् आदर्श के बहाने सारे देश में अपना प्रभुत्व फैलाना चाहते हैं। इसीलिये वे श्रीकृष्ण के प्रभाव को घटाकर और उनके आदर्श को देश से निकाल फेंकने के लिये तैयार हो गये। उनकी इन कुचेष्टाओं से भगवान् श्रीकृष्ण का प्रभाव घटा नहीं, बल्कि उत्तरोत्तर अधिकाधिक बढ़ता ही गया। ज्यों-ज्यों वह बढ़ता गया और दल के दल लोग उनके अनुगत होकर उनके आदर्श को अपनाने लगे, त्यों ही त्यों असुर स्वभाव वाले राजाओं

में उनकी शत्रुसंख्या बढ़ने लगी। कुछ वेदवादरत, परन्तु वेद के मर्म से अनभिज्ञ, स्वार्थ लोलुप ब्राह्मण भी आसुरी वृत्ति के राजाओं के पक्ष में होकर श्रीकृष्ण के सार्वभौम धर्म के आदर्श को, पवित्र ऐक्य के आदर्श को, सर्व जीवों के प्रति प्रेम के आदर्श को और भगवत् सेवामय जीवन के आदर्श को वेदविरुद्ध और सनातन धर्म से विरुद्ध बतलाने लगे। देश में जो लोग सताये हुए, गिराये हुए, पददलित किये हुए और मानमर्यादा को खोये हुए थे, वे श्रीकृष्ण को परित्राणकर्ता मानकर, पतितपावन समझ कर उनकी पूजा करने लगे और जो सतानेवाले थे, ऊँचे पदों पर स्थित प्रभाव-प्रतिपत्तवाले लोग थे, उनमें से बहुत से श्रीकृष्ण के द्वेषी होकर उनसे डरने और उनके विरुद्ध आचरण करने लगे।

मानव समाज में धर्म, प्रेम, शान्ति और एकता के झंडे को नित्य नूतन और ऊँचा रखने के लिये ही क्षात्रशक्ति की आवश्यकता है। संग्राम-शक्ति की रक्षा के लिये धर्म के आदर्श को छोड़ देना, ऐक्य-संस्थापन के संकल्प को त्याग देना एवं प्रेम और साम्य के प्रचार से अलग हो जाना तो महान् कापुरुषता है, मनुष्यत्त्व का अपमान है। वासुदेव श्रीकृष्ण प्रेमघनमूर्ति होने पर भी इस कापुरुषता को वरण करना पसंद नहीं करते थे। विरोधी प्रबल शक्तियों के भय से या उनके साथ संघर्ष की आशंका से वे अपने पुनीत आदर्श का त्याग करने के लिये तैयार नहीं थे। उन्होंने जब यह अनुभव किया कि उनकी आदर्श-प्रतिष्ठा के पक्ष में बहुत से काँटे देश और समाज के साधनक्षेत्र में अपनी जड़ जमाये फैले हैं, जिनको उखाड़े बिना लक्ष्य की सिद्धि नहीं होगी, धर्मराज्य की स्थापना नहीं होगी, प्रेम और ऐक्य का सर्वत्र प्रचार और प्रसार नहीं किया जा सकेगा, तब उन्होंने सचमुच ही अपनी विप्लव मूर्ति प्रकट कर दी और अवस्था के अनुसार क्षात्रभाव तथा दण्ड-नीति का अवलम्बन करके वे दुर्वृत्तों के दमन में प्रवृत्त हो गये।

भारतीय सभ्यता को महामानवता की सुदृढ़ भूमि पर सुप्रतिष्ठित करने के मार्ग में भगवान् श्रीकृष्ण किसी भी विप्लव का सामना करने के लिये बिना संकोच तैयार थे। उन्होंने स्वार्थ से अंधी और घमंड से चूर सब प्रकार की विद्रोही शक्तियों को ध्वंस करने का निश्चय कर लिया था। आवश्यकता पड़ने पर सब तरह के, मित्रद्रोह, जातिद्रोह, लोकक्षय और करुण क्रन्दन के अन्दर से होकर भी जाति और समाज को आदर्श की ओर ले जाने में उनका हृदय नहीं काँपता था। उनके प्रेमार्द्र चित्त में शोक, ताप, भय, चिन्ता और खेद कभी उत्पन्न ही नहीं होते थे। महामानवता के नित्य, सत्य विराट् आदर्श की सुस्थापना के लिये अपने प्रिय से प्रिय असंख्य मनुष्यों के अनित्य क्षणभंगुर शरीरों की बलि देने में भी उनका विशाल हृदय तनिक भी संकुचित नहीं होता था।

उनके इस संगठन कार्य में महामुनि व्यास ने जैसे अपनी असामान्य ज्ञानशक्ति के द्वारा सहायता की, वैसे ही उनके मार्ग के काँटों को उखाड़ फेंकने के कार्य में उनके एकान्त अनुगत महावीर पाण्डवों—विशेषतः गाण्डीवधारी अर्जुन ने—उनका बड़ा हाथ बँटाया। भारत के इतिहास में त्यागवीर ययातिपुत्र पुरु और उनके वंशधरों का प्रधान स्थान था। पुरु की पितृभक्ति और आत्मबलिदान पर इस वंश की मर्यादा प्रतिष्ठित थी। भारत में आर्यसभ्यता के विस्तारकार्य में अपने तेज, वीर्य, पौरुष और धर्मज्ञान का परिचय देकर उन्होंने क्षात्र समाज के केन्द्रस्थान पर अधिकार प्राप्त कर लिया था। असाधारण महापुरुषों ने इस वंश में जन्म ले-लेकर आर्य-संस्कृति की उन्नति और अनार्य-शक्ति का दमन करके भारत के प्राचीन इतिहास को अलंकृत किया था। इस इतिहासप्रसिद्ध पुरुवंश के उपर्युक्त वंशज पांडवों ने श्रीकृष्ण का आनुगत्य स्वीकार करके और श्रीकृष्ण के आदर्श की स्थापना के लिये अपनी सारी शक्ति लगाकर श्रीकृष्ण के मार्ग को बहुत कुछ सुगम और निष्कंटक बना दिया। व्यासमुनि के ज्ञान और अर्जुन की शूरता ने भगवान् श्रीकृष्ण के मस्तिष्क और भुजा का कार्य किया था।

इसी पुरुवंश की एक शाखा का नेता था प्रबल पराक्रमी आत्मगर्वित, दुरभिसंधि से प्रेरित दुर्योधन। इसी दुर्योधन को केन्द्र बनाकर जब भगवान् श्रीकृष्ण के आदर्श-स्थापन के विरुधी पक्ष ने अपना संगठन आरम्भ किया, तब इसी वंश की दूसरी शाखा के धर्मवीर पाण्डवों को प्रभाववृद्धि और अधिकार-प्रतिष्ठा श्रीकृष्ण के आदर्श-प्रचार के लिये अत्यन्त आवश्यक हो गयी। धर्म के लिये, मानवोचित जीवनादर्श के लिये, जाति और समाज के ऐक्य, शान्ति एवं सर्वाङ्गीण कल्याण के लिये सब प्रकार का क्लेशसहन और त्याग करने को पाण्डव सदा ही प्रस्तुत थे। उन्होंने श्रीकृष्ण को अपने जीवन के सभी विभागों में नेतारूप में वरण कर लिया था और वे श्रीकृष्ण के जीवनव्रत को सफल बनाने के लिये अपने जीवन तक का उत्सर्ग करने को उत्सुक थे। महाभारत के संगठन के लिये त्रिकालदर्शी श्रीकृष्ण ने केन्द्रीय राष्ट्रशक्ति को धर्मराज युधिष्ठिर के द्वारा परिचालित न्यायदण्डधारी अमितपराक्रमी पाण्डवों के हाथों में सौंपना आवश्यक समझ लिया था।

न्याय और धर्म की दृष्टि से पाण्डव ही कौरवराज्य के वास्तविक उत्तराधिकारी थे और अपने चरित्रमाधुर्य तथा क्षात्रोचित गुणगरिमा से भी उन्होंने सब के हृदयों पर अधिकार कर लिया था। इतने पर भी लड़कपन से ही उनका दण्ड, यातना और क्लेश की गोद में ही लालन-पालन हुआ था। दुर्योधन और उसके कूटबुद्धि बन्धु-बान्धवों के षड्यन्त्र के कारण वे शैशव से ही नाना प्रकार के अत्याचारों से पीड़ित और दुःख-कष्ट से जर्जरित थे। पर जीवन के प्रत्येक क्षेत्र

में धर्म, प्रेम, क्षमा, दया, सहानुभूति, मैत्री, सहिष्णुता, उदारता के आदर्श को अक्षुण्ण बनाये रखना उनका व्रत था। इसी से उन्होंने प्रतिकार की शक्ति रखते हुए भी सब के अनाचार-अत्याचार और निर्यातन को प्रसन्नचित्त से सहन किया था। इस प्रकार की तपस्या के द्वारा ही उन्होंने लोकसमाज में श्रीकृष्ण के महान आदर्श की पताका फहराने की योग्यता प्राप्त की थी। स्वयं भाँति-भाँति के निग्रह, निर्यातन और लांच्छना सहकर जाति और समाज के सभी निगृहीत, पीड़ित, लांच्छित और पददलित जनसाधारण के प्रतिनिधिरूप में उन्होंने न्याय और धर्म की प्रतिष्ठा कर और सब लोगों के कल्याण के लिये संग्राम करके प्रतिकूल शक्तियों के विनाश का नैतिक अधिकार प्राप्त कर लिया था। भारत के विभिन्न प्रदेशों में जो राजा और क्षत्रियवीर पाण्डवों के गुणों पर मुग्ध थे, न्याय और धर्म के पक्षपाती थे और भगवान् श्रीकृष्ण के महान् आदर्श के प्रेमी थे, वे प्रेम और सहानुभूति के साथ अपनी सारी शक्ति को लेकर उनके साथ आ मिले।

अर्जुन और भीम की सामरिक शक्ति की सहायता से भगवान् श्रीकृष्ण ने अनेक आततायियों का मानमर्दन और दमन किया। यह शत्रुदमन कार्य—धर्मराज्य की संस्थापना के लिये विघ्नों के नाश का कार्य—वे ऐसे कौशल के साथ करते कि निरीह प्रजा की स्वच्छ जीवनधारा में जरा भी क्षोभ और अशान्ति का उदय नहीं होता। साधुओं के परित्राण और प्रभाववृद्धि तथा दुष्टों के पराभव और प्रभावनाश के लिये वे अपनी प्रेमशक्ति और संग्रामशक्ति दोनों का ही समान व्यवहार करने लगे। ऐक्य और प्रेम की वाणी, साम्य और स्वाधीनता की वाणी, सत्य और अहिंसा की वाणी, उदारता और विश्वमानवता की वाणी आसुरी भाव से प्रभावित मानव-समाज में सदा ही विप्लव की वाणी के रूप में प्रकट हुआ करती है। अतएव भगवान् श्रीकृष्ण भी महाविप्लव की वाणी लेकर ही संसार के कर्मक्षेत्र में अवतीर्ण हुए थे। साम, दाम, भेद और दण्ड—सभी नीतियों को अपना कर व्यास और अर्जुन की सहायता से श्रीकृष्ण ने अनेक विरोधी शक्तियों का दमन किया था, बहुत से शत्रुओं को मित्र बना लिया था, अनेक प्रतिकूलाचारी ब्राह्मण, क्षत्रिय और अनार्य वीरों को अपने आदर्श का प्रेमी बनाने में सफलता प्राप्त की थी। अनेक परस्पर प्रतिद्वन्दी राजशक्तियों को विवाहसूत्र में बाँध कर सामाजिक मैत्री की स्थापना की थी। उन्होंने स्वयं भी आर्य, अनार्य, मित्र और शत्रु अनेक वंशों में विवाह करके सब में प्रेम की प्रतिष्ठा की थी। परन्तु इससे उनके संग्राम की आवश्यकता दूर नहीं हुई। अन्त में देशव्यापी विप्लव घनीभूत होकर महाभारतीय महासमर के रूप में प्रकट हुआ। धार्तराष्ट्र और पाण्डवों के साम्राज्याधिकार का विवाद तो एक निमित्त मात्र था। श्रीकृष्ण के महान् आदर्श की

विरोधिनी शक्तियाँ, बुनियादी स्वार्थ की पक्षपातिनी राष्ट्रशक्तियाँ दुर्योधन को केन्द्र बनाकर आत्मरक्षा के लिये इकट्ठी हो गयीं। इधर श्रीकृष्ण के आदर्श की अनुरागिणी शक्तियाँ श्रीकृष्ण के द्वारा संचालित पाण्डवों के पक्ष में सम्मिलित हो गयीं। इस महासमर को अनिवार्य जानकर भी श्रीकृष्ण ने इसके निवारण के लिये लौकिक साम-उपाय से यथासाध्य चेष्टा की।

श्रीकृष्ण की सलाह से युद्ध को बचाने के लिये धर्मराज युधिष्ठिर ने दुर्योधन से पाँचों भाइयों के लिये केवल पाँच गाँव लेकर ही संतुष्ट होना स्वीकार किया। स्वयं श्रीकृष्ण दूत बनकर शान्तिस्थापन का प्रयत्न करने के लिये गये। बाल्यावस्था से लेकर अब तक दुर्योधन और उसके पक्षवालों ने पाण्डवों पर जो अत्याचार किये थे, उन सभी को क्षमा करने के लिये तैयार होकर श्रीकृष्णाश्रित पाण्डवों ने महामानवता का आदर्श उपस्थित किया। भीम को विष देकर मार डालने की चेष्टा, कुन्तीसमेत पाँचों पाण्डवों को लाक्षागृह में जला डालने का षड़यंत्र, कपट-जूए में धन-मान-राज्यसुख का अपहरण—यहाँ तक कि राजदरबार में अनेक राजाओं के सामने राजकुलवधू एकवस्त्रा वीराङ्गना द्रौपदी के केश खींचकर उसे नग्न करने की पापपूर्ण चेष्टा—इन सभी अनाचारों और अत्याचारों को देश में एकता, शान्ति और प्रेम की प्रतिष्ठा के लिये श्रीकृष्णानुगामी महावीर पाण्डव भुला देने को राजी हुए। परन्तु संधिसंस्थापन के सभी प्रयास व्यर्थ सिद्ध हुए। कालप्रभाव और भगवान् के विधान से जब आसुरी प्रभाव से मानवात्मा की मुक्ति का समय आता है तब आसुरी-शक्ति का नाश करने के लिये महासमर अनिवार्य रूप से सम्पन्न होता है। लीलामय श्रीकृष्ण ने इसी नियम को मानकर मानो युद्ध के लिये सम्मति प्रदान की थी।

दो दलों में बंटी हुई भारतीय राष्ट्रशक्तियाँ एक दूसरे का ध्वंस करने के लिये सब प्रकार के मारणास्त्रों से सुसज्जित होकर तैयार हो गयीं। देश की शान्तिप्रिय निरीह जनता महासमर की विभीषिका और अशान्ति की ज्वाला से बची रहे और आसुरभावापन्न राजा लोग परस्पर अपना ध्वंस कर सकें, इसके लिये युद्ध को एक स्थान विशेष में मर्यादित करके सीमाबद्ध कर दिया गया। कुरुक्षेत्र की विशाल भूमि में वे एक दूसरे का मुकाबला करने के लिये आ डटे। यथा समय कम से कम समय में ही महासमर को समाप्त कर देने की श्रीकृष्ण ने बड़े कौशल से व्यवस्था की। उन्होंने स्वयं इस महासमर के महानायक होने पर भी किसी पक्ष में अस्त्र धारण न करके अपनी निरपेक्षता प्रकट की। परन्तु अर्जुन के सारथि बनकर उनके पक्ष में अपने नैतिक समर्थन की घोषणा कर दी। दूसरी ओर, अर्जुन के विपक्ष में अपनी नारायणी सेना प्रदान करके वस्तुतः अर्जुन के अस्त्रों से अपनी

सामरिक शक्ति का नाश करने की व्यवस्था कर दी। इस प्रकार अट्ठारह दिनों के युद्ध में भारत की आसुरभावापन्न क्षात्रशक्ति प्रायः निर्मूल हो गयी। उन्होंने आसुरी क्षात्रशक्ति के श्मशान पर अपने आदर्श की संस्थापना करके धर्मराज युधिष्ठिर को राजचक्रवर्ती पद पर प्रतिष्ठित किया। इस प्रकार अखण्ड महाभारत की नींव पड़ी और नवयुग की सूचना हुई। व्यास के शिष्यगण महाभारत के नैतिक और आध्यात्मिक संगठन में लगे रहे। भगवान् श्रीकृष्ण की यह अलौकिक लीला है।

□□

लीला पुरुषोत्तम भगवान् श्रीकृष्ण

(जीवन और दर्शन)

अध्याय—१

भगवान् श्रीकृष्ण का प्राकट्य

द्वापर के प्रायः अंत में आसुरीवृत्ति वाले राजाओं ने अपने अनाचार और अत्याचार से पृथ्वी को आक्रान्त कर रखा था। उनसे त्राण पाने के लिये पृथ्वी ब्रह्माजी की शरण में गयी। पृथ्वी ने उस समय गौ का रूप धारण कर रक्खा था। उसके नेत्रों से आँसू बह-बह कर मुँह पर आ रहे थे। उसका मन तो खिन्न था ही, शरीर भी बहुत कृश हो गया था। वह बड़े करुण स्वर से रंभा रही थी। ब्रह्माजी के पास जाकर उसने अपनी पूरी कष्ट-कहानी सुनायी। ब्रह्माजी ने बड़ी सहानुभूति और सहृदयता से उसकी दुःख-गाथा सुनी। उसके बाद वे भगवान् शंकर, स्वर्ग के अन्यान्य प्रमुख देवता तथा गौ के रूप में आयी हुई पृथ्वी को अपने साथ लेकर क्षीरसागर के तट पर गये। क्षीरसागर के तट पर पहुँच कर ब्रह्माजी आदि देवताओं ने 'पुरुषसूक्त' के द्वारा परम पुरुष सर्वान्तर्यामी प्रभु की स्तुति की। स्तुति करते-करते ब्रह्माजी समाधिस्थ हो गये। उन्होंने समाधि-अवस्था में आकाशवाणी सुनी और उन्होंने देवताओं से कहा, "देवताओं, मैंने भगवान् की वाणी सुनी है। भगवान् को पृथ्वी के कष्ट का पहले से ही पता है। वे ईश्वरों के भी ईश्वर हैं। अतः अपनी कालशक्ति के द्वारा पृथ्वी का भार हरण करते हुए वे जब तक पृथ्वी पर लीला करें तब तक तुम लोग भी अपने-अपने अंशों के साथ यदुकुल में जन्म लेकर उनकी लीला में सहयोग दो। वसुदेवजी के घर स्वयं पुरुषोत्तम भगवान् प्रकट होंगे। उनकी और उनकी प्रियतमा—श्रीराधाजी की सेवा के लिये देवांगनाएँ जन्म ग्रहण करें। स्वयंप्रकाश भगवान् शेष भी, जिनके सहस्र मुख हैं, भगवान् के प्रिय कार्य करने के लिये उनसे पहले ही उनके बड़े भाई (बलराम) के रूप में अवतार ग्रहण करेंगे। भगवान् की वह ऐश्वर्यशालिनी योगमाया भी, जिसने सारे जगत् को मोहित कर रक्खा है, उनकी आज्ञा से उनका लीला-कार्य सम्पन्न करने के लिये अवतार ग्रहण करेंगी।" ब्रह्माजी के आश्वासन देने पर पृथ्वी संतुष्ट होकर आश्वस्त हो गयी।

प्राचीन काल में यदुवंशी राजा थे शूरसेन। वे मथुरापुरी में रहकर माथुर-मंडल और शूरसेन मंडल का राज्यशासन करते थे। उसी समय से मथुरा ही समस्त यदुवंशी नरपतियों की राजधानी हो गयी थी। एक बार मथुरा में शूर के पुत्र वसुदेवजी विवाह करके अपनी नवविवाहित पत्नी देवकी के साथ घर जाने को रथ

पर सवार हुए। उग्रसेन का लड़का था कंस। वह अपनी चचेरी बहिन देवकी को प्रसन्न करने के लिये उसके रथ के घोड़ों को स्वयं हाँकने लगा। देवकी के पिता थे देवक। देवकी पर उनका अत्यधिक अनुराग था। उन्होंने बहुत साजबाज एवं बहुमूल्य वस्त्राभूषणों के साथ देवकी को विदा किया।

आकाशवाणी

मार्ग में जिस समय घोड़ों की रास पकड़ कर कंस रथ हाँथ रहा था, उस समय आकाशवाणी ने उसे संबोधन करके चेतावनी दी, "अरे मूर्ख, जिसको तू रथ पर बैठाकर लिये जा रहा है, उसकी आठवें गर्भ की सन्तान तुझे मार डालेगी।"

कंस बड़ा ही नृशंस, अत्याचारी एवं क्रूर था। उसकी दुष्टता की सीमा नहीं थी। वह भोजवंश का कलंक ही था। आकाशवाणी सुनते ही उसने तलवार खींच ली और अपनी बहिन की चोटी पकड़कर उसे मारने के लिये उद्यत हो गया। वह अत्यन्त क्रूर तो था ही, पाप-कर्म करते-करते निर्लज्ज भी हो गया था। उसका यह कार्य देखकर महात्मा वसुदेवजी उसको शान्त करते हुए बोले, "राजकुमार, आप भोजवंश के होनहार वंशधर तथा अपने कुल की कीर्ति बढ़ाने वाले हैं। बड़े-बड़े शूरवीर आपके गुणों की सराहना करते हैं। इधर यह तो एक स्त्री, दूसरे आपकी बहिन और तीसरे यह विवाह का शुभ अवसर। ऐसी स्थिति में आप इसे कैसे मार सकते हैं? जीव का मन अनेक विकारों का पुंज है। देहान्त के समय वह अनेक जन्मों के संचित और प्रारब्ध कर्मों की वासनाओं के अधीन होकर माया के द्वारा रचे हुए अनेक पांचभौतिक शरीरों में से जिस किसी शरीर के चिन्तन में तल्लीन हो जाता है, उसे वही शरीर ग्रहण करके जन्म लेना पड़ता है। कंस, यह आपकी छोटी बहिन अभी बच्ची और बहुत दीन है। यह तो आपकी कन्या के समान है। इस पर अभी-अभी इसका विवाह हुआ है। विवाह के मंगल-चिह्न भी अभी इसके शरीर पर से नहीं उतारे गये हैं। ऐसी दशा में आप-जैसे दीन-वत्सल पुरुष को इस बेचारी की हत्या करना उचित नहीं है।" परन्तु कंस अपने संकल्प से जरा भी टस से मस नहीं हुआ। तब वसुदेवजी ने दूसरा तर्क देते हुए कंस को समझाया, "सौम्य, आपको देवकी से तो कोई भय है नहीं, जैसा कि आकाशवाणी ने कहा है। भय है पुत्रों से, सो इसके पुत्र मैं आपको लाकर सौंप दूँगा।" कंस ने वसुदेवजी की प्रार्थना स्वीकार कर ली। वसुदेवजी ने पहली सन्तान होने पर कंस को लाकर सौंप दी। उनके इस सत्यव्रत से कंस अत्यधिक प्रभावित हुआ। पर बीच में नारदजी ने आकर कंस को इस प्रकार समझाया, "कंस, ब्रज में रहने वाले नन्द आदि गोप, उनकी स्त्रियाँ, वसुदेव आदि वृष्णिवंशी यादव,

देवकी आदि यदुवंश की स्त्रियाँ और नन्द, वसुदेव दोनों के सजातीय बन्धु बान्धव और सगे-संबंधी सब के सब देवता हैं; जो इस समय तुम्हारी सेवा कर रहे हैं, वे भी देवता ही हैं।" उन्होंने यह भी बतलाया कि "दैत्यों के कारण पृथ्वी का भार बढ़ गया है। इसलिये देवताओं की ओर से उनके वध की तैयारी की जा रही है।"

जब देवर्षि नारद इतना कहकर चले गये, तब कंस को यह निश्चय हो गया कि यदुवंशी देवता हैं और देवकी के गर्भ से विष्णु भगवान् ही मुझे मारने के लिये पैदा होने वाले हैं। इसलिये उसने वसुदेवजी और देवकी को हथकड़ी-बेड़ी से जकड़-कर कैद में डाल दिया। और उन दोनों से जो पुत्र होते गये, उन्हें वह मारता गया। उसे हर बार यह शंका बनी रहती थी कि कहीं विष्णु ही उस बालक के रूप में न आ गया हो। कंस बड़ा बलवान् था। उसने यदु, भोज और अन्धक वंश के अधिनायक अपने पिता उग्रसेन को कैद कर लिया और शूरसेन का राज्य वह स्वयं करने लगा।

भगवान् का गर्भ-प्रवेश और देवताओं द्वारा गर्भ-स्तुति

कंस एक तो स्वयं बड़ा बली था और दूसरे मगध-नरेश जरासन्ध की उसे बहुत सहायता प्राप्त थी, क्योंकि वह जरासन्ध का दामाद था। उसी की प्रेरणा से उसने अपने पिता उग्रसेन को बन्दी बनाकर कैद में डाल दिया था। तीसरे उसके साथी थे—अघासुर, बकासुर, चाणूर, तृणावर्त, प्रलम्बासुर, मुष्टिक, अरिष्टासुर, द्विविद, पूतना, केशी और धेनुक। बाणासुर और भौमासुर आदि अनेक दैत्य राजा भी उसके सहायक थे। इनको साथ लेकर वह यदुवंशियों को नष्ट करने लगा। वे लोग भयभीत होकर कुरु, पांचाल, केकय, विदर्भ, निषध, विदेह और कोसल आदि प्रदेशों में जा बसे।

जब कंस ने एक-एक करके देवकी के छः बालक मार डाले, तब देवकी के सातवें गर्भ में भगवान् के अंशरूप श्रीशेषजी—अनन्त जी पधारे। विश्वात्मा भगवान् ने देखा कि मुझे ही अपना स्वामी और सर्वस्व मानने वाले यदुवंशी, कंस के द्वारा बहुत ही सताये जा रहे हैं। तब उन्होंने अपनी योगमाया को यह आदेश दिया, "देवि, कल्याणि, तुम व्रज में जाओ। वह प्रदेश ग्वालों और गौओं से सुशोभित है। वहाँ नन्दबाबा के गोकुल में वसुदेवजी की पत्नी रोहिणी निवास करती हैं। उनकी और भी पत्नियाँ कंस से डरकर गुप्त स्थान में रह रही हैं। इस समय मेरा वह अंश जिसे शेष कहते हैं, देवकी के उदर में गर्भरूप से स्थित है। उसे वहाँ से निकालकर तुम रोहिणी के पेट में रख दो। कल्याणि, अब मैं अपने

समस्त ज्ञान, बल, श्री, ऐश्वर्य आदि अंशों के साथ देवकी का पुत्र बनूंगा। और तुम नन्दबाबा की पत्नी, यशोदा के गर्भ से जन्म लेना। हे देवि, पृथ्वी में लोग तुम्हारे लिये बहुत से स्थान बनायेंगे और दुर्गा, भद्रकाली, विजया, वैष्णवी, कुमुदा, चण्डिका, कृष्णा, माधवी, कन्या, माया, नारायणी, ईशानी, शारदा और अम्बिका आदि बहुत से नामों से पुकार कर तुम्हारी विविध प्रकार से पूजा करेंगे। देवकी के गर्भ से खींचे जाने के कारण शेषजी को संसार में लोग 'संकर्षण' कहेंगे, लोक-रंजन करने के कारण 'राम' कहेंगे और बलवानों में श्रेष्ठ होने के कारण 'बलभद्र' भी कहेंगे।'' भगवान् के इस प्रकार आदेश पाने पर योगमाया ने वैसा ही किया।

इधर सर्वव्यापी भगवान् वसुदेवजी के मन में अपनी समस्त कलाओं के साथ प्रकट हो गये। इस प्रकार उन्होंने अपने को अव्यक्त से व्यक्त कर दिया। सर्व-शक्तिमान् परमात्मा की ज्योति धारण करने के कारण वसुदेव जी सूर्य के समान तेजस्वी हो गये। उन्हें देखकर लोगों की आँखें चौंधिया जातीं। कोई भी अपने बल, वाणी या प्रभाव से उन्हें दबा नहीं सकता था। भगवान् के उस ज्योतिर्मय अंश को, जो जगत् का परम मंगल करने वाला है, वसुदेवजी के द्वारा आधान किये जाने पर देवी देवकी ने ग्रहण किया। जैसे पूर्व दिशा चन्द्रदेव को धारण करती है, वैसे ही शुद्ध सत्व से सम्पन्न देवी देवकी ने विशुद्ध मन से सर्वात्मा एवं आत्मस्वरूप भगवान् को धारण किया। भगवान् समस्त जगत् के निवासस्थान हैं, पर देवकीजी उनका भी निवास स्थान बन गयीं।

देवकी के गर्भ में भगवान् विराजमान हो गये थे। उनके मुख पर पवित्र मुस्कान थी। उनके शरीर की अलौकिक प्रभा से सारा बन्दीगृह जगमगाने लगा। जब कंस ने उन्हें देखा, तब वह मन ही मन कहने लगा, ''अब की बार मेरे प्राणों के ग्राहक विष्णु ने इसके गर्भ में अवश्य ही प्रवेश किया है; क्योंकि इसके पहले देवकी कभी ऐसी तेजस्विनी नहीं थी। अब इस विषय में शीघ्र से शीघ्र मुझे क्या करना चाहिये? सर्वप्रेरक परमात्मा ने उसके सोचने की दिशा को दूसरा ही रूप प्रदान कर दिया और उसने इस ढंग से सोचना प्रारंभ किया, ''देवकी को मारना तो ठीक न होगा, क्योंकि वीर पुरुष स्वार्थवश अपने पराक्रम को कलंकित नहीं करते। एक तो यह स्त्री है, दूसरे बहिन और तीसरे गर्भवती है। इसको मारने से तो मेरी कीर्ति, लक्ष्मी और आयु तत्काल ही नष्ट हो जायगी।'' यद्यपि कंस देवकी को मार सकता था, किन्तु सर्वान्तर्यामी की प्रेरणा से वह स्वयं ही इस अत्यन्त क्रूरता के विचार से निवृत्त हो गया। अब कंस भगवान् के प्रति दृढ़ वैर का भाव मन में बाँधकर उनके जन्म की प्रतीक्षा करने लगा। वह उठते-बैठते,

खाते-पीते, सोते-जागते और चलते-फिरते सर्वदा ही श्रीकृष्ण के चिन्तन में लगा रहता। जहाँ उसकी आँख पड़ती, जहाँ कुछ खड़का होता, वहाँ उसे श्रीकृष्ण दीख जाते। इस प्रकार उसे सारा जगत् ही श्रीकृष्णमय दीखने लगा।

भगवान् शंकर और ब्रह्माजी कंस के कैदखाने में आये। उनके साथ अपने अनुचरों के सहित समस्त देवता और नारदादि ऋषि भी थे। वे लोग सुमधुर वचनों से सबकी अभिलाषा पूर्ण करने वाले श्रीहरि की इस प्रकार स्तुति करने लगे, "प्रभो, आप सत्यसंकल्प हैं। सत्य ही आपकी प्राप्ति का श्रेष्ठ साधन है। सृष्टि के पूर्व, प्रलय के पश्चात् और संसार की स्थिति के समय—इन असत्य अवस्थाओं में भी आप सत्य हैं। पृथ्वी, जल, तेज, वायु और आकाश—इन पाँच दृश्यमान सत्यों के आप ही कारण हैं और उनमें अन्तर्यामी रूप से विराजमान भी हैं। आप इस दृश्यमान जगत् के परमार्थस्वरूप हैं। आप ही मधुर वाणी और समदर्शन के प्रवर्तक हैं। भगवन्, आप तो बस, सत्यस्वरूप ही हैं। हम सब आपकी शरण में आये हैं।"

"इस संसाररूप वृक्ष की उत्पत्ति के कारण और आधार एकमात्र आप ही हैं। आपमें ही इसका प्रलय होता है और आपके ही अनुग्रह से इसकी रक्षा भी होती है। जिनका चित्त आपकी माया से आवृत्त हो रहा है वह इस सत्य को समझने की शक्ति खो बैठा है। तत्वज्ञानी पुरुष तो सब के रूप में केवल आपको देखते हैं। आप ज्ञानस्वरूप आत्मा हैं। चराचर जगत् के कल्याण के लिये ही आप अनेक रूप धारण करते हैं। आपके रूप विशुद्ध अप्राकृत सत्त्वमय होते हैं और संत पुरुषों को बहुत सुख देते हैं। साथ ही दुष्टों को उनकी दुष्टता का दण्ड भी देते हैं। आप संसार की स्थिति के लिये समस्त देहधारियों को परम कल्याण प्रदान करने वाला विशुद्ध सत्वमय सच्चिदानन्दमय परम दिव्य मंगलमय विग्रह प्रकट करते हैं। उस रूप के प्रकट होने से ही आपके भक्त वेद, कर्मकाण्ड, अष्टांगयोग, तपस्या और समाधि के द्वारा आपकी आराधना करते हैं। बिना किसी आश्रय के वे किसकी आराधना करेंगे?"

"भगवन्, मन और वेदवाणी के द्वारा केवल आपके स्वरूप का अनुमान मात्र होता है; क्योंकि आप उनके द्वारा दृश्य नहीं, बल्कि उनके साक्षी हैं। इसलिये आपके गुण, जन्म और कर्म आदि के द्वारा आपके नाम और रूप का निरूपण नहीं किया जा सकता। फिर भी, हे प्रभो, आपके भक्तजन उपासना आदि क्रियायोगों के द्वारा आपका साक्षात्कार तो करते ही हैं। जो पुरुष आपके मंगलमय नामों और रूपों का श्रवण, कीर्तन, स्मरण और ध्यान करता है और आपके चरण कमलों की सेवा में ही अपना चित्त लगाये रहता है—उसे फिर जन्म मृत्युरूप संसार के चक्र में नहीं आना पड़ता।"

"सम्पूर्ण दुःखों के हरनेवाले, भगवन्, आप सर्वेश्वर हैं। यह पृथ्वी तो आपका चरणकमल ही है। आपके अवतार से इसका भार दूर हो गया। धन्य है, प्रभो, हमारे लिये यह बड़े सौभाग्य की बात है कि हम लोग आपके सुन्दर-सुन्दर चिह्नों से युक्त चरण कमलों के द्वारा विभूषित पृथ्वी को देखेंगे और स्वर्गलोक को भी आपकी कृपा से कृतार्थ देखेंगे। प्रभो, आप अजन्मा होकर भी भक्तों की रक्षा और दुष्टों के संहार के लिये जन्म धारण करते हैं।"

तत्पश्चात् उन देवताओं ने देवकीजी को संबोधित करके कहा, माताजी, यह बड़े सौभाग्य की बात है कि आपकी कोख में हम सब का कल्याण करने के लिये स्वयं भगवान् पुरुषोत्तम अपने ज्ञान, बल आदि अंशों के साथ पधारे हैं। अब आप कंस से तनिक भी मत डरिये। अब तो वह कुछ ही दिनों का मेहमान है। आपका पुत्र यदुवंश की रक्षा करेगा।" इसके पश्चात् ब्रह्माजी और शंकरजी के साथ देवगण स्वर्ग में चले गये।

अब समस्त शुभ गुणों से युक्त बहुत ही सुहावना समय आया। रोहिणी नक्षत्र था। आकाश के सभी नक्षत्र, ग्रह और तारे शान्त-सौम्य हो रहे थे। उस समय परम पवित्र और शीतल, मन्द, सुगन्ध वायु अपने स्पर्श से लोगों को सुखदान करती हुई बह रही थी। ब्राह्मणों के अग्निहोत्र की कभी न बुझनेवाली अग्नियाँ, जो कंस के अत्याचार से बुझ गयी थीं, वे इस समय अपने आप जल उठीं। सन्त पुरुषों का मन प्रसन्नता से भर गया। स्वर्ग में देवताओं की दुन्दुभियाँ अपने आप बज उठीं। किन्नर और गन्धर्व मधुर स्वर में गाने लगे तथा सिद्ध और चारण भगवान् के मंगलमय गुणों की स्तुति करने लगे। विद्याधरियाँ अप्सराओं के साथ नाचने लगीं। बड़े-बड़े देवता ऋषि-मुनि आनन्द से भरकर पुष्पों की वर्षा करने लगे। जल से भरे हुए बादल समुद्र के पास जाकर धीरे-धीरे गर्जना करने लगे। जन्म-मृत्यु के चक्र से छुड़ानेवाले जनार्दन के अवतार का समय था निशीथ। चारों ओर अन्धकार का साम्राज्य था। उसी समय सबके हृदय में विराजमान भगवान् विष्णु देवरूपिणी देवकी के गर्भ से प्रकट हुए, जैसे पूर्वदिशा में सोलहों कलाओं से पूर्ण चन्द्रमा का उदय हो गया हो।

वसुदेव जी ने देखा, उनके सामने एक अद्भुत बालक है। उसके नेत्र कमल के समान कोमल और विशाल हैं। चार सुन्दर हाथों में शंख, गदा, चक्र और कमल लिये हुए हैं। वक्षस्थल पर श्रीवत्स का चिह्न—अत्यन्त सुन्दर सुवर्णमयी रेखा है। गले में कौस्तुभमणि झिलमिला रही है। वर्षाकालीन मेघ के समान परम सुन्दर श्यामल शरीर पर मनोहर पीताम्बर फहरा रहा है। बहुमूल्य वैदूर्यमणि के किरीट और कुंडल की कान्ति से सुन्दर-सुन्दर घुंघराले बाल सूर्य की किरणों के समान

चमक रहे हैं । कमर में चमचमाती करधनी की लड़ियाँ लटक रही हैं । बाँहों में बाजूबंद और कलाइयों में कंकण शोभायमान हो रहे हैं । इन सब आभूषणों से सुशोभित बालक के अंग-अंग से अनोखी छटा छिटक रही है । जब वसुदेवजी ने देखा कि मेरे पुत्र के रूप में तो स्वयं भगवान् ही आये हैं तब पहले तो उन्हें असीम आश्चर्य हुआ, फिर आनन्द से उनकी आँखें खिल उठीं । उनका रोम-रोम परमानन्द में मग्न हो गया । श्रीकृष्ण का जन्मोत्सव मनाने की उतावली में उन्होंने उसी समय ब्राह्मणों के लिये दस हजार गायों का संकल्प कर लिया । जब वसुदेवजी को यह निश्चय हो गया कि ये तो परमब्रह्म परमेश्वर ही हैं तब भगवान् का प्रभाव जान लेने से उनका सारा भय जाता रहा । अपनी बुद्धि स्थिर करके उन्होंने भगवान् के चरणों में अपना सिर झुका दिया । वसुदेवजी हाथ जोड़कर उनकी स्तुति करने लगे—

"मैं समझ गया कि आप प्रकृति से परे साक्षात् पुरुषोत्तम हैं । आपका स्वरूप है केवल अनुभव और केवल आनन्द । आप समस्त बुद्धियों के एकमात्र साक्षी हैं । आप ही अपनी प्रकृति से इस त्रिगुणमय जगत् की सृष्टि करते हैं । फिर उसमें प्रवृष्ट न होने पर भी आप प्रवृष्ट के समान जान पड़ते हैं ।"

"प्रभो, आप स्वयं समस्त क्रियाओं, गुणों और विकारों से रहित हैं । फिर भी इस जगत की सृष्टि, स्थिति और प्रलय आपसे ही होते हैं । यह बात परम ऐश्वर्यशाली परमब्रह्म परमात्मा आपके लिये असंगत यहीं है । दीनों गुणों के आश्रय आप ही हैं । इसलिये उन गुणों के कार्य आदि का आरोप आप ही में किया जाता है । आप ही तीनों लोकों की रक्षा करने के लिये अपनी माया से सत्वमय शुक्लवर्ण (पोषणकारी विष्णुरूप) धारण करते हैं, उत्पत्ति के लिये रजप्रधान रक्तवर्ण (सृजनकारी ब्रह्मारूप) और प्रलय के समय तमोगुणप्रधान कृष्णवर्ण (संहारकारी रुद्ररूप) स्वीकार करते हैं । प्रभो, आप सर्वशक्तिमान् और सब के स्वामी हैं । इस संसार की रक्षा के लिये आपने मेरे घर अवतार लिया है । देवताओं के भी आराध्यदेव प्रभो, यह कंस बड़ा दुष्ट और अत्यंत क्रूर है । जब इसे मालूम हुआ कि आपका अवतार मेरे घर होनेवाला है, तब उसने आपके भय से आपके बड़े भाइयों को मार डाला । अभी उसके दूत आपके अवतार का समाचार उसे सुनायेंगे और वह अभी-अभी हाथ में शस्त्र लेकर दौड़ा आयेगा ।"

वसुदेवजी की स्तुति के अनन्तर देवकी जी ने भी भगवान् की स्तुति करनी प्रारम्भ की, "प्रभो, वेदों ने आपके जिस रूप को अव्यक्त और सब का कारण बताया है, जो ब्रह्म, ज्योतिस्वरूप, समस्त गुणों से रहित और विकारहीन है, जिसे अनिर्वचनीय, निष्क्रिय एवं विशुद्ध सत्ता के रूप में कहा गया है—वही बुद्धि आदि

के प्रकाशक विष्णु आप स्वयं हैं। प्रकृति के एकमात्र सहायक प्रभो, निमेष से लेकर वर्षपर्यन्त अनेक विभागों में जो काल है, जिसकी चेष्टा से यह सम्पूर्ण विश्व सचेष्ट हो रहा है और जिसकी कोई सीमा नहीं, वह आपकी लीलामात्र है। आप सर्वशक्तिमान् और परम कल्याण के आश्रम हैं। मैं आपकी शरण लेती हूँ। मधुसूदन, इस पापी कंस को यह बात मालूम न हो कि आपका जन्म मेरे गर्भ से हुआ है। मेरा धैर्य टूट रहा है। आपके लिये मैं कंस से बहुत डर रही हूँ। विश्वात्मन, भक्तभयहारी, शंखचक्रगदापद्मधारी आपका यह रूप अलौकिक और दिव्य है। आप शंख, चक्र, गदा और कमल की शोभा से युक्त अपना यह चतुर्भुजरूप छिपा लीजिये।''

इसके पश्चात् वसुदेव और देवकी को आश्वस्त करते हुआ भगवान् ने कहा, ''मैंने तुम लोगों को यह रूप इसलिये दिखा दिया कि तुम्हें मेरे पूर्व अवतारों का स्मरण हो जाय। यदि मैं ऐसा न करता, तो केवल मनुष्य शरीर से मेरे अवतार की पहचान नहीं हो पाती। तुम दोनों ने पूर्व जन्मों में मेरी अत्यधिक श्रद्धा से आराधना की थी और मुझसे पुत्ररूप में जन्म लेने का वर माँगा था। तुम दोनों मेरे प्रति पुत्रभाव तथा निरन्तर ब्रह्मभाव रखना। इस प्रकार वात्सल्य-स्नेह और परमात्म-चिन्तन के द्वारा तुम्हें मेरे परम पद की प्राप्ति होगी।''

योगमाया का चमत्कार

अब भगवान् ने अपनी योगमाया से पिता-माता के देखते-देखते तुरन्त ही एक साधारण शिशु का रूप धारण कर लिया। तब वसुदेवजी ने भगवान् की प्रेरणा से अपने पुत्र को लेकर सूतिकागृह से बाहर निकलने की इच्छा की। उसी समय नन्दबाबा की पत्नी यशोदा के गर्भ से उस योगमाया का जन्म हुआ, जो भगवान् की शक्ति होने के कारण उनके समान ही जन्मरहित है। उसी योगमाया ने द्वारपाल और पुरवासियों को समस्त इन्द्रिय-वृत्तियों की चेतना हर ली। वे सब संज्ञाविहीन होकर सो गये। बंदीगृह के सभी दरवाजे बन्द थे। उनमें बड़े-बड़े किवाड़, लोहे की जंज़ीरें और ताले जड़े हुए थे। उनके बाहर जाना बहुत कठिन था; परन्तु वसुदेवजी भगवान् श्रीकृष्ण को गोद में लेकर ज्यों ही उनके निकट पहुँचे, त्यों ही वे सब दरवाजे आप-से-आप खुल गये। उस समय बादल धीरे-धीरे गरजकर जल की फुहारें छोड़ रहे थे। इसलिये शेषजी अपने फनों से जल को रोकते हुए भगवान् के पीछे-पीछे चलने लगे। उन दिनों बार-बार वृष्टि होने के कारण यमुना जी बहुत बढ़ गयी थीं। उनका प्रवाह गहरा और तेज हो गया था। तरल तरंगों के कारण जल पर फेन ही फेन हो रहा था। सैकड़ों भयानक भँवरें चक्कर मार रही

थीं। जैसे सीतापति भगवान् श्री रामचन्द्रजी को समुद्र ने मार्ग दे दिया था, वैसे ही यमुनाजी ने भगवान् श्रीकृष्ण को मार्ग दे दिया।

वसुदेवजी ने नन्दबाबा के गोकुल में जाकर देखा कि सब के सब गोप नींद से अचेत पड़े हुए हैं। उन्होंने अपने पुत्र को यशोदाजी की शय्या पर सुला दिया और उनकी नवजात कन्या लेकर वे बन्दीगृह में लौट आये। जेल में पहुँचकर वसुदेवजी ने उस कन्या को देवकी की शय्या पर सुला दिया और अपने पैरों में बेड़ियाँ डाल लीं तथा पहले की तरह वे बन्दीगृह में बन्द हो गये। उधर नन्द-पत्नी यशोदाजी को इतना तो मालूम हुआ कि उन्हें कोई सन्तान हुई है, परन्तु वे यह न जान सकीं कि पुत्र है या पुत्री, क्योंकि एक तो उन्हें सन्तान जनन में बड़ा कष्ट हुआ था और दूसरे योगमाया ने उन्हें अचेत कर दिया था।

योगमाया की आकाशवाणी

जब वसुदेवजी लौट आये, तब नगर के बाहरी और भीतर सब दरवाजे अपने आप ही पहले की तरह बन्द हो गये। इसके बाद नवजात शिशु के रोने की ध्वनि सुनकर द्वारपालों की नींद टूट गयी। वे तुरन्त भोजराज कंस के पास गये और देवकी को सन्तान होने की बात कही। कंस तो बड़ी आकुलता और घबड़ाहट के साथ इसी की प्रतीक्षा कर रहा था। द्वारपालों की बात सुनते ही वह झटपट पलंग से उठ खड़ा हुआ और बड़ी शीघ्रता से सूतिकागृह की ओर झपटा। वह यह सोचकर व्याकुल हो रहा था कि इस बार तो मेरे काल का ही आना हुआ है। उसके बाल बिखरे हुए थे वह रास्ते में कई जगह लड़खड़ा कर गिरते-गिरते बचा।

कंस के बन्दीगृह में पहुँचने पर सती देवकी ने बड़े दु:ख और करुणा से अपने भाई से कहा, "मेरे हितैषी भाई, यह कन्या तो तुम्हारी पुत्री के समान है। स्त्री-जाति की है। तुम्हें स्त्री की हत्या कदापि नहीं करनी चाहिये। भैया, तुमने दैववश मेरे बहुत से अग्नि के समान तेजस्वी बालक मार डाले। अब केवल यही एक कन्या बची है, इसे तो मुझे दे दो। अवश्य ही मैं तुम्हारी छोटी बहिन हूँ। मेरे बहुत से बच्चे मर गये हैं, इसलिये मैं अत्यंत दीन हूँ। मेरे प्यारे और समर्थ भाई, तुम मुझ मंदभागिनी को यह अन्तिम सन्तान अवश्य दे दो।"

कन्या को अपनी गोद में छिपाकर देवकीजी ने अत्यंत दीनता के साथ रोते-रोते याचना की। परन्तु कंस ने देवकीजी को झिड़ककर उनके हाथ से वह कन्या छीन ली। अपनी उस नन्हीं सी नवजात भानजी के पैर पकड़कर कंस ने उसे बड़े जोर से एक चट्टान पर दे मारा। परन्तु श्रीकृष्ण की वह छोटी बहिन साधारण

कन्या तो थी नहीं, साक्षात् योगमाया थी। कंस के हाथ से छूटकर तुरन्त ही आकाश में चली गयी और अपने बड़े-बड़े आठ हाथों में आयुध लिये हुई दीख पड़ी। वह दिव्य माला, वस्त्र, चन्दन और मणिमय आभूषणों से विभूषित थी। उसके हाथों में धनुष, त्रिशूल, बाण, ढाल, तलवार, शंख, चक्र और गदा थे आठ आयुध थे। सिद्ध, चारण, गन्धर्व, अप्सरा, किन्नर और नागगण बहुत सी भेंट की सामग्री समर्पित करके उसकी स्तुति कर रहे थे। उस समय देवी ने कंस से यह कहा, "अरे मूर्ख कंस, मुझे मारने से तुझे क्या मिलेगा ? तेरे पूर्व जन्म का शत्रु तुझे मारने के लिये किसी स्थान पर पैदा हो चुका है। अब तू व्यर्थ निर्दोष बालकों की हत्या मत किया कर।" कंस से इस प्रकार कहकर भगवती योगमाया अन्तर्धान हो गयीं और पृथ्वी के अनेक स्थानों में विभिन्न नामों से प्रसिद्ध हुईं।

देवी की यह बात सुनकर कंस को असीम आश्चर्य हुआ। उसने उसी समय देवकीजी को कैद से छोड़ दिया और बहुत नम्रता से उनसे कहा, "मेरी प्यारी बहिन और बहनोईजी, हाय हाय मैं बहुत पापी हूँ। मैंने तुम्हारे बहुत से बच्चे मार डाले। इस बात का मुझे बहुत खेद है। वास्तव में मैं ब्रह्मघाती के समान जीवित होने पर भी मुर्दा ही हूँ। केवल मनुष्य ही झूठ नहीं बोलते, विधाता भी झूठ बोलते हैं। उसी पर विश्वास करके मैंने अपनी बहिन के बच्चे मार डाले। ओह, मैं कितना पापी हूँ। तुम दोनों महात्मा हो। अपने पुत्रों के लिये शोक मत करो। मेरी प्यारी बहिन, यद्यपि मैंने तुम्हारे पुत्रों को मार डाला, फिर भी तुम उसके लिये शोक मत करो। क्योंकि सभी प्राणियो को विवश होकर अपने कर्म का फल भोगना पड़ता है। मेरी यह दुष्टता तुम दोनों क्षमा करो, क्योंकि तुम बड़े ही साधु स्वभाव के और दीनों के रक्षक हो।" ऐसा कहकर कंस ने अपनी बहिन देवकी और वसुदेवजी के चरण पकड़ लिये। उसकी आँखों से आँसू बह रहे थे। इसके बाद उसने योगमाया के वचनों पर विश्वास करके देवकी और वसुदेव को कैद से छोड़ दिया और वह तरह-तरह से अपना प्रेम प्रकट करने लगा। जब देवकी ने देखा कि भाई कंस को सचमुच ग्लानि और पश्चाताप हो रहा है, तो उन्होंने उसे क्षमा कर दिया। वसुदेव ने भी उसकी इस दशा को देखकर उसे क्षमा कर दिया। कंस उनकी अनुमति लेकर अपने महल में चला गया।

प्रातःकाल उठकर कंस ने सारी बातें अपने मंत्रियों को बतलायीं। कंस के मंत्री दैत्य थे। वे देवताओं से स्वभावतः चिढ़ते और ईर्ष्या करते थे। अतः उन्होंने कंस को यह मंत्रणा दी, भोजराज, यदि ऐसी बात है तो हम आज ही बड़े-बड़े नगरों में, छोटे-छोटे गाँवों में, अहीरों की बस्तियों में और दूसरे स्थानों में जितने बच्चे हुए हैं, वे चाहे दस दिन से अधिक के हों या कम के, सबको आज ही मार

डालेंगे। भोजराज देवताओं की जड़ है विष्णु और वह वहाँ रहता है, जहाँ सनातन धर्म है। सनातन धर्म की जड़ हैं—वेद, गौ, ब्राह्मण, तपस्या और वे यज्ञ, जिनमें दक्षिणा दी जाती है। इसलिये, राजन्, हमलोग वेदवादी ब्राह्मण, तपस्वी, याज्ञिक और यज्ञ के लिये घी आदि हविष्य पदार्थ देनेवाली गायों का पूर्ण रूप से नाश कर डालेंगे। ब्राह्मण, गौ, वेद, तपस्या, सत्य, इन्द्रियदमन, मनोनिग्रह, श्रद्धा, दया, तितिक्षा और यज्ञ विष्णु के शरीर हैं। वह विष्णु ही सारे देवताओं का स्वामी तथा असुरों का प्रधान द्वेषी है। परन्तु वह किसी गुफा में छिपा रहता है। महादेव, ब्रह्मा और सारे देवताओं की जड़ वही है। उसको मार डालने का उपाय है कि ऋषियों को मार डाला जाय।"

मंत्रियों की मंत्रणा सुनकर कंस की बुद्धि एकदम परिवर्तित हो गयी। उसने हिंसाप्रेमी राक्षसों को संतपुरुषों और ब्राह्मणों की हिंसा करने का आदेश दे दिया। वे इच्छानुसार रूप धारण कर संतपुरुषों की हत्या करने लगे।

अध्याय—२

गोकुल में भगवान्-जन्म महोत्सव

नन्दबाबा बड़े मनस्वी और उदार थे। पुत्र का जन्म होने पर तो उनका हृदय विलक्षण आनन्द से भर गया। उन्होंने स्नान किया और पवित्र होकर सुन्दर-सुन्दर वस्त्राभूषण धारण किये। फिर वेदज्ञ ब्राह्मणों को बुलवाकर स्वस्तिवाचन और अपने पुत्र का जातकर्म-संस्कार करवाया। साथ ही देवताओं और पितरों की विधिपूर्वक पूजा भी करवायी। उन्होंने ब्राह्मणों को वस्त्र और आभूषणों से सुसज्जित दो लाख गौएँ दान कीं। रत्नों और सुनहले वस्त्रों से ढके हुए तिल के साथ पहाड़ दान किये। उस समय ब्राह्मण, सूत, मागध और बंदीजन मंगलमय आशीर्वाद देने तथा स्तुति करने लगे। गायक गाने लगे। भेरी और दुन्दुभियाँ बार-बार बजने लगीं।

व्रजमण्डल के सभी घरों के द्वार, आँगन और भीतरी भाग झाड़-बुहार दिये गये। उनमें सुगंधित जल का छिड़काव किया गया; उन्हें चित्र-विचित्र ध्वजा-पताका, पुष्पों की मालाओं, रंग-बिरंगे वस्त्रों और पल्लवों की बन्दनवारों से सजाया गया। गाय, बैल और बछड़ों के अंगों में हल्दी-तेल का लेप कर दिया गया और उन्हें गेरू आदि रंगीन धातुएँ, मोरपंख, फूलों के हार, तरह-तरह के सुन्दर वस्त्र और सोने की जंजीरों से सजा दिया गया। सभी ग्वाल बहुमूल्य वस्त्र गहने, अँगरखे और पगड़ियों से सुसज्जित होकर और अपने हाथों में भेंट की बहुत सी सामग्रियाँ लेकर नन्दबाबा के घर आये।

यशोदाजी के पुत्र हुआ है, यह सुनकर गोपियों को अपार आनन्द हुआ। उन्होंने सुन्दर-सुन्दर वस्त्र, आभूषण और अंजन आदि से अपना श्रृंगार किया। गोपियों के मुख कमल के समान प्रस्फुटित और सुन्दर थे। उन पर लगी हुई कुंकुम ऐसी प्रतीत होती थी, मानो कमल की केशर हो। वे भेंट की विविध सामग्रियाँ लेकर जल्दी-जल्दी यशोदाजी के पास चलीं। उस समय शीघ्रता से चलने के कारण उनके पयोधर हिल रहे थे। गोपियों के कानों में कुण्डल झिलमिला रहे थे। गले में सोने के हार जगमगा रहे थे। वे बड़े सुन्दर-सुन्दर रंग-बिरंगे वस्त्र पहने हुए थीं। मार्ग में उनकी चोटी में गुँथे हुए फूल बरसते जा रहे थे। हाथों में जड़ाऊ कंगन अलग ही चमक रहे थे। उनके कानों के कुंडल, और हार हिलते जाते थे। इस प्रकार नन्दबाबा के घर जाते समय उनकी शोभा बड़ी अनूठी जान पड़ती

थी । नन्दबाबा के घर जाकर वे नवजात शिशु को आशीर्वाद देतीं, "यह चिरंजीवी हो, भगवन्, इसकी रक्षा करो ।' और लोगों पर हल्दी-तेल से मिला हुआ पानी छिड़क देतीं तथा ऊँचे स्वर से मंगलगान करती थीं ।

भगवान् श्रीकृष्ण समस्त जगत् के एकमात्र स्वामी हैं । उनके ऐश्वर्य, माधुर्य, वात्सल्य—सभी अनन्त हैं । वे जब नन्दबाबा के व्रज में प्रकट हुए, उस समय उनके जन्म का महान् उत्सव मनाया गया । उसमें बड़े-बड़े विचित्र और मंगलमय बाजे बजाये जाने लगे । आनन्द से मतवाले होकर गोपगण एक दूसरे पर दही, दूध, घी और पानी उँड़ेलने लगे । एक दूसरे के मुँह पर मक्खन मलने लगे और मक्खन फेंक-फेंककर आनन्दोत्सव मनाने लगे ।

नन्दबाबा ने गोपों को बहुत से वस्त्र, आभूषण और गौएँ दीं । सूत, मागध, बन्दीजनों, नर्तकों, वाद्यकारों तथा अन्य गुणीजनों को भी नन्दबाबा ने प्रसन्नतापूर्वक उनकी मुँह माँगी वस्तुएँ देकर उनका यथोचित सत्कार किया । यह सब करने में उनका उद्देश्य यही था कि भगवान् विष्णु प्रसन्न हों और मेरे इस नवजात शिशु का मंगल हो । नन्दबाबा के अभिनन्दन करने पर परम सौभाग्यवती रोहिणीजी दिव्य वस्त्र, माला और गले के भाँति-भाँति के गहनों से सुसज्जित होकर गृहस्वामिनी की भाँति आने-जाने वाली स्त्रियों का सत्कार करती हुई विचर रही थीं ।

उस दिन से नन्द बाबा के व्रज में सब प्रकार की ऋद्धियाँ-सिद्धियाँ अठखेलियाँ करने लगीं और भगवान् श्रीकृष्ण के निवास तथा अपने स्वाभाविक गुणों के कारण वह लक्ष्मीजी का क्रीड़ास्थल बन गया । कुछ दिनों के बाद नन्दबाबा ने गोकुल की रक्षा का भार तो दूसरे गोपों को सौंप दिया और वे स्वयं कंस का कर चुकाने के लिये मथुरा चले गये । जब वसुदेवजी को यह मालूम हुआ कि हमारे भाई नन्दजी मथुरा में आये हैं और राजा कंस को उसका कर भी दे चुके हैं, तब वे जहाँ नन्दबाबा ठहरे हुए थे, वहाँ गये । वसुदेवजी को देखते ही नन्दजी सहसा उठकर खड़े हो गये मानो मृतक शरीर में प्राण आ गया हो । उन्होंने बड़े प्रेम से अपने परम प्रिय वसुदेवजी को दोनों हाथों से पकड़कर हृदय से लगा लिया । नन्द बाबा उस समय प्रेम से विह्वल हो रहे थे । उन्होंने वसुदेवजी का बड़ा स्वागत-सत्कार किया । वे आराम से बैठ गये । उस समय उनका चित्त अपने पुत्रों में लग रहा था । वे नन्दबाबा से कुशल-मंगल पूछकर कहने लगे, "भाई, तुम्हारी अवस्था बहुत ढल चली थी, यहाँ तक कि तुम्हें सन्तान की कोई आशा भी नहीं थी । यह बड़े सौभाग्य की बात है कि अब तुम्हें सन्तान प्राप्त हो गयी । यह भी बड़े आनन्द का विषय है कि आज हम लोगों का मिलना हो गया । अपने प्रेमियों का मिलना भी बड़ा दुर्लभ है । जैसे नदी के प्रबल प्रवाह में बहते हुए बेड़े और तिनके सदा

एक साथ नहीं रह सकते, वैसे ही सगे-सम्बन्धी और प्रेमियों का भी एक स्थान पर रहना संभव नहीं है—यद्यपि यह सब को प्रिय लगता है। सबके प्रारब्ध-कर्म अलग-अलग होते हैं, इसलिये अलग-अलग रहना भी स्वाभाविक है।"

वसुदेवजी ने अपना कहना जारी रक्खा, "आजकल, तुम जिस महावन में अपने भाई-बन्धु और स्वजनों के साथ रहते हो उसमें जल, घास और लता-पत्रादि तो भरे-पूरे हैं न? वह वन पशुओं के लिये अनुकूल और सब प्रकार के रोगों से तो बचा है? भाई, मेरा पुत्र अपनी माँ (रोहिणी) के साथ तुम्हारे व्रज में रहता है। उसका लालन-पोषण यशोदाजी और तुम करते हो, इसलिये वह तो तुम्हीं को अपने माता-पिता मानता होगा। वह अच्छी तरह है न?"

नन्दबाबा ने कहा, "भाई वसुदेव, कंस ने देवकी के गर्भ से उत्पन्न तुम्हारे कई पुत्र मार डाले। अन्त में एक सबसे छोटी कन्या बच रही थी, वह भी स्वर्ग सिधार गयी। इसमें सन्देह नहीं कि प्राणियों का सुख-दुःख भाग्य पर ही अवलम्बित है। भाग्य ही प्राणी का एकमात्र आश्रय है।"

वसुदेवजी ने कहा, "भाई, तुमने राजा कंस को उसका सालाना कर चुका दिया। हम दोनों मिल भी चुके। अब तुम्हें यहाँ अधिक दिन नहीं ठहरना चाहिये, क्योंकि आजकल गोकुल में बड़े-बड़े उत्पात हो रहे हैं।" तदनन्तर नन्द आदि गोपों ने वसुदेव जी से अनुमति लें, बैलों से जुते हुए छकड़ों पर सवार होकर गोकुल की यात्रा की।

नामकरण-संस्कार

यदुवंशियों के कुल-पुरोहित थे, श्रीगर्गाचार्यजी। वे बड़े तपस्वी और विद्वान् थे। वसुदेवजी की प्रेरणा से वे एक दिन नन्दबाबा के गोकुल में आये। उन्हें देखकर नन्दबाबा को बहुत प्रसन्नता हुई। वे हाथ जोड़ कर उठ खड़े हुए। उनके चरणों में प्रणाम किया। 'ये स्वयं भगवान ही हैं' इस भाव से उनकी पूजा की। जब गर्गाचार्यजी आराम से बैठ गये और विधिवत उनका आतिथ्य-सत्कार हो गया, तब नन्दबाबा ने बड़ी ही मधुरवाणी से उनका अभिनन्दन किया और कहा, "भगवन, आप तो स्वयं पूर्णकाम हैं, फिर मैं आपकी क्या सेवा करूँ? आप-जैसे महात्माओं का हमारे-जैसे गृहस्थों के घर आ जाना ही परम कल्याण का कारण है। हम तो घरबार में इतने उलझे रहे हैं कि हम आपके आश्रम तक जा भी नहीं सकते। हमारे कल्याण के सिवा आपके आगमन का और कोई हेतु नहीं है। प्रभो, जो बात साधारणतः इन्द्रियों की पहुँच के बाहर है अथवा भूत और भविष्य के गर्भ में निहित है, वह भी ज्योतिषशास्त्र के द्वारा प्रत्यक्ष जान ली जाती है।

आपने उसी ज्योतिषशास्त्र की रचना की है। आप ब्रह्मवेत्ताओं में श्रेष्ठ हैं। इसलिये मेरे इन दोनों बालकों के नामकरणादि संस्कार आप ही कर दीजिये।''

नन्दबाबा की प्रार्थना सुनकर गर्गाचार्य ने कहा, ''नन्दजी, मैं सर्वत्र यदुवंशियों के आचार्य के रूप में प्रसिद्ध हूँ। यदि मैं तुम्हारे पुत्रों के नामकरण-संस्कार करूँगा, तो लोग समझ जाएँगे कि ये तो देवकी के पुत्र हैं। कंस की बुद्धि अत्यंत कुटिल और बुरी है। वह पाप ही सोचा करती है। वसुदेवजी के साथ तुम्हारी बड़ी घनिष्ठ मित्रता है। जब से देवकी की कन्या से उसने यह बात सुनी है कि उसको मारनेवाला और कहीं पैदा हो गया है, तब से वह यही सोचा करता है कि देवकी के आठवें गर्भ से कन्या का जन्म नहीं होना चाहिये। यदि मैं तुम्हारे पुत्रों का संस्कार कर दूँ और वह इन्हें वसुदेव का पुत्र समझ कर मार डाले, तो हमसे बड़ा अन्याय हो जायगा।''

नन्दबाबा ने कहा, ''आचार्यजी, आप चुपचाप इस एकान्त गोशाला में केवल स्वस्तिवाचन करके इनका द्विजाति-समुचित नाम-संस्करण मात्र कर दीजिये। मेरे सगे-संबंधी भी इस बात को न जानने पायें।'' गर्गाचार्य तो संस्कार करना चाहते ही थे। जब नन्दबाबा ने उनसे इस प्रकार प्रार्थना की, तब उन्होंने एकान्त में छिपकर गुप्तरूप से दोनों बालकों का नामकरण-संस्कार कर दिया। गर्गाचार्य ने कहा, ''यह रोहिणी का पुत्र है। इसलिये इसका नाम होगा 'रौहिणेय'। यह अपने सगे-संबंधी और मित्रों को अपने गुणों से अत्यंत आनन्दित करेगा, इसलिये इसका दूसरा नाम होगा 'राम'। इसके बल की कोई सीमा नहीं है, अतः इसका नाम 'बल' भी है। यह यादवों और तुम लोगों में फूट पड़ने पर मेल करायेगा, इसलिये इसका एक नाम 'संकर्षण' भी है।''

''यह जो साँवला-साँवला है, यह प्रत्येक युग में शरीर धारण करता है। पिछले युगों में इसने क्रमशः श्वेत, रक्त और पीत—ये तीन विभिन्न रंग स्वीकार किये थे। अब की यह कृष्ण वर्ण हुआ है, इसलिये इसका नाम 'कृष्ण' होगा। नन्दजी, यह तुम्हारा पुत्र पहले कभी वसुदेवजी के घर भी पैदा हुआ था, इसलिये इस रहस्य के जाननेवाले लोग इसे 'श्रीमान् वासुदेव' भी कहते हैं। तुम्हारे पुत्र के और भी बहुत से नाम हैं तथा रूप भी अनेक हैं। इसके जितने गुण हैं और जितने कर्म, उन सब के अनुसार इसके पृथक्-पृथक् नाम पड़ जाते हैं। मैं तो उन नामों को जानता हूँ, परन्तु संसार के साधारण लोग नहीं जानते। यह तुम लोगों का परम कल्याण करेगा। समस्त गोप और गौओं को यह बहुत ही आनन्दित करेगा। इसकी सहायता से तुम लोग बड़ी-बड़ी विपत्तियों को बड़ी सुगमता से पार कर लोगे। जो मनुष्य तुम्हारे इस साँवले-सलोने शिशु से प्रेम करते हैं, वे

बड़े भाग्यवान् हैं। जैसे विष्णु भगवान् के करकमलों की छत्रछाया में रहनेवाले देवताओं को असुर नहीं जीत सकते, वैसे ही इससे प्रेम करनेवालों को भीतर या बाहर के किसी भी प्रकार के शत्रु नहीं जीत सकते। नन्दजी, चाहे जिस दृष्टि से देखें—गुण में, सम्पत्ति और सौन्दर्य में, कीर्ति और प्रभाव में तुम्हारा यह बालक साक्षात् भगवान् नारायण के समान है। तुम बहुत सावधानी और तत्परता से इसकी रक्षा करो।" इस प्रकार नन्दबाबा को भली-भाँति समझाकर, आदेश देकर गर्गाचार्यजी अपने आश्रम को लौट गये। उनकी बात सुनकर नन्दबाबा को बड़ा ही आनन्द हुआ। उन्होंने ऐसा समझा कि मेरी सभी आशाएँ और लालसाएँ पूरी हो गयीं। मैं अब कृतकृत्य हो गया।

शिशु-अवस्था में ही श्रीकृष्ण के अलौकिक कृत्य

पूतना नाम की एक अत्यन्त क्रूर राक्षसी थी। उसका एक ही काम था बच्चों को मारना। कंस की आज्ञा से वह नगर, ग्राम और अहीरों की बस्तियों में बच्चों को मारने के लिये घूमा करती थी। वह पूतना आकाश मार्ग से चल सकती थी और अपनी इच्छा के अनुसार रूप भी बना लेती थी। एक दिन नन्दबाबा के गोकुल के पास आकर उसने माया से अपने को एक सुन्दरी युवती बना लिया और गोकुल के भीतर प्रविष्ट हो गयी। उसकी चोटियों में बेले के फूल गुंथे हुए थे। सुन्दर वस्त्र पहने हुए थी। जब उसके कर्णफूल हिलते थे, तब उनकी चमक से मुख की ओर लटकी हुई अलकें और भी शोभायमान हो जाती थीं। उसके नितम्ब और कुच-कलश ऊँचे-ऊँचे थे और कमर पतली थी। वह अपनी मधुर मुसकान और कटाक्षपूर्ण चितवन से ब्रजवासियों का चित्त चुरा रही थी। उस रूपवती रमणी को हाथ में कमल लेकर आते देख गोपियाँ ऐसी उत्प्रेक्षा करने लगीं, मानो स्वयं लक्ष्मीजी अपने पति का दर्शन करने के लिये आ रही हैं।

पूतना अनायास ही नन्दबाबा के घर में घुस गयी। वहाँ उसने देखा कि बालक श्रीकृष्ण शय्या पर सोये हुए हैं। भगवान् श्रीकृष्ण दुष्टों के काल हैं। परन्तु जैसे आग राख की ढेरी में अपने को छिपाये हुए हो, वैसे ही उस समय उन्होंने अपने प्रचण्ड तेज को छिपा रखा था। भगवान् श्रीकृष्ण चर-अचर सभी प्राणियों के आत्मा हैं। इसलिये उन्होंने उसी क्षण जान लिया कि यह बच्चों को मार डालनेवाला पूतना-ग्रह है। उन्होंने अपने नेत्र बन्द कर लिये। जैसे कोई पुरुष भ्रमवश सोये हुए साँप को रस्सी समझकर उठा ले, वैसे ही अपने कालरूप भगवान् श्रीकृष्ण को पूतना ने अपनी गोद में उठा लिया।

मखमली म्यान के भीतर छिपी हुई तीखी धारवाली तलवार के समान पूतना

का हृदय तो बड़ा कुटिल और कठोर था, किन्तु ऊपर से वह बहुत मधुर औ सुन्दर व्यवहार कर रही थी। देखने में वह एक भद्र महिला के समान जान पड़ती थी। इसलिये रोहिणीजी और यशोदाजी ने उसे घर के भीतर आयी देखकर उसकी सौन्दर्य-प्रभा से हतप्रतिभ सी होकर कोई रोक-टोक नहीं की, चुपचाप खड़ी-खड़ी देखती रहीं। इधर भयानक और क्रूरकर्मिणी राक्षसी पूतना ने बालक श्रीकृष्ण को अपनी गोद में लेकर उनके मुंह में अपना स्तन दे दिया, जिसमें बड़ा भयंकर और किसी भी प्रकार न पच सकनेवाला विष लगा हुआ था। भगवान् ने क्रोध को अपना साथी बनाया और वे दोनों हाथों से उसके स्तनों को जोर से दबाकर उसके प्राणों के साथ उसका दूध पीने लगे। अब तो पूतना के प्राणों के आश्रयभूत सभी मर्मस्थान फटने लगे। वह आर्तभाव से चिल्लाने लगी, "अरे छोड़ दे, छोड़ दे, अब बस कर।" वह बार-बार अपने हाथ और पैर पटक-पटक कर रोने लगी। उसके नेत्र उलट गये। उसका सारा शरीर पसीने से लथपथ हो गया। उसकी चिल्लाहट का वेग बड़ा भयंकर था। उसके प्रभाव से पहाड़ों के साथ पृथ्वी और ग्रहों के साथ अन्तरिक्ष भी डगमगा उठा। सातों पाताल और दिशाएँ गूंज उठीं। बहुत से लोग वज्रपात की आशंका से पृथ्वी पर गिर पड़े। इस प्रकार निशाचरी पूतना के स्तनों में इतनी मर्मान्तिक वेदना हुई कि वह अपने को छिपा न सकी, राक्षसी रूप में प्रकट हो गयी। उसके शरीर से प्राण निकल गये, मुंह फट गया, बाल बिखर गये और हाथ-पाँव फैल गये।

पूतना के शरीर ने गिरते-गिरते भी छः कोस के भीतर के वृक्षों को कुचल डाला। यह बड़ी अद्भुत घटना हुई। पूतना का शरीर बड़ा भयानक था, उसका मुँह हल के समान तीखी और भयंकर दाढ़ों से युक्त था। उसके नथुने पहाड़ की गुफा के समान गहरे थे और स्तन पहाड़ से गिरी हुई चट्टानों की तरह बड़े-बड़े थे। आँखें अंधे कुएँ के समान गहरी, नितम्ब नदी के करार की तरह भयंकर, भुजाएँ, जाँघें और पैर नदी के पुल के समान तथा पेट सूखे हुए सरोवर की भाँति जान पड़ता था। पूतना के उस विकराल शरीर को देखकर सब के सब ग्वाल और गोपी डर गये। उसकी भयंकर चिल्लाहट सुनकर उनके हृदय, कान और सिर तो पहले ही फट से रहे थे। जब गोपियों ने देखा कि बालक श्रीकृष्ण उसकी छाती पर निर्भय होकर खेल रहे हैं, तब उन्होंने बड़ी घबराहट और उतावली के साथ वहाँ पहुँचकर श्रीकृष्ण को उठा लिया।

इसके बाद यशोदा और रोहिणी के साथ गोपियों ने गाय की पूंछ घुमाने आदि उपायों से बालक श्रीकृष्ण के अंगों की सब प्रकार से रक्षा की। उन्होंने पहले बालक श्रीकृष्ण को गोमूत्र से स्नान कराया, फिर सब अंगों में गो-रज लगायी

और फिर बारहों अंगों में गोबर लगाकर भगवान् के केशव आदि नामों से रक्षा की। इसके बाद गोपियों ने 'अज' आदि ग्यारह बीजमंत्रों से अपने शरीरों में अलग-अलग अंगन्यास एवं करन्यास किया और फिर बालक के अंगों में बीजन्यास किया। वे कहने लगीं, "अजन्मा भगवान् तेरे पैरों की रक्षा करें, मणिमान घुटनों की, यज्ञपुरुष जाँघों की, अच्युत कमर की, हयग्रीव पेट की, केशव हृदय की, ईश वक्षस्थल की, सूर्य कण्ठ की, विष्णु बाँहों की, उरुक्रम मुख की और ईश्वर सिर की रक्षा करें।" इस प्रकार गोपियों ने प्रेमपाश में बँधकर भगवान् श्रीकृष्ण की रक्षा के उपाय किये। माता यशोदा ने अपने पुत्र को स्तन पिलाया और फिर पालने पर सुला दिया।

इसी समय नन्दबाबा और उनके साथी गोप मथुरा से गोकुल पहुँचे। जब उन्होंने पूतना का भयंकर शरीर देखा, तब वे आश्चर्यचकित हो गये। तब तक ब्रजवासियों ने पूतना के शरीर को टुकड़े-टुकड़े कर डाला और गोकुल से दूर ले जाकर लकड़ियों पर रखकर जला डाला। जब उसका शरीर जलने लगा, तब उसमें से ऐसा धुआँ निकला जिससे अगर की सी सुगन्ध आ रही थी। क्यों न हो, भगवान् ने जो उसका दूध पी लिया था जिससे उसके सारे पाप तत्काल ही नष्ट हो गये थे। पूतना भयंकर राक्षसी थी। लोगों के बच्चों को मार डालना और उनका खून पी जाना—यही उसका काम था। श्रीकृष्ण भगवान् को भी उसने मार डालने की इच्छा से ही स्तन पिलाया था। फिर भी उसे वह सद्गति मिली, जो सत्पुरुषों को मिलती है।

उदारशिरोमणि नन्दबाबा ने मृत्यु के मुख से निकले हुए अपने लाला को गोद में उठा लिया और बार-बार उसका सिर सूंघ कर मन ही मन बहुत आनन्दित हुए।

शकट-भंजन

एक बार भगवान् श्रीकृष्ण के करवट बदलने का अभिषेक-उत्सव मनाया जा रहा था। उसी दिन उनका जन्म-नक्षत्र भी था। घर में बहुत-सी स्त्रियों की भीड़ लगी हुई थी। गाना-बजाना हो रहा था। उन्हीं स्त्रियों के बीच में खड़ी हुई यशोदाजी ने अपने पुत्र का अभिषेक किया। उस समय ब्राह्मण लोग मंत्र पढ़कर आशीर्वाद दे रहे थे। नन्दरानी यशोदा ने ब्राह्मणों का खूब पूजन-सम्मान किया। उन्हें अन्न, वस्त्र, माला, गाय आदि मुँहमाँगी वस्तुएँ दीं। जब यशोदा ने उन ब्राह्मणों द्वारा स्वस्तिवाचन कराकर स्वयं बालक के नहलाने आदि का कार्य सम्पन्न कर दिया, तब यह देखकर कि मेरे लल्ला के नेत्रों में नींद आ रही है, अपने पुत्र

को धीरे से शय्या पर सुला दिया। थोड़ी देर में श्यामसुन्दर की आँखें खुलीं, तो वे स्तनपान के लिये रोने लगे। उस समय मनस्विनी यशोदाजी उत्सव में आए हुए ब्रजवासियों के स्वागत-सत्कार में बहुत ही तन्मय हो रही थीं। इसीलिये उन्हें श्रीकृष्ण का रोना नहीं सुनायी पड़ा। तब श्रीकृष्ण रोते-रोते अपने पाँव उछालने लगे। शिशु श्रीकृष्ण एक छकड़े के नीचे सोए हुए थे। उनके पाँव लाल-लाल कोंपलों के समान बड़े ही कोमल और नन्हें-नन्हें थे। परन्तु वह नन्हा-सा पाँव लगते ही विशाल छकड़ा उलट गया।

उस छकड़े पर दूध-दही आदि अनेक रसों से भरी हुई मटकियाँ और दूसरे बर्तन रखे हुए थे। वे सब के सब फूटफाट गये और छकड़े के पहिये तथा धुरे अस्त-व्यस्त हो गये, उसका जुआ भी टूट गया। करवट बदलने के उत्सव में जितनी भी स्त्रियाँ आयी हुई थीं, वे सब, और यशोदा, रोहिणी, नन्दबाबा और गोपगण इस विचित्र घटना को देखकर व्याकुल हो गये। वे आपस में कहने लगे, "अरे, यह क्या हो गया ? यह छकड़ा अपने-आप कैसे उलट गया ?" वे इसका कोई कारण निश्चित न कर सके। वहाँ खेलते हुए बालकों ने गोपों और गोपियों से कहा, "इस कृष्ण ने ही तो रोते-रोते अपने पाँव की ठोकर से इसे उलट दिया है, इसमें कोई सन्देह नहीं।" परन्तु गोपों ने उसे 'बालकों की बात' मानकर उस पर विश्वास नहीं किया। वे गोप उस बालक के अनन्त बल को नहीं जानते थे।'

तृणावर्त-उद्धार

एक दिन की बात है, सती यशोदाजी अपने प्यारे लल्ला को गोद में लेकर दुलार रही थीं। सहसा श्रीकृष्णजी चट्टान के समान भारी बन गये। वे उनका भार न सह सकीं। उन्होंने भार से पीड़ित होकर श्रीकृष्ण को पृथ्वी पर बैठा दिया। इस नयी घटना से वे अत्यन्त चकित हो रही थीं। इसके बाद उन्होंने भगवान् पुरुषोत्तम का स्मरण किया और घर के काम-काज में लग गयीं।

तृणावर्त नामक एक दैत्य था। वह कंस का निजी सेवक था। कंस की प्रेरणा से ही बवंडर के रूप में वह गोकुल में आया और बैठे हुए बालक श्रीकृष्ण को उड़ाकर आकाश में ले गया। उसने धूल उड़ाकर सारे गोकुल को ढँक दिया और लोगों की देखने की शक्ति हर ली। उसके अत्यंत भयंकर शब्द से दसों दिशाएँ काँप उठीं। सारा ब्रज दो घड़ी तक रज और तम से ढँका रहा। यशोदाजी ने अपने पुत्र को जहाँ बैठा दिया था, वहाँ जाकर देखा, तो श्रीकृष्ण वहाँ नहीं थे। उस समय तृणावर्त ने बवण्डर रूप से इतनी बालू उड़ा रखी थी कि सभी लोग अत्यन्त बेसुध और उद्विग्न हो गये थे। उन्हें अपना-पराया कुछ भी नहीं सूझ रहा

था। उस जोर की आँधी और धूल की वर्षा में अपने पुत्र का पता न पाकर यशोदाजी अत्यधिक चिन्तित होकर विह्वल हो गयीं। वे अपने पुत्र की याद करके बहुत ही दीन और कातर हो गयीं। बछड़े से बिछुड़ जाने पर जो गाय की दशा हो जाती है, वही दशा उनकी भी हो गयी। वे पृथ्वी पर गिर पड़ीं। बवंडर के शान्त होने पर जब धूल की वर्षा का वेग कम हो गया, तब यशोदाजी के रोने का शब्द सुनकर दूसरी गोपियाँ वहाँ दौड़ आयीं। नन्दनन्दन श्यामसुन्दर श्रीकृष्ण को न देखकर उनके हृदय में भी बड़ा संताप हुआ, उनकी आँखों से अश्रुधार बहने लगी। वे फूट-फूट कर रोने लगीं।

इधर तृणावर्त बवंडररूप से जब भगवान् श्रीकृष्ण को आकाश में उठा ले गया, तब उनके भारी बोझ को न सम्हाल सकने के कारण उसका वेग शान्त हो गया। वह अधिक चल न सका। अपने से भी भारी होने के कारण तृणावर्त श्रीकृष्ण को नीलगिरि की चट्टान समझने लगा। उन्होंने उसका गला ऐसा पकड़ा कि वह उस अद्भुत शिशु को अपने से अलग नहीं कर सका। वह असुर निश्चेष्ट हो गया। उसकी आँखें बाहर निकल आयीं। बोलती बन्द हो गयी। प्राण-पखेरू उड़ गये और बालक श्रीकृष्ण के साथ वह व्रज में गिर पड़ा।

वहाँ जो स्त्रियाँ इकट्ठी होकर रो रही थीं, उन्होंने देखा कि वह विकराल दैत्य आकाश से एक चट्टान पर गिर पड़ा और उसके प्रत्येक अंग चकनाचूर हो गये। भगवान् श्रीकृष्ण उसके वक्षस्थल पर लटक रहे थे। यह देखकर गोपियाँ विस्मित हो गयीं। उन्होंने झटपट वहाँ पहुँच कर श्रीकृष्ण को गोद में ले लिया और लाकर उन्हें माता यशोदाजी को दे दिया। बालक मृत्यु के मुख से सकुशल लौट आया। यद्यपि उसे राक्षस आकाश में उठा ले गया था, फिर भी वह बच गया। इस प्रकार बालक श्रीकृष्ण को फिर पाकर यशोदा आदि गोपियों तथा नन्द आदि गोपों को अत्यन्त आनन्द हुआ।

वे कहने लगे, "अहो, यह तो बड़े आश्चर्य की बात है। देखो तो सही, यह कितनी अद्भुत घटना घट गयी! यह नन्हा बच्चा राक्षस के द्वारा मृत्यु के मुख में डाल दिया गया था, परन्तु फिर जीता-जागता वापस लौट आया। उस हिंसक दुष्ट को उसके पाप ही खा गये। हमने ऐसा कौन-सा तप, भगवान् की पूजा, प्याऊ-पौसला, कुँआ-बावली, बाग-बगीचे आदि पूर्त कर्म, यज्ञ, दान अथवा जीवों की भलाई की थी, जिसके फलस्वरूप हमारा यह बालक मरकर भी अपने स्वजनों को सुखी करने के लिये फिर लौट आया? अवश्य ही यह हमारे बड़े सौभाग्य की बात है।"

यशोदाजी को विराट्रूप दर्शन

एक दिन की बात है, यशोदाजी अपने प्यारे शिशु को अपनी गोदी में लेकर बड़े स्नेह से स्तनपान करा रही थीं। वे वात्सल्य-स्नेह से इस प्रकार निमग्न थीं कि उनके स्तनों से स्वतः दूध झरता जा रहा था। जब वे प्रायः दूध पी चुके और माता यशोदा उनके रुचिर मुसकान से युक्त मुख को चूम रही थीं, उसी समय श्रीकृष्ण को जंभाई आ गयी और माता ने उनके मुँह में यह देखा। उसमें आकाश, अन्तरिक्ष, ज्योतिर्मण्डल, दिशाएँ, सूर्य, चन्द्रमा, अग्नि, वायु, समुद्र, द्वीप, पर्वत, नदियाँ, वन और समस्त चराचर प्राणी स्थित हैं। बात यह है कि स्नेहमय भगवान् को दूध पीने से तृप्ति ही नहीं होती थी। माँ के मन में शंका हुई कि कहीं अधिक दूध पीने से अपच न हो जाय। प्रेम सर्वदा अनिष्ट की आशंका उत्पन्न करता है। श्रीकृष्ण ने अपने मुख में विश्वरूप दिखाकर कहा, "अरी मैया तेरा दूध मैं अकेले ही नहीं पीता हूँ। मेरे मुख में बैठकर समस्त विश्व ही इसका पान कर रहा है। अतः तू, घबरा मत।"

अपने पुत्र के मुँह में इस प्रकार सहसा सारा जगत् देखकर मृगशावकनयनी यशोदाजी का सारा शरीर काँप उठा। उन्होंने अपनी बड़ी-बड़ी आँखें बन्द कर लीं। वे अत्यन्त आश्चर्य चकित हो गयीं। वात्सल्यमयी यशोदा माता अपने लाला के मुख में विश्व देखकर डर गयीं। परन्तु वात्सल्य-प्रेमरस प्लावित हृदय होने से उन्हें विश्वास नहीं हुआ। उन्होंने यह विचार किया कि यह विश्व का बखेड़ा लाला के मुँह में कहाँ से आ गया? हो न हो यह मेरी इन निगोड़ी आँखों की ही गड़बड़ी है। मानो इसी से उन्होंने अपनी आँखें बन्द कर लीं।

□□

अध्याय—३

बाललीला

कुछ ही दिनों में राम और श्याम घुटनों और हाथों के बल बकैयाँ चल-चल कर गोकुल में खेलने लगे। दोनों भाई अपने नन्हें-नन्हें पाँवों को गोकुल की कीचड़ में घसीटते हुए चलते। उस समय उनके पाँव और कमर के घुँघरू रुनझुन बजने लगते। वह शब्द बहुत भला मालूम पड़ता। वे दोनों स्वयं वह ध्वनि सुनकर खिल उठते। कभी-कभी वे रास्ते चलते किसी अज्ञात व्यक्ति के पीछे हो लेते। फिर जब देखते कि यह तो कोई दूसरा है, तब झक से रह जाते और डरकर अपनी माताओं—रोहिणीजी और यशोदाजी के पास लौट आते। माताएँ यह सब देखकर स्नेह से भर जातीं। उनके स्तनों से दूध की धारा बहने लगती थी। जब उनके दोनों नन्हें-नन्हें शिशु अपने शरीर में कीचड़ का अंगराग लगाकर लौटते, तब उनकी सुन्दरता और भी बढ़ जाती थी। माताएँ उन्हें आते ही दोनों हाथों से गोद में लेकर हृदय से लगा लेतीं और स्तनपान कराने लगतीं। जब वे दूध पीने लगते और बीच-बीच में मुसकरा-मुसकरा कर अपनी माताओं की ओर देखने लगते, तब वे उनकी मन्द-मन्द मुसकान, छोटी-छोटी दँतुलियाँ और भोलाभाला मुँह देखकर आनन्द के समुद्र में डूबने-उतराने लगतीं।

जब राम और श्याम कुछ और बड़े हुए, तब व्रज में घर के बाहर ऐसी-ऐसी बाललीलाएँ करने लगे, जिन्हें गोपियाँ देखती ही रह जातीं। जब वे किसी बैठे हुए बछड़े की पूँछ पकड़ लेते और बछड़े डरकर इधर-उधर भागते, तब वे दोनों और भी जोर से पूँछ पकड़ लेते और बछड़े उन्हें घसीटते हुए दौड़ने लगते। गोपियाँ अपने घर का काम-धंधा छोड़कर यही सब देखती रहतीं और हँसते-हँसते लोट-पोट होकर परम आनन्द में मग्न हो जातीं। कन्हैया और बलदाऊ दोनों ही बड़े चंचल और बड़े खिलाड़ी थे। वे कहीं हरिन, गाय आदि सींगवाले पशुओं के पास दौड़ जाते, तो कहीं धधकती हुई आग से खेलने के लिये कूद पड़ते। कभी काटने वाले कुत्तों के पास पहुँच जाते, तो कभी आँख बचाकर तलवार उठा लेते। कभी कुएँ या गड्ढे के पास जल में गिरते-गिरते बचते, कभी मोर आदि पक्षियों के निकट चले जाते और कभी काँटों की ओर बढ़ जाते थे। माताएँ उन्हें बहुत बरजतीं, पर उनकी एक भी न चल पाती। ऐसी स्थिति में घर का काम-धन्धा भी नहीं सम्हाल पातीं। उनका चित्त बच्चों को भय की वस्तुओं से बचाने की चिन्ता से अत्यन्त चंचल रहता था।

कुछ ही दिनों में यशोदा और रोहिणी के लाड़ले लाल घुटनों का सहारा लिये बिना अनायास ही खड़े होकर गोकुल में चलने-फिरने लगे। एक दिन साँवले-सलोने कन्हैया अपने सूने घर में स्वयं ही माखन चुरा रहे थे। उनकी दृष्टि मणि के खंभे में पड़े हुए प्रतिबिम्ब पर पड़ी। अब तो वे डर गये। अपने प्रतिबिम्ब से बोले, "अरे भैया, मेरी मैया से कहियो मत। तेरा भी बराबर का भाग मुझे स्वीकार है। खा ले, ले खा भैया।" यशोदा माता अपने पुत्र की तोतली बोली सुन रही थीं। उन्हें आश्चर्य हुआ; वे घर के भीतर घुस आयीं। माता को देखते ही श्रीकृष्ण ने अपने प्रतिबिम्ब को दिखाकर बात बदल दी। उन्होंने अपनी माँ से कहना प्रारम्भ किया, "मैया, मैया, यह कौन है? लोभवश तुम्हारा माखन चुराने के लिये आज घर में घुस आया है। मैं मना करता हूँ, तो मानता नहीं है और मैं क्रोध करता हूँ, तो यह भी क्रोध करता है। भैया तुम कुछ और मत सोचना। मेरे मन में माखन का तनिक भी लोभ नहीं है।"

अपने दुधमुँहे शिशु की प्रतिभा देखकर मैया आनन्द में मग्न हो गयीं।

एक दिन श्यामसुन्दर माता के बाहर जाने पर घर में ही माखन चोरी करने लगे। इतने में ही संयोगवश यशोदाजी लौट आयीं और अपने लाड़ले लाल को न देखकर पुकारने लगीं, "कन्हैया, कन्हैया, अरे ओ मेरे बाप, कहाँ है? क्या कर रहा है?" माताजी की बात सुनते ही माखनचोर श्रीकृष्ण डर गये और माखनचोरी से अलग हो गये। फिर थोड़ी देर चुप रहकर यशोदाजी से बोले, मैया, री मैया, यह जो तुमने मेरे पद्मराग जड़ा दिया है, इसकी लपट से मेरा हाथ जल रहा था। इसी से मैंने इसे माखन के मटके में डाल कर ठंडा किया था।" माता यशोदाजी कन्हैया की यह मधुर तोतली बोली सुनकर मुग्ध हो गयीं और 'आओ बेटा!' ऐसा कहकर लाला को गोद में उठा लिया और प्यार से चूमने लगीं।

एक दिन माता ने चोरी करने पर श्यामसुन्दर को धमकाया, डाँटा-फटकारा। बस, दोनों नेत्रों से आँसुओं की झड़ी लग गयी। करकमलों से आँखें मलने लगे। 'ऊँ-ऊँ-ऊँ' करके रोने लगे। गला रुँध गया। मुँह से बोला नहीं जाता था। बस, माता का धैर्य टूट गया। अपने आँचल से अपने लाला कन्हैया का मुँह पोंछा और बड़े प्यार से गले लगाकर बोलीं, "लाला, यह सब तुम्हारा ही है, यह चोर नहीं है।"

अब श्रीकृष्ण और बलरामजी अपनी ही उम्र के ग्वालबालों को अपने साथ लेकर खेलने के लिये व्रज में निकल पड़ते और व्रज की भाग्यवती गोपियों को निहाल करते हुए तरह-तरह के खेल खेलते। उनके बचपन की चंचलताएँ बड़ी आकर्षक और अलौकिक होती थीं। गोपियों को तो वे बड़ी ही सुन्दर और मधुर

लगतीं। एक दिन सब की सब इकट्ठी होकर नन्दबाबा के घर आयीं और यशोदा माता को सुना-सुना कर कन्हैया की शरारतों को बताने लगीं; अरी यशोदा, यह तेरा कान्हा बड़ा नटखट हो गया है। गाय दुहने का समय न होने पर भी, यह बछड़ों को खोल देता है और हम डाँटती हैं, तो ठठा-ठठा कर हँसने लगता है। यह चोरी के बड़े-बड़े उपाय करके हमारे दूध-दही को खा जाता है। केवल अपने ही खाता तो भी एक बात थी। यह तो सारा दही-दूध बानरों को बाँट देता है और जब वे भी पेट भर जाने पर नहीं खा पाते, तब यह हमारे मटकों को ही फोड़ डालता है। यदि घर में इसकी कोई चाही हुई वस्तु नहीं मिलती, तो यह घरवालों पर बहुत खीझता है और हमारे बच्चों को रुलाकर भाग जाता है। जब हम दही-दूध को छीकों पर रख देती हैं और इसके छोटे-छोटे हाथ वहाँ तक नहीं पहुँच पाते, तब यह बड़े-बड़े उपाय रचता है। कहीं दो-चार पीढ़ों को एक के ऊपर एक रख देता है। कहीं ऊखल पर चढ़ जाता है, तो कहीं ऊखल पर पीढ़ा रख देता है। कभी-कभी तो अपने किसी साथी के कंधे पर ही चढ़ जाता है। जब इतने पर भी इसका काम नहीं चलता, तब यह नीचे से ही उन बर्तनों में छेद कर देता है। इसे इस बात की पूरी जानकारी और पक्की पहचान रहती है कि किस छींके पर किस बर्तन में क्या रक्खा है। और ऐसे ढंग से छेद करना जानता है कि किसी को पता तक न चले। जब हम अपनी वस्तुओं को बहुत अंधेरे में छिपा देती हैं, तब, नन्दरानी, तुमने, इसे जो बहुत से मणिमय आभूषण पहना रक्खे हैं, उनके प्रकाश से अपने-आप ही सब कुछ देख लेता है। इसके शरीर में भी ऐसी ज्योति है कि जिससे इसे सब कुछ दीख जाता है।"

"यह इतना चालाक है कि कौन, कब और कहाँ रहता है, इसका पता रखता है और जब हम सब घर के काम-धन्धों में उलझी रहती हैं, तब यह अपना काम बना लेता है। ऐसा करके भी ढिठाई की बातें करता है—उलटे हमें ही चोर बनाता है और स्वयं घर का मालिक बन जाता है। तनिक देखो तो इसकी ओर, वहाँ तो चोरी के अनेक उपाय करके अपना काम बनाता है और यहाँ, मालूम हो रहा है मानो पत्थर की मूर्ति खड़ी हो। वाह हे भोलेभाले साधु!" इस प्रकार गोपियाँ कहती जातीं और पीत-चकित नेत्रों से युक्त श्रीकृष्ण के मुखकमल को देखती जातीं। उनकी यह दशा देखकर नन्दरानी यशोदाजी उनके मन का भाव ताड़ लेतीं और उनके हृदय में स्नेह और आनन्द की बाढ़ आ जाती। वे इस प्रकार हँसने लगतीं कि अपने लाड़ले कन्हैया को इस बात का उलाहना भी नहीं दे पातीं, डाँटने की बात तक नहीं सोच पातीं।

यहाँ इस बात को भलीभाँति समझ लेना चाहिये कि भगवान् श्रीकृष्ण का

लीलाधाम, भगवान् के लीलापात्र, भगवान् का लीला-शरीर और उनकी समस्त लीलाएँ प्राकृत नहीं होतीं। भगवान् में देह-देही का भेद नहीं है। परमात्मा का शरीर भूत-समुदाय से बना हुआ नहीं होता। उनका स्वरूप स्वेच्छामय सच्चिदा-नन्दस्वरूप होता है। वह पांचभौतिक कदापि नहीं है। भगवान् का सभी कुछ अप्राकृत होता है। इसी प्रकार यह माखनचोरी की लीला भी दिव्य ही है। गोपियों का तन, मन, धन सभी कुछ प्राणप्रियतम श्रीकृष्ण का था। वे संसार में जीती थीं श्रीकृष्ण के लिये। वे नित्यसिद्धा और साधनसिद्धा दो प्रकार की थीं, जो अपनी महान् साधना के फलस्वरूप भगवान् की सेवा करने के लिये तथा उनकी लीला में सहयोग करने के लिये गोपियों के रूप में अवतीर्ण हुई थीं। उनमें से कुछ पूर्व जन्म की देवकन्याएँ थीं, कुछ श्रुतियाँ, कुछ तपस्वी ऋषि थे और कुछ अनन्य भक्तजन। इनकी कथाएँ विभिन्न पुराणों में मिलती हैं।

गोपियों का समस्त जीवन कृष्णमय था। वे घर में रहती थीं श्रीकृष्ण के लिये और घर के सारे काम करती थीं श्रीकृष्ण के लिये। उनकी निर्मल और योगीन्द्र दुर्लभ पवित्र बुद्धि में श्रीकृष्ण के अतिरिक्त अपना कुछ था ही नहीं। प्रातःकाल निद्रा टूटने के समय से लेकर रात में सोने तक वे जो कुछ भी करती थीं, सब श्रीकृष्ण की प्रीति के लिये ही करती थीं यहाँ तक कि उनकी निद्रा भी श्रीकृष्ण में ही होती थी। स्वप्न और सुषुप्ति दोनों में ही वे श्रीकृष्ण की मधुर और शान्त लीला देखतीं और अनुभव करती थीं।

रात को दही जमाते समय श्यामसुन्दर की माधुरी छवि का ध्यान करती हुई प्रेममयी प्रत्येक गोपी यह अभिलाषा करती थी कि मेरा दही सुन्दर जमे, श्रीकृष्ण के लिये उसे बिलोकर मैं बढ़िया-सा और बहुत-सा माखन निकालूं। और उसे उतने ही ऊँचे छीके पर रक्खूं, जितने पर श्रीकृष्ण के हाथ आसानी से पहुँच सकें। फिर मेरे प्राणधन श्रीकृष्ण अपने सखाओं को साथ लेकर हँसते और क्रीड़ा करते हुए घर में पदार्पण करें, माखन लूटें और अपने सखाओं तथा बंदरों को लुटायें। वे आनन्द में मत्त होकर मेरे आँगन में नाचें और मैं किसी कोने में छिपकर इस लीला को अपनी आँखों से देखकर जीवन को कृतकृत्य और सफल करूँ और फिर अचानक ही पकड़कर हृदय से लगा लूं। भक्त शिरोमणि सूरदास जी ने इस मनो-कामना का हृदयग्राही चित्रण इस प्रकार किया है—

मैया री मोहि माखन भावै।
जो मेवा पकवान कहति तूं, मोहि नहीं रुचि आवै।
व्रज जुवती इक पाछैं ठाढ़ी, सुनत स्याम की बात।
मन-मन कहति कबहुं अपनैं घर, देखौं माखन खात॥

बैठें जाइ मथनियाँ ढिग, मैं तब रहौं छपानी।
सूरदास प्रभु अंतरजामी, ग्वालिनि-मन की जानी ।।

श्रीकृष्ण तो अंतर्यामी हैं, गोपी के मन की बात जान गये और उसके घर पहुँचे तथा उसके घर का माखन खाकर उसे परमान्दित किया। उसे इतना आनन्द हुआ कि वह फूली न समायी। सूरदासजी ने इस अलौकिक दृश्य का इस प्रकार चित्रण किया है—

फूलो फिरति ग्वालि मन में री।
पूछति सखी परस्पर बातैं पायो पर्यो कछू कहुँ तैं री ।।
पुलकित रोम-रोम, गदगद मुख बानी कहत न आवै।
ऐसो कहा आहि सो सखि री, हम कौं क्यों न सुनावै ।।
तन न्यारा, जिय एक हमारौ, हम तुम एकै रूप।
सूरदास कहै ग्वालि सखिनि सौं देख्यौ रूप अनूप ।।

वह गोपी फूल-फूली फिरने लगी। बार-बार जिज्ञासा करने पर कि वह इतनी प्रफुल्लित किस कारण है, उसके मुँह से केवल इतना ही निकला, "आज, मैंने अनूप रूप देखा है।" मात्र इतना कहने पर उसकी वाणी अवरुद्ध हो गयी। उसके प्रेम के आँसू बहने लगे।

सभी गोपियों की यही दशा थी। सूरदासजी ने गोपियों की दशा का अत्यन्त मनोवैज्ञानिक चित्रण किया है—

ब्रज घर-घर प्रगटी यह बात।
दधि माखन चोरी करि लै हरि, ग्वाल सखा सँग खात ।।
ब्रज-बनिता यह सुनि मन हरषित, सदन हमारैं आवैं।
माखन खात अचानक पावैं, भुज भरि उरहिं छुपावैं ।।
मनहीं मन अभिलाष करति सब, हृदय धरति यह ध्यान।
सूरदास प्रभु कौं घर में लै, दैहौं माखन खान ।।

इसी प्रकार एक दूसरे पद में उन्होंने इस प्रकार कहा है—

चली ब्रज घर-घरनि यह बात।
नंद-सुत, सँग सखा लीन्हें, चोरि माखन खात ।।
कोउ कहति, मेरे भवन भीतर, अबहिं पैठे धाइ।
कोउ कहति मोहि देखि द्वारैं, उतहिं गए पराइ ।।
कोउ कहति किहिं भाँति हरि कौं, देखौं अपने धाम।
हेरि माखन देउँ आछौ, खाइ जितनो स्याम ।।
कोउ कहति, मैं देखि पाऊँ भरि धरौं अंकवार।

कोउ कहति मैं बाँधि राखौं को सकै निरवार ।।
सूर प्रभु के मिलन कारन, करति बिबिध बिचार।
जोरि कर बिधि कौं मनावति पुरुष नंदकुमार ।।

अपने निजजन व्रजवासियों को सुखी करने के लिये ही तो भगवान् श्रीकृष्ण गोकुल में पधारे थे। माखन तो नंदबाबा के घर में कम न था। वे चाहे जितना खाते-लुटाते। परन्तु वे केवल नन्दबाबा के ही नहीं, सभी व्रजवासियों के अपने थे, सभी को सुख देना चाहते थे। गोपियों की लालसा पूरी करने के लिए ही वे उनके घर जाते और चुरा-चुरा कर माखन खाते। यह वास्तव में चोरी नहीं। भक्तवत्सल भगवान् श्रीकृष्ण भक्त की पूजा-उपासना स्वीकार कैसे न करें ? भाग्यवती गोपियों की मनःकामना भगवान् उनके घर-घर पधार कर पूर्ण करते। सूरदासजी ने गाया है—

प्रथम करी हरि माखन-चोरी।
ग्वालिनि मन इच्छा करि पूरन, आपु भजे ब्रज खोरी ।।
मन में यहै विचार करत हरि, ब्रज घर-घर सब जाउं।
गोकुल जनम लियौ सुख-कारन सबकैं माखन खाउँ ।।
बालरूप जसुमति मोहि जानै, गोपिनि मिलि सुख भोग।
सूरदास प्रभु कहत प्रेम सौं ये मेरे ब्रज लोग ।।

अतः यह माखनचोरी भगवान् श्रीकृष्ण की दिव्य लीला थी। वास्तव में गोपियों ने प्रेमाधिक्य के कारण ही भगवान् का प्रेम का नाम 'चोर' रख दिया था, क्योंकि वे उनके 'चितचोर' तो थे ही।

मिट्टी खाने के बहाने यशोदाजी को विश्वरूप दिखाना

एक दिन बलराम आदि ग्वालबाल श्रीकृष्ण के साथ खेल रहे थे। उन लोगों ने माँ यशोदा के पास आकर शिकायत की, "माँ, कन्हैया ने मिट्टी खायी है।" हितैषिणी यशोदा ने श्रीकृष्ण का हाथ पकड़ लिया। उस समय श्रीकृष्ण की आँखें डर के मारे नाच रही थीं। यशोदा मैया ने डाँट कर कहा, "क्यों रे नटखट, तू बहुत ढीठ हो गया है। तूने अकेले छिपकर मिट्टी क्यों खायी ? देख तो तेरे दल के तेरे सखा क्या कह रहे हैं ? तेरे बड़े भैया बलदाऊ भी तो उन्हीं की ओर से गवाही दे रहे हैं।"

भगवान् श्रीकृष्ण ने उत्तर दिया, "माँ, मैंने मिट्टी नहीं खायी। ये सब भूठ बक रहे हैं। यदि तुम इन्हीं की बात सच मानती हो, तो मेरा मुँह तुम्हारे सामने ही है; तुम अपनी आँखों से स्वयं देख लो।" यशोदाजी ने कहा, "अच्छी बात है।

यदि ऐसा है, तो मुँह खोल।" माता के ऐसा कहने पर भगवान् श्रीकृष्ण ने अपना मुँह खोल दिया। उनका ऐश्वर्य अनन्त है। वे केवल लीला के लिये ही बालक रूप में अवतरित हैं। यशोदाजी ने विस्मित होकर देखा कि उनके मुँह में चर-अचर सम्पूर्ण जगत् विद्यमान है। आकाश, दिशाएँ, पहाड़, द्वीप और समुद्रों के सहित सारी पृथ्वी, बहनेवाली वायु, वैद्युत, अग्नि, चन्द्रमा और तारों के साथ सम्पूर्ण ज्योतिर्मण्डल, जल, तेज, पवन, वियत् (प्राणियों के चलने-फिरने का आकाश), वैकारिक अहंकार के कार्य-देवता, मन-इन्द्रिय, पंचतन्मात्राएँ और तीनों गुण श्रीकृष्ण के मुख में दीख पड़े। जीव, काल, स्वभाव, कर्म, उनकी वासना और शरीर आदि के द्वारा विभिन्न रूपों में दीखनेवाला यह सारा विचित्र संसार, सम्पूर्ण व्रज अपने-आपको भी यशोदाजी ने श्रीकृष्ण के नन्हें से खुले हुए मुँह में देखा। वे महान् शंका में पड़ गयीं। वे सोचने लगीं, "यह कोई स्वप्न है या भगवान् की माया? कहीं मेरी बुद्धि में ही तो कोई भ्रम नहीं हो गया है? संभव है मेरे इस बालक में ही कोई जन्मजात योगसिद्धि हो।"

"जो चित्त, मन, कर्म और वाणी के द्वारा ठीक-ठीक तथा सुगमता से अनुमान के विषय नहीं होते, यह सारा विश्व जिनके आश्रित है, जो इसके प्रेरक हैं और जिनकी सत्ता से ही इसकी प्रतीति होती है, जिनका स्वरूप सर्वथा अचिन्त्य है—उन प्रभु को मैं प्रणाम करती हूँ। यह मैं हूँ और ये मेरे पति तथा यह मेरा लड़का है, साथ ही मैं व्रजराज की समस्त सम्पत्तियों की स्वामिनी धर्मपत्नी हूँ। ये गोपियाँ, गोप और गोधन मेरे अधीन हैं—जिनकी माया से मुझे इस प्रकार की कुमति घेरे हुए है, वे भगवान् ही मेरे एकमात्र आश्रय हैं—मैं उन्हीं की शरण में हूँ।"

जब इस प्रकार यशोदा माता श्रीकृष्ण का तत्व समझ गयीं, तब सर्वशक्तिमान् सर्वव्यापक, सर्वप्रेरक प्रभु ने अपनी पुत्रस्नेहमयी वैष्णवी माया का उनके हृदय में संचार कर दिया। यशोदाजी को तुरन्त यह घटना भूल गयी। उन्होंने अपने दुलारे लाल को गोद में उठा लिया। जैसे पहले उनके हृदय में प्रेम का समुद्र उमड़ता रहता था, वैसे ही फिर उमड़ने लगा। सारे वेद, उपनिषद् सांख्य, योग, ब्रह्मज्ञानी और भक्तजन जिनकी महिमा का गीत गाते-गाते अघाते नहीं—उन्हीं भगवान् को यशोदाजी अपना पुत्र मानती थीं।

श्रीकृष्ण का ऊखल से बाँधा जाना

एक समय की बात है नन्दरानी यशोदाजी ने घर की नौकरानियों को तो दूसरे कामों में लगा दिया और स्वयं अपने कन्हैया को मक्खन खिलाने के लिये दही मथने लगीं। नेती खींचते रहने से बाँहें कुछ थक गयी थीं; हाथों के कंगन और कानों के कर्णफूल हिल रहे थे। मुँह पर पसीने की बूँदें झलक रही थीं; चोटी में

गुँथे हुए मालती के फूल गिरते जा रहे थे ।

उसी समय भगवान् श्रीकृष्ण स्तन पीने के लिये दही मथती हुई अपनी माता के पास पहुँचे । उन्होंने अपनी माता के हृदय में प्रेम और आनन्द को और भी बढ़ाते हुए, दही की मथानी पकड़ ली तथा उन्हें मथने से रोक दिया । श्रीकृष्णजी माता यशोदा की गोद में चढ़ गये । वे उन्हें स्तनपान कराने लगीं और मन्द-मन्द मुसकान से युक्त उनका मुख देखने लगीं । इतने ही में दूसरी ओर अँगीठी पर रक्खे हुए दूध में उफान आया । उसे देखकर यशोदाजी उन्हें अतृप्त ही छोड़कर जल्दी से दूध उतारने चली गयीं । इससे श्रीकृष्ण को कुछ क्रोध आ गया । उनके लाल-लाल होठ फड़कने लगे । उन्हें दाँतों से दबाकर श्रीकृष्ण ने पास ही पड़े हुए लोढ़े से दही का मटका फोड़-फाड़ डाला । कृत्रिम आँसू आँखों में भर लिये । दूसरे घर में जाकर बासी माखन खाने लगे ।

यशोदाजी औटे हुए दूध को उतारकर फिर मथने के घर में चली आयीं । वहाँ देखती हैं कि दही का मटका (कमोरा) टुकड़े-टुकड़े हो गया है । वे तुरन्त समझ गयीं कि यह सब मेरे लाला की ही करतूत है । साथ ही उन्हें वहाँ न देखकर यशोदा माता हँसने लगीं । इधर-उधर ढूँढ़ने पर पता चला कि श्रीकृष्ण एक उलटे हुए ऊखल पर खड़े हैं और छीके पर का माखन ले लेकर बंदरों को खूब लुटा रहे हैं । उन्हें यह भी डर है कि कहीं मेरी चोरी खुल न जाय । इसलिये चौकन्ने होकर चारों ओर ताकते जाते हैं । यह देखकर यशोदारानी पीछे से धीरे-धीरे उनके पास जा पहुँचीं ।

जब श्रीकृष्ण ने देखा कि मेरी माँ हाथ में छड़ी लिये मेरी ही ओर आ रही हैं, तब झट से ओखली पर से कूद पड़े और डरे हुए भागने लगे । बड़े-बड़े योगी तपस्या और साधना के द्वारा अपने मन को अत्यंत सूक्ष्म और पवित्र बनाकर भी जिनमें प्रवेश नहीं करा पाते, पाने की बात तो दूर रही, उन्हीं भगवान् के पीछे-पीछे उन्हें पकड़ने के लिये यशोदाजी दौड़ीं । जब इस प्रकार यशोदाजी श्रीकृष्ण के पीछे दौड़ने लगीं, तब कुछ ही देर बाद उनकी चाल धीमी पड़ गयी । दौड़ने के कारण चोटी की गाँठ ढीली पड़ गयी । वे ज्यों-ज्यों आगे बढ़तीं, पीछे-पीछे चोटी में गुँथे हुए फूल गिरते जाते, इस प्रकार सुन्दरी यशोदा ज्यों-त्यों करके उन्हें पकड़ सकीं ।

श्रीकृष्ण का हाथ पकड़कर वे उन्हें डराने-धमकाने लगीं । उस समय उनकी झाँकी बड़ी विलक्षण हो रही थी । अपराध तो किया ही था, इसलिये रुलाई रोकने पर भी नहीं रुकती थी । हाथों से आँखें मल रहे थे, इसलिये मुख पर काजल की स्याही फैल गयी थी । पिटने के भय से आँखें ऊपर की ओर उठ गयी थीं, उनसे व्याकुलता सूचित होती थी । जब यशोदाजी ने देखा कि लल्ला बहुत डर गया है, तब उनके हृदय में वात्सल्य-स्नेह उमड़ पड़ा । उन्होंने छड़ी फेंक दी । इसके बाद

सोचा कि इसको एक बार रस्सी से बाँध देना चाहिये, नहीं तो वह कहीं भाग जायगा। सच पूछो, तो यशोदा मैया को अपने बालक के ऐश्वर्य का पता नहीं था। भगवान् को मनुष्य का सा रूप धारण करने के कारण पुत्र समझकर यशोदाजी श्रीकृष्ण को रस्सी से ऊखल में ठीक वैसे ही बाँध देती हैं, जैसे कोई साधारण सा बालक हो।

जब माता यशोदा अपने ऊधमी और नटखट कन्हैया को रस्सी से बाँधने लगीं, तब वह दो अँगुल छोटी पड़ गयी। तब उन्होंने दूसरी रस्सी लाकर उसमें जोड़ी। जब वह भी छोटी पड़ गयी, तब उसके साथ और जोड़ी। इस प्रकार वे ज्यों-ज्यों रस्सी लातीं और जोड़ती गयीं, त्यों-त्यों जुड़ने पर भी वे सब दो-दो अँगुल छोटी पड़ती गयीं। यशोदारानी ने घर की सारी रस्सियाँ जोड़ डालीं, फिर भी वे सब भगवान् श्रीकृष्ण को न बाँध सकीं। यह कौतुक गोपियाँ देख रही थीं। उनकी असफलता देखकर गोपियाँ मुसकराने लगीं और स्वयं यशोदा भी आश्चर्यचकित हो गयीं।

भगवान् श्रीकृष्ण ने देखा कि मेरी माँ का शरीर पसीने से लथपथ हो गया है। चोटी में गुँथी हुई मालाएँ गिर गयी हैं और वे बहुत थक भी गयी हैं, तब कृपा करके वे स्वयं ही अपनी माँ के बन्धन में बँध गये। भगवान् श्रीकृष्ण परम स्वतंत्र हैं। ब्रह्मा, इन्द्र आदि के साथ यह सम्पूर्ण जगत् उनके वश में है। फिर भी इस प्रकार बँधकर उन्होंने संसार को यह बात दिखला दी कि मैं अपने प्रेमी भक्तों के वश में हूँ।

यमलार्जुन का उद्धार

इसके पश्चात् यशोदाजी तो घर के काम धंधों में उलझ गयीं और उधर ऊखल में बँधे हुए श्रीकृष्ण ने उन दोनों अर्जुन वृक्षों को मुक्ति देने की सोची। वे दोनों पहले यक्षराज कुबेर के पुत्र थे। इनके नाम थे नलकूबर और मणिग्रीव। इनके पास धन, सौन्दर्य और ऐश्वर्य की पूर्णता थी। इनका घमंड देखकर देवर्षि नारदजी ने इन्हें शाप दिया था और ये वृक्ष हो गये थे। वे दोनों यक्ष वारुणी मदिरा का पान करके मतवाले और श्रीमद से अंधे हो रहे थे। नारदजी ने कहा, "देखो तो सही, कितना अनर्थ है कि ये लोकपाल कुबेर के पुत्रहोने पर भी मदोन्मत्त होकर अचेत हो रहे हैं और इन दोनों को इस बात का भी पता नहीं है कि हम बिलकुल नंग-धड़ंग हैं। इसलिये ये दोनों अब वृक्षयोनि में जाने के योग्य हैं। वृक्षयोनि में जाने पर भी मेरी कृपा से इन्हें भगवान् की स्मृति बनी रहेगी। इनका अहंभाव नष्ट हो जायेगा। कालान्तर में इन्हें भगवान् श्रीकृष्ण का सान्निध्य प्राप्त

होगा; और फिर भगवान् के चरणों में परम प्रेम प्राप्त करके ये अपने लोक में चले जायेंगे।''

ऐसा शाप देकर देवर्षि नारद भगवान् नर-नारायण के आश्रम पर चले गये। नलकूबर और मणिग्रीव—ये दोनों एक ही साथ अर्जुन वृक्ष होकर यमलार्जुन नाम से प्रसिद्ध हुए। भगवान् श्रीकृष्ण ने अपने परम प्रेमी और अनन्य भक्त देवर्षि नारद की बात सत्य करने के लिये धीरे-धीरे ऊखल घसीटते हुए उस ओर प्रस्थान किया, जिधर यमलार्जुन वृक्ष थे। भगवान् श्रीकृष्ण दोनों वृक्षों के बीच में घुस गये। वे तो दूसरी ओर निकल गये, परन्तु ऊखल टेढ़ा होकर अटक गया। भगवान् दामोदर श्रीकृष्ण की कमर में रस्सी कसी हुई थी। उन्होंने अपने पीछे लुढ़कते हुए ऊखल को ज्यों ही तनिक जोर से खींचा, त्योंही दोनों पेड़ों की सारी जड़ें उखड़ गयीं। समस्त बल-विक्रम के केन्द्र भगवान् श्रीकृष्ण के तनिक-सा जोर लगाते ही पेड़ों के तने, शाखाएँ, छोटी-छोटी डालियाँ और एक-एक पत्ते काँप उठे और वे दोनों बड़े जोर से तड़तड़ाते हुए पृथ्वी पर गिर पड़े। उन दोनों वृक्षों से से अग्नि के समान तेजस्वी दो सिद्ध पुरुष निकले। उनके दीप्तिमान सौन्दर्य में दिशाएँ दमक उठीं। उन्होंने सम्पूर्ण लोकों के स्वामी भगवान् श्रीकृष्ण के पास आकर उनके चरणों में सिर रख-कर प्रणाम किया और हाथ जोड़कर शुद्ध हृदय से उनकी इस प्रकार स्तुति की—

''सच्चिदानन्दस्वरूप, सबको अपनी ओर आकर्षित करनेवाले परम योगेश्वर श्रीकृष्ण, आप प्रकृति से अतीत स्वयं पुरुषोत्तम हैं। वेदज्ञ ब्राह्मण यह बात भली-भाँति जानते हैं कि यह व्यक्त और अव्यक्त सम्पूर्ण जगत् आपका ही रूप है। आप ही समस्त प्राणियों के शरीर, प्राण, अन्तःकरण और इन्द्रियों के स्वामी हैं। आप ही सर्वशक्तिमान् काल, सर्वव्यापक एवं अविनाशी परमेश्वर हैं।''

''आप ही महतत्त्व और वह प्रकृति हैं, जो अत्यंत सूक्ष्म एवं सत्वगुण, रजोगुण और तमोगुणरूपा है। आप ही समस्त स्थूल और सूक्ष्म शरीरों के कर्म भाव, धर्म और सत्ता को जाननेवाले सबके साक्षी परमात्मा हैं। स्थूल और सूक्ष्म शरीर के आवरण से ढका हुआ ऐसा कौन-सा पुरुष है, जो आपको जान सके? क्योंकि आप उन शरीरों से पहले साक्षीरूप से एकरस विद्यमान थे। प्रभो, आप ही समस्त लोकों के अभ्युदय और निःश्रेयस के लिये इस समय अपनी सम्पूर्ण शक्तियों से अवतीर्ण हुए हैं। परम शान्त, सब के हृदय में विहार करनेवाले, यदुवंशशिरोमणि श्रीकृष्ण को नमस्कार है।''

''अनन्त, हम आपके दासानुदास हैं। आप यह स्वीकार कीजिये। देवर्षि भगवान् नारद के परम अनुग्रह से ही हम अपराधियों को आपका दर्शन प्राप्त हुआ है। प्रभो, हमारी वाणी आपके मंगलमय गुणों का वर्णन करती रहे। हमारे कान आपकी रसमयी कथा में लगे रहें। हमारे हाथ आपकी सेवा में और मन आपके

चरणकमलों की स्मृति में रम जायँ। यह सम्पूर्ण जगत् आपका निवासस्थान है। हमारा मस्तक सब के सामने झुका रहे। संत आपके प्रत्यक्ष शरीर हैं। हमारी आँखें उनके दर्शन करती रहें!"

भगवान् श्रीकृष्णजी ने उन्हें आश्वासन देते हुए कहा, "तुम लोग श्रीमद से अंधे हो रहे थे। मैं पहले से ही यह बात जानता था। परम कारुणिक देवर्षि नारद ने शाप देकर तुम्हारा ऐश्वर्य नष्ट कर दिया तथा इस प्रकार तुम्हारे ऊपर कृपा की। नलकूबर और मणिग्रीव, तुम लोग मेरे परायण होकर अपने-अपने घर जाओ। तुम लोगों को संसार-चक्र से छुड़ानेवाली अनन्य भक्तिभाव की प्राप्ति हो गयी है। यही तुम्हें अभीष्ट भी है।"

जब भगवान् ने इस प्रकार कहा, तब उन दोनों ने उनकी परिक्रमा की और बार-बार प्रणाम किया। इसके पश्चात् ऊखल में बँधे हुए सर्वेश्वर की आज्ञा प्राप्त करके उन लोगों ने उत्तर दिशा की यात्रा की।

गोकुल से वृन्दावन जाना

यमलार्जुन वृक्षों के गिरने से प्रलयंकारी शब्द हुआ। सब गोप वहाँ इकट्ठे हो गये। साथ में नन्दबाबा भी थे। लोगों ने जिज्ञासा की, "इन दोनों वृक्षों को किसने गिराया?" छोटे-छोटे बच्चों ने जो श्रीकृष्ण के ऊखल में बँधने का कौतुक देख रहे थे, बतलाया, "यह कन्हैया ही का तो काम है। ऊखल खींचते समय, दोनों वृक्ष अपने आप गिर गये और उनमें दो पुरुष भी प्रकट हुए।" पर उनकी बात का किसी ने विश्वास नहीं किया। नन्दबाबा ने जल्दी से जाकर ऊखल में बँधी हुई रस्सी की गाँठ खोल दी।

जब नन्दबाबा आदि बड़े-बूढ़े गोपों ने देखा कि महावन में तो बड़े-बड़े उत्पात होने लगे हैं, तब वे लोग इकट्ठे होकर इस बात पर विचार करने लगे कि अब इस स्थिति में क्या करना चाहिये। एक गोप का नाम था, उपनन्द। वे अवस्था में तो बड़े थे ही, ज्ञान में भी बड़े थे। उपनन्दजी ने सलाह दी, "भइयो, अब यहाँ ऐसे-ऐसे उत्पात होने लगे हैं, जो बच्चों के लिये तो बहुत ही अनिष्टकारी हैं, इसलिये यदि हमलोग गोकुल और गोकुलवासियों का भला चाहते हैं, तो हमें यहाँ से अपना डेरा-डंडा उठा कर कूच कर देना चाहिये। पूतना, शकट, तृणावर्त, यमलार्जुन आदि इसके प्रत्यक्ष उदाहरण हैं। नन्दबाबा का बालक कन्हैया इन उत्पातों से बार-बार बचा है। 'वृन्दावन' नाम का एक वन है। उसमें छोटे-छोटे और भी बहुत से नये-नये हरे-भरे सुहावने वन हैं। वहाँ बड़ा ही पवित्र पर्वत, घास और हरी-भरी लता-वनस्पतियाँ है। हमारे गोधनों के लिये तो वह

बहुत ही सुखप्रद और हितैषी है। गोप, गोपी और गायों के लिये वह केवल सुविधा का ही नहीं सेवन करने योग्य स्थान है। यदि तुम लोगों को यह बात जँचती हो, तो आज ही हम लोग वहाँ के लिये कूच कर दें। देर न करें।" उपनन्द की बात सुनकर सभी गोपों ने एक स्वर से कहा, "बहुत ठीक, बहुत ठीक।"

वृन्दावन का हरा-भरा वन, अत्यंत मनोहर गोवर्धन पर्वत और यमुना नदी के सुन्दर-सुन्दर पुलिनों को देखकर भगवान् श्रीकृष्ण और बलरामजी के हृदय में उत्तम प्रीति उदित हुई। थोड़े ही दिनों में वे दोनों गाय-बछड़ों को चराने लगे। वे लोग ग्वालबालों से मिलकर विविध प्रकार के खेल खेलते।

वत्सासुर का उद्धार

एक दिन की बात है, श्याम और बलराम अपने प्रेमी सखा ग्वालबालों के साथ यमुनातट पर बछड़े चरा रहे थे। उसी समय उन्हें मारने की नीयत से एक दैत्य आया। भगवान् ने देखा कि यह बनावटी बछड़े का रूप धारण कर बछड़ों के झुंड में मिल गया है। श्रीकृष्णजी आँखों के इशारे से बलरामजी को दिखाते हुए धीरे-धीरे उसके पास पहुँच गये। उस समय ऐसा जान पड़ता था कि वे दैत्य को तो पहचानते नहीं और उस हट्टे-कट्टे सुन्दर बछड़े पर मुग्ध हो गये हैं। भगवान् श्रीकृष्ण ने पूँछ के साथ उसके दोनों पिछले पैर पकड़ कर आकाश में घुमाया और मर जाने पर कैथ के वृक्ष पर पटक दिया। उसका लंबा-तगड़ा दैत्य-शरीर बहुत से कैथ वृक्षों को गिराकर स्वयं भी गिर पड़ा। यह देखकर ग्वालबालों के आश्चर्य की सीमा न रही। वे सब 'वाह-वाह' कहकर प्यारे कन्हैया की प्रशंसा करने लगे।

बकासुर-वध

जो सारे लोकों के रक्षक हैं, वे ही श्याम और राम अब बछड़ों के चरवाहे बने हुए हैं। वे तड़के उठकर कलेवे की सामग्री ले लेते और बछड़ों को चराते हुए एक वन से दूसरे वन में घूमा करते। एक दिन की बात है, सब ग्वालबाल अपने झुंड-के-झुंड बछड़ों को पानी पिलाने के लिये जलाशय के तट पर ले गये। उन्होंने पहले बछड़ों को जल पिलाया और फिर स्वयं भी पिया।

ग्वालबालों ने देखा कि वहाँ एक बहुत बड़ा जीव बैठा हुआ है। ग्वालबाल उसे देखकर डर गये। वह 'बक' नाम का एक दुर्दान्त असुर था। वह बगुले का रूप धर के वहाँ आया था। उसकी चोंच बड़ी तीखी थी और वह स्वयं बड़ा बलवान

था। उसने झपट कर श्रीकृष्णजी को निगल लिया। बलरामजी समस्त ग्वालबालों के साथ बहुत चिन्तित और व्याकुल हो गये। वे अचेत हो गये।

श्रीकृष्णजी लोकपितामह ब्रह्माजी के भी पिता हैं। वे लीला से ही गोपाल-बालक बने हुए हैं। जब वे बकासुर के तालू के नीचे पहुँचे, तब वे आग के समान होकर उसका तालू जलाने लगे। अतः उस दैत्य ने श्रीकृष्णजी के शरीर पर बिना किसी प्रकार का घाव किये ही झटपट उन्हें उगल दिया और फिर बड़े क्रोध से अपनी कठोर चोंच से उन पर चोट करने के लिये टूट पड़ा। कंस का सखा बकासुर अभी भक्तवत्सल भगवान् श्रीकृष्ण पर झपट ही रहा था कि उन्होंने अपने दोनों हाथों से उसके दोनों ठोर पकड़ लिये और ग्वालबालों के देखते-देखते खेल ही खेल में उसे चीर डाला। इससे देवताओं को बहुत आनन्द हुआ। सभी देवता भगवान् पर पुष्पवृष्टि करने लगे और साथ ही दिव्य स्तोत्रों से उनकी स्तुति करने लगे। यह सब देखकर सभी ग्वालबाल आश्चर्य से चकित हो गये। जब बलरामजी आदि बालकों ने देखा कि श्रीकृष्ण बगुले के मुँह से निकल कर हमारे पास आ गये हैं, तब उन्हें ऐसा आनन्द हुआ मानो प्राणों के संचार से इन्द्रियाँ सचेत और आनन्दित हो गयी हों। सबने श्रीकृष्णजी को अलग-अलग गले लगाया।

अघासुर का उद्धार

एक दिन श्रीकृष्ण ग्वालबालों के साथ विविध प्रकार की क्रीड़ाएँ कर रहे थे। सभी ग्वालबाल अपनी-अपनी धुन में मस्त थे—कोई कोयल की बोली बोल रहा था, कोई बाँसुरी बजा रहा था, कोई जल में अपना प्रतिबिम्ब देखकर हर्षित हो रहा था, कोई भौरों के साथ गुंजार कर रहा था, कोई बगुले और कोई हंस की नकल कर रहे थे। इसी समय अघासुर नाम का दैत्य आ धमका। उससे श्रीकृष्ण और ग्वालबालों की क्रीड़ा देखी न गयी। अघासुर पूतना और बकासुर का छोटा भाई था। वह कंस के द्वारा श्रीकृष्णजी को मार डालने के लिए भेजा गया था। वह श्रीकृष्ण और ग्वालबालों को मारने की अनेक प्रकार की कल्पनाएँ करता हुआ, अजगर का रूप बनाकर मार्ग में लेट गया। उसका वह अजगर-शरीर एक योजन लम्बे बड़े पर्वत के समान विशाल एवं मोटा था। वह बहुत ही अद्भुत था। उसकी नीयत सब बालकों को निगल जाने की थी। इसलिये उसने गुफा के समान अपना बहुत बड़ा मुख फाड़ रक्खा था। उसका नीचे का होठ पृथ्वी से और ऊपर का होठ बादलों से लग रहा था। उसके जबड़े कंदराओं के समान थे और दाढ़ें पर्वत के शिखर के समान जान पड़ती थीं। मुँह के भीतर घोर अंधकार था। जीभ

एक चौड़ी लाल सड़क सी दीखती थी। साँस आँधी के समान थी और आँखें दावानल के समान दहक रही थीं।

अघासुर का ऐसा रूप देखकर ग्वालबालों ने देखा कि यह भी वृन्दावन की कोई शोभा है। उसे देखकर ग्वालबाल विविध प्रकार की कल्पना करने लगे। ग्वालबाल ताली पीटते हुए अपने बछड़ों के साथ, अघासुर के मुँह में घुस गये। भगवान् श्रीकृष्ण ने तुरन्त जान लिया कि यह राक्षस है। भला, उनसे क्या छिपा रहता ? भगवान् श्रीकृष्ण उन ग्वालबालों को बचाने की बात सोचने लगे। उत्तरोत्तर समस्त ग्वालबाल अघासुर के मुँह में प्रविष्ट हो गये। परन्तु उसने उन्हें निगला नहीं। वह यही सोच रहा था कि बकासुर और पूतना का वध करनेवाला कृष्ण भी मेरे मुख में घुस जाय, तो सभी को एक साथ निगलूं। भगवान् श्रीकृष्ण सर्वान्तर्यामी हैं। उनके लिये अघासुर के वध का उपाय जानना कोई कठिन नहीं था। वे तुरन्त अघासुर के विकराल मुख में प्रविष्ट हो गये। उस समय बादलों में छिपे हुए देवता 'हाय-हाय' करने लगे और अघासुर के हितैषी कंस आदि हर्ष प्रकट करने लगे।

अघासुर ग्वालबालों सहित भगवान् श्रीकृष्ण को अपनी दाढ़ों से चबाकर चूर-चूर कर डालना चाहता था। परन्तु उसी समय अविनाशी श्रीकृष्ण ने अपने शरीर को बड़ी फुर्ती से बढ़ाना आरम्भ किया। भगवान् ने अपने शरीर को इतना बड़ा कर दिया कि उसका गला ही रुँध गया। आँखें उलट गयीं। वह व्याकुल होकर बहुत छटपटाने लगा। साँस रुक कर सारे शरीर में भर गयी। अंत में उसके प्राण ब्रह्मरंध्र फोड़कर निकल गये। उसी समय भगवान् मुकुन्द ने अपनी अमृतमयी दृष्टि से मरे हुए बछड़ों और ग्वालबालों को जिला दिया और उन सब को साथ लेकर वे अघासुर के मुँह से बाहर निकल आये।

उस अजगर के स्थूल शरीर से एक अत्यन्त अद्भुत और महान् ज्योति निकली। उस समय उस ज्योति के प्रकाश से दसों दिशाएं प्रज्वलित हो उठीं। वह थोड़ी देर तो आकाश में स्थित होकर भगवान् के निकलने की प्रतीक्षा करती रही। जब वे अघासुर के मुँह से बाहर निकल आये, तब वह सब देवताओं के देखते-देखते उन्हीं में समा गयी। उस समय देवताओं ने फूल बरसाकर, अप्सराओं ने नाचकर, गन्धर्वों ने गाकर, विद्याधरों ने बाजे बजाकर, ब्राह्मणों ने स्तुति पाठ कर और पार्षदों ने जयजयकार के नारे लगाकर बड़े आनन्द से भगवान् श्रीकृष्ण का अभिनन्दन किया। ब्रह्माजी भी वहाँ आये और भगवान् श्रीकृष्ण की यह महिमा देखकर आश्चर्यचकित हो गये। जब वृन्दावन में अजगर का वह चाम सूख गया, तो वह

व्रजवासियों के लिये बहुत दिनों तक खेलने की अद्भुत गुफा सा बना रहा।

ब्रह्माजी का मोह-नाश

प्रभु श्रीकृष्णजी के प्रभाव से अघासुर का मोक्ष देखकर ब्रह्माजी को बहुत आश्चर्य हुआ। उन्होंने सोचा कि लीला से मनुष्य-बालक बने हुए भगवान् श्रीकृष्ण की कोई और मनोहर महिमामयी लीला देखनी चाहिये। ऐसा सोचकर उन्होंने पहले तो बछड़ों को और भगवान् श्रीकृष्ण के बछड़ों की खोज में चले जाने पर ग्वालबालों को भी अन्यन्त्र ले जाकर रख दिया और स्वयं अन्तर्धान हो गये।

भगवान् श्रीकृष्ण बछड़े न मिलने पर यमुनाजी के पुलिन पर लौट आये परन्तु वहाँ क्या देखते हैं कि ग्वालबाल भी नहीं हैं। तब उन्होंने वन में घूम-घूम कर चारों ओर उन्हें ढूंढ़ा। जब ढूंढ़ने पर ग्वालबाल और बछड़े नहीं मिले, तो उन्होंने तुरन्त जान लिया कि यह सब ब्रह्माजी की करतूत है। भगवान् श्रीकृष्ण तो सारे विश्व के एकमात्र ज्ञाता है। अब भगवान् श्रीकृष्ण ने बछड़ों और ग्वालबालों की माताओं को तथा ब्रह्माजी को भी आनन्दित करने के लिये अपने आप को ही बछड़ों और ग्वालबालों--दोनों के रूप में बना लिया, क्योंकि वे ही तो सम्पूर्ण विश्व के कर्ता सर्वशक्तिमान् ईश्वर हैं। वे सर्वसमर्थ हैं। वे ब्रह्माजी के चुराये हुए ग्वाल-बाल और बछड़ों को भी ला सकते थे। किन्तु इससे ब्रह्माजी का मोह पूरा-पूरा न दूर होता और वे भगवान् की उस दिव्य माया का ऐश्वर्य न देख सकते, जिसने उनके विश्वकर्ता होने के अभिमान को नष्ट कर दिया। इसीलिये उन्हीं ग्वालबाल और बछड़ों को न लाकर स्वयं ही वैसे ही एवं उतने ही ग्वालबाल और बछड़े बन गये।

वे बालक और बछड़े संख्या में जितने थे, जितने आकार के उनके शरीर थे, उनके हाथ-पैर जैसे-जैसे थे, उनके पास जितनी और जैसी छड़ियाँ, सींग, बाँसुरी, पत्ते और छीके थे, जैसे और जितने वस्त्राभूषण थे, उनके शील, स्वभाव, गुण, नाम, रूप और अवस्थाएँ जैसी थीं, जिस प्रकार से खाते-पीते और चलते थे, ठीक वैसे ही और उतने ही रूपों में सर्वस्वरूप भगवान् श्रीकृष्ण प्रकट हो गये। उस समय "यह सम्पूर्ण जगत् विष्णुरूप है" यह वेदवाणी मानो मूर्तिमती होकर प्रकट हो गयी। सर्वात्मा भगवान् स्वयं ही बछड़े बन गये और स्वयं ही ग्वालबाल। अपने आत्मस्वरूप बछड़ों को अपने आत्मस्वरूप ग्वालबालों के द्वारा घेरकर अपने ही साथ अनेक खेल खेलते हुए उन्होंने व्रज मे प्रवेश किया। जिस ग्वालबाल के जो बछड़े थे, उन्हें उसी ग्वालबाल के रूप से उसकी गोशाला में घुसा दिया और विभिन्न बालकों के रूप में उनके भिन्न-भिन्न घरों में चले गये।

ग्वालबालों की माताएँ बाँसुरी की तान सुनते ही जल्दी से दौड़ आयीं। ग्वालबाल बने हुए श्रीकृष्ण को अपने बच्चे समझकर हाथों से उठाकर उन्होंने जोर से हृदय से लगा लिया। वे अपने स्तनों से वात्सल्य स्नेह की अधिकता के कारण सुधा से भी मधुर और आसव से अधिक मादक चुचुवाता हुआ दूध उन्हें पिलाने लगीं। इस प्रकार प्रतिदिन संध्या समय भगवान् श्रीकृष्ण उन ग्वालबालों के रूप में वन से लौट आते और अपनी बाल-सुलभ लीलाओं से माताओं को आनन्दित करते।

वे माताएँ उन्हें उबटन लगातीं, नहलातीं, चन्दन का लेप करतीं और अच्छे-अच्छे वस्त्रों तथा गहनों से सजातीं। ग्वालिनों के समान गौएँ भी जब जंगलों में से चरकर जल्दी-जल्दी लौटतीं और उनकी हुँकार सुनकर उनके प्यारे बछड़े दौड़कर उनके पास आ जाते, तब वे बार-बार उन्हें अपनी जीभ से चाटतीं और अपना दूध पिलातीं। उस समय स्नेह की अधिकता के कारण उनके थनों से स्वयं ही दूध की धारा बहने लगती। इन गायों और ग्वालिनों का मातृभाव पहले जैसा ही ऐश्वर्य ज्ञानरहित और विशुद्ध था। हाँ, अपने असली पुत्रों की अपेक्षा इस समय उनका स्नेह अवश्य अधिक था। इस प्रकार सर्वात्मा श्रीकृष्ण बछड़े और ग्वाल-बालों के बहाने गोपाल बनकर अपने बालकरूप से वत्सरूप का पालन करते हुए एक वर्ष वन और गोष्ठ में क्रीडा करते रहे।

एक साल बीतने पर ब्रह्माजी ने देखा कि भगवान् श्रीकृष्ण ग्वालबाल और बछड़ों के साथ एक साल से पहले की भाँति ही क्रीड़ा कर रहे हैं। वे सोचने लगे, "गोकुल में जितने भी ग्वालबाल और बछड़े थे, वे तो मेरी मायामयी शय्या पर सो रहे हैं। उनको तो मैंने अपनी माया से अचेत कर दिया था; वे तब से अब तक सचेत नहीं हुए हैं। तब मेरी माया से मोहित ग्वालबाल और बछड़ों के अतिरिक्त ये उतने ही बालक तथा बछड़े कहाँ से आ गये, जो एक साल से भगवान् के साथ खेल रहे हैं?" ब्रह्माजी ने दोनों स्थानों पर दोनों को देखा और बहुत देर तक ध्यान करके अपनी ज्ञान दृष्टि से उनका रहस्य खोलना चाहा। परन्तु इन दोनों में कौन से पहले के ग्वालबाल हैं और कौन से पीछे से बना लिये गये हैं, इनमें से कौन सच्चे हैं और कौन बनावटी—यह बात वे किसी प्रकार न समझ सके। ब्रह्माजी भगवान् श्रीकृष्ण को अपनी माया से मोहित करने चले थे; किन्तु उनको मोहित करना तो दूर रहा, वे अजन्मा होने पर भी अपनी ही माया से अपने-आप मोहित हो गये।

ब्रह्माजी विचार कर ही रहे थे कि उनके देखते-देखते उसी क्षण सभी ग्वाल-

बाल और बछड़े श्रीकृष्ण के रूप में दिखायी पड़ने लगे। सबके सब सजल जलधर के समान श्यामवर्ण, पीताम्बरधारी, शंख, चक्र, गदा और पद्म से युक्त—चतुर्भुज। सबके सिर पर मुकुट, कानों में कुण्डल और कण्ठों में मनोहर हार तथा वनमालाएँ शोभायमान हो रही थीं। उन्होंने यह भी देखा कि उन्हीं के जैसे दूसरे ब्रह्मा से लेकर तृण तक सभी चराचर जीव मूर्तिमान होकर नाचते-गाते अनेक प्रकार की पूजा-सामग्री से पृथक-पृथक भगवान् के उन रूपों की उपासना कर रहे हैं। उन्हें अलग-अलग अणिमा-महिमा आदि सिद्धियाँ, माया-विद्या आदि विभूतियाँ और महतत्त्व आदि चौबीसों तत्व चारों ओर से घेरे हुए हैं। इस प्रकार ब्रह्माजी ने एक साथ ही देखा कि वे सब के सब उन परब्रह्म परमात्मा श्रीकृष्ण के ही स्वरूप हैं, जिनके प्रकाश से यह सारा चराचर प्रकाशित हो रहा है।

यह अत्यन्त आश्चर्यमय दृश्य देखकर ब्रह्माजी तो चकित रह गये। उनकी ग्यारहों इन्द्रियाँ (पाँच कर्मेन्द्रिय, पांच ज्ञानेन्द्रिय और एक मन) क्षुब्ध एवं स्तब्ध रह गयीं। वे भगवान् के तेज से निस्तेज होकर मौन हो गये। उस समय वे ऐसे स्तब्ध होकर खड़े रह गये, मानो व्रज के अधिष्ठातृ देवता के पास एक पुतली खड़ी हो। वे भगवान् श्रीकृष्ण के उन महिमामय रूपों को देखने में भी असमर्थ हो गये। उनकी आँखें मुँद गयीं। उनकी यह स्थिति समझ कर भगवान् ने अपनी महामाया का परदा हटा लिया। फिर उन्हें वृन्दावन और उसकी महिमा स्पष्ट दिखायी पड़ने लगी। फिर उन्होंने देखा कि अद्वितीय परमब्रह्म गोपवंश के बालक का सा नाट्य कर रहा है। एक होने पर भी उसके सखा हैं, अनन्त होने पर भी वह इधर-उधर घूम रहा है और उसका ज्ञान अगाध होने पर भी वह अपने ग्वालबाल और बछड़ों को ढूंढ़ रहा है।

भगवान् श्रीकृष्ण को देखकर ब्रह्मा जी ने अत्यन्त श्रद्धा और विनय से अपने चारों मस्तकों से नतमस्तक हो उनके चरण-कमलों में प्रमाण किया और आनन्द की धारा के अश्रुजल से उन्हें नहला दिया। फिर धीरे-धीरे उठे और अपने नेत्रों से आंसू पोंछे। अंजलि बांध कर बड़ी एकाग्रता और नम्रता के साथ गद्गद वाणी से भगवान् की स्तुति करने लगे—

"स्वयंप्रकाश परमात्मन्, आपका यह श्रीविग्रह भक्तजनों की लालसा एवं अभिलाषा पूर्ण करनेवाला है। यह आपकी चिन्मयी इच्छा का मूर्तिमान स्वरूप मुझ पर आपका साक्षात् कृपा-प्रसाद है। मुझे अनुगृहीत करने के लिये ही आपने इसे प्रकट किया है। कौन कहता है कि यह पंचभूतों की रचना है? प्रभो, यह तो

अप्राकृत शुद्ध सत्वमय है। मैं या कोई और समाधि लगाकर भी आपके इस सच्चिदानन्द विग्रह की महिमा नहीं जान सकता।"

"हे अच्युत, हे अनन्त, इस लोक में पहले भी बहुत से योगी हो गये हैं। जब उन्हें योगादि के द्वारा आपकी प्राप्ति न हुई, तब उन्होंने अपने लौकिक और वैदिक समस्त कर्म आपके चरणों में समर्पित कर दिये। उन समर्पित कर्मों तथा आपकी लीला-कथा के श्रवण से उन्हें आपकी भक्ति प्राप्त हुई। उस भक्ति से ही आपके स्वरूप का ज्ञान प्राप्त कर सके और उन्होंने बड़ी सुगमता से आपके परमपद की प्राप्ति कर ली।"

"प्रभो, मेरी कुटिलता तो देखिये। आप अनन्त आदिपुरुष परमात्मा हैं। और मेरे जैसे बड़े-बड़े मायावी भी आपकी माया के चक्र में हैं। फिर भी मैंने आप पर अपनी माया फैलाकर अपना ऐश्वर्य दिखाना चाहा! प्रभो, मैं आपके सामने हूँ ही क्या? क्या आग के सामने चिनगारी की भी कुछ गिनती है? भगवन्, मैं रजोगुण से उत्पन्न हुआ हूँ। आपके स्वरूप को मैं ठीक-ठीक नहीं जानता। इसी से अपने को आपसे अलग संसार का स्वामी माने बैठा था। मैं अजन्मा जगत्कर्ता हूँ—इस मायाकृत मोह के घने अंधकार से मैं अन्धा हो रहा था। इसलिये आप यह समझ कर कि "यह मेरे ही अधीन है—मेरा भृत्य है, इस पर कृपा करनी चाहिये, मेरा अपराध क्षमा कीजिये।"

"मेरे स्वामी, प्रकृति महत्तत्त्व, अहंकार, आकाश, वायु, अग्नि, जल और पृथ्वीरूप आवरणों से घिरा हुआ यह ब्रह्माण्ड ही मेरा शरीर है। और आपके एक-एक रोम के छिद्र में ऐसे-ऐसे अनन्त ब्रह्माण्ड उसी प्रकार उड़ते-पड़ते रहते हैं, जैसे झरोखे की जाली में से आनेवाली सूर्य की किरणों में रज के छोटे-छोटे परमाणु उड़ते हुए दिखायी पड़ते हैं। कहाँ अपने परिमाण से साढ़े तीन हाथ के शरीरवाला अत्यन्त क्षुद्र मैं, और कहाँ आपकी अनन्त महिमा।"

"प्रभो, आप विश्व के बखेड़े से सर्वथा रहित हैं, फिर भी अपने शरणागत भक्तजनों को अनन्त आनन्द वितरण करने के लिये पृथ्वी पर अवतार लेकर विश्व के समान ही लीलाविलास का विस्तार करते हैं। मेरे स्वामी, बहुत कहने की आवश्यकता नहीं, जो लोग आपकी महिमा जानते हैं, वे जानते रहें, मेरे मन, वाणी और शरीर तो आपकी महिमा जानने में सर्वथा असमर्थ हैं। सच्चिदानन्द-स्वरूप श्रीकृष्ण, आप सब के साक्षी हैं। इसलिये आप सब कुछ जानते हैं। आप समस्त जगत् के स्वामी हैं। यह सम्पूर्ण प्रपंच आप में स्थित है। आपसे मैं और क्या कहूँ? अब आप मुझे स्वीकार कीजिये। भगवन्, मैं अपने जीवन भर, महा-

कल्पपर्यन्त आपको नमस्कार ही करता रहूँ।'' संसार के रचयिता ब्रह्माजी ने इस प्रकार भगवान् श्रीकृष्ण की स्तुति की। इसके बाद उन्होंने तीन बार परिक्रमा करके उनके चरणों में प्रणाम किया और फिर अपने गन्तव्य स्थान सत्यलोक चले गये।

ब्रह्माजी ने बछड़ों और ग्वालबालों को पहले ही यथास्थान पहुँचा दिया था। भगवान् श्रीकृष्ण ने ब्रह्माजी को विदा कर दिया और बछड़ों को लेकर यमुनाजी के पुलिन पर आये, जहाँ वे अपने सखा ग्वालबालों को पहले ही छोड़ गये थे। अपने जीवन-सर्वस्व—प्राणवल्लभ श्रीकृष्ण के वियोग में यद्यपि एक वर्ष बीत गया था, तथापि उन ग्वालबालों को वह समय आधे क्षण के समान जान पड़ा। क्यों न हो, वे भगवान् की विश्वमोहिनी माया से मोहित जो हो गये थे। श्रीकृष्णजी संसार के कल्याण के लिये ही योगमाया का आश्रय लेकर यहाँ देहधारी के समान प्रतीत होते हैं।

भगवान् श्रीकृष्ण को देखते ही ग्वालबालों ने बड़ी उतावली से कहा, "भाई, तुम भले आये। स्वागत है, स्वागत! अभी तो हमने तुम्हारे बिना एक कौर भी नहीं खाया है। आओ, इधर आओ, आनन्द से भोजन करो।'' तब हंसते हुए भगवान् ने ग्वालबालों के साथ भोजन किया। उसी दिन बालकों ने व्रज में जाकर कहा कि आज यशोदा मैया के लाड़ले कन्हैया ने एक बड़ा भारी अजगर मार डाला है और उससे हम लोगों की रक्षा की है।

धेनुकासुर का उद्धार

बलरामजी और श्रीकृष्ण के सखाओं में एक प्रधान गोपबालक थे श्रीदामा। एक दिन उन्होंने तथा सुबल और स्तोककृष्ण (छोटे कृष्ण) आदि ग्वालबालों ने राम और श्याम से बड़े प्रेम के साथ कहा, "हम लोगों को सदा सुख पहुँचाने वाले बलरामजी, आपके बाहुबल की तो कोई सीमा नहीं है। हमारे मनमोहन कृष्ण, दुष्टों को नष्ट कर डालना तो तुम्हारा स्वभाव ही है। यहाँ से थोड़ी ही दूर पर एक बड़ा भारी वन है। उसका नाम है तालवन। उसमें पाँत के पाँत ताड़ के वृक्ष भरे पड़े हैं। वहाँ बहुत से ताड़ के फल पक-पक कर गिरते रहते हैं और बहुत से पहले से भी गिरे हुए हैं। किन्तु वहाँ धेनुक नाम का एक दुष्ट दैत्य रहता है। उसने उन फलों पर रोक लगा रखी है। भैया बलरामजी, और प्यारे कन्हैया, वह दैत्य गधे के रूप में रहता है। वह स्वयं तो बड़ा बलशाली है ही, उसके साथ और भी बहुत से उसी के समान बलवान् दैत्य उसी रूप में रहते हैं। मेरे शत्रुघाती भैया, उस दैत्य ने अब तक न जाने कितने मनुष्य खा डाले हैं। यही कारण है कि

उसके डर के मारे मनुष्य उसका सेवन नहीं करते और पशु-पक्षी भी उस जंगल में नहीं जाते। उसके फल हैं तो बड़े सुगन्धित, सुमधुर और सुस्वादु, परन्तु हमने कभी नहीं खाये। देखो न, चारों ओर उन्हीं की मन्द-मन्द सुगन्ध फैली हुई है। तनिक सा ध्यान देने पर उसका रस मिलने लगता है। तुम हमें वे फल अवश्य खिलाओ। दाऊ दादा, हमें उन फलों की उत्कट अभिलाषा है। आपको रुचे तो वहाँ अवश्य चलिये।"

अपने सखा ग्वालबालों की यह बात सुनकर भगवान् श्रीकृष्ण और बलरामजी दोनों हँसे और फिर उन्हें प्रसन्न करने के लिये उनके साथ तालवन के लिये चल पड़े। उस वन में पहुँचकर बलरामजी ने अपनी बाँहों से उन ताड़ के वृक्षों को पकड़-पकड़ कर हिलाया जिससे बहुत से फल जमीन पर गिर पड़े। फलों के गिरने की आवाज सुनकर धेनुकासुर के क्रोध की सीमा न रही। वह पर्वतों के साथ सारी पृथ्वी को कँपाता हुआ उनकी ओर दौड़ा। वह अत्यंत बलवान् था। उसने बड़े वेग से बलरामजी के सामने आकर अपने पिछले पैरों से उनकी छाती में दुलत्ती मारी। पीछे हटकर थोड़ी देर बाद दुबारा भी उन्हें दुलत्ती जमायी। बलरामजी ने अपने एक ही हाथ से उसके दोनों पैर पकड़ लिये और उसे आकाश में घुमाकर एक ताड़ के पेड़ पर दे मारा। घुमाते समय ही उस गधे के प्राण-पखेरू उड़ गये थे। उसके गिरने की चोट से वह महान् ताड़ का वृक्ष—जिसका ऊपरी भाग बहुत विशाल था—स्वयं तो तड़तड़ा कर गिर ही पड़ा, सटे हुए दूसरे वृक्षों को भी उसने तोड़ डाला। इस प्रकार एक वृक्ष दूसरे को गिराते हुए स्वयं गिरते गये। बलरामजी के लिये यह खेल था।

उस समय धेनुकासुर के भाई-बन्धु अपने भाई के मारे जाने से क्रोध के मारे आगबबूला हो गये। सब के सब गधे बलरामजी और श्रीकृष्ण पर बड़े वेग से टूट पड़े। उनमें से जो-जो पास आया, उसी-उसी को बलरामजी और श्रीकृष्ण ने खेल-खेल में ही पिछले पैर पकड़कर तालवृक्षों पर दे मारे। उस समय वह भूमि ताड़ के फलों से पट गयी और टूटे हुए वृक्षों तथा दैत्यों के प्राणहीन शरीरों से भर गयी। बलरामजी और श्रीकृष्णजी की यह मंगलमयी लीला देखकर देवतागण उन पर फूल बरसाने लगे और बाजे बजा-बजा कर स्तुति करने लगे। जिस दिन धेनुकासुर मरा, उसी दिन से लोग निडर होकर उस वन के तालफल खाने लगे तथा पशु भी स्वच्छन्दतापूर्वक घास चरने लगे। श्याम और राम के घर पहुँचते ही उनकी इच्छा के अनुसार तथा समय के अनुरूप यशोदाजी और रोहिणीजी ने सोच-सँजो कर रखी हुई वस्तुएँ उन्हें खिलायीं और पहनायीं।

कालिय पर कृपा

भगवान् श्रीकृष्ण इस प्रकार वृन्दावन में अगणित लीलाएँ करते। एक दिन अपने सखा ग्वालबालों के साथ वे यमुनातट पर गये। उस दिन बलरामजी उनके साथ नहीं थे। उस समय जेठ-आषाढ़ के घाम से गौएँ और ग्वालबाल अत्यन्त पीड़ित हो रहे थे। प्यास से उनका कंठ सूख रहा था। इसलिये उन्होंने यमुनाजी का विषैला जल पी लिया। उस विषैले जल के पीते ही सब गौएँ और ग्वालबाल प्राणहीन होकर यमुना-तट पर गिर पड़े। उन्हें ऐसी अवस्था में देखकर भगवान् श्रीकृष्ण ने अपनी अमृतवर्षिणी दृष्टि से उन्हें जीवित कर दिया। उनके स्वामी और सर्वस्व तो एकमात्र श्रीकृष्ण ही थे। चेतना आने पर वे सब उठ खड़े हुए और आश्चर्यचकित होकर एक-दूसरे की ओर देखने लगे। अन्त में उन्होंने यही निश्चय किया कि हम लोग विषैला जल पी लेने के कारण मर चुके थे, परन्तु हमारे श्रीकृष्ण ने अपनी अनुग्रहभरी दृष्टि से देखकर हमें फिर से जिला दिया।

भगवान् श्रीकृष्ण ने देखा कि महाविषधर कालिय नाग ने यमुनाजी का जल विषैला कर दिया है। यमुनाजी में कालिय नाग का एक कुण्ड था। उसका जल विष की गर्मी से खौलता रहता था। यहाँ तक कि उसके ऊपर उड़ने वाले पक्षी भी झुलस कर उसमें गिर जाया करते थे। जब उन्होंने देखा कि कालिय के विष का वेग अत्यंत प्रचण्ड है और वह भयानक विष ही उसका महान् बल है तथा उसके कारण मेरे विहार का स्थान यमुनाजी भी दूषित हो गयी हैं, तो भगवान् श्रीकृष्ण अपनी कमर का फेंटा कसकर एक बहुत ऊँचे कदम्ब के वृक्ष पर चढ़ गये और वहाँ से ताल ठोंक कर उस विषैले जल में कूद पड़े। कालिय के विष के कारण यमुनाजी का जल तो पहले से खौल रहा था, उसमें से बड़ी ऊँची तरंगें निकल रही थीं, श्रीकृष्ण के कूदने पर उसकी तरंगें और भी ऊँची हो गयीं और उसका खौलना भी बहुत बढ़ गया।

भगवान् श्रीकृष्ण कालिय-दह में कूदकर अतुल बलशाली मतवाले गजराज के समान जल उछालने लगे। कालिय नाग को यह तिरस्कार सहन नहीं हुआ। वह चिढ़कर भगवान् के सामने आ गया। उसने भगवान् के अनुपम सौंदर्य को देखा और साथ ही उनकी सुकुमारता भी। उनकी निर्भीकता देखकर कालिय के क्रोध का पारा और भी चढ़ गया। उसने श्रीकृष्ण को मर्मस्थानों में डँसकर अपने शरीर के बन्धन में उन्हें जकड़ लिया। वे नागपाश में बँधकर निश्चेष्ट हो गये। उनकी यह दशा देखकर समस्त ग्वालबाल अत्यंत पीड़ित हुए। वे दुःख से व्याकुल होकर अचेत हो गये और पृथ्वी पर गिर पड़े। यहाँ तक कि गाय, बैल, बछिया और

बछड़े भी बड़े दुःख से डकराने लगे।

इधर व्रज में बहुत से अपशकुन होने लगे। उन अपशकुनों को देखकर नन्द-बाबा आदि गोप अत्यंत चिन्तित और व्याकुल हो गये। श्रीकृष्ण जी उस दिन बिना बलरामजी को साथ लिये हुए ही गोचारण के लिये गये थे। उन लोगों ने यही निश्चय किया कि श्रीकृष्ण का देहावसान हो गया। यह सोचकर सब के सब गोप, नन्दबाबा, यशोदाजी, रोहिणीजी आदि सभी झुंड के झुंड श्रीकृष्ण की खोज में चल पड़े। व्रजवासियों की विह्वलता देखकर बलरामजी मन ही मन हँसे, क्योंकि वे श्रीकृष्ण की अचिन्त्य और अनन्त शक्ति को पूर्णरूप से समझते थे। पर वे बोले कुछ भी नहीं। व्रजवासी श्रीकृष्णजी के चरणचिह्नों का अनुसरण करते हुए शीघ्र ही कालिय-दह के तट पर पहुँच गये। वहाँ पहुँचकर उन्होंने देखा कि वे कालिय-नाग के बंधनों में बुरी तरह से जकड़े हुए हैं। उनकी यह अवस्था देखकर सारे व्रजवासी अत्यंत व्याकुल और अन्त में मूर्छित हो गये। माता यशोदा अपने लाड़ले लाल के पीछे कालिय-दह में कूदने ही जा रही थीं, परन्तु गोपियों ने उन्हें पकड़ लिया। गोपियों के हृदय में भी वैसी ही पीड़ा थी; उनकी आँखों से आँसुओं की झड़ी लगी हुई थी। सब की आँखें श्रीकृष्ण के मुखकमल पर लगी थीं। जिनके शरीर में चेतना थी, वे व्रजमोहन श्रीकृष्ण की पूतना-वध आदि की प्यारी-प्यारी ऐश्वर्य लीलाएँ कह-कहकर यशोदाजी को धीरज बंधाने लगीं। परन्तु अधिकांश तो मुर्दे की तरह पड़ ही गयी थीं।

कालिय-नाग के शरीर से बँध जाना तो भगवान् श्रीकृष्ण की मनुष्यों-जैसी एक लीला थी। जब उन्होंने देखा कि समस्त व्रजवासी मेरी ऐसी दशा देखकर अत्यंत दीन और विह्वल हो गये हैं, तो उन्होंने अपने शरीर को खूब मोटा करना प्रारम्भ दिया। इस कारण कालिय का सारा शरीर तड़पड़ाकर टूटने लगा। उसने अपना पाश ढीला कर दिया। भगवान् श्रीकृष्ण उसके पाश-बन्धन से मुक्त हो गये। कालिय नाग का क्रोध और भी बढ़ गया। वह अपनी जीभ लपालपा कर विष वमन करने लगा। श्रीकृष्ण उसके साथ खेलते हुए पैंतरा बदलने लगे। और वह विषधर सर्प भी उन पर चोट करने का दाँव देखता हुआ पैंतरा बदलने लगा। इस प्रकार पैंतरा बदलते-बदलते उसका बल क्षीण होने लगा और उसका दम फूलने लगा। भगवान् श्रीकृष्ण ने उसके बड़े-बड़े सिरों को दबा दिया और उछल कर उन पर सवार हो गये और उसके सिरों पर कलापूर्ण नृत्य करने लगे।

कालिय नाग के एक सौ एक सिर थे। वह अपने जिस सिर को नहीं झुकाता था, उसी को प्रचण्ड दण्डधारी भगवान् अपने पैरों की चोट से कुचल डालते।

इससे कालिय नाग की जीवन-शक्ति क्षीण हो चली। वह मुंह और नथुनों से खून उगलने लगा। भगवान् के इस ताण्डव-नृत्य से कालिय के फणरूप छत्ते छिन्न-भिन्न हो गये। उसका एक-एक अंग चूर-चूर हो गया और मुंह से खून की उलटी होने लगी। भगवान् श्रीकृष्ण के उदर में सम्पूर्ण विश्व है। इसलिये उनके भारी बोझ से कालिय नाग के शरीर की एक-एक गाँठ ढीली पड़ गयी। अब उसे सारे जगत् के आदिशिक्षक पुराणपुरुष भगवान् नारायण की स्मृति हुई। कालिय की यह असह्यावस्था देखकर उसकी पत्नियाँ भगवान् की शरण में आयीं। अपने बालकों को आगे करके वे पृथ्वी पर लोट गयीं और उन्होंने हाथ जोड़कर समस्त विश्व के स्वामी भगवान् श्रीकृष्ण को प्रणाम किया और उनकी स्तुति करने लगीं—"प्रभो, हम आपको प्रणाम करती हैं। आप अनन्त एवं अचिन्तय ऐश्वर्य नित्य निधि हैं। आप स्थूल, सूक्ष्म समस्त गतियों को जानने वाले तथा सबके साक्षी हैं। आपका यह अवतार और ये लीलाएँ साधुजनों की रक्षा तथा धर्म की रक्षा एवं विस्तार के लिए ही हैं। शान्तात्मन्, स्वामी को एक बार अपनी प्रजा का अपराध सह लेना चाहिये। यह मूढ़ है, क्रोधी है और परम तमोगुणी है। आपको पहचानता नहीं है, इसलिये आप इसे क्षमा कर दीजिये। भगवन्, कृपा कीजिये; अब यह सर्प मरने ही वाला है। साधु पुरुष सदा से ही हम अबलाओं पर दया करते आये हैं। अतः आप हमें हमारे प्राणस्वरूप पतिदेव को दे दीजिये। हम आपकी दासी हैं। हमें आप आज्ञा दीजिये, आपकी क्या सेवा करें?"

जब नाग-पत्नियों ने इस प्रकार भगवान् श्रीकृष्ण की स्तुति की, तब उन्होंने दया करके उसे छोड़ दिया। धीरे-धीरे कालिय नाग की इन्द्रियों और प्राणों में कुछ-कुछ चेतना आ गयी। वह बड़ी कठिनता से श्वास लेने लगा। थोड़ी देर के पश्चात् बड़ी दीनता से भगवान् से वह इस प्रकार बोला—"नाथ, हम जन्म से ही बड़े दुष्ट, तमोगुणी और बहुत दिनों के बाद भी बदला लेने वाले जीव हैं। जीवों के लिये अपना स्वभाव छोड़ देना बहुत कठिन है। विश्वविधाता, आपने ही गुणों के भेद से इस जगत् में नाना प्रकार के स्वभाव, वीर्य, बल, योनि, चित्त और आकृतियों का निर्माण किया है। हम इस माया के चक्कर में मोहित हो रहे हैं। आप सर्वज्ञ और सम्पूर्ण जगत् के स्वामी हैं। आप ही हमारे स्वभाव और इस माया के कारण हैं। अब आप अपनी इच्छा से—जैसा ठीक समझें—कृपा कीजिये या दण्ड दीजिये।"

कालिय नाग की बात सुनकर लीला-मनुष्य भगवान् श्रीकृष्ण ने कहा, "सर्प, अब तुझे यहाँ नहीं रहना चाहिये। तू, अपने जाति-भाई, पुत्र और स्त्रियों के साथ

शीघ्र ही यहाँ से समुद्र में चला जा। अब गौएँ और मनुष्य यमुना-जल का उपभोग करें। मैं जानता हूँ कि तू गरुड़ के भय से रमणक द्वीप छोड़कर इस दह में आ बसा था। अब तेरा शरीर मेरे चरण-चिह्नों से अंकित हो गया है। इसलिये जा अब गरुड़ तुझे खायेंगे नहीं।'' उनकी ऐसी आज्ञा पाकर कालिय नाग और उसकी पत्नियों ने आनन्द से भरकर बड़ी श्रद्धा से उनकी पूजा की। इसके बाद बड़े प्रेम और आदर से उनकी परिक्रमा की, वन्दना की। भगवान् की अनुमति लेकर उसने अपनी पत्नियों, पुत्रों और बन्धु-बान्धवों के साथ रमणक द्वीप की यात्रा की। भगवान् श्रीकृष्ण की कृपा से यमुना जी का जल केवल विषहीन ही नहीं, बल्कि तत्काल अमृत के समान मधुर हो गया।

इधर भगवान् श्रीकृष्ण दिव्य माला, गन्ध, वस्त्र, महामूल्य मणि और सुवर्ण के आभूषणों से विभूषित हो, उस कुण्ड से बाहर निकले। उन्हें देखकर सभी गोप-गोपियों का हृदय आनन्द से भर गया। उन्होंने बड़े प्रेम और आनन्द से अपने कन्हैया को हृदय से लगाया। बलरामजी तो भगवान् का प्रभाव जानते ही थे। वे श्रीकृष्ण को हृदय से लगा कर हँसने लगे।

भगवान् का व्रजवासियों को दावानल से बचाना

व्रजवासी और गौएँ सब बहुत ही थक गये थे। इसलिये उस रात वे व्रज में नहीं गये, वहीं सो गये। गर्मी के दिन थे। उधर वन भी सूख गया था। आधी रात के समय उसमें आग लग गयी। उस आग ने सोये हुए व्रजवासियों को चारों ओर से घेर लिया और वह उन्हें जलाने लगी। आग की आँच लगने पर व्रजवासी घबड़ाकर उठ खड़े हुए और लीला-मनुष्य-धारी भगवान् श्रीकृष्ण की शरण में गये। उन्होंने आर्तभाव से प्रार्थना की, "प्यारे श्रीकृष्ण, श्यामसुन्दर, महाभाग्यवान् बलराम, तुम दोनों का बल और विक्रम अनन्त है। देखो, देखो, भयंकर दावाग्नि तुम्हारे सगे-संबंधी हम लोगों को जलाना ही चाहती है। तुममें सब सामर्थ्य है। हम तुम्हारे सुहृद हैं। प्रभो, हम मृत्यु से नहीं डरते, परन्तु तुम्हारे अकुतोभय चरणकमल छोड़ने में हम असमर्थ हैं।'' भगवान् अनन्त हैं, वे अनन्त शक्तियों से युक्त हैं। उन जगदीश्वर भगवान् श्रीकृष्ण ने जब देखा कि मेरे स्वजन इस प्रकार व्याकुल हो रहे हैं, तब वे उस भयंकर दावानल को पी गये।

प्रलम्बासुर का उद्धार

एक दिन जब बलरामजी और श्रीकृष्ण ग्वालबालों के साथ उस वन में गौएँ चरा रहे थे, तब ग्वाल के वेश में प्रलम्ब नाम का एक असुर आया। उसकी इच्छा थी कि मैं श्रीकृष्ण और बलराम को हर ले जाऊँ। भगवान् श्रीकृष्ण सर्वज्ञ हैं।

वे उसे देखते ही पहचान गये। फिर भी उन्होंने उसकी मित्रता का प्रस्ताव स्वीकार कर लिया। वे मन ही मन यह सोच रहे थे कि किस युक्ति से इसका वध करना चाहिये।

ग्वालबालों का खेल प्रारंभ हो गया। खिलाड़ी दो दलों में बँट गये। एक के सरदार बलरामजी थे और दूसरे के श्रीकृष्ण। प्रलम्बासुर श्रीकृष्ण को अत्यंत बलशाली समझकर बलरामजी के दल में सम्मिलित हो गया। मौका पाकर वह असुर बलरामजी को अपनी पीठ पर चढ़ा कर ले भगा। बलरामजी अत्यंत भारी हो गये। तब प्रलम्बासुर ने अपना असली रूप प्रकट किया। काले बादल सा श्याम वर्ण, आँखें आग की तरह धधकती हुईं, भयानक दाढ़ें भौहों तक पहुँची हुईं, लाल-लाल बिखरे बाल। बलरामजी ने उसकी चाल तुरन्त समझ ली। उन्होंने क्रोध करके उसके सिर पर एक घूंसा कसकर जमाया। घूंसा लगते ही उसका सिर चूर-चूर हो गया। वह मुँह से खून उगलने लगा, चेतना जाती रही, भयंकर शब्द करता हुआ वह पृथ्वी पर गिर पड़ा। प्रलम्बासुर मूर्तिमान पाप था। उसकी मृत्यु से देवताओं को बड़ा सुख मिला। वे उनकी प्रशंसा करने लगे। ग्वालबाल भी प्रसन्नता से नृत्य करने लगे और बमरामजी की वाहवाही करने लगे।

गौओं और गोपों को दावानल से बचाना

इधर जब ग्वालबाल खेलकूद में मस्त थे, तो उनकी गायें चरती-चरती बड़ी दूर निकल गयीं। उन्होंने गायों के ढूंढ़ने की बहुत चेष्टा की, पर असफल रहे। उनकी चिन्ता और व्यग्रता बहुत बढ़ गयी। तदन्तर श्रीकृष्ण ने गायों का नाम पृथक्-पृथक् लेकर पुकारना प्रारम्भ किया। गौएँ अपने नाम की ध्वनि सुनकर बहुत हर्षित हुयीं। वे भी उत्तर में हुँकारने और रँभाने लगीं। उसी समय उस जंगल में दावाग्नि लग गयी। साथ ही बड़े वेग से आँधी चलने लगी। इससे दावानल बड़े वेग से बढ़ने लगा। सारे ग्वालबाल अत्यधिक भयभीत हो गये। गौओं का भी बुरा हाल था।

ग्वालबाल आर्तस्वर से चिल्लाने लगे, "महावीर श्रीकृष्ण, प्यारे श्रीकृष्ण, परम बलशाली बलराम, हम तुम्हारे शरणागत हैं। देखो, हम इस समय दावाग्नि में जलना ही चाहते हैं। तुम दोनों हमें इससे बचाओ। तुम्हीं दोनों हमारे एकमात्र रक्षक एवं स्वामी हो; हमें केवल तुम्हारा ही भरोसा है।" अपने सखा ग्वालबालों की आर्त वाणी सुनकर भगवान् श्रीकृष्ण ने कहा, "डरो मत, तुम अपनी आँखें बन्द कर लो।" उन ग्वालबालों ने श्रीकृष्णजी की आज्ञा शिरोधार्य कर ली। उनके आँख मूंदते ही,

योगेश्वर भगवान् श्रीकृष्ण ने उस भयंकर दावाग्नि को अपने मुंह से पी लिया। इस प्रकार उन्हें इस घोर संकट से मुक्त कर दिया। वे इस आश्चर्यमयी लीला से अत्यंत विस्मित हुए। उन्होंने यही समझा कि श्रीकृष्णजी साक्षात् परब्रह्म परमेश्वर हैं।

इधर व्रज में गोपियों को श्रीकृष्ण को देखे बिना एक-एक क्षण सौ-सौ युगों के समान लग रहा था। जब भगवान् श्रीकृष्ण लौटे, तो उनका दर्शन करके वे परमानन्द में मग्न हो गयीं।

अध्याय—४

गोपी-मन-मोहन

शरद ऋतु के आगमन पर वृन्दावन की शोभा अत्यंत सुहावनी हो गयी। वृक्षों की हरियाली निखर गयी थी। आकाश स्वच्छ हो गया था। कमल-दलों की पंक्ति पर भौंरे गुंजार कर रहे थे। भगवान् श्रीकृष्ण ने गौओं और ग्वालबालों के साथ वन में प्रवेश किया। मधुपति श्रीकृष्ण ने बलरामजी और ग्वालबालों के साथ उसके भीतर घुसकर गौओं को चराते हुए अपनी बाँसुरी पर बड़ी मधुर तान छेड़ी। उस प्रेममयी, आकांक्षा से परिपूर्ण और मादक ध्वनि को सुनकर गोपियों का हृदय प्रेम से परिपूर्ण हो गया। वे एकान्त में अपनी सखियों से उनके रूप, गुण तथा वंशी के प्रभाव का वर्णन करने लगीं। व्रज की गोपियों ने वंशीध्वनि का माधुर्य आपस में वर्णन करना चाहा तो अवश्य; परन्तु वंशी का स्मरण होते ही उन्हें श्रीकृष्ण की मधुर चेष्टाओं की प्रेमपूर्ण चितवन, भौंहों के इशारे और अलौकिक सुधामयी मुसकान आदि की याद हो आयी। उनकी भगवान् से मिलने की आकांक्षा और भी बढ़ गयी। उनका मन हाथ से निकल गया। वे मन ही मन वहाँ पहुँच गयीं, जहाँ श्रीकृष्ण थे। भगवान् श्रीकृष्ण की वंशीध्वनि जड़-चेतन समस्त भूतों का मन चुराकर उन्हें द्रवित कर देती है। गोपियों ने उसे सुन, और सुनकर वे उसका वर्णन करने लगीं। वर्णन करते-करते वे तन्मय हो गयीं और श्रीकृष्ण को पाकर आलिंगन करने लगीं।

गोपियाँ आपस में इस प्रकार बातचीत करने लगीं, "अरी सखी, हमने तो आँखवालों के जीवन की और उनकी आँखों की बस, इतनी ही सफलता समझी है; और तो हमें कुछ मालूम ही नहीं। वह कौन सा लाभ है? वह यही है कि जब श्यामसुन्दर श्रीकृष्ण और गौरसुन्दर बलरामजी ग्वालबालों के साथ गायों को हाँक कर वन में ले जा रहे हों अथवा लौटाकर व्रज में ला रहे हों, उन्होंने अपने अधरों पर मुरली धर रखी हो और प्रेमभरी तिरछी चितवन से हमारी ओर देख रहे हों, उस समय हम उनकी मुख-माधुरी का पान करती रहें।"

"अरी सखी, जब वे आम की नयी कोपलें, मोर के पंख, फूलों के गुच्छे, रंग-बिरंगे कमल और कुमुद की मालाएँ धारण कर लेते हैं, श्रीकृष्ण के साँवरे शरीर पर पीताम्बर और बलरामजी के गोरे शरीर पर नीलाम्बर फहराने लगता है, तब

उनका वेश बहुत विचित्र बन जाता है। ग्वालबालों की गोष्ठी में वे दोनों बीचों-बीच बैठ जाते हैं और मधुर संगीत की तान छेड़ देते हैं। मेरी प्यारी सखी, उस समय ऐसा जान पड़ता है मानो दो चतुर नट रंगमंच पर अभिनय कर रहे हैं। मैं क्या बताऊँ कि उस समय उनकी कितनी शोभा होती है?"

"अरी गोपियो, यह वेणु पुरुष जाति का होने पर भी पूर्वजन्म में न जाने ऐसा कौन सा साधन-भजन कर चुका है कि हम गोपियों की अपनी सम्पत्ति-दामोदर के अधरों की सुधा स्वयं ही इस प्रकार पिये जा रहा है कि हम लोगों के लिये थोड़ा सा रस भी शेष नहीं रहेगा। इस वेणु को खींचनेवाली ह्रदनियाँ आज कमलों के मिस रोमांचित हो रही हैं और अपने वंश में भगवत्प्रेमी संतानों को देखकर श्रेष्ठ पुरुषों के समान वृक्ष भी इसके साथ अपना सम्बन्ध जोड़कर आँखों से आनन्दाश्रु बहा रहे हैं।"

"सखि, जब श्रीकृष्ण अपनी मुनिजनमोहिनी मुरली बजाते हैं, तब मोर मतवाले होकर उसकी ताल पर नाचने लगते हैं। सभी पशु-पक्षी शान्त होकर खड़े हो जाते हैं। मूढ़ बुद्धिवाली हरिनियाँ भी उसकी अलौकिक तान सुनकर अपने पतियों के साथ प्राण वल्लभ श्रीकृष्ण के समीप पहुँच जाती हैं और अपनी प्रेमभरी बड़ी-बड़ी आँखों से उन्हें देखने लगती हैं। वास्तव में उनका जीवन धन्य है। देवाङ्गनाएँ भी विमानों पर स्थित होकर जब मुरली की ध्वनि सुनती हैं, तो वे मूर्छित हो जाती हैं। गौएँ भी उसकी धुन सुनकर अपने दोनों कानों को सम्हाल लेती हैं—खड़े कर लेती हैं। ऐसा लगता है मानो वे अमृतपान कर रही हैं। उनकी यह तन्मयावस्था देखते ही बनती है। बछड़े जब दूध पीते-पीते अचानक मुरली की तान सुन लेते हैं, तो मुँह में रखा हुआ दूध का घूँट न उगल पाते हैं न निगल पाते हैं। वे ज्यों के त्यों ठिठके रह जाते हैं। उनके हृदय में भी होता है भगवान् का संस्पर्श और नेत्रों में छलकते होते हैं आनन्द के आँसू। वे ज्यों के त्यों ठिठके रह जाते हैं।"

"वृन्दावन के पक्षियों को तुम नहीं देखती हो? उन्हें पक्षी कहना ही भूल है! सच पूछो तो उनमें अधिकांश बड़े-बड़े ऋषि-मुनि हैं। वे वृन्दावन के सुन्दर-सुन्दर वृक्षों की नयी और मनोहर कोंपलोंवाली डालियों पर चुपचाप बैठ जाते हैं और आँखें बन्द नहीं करते, निर्निमेष नेत्रों से श्रीकृष्ण की रूप-माधुरी तथा प्यारभरी चितवन देख-देख कर निहाल होते रहते हैं तथा कानों से अन्य सब प्रकार के शब्दों को छोड़कर केवल उन्हीं की मोहिनी वाणी और वंशी का त्रिभुवनमोहन संगीत सुनते रहते हैं। मेरी प्यारी सखी, उनका जीवन कितना धन्य है!"

"अरी सखी, देवता, गौओं और पक्षियों की बात क्यों करती हो? वे तो चेतन

हैं। इन जड़ नदियों को नहीं देखतीं ? इनमें से जो भँवरें दीख रही हैं, उनसे इनके हृदय में श्यामसुन्दर से मिलने की तीव्र आकांक्षा का पता चलता है। उसके वेग से ही तो इनका प्रवाह रुक गया है। इन्होंने भी प्रेमरूप श्रीकृष्ण की वंशीध्वनि सुन ली है।"

"ये नदियाँ तो हमारी पृथ्वी की, हमारे वृन्दावन की वस्तुएँ हैं; तनिक इन बादलों को देखो ! जब वे देखते हैं कि व्रजराजकुमार श्रीकृष्ण और बलरामजी ग्वालबालों के साथ धूप में गौएँ चरा रहे हैं और साथ-साथ बाँसुरी भी बजाते जा रहे हैं, तब उनके हृदय में प्रेम उमड़ आता है। वे उनके ऊपर मँडराने लगते हैं और वे श्याम-घन अपने सखा घनश्याम के ऊपर अपने शरीर को ही छाता बनाकर तान देते हैं। इतना ही नहीं, सखी, वे जब उन पर नन्हीं-नन्हीं फुहियों की वर्षा करने लगते हैं, तब ऐसा जान पड़ता है कि वे उनके ऊपर सुन्दर-सुन्दर श्वेत कुसुम चढ़ा रहे हैं। नहीं सखी, उनके बहाने वे तो अपना जीवन ही निछावर कर देते हैं।"

"जब हमारे श्रीकृष्ण मधुर-मधुर संगीत गाते हुए बाँसुरी की तान छेड़ते हैं, उस समय मनुष्यों की तो बात ही क्या, अन्य शरीरधारियों में भी चेतन पशु-पक्षी और जड़ नदी आदि तो स्थिर हो जाते हैं तथा अचल वृक्षों को भी रोमांच हो आता है। जादूभरी वंशी का और क्या चमत्कार सुनाऊँ।"

वृन्दावनविहारी श्रीकृष्ण की ऐसी-ऐसी एक नहीं, अगणित लीलाएँ हैं। गोपियाँ प्रतिदिन आपस में उनका वर्णन करतीं और तन्मय हो जातीं। उनकी लीलाएँ उनके हृदय में स्फुरित होने लगतीं।

रासलीला

शरद ऋतु थी। बेला, चमेली आदि सुगन्धित पुष्प खिलकर महँ-महँ महक रहे थे। भगवान् ने चीर-हरण के समय गोपियों को जिन रात्रियों का संकेत किया था, वे सब की सब पुंजीभूत होकर एक ही रात्रि के रूप में उल्लसित हो रही थीं। भगवान् ने अपनी अचिन्त्य महाशक्ति योगमाया के सहारे रसमयी रासक्रीड़ा करने का संकल्प किया। अपना होने पर भी उन्होंने अपने प्रेमियों की इच्छा पूर्ण करने का मन में विचार किया। उनके संकल्प करते ही चन्द्रदेव उदित हो गये। उस रात्रि चन्द्रदेव का मण्डल अखंड था। पूर्णिमा की रात्रि थी। चन्द्रमा की कोमल, सुधा-मयी किरणों से सारा वन अनुराग के रंग में रंग गया था। वन के कोने-कोने में उन्होंने अपनी चाँदनी के द्वारा अमृत का समुद्र उँड़ेल दिया था। भगवान् श्रीकृष्ण ने अपने दिव्य उज्ज्वल रस के उद्दीपन की पूरी सामग्री उन्हें और उस वन को देख-कर अपनी बाँसुरी पर व्रज-सुन्दरियों के मन को हरण करनेवाली कामबीज 'क्लीं'

की अस्पष्ट एवं मधुर तान छेड़ी। भगवान् का वह वंशीवादन भगवान् के प्रेम को, उनके मिलन की लालसा को अत्यंत उकसानेवाला, उद्दीप्त करनेवाला था। यों तो श्यामसुन्दर ने पहले से ही गोपियों के मन को अपने वश में कर रखा था; अब तो उनके मन की सारी वस्तुएँ, भय, संकोच, धैर्य, मर्यादा आदि की वृत्तियाँ भी छीन लीं। वंशीध्वनि सुनते ही उनकी विचित्र गति हो गयी। जिन्होंने एक साथ साधना की थी श्रीकृष्ण को पतिरूप में प्राप्त करने के लिये, वे गोपियाँ एक दूसरे को सूचना न देकर—यहाँ तक कि एक दूसरे से अपनी चेष्टा छिपा कर, जहाँ वे थे, वहाँ के लिये चल पड़ीं। वे इतने वेग से चलीं थीं कि उनके कानों के कुण्डल झोंके खा रहे थे। काँटों में उलझ गयीं; किन्तु उसकी परवाह न करके वंशीध्वनि की ओर अग्रसर होने लगीं।

जो गोपियाँ दूध दुह रही थीं, वे अत्यंत आतुरतावश दूध दुहना छोड़ कर चल पड़ीं। जो चूल्हे पर दूध औटा रही थीं, वे उफनता हुआ दूध छोड़कर और जो लपसी पका रही थीं, वे पकी हुई लपसी बिना उतारे ही ज्यों की त्यों छोड़कर चल दीं। जो भोजन परस रही थीं, वे परसना छोड़कर, जो छोटे-छोटे बच्चों को दूध पिला रही थीं, वे दूध पिलाना छोड़कर, जो पतियों की सेवा-शुश्रूषा कर रही थीं, वे सेवा-शुश्रूषा छोड़कर और जो स्वयं भोजन कर रही थीं, वे भोजन करना छोड़कर अपने कृष्णप्यारे के पास चल पड़ीं।

कोई-कोई गोपी अपने शरीर में अंगराग, चन्दन और उबटन लगा रही थीं और कुछ आँखों में अंजन लगा रही थीं, वे उन्हें छोड़कर तथा उलटे-पुलटे वस्त्र पहनकर श्रीकृष्ण के पास पहुँचने के लिये चल पड़ीं। पिता और पतियों ने, भाई और जाति बन्धुओं ने उन्हें रोका, उनकी मंगलमयी यात्रा में विघ्न डाला। परन्तु वे इतनी मोहित हो गयी थीं कि रोकने पर भी न रुक सकीं। रुकतीं कैसे? विश्वविमोहन श्रीकृष्ण ने उनके प्राण, मन और आत्मा—सब कुछ का अपहरण जो कर लिया था।

उस समय कुछ गोपियाँ घरों के भीतर बन्द थीं। उन्हें बाहर निकलने का मार्ग ही न मिला। तब उन्होंने अपने नेत्र मूंद लिए और बड़ी तन्मयता से श्रीकृष्ण जी के सौंदर्य, माधुर्य और लीलाओं का ध्यान करने लगीं। अपने परम प्रियतम श्रीकृष्ण के असह्य विरह की तीव्र वेदना से उनके हृदय में इतनी व्यथा, इतनी जलन हुई कि उनमें जो कुछ अशुभ संस्कारों का लेशमात्र अवशेष था, वह भस्म हो गया। इसके बाद तुरन्त ही ध्यान लग गया। ध्यान में उनके सम्मुख भगवान् श्रीकृष्ण प्रकट हुए। उन्होंने मन ही मन बड़े प्रेम से, बड़े आवेग से उनका आलि-

गन किया। उस समय इ ा आनन्द, इतनी शान्ति मिली कि उनके सबके सब पुण्य के संस्कार एक साथ ह क्षीण हो गये। भगवान् श्रीकृष्ण ने यह जो अपनी लीला प्रकट की उसका प्रयो न केवल इतना ही है कि जीव उसके सहारे अपना परम कल्याण सम्पादन करे।

गोपियों को अपने समीप आया हुआ देखकर परम वाक्पटु श्रीकृष्ण ने उनसे कहा, "महाभाग्यवती गोपियों, तुम्हारा स्वागत है। बतलाओ, तुम्हें प्रसन्न करने के लिये, मैं कौन सा काम करूँ कहो, इस समय यहाँ आने की क्या आवश्यकता पड़ गयी? गोपियो, रात का भ वना समय है। हिंसक जीव-जन्तु इस समय विचरण कर रहे हैं। अतः, तुम ब तुरंत व्रज में लौट जाओ। रात के समय घोर जंगल में स्त्रियों को नहीं रु ना चाहिये। तुम्हें न देखकर तुम्हारे माँ-बाप, पति-पुत्र, भाई-बंधु ढूंढ़ रहे होंगे। उन्हें भय में मत डालो। अब देर मत करो। तुरन्त व्रज में लौट जाओ। तुम ोग कुलीन स्त्री हो और स्वयं भी सती हो। जाओ, अपने पतियों की सेवा-शुश्रूष करो। कुलीन स्त्रियों के लिये जार पुरुष की सेवा सब तरह से निन्दनीय ही है। इ से उनका लोक-परलोक दोनों बिगड़ता है। यह परम भय का हेतु है।"

भगवान् श्रीकृष्ण का यह अप्रिय ाषण सुनकर गोपियाँ उदास, खिन्न और विह्वल हो गयीं। उनकी आशा टूट गयी। वे चिन्ता के अथाह एवं अपार समुद्र में डूबने-उतराने लगीं। उनके होठ सूख गये। उनके मुंह लटक गये। वे पैर के नखों से धरती कुरेदने लगीं। नेत्रों से अश्रुधार बहने लगी। वे कुछ बोल न सकीं, किंकर्त्तव्यविमूढ़ होकर खड़ी की खड़ी रह ायीं। उन्होंने धीरज धारण करके अपनी आँखों के आँसू पोंछे और फिर प्रणयव ोप के कारण वे गद्‌गद वाणी में कहने लगीं—"प्यारे कृष्ण, तुम घट-घट व्यापी हो। हमारे हृदय की बात जानते हो। तुम्हें इस प्रकार निष्ठुरता के वचन नहीं कहने चाहिये। हम सब कुछ छोड़कर केवल तुम्हारे ही चरणों में प्रेम करती हैं। इसमें सन्देह नहीं कि तुम स्वतन्त्र और हठीले हो। तुम पर हमारा कोई वश नहीं है। फिर भी तुम अपनी ओर से हमें स्वीकार कर लो। हमारा त्याग मत करो।"

"प्यारे श्यामसुन्दर, तुम सब धर्मों का रहस्य जानते हो। तुम्हारा यह कहना कि 'अपने पति, पुत्र और भाई-बन्धुओं की सेवा करना ही स्त्रियों का स्वधर्म है'—अक्षरशः सत्य है। परन्तु इस उपदेश के अनुसार हमें तुम्हारी ही सेवा करनी चाहिये; क्योंकि तुम्हीं सब उपदेशों के चरम लक्ष्य हो, साक्षात् परमात्मा हो। तुम्हीं समस्त शरीरधारियों के सुहृद हो, आत्मा हो और परम प्रियतम हो। आत्म-

ज्ञान में निपुण महापुरुष तुमसे ही अतिशय प्रेम करते हैं, क्योंकि तुम नित्य प्रिय एवं अपने ही आत्मा हो। अनित्य एवं दुःखद पति-पुत्रादि से क्या प्रयोजन है? परमेश्वर, इसलिये हम पर प्रसन्न होओ, कृपा करो। मनमोहन, अब तक हमारा चित्त घर के काम-धन्धों में लगता था। इसी से हमारे हाथ भी उनमें रमे हुए थे। परन्तु, चितचोर, तुमने हमारे देखते-देखते हमारा वह चित्त चुरा लिया। इसमें तुम्हें कोई कठिनाई भी नहीं उठानी पड़ी, तुम तो सुखस्वरूप हो न!"

"अब तो हमारी गति-मति निराली ही हो गयी है। हमारे ये पैर तुम्हारे चरणकमलों को छोड़कर एक पग भी हटने के लिये तैयार नहीं हैं, नहीं हट रहे हैं। फिर हम व्रज में कैसे जायें? और यदि वहाँ जायँ भी तो करें क्या? प्राणवल्लभ, प्रियतम, हमें स्वीकार करो। हम सच कहती हैं, तुम्हारी विरह-व्यथा की आग से हम अपने-अपने शरीर जला देंगी और ध्यान के द्वारा तुम्हारे चरणकमलों को प्राप्त करेंगी। भगवन्, प्राणधन, अब तक जिसने भी तुम्हारे चरणों की शरण ली, उसके सारे कष्ट तुमने मिटा दिये। अब तुम हम पर कृपा करो। हमें भी अपने प्रसाद का भाजन बनाओ। हम तुम्हारी सेवा करने की आशा-अभिलाषा से घर-परिवार, गाँव, कुटुम्ब—सब कुछ छोड़कर तुम्हारे युगल-चरणों की शरण में आयी हैं। तुम हमें अपनी दासी के रूप में स्वीकार कर लो।"

भगवान् श्रीकृष्ण, सनकादि योगियों और शिवादि योगेश्वरों के भी ईश्वर हैं। जब उन्होंने गोपियों की व्यथा और व्याकुलता से भरी वाणी सुनी, तब उनका हृदय दया से भर गया और उन्होंने हँसकर उनके साथ क्रीड़ा प्रारम्भ की। भगवान् श्रीकृष्ण ने अपनी भाव-भंगी और चेष्टाएँ गोपियों के अनुकूल कर दीं; फिर भी वे अपने स्वरूप में ज्यों के त्यों एकरस थे, अच्युत थे। उनकी प्रेमभरी चितवन से और उनके दर्शन के आनन्द से गोपियों का मुखकमल प्रफुल्लित हो गया। ये उन्हें चारों ओर से घेरकर खड़ी हो गयीं। तत्पश्चात् भगवान् श्रीकृष्ण ने गोपियों के साथ यमुनाजी के पावन पुलिन पर पदार्पण किया। उस आनन्दप्रद पुलिन पर भगवान् ने गोपियों के साथ क्रीड़ा की। उदारशिरोमणि सर्वव्यापक भगवान् श्रीकृष्ण ने जब इस प्रकार गोपियों का सम्मान किया, तब उनके मन में ऐसा भाव आया कि संसार की समस्त स्त्रियों में हम ही सर्वश्रेष्ठ हैं, हमारे समान और कोई नहीं है। वे कुछ मानवती हो गयीं। जब भगवान् ने देखा कि इन्हें तो अपने सुहाग का कुछ गर्व भी हो आया है और अब मान भी करने लगीं हैं, तब वे उनका गर्व शान्त करने के लिये तथा उनका मान दूर कर प्रसन्न करने के लिए वहीं उनके बीच ही में अन्तर्धान हो गए।

श्रीकृष्ण के विरह में गोपियों की दशा

भगवान् के सहसा अन्तर्धान हो जाने पर, गोपियों का हृदय विरह की ज्वाला से दग्ध होने लगा। भगवान् श्रीकृष्ण की मदोन्मत्त गजराज की सी चाल, प्रेमभरी मुसकान, विलासभरी चितवन, मनोरम प्रेमालाप, भिन्न-भिन्न प्रकार की लीलाओं तथा श्रृंगार रस की भावभंगियों ने उनके चित्त को चुरा लिया था। वे प्रेम की मतवाली गोपियाँ श्रीकृष्णमय हो गयीं और फिर श्रीकृष्ण की विभिन्न चेष्टाओं का अनुकरण करने लगीं। उनके शरीर में भी वही गति-मति, वही भावभंगी उतर आयी। वे अपने को सर्वथा भूलकर श्रीकृष्णस्वरूप हो गयीं और उन्हीं के लीला-विलास का अनुकरण करती हुई 'मैं श्रीकृष्ण ही हूँ'—इस प्रकार कहने लगीं। वे सब परस्पर मिलकर ऊँचे स्वर से उन्हीं के गुणों का गान करने लगीं और मतवाली होकर एक वन से दूसरे वन में, एक झाड़ी से दूसरी झाड़ी में जा-जाकर ढूंढ़ने लगीं।

भगवान् श्रीकृष्ण कहीं दूर थोड़े ही गये थे। वे तो समस्त जड़-चेतन पदार्थों में तथा उनके बाहर भी आकाश के समान एकरस स्थित हैं। वे वहीं थे, उन्हीं में थे, परन्तु उन्हें न देखकर गोपियाँ वनस्पतियों—पेड़-पौधों से उनका पता पूछने लगीं। गोपियों ने पहले वृक्षों से—पीपर, पाकर, बरगद, कुरबक, अशोक, नागकेशर, पुन्नाग, चम्पा आदि से उनका पता पूछा फिर तुलसी, मालती, मल्लिका आदि से उनका पता पूछा। तत्पश्चात् रसाल, प्रियाल, कटहल, कचनार, जामुन, आक, बेल, मौलसिरी, कदम्ब, नीम, आम तथा अन्यान्य यमुना के तट पर वृक्षों से प्रश्न किया, "हे सुखी, उदार और परोपकारी तरुवरों, श्रीकृष्ण के बिना हमारा जीवन सूना और निरर्थक हो रहा है। हम बेहोश हो रही हैं। तुम हमें उन्हें पाने का मार्ग बता दो।" इसी प्रकार पृथ्वी, हरिनियों आदि से अपने श्रीकृष्ण-विषयक विरह का साङ्गोपाङ्ग वर्णन करके उनका पता पूछा।

इस प्रकार मतवाली गोपियाँ प्रलाप करती हुई, भगवान् श्रीकृष्ण को ढूंढ़ते-ढूंढ़ते कातर हो गयीं। अब और भी गाढ़ आवेश हो जाने के कारण वे भगवन्मय होकर भगवान् की विभिन्न लीलाओं का अनुकरण करने लगीं। वे बहुत देर तक श्रीकृष्ण-सम्बन्धी विविध लीलाएँ तन्मय होकर करती रहीं। इस प्रकार लीला करते-करते गोपियाँ वृन्दावन के वृक्ष-लता आदि से बार-बार श्रीकृष्ण का पता पूछने लगीं। इसी समय उन्होंने एक स्थान पर भगवान् के चरण-चिह्न देखे। वे आपस में कहने लगीं, "अवश्य ही ये चरण-चिह्न नन्दनन्दन श्यामसुन्दर के हैं; क्योंकि इनमें ध्वजा, कमल, वज्र, अंकुश और जौ आदि के चिह्न स्पष्ट ही दीख

रहे हैं।" उन चिह्नों के द्वारा वे ब्रजवल्लभ भगवान् को ढूंढ़ती गोपियां आगे बढ़ीं। तब उन्हें श्रीकृष्ण के साथ किसी ब्रजयुवती के भी चरण-चिह्न दीख पड़े। उन्हें देखकर गोपियों की व्याकुलता और भी अधिक बढ़ गयी। वे आपस में कहने लगीं, "अवश्य ही सर्वशक्तिमान् भगवान् श्रीकृष्ण की यह 'आराधिका' होगी। इसीलिए इस पर प्रसन्न होकर हमारे प्राणप्यारे श्यामसुन्दर ने हमें छोड़ दिया है और इसे एकान्त में ले गये।"

उन्हीं चरणचिह्नों के सहारे गोपियाँ श्रीकृष्ण को ढूंढ़ते-ढूंढ़ते और आगे बढ़ीं। आगे बढ़ने पर उन्होंने देखा कि जो भाग्यशालिनी गोपी भगवान् के साथ गयी थी, वह भी अपने अहंकार के कारण छोड़ दी गयी है। विरहाधिक्य के कारण वह मूर्छित हो गयी है। जब उन्होंने उसे जगाया, तब उसने भगवान् श्रीकृष्ण से उसे जो प्यार और सम्मान प्राप्त हुआ था, उन गोपियों को सुनाया। उसने यह भी कहा कि 'मैंने कुटिलतावश उनका अपमान किया, इसी से वे अन्तर्धान हो गये।' उसकी बात सुनकर गोपियों के आश्चर्य की सीमा न रही। श्रीकृष्ण की ही भावना में डूबी हुई गोपियाँ यमुनाजी के पावन तट पर लौट आयीं और एक साथ मिलकर श्रीकृष्ण के गुणों का गान करने लगीं।

गोपिकागीत

"प्रियतम, तुम्हारी गोपियाँ, तुम्हारे वियोग में वन-वन में भटक कर तुम्हें खोज रही हैं। हम तुम्हारी बिना मोल की दासी हैं। प्राणेश्वर, क्या नेत्रों से मारना वध नहीं है? क्या अस्त्रों से मारना ही वध है? तुमने भिन्न-भिन्न आपत्ति-काल में हमारी रक्षा की है। ब्रजवासियों के दुःख दूर करने वाले वीरशिरोमणि श्यामसुन्दर तुम्हारी मन्द-मन्द मुसकान की एक उज्ज्वल रेखा ही तुम्हारे प्रेमीजनों के सारे मानमद को चूर-चूर कर देने के लिये पर्याप्त है। हमारे प्यारे सखा, हमसे रूठो मत, हमारे अपराधों को क्षमा करो और हम पर प्रसन्न होकर प्रेम करो।"

"तुम्हारे चरणकमल शरणागत प्राणियों के सारे पापों को नष्ट कर देते हैं। वे समस्त सौंदर्य और माधुर्य की खान हैं और स्वयं लक्ष्मीजी उनकी सेवा करती रहती हैं। हमारा हृदय तुम्हारी विरह-व्यथा की आग से जल रहा है। तुम्हारे मिलन की आकांक्षा हमें अत्यधिक संत्रस्त कर रही है। तुम अपने पवित्र चरण हमारे वक्षस्थल पर रखकर उनकी ज्वाला शान्त कर दो।"

"प्यारे श्यामसुन्दर, हम अपने पति, पुत्र, भाई-बन्धु और कुल-परिवार को त्यागकर, उनकी इच्छा और आकांक्षाओं का उल्लङ्घन करके तुम्हारे पास आयी

हैं। कपटी, इस प्रकार रात्रि के समय आयी हुई युवतियों को तुम्हारे सिवा और कौन छोड़ सकता है ? श्रीकृष्ण, श्यामसुन्दर, प्राणनाथ, हमारा जीवन तुम्हारे लिये है, हम तुम्हारे लिये जी रही हैं, हम तुम्हारी ही हैं।"

भगवान् का प्रकट होकर गोपियों को सांत्वना देना

भगवान् की प्यारी गोपियाँ विरहावेग में भाँति-भाँति के प्रलाप करने लगीं, फूट-फूट कर रोने लगीं। ठीक उसी समय उनके बीचोबीच भगवान् श्रीकृष्ण प्रकट हो गये। उनका मुखकमल मन्द-मन्द मुसकान से खिला हुआ था; गले में वनमाला थी, पीताम्बर धारण किये हुए थे। उनका यह रूप क्या था, सब के मन को मथ डालने वाले कामदेव के मन को भी मथनेवाला था। प्राणवल्लभ श्यामसुन्दर को आया देख, गोपियों के नेत्र प्रेम और आनन्द से खिल उठे। शरीर के प्रत्येक अंग में नवीन चेतना का संचार हो गया।

एक गोपी ने बड़े प्रेम और आनन्द से श्रीकृष्ण के करकमलों को अपने दोनों हाथों में ले लिया और वह धीरे-धीरे उसे सहलाने लगी। दूसरी गोपी ने उनके चन्दनचर्चित भुजदण्ड को अपने कंधे पर रख लिया। तीसरी सुन्दरी ने भगवान् का चबाया हुआ पान अपने हाथों में ले लिया। चौथी गोपी, जिसके हृदय में भगवान् के विरह से बड़ी जलन हो रही थी, बैठ गयी और उनके चरणकमलों को अपने वक्षस्थल पर रख लिया। पाँचवीं गोपी प्रणय-कोप से विह्वल होकर, भौंहें चढ़ाकर, दाँतों से होंठ दबाकर, अपने कटाक्ष-बाणों से बींधती हुई उनकी ओर ताकने लगी। छठी गोपी अपने निर्निमेष नयनों से उनके मुखकमल का मकरंद-रस पान करने लगी। सातवीं गोपी नेत्रों के मार्ग से भगवान् को अपने हृदय में ले गयी और फिर उसने आँखें बन्द कर ली और सिद्ध योगियों के समान परमानन्द में निमग्न हो गयी।

गोपियाँ श्रीकृष्ण का दर्शन करते आप्तकाम हो गयीं, परमानन्द में स्थित होकर समाधिस्थ हो गयीं।

तदनन्तर श्रीकृष्ण ने गोपियों के उज्ज्वल प्रेम की प्रशंसा करते हुए उन्हें आश्वस्त किया, "गोपियो, इसमें सन्देह नहीं कि तुम लोगों ने मेरे लिए लोकमर्यादा, वेदमार्ग और अपने सगे-सम्बन्धियों को भी छोड़ दिया है। ऐसी स्थिति में तुम्हारी मनोवृत्ति और कहीं न भटक जाय, अपने सौन्दर्य और सुहाग की चिन्ता न करने लगे, मुझमें ही लगी रहे—इसलिये परोक्षरूप से तुम लोगों से प्रेम करता हुआ ही मैं छिप गया था। इसलिये तुम लोग मेरे प्रेम में दोष मत निकालो। तुम सब मेरी प्यारी हो और मैं तुम्हारा प्यारा हूँ।"

"मेरी प्यारी गोपियो, तुमने मेरे लिये घर-गृहस्थी की उन बेड़ियों को तोड़

डाला है, जिन्हें बड़े-बड़े योगी-यति भी नहीं तोड़ पाते। मुझसे तुम्हारा यह मिलन, यह आत्मिक संयोग सर्वथा निर्मल और सर्वथा निर्दोष है। यदि मैं अमर शरीर से—अमर जीवन से अनन्त काल तक तुम्हारे प्रेम, सेवा और त्याग का बदला चुकाना चाहूँ, तो भी नहीं चुका सकता। मैं जन्म-जन्म के लिए तुम्हारा ऋणी हूँ। तुम अपने सौम्य स्वभाव से, प्रेम से मुझे उऋण कर सकती हो। परन्तु मैं तो तुम्हारा ऋणी ही हूँ।

महारास

गोपियाँ भगवान् श्रीकृष्ण की इस प्रकार प्रेमभरी सुमधुर वाणी सुनकर जो कुछ विरहजन्य ताप शेष था, उससे भी मुक्त हो गयीं। भगवान् की प्रेयसी और सेविका गोपियाँ एक दूसरे की बाँह में बाँह डाले खड़ी थीं। उन स्त्री-रत्नों के साथ यमुनाजी के पुलिन पर भगवान् ने अपनी रसमयी रासक्रीड़ा प्रारम्भ की। सम्पूर्ण योगों के स्वामी भगवान् श्रीकृष्ण दो-दो गोपियों के बीच में प्रकट हो गये और उनके गले में अपना हाथ डाल दिया। इस प्रकार एक गोपी और एक श्रीकृष्ण यही क्रम था। सभी गोपियाँ ऐसा अनुभव करती थीं कि हमारे प्यारे तो हमारे ही पास हैं। इस प्रकार सहस्र-सहस्र गोपियों से शोभायमान भगवान् श्रीकृष्ण का दिव्य रासोत्सव प्रारम्भ हुआ।

उस समय आकाश में शत-शत विमानों की भीड़ लग गयी। सभी देवता अपनी-अपनी पत्नियों के साथ वहाँ आ पहुँचे। रासोत्सव के दर्शन की लालसा से, उत्सुकता से उनका मन अपने वश में नहीं था। स्वर्ग की दिव्य दुंदुभियाँ अपने-आप बज उठीं। स्वर्गीय पुष्पों की वर्षा होने लगी। गन्धर्वगण अपनी-अपनी पत्नियों के साथ भगवान् के निर्मल यश का गान करने लगे। रासमण्डल में सभी गोपियाँ अपने प्रियतम श्यामसुन्दर के साथ नृत्य करने लगीं। उनकी कलाइयों के कंगन, पैरों के पायजेब और करधनी के छोटे-छोटे घुंघरू एक साथ बज उठे। असंख्य गोपियाँ थीं, इसलिये यह मधुर ध्वनि भी बड़े ही जोर की हो रही थी।

उस समय ऐसा जान पड़ता था मानो बहुत से श्रीकृष्ण तो साँवले-साँवले मेघमण्डल हैं और उनके बीच में गौरवर्ण की चमकती हुई गोपियाँ बिजली हैं। उनकी शोभा असीम थी। कोई गोपी भगवान् के साथ उनके स्वर में स्वर मिलाकर गा रही थी। वह श्रीकृष्ण के स्वर की अपेक्षा और भी ऊँचे स्वर से राग अलापने लगी। उसके विलक्षण और उत्तम स्वर को सुनकर वे बहुत ही प्रसन्न हुए और 'वाह-वाह' करके उसकी प्रशंसा करने लगे। एक गोपी नृत्य करते-करते थक गयी,

तो उसने श्रीकृष्ण की बाँहों का सहारा ले लिया। भगवान् श्रीकृष्ण की यह अपूर्व रासक्रीड़ा देखकर स्वर्ग की देवांगनाएँ भी उनसे मिलने की कामना से मोहित हो गयीं और समस्त तारों तथा ग्रहों के साथ चन्द्रमा चकित, विस्मित हो गये। जब बहुत देर तक गान और नृत्य आदि विहार करने के कारण गोपियाँ थक गयीं, तब करुणामय भगवान् श्रीकृष्ण ने बड़े प्रेम से स्वयं अपने सुखद करकमलों से उनके मुँह पोंछे।

तदनन्तर रासक्रीड़ा की थकान मिटाने के लिए भगवान् श्रीकृष्ण ने गोपियों के साथ यमुनाजी के जल में स्नान किया और जलक्रीड़ा की। यह बात स्मरण रखनी चाहिये कि भगवान् सत्यकाम और सत्यसंकल्प हैं। यह सब उनके चिन्मय संकल्प की ही चिन्मयी लीला है। उन्होंने इस लीला में कामभाव को, उसकी चेष्टाओं को तथा उसकी क्रिया को सर्वथा अपने अधीन कर रखा था। ब्रह्माजी की रात्रि के समान वह रात्रि बीत गयी। ब्रह्ममुहूर्त आया। यद्यपि गोपियों की इच्छा अपने घर लौटने की नहीं थी, फिर भी भगवान् श्रीकृष्ण की आज्ञा से वे अपने-अपने घर चली गयीं, क्योंकि वे अपनी प्रत्येक चेष्टा से, प्रत्येक संकल्प से केवल भगवान् को ही प्रसन्न करना चाहती थीं।

भगवान् का चिदानन्दघन शरीर दिव्य है। वह अजन्मा और अविनाशी है। वह नित्य, सनातन, शुद्ध भगवत्स्वरूप ही है। इसी प्रकार गोपियाँ दिव्य जगत् की भगवान् की स्वरूपभूता अंतरंगशक्तियाँ हैं। इन दोनों का सम्बन्ध भी दिव्य ही है। वह उच्चतम भावराज्य की लीला स्थूल शरीर और स्थूल मन से परे है।

अध्याय—५

इन्द्रयज्ञ-निवारण

भगवान् श्रीकृष्ण बलरामजी के साथ वृन्दावन में रहकर अनेक प्रकार की लीलाएँ कर रहे थे। उन्होंने एक दिन देखा कि वहाँ के सब गोप इन्द्रयज्ञ कर रहे हैं। भगवान् श्रीकृष्ण सबके अन्तर्यामी और सर्वज्ञ हैं। उन्होंने विनयावनत होकर नन्दबाबा आदि बड़े-बूढ़ों से पूछा, "पिताजी, आप लोगों के सामने यह कौन सा बड़ा भारी काम है, कौन सा उत्सव आ पहुँचा है? इसका फल क्या है? किस उद्देश्य से, कौन लोग, किन साधनों द्वारा यह यज्ञ किया करते हैं? इन सब बातों के जानने की मेरी उत्कंठा है, अतः आप मुझे इन बातों को स्पष्ट बताइये।"

नन्दबाबा ने श्रीकृष्ण को बतलाया, "बेटा, भगवान इन्द्र वर्षा करने वाले मेघों के स्वामी हैं। ये मेघ उन्हीं के अपने रूप हैं। वे समस्त प्राणियों को तृप्त करने वाला एवं जीवनदान करने वाला जल बरसाते हैं। मेरे प्यारे पुत्र, हम और दूसरे लोग भी उन्हीं मेघपति भगवान् इन्द्र की यज्ञों के द्वारा पूजा किया करते हैं। जिन सामग्रियों से यह यज्ञ होता है, वे भी उनके बरसाये हुए शक्तिशाली जल से ही उत्पन्न होती हैं। उनका यज्ञ करने के बाद जो कुछ बच रहता है, उसी अन्न से हम सब मनुष्य अर्थ, धर्म और कामरूप त्रिवर्ग की सिद्धि के लिये अपना जीवन निर्वाह करते हैं। मनुष्यों की कृषि आदि प्रयत्नों के फलदाता इन्द्र ही हैं। यह धर्म हमारी कुलपरंपरा से चला आया है। जो मनुष्य काम, लोभ, भय अथवा द्वेषवश ऐसे परम्परागत धर्म को छोड़ देता है, उसका कभी मंगल नहीं होता।"

इन्द्र को क्रोध दिलाने के लिये ही भगवान् श्रीकृष्ण ने नन्दबाबा से इस प्रकार कहा, "पिता जी, प्राणी अपने कर्म के अनुसार ही पैदा होता है और कर्म से ही मर जाता है। उसे उसके कर्म के अनुसार ही सुख-दुःख, भय और मंगल के निमित्तों की प्राप्ति होती है। यदि कर्मों को ही सब कुछ न मानकर उनसे भिन्न जीवों के कर्म का फल देनेवाला ईश्वर माना भी जाय, तो वह कर्म करनेवालों को ही उनके कर्म के अनुसार फल दे सकता है। कर्म न करनेवालों पर उसकी प्रभुता नहीं चल सकती। जब सभी प्राणी अपने-अपने कर्मों का ही फल भोग रहे हैं, तब हमें इन्द्र की क्या आवश्यकता है? जिसके द्वारा मनुष्य की जीविका सुगमता से चलती है, वही उसका इष्टदेव होता है।"

"पिता जी, न तो हमारे पास किसी देश का राज्य है और न तो बड़े-बड़े

नगर ही हमारे अधीन हैं। हमारे पास गाँव या घर भी नहीं हैं। हम तो सदा के वनवासी हैं। वन और पहाड़ ही हमारे घर हैं। इसलिये हम लोग गौओं, ब्राह्मणों और गिरिराज का यजन करने की तैयारी करें। इन्द्रयज्ञ के लिये जो सामग्रियाँ इकट्ठी की गयी हैं, उन्हीं से इस यज्ञ का अनुष्ठान होने दें। अनेक प्रकार के पकवान —खीर, हलवा, पूआ, पूड़ी आदि से लेकर—मूंग की दाल तक बनाये जायँ। व्रज का सारा दूध एकत्र कर लिया जाय। वेदपाठी ब्राह्मणों के द्वारा भली-भाँति हवन करवाया जाय तथा उन्हें अनेक प्रकार के अन्न, गौएँ और दक्षिणाएँ दी जायँ। चाण्डाल, पतित तथा कुत्तों तक को यथायोग्य वस्तुएँ देकर गायों को चारा दिया जाय और फिर गिरिराज को भोग लगाया जाय। इसके पश्चात् खूब प्रसाद खा-पीकर, सुन्दर-सुन्दर वस्त्र पहन कर, गहनों से सज-सजा लिया जाय और चन्दन लगाकर गौ, ब्राह्मण, अग्नि तथा गिरिराज गोवर्धन की प्रदक्षिणा की जाय। पिताजी, मेरी तो यही सम्मति है। यदि आप लोगों को रुचे, तो ऐसा ही कीजिये। ऐसा यज्ञ गौ, ब्राह्मण और गिरिराज को तो प्रिय होगा ही, मुझे भी बहुत प्रिय है।"

कालात्मा भगवान् श्रीकृष्ण की इच्छा थी कि इन्द्र का घमंड चूर-चूर कर दें। नन्दबाबा आदि गोपों ने उनकी बात सुनकर बड़ी प्रसन्नता से स्वीकार कर ली। भगवान् श्रीकृष्ण ने जिस प्रकार यज्ञ करने को कहा था, वैसा ही यज्ञ उन्होंने प्रारम्भ किया। पहले ब्राह्मणों से स्वस्तिवाचन कराकर उसी सामग्री से गिरिराज और ब्राह्मणों को सादर भेंटें प्रदान कीं। गौओं को खूब हरी-हरी घासें खिलाई गयीं। इसके बाद नन्दबाबा आदि गोपों ने गौओं को आगे करके गिरिराज की प्रदक्षिणा की। वे गोपों को विश्वास दिलाने के लिये गिरिराज के ऊपर एक दूसरा विशाल शरीर धारण करके प्रकट हो गये, तथा "मैं गिरिराज हूँ" इस प्रकार कहते हुए सारी सामग्री खाने लगे।

भगवान् श्रीकृष्ण ने दूसरे व्रजवासियों के साथ स्वयं भी गिरिराज को प्रणाम किया और कहने लगे, "देखो, कैसा आश्चर्य है! गिरिराज ने साक्षात् प्रकट होकर हम पर कृपा की है। ये चाहे जैसा रूप धारण कर सकते हैं। जो वनवासी जीव इनका निरादर करते हैं, उन्हें ये नष्ट कर डालते हैं। आओ, अपना और गौओं का कल्याण करने के लिये इन गिरिराज को हम प्रणाम करें। इस प्रकार भगवान् श्रीकृष्ण की प्रेरणा से नन्दबाबा आदि बड़े-बूढ़े गोपों ने गिरिराज, गौ और ब्राह्मणों का विधिपूर्वक पूजन किया तथा फिर श्रीकृष्ण के साथ सब व्रज में लौट गये।

गोवर्धन-धारण

जब इन्द्र को पता चला की मेरी पूजा बन्द कर दी गयी है, तो वे नन्दबाबा

आदि गोपों पर बहुत ही क्रोधित हुए। उन्हें अपने पद का बहुत घमंड था। वे अपने को ही त्रिलोकी का स्वामी समझते थे। उन्होंने क्रोध से तिलमिला कर प्रलय करने वाले मेघों के सांवर्तक नामक गण को व्रज पर चढ़ाई करने की आज्ञा दी और कहा, "ओह, इन जंगल के ग्वालों को इतना घमंड ! सचमुच यह धन का नशा है। भला, देखो तो सही, एक साधारण छोकरे कृष्ण के बल पर उन्होंने मुझ देवराज का अपमान कर डाला ! कृष्ण बकवादी, नादान, अभिमानी और मूर्ख होने पर भी अपने को बहुत बड़ा ज्ञानी और चतुर समझता है। वह स्वयं मृत्यु का ग्रास है। फिर भी उसी का सहारा लेकर इन अहीरों ने मेरी अवहेलना की है। एक तो ये योंही धन के नशे में उन्मत्त हो रहे थे, दूसरे इस छोकरे कृष्ण ने इनको और भी बढ़ावा दे दिया है।"

"अब तुम लोग व्रज में जाकर इनके इस धन के घमंड और मद तथा हेकड़ी को धूल में मिला दो तथा उनके पशुओं का संहार कर डालो। मैं भी तुम्हारे पीछे-पीछे ऐरावत हाथी पर चढ़कर नन्द के व्रज का नाश करने के लिये महा-पराक्रमी मरुद्गणों के साथ आता हूँ।" इन्द्र की कठोर आज्ञा पाकर प्रलयकालीन मेघ व्रज पर चढ़ आये और उसे तहस-नहस करने के लिये मूसलाधार वृष्टि करने लगे। चारों ओर बिजलियाँ चमकने लगीं, बादल घनघोर गर्जन करने लगे, प्रचण्ड आँधी चलने लगी, जिसके कारण बड़े-बड़े ओले पड़ने लगे। व्रजभूमि का कोना-कोना पानी से भर गया। सारा व्रजमंडल समुद्र के समान दिखायी पड़ने लगा। एक-एक पशु ठिठुरने और काँपने लगे। ग्वाल और ग्वालिनें भी ठण्ड के मारे व्याकुल हो गयीं, तब वे सब भगवान् श्रीकृष्ण की शरण में आये। उन्होंने आर्तभाव से कहा, "प्यारे श्रीकृष्ण, तुम बड़े भाग्यवान् हो। अब तो कृष्ण, केवल तुम्हारे ही भाग्य से हम सब की रक्षा होगी। प्रभो, इस सारे गोकुल के एकमात्र स्वामी, एकमात्र रक्षक तुम्हीं हो। भक्तवत्सल, इन्द्र के प्रचण्ड क्रोध और कोप से अब तुम्हीं हमारी रक्षा कर सकते हो।"

भगवान् ने देखा कि वर्षा और ओलों की मार से पीड़ित होकर सब बेहोश हो रहे हैं। उन्होंने विचार किया, "हमने इन्द्र का यज्ञ भंग कर दिया है। इसी से वे व्रज का नाश करने पर तुल गये हैं। अच्छा, मैं अपनी योगमाया से इसका भली-भाँति उत्तर दूँगा। वे मूर्खतावश अपने को लोकपाल मानते हैं। इनका ऐश्वर्य, धन का घमंड तथा अभिमान मैं चूर-चूर कर दूँगा। देवता लोग तो सत्यप्रधान होते हैं। इनमें अपने ऐश्वर्य तथा पद का अभिमान नहीं होना चाहिये। अतः यह उचित ही है कि इन सत्वगुण से च्युत दुष्ट देवताओं का मैं मान भंग कर दूँ। इससे इन्हें अन्त में शान्ति ही मिलेगी। यह सारा व्रज मेरे आश्रित है, मेरे द्वारा

स्वीकृत है और एकमात्र मैं ही इसका रक्षक हूँ। अतः, अब मैं अपनी योगमाया से इसकी रक्षा करूँगा। संतों और शरणागतों की रक्षा करना तो मेरा व्रत ही है। अब उसके पालन का अवसर आ पहुँचा है।"

इस प्रकार भगवान् श्रीकृष्ण ने खेल-खेल में एक ही हाथ से गिरिराज गोवर्धन को उखाड़ लिया और जैसे छोटे-छोटे बालक बरसाती छत्ते के पुष्प को उखाड़ कर हाथ में रख लेते हैं, वैसे ही उन्होंने उस पर्वत को धारण कर लिया। इसके बाद उन्होंने सभी व्रजवासियों से कहा, "माताजी, पिताजी और व्रजवासियो, तुम लोग अपनी गौओं और सब सामग्रियों के साथ इस पर्वत के गड्ढे में आकर बैठ जाओ। देखो, तुम लोग ऐसी शंका मत करना कि मेरे हाथ से यह पर्वत गिर पड़ेगा। तुम लोग तनिक भी मत डरो। इस आँधी-पानी के डर से तुम्हें बचाने के लिये ही मैंने यह युक्ति रची है।"

जब भगवान् श्रीकृष्ण ने इस प्रकार सब को आश्वासन दिया, तब सब के सब ग्वाल अपने-अपने गोधन, छकड़ों, आश्रितों, पुरोहितों और भृत्यों को अपने साथ लेकर सुभीते के अनुसार गोवर्धन के गड्ढे में आ घुसे। भगवान् श्रीकृष्ण ने सब व्रजवासियों को देखते-देखते भूख-प्यास की पीड़ा, आराम-विश्राम की आवश्यकता आदि सब कुछ भुलाकर सात दिन तक लगातार उस पर्वत को उठाये रक्खा। वे एक डग भी वहाँ से इधर-उधर नहीं हुए। श्रीकृष्ण की योगमाया का यह प्रभाव एवं चमत्कार देखकर इन्द्र के आश्चर्य का ठिकाना न रहा। अपना संकल्प पूरा न होने के कारण उनकी सारी हेकड़ी भूल गयी, वे भौंचक्के से रह गये। इसके बाद उन्होंने मेघों को अपने आप वर्षा करने से रोक दिया। जब गोवर्धनधारी भगवान् श्रीकृष्ण ने देखा कि वह भयंकर आँधी और घनघोर वर्षा बन्द हो गयी, आकाश के बादल छँट गये और सूर्य दीखने लगे, तब उन्होंने गोपों से कहा, "मेरे प्यारे गोपो, अब तुम लोग निडर हो जाओ और अपनी स्त्रियों, गोधन तथा बच्चों के साथ बाहर निकल आओ। देखो, अब आँधी-पानी बन्द हो गया तथा नदियों का पानी भी उतर गया।" भगवान् की आज्ञा पाकर सब गोप बाहर निकल आये। सर्वशक्तिमान् भगवान् ने भी सब प्राणियों के देखते-देखते खेल-खेल में ही गिरिराज को पूर्ववत् उसके स्थान पर रख दिया।

व्रजवासियों का हृदय प्रेम के आवेग से भर गया। पर्वत को रखते ही वे श्रीकृष्ण के पास दौड़ आये। कोई उन्हें हृदय से लगाने और कोई चूमने लगा। सब ने उनका सत्कार किया। बड़ी-बूढ़ी गोपियों ने बड़े आनन्द और स्नेह से दही, चावल और जल आदि से उनका मंगल-तिलक किया और उन्मुक्त हृदय से शुभाशीर्वाद दिये। यशोदाजी, रोहिणीजी, नन्दबाबा और बलरामजी ने स्नेहातुर

होकर श्रीकृष्ण को हृदय से लगा लिया तथा आशीर्वाद दिये। उस समय आकाश में स्थित देवता, साध्य, सिद्ध, गंधर्व और चारण आदि प्रसन्न होकर भगवान् की स्तुति करते हुए उन पर फूलों की वर्षा करने लगे। इसके बाद सभी गोपों आदि के साथ श्रीकृष्ण ने व्रज की यात्रा की। लौटते समय सभी गोप-गोपी और नन्दबाबा आदि श्रीकृष्ण के दिव्य, अमानवी चरित्र का गुणगान करते रहे।

इन्द्र की क्षमा-याचना और श्रीकृष्ण का अभिषेक

जब भगवान् श्रीकृष्ण ने गिरिराज गोवर्धन को धारण करके मूसलाधार वृष्टि से व्रज को बचा लिया, तब उनके पास गोलोक से कामधेनु और स्वर्ग से देवराज इन्द्र आये। भगवान् का तिरस्कार करने के कारण इन्द्र बहुत ही लज्जित थे। इसीलिये उन्होंने एकान्त-स्थान में भगवान् के पास जाकर साष्टांग प्रणाम किया। उनका सारा घमंड जाता रहा कि मैं ही त्रिलोक का स्वामी हूँ। उन्होंने हाथ जोड़ कर इस प्रकार स्तुति करनी प्रारम्भ की, "भगवन्, आपका स्वरूप परम शान्त, ज्ञानमय, रजोगुण और तमोमय से रहित एवं विशुद्ध अप्राकृत सत्त्वमय है। प्रभो, धर्म की रक्षा और दुष्टों का दमन करने के लिये आप अवतार धारण करते हैं और निग्रह-अनुग्रह भी करते हैं। आप अपने भक्तों की अभिलाषा पूर्ण करने के लिये स्वच्छन्दता से लीला-शरीर प्रकट करते हैं और जो लोग हमारी तरह अपने को ईश्वर मान बैठते हैं, उनका मान मर्दन करते हुए अगणित लीलाएं करते हैं। प्रभो, मैंने ऐश्वर्य के मद से चूर होकर आपका अपराध किया है, क्योंकि मैं आपकी शक्ति और प्रभाव के सम्बन्ध में बिल्कुल अनजान था। परमेश्वर, आप कृपा करके मुझ मूर्ख अपराधी का यह अपराध क्षमा करें और ऐसी कृपा करें कि मुझे फिर कभी ऐसे दुष्ट अज्ञान का शिकार न होना पड़े। आप मेरे स्वामी हैं, गुरु हैं और मेरे आत्मा हैं।"

जब देवराज इन्द्र ने भगवान् श्रीकृष्ण की इस प्रकार स्तुति की, तब उन्होंने हंसते हुए इन्द्र को सम्बोधित करके कहा, "इन्द्र, तुम ऐश्वर्य और धन-सम्पत्ति के मद में पूरे-पूर मतवाले हो रहे थे। इसलिये तुम पर अनुग्रह करके ही मैंने तुम्हारा यज्ञ भंग किया है। वह इसन्यिे कि अब तुम मुझे नित्य-निरंतर स्मरण रख सको। इन्द्र, तुम्हारा मंगल हो। अब तुम अपनी राजधानी अमरावती जाओ और मेरी आज्ञा का पालन करो। अब कभी घमंड मत करना। नित्य-निरंतर मेरे सान्निध्य का, मेरे संयोग का अनुभव करते रहना और अपने अधिकार के अनुसार उचित रीति से मर्यादा का पालन करना।"

भगवान् इस प्रकार आज्ञा दे ही रहे थे कि मनस्विनी कामधेनु ने अपनी संतानों

के साथ गोपवेशधारी परमेश्वर श्रीकृष्ण की वंदना की और उन्हें संबोधित करते हुए कहा, "सच्चिदानन्दस्वरूप श्रीकृष्ण, आप महायोगेश्वर हैं। आप स्वयं विश्व हैं, विश्व के परम कारण हैं, अच्युत हैं। हमारे तो आप परम पूजनीय आराध्यदेव ही हैं। हम गौएँ ब्रह्माजी की प्रेरणा से आपको अपना इन्द्र मानकर अभिषेक करेंगी। विश्वात्मन्, आपने पृथ्वी का भार उतारने के लिये ही अवतार धारण किया है।"

भगवान् श्रीकृष्ण का अभिषेक

श्रीकृष्ण से ऐसा कहकर कामधेनु ने अपने दूध से और देवताओं की प्रेरणा से देवराज इन्द्र ने ऐरावत की सूँड़ के द्वारा लाये हुए आकाशगंगा के जल से देवर्षियों के साथ यदुनाथ श्रीकृष्ण का अभिषेक किया और उन्हें 'गोविन्द' नाम से सम्बोधित किया। उस समय, वहाँ देवर्षि नारद, तुम्बुरु आदि गंधर्व, विद्याधर, सिद्ध और चारण पहले से ही आ गये थे। वे सब के सब भगवान् के लोकमलापह यश का गान करने लगे। मुख्य-मुख्य देवता भगवान् की स्तुति करके उन पर नन्दनवन के दिव्य पुष्पों की वर्षा करने लगे। तीनों लोकों में परमानन्द की बाढ़ आ गयी। इन्द्र ने इस प्रकार गौ और गोकुल के स्वामी श्री गोविन्द का अभिषेक किया और उनसे अनुमति प्राप्त कर देवता, गंधर्व आदि के साथ स्वर्ग की यात्रा की।

वरुणलोक से नन्दजी को छुड़ाकर लाना

नन्दबाबा ने कार्तिक शुक्ल एकादशी का व्रत किया और भगवान् की पूजा की तथा उसी दिन रात में द्वादशी लगने पर स्नान करने के लिये यमुना-जल में प्रवेश किया। उन्हें यह मालूम नहीं था कि यह असुरों की वेला है, इसलिये वे रात के समय ही यमुना-जल में घुस गये। उस समय वरुण के सेवक एक असुर ने उन्हें पकड़ लिया और अपने स्वामी के पास ले गया। नन्दबाबा के खो जाने पर व्रज के समस्त गोपों ने रोते-विलपते हुए कहा, "श्रीकृष्ण, अब अपने पिता को तुम्हीं ला सकते हो; बलराम अब तुम्हारा ही भरोसा है।" जब उन्होंने गोपों का रोना-पीटना सुना और यह जाना कि पिताजी को वरुण का कोई सेवक ले गया है, तब वे वरुणजी के पास गये। लोकपाल वरुण ने देखा कि समस्त जगत् के स्वामी भगवान् श्रीकृष्ण स्वयं ही उनके यहाँ पधारे हैं। वरुणजी ने उनकी बहुत पूजा की। भगवान् के दर्शन से उनका रोम-रोम आनन्द से खिल उठा। इसके बाद उन्होंने भगवान् से इस प्रकार निवेदन किया—

"प्रभो, आज मेरा शरीर धारण करना सफल हुआ। आज मुझे सम्पूर्ण पुरुषार्थ प्राप्त हो गये, क्योंकि आज मुझे आपके चरणों की सेवा का शुभ अवसर प्राप्त हुआ है। भगवन्, जिन्हें भी आपके चरणकमलों की सेवा का सुअवसर मिला, वे

भवसागर से पार हो गये। आप भक्तों के भगवान्, वेदान्तियों के ब्रह्म और योगियों के परमात्मा हैं। प्रभो, मेरा यह सेवक बहुत मूढ़ और अनजान है। वह अपने कर्तव्य को नहीं जानता। वही आपके पिताजी को ले आया है। आप कृपा करके उसका अपराध क्षमा कीजिये। अपने पिताजी को आप ले जाइये। भगवन्, आप सबके अन्तर्यामी हैं, सबके साक्षी हैं और सबके स्वामी हैं। इसलिये मुझ दास पर भी कृपा कीजिये।" लोकपाल वरुण ने उनकी स्तुति करके उन्हें प्रसन्न किया। इसके बाद भगवान् श्रीकृष्ण अपने पिता नन्दबाबा को लेकर ब्रज में चले आये और ब्रजवासी भाई-बंधुओं को आनन्दित किया।

अरिष्टासुर का वध

एक बार अरिष्टासुर नामक एक दैत्य बैल का रूप धारण करके आया। उसके कन्धे के पुट्ठे और आकार बहुत ही विशाल थे। वह अपने खुरों को इतनी जोरों से पटक रहा था कि उससे धरती काँप रही थी। वह बड़े जोर से गरज रहा था और पैरों से धूल उड़ा रहा था। पूँछ खड़ी किये हुए था और सींगों से चहारदीवारी, खेतों के मेड़ आदि तोड़ता जाता था। आँखें फाड़ कर इधर-उधर दौड़ रहा था। उस तीखे सींगवाले बैल को देखकर गोपियाँ और गोप सभी भयभीत हो गये। उस समय सभी व्रजवासी, "श्रीकृष्ण, श्रीकृष्ण, हमें इस भय से बचाओ" इस प्रकार पुकारते हुए भगवान् श्रीकृष्ण की शरण में गये। श्रीकृष्ण ने सभी को यह कहकर ढाढ़स बँधाया, "डरने की कोई बात नहीं है।" इतना कहते-कहते वे अरिष्टासुर की ओर बढ़े। उन्होंने उसके पास पहुँच कर उसे ललकारा, "अरे मूर्ख, महादुष्ट, तुम इन गौओं और ग्वालों को क्यों डरा रहा है? इससे क्या होगा? देख, तुम जैसे दुरात्मा, दुष्टों के बल का घमंड चूर-चूर कर देनेवाला यह मैं हूँ।" इस प्रकार ललकार कर भगवान् ने ताल ठोंकी और उसे क्रोधित करने के लिये वे अपने एक सखा के गले में बाँह डाल कर खड़े हो गये। भगवान् श्रीकृष्ण की इस चुनौती से वह क्रोध के मारे तिलमिला उठा और अपने खुरों से बड़े वेग से धरती खोदता हुआ उनकी ओर झपटा। भगवान् श्रीकृष्ण ने अपने दोनों हाथों से उसके दोनों सींग पकड़ लिये। उन्होंने उसे अठारह पग पीछे ठेलकर गिरा दिया। गिरने पर वह क्रोध के मारे आगबबूला हो गया और लम्बी-लम्बी साँसें लेता हुआ फिर उन पर झपटा। उस समय उसका सारा शरीर पसीने से लथपथ हो रहा था। भगवान् ने जब देखा कि वह मुझ पर प्रहार करना ही चाहता है, तब उन्होंने उसके सींग पकड़ लिये और उसे लात मारकर जमीन पर गिरा दिया और फिर पैरों से दबाकर इस प्रकार उसका कचूमर निकाला, जैसे कोई गीला कपड़ा निचोड़

रहा हो। इसके बाद उसका सींग उखाड़ कर उसको खूब पीटा, जिससे वह पड़ा ही रह गया। इस प्रकार वह दैत्य मुंह से खून उगलता और गोबर-मूत करता हुआ पैर पटकने लगा। उसकी आँखें उलट गयीं और उसने बड़े कष्ट के साथ प्राण छोड़े। अरिष्टासुर के मरने पर देवतागण भगवान् पर फूल बरसा-बरसा कर उनकी स्तुति करने लगे और सारे व्रज के निवासी उन पर अत्यधिक प्रसन्न होकर उनकी प्रशंसा करने लगे।

□□

अध्याय—६

कंस का उद्धार

जब भगवान् श्रीकृष्ण ने अरिष्टासुर को मार डाला, तब भव-भय नारद, जो लोगों को शीघ्र से शीघ्र भगवान् का दर्शन कराते रहते हैं, कंस के पास पहुँचे। उन्होंने कंस से कहा, "कंस जो कन्या तुम्हारे हाथ से छूटकर आकाश में चली गयी, वह तो यशोदा की पुत्री थी। व्रज में जो श्रीकृष्ण हैं, वे देवकी के पुत्र हैं। वहाँ जो बलरामजी हैं, वे रोहिणी के पुत्र हैं। वसुदेव ने तुमसे डरकर अपने मित्र नंद के पास उन दोनों को रख दिया है। उन्होंने ही तुम्हारे अनुचर दैत्यों का वध किया है।"

नारदजी की यह बात सुनते ही कंस की एक-एक इन्द्रिय क्रोध के मारे कांप उठी। उसने वसुदेवजी को मार डालने के लिये तुरंत तीखी तलवार उठा ली, परंतु नारदजी ने उसे ऐसा करने से रोक दिया। जब कंस को यह मालूम हो गया कि वसुदेव के लड़के ही हमारी मृत्यु के कारण हैं, तब उसने देवकी और वसुदेव दोनों ही पति-पत्नी को हथकड़ी और बेड़ी से जकड़ कर फिर जेल में डाल दिया। देवर्षि नारद के चले जाने पर कंस ने केशी को बुलाया और कहा, "तुम व्रज में जाकर बलराम और कृष्ण को मार डालो।" वह तुरंत रवाना हो गया।

इसके बाद कंस ने मुष्टिक, चाणूर, शल, तोशल आदि पहलवानों, मंत्रियों और महावतों आदि को बुलाकर कहा, "वीरवर मुष्टिक और चाणूर तुम लोग मेरी बात ध्यानपूर्वक सुनो, वसुदेव के दो पुत्र बलराम और कृष्ण नन्द के व्रज में रहते हैं। उन्हीं के हाथ से मेरी मृत्यु बतलायी जाती है। अतः जब वे यहाँ आवें, तब तुम लोग उन्हें कुश्ती लड़ने-लड़ाने के बहाने मार डालना। अब तुम लोग भाँति भाँति के मंच बनाओ और उसे विधिवत सजा दो। महावत, तुम बड़े चतुर हो। देखो भाई, तुम दंगल के घेरे के फाटक पर अपने कुवलयापीड़ हाथी को रखना और जब मेरे शत्रु कृष्ण और बलराम उधर से निकलें, तब उसी के द्वारा उन दोनों को मरवा डालना। इसी चतुर्दशी को विधिपूर्वक धनुषयज्ञ प्रारंभ कर दिया जाय और उसकी सफलता के लिये वरदानी भूतनाथ भैरव को बहुत से पवित्र पशुओं की बलि चढ़ायी जाय।"

इसके बाद उसने सबको विदाकर श्रेष्ठ यदुवंशी अक्रूर को बुलवाया और उनका हाथ अपने हाथों में लेकर बोला, "अक्रूरजी, आप उदार और ज्ञानी हैं। सब प्रकार से मेरे आदरणीय हैं। मेरा बहुत आवश्यक कार्य आ गया है। आपके सिवा उसे

और कोई दूसरा नहीं कर सकता। आप नन्दराय के व्रज में जाइये। वहाँ वसुदेव के दो पुत्र हैं—कृष्ण और बलराम—उन्हें उसी रथ पर चढ़ाकर तुरंत ले आइये। इस काम में देर नहीं होनी चाहिये।" इतना कहकर उसने अपनी सारी योजना अक्रूर को बता दी। तदनन्तर वह अपने महल में चला गया और अक्रूरजी अपने घर लौट आये।

केशी का वध

कंस ने जिस केशी नामक दैत्य को भेजा, उसने बड़े भारी घोड़े के रूप में बड़े वेग से व्रज में प्रवेश किया। वह अपनी टापों से धरती खोदता जा रहा था। वह बारंबार बड़े जोर से हिनहिना रहा था। उसकी भयानक हिनहिनाहट से सब के सब व्रजवासी भय से काँपने लगे। उसकी बड़ी-बड़ी आँखें थीं। मुँह क्या था, मानो किसी वृक्ष का खोंड़र हो। उसकी भयानक आकृति से सब भय के मारे थर-थर काँपने लगे। उसकी नीयत में पाप था। वह श्रीकृष्ण को मारकर अपने स्वामी का हित करना चाहता था।

व्रजवालों का भय और केशी की मंशा ताड़कर श्रीकृष्ण जी आगे बढ़े और उसके सामने आ गये और उन्होंने सिंह के समान गरज कर उसे ललकारा। भगवान् की यह ललकार केशी को सहन नहीं हुई। वह श्रीकृष्ण को मारने के लिये मुँह फैलाकर उनकी ओर दौड़ा। उनके पास पहुँचते ही, उसने भगवान् श्रीकृष्ण को दुलत्ती झाड़ी। उन्होंने अपने दोनों हाथों से उसके दोनों पिछले पैर पकड़ लिये और जैसे गरुड़ साँप को पकड़ कर झटक देते हैं, उसी प्रकार क्रोध से उसे घुमाकर बड़े अपमान के साथ चार सौ हाथ की दूरी पर फेंक दिया और स्वयं अकड़ कर खड़े हो गये।

थोड़ी ही देर बाद केशी फिर सचेत हो गया और उठकर खड़ा हुआ। इसके बाद वह क्रोध से तिलमिला कर और मुँह फाड़कर बड़े वेग से भगवान् की ओर झपटा। उसे दौड़ते देख भगवान् मुसकराने लगे। उन्होंने अपना बायाँ हाथ उसके मुँह में इस प्रकार डाल दिया, जैसे सर्प बिना किसी आशंका के अपनी बाँबी में घुस जाता है। भगवान् का अत्यंत कोमल करकमल भी उस समय ऐसा हो गया, मानो तपाया हुआ लोहा हो। उसका स्पर्श होते ही केशी के दाँत टूट-टूट कर गिर गये। श्रीकृष्ण का भुजदण्ड उसके मुँह में बढ़ने लगा। अचिंत्य शक्तिसम्पन्न भगवान् श्रीकृष्ण का हाथ उसके मुँह में इतना बढ़ गया कि उसकी साँस के आने-जाने का मार्ग अवरुद्ध हो गया। दम घुटने के कारण वह पैर पीटने लगा। उसका शरीर पसीने से लथपथ हो गया, आँखों की पुतली उलट गयी, वह मल त्याग करने लगा।

थोड़ी ही देर में उसका शरीर निश्चेष्ट होकर पृथ्वी पर गिर पड़ा तथा उसके प्राण-पखेरू उड़ गये।

केशी के मरणोपरान्त देवर्षि नारद ने भगवान श्रीकृष्ण के पास आकर उनकी स्तुति की, "प्रभो, आप विशुद्ध विज्ञानघन हैं। आप नित्य निरन्तर अपने परमानंद स्वरूप में स्थित रहते हैं। ऐसे आप अखंड, एकरस, सच्चिदानन्दस्वरूप, निरतिशय ऐश्वर्य-सम्पन्न भगवान् की मैं शरण ग्रहण करता हूँ। इस समय आपने अपनी लीला प्रकट करने के लिये मनुष्य का सा विग्रह प्रकट किया है।"

भगवान् के दर्शनों के आह्लाद से नारदजी का रोम-रोम खिल उठा। तदनन्तर उनकी आज्ञा पाकर वे चले गये। भगवान् श्रीकृष्ण केशी वध करके फिर अपने प्रेमी और प्रसन्नचित्त ग्वालबालों के साथ पूर्ववत गोपालन के काम में लग गये तथा ब्रजवासियों को परमानन्द वितरण करने लगे।

व्योमासुर का वध

एक समय श्रीकृष्णजी ग्वालबालों के साथ गाय चराते समय लुकाछिपी का खेल खेल रहे थे। उसी समय ग्वाल का वेश बनाकर व्योमासुर वहाँ पहुँच गया। वह महा मायावी मायासुर का पुत्र था और स्वयं भी बड़ा मायावी था। वह खेल में बहुधा चोर बनता और भेड़ बने हुए बहुत से बालकों को चुराकर छिप जाता। वह महान् असुर बार-बार ग्वालबालों को चुरा ले जाता और एक पहाड़ की गुफा में डाल देता और उसका दरवाजा एक बड़ी चट्टान से ढँक देता। इस प्रकार ग्वालबाल बहुत कम बच रहे। भक्तवत्सल भगवान् उसकी यह करतूत जान गये। जिस समय वह ग्वालबालों को लिये जा रहा था, उसी समय उन्होंने उसे धर दबोचा।

व्योमासुर बड़ा बली था। उसने वृहदाकार अपना दानवी रूप प्रकट किया। उसने चाहा कि अपने को श्रीकृष्ण के बंधन से छुड़ा ले। परन्तु भगवान् ने उसे इस प्रकार अपने शिकंजे में फाँस लिया था कि वह लाख चेष्टा करने पर भी अपने को छुड़ा न पाया। भगवान् श्रीकृष्ण ने अपने दोनों हाथों से उसका गला दबोच कर पृथ्वी पर गिरा दिया और उसका वध कर डाला। उन्होंने गुफा पर लगी हुई शिला को तोड़कर ग्वालबालों को उस गुफा से निकाला। ग्वालबाल परमानन्द में निमग्न होकर श्रीकृष्ण की स्तुति करने लगे।

अक्रूरजी की व्रजयात्रा

महामति अक्रूरजी उस रात्रि को मथुरापुरी में बिताकर प्रातः होते ही रथ पर सवार होकर नन्दबाबा के गोकुल को रवाना हुए। वे भगवान् के ऐश्वर्य से पूर्णरूप से परिचित थे। उनके अनन्य भक्त और आराधक थे। वे गोकुल जाते समय

श्रीकृष्ण भगवान् की अनन्य भक्ति में निमग्न हो गये और नाना प्रकार की कल्पना करने लगे। उनके रूप, गुण, ऐश्वर्य और लीलाओं का स्मरण करते हुए वे भाव-विह्वल हो गये। वे सोचने लगे, "मैंने ऐसा कौन सा शुभ कर्म किया है, ऐसी कौन सी श्रेष्ठ तपस्या की है, जिसके फलस्वरूप आज मैं भगवान् श्रीकृष्ण के दर्शन करूँगा। अवश्य ही आज मेरे सभी अशुभ नष्ट हो गये। आज मेरा जन्म धन्य और सफल हो गया। मैं भगवान् श्रीकृष्ण को देखते ही रथ से कूद पड़ूँगा और उनके चरण-कमलों में नतमस्तक हो जाऊँगा। उन चरणों की प्राप्ति के लिये बड़े-बड़े यती-योगी एवं संन्यासी जन्म-जन्मान्तरों से तपस्या करते रहते हैं। मेरे मिलने पर वे 'चाचा अक्रूर' कहकर मेरा स्वागत-सत्कार करके कुशल-मंगल पूछेंगे। मैं उस समय अपना जीवन सफल समझूँगा और यह जानूँगा कि कंस ने मेरे ऊपर महान् कृपा करके मुझे साक्षात् परब्रह्म परमेश्वर के दर्शन करने का शुभ अवसर प्रदान किया है।"

श्वफल्कनन्दन अक्रूर ऐसा सोचते-सोचते सायंकाल होते-होते नन्दगाँव पहुँच गये। श्रीकृष्ण जी के चरणचिह्नों को देखते ही अक्रूरजी को इतना आह्लाद हुआ कि वे अपने को सँभाल न सके, विह्वल हो गये। प्रेम के आवेग से उनका रोम-रोम खिल उठा, नेत्रों में आँसू भर आये और टपटप टपकने लगे। वे रथ से कूदकर गोष्ठ की धूलि में लोटने लगे। वे भावातिरेक में कहने लगे, "अहो, यह हमारे प्रभु के चरणों की रज है।" श्रीकृष्णजी और बलराम जी को देखते ही अक्रूर जी उनके चरणों में लेट गये। उनका एक हाथ बलरामजी ने पकड़ा और दूसरा श्रीकृष्ण ने। दोनों भाई उन्हें घर ले गये। घर ले जाकर उनका विधिवत आतिथ्य-सत्कार किया। नन्दबाबा ने भी उनके सत्कार में किसी भी प्रकार की कोर-कसर नहीं रखी। अक्रूरजी परम तृप्त और संतुष्ट हो गये। अंत में उन्होंने बातचीत के सिल-सिले में कंस का आदेश सुना दिया। श्रीकृष्णजी और बलरामजी कंस का आदेश सुनकर हँसने लगे। नन्दबाबा ने भेंट की सामग्री और दूध आदि प्रचुर मात्रा में लेकर गोपों के साथ मथुरापुरी की ओर प्रस्थान किया।

गोपियाँ श्रीकृष्णजी के मथुरागमन का समाचार सुनकर उनके विरह में कातर हो गयीं। उनकी आँखों से आँसू बहने लगे। वे विरहातप से प्रलाप करने लगीं। श्रीकृष्ण को कठोर और निष्ठुर बताकर उन्हें कोसने लगीं और अक्रूर को भी निर्दयी बतलाने लगीं। वे लाज छोड़कर 'हे गोविन्द, हे दामोदर, हे माधव, हे गोपाल' कहकर चिल्ला-चिल्ला कर रोने लगीं। श्रीकृष्ण और बलरामजी के चले जाने पर गोपियाँ निराश हो गयीं। गोपियों को जब तक रथ की ध्वजा और पहियों की उड़ती हुई धूल दीखती रही, तब तक उनके शरीर चित्रलिखित से वहीं ज्यों-के-त्यों खड़े

रहे। अंत में वे निराश होकर अपने-अपने घर लौट गयीं। वे रात-दिन अपने प्यारे श्यामसुन्दर की लीलाओं का गान करती रहतीं और इस प्रकार अपने शोक-संताप को हल्का करतीं।

इधर भगवान् श्रीकृष्ण भी बलरामजी और अक्रूरजी के साथ रथ पर सवार होकर पापनाशिनी यमुनाजी के किनारे जा पहुँचे। तत्पश्चात् यमुनाजी के जल को पीकर बलरामजी के साथ भगवान् वृक्षों के झुरमुट में खड़े रथ पर बैठ गये। अक्रूरजी दोनों भाइयों से आज्ञा ले यमुनाजी में स्नान करने चले गये। अनन्ततीर्थ या ब्रह्महृद में स्नान करने के बाद वे जल में डुबकी लगाकर गायत्री का जप करने लगे। उसी समय जल के भीतर अक्रूरजी ने देखा कि श्रीकृष्ण और बलरामजी दोनों भाई एक साथ बैठे हुए हैं। अब उनके मन में शंका हुई कि 'वसुदेवजी के पुत्रों को तो मैं रथ पर बैठा कर आया हूँ। वे यहाँ कैसे आ गये? जब यहाँ हैं, तो शायद रथ पर नहीं होंगे।' ऐसा सोचकर उन्होंने सिर बाहर निकाल कर देखा। वे उस रथ पर भी पूर्ववत बैठे हुए थे। उन्होंने डुबकी लगायी। परन्तु फिर उन्होंने वहाँ भी देखा कि साक्षात् अनन्तदेव श्रीशेषजी विराजमान हैं। साथ ही सिद्ध, चारण, गन्धर्व एवं असुर अपने-अपने सिर झुका कर उनकी स्तुति कर रहे हैं। शेषजी के हजार सिर हैं और प्रत्येक फण पर मुकुट सुशोभित हैं। कमलनाल के समान उज्ज्वल शरीर पर नीलाम्बर धारण किये हुए हैं और उनकी ऐसी शोभा हो रही है, मानो सहस्र शिखरों से युक्त श्वेतगिरि कैलाश शोभायमान हो। अक्रूरजी ने देखा कि शेषजी की गोद में श्याम मेघ के समान घनश्याम विराजमान हो रहे हैं। वे रेशमी पीताम्बर पहने हुए हैं। बड़ी ही शान्त चतुर्भज मूर्ति है और रक्तकमल के समान रतनारे नेत्र हैं। उनका मधुर हास और चारु चितवन चित्त को चुराये लेती हैं। भौंहें सुन्दर और नासिका तनिक ऊँची तथा बड़ी ही सुघड़ है। सुन्दर कान, कपोल और लाल-लाल अधरों की छटा निराली ही है। बाहें घुटनों तक लम्बी और हृष्ट-पुष्ट हैं। कंधे ऊँचे और वक्षस्थल लक्ष्मीजी का निवासस्थान है। अत्यन्त बहुमूल्य मणियों से जड़ा हुआ मुकुट, कड़े, बाजूबंद, करधनी, हार, नूपुर और कुण्डलों तथा यज्ञोपवीत से वह दिव्य मूर्ति अलंकृत हो रही है। शंख, चक्र, गदा और पद्म से उनके चारों हाथ सुशोभित हैं। सभी पार्षद उनकी स्तुति कर रहे हैं। ऐश्वर्यरूप शक्तियाँ (अर्थात् ऐश्वर्य, बल, ज्ञान, श्री, यश और वैराग्य) मूर्तिमान होकर उनकी सेवा कर रही हैं।

भगवान् की यह झाँकी निरख कर अक्रूरजी का हृदय परमानन्द से लबालब भर गया। उन्होंने भगवान् के चरणकमलों में श्रद्धापूर्वक प्रणाम किया और उनकी स्तुति करने लगे, "प्रभो, आप प्रकृति आदि समस्त कारणों के परम कारण हैं।

आप सर्वस्वरूप होने पर भी उनके साथ लिप्त नहीं हैं। आपकी दृष्टि निर्लिप्त है, क्योंकि आप समस्त वृत्तियों के साक्षी हैं। मैं आपको बारंबार नमस्कार करता हूँ। प्रभो, अग्नि आपका मुख है, पृथ्वी चरण है। सूर्य और चन्द्रमा नेत्र हैं। आकाश नाभि है। दिशाएँ कान हैं। स्वर्ग सिर है। देवेन्द्रगण भुजाएँ हैं। समुद्र कोख है। वायु प्राण है। वृक्ष और औषधियाँ रोम हैं। मेघ सिर के केश हैं। पर्वत आपके अस्थिसमूह और नख हैं। दिन और रात पलकों का खोलना और मींचना है। प्रजापति जननेन्द्रिय हैं और दृष्टि ही आपका वीर्य है। सर्वस्वामी आप क्रीड़ा करने के लिये पृथ्वी पर जो-जो रूप धारण करते हैं, वे सब अवतार लोगों के शोक-मोह को धो-बहा देते हैं और फिर सब लोग बड़े आनन्द से आपके निर्मल यश का गान करते हैं। प्रभो, आप पूर्ण ब्रह्म हैं, आपकी शक्तियाँ अनन्त हैं। मैं आपको नमस्कार करता हूँ। आप मुझ शरणागत की रक्षा कीजिये।"

श्रीकृष्ण का मथुरा में प्रवेश

जब अक्रूरजी ने देखा कि भगवान् का वह दिव्यस्वरूप अन्तर्हित हो गया, तब वे जल से बाहर निकल आये और जल्दी-जल्दी सारी क्रियाएँ पूरी कीं। वे रथ के पास पहुँचे। वे अत्यधिक विस्मित हो रहे थे। भगवान् श्रीकृष्ण ने उनसे पूछा, "चाचाजी, आपने पृथ्वी, आकाश या जल में कोई अद्भुत वस्तु देखी है क्या? क्योंकि आपकी आकृति देखने से ऐसा ही जान पड़ता है।"

अक्रूरजी ने उत्तर दिया, प्रभो, पृथ्वी, आकाश या जल में और सारे जगत् में जितने भी अद्भुत पदार्थ हैं, वे सब आप में ही हैं, क्योंकि आप विश्वरूप हैं। जब मैं आपको ही देख रहा हूँ, तब ऐसी कौन-सी अद्भुत वस्तु रह जाती है, जो मैंने न देखी हो।" ऐसा कहकर अक्रूरजी ने रथ हाँक दिया और दिन ढलते-ढलते मथुरा-पुरी जा पहुँचे। वहाँ पहुँचने पर श्रीकृष्णजी ने कहा, "चाचाजी, आप रथ लेकर पहले मथुरापुरी में प्रवेश कीजिये और अपने घर जाइये। हम लोग पहले यहाँ उतरकर फिर नगर देखने के लिये जायेंगे।"

भगवान् श्रीकृष्ण की बात सुनकर अक्रूर ने कहा, "प्रभो, आप दोनों के बिना मैं मथुरा में नहीं जा सकता। स्वामी, मैं आपका भक्त हूँ। भक्तवत्सल, आप मुझे मत छोड़िये। यदुवंश शिरोमणे, हम गृहस्थ हैं। आप अपनी चरणधूलि से हमारा घर पवित्र कीजिये। आपके चरणों की धोवन से अग्नि, देवता, पितर सब तृप्त हो जाते हैं। नारायण, मैं आपको नमस्कार करता हूँ।" श्रीकृष्णजी ने कहा, "चाचा जी, मैं दाऊ भैया के साथ आपके घर आऊँगा। पहले इस पृथ्वी के भार क्रूर कंस को मारकर, तब अपने सभी सुहृद-स्वजनों का प्रिय करूँगा।"

भगवान् के इस प्रकार कहने पर अक्रूरजी ने अनमने होकर कंस के पास पहुँच कर श्रीकृष्णजी और बलरामजी के आने का समाचार सुनाया। तत्पश्चात् अपने घर चले गये। दूसरे दिन तीसरे पहर बलरामजी और ग्वालबालों के साथ भगवान् श्रीकृष्ण ने मथुरापुरी को देखने के लिये नगर में प्रवेश किया। मथुरापुरी बड़े अलौकिक ढंग से सजायी गयी थी। सारी स्त्रियाँ व्रजकुमार श्रीकृष्ण के दर्शन की अभिलाषा से अटारियों पर चढ़ गयीं। वे उनका दर्शन करने के लिए चिरकाल से उत्कट उत्कण्ठा कर रही थीं। भगवान् श्रीकृष्ण ने भी अपनी प्रेमभरी चितवन और मन्द मुसकान की सुधा से सींचकर उनका सम्मान किया। वे अटारियों पर से श्रीकृष्ण और बलरामजी आदि पर पुष्पवर्षा करने लगीं। उस समय उन स्त्रियों के मुखकमल प्रेम के आवेग से खिल रहे थे। ब्राह्मणों, क्षत्रियों और वैश्यों ने दधि, अक्षत, चन्दन, पुष्प आदि से श्रीकृष्ण भगवान् एवं बलरामजी की पूजा की।

तदनन्तर उन्होंने कंस के उद्दण्ड धोबी से अपने अनुरूप वस्त्र माँगे। उसने अशिष्टता की। इस कारण उसे एक तमाचा जड़कर उसका काम तमाम कर दिया। इसके बाद सुन्दर-सुन्दर वस्त्र लेकर वे लोग आगे बढ़े। आगे बढ़ने पर एक दर्जी मिला। भगवान् के दिव्य स्वरूप को देखकर उसके आनन्द की सीमा न रही। उसने बड़े आह्लाद से श्रीकृष्णजी और बलरामजी को सुन्दर वस्त्रों से सजा दिया।

इसके बाद सुदामा माली के घर गये। उसने श्रीकृष्णजी और बलरामजी की बड़ी आवभगत की। विविध मांगलिक वस्तुओं से उनकी पूजा की। फिर स्तुति करते हुए उसने कहा, "आप दोनों सम्पूर्ण जगत् के परम कारण हैं। आप दोनों के शुभागमन से हमारा जन्म सफल हो गया। आज हम पितर, ऋषि और देवताओं के ऋण से मुक्त हो गये। आप सारे जगत् के परम सुहृद और आत्मा हैं। मैं आपका दास हूँ। आपकी शरण में हूँ।" इसके पश्चात् उसने भगवान् श्रीकृष्ण और बलरामजी तथा ग्वालबालों को विविध प्रकार की मालाएँ पहनायीं। उसके ऊपर प्रसन्न होकर भगवान् ने उसे सच्ची भक्ति का वरदान दिया साथ ही ऐसी लक्ष्मी भी प्रदान की जो वंश-परम्परा के साथ निरन्तर बढ़ती जाय।

कुब्जा पर कृपा, धनुषभंग और कंस की घबराहट

आगे बढ़ने पर उन्होंने एक ऐसी स्त्री देखी, जो मुख से तो परम सुन्दरी, पर शरीर से कुबड़ी थी। इसलिये उसका नाम 'कुब्जा' पड़ गया था। वह कंस की दासी थी। कंस के लिए अंगराग और चन्दन घिसने का कार्य करती थी। कंस उसकी सेवा से बहुत प्रसन्न था। चन्दन और अंगराग आदि ले जाते हुए उसे देख कर श्रीकृष्णजी ने उससे चन्दन और अंगराग माँगा। वह भगवान् की माँग पर

अत्यधिक प्रसन्न हुयी और उसने उनसे कहा, "मेरे लिए आप लोगों से बढ़कर न कंस है, न और कोई।" ऐसा कहकर उसने श्रीकृष्णजी एवं बलरामजी को चन्दन आदि से चर्चित कर दिया, श्रीकृष्ण उसके ऊपर अत्यधिक प्रसन्न हुए। उन्होंने सुन्दर मुख-वाली कुब्जा को सीधी करने का विचार किया। भगवान् ने अपने चरणों से कुब्जा के पैर के दोनों पंजे दबा लिये और हाथ ऊँचा करके दो अँगुलियाँ उसकी ठोड़ी में लगायीं तथा उसके शरीर को तनिक उचका दिया। उचकाते ही उसके सारे अंग सीधे और समान हो गये। वह परमसुन्दरी उत्तम युवती बन गयी। उसी क्षण कुब्जा रूप, गुण और उदारता से सम्पन्न हो गयी। कुब्जा भगवान् श्रीकृष्ण पर आसक्त हो गयी। उसे आश्वासन देकर वे आगे बढ़े। जब वे व्यापारियों के बाजार में पहुँचे, तो उन्होंने पान, पुष्पहार, चन्दन और तरह-तरह के उपहारों से उनका स्वागत किया।

इसके पश्चात् भगवान् श्रीकृष्ण पुरवासियों से धनुष-यज्ञ का स्थान पूछते हुए रंगशाला में पहुँचे और वहाँ उन्होंने इन्द्रधनुष के समान एक अद्भुत धनुष देखा। उस धनुष में बहुत सा धन लगाया गया था, अनेक बहुमूल्य अलंकारों से उसे सजाया गया था। उसकी खूब पूजा की गयी थी। बहुत से सैनिक उसकी रक्षा कर रहे थे। भगवान् श्रीकृष्ण ने रक्षकों के रोकने पर भी उस धनुष को जबर्दस्ती उठा लिया, उन्होंने सबके देखते-देखते उस धनुष को बायें हाथ से उठाया, उस पर डोरी चढ़ायी और एक क्षण में खींचकर बीचो-बीच से उसके दो टुकड़े कर दिये।

जब धनुष टूटा, तो उसके भयंकर शब्द से आकाश, पृथ्वी और दिशायें गूंज उठीं। उसे सुनकर कंस भी भयभीत हो गया। अब धनुष के रक्षक आततायी असुर अपने सहायकों के साथ बहुत क्रोधित हुए। वे श्रीकृष्णजी को घेर कर खड़े हो गये और उन्हें पकड़ लेने की इच्छा से चिल्लाने लगे, 'पकड़ लो, बाँध लो, जाने न पावे।' उनका दुष्ट अभिप्राय जानकर बलरामजी और श्रीकृष्णजी भी तनिक क्रोधित हो गये और उस धनुष के टुकड़ों को उठाकर उन्हीं से उनका काम तमाम कर दिया। उन्हीं धनुषखण्डों से उन असुरों की सहायता के लिए कंस की भेजी हुई सेना का भी संहार कर डाला। इसके बाद वे यज्ञशाला के प्रधान द्वार से बाहर निकल आये और मथुरा की शोभा देखते हुए विचरने लगे। अब सूर्यास्त हो गया, तो वे दोनों भाई ग्वालबालों से घिरे हुए नगर के बाहर अपने डेरे पर, जहाँ छकड़े थे, लौट आये। कंस का भावी कार्यक्रम क्या है, इस बात का पता लगाकर उस रात को वहीं सो गये।

जब कंस ने धनुष-भंग और अपने सहायकों के मारे जाने की बात सुनी, तो वह बहुत डर गया। उसे जाग्रत अवस्था तथा स्वप्न में बहुत से ऐसे अपशकुन हुए,

जो उसकी मृत्यु के सूचक थे । उनके कारण उसे बड़ी चिन्ता हो गयी, वह मृत्यु से डर गया और उसे नींद न आयी । सूर्यदेव के उदय होते ही कंस ने मल्ल-क्रीड़ा (दंगल) का महोत्सव प्रारम्भ कराया । राजकर्मचारियों ने रंगभूमि को भली-भाँति सजाया । तुरही, भेरी आदि बाजे बजने लगे । लोगों के बैठने के मंच, फूलों के गजरों, झंडियों, वस्त्र और वंदनवारों से सजा दिये गये । उन पर ब्राह्मण, क्षत्रिया-दिक नागरिक यथास्थान बैठ गये । राजा लोग भी अपने निश्चित स्थान पर जा डटे ।

राजा कंस अपने मंत्रियों के साथ मण्डलेश्वरों (छोटे-छोटे राजाओं) के बीच में सबसे श्रेष्ठ राज्य सिंहासन पर जा बैठा । इस समय भी अपशकुनों के कारण उसका चित्त घबड़ाया हुआ था । तब पहलवानों के ताल ठोंकने के साथ ही बाजे बजने लगे और गर्वीले पहलवान खूब सज-धज कर अपने-अपने उस्तादों के साथ अखाड़े में आ उतरे । चाणूर, मुष्टिक, कूट, शल और तोशल आदि प्रधान-प्रधान पहलवान बाजों की उत्साहवर्द्धिनी ध्वनि से उत्साहित होकर अखाड़े में आ-आ कर बैठ गये । इसी समय भोजराज कंस ने नन्द आदि गोपों को बुलवाया । उन लोगों ने आकर उसे तरह-तरह की भेंट दी और फिर जाकर वे एक मंच पर बैठ गये ।

कुवलयापीड़ का वध और अखाड़े में प्रवेश

श्रीकृष्णजी और बलरामजी भी स्नानादि कर्म से निवृत्त हो दंगल के अनुरूप नगाड़े की ध्वनि सुनकर रंगभूमि देखने के लिए चल पड़े । भगवान् श्रीकृष्ण ने रंगभूमि के दरवाजे पर पहुँच कर देखा कि वहाँ महावत की प्रेरणा से कुवलयापीड़ नामक हाथी खड़ा है । श्रीकृष्णजी ने अपनी कमर कस ली और घुंघराली अलकें समेट लीं तथा मेघ के समान वाणी से महावत को ललकार कर कहा, "महावत, हम दोनों को रास्ता दे दे । हमारे मार्ग से हट जा । अरे, सुनता नहीं ? देर मत कर । नहीं तो मैं हाथी के साथ अभी तुझे यमराज के घर पहुँचाता हूँ ।" श्रीकृष्ण की धमकी सुनकर महावत क्रोध से तिलमिला उठा और उसने काल, मृत्यु तथा यमराज के समान अत्यंत भयंकर कुवलयापीड़ को अंकुश की मार से क्रुद्ध करके श्रीकृष्ण की ओर बढ़ाया । कुवलयापीड़ ने भगवान् की ओर झपट कर उन्हें बड़ी तेजी से सूंड में लपेट लिया । परन्तु वे फुर्ती से सूंड के बाहर निकल गये । वे उसे एक घूंसा जमा कर उसके पैरों के बीच में जा छिपे । उन्हें अपने सामने न देखकर कुवलयापीड़ को बहुत क्रोध आया । उसने सूंघकर भगवान् को अपनी सूड़ से टटोल लिया और पकड़ा भी । परन्तु उन्होंने बलपूर्वक अपने को छुड़ा लिया । इसके बाद भगवान् उस हाथी की पूंछ पकड़कर खेल-खेल में ही उसे सौ हाथ तक पीछे घसीट

लाये। कुवलयापीड़ बार-बार उनके ऊपर आक्रमण करता, परन्तु कौतुकी भगवान् बार-बार उसके आक्रमण को विफल कर देते। भगवान् मधुसूदन ने जब उसे अपनी ओर झपटते देखा, तब उसके पास चले गये और अपने एक ही हाथ से उसकी सूँड़ पकड़ कर उसे धरती पर पटक दिया। उसके गिर जाने पर उसे पैरों से दबा कर उसके दाँत उखाड़ लिये और उन्होंने उन्हीं से हाथी और महावतों का काम तमाम कर दिया।

मरे हुए हाथी को छोड़ कर भगवान् श्रीकृष्ण ने हाथ में उसके दाँत लिये-लिये ही रंगभूमि में प्रवेश किया। उस समय उनकी शोभा देखने ही योग्य थी। उनके कन्धे पर हाथी का दाँत रक्खा हुआ था। शरीर रक्त और मद की बूंदों से सुशोभित था और मुखकमल पर पसीने की बूंदें झलक रही थीं। भगवान् श्रीकृष्ण और बलरामजी दोनों के हाथों में कुवलयापीड़ के बड़े-बड़े दाँत शस्त्र के रूप में सुशोभित हो रहे थे। कुछ ग्वालबाल उनके साथ-साथ चल रहे थे। इस प्रकार उन्होंने रंगभूमि में प्रवेश किया। जिस समय भगवान् श्रीकृष्ण बलरामजी के साथ रंगभूमि में पधारे, उस समय वे पहलवानों को वज्रकठोर शरीर, साधारण मनुष्यों को नर-रत्न, स्त्रियों को मूर्तिमान कामदेव, गोपों को स्वजन, दुष्ट राजाओं को दण्ड देनेवाले शासक, माता-पिता के समान बड़े-बूढ़ों को शिशु, कंस को मृत्यु, अज्ञानियों को विराट्, योगियों को परम तत्व और भक्तशिरोमणि वृष्णिवंशियों को अपने इष्टदेव जान पड़े।

वैसे तो कंस बड़ा धीर-वीर था, फिर भी जब उसने देखा कि इन दोनों ने कुवलयापीड़ को मार डाला, तब उसकी समझ में यह बात आ गयी कि इनको जीतना तो बहुत कठिन है। उस समय वह बहुत घबड़ा गया और निष्प्रभ हो गया। मंचों पर जितने लोग बैठे थे पुरुषोत्तम भगवान् श्रीकृष्ण और बलरामजी को देखकर इतने प्रसन्न हुए कि उनके नेत्र और मुखकमल खिल उठे और उत्कण्ठा से भर गये। वे नेत्रों के द्वारा उनकी मुखमाधुरी का पान करते-करते तृप्त ही नहीं होते थे। वे सब के सब श्रीकृष्ण और बलरामजी की अलौकिक लीलाओं का वर्णन कर रहे थे। जिस समय दर्शकों में यह चर्चा हो रही थी और अखाड़े में तुरही आदि बाजे बज रहे थे, उस समय चाणूर ने भगवान् श्रीकृष्ण और बलरामजी को संबोधन करके यह बात कही, "नन्दनन्दन श्रीकृष्ण और बलरामजी, तुम दोनों वीरों के आदरणीय हो। इसलिये आओ हम और तुम मिलकर महाराज कंस को प्रसन्न करने के लिये कुश्ती लड़ें। ऐसा करने पर हम पर महाराज कंस तथा अन्य दर्शक भी बहुत प्रसन्न होंगे।" चाणूर की चुनौती सुनकर भगवान् श्रीकृष्ण ने उसका अनुमोदन किया और देशकाल के अनुसार यह बात कही, "चाणूर, हम

भी इन भोजराज कंस की वनवासी प्रजा हैं। हमें इनको प्रसन्न करने का प्रयत्न अवश्य करना चाहिये। इसी में हमारा कल्याण है। किन्तु चाणूर हम लोग अभी बालक हैं। इसलिये हम अपने समान बलवाले बालकों के साथ ही कुश्ती लड़ने का खेल करेंगे।"

श्रीकृष्णजी की बात सुनकर चाणूर ने उत्तर दिया, "अजी, तुम और बलराम न बालक हो और न किशोर। तुम दोनों बलवानों में श्रेष्ठ हो, तुमने अभी-अभी अत्यंत शक्तिशाली हाथी कुवलयापीड़ को खेल-खेल में ही मार डाला। इसलिये तुम दोनों को हम जैसे बलवानों के साथ ही लड़ना चाहिये। इसमें अन्याय की कोई बात नहीं है। इसलिये श्रीकृष्ण, तुम मुझ पर अपना जोर आजमाओ और बलराम के साथ मुष्टिक लड़ेगा।

चाणूर, मुष्टिक आदि पहलवानों का वध

भगवान् श्रीकृष्ण ने चाणूर आदि के वध का निश्चित संकल्प कर लिया। जोड़ बद दिये जाने पर श्रीकृष्ण चाणूर से और बलरामजी मुष्टिक से जा भिड़े। वे लोग एक दूसरे को जीत लेने की इच्छा से हाथ से हाथ बाँध कर और पैरों से पैर अड़ा कर बलपूर्वक अपनी-अपनी ओर खींचने लगे। वे पंजों से पंजे, घुटनों से घुटने, माथे से माथा और छाती से छाती भिड़ा कर एक दूसरे पर चोट करने लगे। दाँव-पेंच करते-कराते अपने-अपने जोड़ीदार को पकड़कर इधर-उधर घुमाते; दूर ढकेल देते, जोर से जकड़ लेते, लिपट जाते, उठाकर पटक देते, छूट कर निकल भागते और कभी छोड़कर पीछे हट जाते थे।

इस दंगल को देखने के लिये नगर की महिलाएँ भी आयी हुई थीं। उन्होंने जब देखा कि बड़े-बड़े पहलवानों के साथ ये छोटे-छोटे सुकुमार और बलहीन बालक लड़ाये जा रहे हैं, तब वे अलग टोलियाँ बनाकर करुणावश आपस में बातें करने लगीं, "यहाँ राजा कंस के सभासद बहुत अन्याय और अधर्म कर रहे हैं। कितने खेद और चिन्ता की बात है कि राजा के सामने ही ये बली पहलवानों और निर्बल बालकों की कुश्ती का अनुमोदन करते हैं। कहाँ ये व्रजवत और विशाल शरीरवाले दिग्गज पहलवान और कहाँ सुकुमार शरीरवाले ये कमजोर बालक। सखी, हमें अब यहाँ से चल देना चाहिये। जहाँ अधर्म की प्रधानता हो, वहाँ कभी न रहे, यही शास्त्र का नियम है।"

"सखी, देखो क्रोध और श्रम के कारण श्रीकृष्ण और बलराम के मुख लाल हो गये हैं। मुख पर पसीने की बूंदें दिखायी पड़ रही हैं। इन दोनों का सौन्दर्य अलौकिक है। उसे देखते ही बनता है। सचमुच व्रज की गोपियाँ अत्यन्त

भाग्यशालिनी हैं, जो इनके अनुपम रूपमाधुरी का निरन्तर पान करती रहती हैं। इनका रूप क्या है? लावण्य का सार। इस रूप को देखते-देखते तृप्ति नहीं होती। यह प्रतिक्षण नया होता जाता है, नित्य नूतन है। सखी, व्रज की गोपियाँ धन्य हैं। सारे काम-काज करते समय श्रीकृष्ण और बलराम जी के चिन्तन और उनकी लीलाओं के गान में तन्मय रहती हैं।"

जिस समय पुरवासिनी स्त्रियाँ इस प्रकार बातचीत कर रही थीं, उसी समय योगेश्वर भगवान् श्रीकृष्ण ने मन ही मन शत्रु को मार डालने का निश्चय किया। भगवान् के अंग-प्रत्यंग वज्रवत कठोर हो गये और उन्होंने चाणूर को रगड़ना प्रारंभ किया। इसी प्रकार बलरामजी ने मुष्टिक पर वज्रवत प्रहार किया। उन दोनों पहलवानों—चाणूर और मुष्टिक—के अंग-अंग ढीले पड़ गये। उन्हें बड़ी पीड़ा और ग्लानि हुई। चाणूर ने दोनों हाथों से श्रीकृष्ण पर वज्रवत प्रहार किया, पर वे उसके प्रहार से तनिक भी विचलित नहीं हुए, जैसे फूलों के गजरों की मार से गजराज। उन्होंने चाणूर की दोनों भुजाएँ पकड़ लीं और उसे अन्तरिक्ष में बड़े वेग से कई बार घुमा कर धरती पर दे मारा। उसकी वेशभूषा बिखर गई, केश और मालाएँ भी तितर-बितर हो गयीं और उसके प्राण-पखेरू उड़ गये। यही दशा मुष्टिक की भी हुई। बलरामजी ने कसकर एक तमाचा लगाया। तमाचा लगते ही वह काँप उठा और आँधी से उखड़े हुए वृक्ष के समान खून उगलता हुआ पृथ्वी पर गिर पड़ा और मर गया। बलरामजी ने फिर कूट नामक पहलवान का और श्रीकृष्ण ने शल और तोशल का वध कर दिया। इन पाँच प्रमुख पहलवानों के मरने के उपरान्त, शेष पहलवान भी चुपके से भाग गये। तत्पश्चात् वे अपने ग्वाल-बालों को खींच-खींच कर भिड़ने और नृत्य करने लगे।

श्रीकृष्ण और बलरामजी की इस अद्भुत लीला को देखकर सभी दर्शकों को बहुत आनन्द हुआ। श्रेष्ठ ब्राह्मण और साधु पुरुष 'धन्य है, धन्य है' इस प्रकार कह कर प्रशंसा करने लगे। जब कंस के प्रधान पहलवान मार डाले गये और शेष सब के सब भाग गये तब भोजराज कंस ने अपने बाजे-गाजे सब बन्द करा दिये और अपने सेवकों को यह आज्ञा दी, "अरे, वसुदेव के इन दुश्चरित्र लड़कों को नगर से बाहर निकाल दो। गोपों का सारा धन छीन लो। दुर्बुद्धि नन्द को कैद कर लो। वसुदेव को शीघ्र मार डालो। मेरा पिता उग्रसेन भी मेरा घनघोर शत्रु है। उसे भी जीवित मत छोड़ो।"

कंस का वध

कंस इस प्रकार बढ़-बढ़कर बकवाद कर रहा था कि अविनाशी श्रीकृष्णजी ने

कुपित होकर फुर्ती से वेगपूर्वक उछलकर लीला से ही उसके मंच पर जा चढ़े। जब कंस ने देखा कि मेरे मृत्युरूप भगवान् श्रीकृष्ण सामने आ गये, तब वह सहसा अपने सिंहासन से उठ खड़ा हुआ और हाथ में ढाल तथा तलवार उठा ली। हाथ में तलवार लेकर वह श्रीकृष्णजी पर घात करने का अवसर ढूँढ़ता हुआ पैंतरा बदलने लगा। आकाश में उड़ते हुए बाज के समान वह कभी दायीं ओर जाता कभी बायीं ओर। परन्तु भगवान् श्रीकृष्ण का प्रचण्ड क्रोध अत्यन्त दुःसह था। जैसे गरुड़ साँप को पकड़ लेते हैं, वैसे ही भगवान् ने उसे बलपूर्वक पकड़ लिया। इसी समय कंस का मुकुट गिरा और श्रीकृष्णजी ने उसके केश पकड़कर उसे भी उस ऊँचे मंच से रंगभूमि में गिरा दिया। फिर परम स्वतन्त्र और सारे विश्व के आश्रय भगवान् श्रीकृष्ण उसके ऊपर स्वयं कूद पड़े। उनके कूदते ही दुरात्मा कंस की मृत्यु हो गयी। कंस अहर्निश बड़ी घबड़ाहट के साथ श्रीकृष्ण का ही चिन्तन करता रहता था। वह खाते-पीते, उठते-बैठते, सोते-जागते, बोलते और साँस लेते—सब समय अपने सामने भगवान् श्रीकृष्ण को ही देखता रहता था। इस नित्य चिन्तन के फलस्वरूप—वह चाहे द्वेषभाव से ही क्यों न किया गया हो—उसे भगवान् के उसी रूप की प्राप्ति हुई, सारूप्य मुक्ति हुई, जिसकी प्राप्ति बड़े-बड़े तपस्वी-योगियों के लिये भी दुर्लभ है।

कंस के कंक और न्यग्रोध आदि आठ छोटे भाई थे। वे अपने बड़े भाई का बदला लेने के लिए क्रोध से आग-बबूले होकर भगवान् श्रीकृष्ण और बलरामजी की ओर दौड़े। जब बलरामजी ने देखा कि बड़े वेग से युद्ध के लिये तैयार होकर वे दौड़े आ रहे हैं, तो उन्होंने परिघ उठाकर उन्हें वैसे ही मार डाला, जैसे सिंह पशुओं को मार डालता है। उस समय आकाश में दुन्दुभियाँ बजने लगीं। ब्रह्माजी, शंकर जी आदि देवता बड़े आनन्द से पुष्पों की वर्षा करते हुए उनकी स्तुति करने लगे। अप्सराएँ नाचने लगीं।

कंस और उसके भाइयों की स्त्रियाँ अपने आत्मीय स्वजनों की मृत्यु से अत्यंत दुखित हुईं। वे अपने सिर पीटती हुई और आँखों में आँसू भरे हुए वहाँ आयीं। वीरशय्या पर सोये हुए अपने पतियों से लिपट कर वे शोकग्रस्त होकर ऊँचे स्वर से विलाप करने लगीं, "हा नाथ, हे प्राणप्यारे, हे करुणामय, हे अनाथवत्सल आपकी मृत्यु से हम सब की मृत्यु हो गयी। पुरुषश्रेष्ठ, इस पुरी के आप ही स्वामी थे। आपके विरह से इसके सारे उत्सव समाप्त हो गये और मंगलचिह्न उतर गये। यह हमारी ही भाँति विधवा होकर शोभाहीन हो गयी। स्वामी आपने निरपराध प्राणियों के साथ घोर द्रोह किया था, अन्याय किया था; इसी से आपकी यह गति हुई। ये भगवान् श्रीकृष्ण जगत् के समस्त प्राणियों की उत्पत्ति, स्थिति और प्रलय

के आधार हैं। यही रक्षक भी हैं। जो इनका बुरा चाहता है, इनका तिरस्कार करता है, वह कभी सुखी नहीं रह सकता।"

भगवान् श्रीकृष्ण ने रानियों को ढाढ़स बंधाया, सान्त्वना दी। तत्पश्चात् लोकरीति के अनुसार मरनेवालों का जैसे क्रियाकर्म होता है, वह सब कराया। तदनन्तर भगवान् श्रीकृष्ण और बलरामजी ने जेल में जाकर अपने माता-पिता को छुड़ाया और सिर से स्पर्श करके उनके चरणों में वन्दना की। किन्तु अपने पुत्रों के प्रणाम करने पर भी देवकी और वसुदेव ने उन्हें जगदीश्वर समझ कर अपने हृदय से नहीं लगाया। उन्होंने सोचा कि हम जगदीश्वर को पुत्र कैसे समझें।

□□

अध्याय—७

श्रीकृष्ण-बलराम का यज्ञोपवीत और गुरुकुल प्रवेश

भगवान् श्रीकृष्ण ने देखा कि मेरे माता-पिता को मेरे ऐश्वर्य का, मेरे भगवद् भाव का ज्ञान हो गया है। परन्तु इन्हें ऐसा ज्ञान होना ठीक नहीं। इससे तो ये पुत्रस्नेह का सुख नहीं पा सकेंगे। ऐसा सोच कर उन्होंने उन पर अपनी योगमाया फैला दी, जो उनके स्वजनों को मुग्ध रखकर उनकी लीला के विस्तार में सहायक होती है। यदुवंशशिरोमणि भगवान् श्रीकृष्ण ने बड़े भाई बलरामजी के साथ अपने माता-पिता के पास जाकर श्रद्धा और विनय भाव से कहना प्रारंभ किया, "मेरी माँ, मेरे पिताजी, हम आपके पुत्र हैं और आप हम लोगों के लिए सर्वदा उत्कण्ठित रहे हैं। फिर भी आप हमारे बाल्य, पौगण्ड और किशोर अवस्था का सुख हमसे नहीं पा सके। दुर्दैववश हम लोगों को आपके पास रहने का सौभाग्य ही नहीं मिला। यदि कोई मनुष्य सौ वर्ष जीकर माता और पिता की सेवा करता रहे, तब भी वह उनके उपकार से उऋण नहीं हो सकता। पिताजी, हमारे इतने दिन व्यर्थ ही बीत गये, क्योंकि कंस के भय से उद्विग्न रहने के कारण हम आपकी सेवा करने में असमर्थ रहे। मेरी माँ और मेरे पिताजी, आप दोनों हमें क्षमा करें। हाय, दुष्ट कंस ने आपको इतने-इतने कष्ट दिये, परन्तु हम परतंत्र रहने के कारण आपकी कोई सेवा-शुश्रूषा नहीं कर सके।"

अपनी लीला से मनुष्य बने हुए विश्वात्मा श्रीहरि की इस वाणी से मोहित होकर देवकी-वसुदेव ने उन्हें गोद में उठा लिया और हृदय से चिपका कर परमानंद प्राप्त किया। वे स्नेहपाश में बँधकर पूर्णतः मोहित हो गये और अश्रुधार से उनका अभिषेक करने लगे। यहाँ तक कि गला रुँध जाने के कारण कुछ बोल भी न सके।

श्रीकृष्ण ने अपने नाना उग्रसेन को यदुवंशियों का राजा बना दिया। उन्होंने उग्रसेन से निवेदन किया, "महाराज, हम आपकी प्रजा हैं। आप हम लोगों पर शासन कीजिये। हम लोग सेवक बनकर आपकी सेवा करते रहेंगे।"

उग्रसेनजी को राजा बनाकर, उन्होंने जो यदुवंशी कंस के भय से व्याकुल होकर इधर-उधर भाग गये थे, उन यदु, वृष्णि, अन्धक, मधु, दाशार्ह और कुक्कुर आदि वंशों से उत्पन्न समस्त सजातीय संबंधियों को ढूँढ़-ढूँढ़ कर बुलवाया। उन्हें घर से बाहर रहने में बड़ा क्लेश होता था। भगवान् ने उनका सत्कार किया, सान्त्वना दी और उन्हें खूब धन-सम्पत्ति देकर तृप्त किया तथा अपने-अपने घरों में

बसा दिया। अब सारे के सारे यदुवंशी भगवान् श्रीकृष्ण तथा बलरामजी के बाहु-बल से सुरक्षित थे। उनके समस्त कष्ट दूर हो गये थे और वे सभी मनोरथ पूर्ण हो गये थे। यदुवंशी सौंदर्यनिधान, आनन्दकंद भगवान् श्रीकृष्ण का दर्शन कर सदैव प्रफुल्लित रहते थे। मथुरा के वृद्ध पुरुष भी युवकों के समान अत्यन्त बलवान् और उत्साही हो गये थे, क्योंकि वे बार-बार अपने नेत्रों से भगवान् के मुखारबिंद का अमृतमय मकरन्द-रस पान करते रहते थे।

अब देवकीनन्दन भगवान् श्रीकृष्ण और बलरामजी दोनों ही नन्दबाबा के पास आये और गले लगने के बाद उनसे कहने लगे, "पिताजी, आपने और माँ यशोदाजी ने बड़े स्नेह और दुलार से हमारा लालन-पालन किया है। पिताजी, अब आप लोग व्रज में जाइये। इसमें सन्देह नहीं कि हमारे बिना वात्सल्य-स्नेह के कारण आप दोनों को बहुत दुःख होगा। यहाँ के सुहृद-संबंधियों को सुखी करके हम आप लोगों से मिलने के लिये आयेंगे।" भगवान् श्रीकृष्ण ने नन्दबाबा और दूसरे व्रजवासियों को इस प्रकार समझा-बुझाकर बड़े आदर के साथ वस्त्र, आभूषण और अनेक धातुओं से बने हुए बरतन आदि देकर उनका सत्कार किया। भगवान् की बात सुनकर नन्दबाबा ने अत्यधिक स्नेह से अधीर होकर दोनों भाइयों को गले लगा लिया और फिर नेत्रों में आँसू भरकर गोपों के साथ व्रज के लिए प्रस्थान किया।

इसके पश्चात् वसुदेवजी ने अपने पुरोहित गर्गाचार्य तथा दूसरे ब्राह्मणों से दोनों पुत्रों का विधिपूर्वक द्विजाति-समुचित यज्ञोपवीत संस्कार करवाया। उन्होंने विविध प्रकार के वस्त्र और आभूषणों से ब्राह्मणों का सत्कार करके उन्हें बहुत सी दक्षिणा तथा बछड़ोंवाली गौएँ दीं। महामति वसुदेवजी ने भगवान् श्रीकृष्ण और बलरामजी के जन्म-नक्षत्र में जितनी गौएँ संकल्प करके दी थीं, अब उनका स्मरण करके उन्होंने ब्राह्मणों को वे फिर से दीं। इस प्रकार यदुवंश के आचार्य गर्गजी से संस्कार कराकर बलरामजी और श्रीकृष्ण जी द्विजत्व को प्राप्त हुए। उनका ब्रह्मचर्य व्रत अखण्ड तो था ही, अब उन्होंने गायत्रीपूर्वक अध्ययन करने के लिए उसे नियमतः स्वीकार किया।

गुरुकुल में प्रवेश

अब वे दोनों गुरुकुल में निवास करने की इच्छा से काश्यप-गोत्री सान्दीपनि मुनि के पास गये। वे अवन्तीपुर में रहते थे। वे शस्त्र-शास्त्र दोनों विद्याओं में पूर्ण निष्णात थे। दूर-दूर तक उनकी प्रसिद्धि फैली हुई थी। वे दोनों भाई विधिपूर्वक उनके आश्रम में रहने लगे। उस समय वे बड़े सुसंयत और अपनी चेष्टाओं को सर्वथा नियंत्रित रखे हुए थे। गुरु सान्दीपनि उन दोनों पर अत्यधिक स्नेह करते

थे। भगवान् श्रीकृष्ण और बलरामजी भी गुरु की उत्तम सेवा कैसे करनी चाहिये, इसका आदर्श लोगों के सामने रखते हुए बड़ी भक्ति से इष्टदेव के समान उनकी सेवा करने लगे। गुरुवर सांदीपनि जी उनकी सेवा से बहुत प्रसन्न हुए। उन्होंने दोनों भाइयों को छहों अंग और उपनिषदों के सहित सम्पूर्ण वेदों की शिक्षा दी। इनके सिवा मंत्र और देवताओं के ज्ञान के साथ धनुर्वेद, मनुस्मृति आदि धर्मशास्त्र, मीमांसा आदि, वेदों का तात्पर्य बतलाने वाले शास्त्र, तर्कविद्या (न्यायशास्त्र) आदि की भी शिक्षा दी। साथ ही सन्धि, विग्रह, मान, आसन, द्वैध और आश्रय—इन छः भेदों से युक्त राजनीति का भी अध्ययन कराया। भगवान् श्रीकृष्ण और बलरामजी सारी विद्याओं के प्रवर्तक हैं। इस समय केवल श्रेष्ठ मनुष्य का सा व्यवहार करते हुए ही वे अध्ययन कर रहे थे। उन्होंने गुरुजी के केवल एक बार कहने मात्र से सारी विद्याएँ सीख लीं। केवल चौंसठ दिन-रात में ही चौंसठों कलाओं का ज्ञान प्राप्त कर लिया।

गुरु सांदीपनि के पुत्र को यमराज के यहाँ से वापस लाना

इस प्रकार अध्ययन समाप्त होने पर उन दोनों भाइयों ने सांदीपनि मुनि से प्रार्थना की, "आपकी जो इच्छा हो, गुरुदक्षिणा माँगें।" ब्रह्मर्षि सान्दीपनि मुनि ने उनकी अद्भुत महिमा और अलौकिक बुद्धि का अनुभव कर लिया था। इसलिए उन्होंने अपनी पत्नी से सलाह करके यह गुरुदक्षिणा माँगी, "प्रभासक्षेत्र में हमारा बालक समुद्र में डूब कर मर गया था, उसे तुम लोग ला दो।" बलरामजी और श्रीकृष्ण का पराक्रम अनन्त था। वे सर्वेश्वर थे। उन्होंने 'बहुत अच्छा' कहकर गुरुजी की आज्ञा स्वीकार की और रथ पर सवार होकर प्रभासक्षेत्र में गये। वे समुद्रतट पर जाकर क्षण भर बैठे रहे। उस समय यह जानकर कि ये साक्षात् परमेश्वर हैं, अनेक प्रकार की पूजा-सामग्री लेकर समुद्र उनके सामने उपस्थित हुआ। भगवान् ने समुद्र से कहा, "समुद्र, तुम यहाँ अपनी बड़ी-बड़ी तरंगों से जिस गुरुपुत्र को बहा ले गये हो, उसे लाकर शीघ्र हमें दो।" मनुष्य वेशधारी समुद्र ने कहा, "देवाधिदेव श्रीकृष्णजी, प्रभो, मैंने उस बालक को नहीं लिया है। मेरे जल में पंचजन नामक एक बड़ा भारी दैत्य जाति का असुर शंख के रूप में रहता है। अवश्य ही उसी ने वह बालक चुरा लिया होगा।"

समुद्र की बात सुनकर भगवान् तुरंत ही जल में जा घुसे और शंखासुर को मार डाला। परन्तु वह बालक उसके पेट में नहीं मिला। तब उसके शरीर का शंख लेकर भगवान् रथ पर चले आये। यह शंख 'पांचजन्य' के नाम से प्रसिद्ध हुआ। वहाँ से बलरामजी के साथ श्रीकृष्ण ने यमराज की राजधानी संयमनी में

जाकर पांचजन्य शंख बजाया। शंख का शब्द सुनकर सारी प्रजा का शासन करने वाले यमराज ने उनका स्वागत किया और भक्तिभाव से भरकर विधिपूर्वक उनकी बहुत पूजा की। उन्होंने नम्रता से झुक कर समस्त प्राणियों के हृदय में विराजमान सच्चिदानंदस्वरूप भगवान् श्रीकृष्ण से कहा, "लीला से ही मनुष्य बने हुए परमेश्वर, मैं आप दोनों की क्या सेवा करूँ ?"

भगवान् ने कहा, "यमराज, यहाँ अपने कर्मबन्धन के अनुसार मेरा गुरुपुत्र लाया गया है। तुम मेरी आज्ञा स्वीकार करो और उसके कर्म पर ध्यान न देकर उसे मेरे पास ले आओ।" यमराज ने 'जो आज्ञा' कहकर भगवान् का आदेश स्वीकार किया और गुरुपुत्र ला दिया। तब यदुवंशशिरोमणि भगवान् श्रीकृष्ण और बलरामजी उस बालक को लेकर अवन्तीपुर (उज्जैन) लौट आये और उसे अपने गुरुदेव को सौंपकर कहा, "आप और जो कुछ चाहें, माँग लें।"

गुरु सांदीपनि ने कहा, "बेटा, तुम दोनों ने भली-भाँति गुरुदक्षिणा दी। अब और क्या चाहिये ? जो तुम्हारे जैसे पुरुषोत्तमों का गुरु है, उसका कौन सा मनोरथ अपूर्ण रह सकता है ? वीरो, अब तुम दोनों घर जाओ। तुम्हें लोकों को पवित्र करनेवाली कीर्ति प्राप्त हो। तुम्हारी पढ़ी हुई विद्या इस लोक और परलोक में सदा नवीन बनी रहे, कभी विस्मृत न हो।"

फिर गुरुजी से आज्ञा लेकर दोनों भाई रथ पर सवार होकर मथुरा लौट आये। मथुरा की प्रजा बहुत दिनों तक श्रीकृष्णजी और बलरामजी को न देखकर अत्यन्त दुखी हो रही थी। अब उन्हें आया हुआ देखकर सब के सब परमानन्द में मग्न हो गये, मानो खोया हुआ धन मिल गया हो।

□□

अध्याय—८

उद्धवजी को व्रज भेजना

उद्धवजी वृष्णिवंशियों में एक प्रधान पुरुष थे। वे वृहस्पति के शिष्य और परम बुद्धिमान् थे। वे भगवान् श्रीकृष्ण के प्यारे सखा और मंत्री भी थे। भक्त-वत्सल भगवान् श्रीकृष्ण ने एक दिन उद्धव को बुला कर कहा, "सौम्यस्वभाव उद्धवजी, तुम व्रज में जाओ। वहाँ मेरे माता-पिता यशोदा मैया और नन्दबाबा हैं। उन्हें आनन्दित करो। गोपियाँ मेरे विरह की व्याधि से बहुत ही दुखी हो रही हैं, उन्हें मेरे सन्देश सुनाकर उस वेदना से मुक्त करो। वे मुझे अपना सर्वस्व मानती हैं। उनके प्राण, उनका जीवन, उनका सर्वस्व मैं ही हूँ। मेरे लिए उन्होंने लोकधर्म और परलोक दोनों का परित्याग कर दिया है। वे मेरा स्मरण करके अत्यंत मोहित हो रही हैं और बार-बार मूर्च्छित हो जाती हैं।"

भगवान् श्रीकृष्ण का यह आदेश सुनकर उद्धवजी रथ पर सवार हुए और नन्दगाँव के लिए चल पड़े। परम सुन्दर उद्धवजी सूर्यास्त के समय नन्दबाबा के व्रज में पहुँचे। गौएँ चर कर वन से लौट रही थीं। उनकी रज से उद्धवजी का सारा रथ आच्छादित हो गया। गोपी और गोप सुन्दर-सुन्दर वस्त्र तथा गहनों से सज-धज कर श्रीकृष्ण तथा बलरामजी के मंगलमय चरित्रों का गान कर रहे थे।

जब भगवान् श्रीकृष्ण के प्यारे सखा व्रज में आये, तो नन्दबाबा उनसे मिलकर बहुत ही प्रसन्न हुए। उन्होंने उद्धवजी को गले लगाकर उनका वैसे ही सम्मान किया, मानो स्वयं भगवान् श्रीकृष्ण आ गये हों। समय पर उत्तम अन्न का भोजन कराया और जब वे आराम से शय्या पर बैठ गये, तो सेवकों ने पाँव दबाकर, पंखा झलकर उनकी थकावट दूर कर दी। नन्दबाबा ने उद्धवजी से पूछा, "परम भाग्यवान् उद्धवजी, अब हमारे सखा वसुदेवजी जेल से छूट गये। उनके आत्मीय स्वजन तथा पुत्र आदि उनके साथ हैं। इस समय वे सब कुशल से हैं न ? अपने पापों के फलस्वरूप पापी एवं क्रूर कंस अपने अनुयायियों के साथ मारा गया। अच्छा उद्धव जी, श्रीकृष्ण कभी हम लोगों की याद करते हैं ? यह उनकी माँ है। स्वजन-संबंधी हैं, सखा हैं, गोप हैं, उन्हीं को अपना स्वामी और सर्वस्त्र माननेवाला यह व्रज है। उन्हीं की गौएँ, वृन्दावन और यह गिरिराज है। क्या वे कभी इनका स्मरण करते हैं ? अपने सुहृद बंधु-बांधवों को एक बार देखने के लिए आयेंगे क्या ? यदि वे

यहाँ आ जाते, तो हम उनकी वह सुघड़ नासिका, उनका मधुर हास्य और मनोहर चितवन से युक्त मुखकमल देख तो लेते।"

"उद्धवजी, श्रीकृष्ण का हृदय उदार है, उनकी शक्ति अनन्त है। उन्होंने एक बार नहीं, अनेक बार भारी विपत्तियों से हमारी रक्षा की है।" उनकी लीलाओं का स्मरण करते-करते नन्दबाबा का कण्ठ अवरुद्ध हो गया। नेत्रों से आँसू की धारा बहने लगी। माँ यशोदा भी वहीं बैठी थीं, वात्सल्य स्नेह के कारण उनकी भी वही अवस्था हुई, जो नन्दबाबा की हुई।

उद्धवजी ने नन्दबाबा और माँ यशोदा से कहा, "हे मानद, इसमें सन्देह नहीं कि आप दोनों समस्त जीवधारियों में अत्यंत भाग्यशाली और श्लाघनीय हैं, क्योंकि जो सारे जगत् के निर्माता और उसे ज्ञान देनेवाले नारायण हैं, उनके प्रति आपके हृदय में ऐसा वात्सल्य स्नेह—पुत्रभाव है। बलरामजी और श्रीकृष्ण जी सारे जगत् के उपादान और निमित्त कारण हैं।" "आपलोगों का जीवन धन्य है कि उन परब्रह्म परमेश्वर में ऐसी दृढ़ प्रीति और अनुशक्ति है। भवतवत्सल यदुवंश शिरोमणि भगवान् श्रीकृष्ण थोड़े ही दिनों में आपलोगों का दर्शन करने यहाँ आएँगे। इस लोक में उनका कोई कर्म नहीं है; फिर भी वे साधुओं के परित्राण तथा दुष्टों के विनाश के लिये विविध शरीरों में अवतीर्ण होते हैं। भगवान् श्रीकृष्ण केवल आप लोगों के ही पुत्र नहीं हैं, बल्कि वे समस्त प्राणियों के आत्मा, पुत्र, माता-पिता, सुहृद और स्वामी भी हैं। सबके अन्तर और बाहर श्रीकृष्ण ही व्याप्त हैं।"

'भगवान् श्रीकृष्ण के सखा उद्धव जी और नन्दबाबा इसी प्रकार आपस में बात करते रहे और वह रात पल के समान बीत गयी। थोड़ी रात शेष रहने पर गोपियाँ उठ-उठ कर अपनी दिनचर्या में लग गयीं। वे श्रीकृष्ण की लीलाओं का गुणगान कर रही थीं। उनका वह संगीत दही मथने के स्वर से मिलकर और भी अद्भुत हो गया। सूर्योदय होते-होते व्रजांगनाओं ने देखा कि नन्दबाबा के दरवाजे के सामने अत्यंत सुंदर रथ खड़ा हुआ है। वे एक दूसरे से पूछने लगीं, "यह किसका रथ है?" किसी गोपी ने कहा, "कंस का प्रयोजन सिद्ध करनेवाला अक्रूर ही कहीं फिर तो नहीं आ गया है? वही तो कमलनयन प्यारे श्यामसुन्दर को यहाँ से मथुरा ले गया था।"

किसी दूसरी गोपी ने कहा, "क्या वह अब हमें ले जाकर अपने मरे हुए स्वामी कंस का पिण्डदान करेगा? अब यहाँ उसके आने का और क्या प्रयोजन हो सकता है?" व्रजवासिनी स्त्रियाँ इसी प्रकार आपस में बातचीत कर रही थीं कि उसी समय नित्यकर्म से निवृत्त होकर उद्धव जी उनके पास आ पहुँचे।

गोपियों ने देखा कि श्रीकृष्ण के सेवक और सखा उद्धवजी की आकृति और

वेशभूषा श्रीकृष्णजी से बहुत मिलती-जुलती है। घुटनों तक लंबी-लंबी भुजाएँ हैं, नूतन कमलदल के समान नेत्र हैं, शरीर पर पीताम्बर धारण किये हुए हैं, गले में कमलपुष्पों की माला है, कानों में मणिजटित कुण्डल झलक रहे हैं और मुखारविन्द अत्यंत प्रफुल्लित है। पवित्र मुसकानवाली गोपियों ने आपस में कहा, "यह पुरुष देखने में तो बहुत सुन्दर है। परन्तु यह है कौन? कहाँ से आया है? किसका दूत है? इसने श्रीकृष्ण जैसी वेशभूषा क्यों धारण कर रखी है?" सब की सब गोपियाँ उनका परिचय पाने के लिये अत्यंत उत्सुक हो गयीं। जब उन्हें ज्ञात हुआ कि ये तो रमारमण भगवान् श्रीकृष्ण का सन्देश लेकर आये हैं, तब उन्होंने विनय से झुक कर सलज्ज हास्य, चितवन और मधुर वाणी आदि से उद्धवजी का अत्यंत सत्कार किया तथा एकान्त में आसन पर बैठाकर वे उनसे इस प्रकार कहने लगीं, "उद्धवजी, हम जानती हैं कि आप यदुनाथ के पार्षद हैं। उन्हीं का संदेश लेकर यहाँ पधारे हैं। आपके स्वामी ने अपने माता-पिता को सुख देने के लिये आपको यहाँ भेजा है। अन्यथा हमें तो इस नन्दगाँव में---गौओं के रहने की जगह में, उनके स्मरण करने योग्य कोई भी वस्तु दिखायी नहीं पड़ती। माता-पिता आदि सगे-संबंधियों का स्नेहबंधन तो बड़े-बड़े ऋषि-मुनि भी बड़ी कठिनाई से छोड़ पाते हैं। दूसरों के साथ जो प्रेमबंधन का स्वांग किया जाता है, वह तो किसी न किसी स्वार्थ के लिये होता है। भौंरों का पुष्पों से और पुरुषों का स्त्रियों से ऐसा ही स्वार्थ का प्रेमसंबंध होता है।"

गोपियों के मन, वाणी और शरीर श्रीकृष्ण में ही तल्लीन थे। जब उद्धवजी भगवान् श्रीकृष्ण के दूत बन कर व्रज में आये, तब वे उनसे इस प्रकार भगवान् श्रीकृष्ण ने बचपन से लेकर किशोरावस्था तक जितनी भी लीलाएँ की थीं, उन सब की याद करके गोपियाँ उनका गान करने लगीं। वे आत्मविस्मृत होकर स्त्री-सुलभ लज्जा को भी भूल गयीं और फूट-फूट कर रोने लगीं।

एक गोपी को उस समय स्मरण हो रहा था, भगवान् श्रीकृष्ण के मिलन की लीला का। उसी समय उसने देखा कि पास ही एक भौंरा गुनगुना रहा है। उसने ऐसा समझा कि मानो मुझे रूठी हुई समझ कर श्रीकृष्ण ने मनाने के लिये दूत भेजा हो। (गोपी का यह कथन भौंरे तथा उद्धवजी दोनों के ऊपर लागू होता है।) वह गोपी भौंरे से इस प्रकार कहने लगी, "रे मधुप, तू कपटी का सखा है। इसलिये तू भी कपटी है। तू हमारे पैरों को मत छू। झूठे प्रणाम करके हमसे अनुनय-विनय मत कर। हम देख रही हैं कि श्रीकृष्ण की जो वनमाला हमारी सौतों के वक्षस्थल के स्पर्श से मसली हुई है, उसका पीला-पीला कुंकुम तेरी मूंछों पर भी लगा हुआ है। तू स्वयं भी तो किसी कुसुम से प्रेम नहीं करता, यहाँ से

वहाँ उड़ा करता है। जैसे तेरे स्वामी हैं, वैसा ही तू ! श्रीकृष्ण मथुरा की मानिनी नायिकाओं को मनाया करें, उनका वह कुंकुमरूप कृपाप्रसाद, जो यदुवंशियों की सभा में उपहास करने योग्य है, अपने ही पास रक्खें। उसे तेरे द्वारा यहाँ भेजने की क्या आवश्यकता है ? जैसे तू काला है, वैसे ही वे भी हैं। तू भी पुष्पों का रस लेकर उड़ जाता है, वैसे वे भी निकले।"

"अरे भ्रमर, हम वनवासिनी हैं। हमारे तो घरद्वार भी नहीं है। तू हमलोगों के सामने यदुवंशशिरोमणि श्रीकृष्ण का बहुत सा गुणगान क्यों कर रहा है ? यह सब भला हम लोगों को मनाने के लिये ही है तो ? परन्तु नहीं नहीं, वे हमारे लिये कोई नये नहीं हैं। हमारे जाने-पहचाने बिलकुल पुराने हैं। तेरी चापलूसी हमसे नहीं चलेगी। यहाँ से चला जा और जिनके पास सदा विजय रहती है, उन श्रीकृष्णजी के मधुरपुरवासिनी सखियों के सामने उनका गुणगान कर। वे नयी हैं। उनकी लीलाएँ बहुत कम जानती हैं। वे तेरी प्रार्थना स्वीकार करेंगी। तेरी चापलूसी से प्रसन्न होकर मुझे मुँहमाँगी वस्तु देंगी। जैसे कृष्णसार मृग की पत्नी भोली-भाली हरिनियाँ व्याध के सुमधुर गान का विश्वास कर लेती हैं और उसके जाल में फँस कर मारी जाती है, वैसे ही हम भोली-भाली गोपियाँ भी उस छलिया कृष्ण की कपट भरी मीठी-मीठी बातों में आकर छली गयीं। इसलिये श्रीकृष्ण के दूत भौंरे, अब इस संबंध में तू और कुछ मत कह।"

"अच्छा, हमारे प्रियतम के प्यारे दूत मधुकर हमें यह बतलाओ कि आर्यपुत्र भगवान् श्रीकृष्ण गुरुकुल से लौटकर मधुपुरी में अब सुख से हैं तो न ? क्या वे कभी नन्दबाबा, यशोदारानी, यहाँ के घर, सगे-संबंधी और ग्वालबालों की भी याद करते हैं ? और क्या हम दासियों की भी कोई बात कभी चलाते हैं ? क्या हमारे जीवन में कभी ऐसा शुभ अवसर आयेगा कि हम उनके साथ मिल सकेंगी ?"

गोपियाँ भगवान् के दर्शन के लिये अत्यंत उत्सुक, लालायित हो रही थीं। उनके लिये तड़प रही थीं। उनकी मधुर व्यंग्ययुक्त बातें सुनकर उद्धवजी ने उन्हें इस प्रकार सांत्वना दी—"अहो गोपियों, तुम सब धन्य हो, कृतकृत्य हो। तुम्हारा जीवन सफल है। देवियों, तुम सारे संसार के लिये पूजनीय हो, क्योंकि तुम लोगों ने इस प्रकार भगवान् श्रीकृष्ण को अपना हृदय, अपना सर्वस्व समर्पित कर दिया है। दान, व्रत, तप, होम, जप, वेदाध्ययन, ध्यान, धारणा, समाधि और कल्याण के अन्य विविध साधनों द्वारा भगवान् की अनन्य भक्ति प्राप्त हो, यही प्रयत्न किया जाता है। यह बड़े सौभाग्य की बात है कि तुम लोगों ने पवित्र-कीर्ति भगवान् श्रीकृष्ण के प्रति वही सर्वोत्तम प्रेमभक्ति प्राप्त की है और उसी का आदर्श स्थापित किया है, जो बड़े-बड़े ऋषिमुनियों के लिये भी दुर्लभ है। सचमुच यह

कितने सौभाग्य की बात है कि तुमने अपने पति, पुत्र, स्वजन, देह, गेह से नाता तोड़कर पुरुषोत्तम भगवान् श्रीकृष्ण को, जो सबके पति हैं, पति के रूप में वरण किया है। मैं अपने स्वामी, श्रीकृष्णजी का गुप्त काम करनेवाला दूत हूँ। कल्याणियों मैं उन्हीं श्रीकृष्ण का प्रिय सन्देश लेकर तुम लोगों के पास आया हूँ।"

"अब तुम लोग श्रीकृष्णजी का सन्देश सुनो। उन्होंने कहा है, "मैं ही अपनी माया के द्वारा भूत (प्राणी), इन्द्रिय और उनके विषयों के रूप में होकर उनका आश्रय बन जाता हूँ तथा स्वयं निमित्त भी होकर अपने आपको रचता हूँ, पालता हूँ और समेट लेता हूँ। आत्मा माया और माया के कार्यों से सर्वथा पृथक् है। वह विशुद्ध ज्ञानस्वरूप, सभी भेदों से रहित, मायातीत, सर्वथा शुद्ध है। सबका सच्चा फल है मेरा साक्षात्कार, क्योंकि सभी साधन मन को निरुद्ध करके मेरे पास पहुँचाते हैं। गोपियों, इसमें सन्देह नहीं कि मैं तुम्हारे नयनों का ध्रुवतारा हूँ। तुम्हारा जीवन सर्वस्व हूँ। किन्तु मैं जो तुमसे इतना दूर रहता हूँ, उसका कारण है। वह यही कि तुम निरन्तर मेरा ध्यान कर सको। शरीर से दूर रहने पर भी, मन से तुम मेरा सान्निध्य अनुभव करो। अपना मन मेरे पास रक्खो। क्योंकि स्त्रियों या अन्यान्य प्रेमियों का चित्त अपने परदेशी प्रियतम में जितना निश्चल भाव से लगा रहता है, उतना आँखों के सामने, पास रहनेवाले प्रियतम में नहीं लगता। अशेष वृत्तियों से रहित सम्पूर्ण मन मुझमें लगाकर, जब तुम लोग मेरा अनुस्मरण करोगी, तब शीघ्र ही सदा के लिये मुझे प्राप्त हो जाओगी। कल्याणियो, जिस समय मैंने वृन्दावन में शारदीय पूर्णिमा की रात्रि में रासक्रीड़ा की थी, उस समय जो गोपियाँ स्वजनों के रोक लेने से व्रज में ही रह गयीं—मेरे साथ रास-विहार में सम्मिलित न हो सकीं, वे मेरी लीलाओं का स्मरण करने से ही मुझे प्राप्त हो गयी थीं। तुम्हें भी मैं मिलूँगा अवश्य, निराश होने की कोई बात नहीं है।"

अपने प्रियतम श्रीकृष्ण का यह संदेसा सुनकर गोपियों को परमानन्द प्राप्त हुआ। उनके सन्देश से उन्हें श्रीकृष्ण के स्वरूप और एक-एक लीला की याद आने लगी। प्रेम में सराबोर होकर उन्होंने उद्धवजी से इस प्रकार कहा, "उद्धवजी, एक बात हमें बताइये—जिस प्रकार हम अपनी प्रेमभरी लजीली चितवन से, उन्मुक्त मुसकान से उनकी पूजा करती थीं और वे भी हमसे प्यार करते थे, उसी प्रकार मथुरा की भी स्त्रियों से भी वे प्रेम करते हैं या नहीं ?"

तब तक एक गोपी ने कहा, "अरी सखी, अब तो उन्होंने शत्रुओं को मारकर राज्य पा लिया है; जिसे देखो, वही उनका सुहृद बना हुआ है। अब वे नरपतियों की कुमारियों से विवाह करेंगे, उनके साथ आनन्दपूर्वक रहेंगे यहाँ हम गँवारिनों

के पास क्यों आयेंगे ? हम लोगों के बिना उनका कौन-सा काम अटक रहा है।"

एक अन्य गोपी ने कहा, "उद्धवजी, यह वही नदी है, जिसमें प्यारे श्यामसुन्दर विहार किया करते थे। यह वही पर्वत है, जिसके शिखर पर चढ़कर वे बाँसुरी बजाते थे। ये वे ही वन हैं, जिनमें रात्रि के समय वे रासलीला करते थे। ये वे ही गौएँ हैं, जिनको चराने के लिये वे सुबह शाम हम लोगों के देखते हुए जाते-आते रहते थे। यहाँ का प्रत्येक प्रदेश, एक-एक धूलिकण उनके परम सुन्दर चरणों से चिह्नित है। हम किसी भी प्रकार—मर कर भी उन्हें भूल नहीं सकतीं। हम उन्हें भूलें तो किस तरह ?"

दूसरी गोपी ने कहा, "हे उद्धव, हमारे गोविन्द गौओं से बहुत प्रेम करते रहे। क्या हम गौएँ नहीं हैं ? तुम्हारा यह सारा गोकुल—जिसमें ग्वालबाल, पिता-माता, गौएँ और हम गोपियाँ सब कोई हैं—दुःख के अपार समुद्र में डूब रहा है। तुम इसे बचाओ, आओ, हमारी रक्षा करो।"

भगवान् श्रीकृष्ण का प्रिय सन्देश सुनकर गोपियों की विरह-व्यथा शान्त हो गयी थी। वे इन्द्रियातीत भगवान् श्रीकृष्ण को अपने आत्मा के रूप में सर्वत्र स्थित समझ चुकी थीं। वे बड़े प्रेम और आदर से उद्धवजी का सत्कार करने लगीं। उद्धवजी गोपियों की विरह-व्यथा मिटाने के लिये कई महीनों तक वहीं रहे। नन्दबाबा के व्रज में जितने दिनों तक उद्धवजी रहे, उतने दिनों तक भगवान् श्रीकृष्ण की चर्चा होते रहने के कारण व्रजवासियों को ऐसा जान पड़ा, मानों अभी एक क्षण हुआ हो।

भगवान् के परम प्रेमी भक्त उद्धवजी कभी यमुना-तट पर जाते, कभी वनों में बिहरते और कभी गिरिराज की घाटियों में विचरते। कभी रंग-बिरंगे फूलों से लदे हुए वृक्षों में रम जाते और यहाँ भगवान् श्रीकृष्ण ने कौन सी लीला की है, यह पूछ-पूछ कर व्रजवासियों को भगवान् श्रीकृष्ण और उनकी लीला के स्मरण में तन्मय कर देते।

उद्धवजी ने व्रज में रहकर गोपियों की इस प्रकार की प्रेम-विकलता तथा और भी बहुत सी प्रेम-चेष्टाएँ देखीं। उनकी इस प्रकार श्रीकृष्ण में तन्मयता देखकर वे प्रेम और आनन्द से भर गये। अब वे गोपियों को नमस्कार करते हुए इस प्रकार गान करने लगे, "इस पृथ्वी पर केवल इन गोपियों का ही शरीर धारण करना श्रेष्ठ एवं सफल है, क्योंकि ये सर्वात्मा भगवान् श्रीकृष्ण के पास प्रेममय दिव्य महाभाव में स्थित हो गयी हैं। हमें इसकी प्राप्ति नहीं हो सकी है। सच है, जिन्हें भगवान् श्रीकृष्ण को लीला-कथा के रस का चसका लग गया, उन्हें कुलीनता की, द्विजातिसमुचित संस्कार की और बड़े-बड़े यज्ञ-यागों में दीक्षित होने की क्या

आवश्यकता है ? कहाँ ये वनचरी आचार, ज्ञान और जाति से हीन गाँव की गँवार ग्वालिनें और कहाँ सच्चिदानन्दघन भगवान् श्रीकृष्ण में अनन्य प्रेम ! अहो, धन्य है ! धन्य है ! इससे सिद्ध होता है कि कोई भगवान् के स्वरूप और रहस्य को न जानकर भी उनसे प्रेम करे, उनका भजन करे, तो वे स्वयं अपनी शक्ति से, अपनी कृपा से उसका परम कल्याण कर देते हैं; ठीक वैसे ही जैसे कोई अनजाने में भी अमृत पी ले, तो वह अपनी वस्तु-शक्ति से पीने वाले को अमर बना देता है ।"

"मेरे लिये तो सबसे अच्छी बात यही होगी कि मैं इस वृंदावनधाम में कोई झाड़ी, लता या औषधि—जड़ी-बूटी ही बन जाऊँ । अहा, यदि मैं ऐसा बन जाऊँगा, तो मुझे इन व्रजांगनाओं की चरणधूलि निरन्तर सेवन करने के लिये मिलती रहेगी । इनके चरण-रज में स्नान कर मैं धन्य हो जाऊँगा । नन्दबाबा के व्रज में रहने वाली गोपाङ्गनाओं की चरणधूलि को मैं बारम्बार प्रणाम करता हूँ, उसे सिर पर चढ़ाता हूँ ।"

इस प्रकार कई महीनों तक व्रज में रहकर उद्धवजी ने अब मथुरा जाने के लिये गोपियों से, नन्दबाबा और यशोदा मैया से आज्ञा प्राप्त की । नन्दबाबा आदि गोपगण बहुत सी भेंट की सामग्री लेकर उनके पास आये और आँखों में आँसू भरकर बड़े प्रेम से कहा, "उद्धवजी, अब हम यही चाहते हैं कि हमारे मन की एक-एक वृत्ति, एक-एक संकल्प श्रीकृष्ण के चरणकमलों के ही आश्रित रहे । हमारी वाणी नित्य-निरंतर उन्हीं के नामों का उच्चारण करती रहे और शरीर उन्हीं को प्रणाम करने, उन्हीं के आज्ञापालन और सेवा में लगा रहे ।" नन्दबाबा आदि गोपों ने श्रीकृष्ण की भक्ति के द्वारा उद्धवजी का सम्मान किया । अब वे भगवान् श्रीकृष्ण के द्वारा सुरक्षित मथुरापुरी में लौट आये ।

वहाँ पहुँच कर उन्होंने भगवान् श्रीकृष्ण को प्रणाम किया और उन्हें व्रजवासियों की प्रेममयी भक्ति का स्वरूप, जैसा उन्होंने देखा था, कह सुनाया । इसके बाद नन्दबाबा ने भेंट की जो-जो सामग्री दी थी, वह उनको, बलरामजी, वसुदेवजी और राजा उग्रसेन को दी ।

□□

अध्याय—९

कुब्जा और अक्रूर पर कृपा तथा अक्रूर को हस्तिनापुर भेजना

तदनन्तर सबके आत्मा तथा सर्वान्तिर्यामी अपने से मिलने की आकांक्षा रख कर व्याकुल हुई कुब्जा को सुख देने की इच्छा से उसके घर गये। कुब्जा का घर बहुमूल्य सामग्रियों से सम्पन्न और सुसज्जित था। मोती की झालरें और स्थान-स्थान पर झंडियाँ भी लगी हुई थीं। चंदोवे तने हुए थे। सेजें बिछी हुई थीं और बैठने के लिए बहुत सुन्दर आसन लगे हुए थे। धूप की सुगन्ध सर्वत्र फैल रही थी। स्थान-स्थान पर फूलों के हार और चंदन रखे हुए थे। भगवान् को अपने घर आते देख कुब्जा तुरन्त हड़बड़ा कर अपने आसन से उठ खड़ी हुई। सखियों के साथ आगे बढ़कर उसने उनका और उद्धव का विधिपूर्वक स्वागत-सत्कार किया। फिर उत्तम आसन आदि देकर विविध उपचारों से उनकी विधिपूर्वक पूजा-अर्चना की। कुब्जा ने भगवान् के परम भक्त उद्धवजी की भी समुचित रीति से पूजा की। परन्तु वे उसके सम्मान के लिये उसका दिया हुआ आसन छूकर धरती पर ही बैठ गये। अपने स्वामी के सामने उन्होंने आसन पर बैठना उचित न समझा। भगवान् तुरन्त उसकी बहुमूल्य सेज पर जा बैठे।

कुब्जा स्नान, अंगराग, वस्त्र, आभूषण, हार, गन्ध और ताम्बूल आदि से अपने को खूब सजा कर लीलामयी लजीली मुसकान तथा हावभाव के साथ भगवान् की ओर देखती हुई उनके पास आयी। कुब्जा नवीन मिलन के संकोच से कुछ झिझक रही थी। तब श्यामसुन्दर श्रीकृष्ण ने उसका संकोच दूरकर उसका विरह-जन्य ताप दूर किया। कुब्जा ने केवल अंगराग और चन्दन भगवान् को समर्पित किया था। उतने से ही उसे उन सर्वशक्तिमान् भगवान् की प्राप्ति हुई, जो कैवल्य मोक्ष के अधीश्वर हैं और जिनकी प्राप्ति अत्यंत कठिन है। परन्तु उस दुर्भगा ने उन्हें प्राप्त करके भी व्रजगोपियों की भाँति सेवा न माँग कर यही माँगा, "प्रियतम, आप कुछ दिन यहीं रहकर मेरे साथ क्रीड़ा कीजिये। हे कमलनयन, मुझसे आपका साथ नहीं छोड़ा जाता।" भगवान् श्रीकृष्ण सब का मान रखने वाले और सर्वेश्वर हैं। उन्होंने अभीष्ट वर देकर उसकी पूजा स्वीकार की।

भगवान् ब्रह्मा आदि समस्त ईश्वरों के भी ईश्वर हैं। उनको प्रसन्न कर लेना भी जीव के लिए बहुत ही कठिन है। जो कोई उन्हें प्रसन्न करके, उनसे विषय-

सुख माँगता है, वह निश्चय ही दुर्बुद्धि है, क्योंकि विषय-सुख अत्यंत तुच्छ और नगण्य हैं।

अक्रूर पर कृपा

तदनन्तर एक दिन सर्वशक्तिमान् भगवान् श्रीकृष्ण बलरामजी और उद्धवजी के साथ अक्ररजी की अभिलाषा पूर्ण करने और उससे कुछ काम लेने के लिये उनके घर गये। अक्रूरजी ने दूर से ही देख लिया कि हमारे परम बन्धु मनुष्यलोक-शिरोमणि भगवान् श्रीकृष्ण और बलरामजी आदि पधार रहे हैं। वे तुरन्त उठकर आगे गये तथा आनन्द से भरकर उनका अभिनन्दन और आलिंगन किया। जब सब लोग आराम से आसनों पर बैठ गये, तब अक्रूरजी उन लोगों की विधिवत पूजा करने लगे। उन्होंने पहले भगवान् के चरण धोकर चरणोदक सिर पर धारण किया और फिर अनेक प्रकार की पूजा-सामग्री, दिव्य वस्त्र, गन्ध, माला और श्रेष्ठ आभूषणों से उनका पूजन किया, सिर झुका कर उन्हें प्रणाम किया और उनके चरणों को अपनी गोद में लेकर दबाने लगे। उसी समय उन्होंने विनयावनत होकर भगवान् श्रीकृष्ण और बलराम से कहा, "भगवन्, यह बड़े ही आनन्द और सौभाग्य की बात है कि पापी कंस अपने अनुयायियों के साथ मारा गया। उसे मार कर आप दोनों ने यदुवंश को बहुत बड़े संकट से उबार लिया है तथा उन्नत और समृद्ध किया है। आप दोनों जगत् के कारण और जगत्रूप, आदि पुरुष हैं। आपके अतिरिक्त और कोई वस्तु नहीं है। न कारण है, और न तो कार्य। परमात्मन्, आपने ही अपनी शक्ति से इसकी रचना की है और आप ही अपनी माया और काल आदि शक्तियों से इसमें प्रवृष्ट होकर जितनी भी वस्तुएँ देखी और सुनी जाती हैं, उनके रूप में प्रतीत हो रहे हैं। अपने कार्यरूप जगत् में स्वेच्छा से अनेक रूपों में प्रतीत होते हैं। यह भी आपकी ही एक लीला है। प्रभो, स्वयं आत्मवस्तु में स्थूलदेह, सूक्ष्मदेह आदि उपाधियाँ न होने के कारण न तो उसमें जन्म मृत्यु है और न किसी प्रकार का भेदभाव। यही कारण है कि न आपमें बन्धन है और न मोक्ष। आपने जगत् के कल्याण के लिए सनातन वेदमार्ग प्रकट किया है। जब-जब इसे पाखण्ड-पथ से चलने वाले दुष्टों के द्वारा क्षति पहुँचती है, तब-तब आप शुद्ध सत्वमय शरीर ग्रहण करते हैं।"

"प्रभो, वही आप इस समय अपने अंश श्रीबलरामजी के साथ पृथ्वी का भार दूर करने के लिये वसुदेव के यहाँ अवतीर्ण हुए हैं। आप असुरों के अंश से उत्पन्न नाममात्र के शासकों की अनेक अक्षौहिणी सेना का संहार करेंगे और यदुवंश के यश का विस्तार करेंगे। इन्द्रियातीत परमात्मन्, सारे देवता, पितर, भूतगण और

राजा आपकी मूर्ति हैं। आपके चरणों की धोवन गंगाजी तीनों लोकों को पवित्र करती हैं। आप सारे जगत् के एकमात्र पिता और रक्षक हैं। वही आप आज हमारे घर पधारे ! इसमें सन्देह नहीं कि आज हमारा घर धन्य हो गया। उसके सौभाग्य की सीमा नहीं रही। प्रभो, आप प्रेमी भक्तों के परम प्रियतम, सत्यवक्ता, अकारण हितू और कृतज्ञ हैं। जरा सी सेवा को भी मान लेते हैं। भला, ऐसा कौन बुद्धिमान् पुरुष है, जो आपको छोड़कर किसी दूसरे की शरण में जायगा ? भक्तों के कष्ट मिटाने वाले और जन्म-मृत्यु के बन्धन से छुड़ाने वाले प्रभो, बड़े-बड़े योगिराज और देवराज भी आपके स्वरूप को नहीं जान सकते। परन्तु हमें आपका साक्षात् दर्शन हो गया, यह कितने सौभाग्य की बात है। प्रभो, हम स्त्री, पुत्र, धन, स्वजन, गेह और देह आदि के मोह की रस्सी में बँधे हुए हैं। अवश्य ही यह आपकी माया का खेल है। आप कृपा करके इस गाढ़े बन्धन को काट दें।''

अक्रूर की बात सुनकर भगवान् श्रीकृष्ण ने मुसकरा कर अपनी मधुर वाणी से उन्हें मोहित करते हुए कहा, ''तात, आप हमारे हितोपदेशक और चाचा हैं। हमारे वंश में अत्यंत प्रशंसनीय तथा हमारे सदा के हितैषी हैं। हम तो आपके बालक हैं और सदा ही आपकी रक्षा, पालन और कृपा के पात्र हैं। आप जैसे संत देवताओं से भी बढ़कर हैं, क्योंकि देवताओं में तो स्वार्थ रहता है, परन्तु संतों'में नहीं। संत पुरुष अपने दर्शनमात्र से लोगों को पवित्र कर देते हैं। चाचाजी, आप हमारे हितैषी सुहृदों में सर्वश्रेष्ठ हैं। इसलिए आप पाण्डवों का हित करने के लिए तथा उनका कुशल-मंगल जानने के लिए हस्तिनापुर जाइये। हमने ऐसा सुना है कि राजा पाण्डु के मर जाने पर अपनी माता कुन्ती के साथ युधिष्ठिर आदि पांडव बड़े दुःख में पड़ गये थे। अब राजा धृतराष्ट्र उन्हें अपनी राजधानी हस्तिनापुर में ले आये हैं और वे वहाँ रहते हैं।

''आप जानते ही हैं कि राजा धृतराष्ट्र एक तो अंधे हैं और दूसरे उनमें मनोबल की भी कमी है। उनका ज्येष्ठ पुत्र दुर्योधन बहुत दुष्ट, अभिमानी और हठधर्मी है। दुर्योधन के अधीन होने के कारण धृतराष्ट्र पाण्डवों के साथ अपने पुत्रों जैसा—समान व्यवहार नहीं कर पाते। इसलिए आप वहाँ जाइये और मालूम कीजिए कि उनकी स्थिति अच्छी है या बुरी। आपके द्वारा उनका समाचार जानकर मैं ऐसा उपाय करूंगा जिससे उन सुहृदों को सुख मिले।'' सर्वशक्तिमान् भगवान् श्रीकृष्ण अक्रूरजी को इस प्रकार आदेश देकर बलरामजी और उद्धवजी के साथ वहाँ से अपने घर लौट आये।

अक्रूरजी का हस्तिनापुर जाना

भगवान् के आज्ञानुसार अक्रूरजी हस्तिनापुर गये। वे वहाँ पहले धृतराष्ट्र,

भीष्म, विदुर, कुन्ती, बाह्लीक और उनके पुत्र सोमदत्त, द्रोणाचार्य, कृपाचार्य, कर्ण, दुर्योधन, द्रोणपुत्र अश्वत्थामा, युधिष्ठिर आदि पाँचों पांडव तथा अन्यान्य इष्टमित्रों से मिले और उनसे पृथक्-पृथक् वार्ता की। अक्रूरजी धृतराष्ट्र का व्यवहार जानने के लिये कुछ महीनों तक वहीं रहे। सच बात यह है कि धृतराष्ट्र में अपने दुष्ट पुत्रों की इच्छा के विपरीत कुछ भी करने का साहस नहीं था। वे शकुनि आदि दुष्टों की सलाह के अनुसार ही काम करते थे।

कुन्ती और विदुरजी ने अक्रूर से यह बतलाया कि धृतराष्ट्र के पुत्र दुर्योधन, दुःशासन आदि पाण्डवों के प्रभाव, शस्त्र कौशल, बल, वीरता तथा विनय आदि सद्गुण देख-देख कर उनसे जलते रहते हैं। जब वे यह देखते हैं कि प्रजा पाण्डवों से विशेष प्रेम रखती है, तब तो वे और भी चिढ़ जाते हैं और पाण्डवों का अनिष्ट करने पर उतारू हो जाते हैं। अब तक दुर्योधन आदि धृतराष्ट्र के पुत्रों ने विषदान आदि बहुत से अत्याचार किये हैं और आगे भी बहुत कुछ करना चाहते हैं।

जब अक्रूरजी कुन्ती के घर गये, तो वह अपने भाई के पास जा बैठीं। बात-चीत के प्रसंग में कुन्ती ने अक्रूरजी से पूछा, "प्यारे भाई, क्या कभी मेरे माँ-बाप, भाई, बहिन, भतीजे, कुल की स्त्रियाँ और सखी-सहेलियाँ मेरी याद करती हैं? मैंने सुना है कि हमारे भतीजे भगवान् श्रीकृष्ण और कमलनयन बलराम बड़े ही भक्तवत्सल और शरणागत-रक्षक हैं। क्या वे कभी अपने फुफेरे भाइयों को भी याद करते हैं? मैं शत्रुओं के बीच घिरकर शोकाकुल हो रही हूँ। मेरी वही दशा है जैसे कोई हरिनी भेड़ियों के बीच में पड़ गयी हो। मेरे बच्चे बिना बाप के हो गये हैं। क्या हमारे श्रीकृष्ण कभी यहाँ आकर मुझको और इन अनाथ बच्चों को सांत्वना देंगे?"

तदनन्तर श्रीकृष्ण को अपने सामने समझ कर कुन्ती कहने लगी, "सच्चिदानन्द श्रीकृष्ण, तुम महायोगी हो, विश्वात्मा हो और तुम सारे विश्व के जीवनदाता हो। गोविन्द, मैं अपने बच्चों के साथ दुःख पर दुःख भोग रही हूँ। तुम्हारी शरण में आयी हूँ। मेरी रक्षा करो। मेरे बच्चों को बचाओ। मैं अनुभव करती हूँ कि जो लोग इस संसार से डरे हुए हैं, उनके लिये तुम्हारे चरणकमलों के अतिरिक्त और कोई शरण और कोई सहार. नहीं है। श्रीकृष्ण, तुम माया के लेश से रहित परम शुद्ध हो। तुम स्वयं परमब्रह्म परमात्मा हो। समस्त साधनों, योगों और उपायों के स्वामी तथा स्वयं योग भी हो। श्रीकृष्ण, मैं तुम्हारी शरण में आयी हूँ। तुम मेरी रक्षा करो।"

अक्रूरजी और विदुरजी दोनों ही सुख और दुःख को समभाव से समझने वाले महात्मा थे। दोनों यशस्वी महात्माओं ने कुन्ती को उसके पुत्रों के जन्मदाता धर्म,

वायु और इन्द्र आदि देवताओं की याद दिलायी और यह कहकर कि, तुम्हारे पुत्र अधर्म का नाश करने के लिये ही पैदा हुए हैं, बहुत कुछ समझाया-बुझाया और सांत्वना दी।

अक्रूरजी जब मथुरा जाने लगे, तो राजा धृतराष्ट्र के पास पहुँचे। अब तक यह स्पष्ट हो चुका था कि धृतराष्ट्र मोह में अंधे होकर अपने पुत्रों का पक्षपात करते हैं और भतीजों के साथ अपने पुत्रों का सा व्यवहार नहीं करते। अब अक्रूरजी ने कौरवों की भरी सभा में श्रीकृष्ण और बलरामजी आदि का हित से भरा संदेश कह सुनाया। उन्होंने कहा, "महाराज धृतराष्ट्रजी, आप कुरुवंशियों की उज्ज्वल कीर्ति को और भी बढ़ाइये। आप धैर्यपूर्वक पृथ्वी का पालन कीजिये। अपने सद्व्यवहार से प्रजा को प्रसन्न रखिये और अपने स्वजनों के साथ समान बर्ताव कीजिये। ऐसा करने से ही आपको लोक में यश और परलोक में सद्गति प्राप्त होगी। यदि आप इसके विपरीत आचरण करेंगे, तो इस लोक में आपकी निन्दा होगी और मरने के बाद आपको नरक में जाना पड़ेगा। इसलिये अपने पुत्रों और पाण्डवों के साथ समानता का बर्ताव कीजिये। जीव अकेला ही पैदा होता है और अकेला ही मर कर यहाँ से कूच कर जाता है। अपनी करनी-धरनी और पाप-पुण्य का फल भी अकेला ही भोगता है। जिनके लिये वह अधर्म करता है, वे तो उसको छोड़ ही देंगे; उसे कभी सन्तोष का अनुभव न होगा और वह अपने पापों की गठरी सिर पर लादकर स्वयं घोर नरक में जायेगा।"

"इसलिये हे महाराज, आप इसे भली-भाँति समझ लीजिये कि यह दुनियाँ चार दिन की चाँदनी है, सपने का खिलवाड़ है, जादू का तमाशा है और है मनो-राज्यमात्र। अपने-अपने प्रयत्न से, अपनी शक्ति से चित्त को रोकिये। ममतावश पक्षपात न कीजिये। आप समर्थ हैं, समत्व में स्थिति हो जाइये और इस संसार को ओर से उपराम और शान्त हो जाइये।"

अक्रूरजी की बात का राजा धृतराष्ट्र ने इस प्रकार उत्तर दिया, "दानपते अक्रूरजी, आप मेरे कल्याण की, भले की बात कह रहे हैं। किन्तु मेरे हितैषी और शुभेच्छु अक्रूरजी, मेरे चंचल चित्त में आपकी यह प्रिय शिक्षा तनिक भी नहीं ठहर रही है। मेरा हृदय पुत्रों की ममता के कारण अत्यंत विषम और दूषित हो गया है। जैसे स्फटिक पर्वत के शिखर पर एक बार बिजली कौंधती है और दूसरे ही क्षण अन्तर्धान हो जाती है, वही दशा आपके उपदेशों की है। अक्रूरजी सुना है कि सर्वशक्तिमान् भगवान् श्रीकृष्ण पृथ्वी का भार उतारने के लिये यदुकुल में अवतीर्ण हुए हैं। ऐसा कौन पुरुष है, जो उनके विधान में उलटफेर कर सके? उनकी जैसी इच्छा होगी, वही होगा। भगवान् की माया का मार्ग अचिंत्य है। इस संसारचक्र

की बेरोक-टोक चाल में उनकी अचिंत्य लीला के अतिरिक्त और कोई कारण नहीं है। मैं उन्हीं परमैश्वर्यशाली प्रभु को नमस्कार करता हूँ।"

इस प्रकार अक्रूरजी महाराज धृतराष्ट्र का अभिप्राय जानकर और कुरुवंशी स्वजन-सम्बन्धियों से प्रेमपूर्वक अनुमति लेकर मथुरा लौट आये। उन्होंने भगवान् श्रीकृष्ण और बलरामजी के सामने धृतराष्ट्र का वह सारा व्यवहार-बर्ताव, जो वे पांडवों के साथ करते थे, कह सुनाया। उनको हस्तिनापुर भेजने का, वास्तव में उद्देश्य भी यही जानना था।

□□

अध्याय—१०

जरासन्ध से युद्ध और द्वारकापुरी का निर्माण

कंस की दो रानियाँ थीं—अस्ति और प्राप्ति। पति की मृत्यु पर उन्हें बहुत दु:ख हुआ और वे अपने पिता की राजधानी में चली गयीं। उन दोनों का पिता था मगधराज, जरासंध। कंस के मारे जाने का अप्रिय समाचार सुनकर जरासंध को बहुत दु:ख हुआ। वह क्रोध से तिलमिला उठा। उसने यह निश्चय करके कि मैं पृथ्वी पर एक भी यदुवंशी नहीं रहने दूँगा, युद्ध की बहुत बड़ी तैयारी की। अपनी विशाल वाहिनी से यदुवंशियों की राजधानी मथुरा को उसने चारों ओर से घेर लिया।

भगवान् श्रीकृष्ण ने देखा—जरासन्ध की सेना क्या है, उमड़ता हुआ समुद्र है। उन्होंने यह भी देखा कि उसने चारों ओर से हमारी राजधानी घेर ली है और समस्त पुरवासी भय और आतंक से त्रस्त हैं। भगवान् श्रीकृष्ण पृथ्वी का भार उतारने के लिए मनुष्य का-सा वेश धारण किये हुए हैं। उन्होंने सोचा यह बहुत अच्छा हुआ कि मगधराज जरासन्ध ने अपने अधीनस्थ नरपतियों की पैदल, घुड़-सवार, रथी और हाथियों से युक्त विशाल सेना इकट्ठी कर ली है। यह सब तो पृथ्वी का भार ही जुटकर मेरे पास आ पहुँचा है। मैं इसका नाश करूँगा। परन्तु अभी मगधराज जरासन्ध को नहीं मारना चाहिये। यह जीवित रहेगा तो फिर से असुरों की बहुत बड़ी सेना इकट्ठी कर लेगा। मेरे अवतार का यही प्रयोजन है कि मैं पृथ्वी का बोझ हल्का कर दूँ, साधु-सज्जनों की रक्षा करूँ और दुष्ट-दुर्जनों का संहार।

भगवान् श्रीकृष्ण इस प्रकार विचार कर ही रहे थे कि आकाश से सूर्य के समान चमकते हुए दो रथ आ पहुँचे। उनमें युद्ध की सारी सामग्रियाँ सुसज्जित थीं और दो सारथी उन्हें हाँक रहे थे। इसी समय भगवान् के दिव्य और सनातन आयुध भी अपने-आप वहाँ आकर उपस्थित हो गये। उन्हें देखकर भगवान् श्रीकृष्ण ने अपने बड़े भाई बलरामजी से कहा, "भाईजी, आप अत्यंत शक्तिशाली और पराक्रमी हैं। इस समय जो यदुवंशी आपको अपना स्वामी और रक्षक मानते हैं, उन पर भीषण विपत्ति आ पड़ी है। देखिए, यह आपका रथ है और आपके प्रिय आयुध हल-मूसल भी आ पहुँचे हैं। अब आप इस रथ पर सवार होकर शत्रु-सेना का

संहार कीजिये और स्वजनों को इस विपत्ति से बचाइये। भगवन्, साधुओं का कल्याण करने के लिए ही हम दोनों ने अवतार ग्रहण किया है। अतः अब आप इस आसुरी सेना का विनाश कीजिये।"

भगवान् श्रीकृष्ण और बलरामजी ने यह सलाह करके कवच धारण किया और रथ पर सवार होकर मथुरा से बाहर निकले। श्रीकृष्ण का रथ हाँक रहा था—दारुक। पुरी से बाहर निकलकर उन्होंने अपना पांचजन्य शंख बजाया। उनके शंख की भयंकर ध्वनि सुनकर शत्रुपक्ष की सेना के वीरों का हृदय डर के मारे थर्रा उठा। उन्हें देखकर जरासंध ने कहा, "पुरुषाधम कृष्ण, तू तो अभी निरा बच्चा है। अकेले तेरे साथ लड़ने में मुझे लाज लग रही है। मन्द, तू अपने मामा का हत्यारा है। इसलिए मैं तेरे साथ नहीं लड़ सकता। बलराम, यदि तुझमें शक्ति और उत्साह है तो मेरे साथ युद्ध कर।"

भगवान् श्रीकृष्ण ने उससे कहा, "मगधराज, जो शूरवीर होते हैं, वे तुम्हारी तरह डींग नहीं हाँकते। वे तो अपना बल-पौरुष ही दिखलाते हैं। तुम वैसे ही बक-बक कर रहे हो, जैसे मरने के समय कोई सन्निपात का रोगी करे। बक लो, मैं तुम्हारी बात पर ध्यान नहीं देता।"

जरासन्ध ने श्रीकृष्ण और बलरामजी को चारों ओर से घेर लिया। श्रीकृष्ण ने शार्ङ्ग धनुष का टंकार किया। इसके बाद वे तरकस में से बाण निकालने, उन्हें धनुष पर चढ़ाने और धनुष की डोरी खींच-खींच कर झुंड के झुंड बाण छोड़ने लगे। उस समय उनका वह धनुष इतनी फुर्ती से घूम रहा था, मानो कोई बड़े वेग से अलातचक्र (लुकाटी) घुमा रहा हो। इस प्रकार वे जरासंध की चतुरंगिणी सेना का संहार करने लगे। उस युद्ध में अपार तेजस्वी भगवान् बलरामजी ने अपने हल-मूसल की चोट से बहुत से मतवाले शत्रुओं को मार-मार कर उनके अंग-प्रत्यंग से खून की नदियाँ बहा दीं। उन दोनों भाइयों ने जरासन्ध की विशाल सेना का आनन-फानन में नाश कर डाला। इस प्रकार जरासन्ध की सारी सेना मारी गयी। उसका रथ भी टूट गया। शरीर में केवल प्राणमात्र शेष रहे। तब भगवान् श्री बलरामजी ने उसे पकड़ लिया, जैसे कोई बलवान् सिंह कमजोर सिंह को अपने वशीभूत कर लेता है। जरासन्ध ने पहले बहुत-से विपक्षी राजाओं की हत्या की थी, परन्तु आज उसे बलरामजी वरुण की फाँसी और मनुष्यों के फंदे से बाँध रहे थे। भगवान् श्रीकृष्ण ने यह सोचकर कि यदि यह छोड़ दिया जायेगा तो और भी सेना इकट्ठी करके लायेगा तथा हम सहज ही पृथ्वी का भार उतार सकेंगे, बलरामजी को रोक दिया। बड़े-बड़े शूरवीर जरासंध का सम्मान करते थे। इसलिए उसे इस बात पर बड़ी ग्लानि और लज्जा मालूम हुई कि मुझे श्रीकृष्ण और बलराम ने दया

करके दीन की भाँति छोड़ दिया है। तब उसने तपस्या करने का निश्चय किया। परन्तु रास्ते में उसके साथी राजाओं ने बहुत समझाया, "राजन्, यदुवंशियों में क्या रक्खा है? वे आपको बिल्कुल ही पराजित नहीं कर सकते थे। आपको प्रारब्धवश ही नीचा देखना पड़ा है।" उनके समझाने से वह तपस्या करने से विमुख हो गया। उस समय मगधराज की सारी सेना मर चुकी थी। बलरामजी ने उपेक्षापूर्वक उसे प्राणदान दे दिया था। इससे वह बहुत खिन्न और उदास होकर अपने देश मगध को चला गया।

जरासन्ध की सेना की पराजय से मथुरावासी भयरहित हो गये और भगवान् श्रीकृष्ण की विजय से परम उल्लसित और आनन्दित। भगवान् श्रीकृष्ण उनसे आकर मिले। सूत, मागध और बन्दीजन उनकी विजय के गीत गा रहे थे। उनके स्वागत में मथुरानगरी में शंख, नगाड़े, भेरी, तुरही, वीणा, बाँसुरी और मृदंग आदि बाजे बजने लगे। एक-एक सड़क और गली का छिड़काव कर दिया गया। सारी नगरी छोटी-छोटी झंडियों और बड़ी-बड़ी विजय-पताकाओं से सजा दी गयी। आनन्दोत्सव-सूचक बंदनवार बाँध दिये गये। ब्राह्मणों की वेदपाठ-ध्वनि गूंजने लगी। नगर की नारियाँ प्रेम और उत्कण्ठापूर्ण नेत्रों से श्रीकृष्ण एवं बलराम को निहारने लगीं और उन पर फूलों के हार, दही, अक्षत और जौ आदि के अंकुरों की वर्षा करने लगीं। भगवान् श्रीकृष्ण रणभूमि से अपार सम्पत्ति और वीरों के बहुमूल्य आभूषण लाये थे। वह सब उन्होंने यदुवंशियों के राजा उग्रसेन के पास भेज दिया।

इस प्रकार सत्रह बार विशाल सेना इकट्ठी करके मगधराज जरासंध ने यदुवंशियों से युद्ध किया। किन्तु यादवों ने भगवान् श्रीकृष्ण की अलौकिक शक्ति से [illegible] बार उसकी सेना नष्ट कर दी। जब सारी सेना नष्ट हो जाती, तब यदुवंशियों के उपेक्षापूर्वक छोड़ देने पर जरासन्ध अपनी राजधानी लौट जाता। जिस समय अठारहवाँ संग्राम छिड़नेवाला था, उसी समय नारद जी का भेजा हुआ वीर कालयवन दिखायी पड़ा। युद्ध में कालयवन के सामने खड़ा होनेवाला वीर संसार में दूसरा कोई न था। उसने जब यह सुना कि यदुवंशी हमारे जैसे ही बलवान् हैं और हमारा सामना कर सकते हैं, तब तीन करोड़ म्लेच्छों की सेना लेकर उसने मथुरा को घेर लिया।

कालयवन की यह असमय चढ़ाई देखकर भगवान् श्रीकृष्ण ने बलरामजी के साथ विचार किया, "अहो, इस समय तो यदुवंशियों पर जरासन्ध और कालयवन —ये दो-दो विपत्तियाँ एक साथ ही मँडरा रही हैं। इस परम बलशाली यवन ने आज आकर हमें घेर लिया है और जरासन्ध भी शीघ्रातिशीघ्र आ ही जायगा।

यदि हम दोनों भाई इसके साथ लड़ने में लग गये और उसी समय जरासन्ध आ पहुँचा, तो यह हमारे बन्धुओं को मार डालेगा अथवा कैद करके अपने नगर में ले जायगा। इसलिए आज हम लोग ऐसा दुर्ग बनायेंगे, जिसमें किसी भी मनुष्य का प्रवेश करना अत्यंत कठिन होगा। अपने स्वजन-संबंधियों को उसी किले में पहुँचा कर. फिर इस यवन से निपटेंगे।"

बलरामजी से इस प्रकार सलाह करके भगवान् श्रीकृष्ण ने समुद्र के भीतर एक ऐसा दुर्गम नगर बनवाया, जिसमें सभी वस्तुएँ अद्भुत थीं। उस नगर की एक-एक वस्तु में विश्वकर्मा के विज्ञान और शिल्पकला की निपुणता प्रकट होती थी। उसमें वास्तुशास्त्र के अनुसार बड़ी-बड़ी सड़कों, चौराहों और गलियों का यथास्थान ठीक-ठीक विभाजन किया गया था। वह नगर ऐसे सुन्दर-सुन्दर उद्यानों और विचित्र उपवनों से युक्त था, जिनमें देवताओं के वृक्ष और लताएँ लहलहाती रहती थीं। सोने के इतने ऊँचे-ऊँचे शिखर थे, जो आकाश से बातें करते थे। स्फटिक मणि की अटारियाँ और ऊँचे-ऊँचे दरवाजे बड़े ही सुन्दर लगते थे। अन्न रखने के लिए चाँदी और पीतल के बहुत-से कोठे बने हुए थे। इस नगर में चारों वर्ण के लोग निवास करते थे और सबके बीच में यदुवंशियों के प्रधान उग्रसेनजी, वसुदेवजी, बलरामजी तथा श्रीकृष्णजी के महल जगमगा रहे थे।

उस समय देवराज इन्द्र ने भगवान् श्रीकृष्ण के लिये पारिजात वृक्ष और सुधर्मा-सभा को भेज दिया। वह सभा ऐसी दिव्य थी कि उसमें बैठनेवाले सदस्य को भूख-प्यास नहीं लगती थी। वरुणजी ने ऐसे बहुत-से श्वेत घोड़े भेज दिये, जिनके कान श्यामवर्ण के थे और जिनकी चाल मन के समान तेज थी। धनपति कुबेरजी ने अपनी आठों निधियाँ भेज दीं और दूसरे लोकपालों ने भी अपनी-अपनी विभूतियाँ भगवान् के पास भेज दीं। सभी लोकपालों को भगवान् श्रीकृष्ण ने ही उनके अधिकार के निर्वाह के लिए शक्तियाँ और सिद्धियाँ दी हैं। जब भगवान् श्रीकृष्ण पृथ्वी पर अवतीर्ण होकर लीला करने लगे, तब सभी सिद्धियाँ उन्होंने भगवान् के चरणों में समर्पित कर दीं। भगवान् श्रीकृष्ण ने अपने समस्त स्वजन-संबंधियों को अपनी अचिन्त्य महाशक्ति योगमाया के द्वारा द्वारका में पहुँचा दिया। शेष प्रजा की रक्षा के लिए बलरामजी को मथुरापुरी में रख दिया और उनसे सलाह लेकर गले में कमलों की माला पहने बिना कोई अस्त्र-शस्त्र लिए स्वयं नगर के बड़े दरवाजे से बाहर निकल आये।

कालयवन का भस्म होना

जिस समय भगवान् श्रीकृष्ण मथुरा नगर के मुख्य द्वार से बाहर निकले, उस

समय ऐसा मालूम पड़ा, मानो पूर्व दिशा से चन्द्रोदय हो रहा हो। उन्हें देखकर कालयवन ने निश्चय कर लिया कि "यही पुरुष वासुदेव है, क्योंकि नारदजी ने जो-जो लक्षण बतलाये थे—वक्षस्थल पर श्रीवत्स का चिह्न, चार भुजाएँ, कमल के समान नेत्र, गले में वनमाला और सुन्दरता की सीमा—वे सब इसमें मिल रहे हैं। इसलिये यह कोई दूसरा नहीं हो सकता। इस समय यह बिना किसी अस्त्र-शस्त्र के पैदल ही इस ओर चला आ रहा है, इसलिये मैं भी इसके साथ बिना अस्त्र-शस्त्र के ही लड़ूंगा।"

ऐसा निश्चय करके कालयवन भगवान् श्रीकृष्ण की ओर दौड़ा। वे दूसरी ओर मुख करके रणभूमि से भाग चले। उन योगिदुर्लभ प्रभु को पकड़ने के लिये कालयवन उनके पीछे-पीछे दौड़ने लगा। रणछोड़ भगवान् लीला करते हुए भाग रहे थे। कालयवन पग-पग पर यही समझता था कि अब पकड़ा, तब पकड़ा। इस प्रकार भागते-भागते भगवान् कालयवन को बहुत दूर एक पहाड़ की गुफा में ले गये। कालयवन पीछे से बार-बार आक्षेप करता जाता था, "अरे भाई, तुम परम यशस्वी यदुवंश में पैदा हुए हो। तुम्हारा इस प्रकार युद्ध छोड़कर भागना उचित नहीं है।" उसके बार-बार आक्षेप करते रहने पर भी भगवान् उस पर्वत की गुफा में घुस गये। उनके पीछे कालयवन भी घुसा। वहाँ उसने एक दूसरे ही मनुष्य को सोते हुए देखा। उस सोते हुए व्यक्ति को देखकर कालयवन ने सोचा, "देखो तो सही, यह कितना प्रपंची व्यक्ति है। यह मुझे इस प्रकार इतनी दूर ले आया और अब इस तरह—मानो इसे कुछ पता ही न हो—साधुबाबा बनकर सो रहा है।" यह सोचकर उस मूढ़ और दुर्बुद्धि ने उसे कसकर एक लात मारी। पैर की ठोकर लगने से वह व्यक्ति उठ गया। और धीरे-धीरे उसने अपनी आँखें खोलीं। इधर-उधर देखने पर पास ही कालयवन खड़ा हुआ दिखायी पड़ा। वह पुरुष इस प्रकार ठोकर मारकर जगाये जाने से कुछ रुष्ट-सा हो गया था। उसकी दृष्टि पड़ते ही कालयवन के शरीर में आग पैदा हो गयी और वह तत्काल जल कर राख का ढेर हो गया।

वह व्यक्ति इक्ष्वाकुवंशी महाराजा मान्धाता के पुत्र मुचुकुन्द थे। वे ब्राह्मणों के परम भक्त, सत्यप्रतिज्ञ, संग्रामविजयी और महापुरुष थे। देवताओं की रक्षा के निमित्त उन्होंने अपना सर्वस्व त्यागकर दीर्घकाल तक उनकी रक्षा की थी। मुचुकुन्द इस रक्षाभार से अत्यधिक श्रमित हो गये थे। फलस्वरूप उन्होंने देवताओं से यही वर माँगा था कि मैं दीर्घकाल तक निर्विघ्न रूप से शयन करूँ। इस वरदान के अतिरिक्त देवताओं ने यह और भी जोड़ दिया था, "आपकी निद्रा में जो विघ्न डालेगा, वह तत्काल भस्म हो जायगा।" इस प्रकार भगवान् श्रीकृष्ण ने

अपनी अलौकिक शक्ति से कालयवन को तुरन्त भस्म करा दिया।

राजा मुचुकुन्द भगवान् श्रीकृष्ण का साक्षात्कार करके अत्यधिक आनन्दित हुए। कृष्ण ने राजा मुचुकुन्द को वर माँगने के लिये बार-बार कहा पर उन्होंने अनन्य भक्ति-प्राप्त का ही वर माँगा। अंत में भगवान् श्रीकृष्ण ने अपनी भक्ति-प्राप्ति का वरदान देकर राजा को अनुगृहीत किया साथ ही उनकी निर्मल और विवेक बुद्धि की सराहना की। तत्पश्चात् राजा मुचुकुन्द बदरिकाश्रम में तपस्या करने के निमित्त चले गये।

इधर भगवान् श्रीकृष्णजी मथुरापुरी में लौट आये। अब तक कालयवन की सेना ने उसे घेर रक्खा था। अब उन्होंने म्लेच्छों की सेना का संहार किया और उसका सारा धन छीनकर द्वारका ले चले। जिस समय भगवान् श्रीकृष्ण की आज्ञानुसार मनुष्यों और बैलों पर वह धन ले जाया जाने लगा, उसी समय मगधराज जरासन्ध फिर (अठारहवीं बार) विशाल चतुरंगिणी सेना लेकर आ धमका। शत्रुसेना का प्रबल वेग देख कर श्रीकृष्णजी और बलरामजी मनुष्यों की सी लीला करते हुए उसके सामने से बड़ी फुर्ती से भाग निकले। उनके मन में तनिक भी भय नहीं था। फिर भी ऐसा प्रदर्शन किया मानो अत्यधिक भयभीत हो गये हों। इस प्रकार का नाट्य करते हुए, वे सब का सब धन वहीं छोड़कर कई योजन तक पैदल भागते चले गये। जब महाबली मगधराज जरासन्ध ने देखा कि श्रीकृष्ण और बलराम भाग रहे हैं, तब वह हँसने लगा और अपनी रथ-सेना के साथ उनका पीछा करने लगा। उसे भगवान् श्रीकृष्ण और बलरामजी के ऐश्वर्य, प्रभाव, आदि का ज्ञान न था।

बहुत दूर तक दौड़ने के कारण दोनों भाई कुछ थक-से गये। अब वे बहुत ऊँचे प्रवर्षण पर्वत पर चढ़ गये। जब जरासन्ध ने देखा कि वे दोनों पहाड़ में छिप गये और बहुत ढूंढ़ने पर भी पता न चला, तब उसने ईंधन से भरे हुए प्रवर्षण पर्वत के चारों ओर आग लगवा कर उसे जलवा दिया। जब भगवान् ने देखा कि पर्वत के छोर जलने लगे हैं, तो दोनों भाई जरासन्ध की सेना के घेरे को लाँघते हुए बड़े वेग से उस ऊँचे पर्वत से एकदम नीचे धरती पर कूद पड़े। उन्हें जरासन्ध अथवा उसके किसी सैनिक ने नहीं देखा। वे दोनों भाई वहाँ से लौटकर फिर द्वारकापुरी में चले आये। जरासन्ध ने यह मान लिया कि श्रीकृष्ण और बलराम तो जल गये। और फिर वह अपनी बहुत बड़ी सेना लौटा कर मगध देश को चला गया।

□□

अध्याय—११

रुक्मिणी-हरण एवं विवाह

महाराज भीष्मक विदर्भ देश के अधिपति थे। उनके पाँच पुत्र और एक परम सुन्दरी कन्या थी। सबसे बड़े पुत्र का नाम था रुक्मी और चार छोटे थे—नाम थे क्रमशः रुक्मरथ, रुक्मबाहु, रुक्मकेश और रुक्ममाली। इनकी बहिन थीं सतीशिरोमणि रुक्मिणी। वे लक्ष्मी का अवतार थीं।

रुक्मिणी ने भगवान् श्रीकृष्ण के सौन्दर्य, पराक्रम, गुण और वैभव की प्रशंसा सुनी। उसके महल में आनेवाले अतिथि प्रायः श्रीकृष्ण के अलौकिक गुणों का गायन करते ही रहते थे। रुक्मिणी उनके गुणों के श्रवणमात्र से श्रीकृष्णजी पर मनसा, वाचा और कर्मणा आकृष्ट हो गयीं। उन्होंने यही निश्चय किया कि भगवान् मेरे अनुरूप पति हैं। भगवान् श्रीकृष्ण भी समझते थे कि "रुक्मिणी में बड़े सुन्दर-सुन्दर लक्षण हैं। वह परम बुद्धिमती है। उदारता, सौन्दर्य, शील-स्वभाव और सात्विक गुणों में भी अद्वितीय है। इसलिये रुक्मिणी ही मेरे अनुरूप पत्नी है।" अतः उन्होंने रुक्मिणी से विवाह करने का निश्चय किया। रुक्मिणीजी के भाई-बन्धु और माता-पिता भी यही चाहते थे कि उसका विवाह श्रीकृष्ण से ही हो। परन्तु रुक्मी श्रीकृष्णजी से बहुत द्वेष रखता था। वह जरासन्ध और शिशुपाल के समर्थकों और अनुयायियों में से था। अतः उसने शिशुपाल को ही अपनी बहिन के योग्य वर समझा।

परम सुन्दरी रुक्मिणी को यह मालूम हुआ कि मेरा बड़ा भाई रुक्मी शिशुपाल के साथ मेरा विवाह करना चाहता है। इसे जानकर वे अत्यन्त क्षुब्ध, खिन्न और उदास हो गयीं। उन्होंने बहुत सोच-विचार कर एक विश्वासपात्र और पवित्र ब्राह्मण को तुरंत श्रीकृष्णजी के पास भेजा। वहाँ पहुँचने पर द्वारपाल उन ब्राह्मण देवता को राजमहल के भीतर ले गये। ब्राह्मणों के परम-भक्त भगवान् श्रीकृष्ण उन ब्राह्मण देवता को देखते ही अपने सिंहासन से नीचे उतर आये और उन्हें अपने आसन पर बैठाकर वैसी ही पूजा की, जैसे देवता लोग भगवान् की किया करते हैं। आदर-सत्कार, कुशल-प्रश्न के अनन्तर संतों के परम आश्रय भगवान् श्रीकृष्ण अपने कोमल हाथों से उनके पैर सहलाते हुए बड़े शान्त भाव से पूछने लगे, "ब्राह्मणशिरोमणे, आपका चित्त तो सदैव सन्तुष्ट रहता है न? आपको अपने पूर्वपुरुषों द्वारा स्वीकृत धर्म का पालन करने में कोई कठिनाई तो नहीं

होती ? ब्राह्मण यदि जो कुछ मिल जाय, उसी में संतुष्ट रहे और अपने धर्म का पालन करता रहे, उससे कभी च्युत न हो, तो उसका वह संतोष ही उसकी सारी कामनाएँ पूर्ण कर देता है।"

"जो स्वयं प्राप्त हुई वस्तु से संतोष कर लेते हैं, जिनका स्वभाव बड़ा ही मधुर है और जो समस्त प्राणियों के परम हितैषी, अहंकाररहित, निर्मल और शांत हैं—उन ब्राह्मणों को मैं सदा सिर झुका कर प्रणाम करता हूँ। ब्राह्मण देवता, राजा की ओर से आप लोगों को सब प्रकार की सुविधा है न ? जिसके राज्य में प्रजा का भलीभाँति पालन होता है और वह आनन्द से रहती है, वह राजा मुझे प्रिय है। ब्राह्मणदेव, आप कहाँ से, किस निमित्त और किस आकांक्षा से इतना कठिन मार्ग तय करके यहाँ पधारे हैं ? यदि कोई बात विशेष गोपनीय न हो, तो हमसे कहिये। हम आपकी क्या सेवा करें ?"

लीला से ही मनुष्यरूपधारी भगवान् श्रीकृष्ण ने जब इस प्रकार ब्राह्मण देवता से पूछा, तो उन्होंने सारी बात कह सुनायी। इसके पश्चात् वे भगवान् से रुक्मिणी जी का सन्देश कहने लगे, "त्रिभुवनसुन्दर, आपके सौन्दर्य, बल-वीर्य, पराक्रम, यश, कीर्ति, ऐश्वर्य, वैभव आदि की गाथा सुनकर मेरा चित्त लज्जा, संकोच सब कुछ छोड़कर आपमें ही प्रवेश कर गया है। प्रेमस्वरूप श्यामसुन्दर, चाहे जिस दृष्टि से देखें, कुल, शील, स्वभाव, सौन्दर्य, विद्या, अवस्था, धनधाम—सभी में आप अद्वितीय हैं, अपने ही समान हैं। मनुष्यलोक में जितने भी प्राणी हैं, सब का मन आपको देखकर शान्ति का अनुभव करता है, आनन्दित होता है। पुरुषशिरोमणि, अब आप ही बतलाइये—ऐसी कौन-सी कुलवती, महागुणवती और धैर्यवती कन्या होगी, जो विवाह का योग्य समय आने पर आपको ही पतिरूप में वरण नहीं करेगी ? इसलिये प्रियतम, मैंने आपको पतिरूप में वरण कर लिया है। मैं अपने को आपके चरणकमलों में समर्पित कर चुकी हूँ। आप सर्वशक्तिमान् और सर्वान्तर्यामी हैं। मेरे हृदय की बात आपसे छिपी नहीं है। आप यहाँ पधार कर मुझे अपनी पत्नी के रूप में स्वीकार कीजिये।

"कमलनयन, प्राणवल्लभ, मैं आप-सरीखे वीर को समर्पित हो चुकी हूँ और आपकी ही हो चुकी हूँ, अब जैसे सिंह का भाग सियार छू जाय, वैसे ही कहीं शिशुपाल निकट आकर मेरा स्पर्श न कर जाय। मैंने यदि जन्म-जन्म में पूर्त (कुंआ, बावली आदि खुदवाना), इष्ट (यज्ञादि करना), दान, नियम, व्रत तथा देवता, ब्राह्मण और गुरु आदि की पूजा के द्वारा भगवान् परमेश्वर की आराधना की हो और वे मुझ पर प्रसन्न हों, तो भगवान् श्रीकृष्ण आकर मेरा पाणिग्रहण करें; शिशुपाल अथवा कोई भी पुरुष मेरा स्पर्श न कर सके।

"प्रभो, आप सर्वशक्तिमान् और अजित हैं। जिस दिन मेरा विवाह होनेवाला हो, उसके एक दिन पहले आप हमारी राजधानी में गुप्तरूप से आ जाइये और फिर बड़े-बड़े सेनापतियों के साथ शिशुपाल तथा जरासन्ध की सेनाओं को मथ डालिये, तहस-नहस कर दीजिये और बलपूर्वक राक्षस-विधि से वीरता का मूल्य देकर मेरा पाणिग्रहण कीजिये। यदि आप यह सोचते हों कि 'तुम तो अन्तपुर में पहरे के अन्दर रहती हो, तुम्हारे भाई-बन्धुओं को मारे बिना मैं तुम्हें कैसे ले जा सकता हूँ?' तो इसका उपाय मैं आपको बताये देती हूँ। हमारे कुल का ऐसा नियम है कि विवाह के एक दिन पहले कुलदेवी का दर्शन करने के लिये एक बहुत बड़ी यात्रा होती है, जुलूस निकलता है। उसमें विवाही जानेवाली कन्या को—दुलहिन को नगर के बाहर गिरिजादेवी के मन्दिर में जाना पड़ता है।

"कमलनयन, उमापति भगवान् शंकर के समान बड़े-बड़े देवता भी आत्मशुद्धि के लिये आपके चरणकमलों की धूल से स्नान करना चाहते हैं। यदि मैं आपका वह प्रसाद, आपकी वह चरणधूल नहीं प्राप्त कर सकी, तो व्रत द्वारा शरीर सुखाकर प्राणों का परित्याग कर दूँगी। चाहे इसके लिये सैकड़ों जन्म ही क्यों न लेने पड़ें, कभी न कभी तो आपका यह प्रसाद अवश्य ही मिलेगा।"

रुक्मिणी का सन्देश सुनाकर ब्राह्मण देवता ने श्रीकृष्णजी से कहा, "यदुवंश-शिरोमणे, यही रुक्मिणी के अत्यंत गोपनीय सन्देश हैं, जिन्हें लेकर मैं आपके पास आया हूँ। इसके सम्बन्ध में जो कुछ करना हो विचार कर लीजिये और तुरन्त ही उसके अनुसार कार्य कीजिये।"

भगवान् श्रीकृष्ण ने विदर्भ-राजकुमारी रुक्मिणी का उपर्युक्त सन्देश सुनकर अपने हाथ से ब्राह्मण देवता का हाथ पकड़ लिया और हँसते हुए बोले, "ब्राह्मण-देव, जैसे विदर्भ राजकुमारी मुझे चाहती है, वैसे ही मैं भी उन्हें चाहता हूँ। मेरा चित्त उन्हीं में लगा रहता है। मैं जानता हूँ कि रुक्मी ने द्वेषवश मेरा विवाह रोक दिया है। परन्तु विप्रदेव, आप देखियेगा, जैसे लकड़ियों को मथकर—रगड़कर मनुष्य उनमें से आग निकाल लेता है, वैसे ही युद्ध में उन नामधारी क्षत्रियकुल-कलंकों को तहस-नहस करके अपने से प्रेम करनेवाली उस परम सुन्दरी राजकुमारी को मैं निकाल लाऊँगा।

रुक्मिणी-हरण के लिये श्रीकृष्णजी का प्रयाण

मधुसूदन श्रीकृष्ण ने यह जानकर कि रुक्मिणी के विवाह की लग्न परसों रात्रि में ही है, सारथी को आज्ञा दी, "दारुक, तनिक भी विलम्ब न करके रथ जोत लाओ।" दारुक भगवान् के रथ में शैव्य, सुग्रीव, मेघपुष्प और बलाहक नाम

के चार घोड़े जोतकर उसे ले आया और हाथ जोड़कर भगवान् के सामने खड़ा हो गया। शत्रुसूदन श्रीकृष्णजी ब्राह्मणदेवता को पहले रथ पर चढ़ाकर फिर आप भी सवार हुए। उन शीघ्रगामी घोड़ों के द्वारा रथ एक ही रात में आनर्त देश से विदर्भ देश में जा पहुँचा।

कुंडिनपुर-नरेश महाराज भीष्मक अपने बड़े पुत्र रुक्मी के मोहवश अपनी कन्या शिशुपाल को देने के लिये विवाहोत्सव की तैयारी करा रहे थे। नगर के राजपथ, चौराहे तथा गली-कूचे झाड़-बुहार दिये गये थे। उन पर छिड़काव किया जा चुका था। चित्र-विचित्र, रंग-बिरंगी छोटी-बड़ी झंडियाँ और पताकाएँ लगा दी गयी थीं। मनोहारी तोरण बाँध दिये गये थे। वहाँ के स्त्री-पुरुष पुष्पमाला, हार, इत्र-फुलेल, चन्दन, गहने और निर्मल वस्त्रों से सजे हुए थे। वहाँ के सुन्दर-सुन्दर घरों में अगर के धूप की सुगन्ध फैल रही थी। राजा भीष्मक ने पितरों और देवताओं का विधिपूर्वक पूजन करके ब्राह्मणों को भोजन कराया और नियमानुसार स्वस्ति-वाचन भी।

सुशोभित दाँतोंवाली परम सुन्दरी राजकुमारी रुक्मिणीजी को स्नान कराया गया, नये-नये बहुमूल्य वस्त्र पहनाये गये। कोहबर बनाया गया। उनके हाथों में मंगलसूत्र कंकण पहनाये गये और वे श्रेष्ठतम आभूषणों से विभूषित की गयीं। श्रेष्ठ ब्राह्मणों ने साम, ऋक् और यजुर्वेद के मंत्रों से उनकी रक्षा की और अथर्व-वेद के विद्वान् पुरोहित ने ग्रहशान्ति के लिये हवन किया। राजा भीष्मक कुल-परंपरा और शास्त्रीय विधियों के बड़े जानकार थे। उन्होंने सोना, चाँदी, वस्त्र, गुड़ मिले हुए तिल और गौएँ ब्राह्मणों को दीं।

इसी प्रकार चेदिनरेश राजा दमघोष ने भी अपने पुत्र शिशुपाल के लिये मंत्रज्ञ ब्राह्मणों से विवाह-सम्बन्धी मंगलकृत्य कराये। इसके बाद विशाल चतुरंगिणी सेना लेकर कुंडिनपुर जा पहुँचे। विदर्भराज भीष्मक ने आगे आकर उनका स्वागत-सत्कार और प्रथानुसार अर्चन-पूजन किया। तत्पश्चात् उन्हें सुसज्जित जनवासों में ठहरा दिया गया। उस बारात में शाल्व, जरासन्ध, दन्तवक्त्र, विदूरथ और पौण्ड्रक आदि अनेक राजा आये थे। वे सब के सब श्रीकृष्ण और बलरामजी के विरोधी थे और शिशुपाल की सहायता के निमित्त आये थे। उन्होंने अपने-अपने मन में यह पहले से ही निश्चय कर रक्खा था कि यदि श्रीकृष्ण, बलराम आदि यदुवंशियों के साथ आकर कन्या को हरने की चेष्टा करेगा, तो हम सब मिलकर उससे लड़ेंगे। इसी कारण सारे राजा अपनी पूरी सेना के साथ आये थे।

विपक्षी राजाओं की इस तैयारी का पता बलरामजी को लग गया। उन्होंने जब यह सुना कि भैया कृष्ण अकेले ही राजकुमारी का हरण करने के लिये चले गये हैं,

तो उन्हें लड़ाई-झगड़े की बड़ी आशंका हुई। श्रीकृष्णजी की अलौकिक शक्ति जानते हुए भी भ्रातृस्नेह से उनका हृदय भर आया। वे तुरन्त ही एक विशाल चतुरंगिणी सेना लेकर कुँडिनपुर के लिये चल पड़े।

रुक्मिणी की चिन्ता

इधर रुक्मिणीजी भगवान् श्रीकृष्ण के शुभागमन की प्रतीक्षा कर रही थीं। उन्होंने देखा कि श्रीकृष्णजी की कौन कहे, अभी ब्राह्मण देव भी नहीं लौटे तो वे बड़ी चिन्ता में पड़कर सोचने लगीं, "अहो, अब मुझ अभागिनी के विवाह में केवल एक रात की ही देर है। परन्तु मेरे जीवनसर्वस्व कमलनयन श्रीभगवान् अब तक नहीं पधारे! इसका क्या कारण हो सकता है, कुछ निश्चय नहीं मालूम पड़ता। यही नहीं मेरे संदेशवाहक ब्राह्मण देवता भी अभी तक नहीं लौटे। इसमें सन्देह नहीं कि भगवान् श्रीकृष्ण का स्वरूप परम शुद्ध है और विशुद्ध पुरुष ही उनसे प्रेम कर सकते हैं। उन्होंने मुझमें कुछ न कुछ बुराई देखी होगी, तभी तो मेरा हाथ पकड़ने के लिए—मुझे स्वीकार करने के लिये वे यहाँ नहीं पधार रहे हैं। ठीक है, मेरे भाग्य ही मन्द हैं! विधाता और भगवान् शंकर भी मेरे अनुकूल नहीं जान पड़ते। यह भी सम्भव है कि रुद्रपत्नी सती गिरिराजकुमारी पार्वतीजी मुझसे अप्रसन्न हों।" रुक्मिणीजी इसी चिन्ता और उधेड़बुन में पड़ी थीं। उनका सम्पूर्ण मन और उनके सारे मनोभाव भक्तमनचोर भगवान् ने चुरा लिये थे। उन्होंने उन्हीं को सोचते हुए 'अभी समय है' ऐसा समझ कर अपने आँसू भरे नेत्र बन्द कर लिये।

इस प्रकार रुक्मिणीजी भगवान् श्रीकृष्ण के शुभागमन की प्रतीक्षा कर रही थीं। उसी समय उनकी बायीं जाँघ, भुजा और नेत्र फड़कने लगे। ये शकुन प्रियतम श्रीकृष्णजी के आगमन का शुभ संवाद सूचित कर रहे थे। इतने में ही भगवान् श्रीकृष्ण के भेजे हुए वे ब्राह्मण देवता आ गये और उन्होंने अन्तःपुर में रुक्मिणी को इस प्रकार देखा, मानो कोई ध्यानमग्न देवी हो। सती रुक्मिणीजी ने देखा कि ब्राह्मण देवता का मुख प्रफुल्लित है। उनके मन और चेहरे पर किसी प्रकार की घबराहट नहीं है। उन्हें देखकर वे लक्षणों से ही समझ गयीं कि भगवान् श्रीकृष्ण आ गये। फिर प्रसन्नता से खिलकर उन्होंने ब्राह्मण देवता से जिज्ञासा की। ब्राह्मण देव ने कहा, "भगवान् श्रीकृष्ण यहाँ पधार गये हैं।" इतना कहकर उनकी भूरि-भूरि प्रशंसा की, साथ ही यह भी बतलाया, "राजकुमारीजी, आपको ले जाने उन्होंने सत्य प्रतिज्ञा की है।" भगवान् के शुभागमन का समाचार सुनकर रुक्मिणीजी का हृदय आनन्दातिरेक से भर गया। उन्होंने इसके बदले में ब्राह्मण

के लिए भगवान् के अतिरिक्त और कुछ प्रिय न देखकर केवल नमस्कार कर लिया, अर्थात् जगत की समस्त लक्ष्मी ब्राह्मण देवता को सौंप दी।

राजा भीष्मक ने सुना कि भगवान् श्रीकृष्णजी मेरी कन्या का विवाह देखने के लिये उत्सुकतावश यहाँ पधारे हैं। फिर तुरही, भेरी आदि बाजे बजवाते हुए, पूजा की सामग्री लेकर राजा भीष्मक ने उनकी अगवानी की और मधुपर्क, निर्मल वस्त्र तथा उत्तमोत्तम भेंट देकर विधिपूर्वक उनकी पूजा की। भीष्मकजी बड़े विवेकी और दूरदर्शी थे। भगवान् के प्रति उनकी प्रगाढ़ भक्ति थी। उन्होंने भगवान् को सेना और साथियों सहित समस्त सामग्रियों से सम्पन्न निवास स्थान में ठहराया और उनका यथावत् सत्कार किया। विदर्भ देश के नागरिक भी श्रीकृष्णजी के आगमन का शुभ समाचार सुनकर उनके निवास स्थान पर आये और उनका दर्शन कर परम तृप्त और संतुष्ट हुए। वे आपस में इस प्रकार बातचीत करते थे, "रुक्मिणी इन्हीं की अर्द्धाङ्गिनी होने के योग्य हैं और ये परम पवित्रमूर्ति श्याम सुन्दरजी रुक्मिणी के ही योग्य पति हैं। दूसरी कोई इनकी पत्नी होने के योग्य नहीं है। यदि हमने पूर्वजन्म या इस जन्म में कुछ भी सत्कर्म किया हो, तो त्रिलोक-विधाता भगवान् हम पर प्रसन्न हों और ऐसी कृपा करें कि श्यामसुन्दर श्रीकृष्ण ही विदर्भ-राजकुमारी रुक्मिणी का पाणिग्रहण करें।"

अम्बिकाजी के पूजन के लिये रुक्मिणी का बाहर जाना

उसी समय रुक्मिणीजी अन्तःपुर से निकलकर देवीजी के मन्दिर के लिये चलीं। बहुत-से सैनिक उनकी रक्षा में तैनात थे। वे प्रेममूर्ति श्रीकृष्ण के चरण-कमलों का चिन्तन करती हुई भगवती भवानी के पादपल्लवों का दर्शन करने के लिये पैदल ही चलीं। वे स्वयं मौन थीं और माताएँ तथा सखी-सहेलियाँ सब ओर से उन्हें घेरे हुए थीं। शूरवीर राजसैनिक हाथों में अस्त्र-शस्त्र उठाये, कवच पहने उनकी रक्षा कर रहे थे। उस समय मृदंग, शंख, ढोल, तुरही और भेरी आदि बाजे बज रहे थे। बहुत-सी ब्राह्मण पत्नियाँ पुष्पमाला, चन्दन आदि सुगन्धित द्रव्य और वस्त्राभूषणों से सज-धज कर साथ-साथ चल रही थीं। विविध भाँति के उपहार और पूजन आदि की सामग्री लेकर सहस्त्रों श्रेष्ठ वाराङ्गनाएँ भी साथ में थीं। गवैये गाते जाते थे, बाजेवाले बाजे बजाते चलते थे और सूत, मागध तथा बन्दीजन दुलहिन के चारों ओर विरुद बखानते जा रहे थे।

देवीजी के मन्दिर में पहुँचकर रुक्मिणीजी ने अपने कमल के सदृश सुकोमल हाथ-पैर धोये, आचमन किया। इसके बाद बाहर-भीतर से शुद्ध एवं शान्त भाव से युक्त होकर अम्बिकादेवी के मन्दिर में प्रवेश किया। विधि-विधान जाननेवाली

बहुत-सी बड़ी-बूढ़ियाँ उनके साथ थीं। उन्होंने भगवान् शंकर की अर्द्धाङ्गिनी भवानी और भगवान् शंकरजी को प्रणाम करवाया। रुक्मिणीजी ने मन ही मन भगवती से प्रार्थना की, "अम्बिका माता, आपकी गोद में बैठे हुए आपके प्रिय पुत्र गणेशजी को तथा आपको मैं बार-बार नमस्कार करती हूँ। आप ऐसा आशीर्वाद दीजिए कि मेरी अभिलाषा पूर्ण हो! भगवान् श्रीकृष्ण ही मेरे पति हों।" इसके पश्चात् रुक्मिणीजी ने जल, गन्ध, अक्षत, धूप, वस्त्र, पुष्पमाला, हार, आभूषण, अनेक प्रकार के नैवेद्य, भेंट और आरती आदि सामग्रियों से अम्बिका देवी की पूजा की। तदनन्तर उक्त सामग्रियों से तथा नमक, पूआ, पान, कण्ठसूत्र, फल और ईख से सुहागिन ब्राह्मणियों की भी पूजा की। ब्राह्मणियों ने उन्हें प्रसाद देकर आशीर्वाद दिये और दुलहिन ने ब्राह्मणियों और माता अम्बिका को नमस्कार करके प्रसाद ग्रहण किया। पूजा-अर्चा की विधि समाप्त हो जाने पर उन्होंने मौनव्रत तोड़ दिया और रत्नजटित अँगूठी से जगमगाते हुए करकमल में एक सहेली का हाथ पकड़कर वे गिरिजामन्दिर से बाहर निकलीं।

रुक्मिणी किशोर और तरुण अवस्था की सन्धि में स्थित थीं। उनके अलौकिक सौन्दर्य को देखकर सबके सब राजा मोहित होकर किंकर्तव्यविमूढ़ होकर चित्रवत खड़े रह गये। रुक्मिणीजी भगवान् की साक्षात् माया थीं और बड़े-बड़े धीर-वीरों को मोहित कर लेने वाली थीं।

रुक्मिणी-हरण

रुक्मिणीजी अपने सुकुमार चरणकमलों से पैदल ही राजहंस की गति से चल रही थीं। उन्हें देखकर और उनकी लजीली चितवन पर अपना चित्त लुटाकर बड़े-बड़े नरपति एवं वीर इतने मोहित और बेहोश हो गये कि उनके हाथों से अस्त्र-शस्त्र छूटकर गिर पड़े और वे स्वयं भी रथ, हाथी तथा घोड़ों से धरती पर आ गिरे। इस प्रकार रुक्मिणीजी भगवान् श्रीकृष्ण के शुभागमन की प्रतीक्षा करती हुई अपने सुकुमार चरणों को बहुत ही धीरे-धीरे आगे बढ़ा रही थीं। उन्होंने अपने बायें हाथ की अँगुलियों से मुख की ओर लटकती हुई अलकें हटायीं और वहाँ आये हुए नरपतियों की ओर लजीली चितवन से देखा। उसी समय उन्हें श्यामसुन्दर भगवान् श्रीकृष्ण के दर्शन हुए।

राजकुमारी रुक्मिणीजी भगवान् श्रीकृष्ण के रथ पर चढ़ना ही चाहती थीं कि उन्होंने समस्त शत्रुओं के देखते-देखते उनकी भीड़ में से रुक्मिणीजी को उठा लिया और उन सैकड़ों राजाओं के सिर पर पाँव रखकर उन्हें अपने उस रथ पर बैठा लिया, जिसकी ध्वजा पर गरुड़ का चिह्न अंकित था। इसके बाद जैसे सिंह सियारों की बीच में से अपना भाग ले जाता है, वैसे ही रुक्मिणीजी को लेकर भगवान्

श्रीकृष्ण बलरामजी आदि यदुवंशियों के साथ वहाँ से चल पड़े । उस समय जरासंध के वशवर्ती अभिमानी राजाओं को अपना यह बड़ा भारी तिरस्कार और यश-कीर्ति का नाश सहन न हुआ । वे सब के सब चिढ़कर कहने लगे, "अहो, हमें धिक्कार है । आज हम लोग धनुष धारण करके खड़े ही रहे और ये ग्वाले हमारा यश छीन ले गये ।"

शिशुपाल के साथी राजाओं की हार

इस प्रकार कह-सुनकर सबके सब राजा क्रोध से आगबबूला हो उठे और कवच पहनकर अपने-अपने वाहनों पर सवार हो गये । अपनी-अपनी सेना के साथ सब अस्त्र-शस्त्र ले-लेकर भगवान् श्रीकृष्ण के पीछे दौड़ पड़े । जब यदुवंशियों में देखा कि शत्रुदल हम पर चढ़ा आ रहा है, तो उन्होंने भी अपने-अपने धनुष का टंकार किया और घूमकर उनके सामने डट गये । जरासंध की सेना के सभी सैनिक धनुर्विद्या के मर्मज्ञ थे । वे यदुवंशियों पर इस प्रकार बाणों की वर्षा करने लगे, मानों दल के दल बादल पहाड़ों पर मूसलाधार पानी बरसा रहे हों ।

परम सुन्दरी रुक्मिणीजी ने देखा कि उनके पति श्रीकृष्णजी की सेना बाण-वर्षा से ढँक गयी है । उन्होंने लज्जा के साथ भयभीत नेत्रों से भगवान् श्रीकृष्ण की ओर देखा । भगवान् ने हँसकर उन्हें सांत्वना दी, "सुन्दरी, डरो मत । तुम्हारी सेना अभी तुम्हारे शत्रुओं की सेना को नष्ट किये डालती है ।" इधर गद और संकर्षण आदि यदुवंशी वीर अपने शत्रुओं का पराक्रम और अधिक न सह सके । वे अपने बाणों से शत्रुओं के हाथी, घोड़ों तथा रथों को छिन्न-भिन्न करने लगे । उनके बाणों से विपक्षी वीरों के कुण्डल, किरीट और पगड़ियों से सुशोभित अगणित सिर, खड्ग, गदा और धनुषयुक्त हाथ, पहुँचे, जाँघें और पैर कट-कटकर पृथ्वी पर गिरने लगे । अंत में यदुवंशियों ने शत्रुओं की सेना तहस-नहस कर दी । जरासंध आदि सभी राजा युद्ध से पीठ दिखाकर भाग खड़े हुए ।

उधर शिशुपाल अपनी भावी पत्नी के छिन जाने के कारण मरणासन्न-सा हो रहा था । न तो उसके हृदय में उत्साह रह गया था और न शरीर में कान्ति । उसका मुँह सूख रहा था । उसके पास जाकर जरासन्ध ने आश्वासन दिया, "शिशुपाल जी, आप तो एक श्रेष्ठ पुरुष हैं । यह उदासी छोड़ दीजिये । राजन्, कोई भी बात सर्वदा अपने मन के अनुकूल नहीं होती । जैसे कठपुतली बाजीगर की इच्छा से नाचती है, वैसे ही यह जीव भी भगवदिच्छा के अधीन रहकर सुख और दुख के सम्बन्ध में यथाशक्ति चेष्टा करता रहता है । देखिये, कृष्ण ने मुझे सत्रह बार हरा दिया, मैंने केवल एक बार-अठाहरवीं बार उस पर विजय प्राप्त

की। इस बार हमारे शत्रुओं की ही जीत हुई, क्योंकि काल उन्हीं के अनुकूल था। जब काल हमारे दाहिने होगा, तब हम भी उन्हें जीत लेंगे।" जब जरासन्ध तथा अन्य मित्रों ने इस प्रकार समझाया, तो चेदिराज शिशुपाल अपने अनुयायियों के साथ अपनी राजधानी लौट गया। उसके मित्र राजा भी, जो बचे थे, अपने-अपने नगरों को चले गये।

रुक्मी की पराजय एवं मानमर्दन

रुक्मिणीजी का बड़ा भाई रुक्मी भगवान् श्रीकृष्ण से बहुत द्वेष रखता था। उसको यह बात बिल्कुल सहन न हुई कि उसकी बहिन को श्रीकृष्ण हर ले जायँ और राक्षसी-रीति से बलपूर्वक उससे विवाह करें। ऐसा सोचकर उसने विशाल सेना लेकर श्रीकृष्ण का पीछा किया। महाबाहु रुक्मी क्रोध के मारे जल रहा था। उसने कवच पहनकर और धनुष धारण करके समस्त नरपतियों के सामने यह प्रतिज्ञा की, "मैं आपलोगों के बीच में शपथ करता हूँ कि यदि युद्ध में श्रीकृष्ण को न मार सका और अपनी बहिन रुक्मिणी को न लौटा सका, तो अपनी राजधानी कुण्डिनपुर में प्रवेश नहीं करूँगा।" यह कह कर वह रथ पर सवार हो गया और सारथी से बोला, "जहाँ कृष्ण हो, वहाँ शीघ्र से शीघ्र मेरा रथ ले चलो। आज मेरा उसी से युद्ध होगा। आज मैं अपने तीखे बाणों से उस खोटी बुद्धिवाले चरवाहे के बल-वीर्य का घमंड चूर-चूर कर दूँगा। देखो तो उसका साहस, वह हमारी बहिन को बलपूर्वक हर ले गया है।" रुक्मी की बुद्धि विकृत हो गयी थी। वह भगवान् श्रीकृष्ण के अलौकिक तेज को नहीं जानता था। इसी से इस प्रकार बहक-बहककर बातें करता हुआ वह श्रीकृष्ण के पास पहुँचकर ललकारने लगा, "खड़ा रह, खड़ा रह।" उसने अपने धनुष को बलपूर्वक खींचकर भगवान् श्रीकृष्ण को तीन बाण मारे और कहा, "एक क्षण मेरे सामने ठहर! यदुवंशियों के कुलकलंक, जैसे कौआ होम की सामग्री चुराकर उड़ जाय, वैसे ही तू मेरी बहिन को चुराकर कहाँ भाग जा रहा है? अरे मन्द, तू बड़ा मायावी और कपट-युद्ध में कुशल है। आज मैं तेरा सारा गर्व खर्व किये डालता हूँ। देख, जब तक मेरे बाण तुझे धरती पर सुला नहीं देते, उसके पहले ही इस बच्ची को छोड़कर भाग जा।"

रुक्मी की बात सुनकर भगवान् श्रीकृष्ण मुसकराने लगे। उन्होंने उसका धनुष काट डाला और उस पर छः बाण छोड़े। साथ ही आठ बाण उसके चार घोड़ों पर और दो सारथी पर छोड़े। तीन बाणों से उसके रथ की ध्वजा को काट डाला। रुक्मी ने बार-बार अन्य धनुष उठाए, पर श्रीकृष्णजी ने उन सबको अपने बाणों द्वारा चूर-चूर कर दिया। उन्होंने रुक्मी के उठाये हुए प्रत्येक अस्त्र-शस्त्र को

नष्ट-भ्रष्ट कर दिया। अन्त में वह भगवान् को मारने के लिए उन पर तलवार लेकर झपटा, किन्तु उन्होंने अपने बाणों से उसे भी तिल-तिल करके काट दिया और उसको मार डालने के लिए हाथ में तीखी तलवार उठा ली। रुक्मिणीजी ने देखा कि ये तो हमारे भाई को अब मार ही डालना चाहते हैं, तो वे भय से विह्वल हो गयीं और अपने प्रियतम पति भगवान् श्रीकृष्ण के चरणों पर गिर कर बोलीं, "देवताओं के भी आराध्य देव, जगत्पते, आप योगेश्वर हैं। आपके स्वरूप और इच्छाओं को कोई जान नहीं सकता। आप अनन्त बलवान् हैं। परन्तु कल्याण स्वरूप भी तो हैं। प्रभो, मेरे भैया को मारना आपके योग्य काम नहीं है।" रुक्मिणीजी का एक-एक अंग भय के मारे काँप रहा था। शोक की प्रबलता से मुँह सूख गया था, गला रुंध गया था। आतुरतावश सोने का हार गले से गिर पड़ा था और इसी अवस्था में वे भगवान् के चरणकमल पकड़े हुए थीं। परम दयालु भगवान् उन्हें भयभीत देखकर करुणा से द्रवित हो गये और उन्होंने रुक्मी को मार डालने का विचार छोड़ दिया। फिर भी रुक्मी उनके अनिष्ट की चेष्टा से विमुख नहीं हुआ। तब भगवान् श्रीकृष्ण ने उसको उसी के दुपट्टे से बाँध दिया और उसकी दाढ़ी-मूँछें तथा केश कई जगह से मूँड़कर उसे कुरूप बना दिया। तब तक यदुवंशी वीरों ने शत्रु की महती सेना को तहस-नहस कर डाला। फिर वे लोग जब उधर से लौटकर आये तो देखा कि रुक्मी दुपट्टे से बँधा हुआ अधमरी अवस्था में पड़ा है। उसे देखकर बलरामजी को बड़ी दया आयी और उन्होंने उसके बन्धन को खोल कर उसे छोड़ दिया तथा श्रीकृष्ण से कहा, "कृष्ण, तुमने यह अच्छा नहीं किया। यह निन्दित कार्य हमलोगों के योग्य नहीं है। अपने संबंधी की दाढ़ी-मूंछ मूँड़कर उसे कुरूप कर देना, यह तो एक प्रकार से वध ही है।" इसके बाद बलरामजी ने रुक्मिणी को संबोधन करके कहा, "साध्वी, तुम्हारे भाई का रूप विकृत कर दिया गया है, यह सोचकर हम लोगों से बुरा न मानना; क्योंकि जीव को सुख-दुःख देनेवाला कोई दूसरा नहीं है। उसे तो अपने ही कर्म का फल भोगना पड़ता है। इसलिए साध्वी, अज्ञान के कारण इस मोह और शोक को छोड़ दो। यह शोक अंतःकरण को मुरझा देता है। मोहित कर देता है। इसलिए इसे छोड़कर तुम अपने स्वरूप में स्थित हो जाओ।"

बलरामजी के समझाने पर रुक्मिणीजी के मन का मलाल दूर हो गया। रुक्मी की सेना और उसके तेज और घमंड का नाश हो चुका था। केवल प्राण बचे थे। उसके चित्त की सारी आशाएँ और अभिलाषाएँ व्यर्थ हो चुकी थीं। उसे अपने विरूप किये जाने की कष्टदायक स्मृति भूल नहीं पाती थी। अतः उसने अपने रहने के लिए 'भोजकट' नाम की एक बहुत बड़ी नगरी बसायी। उसने पहले ही यह

प्रतिज्ञा कर ली थी कि "दुर्बुद्धि कृष्ण को मारे बिना और अपनी छोटी बहिन को लौटाये बिना मैं कुण्डिनपुर में प्रवेश नहीं करूँगा।" इसलिए क्रोध करके वह वहीं रहने लगा।

रुक्मिणी का विवाह

भगवान् श्रीकृष्ण ने इस प्रकार सब राजाओं को जीत लिया और विदर्भ राजकुमारी रुक्मिणीजी को द्वारका में लाकर उनका विधिपूर्वक पाणिग्रहण किया। उस समय द्वारकापुरी में घर-घर बड़ा भारी उत्सव मनाया जाने लगा। क्यों न हो, वहाँ के सभी लोगों का यदुपति श्रीकृष्ण के प्रति अनन्य प्रेम जो था। उन्होंने आनन्द से भरकर चित्र-विचित्र वस्त्र और बहुमूल्य आभूषण पहने तथा दूल्हा और दुलहिन को अनेक भेंट की सामग्रियाँ उपहार में दीं। सभी मित्र नरपति आमंत्रित किये गये थे। उस उत्सव में कुतूहलवश इधर-उधर दौड़-धूप करते हुए बन्धुवर्गों में कुरु, सृञ्जय, कैकेय, विदर्भ, यदु और कुन्ति आदि वंशों के लोग परस्पर आनन्द मना रहे थे। जहाँ-तहाँ रुक्मिणी-हरण की गाथा गायी जाने लगी। उसे सुनकर राजा और राजकन्याएँ अत्यंत विस्मित हो गयीं। भगवती लक्ष्मीजी को रुक्मिणी के रूप में साक्षात् लक्ष्मीपति भगवान् श्रीकृष्ण के साथ देखकर द्वारकावासी नरनारियों को परम आनन्द हुआ।

□□

अध्याय—१२

भगवान् के अन्यान्य विवाह

जाम्बवती का विवाह

सत्राजित् भगवान् सूर्य का बहुत बड़ा भक्त था। उन्होंने उसकी भक्ति से प्रसन्न होकर बड़े प्रेम से उसे स्यमन्तक मणि दी थी। उस मणि को धारण कर सत्राजित् सूर्य के समान तेजस्वी हो जाता था। उस मणि में अद्भुत शक्ति थी। वह प्रतिदिन आठ भार सोना देती थी। जहाँ वह पूजित होकर रहती थी, वहाँ दुर्भिक्ष, महामारी, ग्रहपीड़ा, सर्पभय, मानसिक और शारीरिक व्यथा तथा मायावियों का उपद्रव आदि कोई भी अशुभ नहीं होता था। एक बार श्रीकृष्णजी ने कहा, "सत्राजित, तुम अपनी मणि राजा उग्रसेन को दे दो।" परन्तु सत्राजित् ने अर्थलोलुपतावश भगवान् के प्रस्ताव को अस्वीकार कर दिया।

एक दिन सत्राजित् का भाई प्रसेन उस मणि को धारण कर जंगल में शिकार खेलने गया। एक बलशाली सिंह ने प्रसेन को मार डाला और उसकी मणि छीन ली। सिंह अपनी गुफा में घुस ही रहा था कि मणि के लिए ॠक्षराज जाम्बवान् ने उसे मार डाला। उन्होंने स्यमन्तक मणि अपनी गुफा में ले जाकर बच्चों को खेलने को दे दी। अपने भाई प्रसेन के न लौटने पर सत्राजित् को बहुत दुःख हुआ। वह लोगों से कहने लगा, "बहुत संभव है श्रीकृष्ण ने ही मेरे भाई को मार डाला हो, क्योंकि वह मणि गले में डालकर वन में गया था।" सत्राजित् की यह बात सुनकर लोग आपस में कानाफूसी करने लगे।

जब भगवान् श्रीकृष्ण को ज्ञात हुआ कि यह कलंक का टीका उनके ही सिर पर लगाया गया है, तो वे इसके परिहार के लिए अपने को निर्दोष सिद्ध करने के लिए नगर के कुछ सम्भ्रांत व्यक्तियों को लेकर प्रसेन को ढूँढ़ने के लिए वन में गये। वहाँ खोजते-खोजते लोगों ने देखा कि घोर जंगल में सिंह ने प्रसेन और उसके घोड़े को मार डाला है। जब वे लोग सिंह के पैरों का चिह्न देखते हुए आगे बढ़े, तो उन लोगों ने यह भी देखा कि पर्वत पर एक रीछ ने सिंह को भी मार डाला है।

भगवान् श्रीकृष्ण ने सब लोगों को बाहर ही बिठा दिया और अकेले ही ॠक्षराज की अँधेरी गुफा में प्रवेश किया। उन्होंने देखा कि स्यमन्तक मणि को बच्चों का खिलौना बना दिया गया है। भगवान् ने उस मणि को बच्चों से लेना चाहा, पर शोरगुल मचने पर जाम्बवान् कुपित होकर वहाँ पहुँच गये। तदनन्तर श्रीकृष्ण

और ऋक्षराज जाम्बवान् में उस मणि की प्राप्ति के लिए तुमुल युद्ध प्रारंभ हो गया। अट्ठाईस दिनों तक बिना विश्राम किये रात-दिन यह युद्ध चलता रहा। अन्त में भगवान् के घूँसों की चोट से जाम्बवान् के शरीर की एक-एक गाँठ टूट-फूट गयी। उत्साह जाता रहा। शरीर पसीने से लथपथ हो गया। तब उन्होंने अत्यंत विस्मित, चकित और श्रद्धायुक्त होकर भगवान् श्रीकृष्ण से कहा, "प्रभो, मैं आपको जान गया। आप ही समस्त प्राणियों के स्वामी, रक्षक, पुराणपुरुष भगवान् विष्णु हैं। आप ही सब के प्राण, इन्द्रियबल, मनोबल और शरीरबल हैं। काल के जितने भी अवयव हैं, उनके नियामक परम काल आप ही हैं। प्रभो, मुझे भली-भाँति स्मरण है, जब आपने अपने नेत्रों में तनिक-सा क्रोधभाव लेकर तिरछी दृष्टि से समुद्र की ओर देखा था तब समुद्र के अन्दर रहनेवाले मगरमच्छ और घड़ियाल आदि क्षुब्ध हो गये थे और समुद्र ने आपको मार्ग दे दिया था; उस समय आपने उस पर सेतु बाँधकर सुन्दर यश की स्थापना की तथा लंका का विध्वंस किया था। अवश्य ही आप मेरे वही 'रामजी' श्रीकृष्ण के रूप में आये हैं।"

जब ऋक्षराज जाम्बवान् ने भगवान् को पहचान लिया, तो कमलनयन श्रीकृष्ण ने अपने परम कल्याणकारी शीतल करकमलों को उनके शरीर पर फेर दिया। उनके स्पर्श मात्र से जाम्बवान् का शरीर पूर्ववत् हो गया और उसकी सारी पीड़ा दूर हो गयी। इसके बाद उन्होंने जाम्बवान् से कहा, "ऋक्षराज, मैं इसी मणि के लिए तुम्हारी इस गुफा में आया हूँ। इस मणि के द्वारा मैं अपने पर लगे हुए कलंक को मिटाना चाहता हूँ।"

उनके ऐसा कहने पर जाम्बवान् ने बड़े आनन्द से उनकी पूजा करने के लिए अपनी कुमारी कन्या जाम्बवती को मणि के साथ उनके चरणों में समर्पित कर दिया। भगवान् श्रीकृष्ण जिन लोगों को गुफा के बाहर छोड़ गये थे, उन्होंने बारह दिनों तक उनकी प्रतीक्षा की। जब उन्होंने देखा कि अब तक वे गुफा से बाहर नहीं निकले, तो वे अत्यन्त दुखी होकर द्वारका लौट गये। परिवार के सभी जन इस समाचार से अत्यधिक शोकग्रस्त हो गये। द्वारकापुरी के सभी व्यक्ति सत्राजित् को कोसने लगे। वे सभी भगवान् श्रीकृष्ण की प्राप्ति के लिए महामाया दुर्गादेवी की शरण में गये, उनकी उपासना करने लगे। उनकी उपासना से दुर्गादेवी प्रसन्न हुईं और उन्होंने आशीर्वाद दिया। उसी समय उनके बीच में स्यमंतक मणि और नववधू जाम्बवती के साथ सफल-मनोरथ होकर श्रीकृष्ण सबको प्रसन्न करते हुए प्रकट हो गये। सभी द्वारकावासी भगवान् श्रीकृष्ण को पत्नी के साथ और गले में मणि धारण किये हुए देखकर परमानन्द में निमग्न हो गये।

सत्यभामा का विवाह

तदनन्तर भगवान् श्रीकृष्ण ने सत्राजित् को राजसभा में महाराज उग्रसेन के पास बुलवाया और जिस प्रकार मणि प्राप्त हुई थी, वह सब गाथा सुनाकर उन्होंने वह मणि सत्राजित् को सौंप दी। सत्राजित् वास्तविकता जानकर अत्यंत लज्जित हुआ। मणि तो उसने ले ली, पर उसका मुँह ग्लानि के कारण नीचे की ओर लटक गया। अपने अपराध पर उसे बहुत पश्चात्ताप हो रहा था। किसी प्रकार वह अपने घर पहुँचा। उसके मन की आँखों के सामने निरन्तर अपना अपराध नाचता रहता। अब तो वह यही सोचता रहता कि "मैं अपने अपराध का मार्जन कैसे करूँ? मुझ पर भगवान् श्रीकृष्ण कैसे प्रसन्न हों? मैं ऐसा कौन-सा काम करूँ जिससे मेरा कल्याण हो और लोग मुझे कोसें नहीं? सचमुच, मैं अदूरदर्शी और क्षुद्र हूँ। धन के लोभ में मैं बड़ी मूढ़ता का काम कर बैठा। अब मैं रमणियों में रत्न के समान अपनी कन्या सत्यभामा और वह स्यमंतक मणि दोनों ही श्रीकृष्णजी को दे दूँ। अपराध के मार्जन की यही युक्ति सर्वोत्तम है। इसके अतिरिक्त और कोई उपाय मेरी समझ में नहीं आ रहा है।"

सत्राजित् ने अपनी विवेक-बुद्धि से ऐसा निश्चय करके स्वयं ही इसके लिए उद्योग किया और अपनी कन्या सत्यभामा तथा स्यमंतक मणि दोनों ही ले जाकर श्रीकृष्ण को अर्पण कर दीं। सत्यभामा शील-स्वभाव, सौन्दर्य, उदारता आदि सद्-गुणों से सम्पन्न थीं। बहुत-से लोग चाहते थे कि सत्यभामा हमें मिलें और उन लोगों ने उन्हें माँगा भी था। परन्तु अब भगवान् श्रीकृष्ण ने विधिपूर्वक उनका पाणिग्रहण किया। उन्होंने सत्राजित् से कहा, "हम स्यमंतक मणि न लेंगे। आप सूर्य भगवान् के भक्त हैं, इसलिए यह आपके ही पास रहे। हम तो केवल उसके फल, अर्थात् उसके निकले हुए सोने के अधिकारी हैं। वही आप हमें दे दिया करें।"

कालिन्दी का विवाह

एक बार कुन्ती और पाण्डवों को सान्त्वना देने के लिए श्रीकृष्णजी इन्द्रप्रस्थ पधारे। युधिष्ठिर आदि ने उनका अत्यधिक सत्कार किया। इसी सिलसिले वे कई मास तक वहाँ रह गये। वीरशिरोमणि गाण्डीवधारी अर्जुन के साथ श्रीकृष्णजी गहन वन में शिकार खेलने गये। अर्जुन शिकार खेलते-खेलते थक गये। प्यास लग गयी। अतः जल पीने के लिए यमुना-तट पर गये। श्रीकृष्णजी और अर्जुन दोनों महारथियों ने यमुनाजी में हाथ-पैर धोकर उनका निर्मल जल पिया और देखा कि एक परम सुन्दरी कन्या वहाँ तपस्या कर रही है। उस श्रेष्ठ सुन्दरी के दांत, आँख,

मुख सभी अंग अत्यंत मनोरम थे। अपने अनन्य सखा श्रीकृष्णजी के भेजने पर अर्जुन ने उसके पास जाकर पूछा, "सुन्दरी, तुम कौन हो ? किसकी पुत्री हो ? कहाँ से आयी हो ? और क्या करना चाहती हो ? हे कल्याणी, तुम अपनी सभी बातें हमें बतलाओ।"

उस रमणी ने उत्तर दिया, "मैं भगवान् सूर्यदेव की पुत्री हूँ। मैं सर्वश्रेष्ठ वरदानी भगवान् विष्णु को पति के रूप में प्राप्त करना चाहती हूँ और इसीलिए यह कठोर तपस्या कर रही हूँ। वीर अर्जुन, मैं लक्ष्मी के परम आश्रय भगवान् विष्णु को छोड़कर और किसी को अपना पति नहीं बना सकती। अनाथों के एकमात्र सहारे, प्रेम वितरण करनेवाले भगवान् श्रीकृष्ण मुझ पर प्रसन्न हों। मेरा नाम कालिन्दी है। मेरे पिता सूर्य भगवान् ने यमुनाजल में मेरे लिए एक भवन भी बनवा दिया है। उसी में मैं रहती हूँ। जब तक भगवान् श्रीकृष्ण का दर्शन न होगा, मैं यहीं रहूँगी।" कालिन्दी की बात सुनकर अर्जुन ने जाकर भगवान् से सारा वृतान्त बतलाया। वे तो पहले से ही यह सब कुछ जानते थे। अब उन्होंने कालिन्दी को अपने रथ पर बैठा लिया और धर्मराज युधिष्ठिर के पास ले आये।

तदनन्तर पाण्डवों की प्रार्थना पर भगवान् श्रीकृष्ण ने उसके रहने के लिए एक अत्यंत अद्भुत और विचित्र नगर विश्वकर्मा के द्वारा बनवा दिया। इस बार भगवान् पाण्डवों को आनन्द देने और उनका हित करने के लिए वहाँ बहुत दिनों तक रहे। इसी बीच अग्निदेव को खाण्डववन दिलाने के लिए वे अर्जुन के सारथी भी बने। खाण्डव वन का भोजन मिल जाने से अग्निदेव बहुत प्रसन्न हुए। इस प्रसन्नता के उपलक्ष में उन्होंने अर्जुन को गाण्डीव धनुष, चार श्वेत घोड़े, एक रथ, दो अक्षय बाणों वाले तरकस और एक ऐसा कवच दिया, जिसे कोई अस्त्रधारी भेद न सके। खाण्डव वन के दहन करते समय अर्जुन ने मय दानव को जलने से बचा लिया था। इसलिए उसने अर्जुन से मित्रता करके उनके लिए एक परम अद्भुत सभा बना दी। उसी सभा में दुर्योधन को जल में स्थल और स्थल में जल का भ्रम हो गया था।

कुछ दिनों के पश्चात् भगवान् श्रीकृष्ण अर्जुन की अनुमति एवं अन्य संबंधियों का अनुमोदन प्राप्त करके सात्यकि आदि के साथ द्वारका लौट आये। वहाँ आकर उन्होंने विवाह के योग्य ऋतु और ज्योतिष शास्त्र के अनुसार परम पवित्र लग्न में कालिन्दी का पाणिग्रहण किया। इससे उनके स्वजन संबंधियों को परम मंगल और परमानंद की प्राप्ति हुई।

मित्रविन्दा का पाणिग्रहण

अवन्ती (उज्जैन) देश के राजा विन्द और अनुविन्द थे। वे दोनों दुर्योधन के

वशवर्ती एवं अनुयायी थे। उनकी बहिन मित्रविन्दा ने स्वयंवर में श्रीकृष्णजी को ही अपना पति बनाना चाहा। परन्तु विन्द और अनुविन्द ने अपनी बहिन को रोक दिया। भगवान् श्रीकृष्ण राजाओं की भरी सभा से उसे बलपूर्वक हर ले गये और सब के सब अपना-सा मुँह लिए देखते ही रह गये। उन्होंने यथोचित समय पर मित्रविन्दा से विवाह किया।

सत्या से विवाह

कोसलदेश के राजा थे नग्नजित्। वे अत्यंत धार्मिक तथा भगवान् के भक्त थे। उनकी परम सुन्दरी और गुणवती कन्या का नाम था सत्या। नग्नजित् की पुत्री होने के कारण वह नाग्नजिती भी कहलाती थी। राजा की प्रतिज्ञा के अनुसार सात दुर्दान्त बैलों पर विजय प्राप्त न कर सकने के कारण कोई राजा उस कन्या से विवाह न कर सका था। उन बैलों के सींग बड़े तीखे थे और वे किसी वीर पुरुष की गन्ध भी नहीं सह सकते थे। यदुवंशशिरोमणि भगवान् श्रीकृष्ण ने भी यह समाचार सुना कि जो पुरुष उन बैलों को जीत लेगा, उसे ही सत्या प्राप्त होगी। तो वे बहुत बड़ी सेना लेकर कोसलपुरी (अयोध्या) पहुँचे। कोसलनरेश महाराज नग्नजित् ने अत्यधिक प्रसन्नता से उनकी अगवानी की और आसन आदि देकर विधिवत् उनकी पूजा-अर्चना की और बहुत सत्कार किया। भगवान् श्रीकृष्णजी ने भी उनका अभिनंदन किया। राजा नग्नजित् की कन्या सत्या ने देखा कि मेरे चिर-अभिलषित रमारमण श्रीकृष्ण यहाँ पधारे हैं, तो उसने मन ही मन यह अभिलाषा की, "यदि मैंने व्रत-नियम आदि का पालन करके इन्हीं का चिन्तन किया है, तो ये ही मेरे पति हों और मेरी विशुद्ध अभिलाषा को पूर्ण करें।"

राजा नग्नजित् ने भगवान् श्रीकृष्ण की विधिपूर्वक पूजा-अर्चा करके यह प्रार्थना की, "जगत् के एकमात्र स्वामी नारायण, आप अपने स्वरूपभूत आनन्द से ही परिपूर्ण हैं और मैं हूँ एक तुच्छ मनुष्य! मैं आपकी क्या सेवा करूँ?" भगवान् श्रीकृष्ण ने कहा, "राजन्, जो क्षत्रिय अपने धर्म में स्थित है, उसका कुछ भी माँगना उचित नहीं। फिर भी मैं आपसे प्रेम का संबंध स्थापित करने के लिये आपकी कन्या चाहता हूँ। हमारे यहाँ इसके बदले में कुछ शुल्क देने की प्रथा नहीं है।"

श्रीकृष्ण की बात सुनकर राजा नग्नजित् ने उनसे इस प्रकार कहा, "प्रभो, आप समस्त गुणों के धाम हैं, एकमात्र आश्रय हैं। आपके वक्षःस्थल पर भगवती लक्ष्मी सदैव निवास करती हैं। आपसे बढ़कर कन्या के लिये अभीष्ट वर भला और कौन हो सकता है? परन्तु यदुवंशशिरोमणे, हमने पहले ही इस विषय में

एक प्रण कर लिया है। कन्या के लिये कौन-सा वर उपयुक्त है, उसका बल-पौरुष कैसा है—इत्यादि बात जानने के लिये ही ऐसी प्रतिज्ञा की गयी है। वीरश्रेष्ठ श्रीकृष्ण, हमारे ये सातों बैल किसी के वश में न आनेवाले और बिना सधाये हुए हैं! इन बैलों ने बहुत-से राजकुमारों के अंगों को खंडित करके उनका उत्साह भंग कर दिया है। श्रीकृष्ण, यदि इन्हें आप ही नाथ लें, अपने वश में कर लें, तो आप ही हमारी कन्या के लिये अभीष्ट वर होंगे।''

योगेश्वर, सर्वशक्तिमान् श्रीकृष्ण ने राजा नग्नजित् का ऐसा प्रण सुनकर कमर की फेंट कस ली और अपने सात रूप बनाकर खेल ही खेल में उन बैलों को नाथ लिया। इससे बैलों का घमंड चूर हो गया और उनका बल-पौरुष भी जाता रहा। अब भगवान् उन्हें रस्सी से बाँधकर इस प्रकार खींचने लगे, जैसे खेलते समय छोटा-सा बालक काठ के छोटे बैलों को घसीटता है, राजा नग्नजित् को अत्यधिक विस्मय हुआ। उन्होंने प्रसन्न होकर भगवान् श्रीकृष्ण को अपनी कन्या का दान कर दिया और सर्वशक्तिमान् भगवान् श्रीकृष्ण ने भी अपने अनुरूप पत्नी सत्या का विधिपूर्वक पाणिग्रहण किया। रानियों ने देखा कि हमारी कन्या को उसके अत्यंत प्यारे भगवान् श्रीकृष्ण ही पति के रूप में प्राप्त हो गये हैं, तो उन्हें अपार आनन्द हुआ। कोसलपुरी में चारों ओर भारी उत्सव मनाया गया। तत्पश्चात् बहुत-सा दहेज देकर कन्या और दामाद को रथ पर बैठाकर एक बड़ी भारी सेना के साथ विदा किया गया।

यदुवंशियों ने और राजा नग्नजित् के बैलों ने पहले बहुत-से राजाओं का बल-पौरुष धूल में मिला दिया था। जब उन राजाओं ने यह समाचार सुना, तो उनसे भगवान् श्रीकृष्ण की यह विजय सहन न हुई। उन लोगों ने सत्या के साथ भगवान् श्रीकृष्ण को घेर लिया और उन पर बाणों की वर्षा करने लगे। उस समय गाण्डीवधारी अर्जुन ने अपने अनन्य सखा श्रीकृष्णजी का प्रिय करने के लिए गाण्डीव धनुष धारण करके, उन राजाओं को मारपीट कर वैसे ही खदेड़ दिया, जैसे सिंह छोटे-मोटे पशुओं को खदेड़ दे। इसके बाद उन्होंने सत्या के साथ द्वारका में पदार्पण किया।

भद्रा और लक्ष्मणा

केकय देश की राजकुमारी का नाम था भद्रा। उसके भाई सन्तर्दन आदि ने उसे स्वयं ही भगवान् श्रीकृष्ण को दे दिया और उन्होंने उसका पाणिग्रहण किया।

इसी प्रकार मध्यप्रदेश के राजा की एक कन्या थी लक्ष्मणा। वह अत्यंत

सुलक्षणा थी। भगवान् श्रीकृष्ण ने स्वयंवर में अकेले ही उसे हर लिया और उसके साथ विवाह किया।

सोलह हजार एक सौ राजकन्याओं के साथ भगवान् का विवाह

भौमासुर ने वरुण का छत्र, माता अदिति के कुण्डल और मेरु पर्वत पर स्थित देवताओं का मणिपर्वत नामक स्थान छीन कर अपने अधिकार में कर लिया था। इस पर देवराज इन्द्र द्वारका में आये और उसकी एक-एक करतूत उन्होंने भगवान् श्रीकृष्ण को सुनायी।

भगवान् श्रीकृष्ण अपनी प्रिय पत्नी सत्यभाभा के साथ गरुड़ पर सवार हुए और भौमासुर की राजधानी प्राग्ज्योतिषपुर की ओर रवाना हुए। प्राग्ज्योतिषपुर में प्रवेश करना बहुत कठिन था। पहले तो उसके चारों ओर पहाड़ों की किलेबन्दी थी। उसके बाद शस्त्रों का घेरा लगा हुआ था। फिर जल से भरी खाईं थी और उसके भीतर वायु (गैस) बंद करके रखा गया था। इससे भी भीतर मुर दैत्य ने नगर के चारों ओर अपने दस हजार फंदे (जाल) बिछा रक्खे थे। भगवान् श्रीकृष्ण ने अपनी गदा की चोट से पहाड़ों को तोड़-फोड़ डाला और शस्त्रों की मोर्चेबन्दी को बाणों से छिन्न-भिन्न कर दिया। चक्र के द्वारा अग्नि, जल और वायु की चहारदीवारियों को तहस-नहस कर दिया और मुर दैत्य के फंदों को तलवार से काट-कूट कर अलग कर दिया। बड़े-बड़े यंत्रों तथा वीर पुरुषों के हृदय को उन्होंने अपने शंखनाद से विदीर्ण कर दिया और नगर के परकोटों को अपनी भारी गदा से ध्वस्त कर डाला।

भगवान् के पांचजन्य शंख की ध्वनि प्रलयकालीन बिजली की कड़क के समान महाभयंकर थी। उसे सुनकर मुर दैत्य की नींद टूटी और वह बाहर निकल आया। उसके पाँच सिर थे। वह दैत्य प्रलयकालीन सूर्य और अग्नि के समान तेजस्वी था। वह इतना भयंकर था कि उसकी ओर आँख उठाकर देखना भी आसान नहीं था। उसने अति भयंकर युद्ध किया। उसके वरदानी त्रिशूल, गदा आदि को श्रीकृष्णजी ने नष्ट-भ्रष्ट करके अपने चक्र सुदर्शन से उसके पाँचों सिर उतार लिये। तत्पश्चात् मुर के सात पुत्र ताम्र, अन्तरिक्ष, श्रवण, विभावसु, वसु, नभस्यान, और अरुण, पीठ नामक असुर को अपना सेनापति बनाकर भौमासुर के आदेश से श्रीकृष्ण पर चढ़ आये। भगवान् ने उन असुरों का तत्काल संहार कर दिया। तदनन्तर अपने परम शक्तिशाली सैनिकों के दलबल के साथ भौमासुर (नरकासुर) स्वयं श्रीकृष्णजी से लड़ने आया। उसकी समस्त सेना का संहार करके उन्होंने भौमासुर को भी काल के हवाले कर दिया।

भौमासुर को पृथ्वी पर गिरा देखकर, उसके सगे-संबंधी 'हाय हाय' करने लगे और देवगण श्रीकृष्ण पर पुष्पवर्षा करके उनकी स्तुति करने लगे।

इसके बाद पृथ्वीदेवी सर्वशक्तिमान् भगवान् श्रीकृष्ण की स्तुति करने लगीं, "शंख-चक्र-गदाधारी देव-देवेश्वर, मैं आपको नमस्कार करती हूँ। आप समग्र ऐश्वर्य, धर्म, यश, सम्पत्ति, ज्ञान और वैराग्य के आश्रय हैं। आप सर्वव्यापक होने पर भी स्वयं वसुदेवनंदन के रूप में प्रकट हैं। आप ही अनन्त शक्तियों के आश्रय, ब्रह्म हैं। शरणागत-भय-भंजन प्रभो, मैं आपकी शरण में हूँ। मेरे पुत्र भौमासुर का यह पुत्र भगदत्त अत्यंत भयभीत हो रहा है। प्रभो, आप इसके सिर पर अपना हाथ रखकर इसे अभयदान दीजिये और इसकी रक्षा कीजिये।" भगवान् ने भगदत्त को अभयदान दे दिया।

तदनन्तर उन्होंने भौमासुर के महल में प्रवेश किया। वह समस्त संपत्तियों से सम्पन्न था। वहाँ जाकर भगवान् ने देखा कि भौमासुर ने बलपूर्वक राजाओं से सोलह हजार एक सौ राजकुमारियाँ छीनकर अपने यहाँ रख छोड़ी थीं। जब उन राजकुमारियों ने अन्तःपुर में पधारे हुए पुरुषोत्तम भगवान् श्रीकृष्ण को देखा, तब वे उन पर मोहित हो गयीं और उन्होंने मन ही मन भगवान् को प्रियतम पति के रूप में वरण कर लिया। सर्वान्तर्यामी भगवान् श्रीकृष्ण ने उनके आन्तरिक प्रेम को जानकर उन सबका वरण कर लिया। उन्होंने उन राजकुमारियों को सुन्दर-सुन्दर निर्मल वस्त्राभूषण पहनाकर पालकियों से द्वारका भेज दिया। उनके साथ ही बहुत सा खजाना, रथ, घोड़े तथा अन्य संपत्ति भी भेजी। इसके पश्चात् भगवान् श्रीकृष्ण अमरावती में स्थित देवराज इन्द्र के महलों में गये। इन्द्राणी के साथ इन्द्र ने सत्यभामा के सहित श्रीकृष्ण की पूजा-अर्चना की। उन्होंने अदिति के कुंडल इन्द्र को सौंप दिये। वहाँ से लौटते समय सत्यभामाजी की प्रेरणा से भगवान् श्रीकृष्ण ने कल्पवृक्ष उखाड़ कर गरुड़ पर रख दिया और देवराज इन्द्र तथा समस्त देवताओं को जीतकर उसे द्वारका में ले आये।

तदनन्तर भगवान् श्रीकृष्ण ने एक ही मुहूर्त में अलग-अलग भवनों में अलग-अलग रूप धारण करके एक ही साथ सब राजकुमारियों का शास्त्रोक्त विधि से पाणिग्रहण किया। सर्वशक्तिमान् अविनाशी परमात्मा के लिये इसमें आश्चर्य की कौन-सी बात है? भगवान् की पत्नियों के अलग-अलग महलों में ऐसी दिव्य सामग्रियाँ भरी हुई थीं, जिनके बराबर जगत् में कहीं भी और कोई भी सामग्री नहीं है। उन महलों में रहकर मतिगति से परे की लीला करने वाले अविनाशी भगवान् श्रीकृष्ण अपने आत्मानन्द में मग्न रहते हुए लक्ष्मीजी की अंशस्वरूपा उन पत्नियों के साथ ठीक वैसे ही आचरण और व्यवहार करते थे, जैसे कोई साधारण

मनुष्य घर-गृहस्थी में रहकर गृहस्थ-धर्म के अनुसार आचरण करता हो। उनकी सारी पत्नियाँ भी भगवद्-बुद्धि से परमात्मा श्रीकृष्ण की सेवा-अर्चना करके सदैव संतुष्ट और आनन्दित रहती थीं।

भगवान् श्रीकृष्ण की प्रत्येक पत्नी को दस-दस पुत्र थे। उन रानियों में आठ पटरानियाँ थीं—रुक्मिणी, सत्यभामा, जाम्बवती, सत्या, कालिन्दी, लक्ष्मणा, मित्रविन्दा और भद्रा। इन पटरानियों के अतिरिक्त भगवान् की रोहिणी आदि सोलह हजार एक सौ और पत्नियाँ थीं।

नारदजी भगवान् श्रीकृष्ण के अनन्य भक्त थे। एक बार उनके मन में कुतूहल जागा कि भगवान् ने एक साथ ही उसी मुहूर्त में अलग-अलग महल में अलग-अलग रानियों से किस प्रकार विवाह किया। इसकी निवृत्ति के लिये वे द्वारका पहुँचे। नारदजी ने कहाँ पहुँच कर देखा कि भगवान् श्रीकृष्ण गृहस्थों को पवित्र करने वाले श्रेष्ठ धर्मों का आचरण कर रहे हैं। यद्यपि वे एक ही हैं, फिर भी देवर्षि नारदजी ने उनको उनकी प्रत्येक पत्नी के महल में अलग-अलग देखा। सभी स्थानों पर उन्होंने नारदजी का स्वागत-सत्कार किया। भगवान् श्रीकृष्ण की शक्ति अनन्त है। उनकी योगमाया का परम ऐश्वर्य बार-बार देखकर देवर्षि नारद के विस्मय और आश्चर्य की सीमा न रही। उन्होंने भगवान् की श्रद्धापूर्वक स्तुति की तथा अत्यन्त प्रसन्न होकर भगवान् का स्मरण करते हुए वहाँ से चले गये। इस प्रकार भगवान् नारायण सारे जगत् के कल्याण के लिये अपनी अचिन्त्य महाशक्ति योगमाया को स्वीकार करते हैं और मनुष्यों की-सी लीला करते हैं।

□□

अध्याय—१३

श्रीकृष्ण के कुछ और अलौकिक कार्य

बाणासुर से युद्ध

बाणासुर की पुत्री का नाम था ऊषा। वह परम सुन्दरी थी। उसने स्वप्न में श्रीकृष्ण के पौत्र—प्रद्युम्न के पुत्र अनिरुद्ध का दर्शन किया। इससे उसे बहुत आनन्द प्राप्त हुआ। जागने पर वह व्यग्र होकर विरह की ज्वाला में तड़पने लगी। उसकी अंतरंग सखी चित्रलेखा ने ऊषा की मनोदशा भली-भाँति जान ली। ऊषा ने चित्रलेखा से सारी बातें ज्यों की त्यों बता दीं। चित्रलेखा योगिनी थी। वह जान गयी कि अनिरुद्ध भगवान् श्रीकृष्ण के पौत्र हैं। चित्रलेखा योगसिद्धि के प्रभाव से अनिरुद्ध को उठाकर द्वारका से शोणितपुर ले आयी। शोणितपुर बाणासुर की राजधानी थी। अनिरुद्ध को पाकर ऊषा अत्यधिक आनन्दित हुई और गुप्त रीति से उनके साथ अन्तःपुर में रहने लगी।

बाणासुर भगवान् शंकर का परम भक्त था। वह दैत्यराज बलि का पुत्र था। उसके एक हजार भुजाएँ थीं। उसे अपने बल-पौरुष का भयंकर अभिमान था। भगवान् शंकर ने एक बार बाणासुर से वर माँगने को कहा, तो बाणासुर ने यही वर माँगा था, "भगवन्, आप मेरे नगर की रक्षा करते हुए यहीं रहा करें।" शंकर जी ने 'तथास्तु' कहकर उसे अभीष्ट वर दे दिया। इससे उसका घमंड और भी बढ़ गया था। एक बार बाणासुर ने आशुतोष शंकर भगवान् से प्रार्थना की, "भगवन्, आपने मुझे एक हजार भुजाएँ दी हैं, परन्तु वे मेरे लिए केवल भार रूप हो रही हैं। त्रिलोकी में आपको छोड़कर मुझे अपनी बराबरी का कोई वीर-योद्धा ही नहीं मिलता, जो मुझसे लड़ सके। एक बार मेरी बाँहों में लड़ने की इतनी खुजलाहट हुई कि मैं दिग्गजों से लड़ने के लिए चला। पर वे भय के मारे भाग गये।" बाणासुर की प्रार्थना सुनकर भगवान् शंकर ने तनिक क्रोध से कहा, "रे मूढ़, जिस समय तेरी ध्वजा टूट कर गिर जायगी, उस समय मेरे ही समान योद्धा से तेरा युद्ध होगा और वह युद्ध में तेरा घमंड चूर-चूर कर देगा।" बाणासुर की बुद्धि इतनी विकृत हो गयी थी कि उसे शंकरजी का यह वरदान बहुत रुचिकर और हर्षप्रद प्रतीत हुआ।

पहरेदारों से यह समाचार सुनकर कि आपकी कन्या (ऊषा) का चरित्र दूषित

हो गया है, बाणासुर के हृदय में बड़ी व्यथा हुई। वह झटपट ऊषा के महल में जा धमका और देखा कि अनिरुद्धजी वहाँ बैठे हुए अपनी प्रियतमा के साथ पाँसे खेल रहे थे। उन्हें अपनी पुत्री के सामने ही बैठा देखकर बाणासुर चकित हो गया। वह क्रोध में भरकर बलशाली सैनिकों को लेकर अनिरुद्ध जी को पकड़ने चला। पर महापराक्रमी अनिरुद्धजी ने लोहे का एक भयंकर परिघ लेकर सभी सैनिकों को धराशायी कर दिया। अपनी सेना की यह भीषण पराजय देखकर बाणासुर क्रोध से तिलमिला उठा और उसने उन्हें नागपाश से बाँध लिया।

बरसात के चार महीने बीत गये, पर अनिरुद्धजी का पता न चला। परिवार के समस्त सदस्य इस घटना से बहुत चिन्तित हो रहे थे। एक दिन नारदजी ने आकर अनिरुद्ध का शोणितपुर ले जाया जाना, वहाँ बाणासुर के सैनिकों को हराना और फिर नागपाश में बाँधा जाना—यह सारा वृतान्त विस्तारपूर्वक बतलाया। श्रीकृष्णजी और बलरामजी ने यदुवंशियों की विशाल वाहिनी लेकर शोणितपुर पर चढ़ाई कर दी। उन्होंने व्यूह बनाकर चारों ओर से बाणासुर की राजधानी को घेर लिया। वह भी यदुवंशियों से निपटने के लिए प्रबल सेना लेकर निकला। उसकी ओर से साक्षात् भगवान् शंकर वृषराज नन्दी पर सवार होकर अपने पुत्र कार्तिकेय तथा गणों के साथ समरभूमि में पधारे। वह युद्ध अत्यंत अद्भुत था। भगवान् श्रीकृष्ण और भगवान् श्रीशंकर का तुमुल युद्ध हुआ। दोनों ओर से दिव्यास्त्रों का खुल कर प्रयोग हुआ। अंत में श्रीकृष्णजी ने भगवान् शंकर पर जृम्भणास्त्र छोड़ा, जिसके फलस्वरूप शंकरजी को जँभाई पर जंभाई आने लगी और वे युद्ध से विरत हो हो गये। शंकरजी से छुट्टी पाकर श्रीकृष्ण तलवार, गदा और बाणों से बाणासुर की सेना का संहार करने लगे। इधर प्रद्युम्न ने बाणों की बौछार से कार्तिकेय को घायल कर दिया और वे अपने वाहन मयूर पर सवार होकर युद्धभूमि से भाग निकले। बलरामजी ने अपने मूसल की चोट से बाणासुर के सेनापति कुंभाण्ड और कूपकर्ण को घायल कर दिया और वे दोनों रणभूमि में गिर पड़े। उसकी सारी सेना तितर-बितर हो गयी। अपनी सेना की यह दुर्दशा देखकर बाणासुर सात्याकि से लड़ना छोड़कर भगवान् श्रीकृष्ण से आ भिड़ा। अपने एक हजार हाथों में पाँच सौ धनुष लेकर भयंकर बाणासुर भीषण बाणों की वर्षा करने लगा। किन्तु भगवान् श्रीकृष्ण ने उसके पाँच सौ धनुषों को क्षण मात्र में काट डाला और उसके सारथी, रथ और घोड़ों को भी धराशायी कर दिया एवं शंखध्वनि की। बाणासुर धनुष कट जाने और रथविहीन हो जाने के कारण निस्तेज हो गया। वह लज्जित होकर अपने नगर में चला गया। उसकी सारी हेकड़ी जाती रही। सारी रणोन्मत्तता काफूर हो गयी।

भगवान् शंकर ने अपने गणों को भागा हुआ देखकर तीन सिर और तीन पैरों वाला ज्वर भगवान् श्रीकृष्ण पर चलाया। वह सारी दिशाओं को दग्ध करता हुआ श्रीकृष्णजी की ओर लपका। इस पर भगवान् ने उसका मुकाबला करने के लिये अपना ज्वर छोड़ा। अब वैष्णव ज्वर और माहेश्वर ज्वर दोनों आपस में लड़ने लगे। अन्त में वैष्णव ज्वर के तेज से माहेश्वर ज्वर पीड़ित होकर चिल्लाने लगा और अत्यंत भयभीत हो गया। जब उसे अन्यत्र कहीं त्राण न मिला, तब वह अत्यंत नम्रता से हाथ जोड़कर भगवान् श्रीकृष्ण से प्रार्थना करने लगा, "प्रभो, अब आप मुझे अपनी शरण में लें। स्वामिन्, आप अपनी लीला से अनेक रूप धारण कर लेते हैं और देवता, साधु तथा लोकमर्यादाओं का पालन-पोषण करते हैं। साथ ही उन्मार्गगामी और हिंसक असुरों का संहार भी करते हैं। आपका यह अवतार पृथ्वी का भार उतारने के लिये ही हुआ है। प्रभो क्षमा कीजिये और मुझे अभयदान दीजिये।"

भगवान् श्रीकृष्ण ने माहेश्वर ज्वर की प्रार्थना सुनकर उससे कहा, "त्रिशिरा, मैं तुम पर प्रसन्न हूँ। अब तुम मेरे ज्वर से (वैष्णव) निर्भय हो जाओ।" श्रीकृष्ण जी के इस प्रकार कहने पर माहेश्वर ज्वर उन्हें प्रणाम करके चला गया।

तब तक बाणासुर रथ पर सवार होकर श्रीकृष्ण जी से युद्ध करने के लिये फिर आ पहुँचा। उसने अपने हजार हाथों में तरह-तरह के हथियार ले रखे थे। अब वह अत्यंत क्रोध में भरकर भगवान् चक्रपाणि पर बाणों की वर्षा करने लगा। इस पर भगवान् श्रीकृष्ण अपने चक्र से उसकी भुजाएँ काटने लगे। ऐसी परिस्थिति में भक्तवत्सल भगवान् शंकर जी आकर श्रीकृष्णजी की स्तुति करने लगे, "प्रभो, आप वेदमन्त्रों में तात्पर्यरूप से छिपे हुए परम ज्योतिस्वरूप ब्रह्म हैं। आप विराट् स्वरूप हैं। आपका यह अवतार धर्म की रक्षा और संसार की अभिवृद्धि—अभ्युदय के लिये हुआ है। आप स्वयंप्रकाश हैं, सब के कारण रूप हैं। वास्तव में आप अनन्त हैं। देवाधिदेव, यह बाणासुर मेरा परम प्रिय, कृपापात्र और सेवक है। मैंने इसे अभयदान दिया है। प्रभो, जिस प्रकार इसके परदादा दैत्यराज प्रह्लाद पर आपका कृपाप्रसाद है, वैसा ही कृपाप्रसाद आप इस पर भी करें।"

भगवान् श्रीकृष्ण ने कहा, "भगवन्, आपकी बात मानकर मैं इसे निर्भय किये देता हूँ। आपने पहले इसके सम्बन्ध में जैसा निश्चय किया था—मैंने इसकी भुजाएँ काटकर उसी का अनुमोदन किया है। इसका घमंड चूर करने के लिये ही मैंने इसकी भुजाएँ काट दी हैं। इसकी बहुत बड़ी सेना पृथ्वी के लिये भार हो रही थी, इसीलिये मैंने उसका भी संहार कर दिया है। अब इसकी चार भुजाएँ बच रही हैं।

ये अजर, अमर बनी रहेंगी। यह बाणासुर आपके पार्षदों में मुख्य होगा। अब इसको किसी से किसी प्रकार का भय नहीं है।''

श्रीकृष्णजी से इस प्रकार अभयदान प्राप्त करके बाणासुर ने उनके पास जाकर धरती में माथा टेका, प्रणाम किया और अनिरुद्धजी तथा अपनी पुत्री ऊषा को रथ पर बैठाकर भगवान् के पास ले आया। इसके बाद भगवान् श्रीकृष्ण ने महादेव जी की सम्मति से वस्त्रालंकार विभूषित ऊषा, अनिरुद्धजी तथा महती सेना के साथ द्वारका के लिये प्रस्थान किया। नगर के नागरिकों, बन्धु-बान्धवों और ब्राह्मणों ने आगे आकर खूब धूमधाम से भगवान् का स्वागत किया।

पौण्ड्रक का वध

करूष देश का राजा था पौण्ड्रक। वह मूर्ख अपनी अज्ञानतावश तथा दूसरों के बहकावे में आकर अपने को 'भगवान् वासुदेव' मान बैठा। उसने द्वारका में एक दूत भेजकर यह सन्देश कहलवाया, " श्रीकृष्ण, एकमात्र मैं ही वासुदेव हूँ। दूसरा कोई नहीं है। प्राणियों पर कृपा करने के लिये ही मैंने अवतार ग्रहण किया है। तुमने झूठ-मूठ अपना नाम वासुदेव रख लिया है अतः अब उस नाम को छोड़ दो। यदुवंशी, तुमने मूर्खतावश मेरे चिह्न भी धारण कर रक्खे हैं। उन चिह्नों को छोड़कर मेरी शरण में आओ। यदि मेरी बात तुम्हें स्वीकार न हो तो तुम मुझसे युद्ध करो।''

मन्दमति पौण्ड्रक की यह बहक सुनकर उग्रसेन जी एवं सभी सभासद हँसने लगे। उन लोगों की हँसी समाप्त होने पर भगवान् श्रीकृष्ण ने दूत से कहा, "तुम, जाकर अपने राजा से कह देना कि रे मूढ़, मैं अपने चक्र आदि चिह्न यों नहीं छोड़ूंगा। इन्हें मैं तुझ पर ही छोड़ूंगा, और केवल तुझ पर ही नहीं, तेरे उन सब साथियों पर भी, जिनके बहकाने से तू इस प्रकार बहक रहा है। उस समय मूर्ख, तू अपना मुँह छिपाकर—औंधे मुँह गिरकर चील, गीध आदि मांसभक्षी पक्षियों से घिरकर सो जायगा और तू मेरा शरणदाता नहीं, उन कुत्तों की शरण होगा, जो तेरा मांस चीथ-चीथ कर खा जायेंगे।'' भगवान् का यह तिरस्कारपूर्ण समाचार लेकर पौण्ड्रक का दूत अपने स्वामी के पास गया और उसे कह सुनाया। इधर भगवान् श्रीकृष्ण ने भी रथ पर सवार होकर काशी पर चढ़ाई कर दी, क्योंकि करूष का राजा पौण्ड्रक उन दिनों वहीं अपने मित्र काशिराज के पास ही रहता था।

भगवान् श्रीकृष्ण के आक्रमण का समाचार पाकर महारथी पौण्ड्रक भी विशाल सेना के साथ शीघ्र ही नगर से बाहर निकल आया। उसकी सहायता के निमित्त काशी का राजा भी अपनी सेना के साथ आ डटा। भगवान् श्रीकृष्ण ने पौण्ड्रक

को देखा। पौण्ड्रक ने भी शंख, चक्र, तलवार, गदा, शार्ङ्ग धनुष और श्रीवत्स आदि नकली चिह्न धारण कर रक्खे थे। उसके वक्षःस्थल पर बनावटी कौस्तुभ मणि और वनमाला भी लटक रही थी। उसने रेशमी पीले वस्त्र भी पहन रक्खे थे और रथ की ध्वजा पर गरुड़ का चिह्न भी लगा रक्खा था। उसका यह सारा का सारा वेश बनावटी था। मानो कोई अभिनेता रंगमंच पर अभिनय करने आया हो। उसकी वेशभूषा अपने समान देखकर भगवान् श्रीकृष्ण खिलखिला कर हँसने लगे। शत्रु सेना ने भगवान् पर अस्त्र-शस्त्रों की झड़ी लगा दी। भगवान् श्रीकृष्ण ने गदा, तलवार, चक्र और बाण आदि शस्त्रास्त्रों से पौण्ड्रक तथा काशिराज के हाथी, रथ, घोड़े और पैदलों की चतुरंगिणी सेना को तहस-नहस कर दिया।

भगवान् श्रीकृष्ण ने पौण्ड्रक से कहा, "रे पौण्ड्रक, तूने दूत के द्वारा कहलवाया था कि मेरे चिह्न अस्त्र-शस्त्रादि छोड़ दो, सो अब मैं उन्हें तुझ पर छोड़ रहा हूँ। तूने झूठमूठ मेरा नाम रख लिया है।" भगवान् श्रीकृष्ण ने इस प्रकार पौण्ड्रक का तिरस्कार करके अपने तीखे बाणों से उसके रथ को तोड़-फोड़ डाला और चक्र से उसका सिर उतार लिया। उन्होंने अपने बाणों से काशिनरेश का सिर भी धड़ से उड़ाकर काशीपुरी में गिरा दिया।

काशिनरेश के पुत्र सुदक्षिण का श्रीकृष्ण पर अभिचार

काशिनरेश के पुत्र का नाम सुदक्षिण था। उसने अपने पिता के अन्त्येष्टि-संस्कार से निवृत्त होकर मन ही मन यह निश्चय किया कि अपने पितृघाती को मार कर ही मैं पिता के ऋण से उऋण हो सकूंगा। निदान वह अपने कुलपुरोहित और आचार्यों के साथ अत्यंत एकाग्रता से भगवान् शंकर की आराधना करने लगा। आशुतोष भगवान् शंकर ने उसकी आराधना से प्रसन्न होकर उसे वर माँगने को कहा। सुदक्षिण ने यह वर माँगा, "भगवन्, आप मेरे पितृघाती के वध का उपाय बताइये।" भगवान् शंकर ने कहा, "तुम ब्राह्मणों के साथ मिलकर यज्ञ के देवता ऋत्विग्भूत दक्षिणाग्नि की अभिचार विधि से आराधना करो। इससे वह अग्नि प्रमथगणों के साथ प्रकट होगी और यदि तुम इसका प्रयोग ब्राह्मणों के अभक्त पर करोगे, तो वह तुम्हारा संकल्प सिद्ध करेगी।" भगवान् शंकर से ऐसी आज्ञा पाकर सुदक्षिण ने अनुष्ठान के उपयुक्त नियम ग्रहण किये और वह भगवान् श्रीकृष्ण के लिए अभिचार (मारण का पुरश्चरण) करने लगा। अभिचार पूर्ण होते ही यज्ञकुण्ड से अति भीषण अग्नि मूर्तिमान होकर प्रकट हुई। उसके केश और दाढ़ी-मूँछ तपे हुए ताँबे के समान लाल-लाल थे। उसकी आँखों से अंगार बरस रहे थे। मुख से परम क्रूरता प्रकट हो रही थी। वह अपनी जीभ से मुँह के दोनों कोने चाट रही थी। शरीर

नंग-धड़ंग था। हाथ में त्रिशूल लिये हुए था, जिसे वह बार-बार घुमा रहा था। उसके त्रिशूल में से अग्नि की लपटें निकल रही थीं। ताड़ के पेड़ के समान बड़ी-बड़ी टाँगें थीं। वह अपने वेग से धरती को कँपाता हुआ और ज्वालाओं से दसों दिशाओं को दग्ध करता हुआ द्वारका की ओर दौड़ा। बात की बात में वहाँ जा पहुँचा। उसके साथ बहुत से भूत भी थे। उस अभिचार की आग को बिल्कुल पास आया देखकर द्वारकावासी अत्यधिक भयभीत हो गये। वे सब भगवान् श्रीकृष्णजी की शरण में गये। उन्होंने सभी को आश्वासन दिया, "डरो मत, मैं तुम लोगों की रक्षा करूँगा।"

अन्र्यामी भगवान् तुरन्त जान गये कि यह काशी से चली हुई माहेश्वरी कृत्या है। उन्होंने प्रतिकार के लिए अपने पास ही विराजमान चक्रसुदर्शन को आज्ञा दी। भगवान् श्रीकृष्ण के अस्त्र सुदर्शन चक्र की अचिन्त्य शक्ति से कृत्यारूप आग का मुँह टूट-फूट गया, उसका तेज नष्ट हो गया, शक्ति कुंठित हो गयी। वह वहाँ से लौट कर काशी आ गयी। उसने ऋत्विज आचार्यों के साथ सुदक्षिण को जला कर भस्म कर दिया। इस प्रकार उसका अभिचार उसी के विनाश का कारण हुआ। कृत्या के पीछे सुदर्शन चक्र भी काशी पहुँचा। उसने समस्त काशी नगरी को भस्म कर दिया और फिर वह परमानन्दमयी लीला करने वाले भगवान् श्रीकृष्ण के पास लौट आया।

श्रीकृष्णजी और सुदामा

एक ब्राह्मण भगवान् श्रीकृष्ण के परम मित्र थे। वे पूर्ण ब्रह्मज्ञानी, विषयों से से विरक्त, शान्तचित्त और जितेन्द्रिय थे। वे गृहस्थ होने पर भी किसी प्रकार का संग्रह-परिग्रह नहीं करते थे। प्रारब्धानुसार जो सहजभाव से प्राप्त हो जाता, उसी में सन्तुष्ट रहते थे। उनके और उनकी पत्नी के वस्त्र फटे-पुराने थे। भूख की मार दोनों अत्यन्त दुर्बल हो रहे थे। एक दिन पत्नी ने पति सुदामा से निवेदन किया, "भगवन्, साक्षात् लक्ष्मीपति भगवान् श्रीकृष्ण आपके सखा हैं। वे भक्तवांच्छाकल्पतरु, शरणागतवत्सल और ब्राह्मणों के परम भक्त हैं। वे साधु-संतों और सत्पुरुषों के एकमात्र आश्रय हैं। आप उनके पास जाइये। वे आपका सारा दुःख-दर्द दूर कर देंगे।"

पत्नी की बात सुनकर सुदामाजी ने विचार किया, "धन की तो कोई बात नहीं। इसी बहाने भगवान् श्रीकृष्ण का दर्शन हो जायगा, यह तो जीवन का बहुत लाभ है।" इस विचार के अनन्तर उन्होंने अपनी ब्राह्मणी से कहा, "कल्याणी, घर में कुछ भेंट देने की वस्तु भी है क्या?" घर में तो कुछ था नहीं। एक ब्राह्मण

के यहाँ से वह चार मुट्ठी चिउड़े ले आयी और उसे जीर्ण-शीर्ण वस्त्र में बाँधकर, यह पोटली सुदामा को सौंप दी। चिउड़े की वह पोटली लेकर सुदामाजी उधेड़-बुन में पड़े हुए द्वारका की ओर चल पड़े। द्वारका पहुँचने पर सुदामाजी दूसरे ब्राह्मणों के साथ सैनिकों की तीन छावनियाँ और तीन ड्योढ़ियाँ पार करके बड़ी कठिनाई से भगवान् श्रीकृष्ण के पास पहुँचे। भगवान् उस समय महारानी रुक्मिणी के महल में विराजमान थे और पलंग पर बैठे थे। वहाँ पहुँचते ही सुदामाजी को ऐसी अनुभूति हुई मानों वे ब्रह्मानन्द के अपार सागर में निमज्जित हो गये। सुदामा जी को देखते ही वे पलंग पर से उतरकर उनके पास आकर बड़े आह्लाद से उन्हें अपने भुजपाश में बाँध लिया। परमानन्दस्वरूप भगवान् अपने प्यारे सखा सुदामा के अंग स्पर्श से अत्यन्त आनन्दित हुए। उनके नेत्रों से प्रेम की अश्रुधारा बहने लगी। कुछ समय बाद भगवान् श्रीकृष्ण ने उन्हें ले जाकर अपने पलंग पर बैठा दिया और स्वयं पूजन की सामग्री ले आकर उनकी पूजा की। भगवान् श्रीकृष्ण सभी को पवित्र करने वाले हैं; फिर भी उन्होंने अपने हाथों से सुदामाजी के पाँव पखारकर उनका चरणोदक अपने सिर पर धारण किया। उनके शरीर में चन्दन, अरगजा और केसर आदि दिव्य गन्धों का लेपन किया। फिर उन्होंने बड़े आनन्द से सुगन्धित धूप और दीपावली से अपने मित्र की आरती उतारी। इस प्रकार पूजा करके पान एवं गाय देकर मधुर वचनों से 'भले पधारे' ऐसा कहकर उनका स्वागत किया।

सुदामाजी फटे-पुराने वस्त्र पहने हुए थे। शरीर अत्यंत मलिन और दुर्बल था। देह की सारी नसें दिखायी पड़ती थीं। स्वयं भगवती रुक्मिणी चँवर डुला कर उनकी सेवा करने लगीं। अन्तःपुर की स्त्रियाँ यह देखकर अत्यंत विस्मित हो गयीं और आपस में कहने लगीं, "पवित्रकीर्ति भगवान् श्रीकृष्ण अतिशय प्रेम से इस मैले-कुचैले अवधूत ब्राह्मण की सेवा कर रहे हैं। इस नंग-धड़ङ्ग, निर्धन और निकृष्ट भिखमंगे ने ऐसा कौन सा पुण्य किया है, जिससे त्रिलोकगुरु और सब के स्वामी श्रीकृष्ण भगवान् स्वयं इसका आदर-सत्कार कर रहे हैं।" भगवान् श्रीकृष्णजी एवं सुदामाजी दोनों एक-दूसरे का हाथ पकड़कर अपने पूर्व जीवन की उन सुखद घटनाओं का स्मरण और वर्णन करने लगे, जो गुरुकुल में रहते हुए घटित हुई थीं।

भगवान् श्रीकृष्णजी ने सुदामा से पूछा, "धर्म के मर्मज्ञ ब्राह्मणदेव, गुरुदक्षिणा देकर जब आप गुरुकुल से लौट आये, तब आपने अनुरूप स्त्री से विवाह किया या नहीं? मैं जानता हूँ कि आपका चित्त गृहस्थी में रहने पर भी विषय-भोगों में आसक्त नहीं है। विद्वन्, यह भी मुझे मालूम है कि धन-सम्पत्ति में आपकी कोई प्रीति नहीं है। आपके समान निस्पृह और त्यागी पुरुष जगत् में विरले ही होते हैं।"

तदनन्तर एक बीती हुई घटना की याद दिलाते हुए भगवान् श्रीकृष्ण ने सुदामा से कहा, "ब्रह्मन्, जिस समय हमलोग गुरुकुल में निवास कर रहे थे, उस समय की वह बात आपको याद है क्या, जब हम दोनों को एक दिन हमारी गुरुपत्नी ने ईंधन लाने के लिये जंगल में भेजा था। उस समय हमलोग एक घोर जंगल में गये हुए थे और बिना ऋतु के ही भयंकर आँधी-पानी आ गया था। आकाश में बिजली कड़कने लगी थी। सूर्यास्त हो गया था; चारों ओर अँधेरा ही अँधेरा फैल गया था। धरती पर इतना पानी हो गया था कि समतल भूमि और गढ्ढे का पता लगाना संभव नहीं था। वह वर्षा क्या थी, एक छोटा-मोटा प्रलय ही था। हमलोग अत्यंत आतुर हो गये और एक-दूसरे का हाथ पकड़कर जंगल में इधर-उधर भटकते रहे। जब हमारे गुरु सान्दीपनि मुनि को इस बात का पता चला, तो वे सूर्योदय होने पर हमलोगों को ढूँढ़ते हुए जंगल में पहुँचे। उन्होंने देखा कि हमलोग अत्यंत आतुर हो रहे हैं। वे कहने लगे, "आश्चर्य है आश्चर्य है। पुत्रों, तुमलोगों ने हमारे लिये अत्यन्त कष्ट उठाया। सभी प्राणियों को अपना शरीर सबसे अधिक प्रिय होता है; परन्तु तुम दोनों उसकी परवाह न करके हमारी सेवा में संलग्न रहे। गुरु के ऋण से मुक्त होने के लिये सत्-शिष्यों का इतना ही कर्तव्य है कि वे विशुद्ध भाव से अपना सब कुछ और शरीर भी गुरुदेव की सेवा में समर्पित कर दें। द्विजशिरोमणियों, मैं तुम लोगों से अत्यन्त प्रसन्न हूँ। तुम्हारे सारे मनोरथ, सारी अभिलाषाएँ पूर्ण हों। "तुम दोनों ने हमसे जो वेदाध्ययन किया है, वह तुम्हें सर्वदा कण्ठस्थ रहे तथा इस लोक और परलोक में कहीं भी निष्फल न हो।" प्रिय मित्र, जिस समय हम लोग गुरुकुल में निवास कर रहे थे, हमारे जीवन में ऐसी-ऐसी अनेक घटनाएँ घटित हुई थीं। इसमें सन्देह नहीं कि गुरुदेव की कृपा से मनुष्य शान्ति का अधिकारी होता है और पूर्णता को प्राप्त करता है।"

श्रीकृष्ण जी की बात सुनकर सुदामा जी ने कहना प्रारंभ किया, "देवताओं के भी आराध्यदेव जगद्गुरु श्रीकृष्ण, भला अब हममें क्या कामना बाकी है? क्योंकि, आपके साथ, जो सत्यसंकल्प परमात्मा हैं, हमें गुरुकुल में रहने का सौभाग्य प्राप्त हुआ था। प्रभो, छन्दोपय वेद, धर्म, अर्थ, काम, मोक्ष चतुर्विध पुरुषार्थ के मूल स्रोत हैं; और वे हैं आपके शरीर। वही आप वेदाध्ययन के लिये निवास करें, यह मनुष्य लीला का अभिनय नहीं तो और क्या है?"

इसी प्रकार भगवान् श्रीकृष्ण जी और सुदामाजी बहुत देर तक बातचीत करते रहे। अब वे अपने प्यारे सखा सुदामाजी से तनिक मुसकरा कर विनोद करते हुए बोले, "ब्रह्मन्, आप अपने घर से मेरे लिये क्या उपहार लाये हैं? मेरे प्रेमी और अनन्य भक्त जब प्रेम से थोड़ी भी वस्तु मुझे अर्पण करते हैं, तो यह मेरे लिये बहुत

हो जाती है। जो पुरुष प्रेमभक्ति से फल-फूल अथवा पत्ता-पानी में से कोई भी वस्तु मुझे समर्पित करता है, तो मैं शुद्धचित्त भक्त का वह प्रेमोपहार केवल स्वीकार ही नहीं करता, बल्कि तुरंत भोग लगा लेता हूँ।'' भगवान् श्रीकृष्ण के ऐसा कहने पर भी सुदामाजी ने लज्जावश उन लक्ष्मीपति को वे चार मुट्ठी चिउड़े नहीं दिये। उन्होंने संकोच से अपना मुँह नीचे कर लिया।

भगवान् श्रीकृष्ण समस्त प्राणियों के हृदय का एक-एक भाव जानते हैं। उसका संकल्प और उसका अभाव थी जानते हैं। उन्होंने ब्राह्मणदेव के आने का कारण, और उनके हृदय की बात जान ली। अब वे विचार करने लगे, "एक तो यह मेरा प्यारा सखा है, दूसरे इसने पहले कभी लक्ष्मी की कामना से मेरा भजन नहीं किया है। इस समय यह अपनी पतिव्रता पत्नी को प्रसन्न करने के लिये, उसी के आग्रह से यहाँ आया है। अब मैं इसे ऐसी सम्पत्ति दूँगा, जो देवताओं के लिये भी अत्यंत दुर्लभ है।'' उन्होंने ऐसा विचार करके उनके वस्त्रों में से एक पोटली में बंधा हुआ चिउड़ा 'यह क्या है?' ऐसा कहकर स्वयं ही छीन लिया और बड़े आदरभाव से कहने लगे, "प्यारे मित्र, यह तो तुम मेरे लिये अत्यंत प्रिय भेंट ले आये हो। ये चिउड़े न केवल मुझे, बल्कि सारे संसार को तृप्त करने के लिये पर्याप्त हैं।'' ऐसा कहकर ये एक मुट्ठी चिउड़ा खा गये और उन्होंने दूसरी मुट्ठी ज्यों ही भरी, त्योंही रुक्मिणी के रूप में स्वयं भगवती लक्ष्मीजी ने भगवान् श्रीकृष्ण का हाथ पकड़ लिया और कहा, "विश्वात्मन्, बस, बस। पर्याप्त है। मनुष्य को इस लोक में तथा मरने के बाद परलोक में भी समस्त सम्पत्तियों की समृद्धि प्राप्त करने के लिये यह एक मुट्ठी चिउड़ा ही बहुत है। आपके लिये इतना ही प्रसन्नता का हेतु बन जाता है।''

ब्राह्मणदेवता उस रात भगवान् श्रीकृष्ण के महल में ही रहे। उन्होंने बड़े आराम से वहाँ खाया-पिया और ऐसा अनुभव किया, मानो मैं बैकुण्ठ में ही पहुँच गया हूँ। श्रीकृष्ण से सुदामाजी को प्रत्यक्ष रूप में कुछ भी न मिला। फिर भी उन्होंने उनसे कुछ माँगा नहीं! वे अपने चित्त की करतूत पर कुछ लज्जित से होकर भगवान् श्रीकृष्णजी के दर्शनजनित आनन्द में डूबते-उतराते अपने घर की ओर चल पड़े। वे मन ही मन सोचने लगे, "अहो, कितने आनन्द और आश्चर्य की बात है। ब्राह्मणों को अपना इष्टदेव मानने वाले भगवान् श्रीकृष्ण की ब्राह्मणभक्ति आज मैंने अपनी आँखों से प्रत्यक्ष देख ली। धन्य है! जिनके वक्षस्थल पर स्वयं लक्ष्मी जी सदा विराजमान रहती हैं, उन्होंने मुझ अत्यंत दरिद्र को अपने हृदय से लगा लिया। अरे, देवताओं के आराध्यदेव होकर भी ब्राह्मणों को अपना इष्टदेव माननेवाले प्रभु ने पाँव दबाकर, अपने हाथों से खिला-पिला कर मेरी अत्यंत सेवा-शुश्रूषा की और

देवताओं के समान मेरी पूजा की। फिर भी परम दयालु श्रीकृष्ण ने यह सोचकर मुझे थोड़ा-सा भी धन नहीं दिया कि कहीं यह दरिद्र धन पाकर बिलकुल मतवाला न हो जाय और मुझे न भूल बैठे।

इस प्रकार मन ही मन विचार करते-करते सुदामाजी अपने घर के पास पहुँच गये। वे वहाँ क्या देखते हैं कि सब का सब स्थान सूर्य, अग्नि और चन्द्रमा के समान देदीप्यमान रत्ननिर्मित महलों से घिरा हुआ है। ठौर-ठौर चित्र-विचित्र उपवन और उद्यान बने हुए हैं तथा उनमें झुंड के झुंड रंग-बिरंगे पक्षी कलरव कर रहे हैं। वे सोचने लगे, "मैं यह क्या देख रहा हूँ? यह किसका स्थान है? यदि यह वही स्थान है, जहाँ मैं रहता था, तो यह ऐसा कैसे हो गया?" इस प्रकार सुदामाजी सोच ही रहे थे कि देवताओं के समान सुन्दर स्त्री-पुरुष गाजे-बाजे के साथ मंगल-गीत गाते हुए उस महाभाग्यवान् ब्राह्मण की अगवानी करने के लिये आये। पति-देवता के शुभागमन का समाचार सुनकर ब्राह्मणी को अपार आनन्द हुआ और वह हड़बड़ा कर जल्दी-जल्दी घर से बाहर निकल आयी। वह ऐसी मालूम होती थी मानो मूर्तिमती लक्ष्मीजी ही कमलवन से पधारी हों। पतिदेव को देखते ही पतिव्रता पत्नी के नेत्रों में प्रेम और उत्कण्ठा के आँसू छलक आये। उसने अपने नेत्र बन्द कर लिये और बड़े प्रेमभाव से सुदामाजी को प्रणाम किया।

सुदामाजी अपनी पत्नी के अलौकिक सौन्दर्य को देखकर विस्मित हो गये। उन्होंने अपनी पत्नी के साथ बड़े प्रेम से अपने महल में प्रवेश किया। उनका महल क्या था मानो देवराज इन्द्र का निवासस्थान हो! वह समस्त उत्तमोत्तम सामग्रियों से सम्पन्न था। इस प्रकार समस्त सम्पत्तियों की समृद्धि देखकर और उसका कोई प्रत्यक्ष कारण न पाकर, बड़ी गंभीरता से सुदामाजी विचार करने लगे। वे मन ही मन कहने लगे, "मैं जन्म से भाग्यहीन और दरिद्र हूँ। फिर मेरी सम्पत्ति-समृद्धि का कारण क्या है? अवश्य ही परम ऐश्वर्यशाली यदुवंश शिरोमणि भगवान् श्रीकृष्ण के कृपाकटाक्ष के अतिरिक्त और कोई कारण नहीं हो सकता। यह सब कुछ उनकी करुणा की ही देन है। स्वयं भगवान् श्रीकृष्ण पूर्णकाम और लक्ष्मीपति होने के कारण अनन्त भोग-सामग्रियों से युक्त हैं। इसलिये वे याचक भक्त को उसके मन का भाव जानकर बहुत कुछ दे देते हैं। परन्तु उसे समझते हैं बहुत थोड़ा। इस-लिये सामने कुछ कहते नहीं। मेरे प्यारे सखा श्रीकृष्ण देते हैं बहुत, पर उसे मानते हैं बहुत थोड़ा। मुझे जन्म-जन्म उन्हीं का प्रेम, उन्हीं की मित्रता तथा उन्हीं की सेवा प्राप्त हो। अजन्मा भगवान् श्रीकृष्ण सम्पत्ति आदि के दोष जानते हैं। वे देखते हैं कि बड़े-बड़े धनियों का धन और ऐश्वर्य के मद से पतन हो जाता है। इसलिये वे अपने अदूरदर्शी भक्त के माँगते रहने पर भी तरह-तरह की सम्पत्ति, राज्य और

ऐश्वर्य आदि नहीं देते। यह उनकी महती अनुकम्पा है।" अपनी बुद्धि से इस प्रकार निश्चय करके सुदामाजी त्यागपूर्वक अनासक्त भाव से अपनी पत्नी के साथ भगवत्-प्रसाद स्वरूप विषयों को ग्रहण करने लगे और दिनोदिन उनकी प्रेमभक्ति बढ़ने लगी।

श्री भगवान् के द्वारा वसुदेव जी को ब्रह्मज्ञान का उपदेश

एक दिन भगवान् श्रीकृष्ण और बलरामजी प्रातःकालीन प्रणाम करने के लिये माता-पिता के पास गये। प्रणाम कर लेने पर वसुदेवजी बड़े प्रेम से दोनों भाइयों का अभिनन्दन करके कहने लगे, "सच्चिदानन्दस्वरूप श्रीकृष्ण, महायोगीश्वर संघर्षण, तुम दोनों सनातन हो। मैं जानता हूँ कि तुम दोनों सारे जगत् के कारणस्वरूप प्रधान और पुरुष के भी नियामक परमेश्वर हो। इस जगत् के आधार, निर्माता और निर्माण-सामग्री भी तुम्हीं हो। इस सारे जगत् के स्वामी तुम्हीं दोनों हो। और तुम्हारी ही क्रीड़ा के लिये इसका निर्माण हुआ है। यह जिस समय, जिस रूप में, जो कुछ रहता है—वह सब तुम्हीं हो। मैं जानता हूँ कि तुम दोनों मेरे पुत्र नहीं हो, सम्पूर्ण प्रकृति और जीवों के स्वामी हो। पृथ्वी के भारभूत राजाओं के नाश के लिये ही तुमने अवतार ग्रहण किया है। यह बात तुमने मुझसे कही भी थी। इसलिये दीनजनों के हितैषी, शरणागतवत्सल, मैं अब तुम्हारे चरण-कमलों की शरण में हूँ; क्योंकि वे ही शरणागतों के संसार-भय को मिटानेवाले हैं। अब इन्द्रियों की लोलुपता से भर पाया। इसी के कारण मैंने मृत्यु के ग्रास इस शरीर में आत्मबुद्धि कर ली और तुममें, जो कि परमात्मा हो, पुत्रबुद्धि।"

वसुदेवजी के ये वचन सुनकर श्रीकृष्णजी मुसकराने लगे। उन्होंने विनय से झुककर मधुर वाणी में कहा, "पिताजी, हम तो आपके पुत्र ही हैं। हमें लक्ष्य करके आपने इस ब्रह्मज्ञान का उपदेश दिया है। हम आपकी एक-एक बात युक्ति-युक्त मानते हैं। पिताजी, आपलोग, मैं, भैया बलरामजी, सारे द्वारकावासी, सम्पूर्ण चराचर जगत् ब्रह्मरूप ही हैं। पिताजी, आत्मा तो एक ही हैं। परन्तु वह अपने में ही गुणों की सृष्टि कर लेता है और गुणों के द्वारा बनाये गये पंचभूतों में एक होने पर भी अनेक, स्वयं प्रकाश होने पर भी दृश्य, अपना स्वरूप होने पर भी अपने से भिन्न, नित्य होने पर भी अनित्य और निर्गुण होने पर भी सगुण के रूप में प्रतीत होता है। जैसे आकाश, वायु, अग्नि, जल, पृथ्वी—ये पंच महाभूत अपने कार्य घट, कुण्डल आदि में प्रकट-अप्रकट, बड़े-छोटे, अधिक-थोड़े, एक और अनेक से प्रतीत होते हैं—परन्तु वास्तव में सत्ता रूप से वे एक ही रहते हैं, वैसे ही आत्मा में भी उपाधियों के भेद से नानात्व की प्रतीति होती है। इसलिये जो मैं हूँ, वही सब हैं।"

भगवान् श्रीकृष्ण के इन वचनों को सुनकर वसुदेव जी की नानात्व बुद्धि छूट गई। वे आनन्द में मग्न होकर वाणी से मौन और मन से संकल्पविहीन हो गये।

देवकी जी के छः पुत्रों को लौटा लाना

उस समय वहां सर्वदेवमयी देवकी जी भी बैठी हुयी थीं। वे बहुत पहले से ही यह सुनकर अत्यन्त विस्मित थीं कि श्रीकृष्ण जी और बलरामजी ने अपने मरे हुए गुरुपुत्र को यमलोक से वापस ला दिया। अब उन्हें अपने उन पुत्रों की याद आ गयी, जिन्हें क्रूर कंस ने मार डाला था। उनके स्मरण से देवकीजी का हृदय आतुर हो गया, नेत्रों से आँसू बहने लगे। उन्होंने बड़े ही करुण स्वर में श्रीकृष्ण और बलरामजी को संबोधित करके कहा, "लोकाभिराम राम, तुम्हारी शक्ति मन और वाणी से परे है। श्रीकृष्ण, तुम योगेश्वरों के भी ईश्वर हो। मैं जानती हूँ कि तुम दोनों प्रजापतियों के भी ईश्वर, आदि पुरुष नारायण हो। विश्वात्मन्, तुम्हारे पुरुषरूप अंश से उत्पन्न हुई माया से गुणों की उत्पत्ति होती है और उनके लेशमात्र से जगत् की उत्पत्ति, विकास तथा प्रलय होता है। आज मैं अंतःकरण से तुम्हारी शरण हो रही हूँ। मैंने सुन रक्खा है कि तुम्हारे गुरु सान्दीपानिजी के पुत्र को मरे हुए बहुत दिन हो गये थे। उनकी गुरुदक्षिणा देने के लिये उनकी आज्ञा तथा काल की प्रेरणा से तुम दोनों ने उनके पुत्र को यमपुरी से वापस ला दिया। इसलिये आज मेरी भी अभिलाषा पूर्ण करो। मैं चाहती हूँ कि तुम दोनों मेरे उन पुत्रों को, जिन्हें कंस ने मार डाला था, ला दो और उन्हें मैं भर आँख देख लूं।"

माता देवकी की यह बात सुनकर भगवान् श्रीकृष्ण और बलराम दोनों ने योगमाया का आश्रय लेकर सुतललोक में प्रवेश किया। दैत्यराज बलि श्रीकृष्ण और बलराम को वहाँ देखकर आनन्द में निमग्न हो गये। उन्होंने झटपट अपने कुटुम्ब के साथ आसन से उठकर भगवान् के चरणों में प्रणाम किया। उन्होंने श्रीकृष्ण जी एवं बलरामजी को श्रेष्ठ आसन दिया। उन दोनों का चरणोदक लेकर परिवार सहित सिर पर धारण किया। इसके बाद बलि ने बहुमूल्य वस्त्र, आभूषण, चन्दन, ताम्बूल, दीपक, अमृत के समान भोजन एवं अन्य विविध सामग्रियों से उनकी पूजा की। अपने समस्त परिवार, धन तथा शरीर आदि को उनके चरणों में समर्पित कर दिया।

वे गद्गद स्वर से भगवान् की स्तुति करने लगे, "बलरामजी, आप अनन्त हैं। आप इतने महान् हैं कि शेष आदि सभी विग्रह आपके अन्तर्भूत हैं। सच्चिदानन्द स्वरूप श्रीकृष्ण, आप सकल जगत् के निर्माता हैं। ज्ञानयोग और भक्तियोग दोनों के प्रवर्तक आप ही हैं। आप स्वयं ही परब्रह्म परमात्मा हैं। हम आप दोनों को

बारंबार प्रणाम करते हैं। प्रभो, हम और हमारे समान दूसरे दैत्य, दानव, राक्षस, पिशाच, भूत और प्रमथनायक आदि आपका प्रेम से भजन करना तो दूर रहा, आपसे सर्वदा दृढ़ वैरभाव रखते हैं। परन्तु आपका श्रीविग्रह साक्षात् वेदमय और विशुद्ध सत्यस्वरूप है। इसलिये हम लोगों में से बहुतों ने दृढ़ वैरभाव से, कुछ ने विशुद्ध भक्ति से और कुछ ने कामना से आपका स्मरण करके उस पद को प्राप्त किया, जिसे आपके समीप रहनेवाले सत्वप्रधान देवता आदि भी नहीं प्राप्त कर सकते। प्रभो, आप समस्त चराचर जगत् के नियन्ता और स्वामी हैं। आप हमें आज्ञा देकर निष्पाप बनाइये, हमारे पापों का नाश कर दीजिये। जो पुरुष श्रद्धा से आपकी आज्ञा का पालन करता है, वह विधि-निषेध के बन्धन से मुक्त हो जाता है।''

भगवान् श्रीकृष्ण ने कहा, ''दैत्यराज, स्वायम्भुव मन्वन्तर में प्रजापति मरीचि की पत्नी उर्णा के गर्भ से छः पुत्र उत्पन्न हुए थे। वे सभी देवता थे। ब्रह्माजी जब अपनी पुत्री पर कामासक्त हुए, तो वे उनपर हंसने लगे। इस परिहासरूप अपराध के कारण उन्हें ब्रह्माजी ने शाप दे दिया और वे असुरयोनि में हिरण्यकशिपु के पुत्ररूप में उत्पन्न हुए। योगमाया ने उन्हें वहाँ से लाकर देवकीजी के गर्भ में रख दिया। उत्पन्न होते ही कंस ने उन्हें मार डाला। दैत्यराज, माता देवकीजी उन पुत्रों के लिये अत्यन्त शोकाकुल हो रही हैं और वे तुम्हारे पास हैं। अतः हम अपनी माता का शोक दूर करने के लिये उन्हें ले जायेंगे। उनके छः नाम हैं—स्मर, उद्गीथ, परिष्वंग, पतंग, क्षुद्रभृत् और घृणि। मेरी कृपा से इन्हें सद्गति प्राप्ति होगी।''

श्रीकृष्णजी और बलरामजी उन्हें लेकर द्वारका लौट आये। माता देवकी को उनके पुत्र सौंप दिये गये। उन बालकों को देखकर देवी देवकी के हृदय में वात्सल्य-स्नेह की बाढ़ आ गयी। वे बार-बार उन्हें गोद में लेकर छाती से चिपकातीं और उनका सिर सूंघतीं। उनके स्तनों से दूध बहने लगा। पुत्रों के स्पर्श के आनन्द से सराबोर एवं आनन्दित देवकी ने उन्हें स्तनपान कराया। देवकीजी विष्णुमाया के उस माया से मोहित हो रही थीं, जिससे यह सृष्टि-चक्र चलता है। देवकीजी के स्तनों का दूध साक्षात् अमृत था। उस दूध के पीने से और भगवान् श्रीकृष्ण के अंगों का संस्पर्श होने से उन्हें आत्म-साक्षात्कार हो गया। इसके बाद उन लोगों ने भगवान् श्रीकृष्ण, माता देवकी, पिता वसुदेव और बलरामजी को प्रणाम किया। तदनन्तर सबके सामने ही वे देवलोक में चले गये। देवी देवकी यह देखकर विस्मित हो गयीं कि मरे हुए बालक लौट आये और फिर चले भी गये। उन्होंने ऐसा निश्चय किया कि यह श्रीकृष्ण का ही कोई लीला-कौशल है।

भगवान् श्रीकृष्ण-बलराम से गोप-गोपियों की भेंट

एक बार सूर्यग्रहण के अवसर भगवान् श्रीकृष्ण और बलरामजी के साथ समस्त प्रमुख यदुवंशी कुरुक्षेत्र में ग्रहण-स्नान करने गये। जब नन्दबाबा को यह बात मालूम हुई कि श्रीकृष्ण आदि यदुवंशी कुरुक्षेत्र में आये हुए हैं, तो वे गोपों के साथ बहुत-सी सामग्री लेकर कुरुक्षेत्र पहुँचे। नन्दबाबा आदि गोपों को देखकर सब के सब यदुवंशी आनन्द से भर गये। वे लोग एक दूसरे से मिलने के लिये बहुत दिनों से आतुर हो रहे थे। इसलिये एक-दूसरे का बहुत देर तक अत्यन्त गाढ़-भाव से आलिङ्गन करते रहे। वसुदेवजी ने अत्यन्त प्रेम और आनन्द से विह्वल होकर नन्दजी को हृदय से लगा लिया। उन्हें एक-एक करके सारी बातें याद हो आयीं—कंस किस प्रकार उन्हें सताता था और किस प्रकार उन्होंने अपने पुत्र को गोकुल में ले जाकर नन्दजी के घर रख दिया था। भगवान् श्रीकृष्ण और बलरामजी ने माता यशोदा और पिता नन्दजी के हृदय से लगकर उनके चरणों में प्रणाम किया। उस समय प्रेम के उद्रेक से दोनों भाइयों का गला रुँध गया, वे कुछ भी बोल न सके। महाभाग्यवती यशोदाजी और नन्दबाबा ने दोनों पुत्रों को अपनी गोद में बैठा लिया और भुजाओं से उनका गाढ़ आलिंगन किया। उनके हृदय में चिरकाल तक न मिलने का जो दुःख था, वह सब मिट गया।

रोहिणी और देवकीजी ने व्रजेश्वरी यशोदा को अपनी अंकवार में भर लिया। वे यशोदाजी से कहने लगीं, "यशोदारानी और व्रजेश्वर नन्दजी आप लोगों ने हम लोगों के साथ जिस मित्रता का व्यवहार किया है, वह कभी मिटने वाला नहीं है। उसका बदला कभी चुकाया नहीं जा सकता। नन्दरानी यशोदाजी, भला ऐसा कौन सा कृतघ्न है, जो आपके उपकारों को भूल सके? देवि, जिस समय बलराम और कृष्ण ने अपने माँ-बाप को देखा तक न था और इनके पिता ने धरोहर के रूप में इन्हें आप दोनों के पास रख छोड़ा था, उस समय आपने इन दोनों की इस प्रकार रक्षा की, जैसे पलकें पुतलियों की रक्षा करती हैं। आप लोगों ने ही इन्हें खिलाया-पिलाया, दुलार किया और रिझाया; इनके मंगल के लिये विविध प्रकार के उत्सव मनाये। सच पूछिये, तो इनके माँ-बाप आप ही लोग हैं। सत्पुरुषों की दृष्टि में अपने-पराये का भेद-भाव नहीं रहता। नन्दरानीजी, सचमुच आप लोग परम संत हैं।"

प्रेम की मूर्ति गोपियों को आज बहुत दिनों के बाद भगवान् श्रीकृष्ण का दर्शन हुआ। उनके मन में इसके लिये कितनी लालसा थी, इसका अनुमान भी नहीं किया जा सकता। उन्होंने नेत्रों के मार्ग से अपने प्रियतम श्रीकृष्ण को हृदय में ले जाकर

गाढ़ आलिंगन किया और मन ही मन तन्मय हो गयीं। वे उस भाव को प्राप्त हो गयीं; जो नित्य-निरंतर अभ्यास करने वाले योगियों के लिये भी अत्यंत दुर्लभ है। अब भगवान् श्रीकृष्ण ने देखा कि गोपियाँ मुझसे तादात्म्य को प्राप्त—एक हो रही हैं, तो वे एकान्त में उनके पास गये, उनको हृदय से लगाया, कुशल-मंगल पूछा और हँसते हुए यों बोले, "सखियो, हम लोग अपने स्वजन-संबंधियों का कार्य करने के लिये व्रज से बाहर चले आये और इस प्रकार तुम्हारी जैसी प्रेयसियों को छोड़-कर हम शत्रुओं का विनाश करने में उलझ गये। बहुत दिन बीत गये; क्या कभी तुम लोग हमारा स्मरण भी करती हो ? मेरी प्यारी गोपियो, कहीं तुम लोगों के मन में यह आशंका तो नहीं हो गयी है कि मैं अकृतज्ञ हूँ ? ऐसा सोचकर तुम लोग हमसे बुरा तो नहीं मानने लगी हो ? सखियो, यह बड़े सौभाग्य की बात है कि तुम सब लोगों को मेरा यह पुनीत प्रेम प्राप्त हो चुका है, जो मेरी ही प्राप्ति कराने वाला है। मेरे प्रति की हुई प्रेम-भक्ति प्राणियों को अमृतत्व (परमानन्द धाम) प्रदान करने में समर्थ है।"

"प्यारी गोपियो, जैसे घट-पट आदि जितने भी भौतिक पदार्थ हैं, उनके आदि, मध्य और अन्त में, बाहर और भीतर, उनके मूल कारण पृथ्वी, जल, अग्नि, वायु और आकाश ही ओत-प्रोत हो रहे हैं, वैसे ही जितने भी जड़-चेतन पदार्थ हैं, उनके पहले, पीछे और बीच में, बाहर और भीतर केवल मैं ही मैं हूँ। इसी प्रकार सभी प्राणियों के शरीर में यही पाँचों भूत कारण रूप से स्थित हैं और आत्मा भोक्ता रूप से अथवा जीव के रूप से स्थित है। परन्तु मैं इन दोनों से परे अवि-नाशी तत्व हूँ। ये दोनों मेरे ही अन्तर्गत प्रतीत हो रहे हैं। तुम लोग ऐसी धारणा धरो, ऐसा अनुभव करो।"

भगवान् श्रीकृष्ण ने इस प्रकार गोपियों को अध्यात्म ज्ञान की शिक्षा से शिक्षित किया। उसी उपदेश के बार-बार स्मरण से गोपियों का लिंग अथवा सूक्ष्म शरीर अथवा जीवकोश नष्ट हो गया और वे भगवान् से एक हो गयीं, भगवान् को ही सदा-सर्वदा के लिये प्राप्त हो गयीं।

इसके बाद गोपियों ने कहा, "हे कमलनाथ, अगाधबोध संपन्न, बड़े-बड़े योगे-श्वर अपने हृदयकमल में आपके चरणकमलों का दर्शन करते रहते हैं। जो लोग संसार-कूप में गिरे हुए हैं, उन्हें उससे निकलने के लिये आपके चरणकमल ही एक-मात्र अवलंबन हैं। प्रभो, आप ऐसी कृपा कीजिये कि आपका वह चरणकमल, घर-गृहस्थी के कार्य करते रहने पर भी सर्वदा हमारे हृदय में विराजमान रहे, हम एक क्षण के लिये भी उसे न भूलें।"

□□

अध्याय—१४

युधिष्ठिर के राजसूय यज्ञ में भगवान् श्रीकृष्ण

भगवान् श्रीकृष्ण अब भारत को महान् बनाने की दिशा में अग्रसर हुए। भारत को महान् बनाने का प्रयास 'महाभारत' नाम से प्रसिद्ध हुआ। श्रीकृष्ण भगवान् सर्वान्तर्यामिन् थे। उन्होंने यह देख लिया था कि इस समय भारत में आसुरी शक्ति की प्रबलता हो गयी है। सात्विकी अथवा दैवी शक्ति क्षीण अवस्था में है। उसके ऊपर आसुरी शक्ति का प्रभुत्व स्थापित हो गया है। उन्होंने विचार किया कि मेरे अवतार लेने का पूर्ण उद्देश्य तब सिद्ध होगा, जब भारत में सात्विक राज्य स्थापित हो जायगा। जो ब्राह्म-शक्ति और क्षात्र-शक्ति से समन्वित हो, वही इस महान् राष्ट्र का नेता हो सकता है। उनकी दृष्टि पाण्डवों पर गयी। उनमें दोनों शक्तियों का अपूर्व सम्मिलन था। वे उनकी बुआ कुन्ती के पुत्र थे। दुर्योधन और उसके सलाहकारों ने मिलकर उनके साथ अत्यधिक अनाचार और अत्याचार किये थे। उन्होंने उन अत्याचारों को अत्यंत धैर्यपूर्वक दृढ़ता से सहन किया था। युधिष्ठिर तो धर्म के स्वरूप ही थे। वे धर्म के पुत्र होने के कारण धर्मराज भी कहे जाते थे। वायु की संतान होने के कारण भीम अत्यंत बलशली और वायु के ही समान पराक्रमी थे। अर्जुन इन्द्र के पुत्र थे और इन्द्र के ही समान तेजस्वी एवं योद्धा थे। उन्हें नर का अवतार भी माना जाता है। इस प्रकार पाण्डवों में ब्राह्मबल और क्षात्रशक्ति दोनों का समन्वय था। इसके प्रतिकूल दुर्योधन अहंभाव का मूर्तिमान स्वरूप था। वह कलि का अवतार माना जाता था। उसके सलाहकार उसके मामा शकुनि, उसका छोटा भाई दुःशासन और कर्ण थे। ये तीनों दुर्योधन की हाँ में हाँ मिलाने वाले थे। उसकी उचित और अनुचित आकांक्षाओं की पूर्ति के लिये वे आँख मूंद कर समर्थन करते थे। न्यायोचित सीख देनेवालों से वह चिढ़ता था। भीष्म पितामह और विदुर ने उसे अनीति पर पाँव रखने से अनेक बार मना किया था, पर उस दम्भी ने उनकी सलाह का तिरस्कार किया। दुर्योधन की इसी आसुरी प्रवृत्ति के कारण दुर्वृत्त और आसुरी प्रवृत्तिवाले राजा उसका समर्थन करने लगे थे। दुर्योधन के पिता धृतराष्ट्र अन्धे थे। दुर्योधन के प्रति अत्यधिक मोह होने के कारण वे मोहान्ध भी हो गये थे।

भगवान् श्रीकृष्ण पाण्डवों के माध्यम से अपने पुनीत उद्देश्य और लक्ष्य की

पूर्ति के लिये अग्रसर हुए। राजसूय यज्ञ करने का संकल्प युधिष्ठिर के मन में बार-बार उठ रहा था, किन्तु धर्मभीरु होने के कारण वे डरते थे। उनके भाई भीमसेन और अर्जुन ने उन्हें प्रेरणा भी दी, पर वे दृढ़ता से उस पर राजी न होते थे। अन्त में भगवान् श्रीकृष्ण ने उन्हें राय दी, "युधिष्ठिरजी, आप ऐसे धर्मपरायण, प्रजापालक और शक्तिशाली राजा ही राजसूय यज्ञ करने के सच्चे अधिकारी हैं। हाँ, इस दिशा में जरासन्ध आपके इस मंगलमय कार्य में अत्यंत बाधक बन सकता है। उसकी शक्ति अपरिमित है। वह आपकी अधीनता और प्रभुत्व कदापि नहीं स्वीकार करेगा। ऐसी स्थिति में आपको उसे परास्त करने के लिये भयंकर युद्ध करना पड़ेगा।" भगवान् श्रीकृष्ण की बात सुन कर युधिष्ठिर राजसूय यज्ञ करने से निराश हो गये।

यधिष्ठिर के हताश होने पर भगवान् श्रीकृष्ण ने उन्हें फिर प्रेरणा दी, "राजन्, आप निराश मत हों। आपमें और आपके धर्मज्ञ भाइयों में अद्वितीय शक्ति है। केवल जरासन्ध को जीत लेने से ही हमारा महान् उद्देश्य सिद्ध हो जायेगा। साथ ही उसके द्वारा बन्दी बनाए गये राजाओं की मुक्ति भी हो जायगी। उन राजाओं को वह शिव जी को बलि देकर, उन्हें प्रसन्न करना चाहता है। जरासन्ध पर विजय प्राप्त करने से आपको सुयश भी मिलेगा। जरासन्ध युद्ध में बड़े-बड़े लोगों के भी दाँत खट्टे कर देता है। उसे यदि हरा सकते हैं, तो केवल भीमसेन, क्योंकि वे भी वैसे ही बली हैं। उसे आमने-सामने के व्यक्तिगत युद्ध में एक वीर जीत ले, यही सर्वोतम युक्ति है। आप आज्ञा दें, भीमसेन और अर्जुन तथा मैं ब्राह्मण के वेश में जाऊँ और उससे द्वन्द्व युद्ध की भीख माँगू। वह ब्राह्मणभक्त है। इस स्थिति में वह हमारी बात खाली नहीं करेगा। तब वह भीमसेन के द्वारा परास्त कर दिया जायेगा। इस प्रकार अल्प प्रयास से ही वह वशीभूत हो जायेगा। हे राजन् युधिष्ठिर, आप राजसूय यज्ञ करने के पूर्ण अधिकारी हैं। पूर्ण साम्राज्य-प्राप्ति के जो पाँच गुण—शत्रुविजय, प्रजापालन, तपःशक्ति, धनसम्पत्ति, और उत्तम नीति हैं, उन सब से आप सम्पन्न हैं। अतः आपसे बढ़कर राजसूय यज्ञ करने का अधिकारी कौन होगा? धर्मराज, जरासन्ध के मुख्य सहायक हंस और डिम्भक यमुनाजी में डूब मरे। कंस भी अपने सेवकों और सहायकों के सहित काल के गाल में चला गया। अब जरासंध के नाश का उचित अवसर आ पहुँचा है। मुझमें नीति है, भीमसेन में बल है और अर्जुन हम दोनों की रक्षा करनेवाले हैं। जैसे तीन अग्नियाँ यज्ञ की सिद्धि करती हैं, उसी प्रकार हम तीनों मिलकर जरासन्ध के वध का काम पूरा कर लेंगे। महाबली महाबाहु भीमसेन जरासन्ध के वध के लिये पर्याप्त हैं। राजन्, यदि आप मेरे हृदय को जानते हैं

और यदि आपका मुझ पर विश्वास है तो भीमसेन और अर्जुन को शीघ्र ही धरोहर के रूप में मुझे दे दीजिये।"

भगवान् के ऐसा कहने पर वहाँ खड़े हुए भीमसेन और अर्जुन का मुख प्रसन्नता से खिल उठा। उस समय उन दोनों की ओर देखकर युधिष्ठिर ने इस प्रकार उत्तर दिया, "अपनी मर्यादा से कभी च्युत न होनेवाले अच्युत, आप ऐसी बात न कहें। आप हम सब पाण्डवों के स्वामी हैं, रक्षक हैं; हम सब लोग आपकी शरण में हैं। गोविन्द, आप जैसा कहते हैं, वह सब ठीक है। जिनकी राज्यलक्ष्मी विमुख हो चुकी है, उनके सम्मुख आप आते ही नहीं हैं। आपकी आज्ञा के अनुसार चलने मात्र से मैं यह अनुभव करता हूँ कि जरासन्ध मारा गया। समस्त राजा उसकी कैद से छुटकारा पा गये और मेरा राजसूय यज्ञ भी पूरा हो गया।"

जरासंध का वध

युधिष्ठिर के ऐसा कहने पर वे सब महातेजस्वी—श्रीकृष्ण, अर्जुन और भीमसेन, मगधराज जरासन्ध से भिड़ने के लिये उसकी राजधानी की ओर चल पड़े। उन्होंने तेजस्वी स्नातक ब्राह्मणों के से वस्त्र पहन कर अपने क्षत्रिय रूप को छिपा कर यात्रा की। वे तीनों नरश्रेष्ठ लोगों से भरी हुई तीन ड्योढ़ियों को पार करके निर्भय एवं निश्चिन्त हो, बड़े अभिमान के साथ राजा जरासंध के पास गये। उन्हें आया देख जरासंध उठ कर खड़ा हो गया और उसने विधिपूर्वक उनका आतिथ्य-सत्कार किया। तत्पश्चात् उन्होंने इस प्रकार याचना की, "राजन्, आपका कल्याण हो। हम तीनों आपके अतिथि हैं और बहुत दूर से आ रहे हैं। अतः आप हम लोगों को निराश मत कीजिये।"

ज़रासंध ने उन लोगों की आवाज, सूरत-शकल और कलाइयों पर पड़े हुए धनुष की प्रत्यंचा की रगड़ के चिह्नों को देखकर पहचान लिया कि ये तो ब्राह्मण नहीं क्षत्रिय हैं। अब वह सोचने लगा कि मैंने कहीं न कहीं इन्हें देखा भी अवश्य है फिर उसने मन ही मन यह विचार किया कि "ये क्षत्रिय होने पर भी मेरे भय से ब्राह्मण का वेश बना कर आये हैं। जब ये भिक्षा माँगने पर उतारू हो गये हैं, तब चाहे जो कुछ माँग लें, मैं उन्हें दूँगा।" उपर्युक्त विचार करके उसने ब्राह्मण वेशधारी श्रीकृष्ण, अर्जुन और भीमसेन से कहा, "ब्राह्मणो, आपलोग मनचाही वस्तु माँग लें। आप चाहें तो मैं आपलोगों को अपना सिर भी दे सकता हूँ।"

भगवान् श्रीकृष्ण ने कहा, "राजेन्द्र, हमलोग अन्न के इच्छुक ब्राह्मण नहीं हैं। हम क्षत्रिय हैं। हम आपके पास युद्ध के लिये आये हैं। यदि आपकी इच्छा हो, तो हमें द्वन्द्वयुद्ध की भिक्षा दीजिये। देखो, ये पाण्डुपुत्र भीमसेन हैं और यह

इनका छोटा भाई अर्जुन है। मैं इन दोनों का ममेरा भाई तथा आपका पुराना शत्रु कृष्ण हूँ।" जब भगवान् श्रीकृष्ण ने इस प्रकार अपना परिचय दिया, तो राजा जरासंध ठठाकर हँसने लगा। वह चिढ़ कर बोला, "अरे मूर्खो, यदि तुम्हें युद्ध की ही इच्छा है, तो लो मैं तुम्हारी प्रार्थना स्वीकार करता हूँ। परन्तु कृष्ण, तुम तो बड़े डरपोक हो। तुम युद्ध में घबरा जाते हो। यहाँ तक कि मेरे डर से तुमने अपनी नगरी मथुरा भी छोड़ दी तथा समुद्र की शरण ली है। इसलिये मैं तुम्हारे साथ नहीं लड़ूंगा। यह अर्जुन भी कोई योद्धा नहीं है। एक तो अवस्था में मुझसे छोटा, दूसरे कोई बलवान् भी नहीं है। इसलिये यह भी मेरे जोड़ का वीर नहीं है। मैं इसके साथ भी नहीं लड़ूंगा। रहे भीमसेन, ये अवश्य ही मेरे समान बलवान् और मेरे जोड़ के हैं।" जरासन्ध ने यह कहकर भीमसेन को एक बहुत बड़ी गदा दे दी। स्वयं दूसरी गदा लेकर नगर से बाहर निकल आया। अब दोनों रणोन्मत्त वीर अखाड़े में आकर एक दूसरे से भिड़ गये और अपनी वज्र के समान कठोर गदाओं से एक दूसरे पर प्रहार करने लगे। जरासंध और भीमसेन बड़े वेग से गदा चला-चला कर एक दूसरे के कंधों, कमर, पैरों, हाथों, जाँघों और पसलियों पर चोट करने लगे। उनकी गदाएँ उनके अंगों से टकरा-टकरा कर चकनाचूर होने लगीं। जब गदाएँ चूर-चूर हो गयीं, तब वे दोनों वीर क्रोध में भरकर अपने घूंसों से एक दूसरे को कुचल डालने की चेष्टा करने लगे। उनके घूंसे ऐसी चोट करते, मानो लोहे का घन गिर रहा हो। दोनों की शक्ति तनिक भी क्षीण नहीं हो रही थी। दोनों वीर रात के समय मित्र के समान रहते और दिन में एक दूसरे पर प्रहार करते और लड़ते। इस प्रकार लड़ते-लड़ते सत्ताईस दिन बीत गये।

अट्ठाईसवें दिन भीमसेन ने अपने ममेरे भाई श्रीकृष्ण से कहा, "श्रीकृष्ण मैं युद्ध में जरासंध को जीत नहीं सकता।" भगवान् श्रीकृष्ण जरासन्ध के जन्म और मृत्यु का रहस्य जानते थे और यह भी जानते थे कि जरा राक्षसी ने जरासन्ध के शरीर के दो टुकड़ों को जोड़कर इसे जीवनदान दिया है। इसलिये उन्होंने भीमसेन के शरीर में अपनी शक्ति का संचार किया और जरासन्ध के वध का उपाय सोचा। उन्होंने उसकी मृत्यु का उपाय जानकर एक वृक्ष की डाली को बीचोबीच से चीर दिया। उन्होंने इशारे से भीमसेन को दिखाया। परम शक्तिशाली भीमसेन ने भगवान् श्रीकृष्ण का अभिप्राय समझ लिया। उन्होंने जरासन्ध का पैर पकड़कर उसे धरती पर दे मारा। फिर उसके एक पैर को अपने पैर के नीचे दबाया और दूसरे को उन्होंने अपने दोनों हाथों से पकड़ लिया। इसके बाद भीमसेन ने उसे गुदा की ओर से इस प्रकार चीर डाला, जैसे गजराज वृक्ष की डाली चीर डाले। जरासन्ध की मृत्यु हो जाने पर सारी प्रजा 'हाय हाय' कर आर्तस्वर से चिल्लाने

लगी। भगवान् श्रीकृष्ण और अर्जुन ने भीमसेन का आलिंगन करके उनका सत्कार किया। श्रीकृष्णजी ने जरासन्ध के राजसिंहासन पर उसके पुत्र सहदेव का अभिषेक कर दिया और उसने जिन राजाओं को जरान्ध ने बन्दी बना रक्खा था, उन्हें कारागार से मुक्त कर दिया।

उन राजाओं ने भगवान् श्रीकृष्ण के चरणों पर अपना सिर रखकर प्रणाम किया और उनकी स्तुति कर भक्ति-प्राप्ति का वर माँगा। भगवान् श्रीकृष्ण ने उन्हें अभीष्ट वर देकर उन्हें कृतकृत्य किया। जरासन्ध के पुत्र सहदेव से उनको राजोचित वस्त्रभूषण, माला-चन्दन आदि दिलवा कर उनका खूब सम्मान करवाया। इस प्रकार उदारशिरोमणि भगवान् श्रीकृष्ण ने उन राजाओं को महान् कष्ट से मुक्त किया। उन्हें सुन्दर रथों पर बैठा कर उनकी राजधानी को भेज दिया। अपने-अपने निर्दिष्ट स्थान पर पहुँच कर उन लोगों ने अपनी-अपनी प्रजा से परम पुरुष भगवान् श्रीकृष्ण की अद्भुत कृपा और लीला कह सुनायी और फिर बड़ी सावधानी से भगवान् के आज्ञानुसार वे अपना जीवन व्यतीत करने लगे।

जरासन्धनन्दन सहदेव ने श्रीकृष्णजी, भीमसेन तथा अर्जुन का अत्यधिक आदर-सत्कार और सम्मान किया फिर वे तीनों इन्द्रप्रस्थ की ओर रवाना हुए। उन्होंने इन्द्रप्रस्थ के पास पहुँच कर अपने-अपने शंख बजाये, जिससे उनके इष्टमित्रों को सुख और शत्रुओं को परम दुःख हुआ। भीमसेन, अर्जुन और भगवान् श्रीकृष्ण ने राजा-युधिष्ठिर की वन्दना की और वह सब कृत्य कह सुनाया, जो उन्हें जरासन्ध के वध के लिये करना पड़ा था। धर्मराज युधिष्ठिर भगवान् श्रीकृष्ण के इस परम अनुग्रह की बात सुनकर प्रेम से भर गये, उनके नेत्रों से आनन्द की अश्रुधार बहने लगी।

भगवान् की अग्रपूजा

जरासन्ध का वध और श्रीकृष्णजी की अद्भुत महिमा सुनकर युधिष्ठिर बहुत प्रसन्न हुए और बोले, "अनन्त, हमलोग हैं तो अत्यंत दीन, पर मानते हैं अपने को भूपति और नरपति। ऐसी स्थिति में हैं तो हम दण्ड के पात्र, परन्तु आप हमारी आज्ञा स्वीकार करते हैं और उसका पालन करते हैं। सर्वशक्तिमान् कमलनयन भगवान् के लिये यह मनुष्यलीला का अभिनयमात्र है। आप सजातीय, विजातीय और स्वगत भेद से रहित स्वयं परब्रह्म परमात्मा हैं।"

भगवान् श्रीकृष्ण के निर्देशानुसार धर्मराज युधिष्ठिर ने अपने भाइयों को दिग्विजय करने का आदेश दिया। भगवान् श्रीकृष्ण ने पाण्डवों में अपनी शक्ति का संचार करके उनको अत्यंत प्रभावशाली बना दिया। धर्मराज युधिष्ठिर ने सृंजय-

वंशी वीरों के साथ सहदेव को दक्षिण दिशा में दिग्विजय करने के लिये भेजा। नकुल को मत्स्यदेशीय वीरों के साथ पश्चिम में, अर्जुन को केकयदेशीय वीरों के साथ उत्तर में और भीमसेन को मद्रदेशीय वीरों के साथ पूर्व दिशा में दिग्विजय करने का आदेश दिया। उन भीमसेन आदि वीरों ने अपने बल-पौरुष से सब ओर के नरपतियों को जीत लिया और यज्ञ करने के लिये उद्यत महाराज युधिष्ठिर को बहुत-सा धन लाकर दिया।

धर्मराज युधिष्ठिर ने श्रीकृष्णजी की अनुमति से यज्ञ के उपयुक्त समय आने पर यज्ञ के कार्यों में पूर्ण निष्णात वेदवादी ब्राह्मणों को ऋत्विज, आचार्य आदि के रूप में वरण किया। उनमें से कुछ नाम इस प्रकार हैं—श्रीकृष्ण द्वैपायन, व्यासदेव, भरद्वाज, सुमन्त, गौतम, असित, वसिष्ठ, च्यवन, कण्व, मैत्रेय, कवष, त्रित, विश्वामित्र, वामदेव, सुमति, जैमिनि, पैल, पराशर, गर्ग, वैशम्पायन, अथर्वा, कश्यप, धौम्य, परशुराम, शुक्राचार्य, आसुरि, वीतहोत्र, मधुच्छन्दा, बीरसेन और अकृतव्रण। इनके अतिरिक्त धर्मराज ने द्रोणाचार्य, कृपाचार्य, भीष्म पितामह, धृतराष्ट्र और उनके पुत्रों दुर्योधन आदि एवं महामति विदुर आदि को बुलवाया। राजसूय यज्ञ का दर्शन करने के लिये देश के सब राजा, उनके मंत्री तथा कर्मचारी, ब्राह्मण, क्षत्रीय, वैश्य, शूद्र सब के सब वहाँ आये। यज्ञ में पधारे हुए सभी व्यक्तियों के ठहरने के लिये बहुत सुचारु व्यवस्था थी। खाने-पीने का प्रबन्ध भी श्लाघनीय रहा। सभी व्यक्ति पूर्ण तृप्त और संतुष्ट थे।

अब सभासद् लोग इस विषय पर विचार करने लगे कि सदस्यों में सबसे पहले किसकी पूजा—अग्रपूजा होनी चाहिये। जितनी मति, उतने मत। ऐसी स्थिति में युधिष्ठिर ने भीष्मपितामह से प्रार्थना की, "पूज्य पितामहजी इस विषय में आप अपनी सम्मति देने की अनुकम्पा कीजिये।" महापराक्रमी शान्तनुनंदन भीष्म ने अपनी बुद्धि से निश्चय करके भगवान् श्रीकृष्ण को ही भूमण्डल में सबसे अधिक पूजनीय माना। उन्होंने भरी सभा में युधिष्ठिर से इस प्रकार कहा, "कुन्तीनन्दन, ये भगवान् श्रीकृष्ण इन सब राजाओं के बीच में अपने तेज, बल, पराक्रम से उसी प्रकार देदीप्यमान हो रहे हैं, जैसे ग्रह-नक्षत्रों में भुवनभास्कर भगवान् सूर्य। भगवान् श्रीकृष्ण के द्वारा हमारी यह सभा आह्लादित और प्रकाशित हो रही है अतः ये ही अग्रपूजा के योग्य हैं।"

भीष्मजी की आज्ञा मिल जाने पर प्रतापी सहदेवजी ने वृष्णिकुलभूषण भगवान् श्रीकृष्ण को विधिपूर्वक उत्तम अर्घ्य निवेदन किया। श्रीकृष्णजी ने शास्त्रीय विधि के अनुसार इस अर्घ्य को स्वीकार किया।

शिशुपाल का वध

वसुदेवनन्दन भगवान् श्रीहरि की वह पूजा राजा शिशुपाल नहीं सह सका। महाबली चेदिराज शिशुपाल भरी सभा में भीष्म पितामह और धर्मराज युधिष्ठिर को उलाहना देकर भगवान् वासुदेव पर आक्षेप करने लगा। वह बोला, "कौरव्य, यहाँ इन महात्मा भूमिपतियों के रहते हुए यह वृष्णिवंशी कृष्ण राजाओं की भाँति राजोचित्त पूजा का अधिकारी कदापि नहीं हो सकता। महात्मा पाण्डवों के लिये यह विपरीत आधार कभी उचित नहीं है। पाण्डकुमार तुमने स्वार्थवश कृष्ण का पूजन किया है। पाण्डवों अभी तुम लोग बालक हो। तुम्हें धर्म का पता नहीं है। ये गंगानन्दन भीष्म बहुत बूढ़े हो गये हैं। अब इनकी स्मरण शक्ति जवाब दे चुकी है। इनकी सूझ और समझ भी बहुत कम हो गयी है। भीष्म तुम्हारे जैसा धर्मात्मा पुरुष भी जब मनमाना या किसी का प्रिय करने के लिये मुँहदेखी करने लगता है, तब वह साधु-पुरुषों के समाज में अधिक अपमान का पात्र बन जाता है। यह सभी जानते हैं कि यदुवंशी कृष्ण राजा नहीं है। फिर भी सम्पूर्ण भूपालों के बीच तुम लोगों ने जिस प्रकार इसकी पूजा की है, वैसी पूजा का अधिकारी यह कैसे हो सकता है? द्रुपद, द्रोणाचार्य, वेदव्यास, भीष्मपितामह, अश्वत्थामा, कृपाचार्य, दुर्योधन, भीष्मक, रुक्मी, शल्य, परशुराम, कर्ण आदि श्रेष्ठ और महान् पुरुषों के रहते हुए, तुमने कृष्ण की अग्रपूजा कैसे की? कुरुश्रेष्ठ, कृष्ण न ऋत्विज है, न आचार्य है और न राजा ही है; फिर तुमने किस कामना से इसकी पूजा की है।"

"वृष्णिकुल में पैदा हुए इस दुरात्मा ने तो कुछ ही दिन पहले महात्मा राजा जरासन्ध का अन्यायपूर्वक वध किया है। कृष्ण, कुन्ती के पुत्र डरपोक, कायर और तपस्वी हैं। इन्होंने ठीक-ठीक न जानकर यदि तुम्हारी पूजा कर दी, तो तुम्हें तो समझना चाहिये था कि तुम इस पूजा के अधिकारी हो? इन कायरों द्वारा उपस्थित की हुई इस अग्रपूजा को उसके योग्य न होते हुए भी, तुमने क्यों स्वीकार कर ली? आज मैंने राजा युधिष्ठिर को देख लिया, भीष्मजी भी जैसे हैं, देख लिया और इस वासुदेव कृष्ण का भी वास्तविक रूप क्या है, यह भी देख लिया। वास्तव में ये सब ऐसे ही हैं।

उसे ऐसा कहकर शिशुपाल अपने उत्तम आसन से उठकर कुछ राजाओं के साथ उस सभाभवन से जाने को उद्यत हो गया। राजा युधिष्ठिर शिशुपाल के पास दौड़े गये और उसे शान्तिपूर्वक समझाते हुए मधुर वाणी से बोले, "राजन्, तुमने जैसी बात कह डाली है, वह कदापि उचित नहीं है। किसी के प्रति इस प्रकार व्यर्थ कठोर बातें कहना महान् अधर्म है। शान्तनुनंदन भीष्मजी धर्म के तत्व न

जानते हों, ऐसी बात नहीं है, अतः तुम इनका अनादर न करो।"

"देखो, ये सभी नरेश, जिनमें कई तो तुम्हारी अपेक्षा बहुत बड़ी अवस्था के हैं, श्रीकृष्ण की अग्रपूजा को चुपचाप सहन कर रहे हैं। इसी प्रकार तुम्हें भी इस विषय में कुछ नहीं बोलना चाहिये। चेदिराज, भगवान् श्रीकृष्ण को यथार्थ रूप से हमारे पितामह भीष्मजी ही जानते हैं। भीष्मजी को उनके तत्व का जैसा ज्ञान है, वैसा तुम्हें नहीं है।"

भीष्मजी ने कहा, "धर्मराज, भगवान् श्रीकृष्ण ही सम्पूर्ण जगत् में सबसे बढ़ कर हैं। वे ही परम पूजनीय हैं। जो उनकी अग्रपूजा स्वीकार नहीं करता है, उसकी अनुनय-विनय नहीं करनी चाहिये। वह सान्त्वना देने या समझाने-बुझाने के योग्य भी नहीं है। योद्धाओं में श्रेष्ठ क्षत्रिय जिसे युद्ध में जीतकर अपने वश में करके छोड़ देता है, वह उस पराजित क्षत्रिय के लिये गुरुतुल्य पूज्य हो जाता है। राजाओं के इस समुदाय में एक भी भूपाल ऐसा नहीं दिखायी देता, जो युद्ध में देवकीनन्दन श्रीकृष्ण के तेज से परास्त न हो चुका हो। महाबाहु श्रीकृष्ण केवल हमारे लिये परम पूजनीय हों, ऐसी बात नहीं है, ये तो तीनों लोकों के पूजनीय हैं। श्रीकृष्ण के परम पूजनीय होने के दो कारण हैं—इनमें वेद-वेदाङ्गों का पूर्ण ज्ञान तो है ही, बल भी सबसे अधिक है। श्रीकृष्ण के सिवा संसार के मनुष्य में दूसरा कौन सबसे बढ़कर है ? दान, दक्षता, शास्त्रज्ञान, शौर्य, लज्जा, कीर्ति, उत्तम बुद्धि, विनय, श्री, धृति, तुष्टि और पुष्टि—ये सभी गुण भगवान् श्रीकृष्ण में नित्य विद्यमान हैं। श्रीकृष्ण हमारे ऋत्विक, गुरु, आचार्य, स्नातक, राजा और प्रिय मित्र सब कुछ हैं। इसलिये हमने इनकी अग्रपूजा की है।"

"भगवान् श्रीकृष्ण ही सम्पूर्ण जगत् की उत्पत्ति और प्रलय के स्थान हैं। यह सारा चराचर विश्व इन्हीं के लिये प्रकट हुआ है। ये ही अव्यक्त प्रकृति, सनातन-कर्त्ता तथा सम्पूर्ण भूतों से परे हैं। अतः भगवान् अच्युत ही सबसे बढ़कर पूजनीय हैं। यदि शिशुपाल इस पूजा को अनुचित मानता है, तो अब उस अनुचित पूजा के संबंध में उसे जो उचित जान पड़े, वैसा करे।" ऐसा कहकर महाबली भीष्म चुप हो गये।

तत्पश्चात् माद्रीकुमार सहदेव ने शिशुपाल की बातों का मुंहतोड़ उत्तर देते हुए यह बात कही, "राजाओ, केशी दैत्य का वध करने वाले अनन्तपराक्रमी भगवान् श्रीकृष्ण की मेरे द्वारा जो पूजा की गयी है, उसे आप लोगों में जो सहन न कर सकें, उन सब बलवानों के मस्तक पर मैंने यह पैर रख दिया। मैंने खूब सोच-समझकर यह बात कही है। जो इसका उत्तर देना चाहे वह सामने आ जाय। मेरे द्वारा वह वध के योग्य होगा। जो बुद्धिमान् राजा हों वे मेरे द्वारा की हुई

आचार्य, पिता, गुरु, पूजनीय और अर्घ्य-निवेदन के सर्वथा योग्य भगवान् श्रीकृष्ण की पूजा का हृदय से अनुमोदन करें।"

सहदेव ने महामानी और बलवान् राजाओं के बीच खड़े होकर अपना पैर दिखाया था, तो भी जो बुद्धिमान् और श्रेष्ठ नरेश थे, उनमें से कोई कुछ न बोला, बल्कि उन्होंने प्रसन्नता ही प्रकट की। उस समय सहदेव के मस्तक पर आकाश से फूलों की वर्षा होने लगी और अदृश्य रूप से खड़े हुए देवताओं ने 'साधु, साधु' कहकर उनके सत्साहस की प्रशंसा की। तत्पश्चात् नारदजी समस्त उपस्थित व्यक्तियों के बीच स्पष्ट शब्दों में बोले, "जो मानव कमलनयन भगवान् श्रीकृष्ण की पूजा नहीं करेंगे, वे जीते-जी ही मृतक-तुल्य समझे जायेंगे। ऐसे लोगों से कभी बातचीत नहीं करनी चाहिये।"

भीष्म पितामहजी और नारदजी की बात अनसुनी करके शिशुपाल युद्ध करने के लिये ललकारने लगा। अब शिशुपाल को मार डालने के लिये पाण्डव, मत्स्य, केकय और सृंजयवंशी नरपति क्रोधित होकर हाथों में हथियार लेकर उठ खड़े हुए। परन्तु शिशुपाल को इससे कोई घबराहट नहीं हुई। उसने बिना सोचे अपनी ढाल-तलवार उठा ली और वह भरी सभा में श्रीकृष्ण के पक्षपाती राजाओं को युद्ध करने के लिये ललकारने लगा। उन लोगों को लड़ते-झगड़ते देख भगवान् श्रीकृष्ण उठ खड़े हुए। उन्होंने अपने पक्षपाती राजाओं को शान्त किया। तदनन्तर उन्होंने मन ही मन दैत्यवर्ग विनाशक सुदर्शन चक्र का स्मरण किया। चिन्तन करते ही तत्काल चक्र हाथ में आ गया। बोलने में कुशल भगवान् श्रीकृष्ण ने उच्च स्वर से कहा, "यहाँ बैठे हुए सब महिपाल यह सुन लें कि मैंने क्यों अब तक इसके अपराध क्षमा किये हैं? इसकी माता के याचना करने पर मैंने उसे यह प्रार्थित वर दिया था कि शिशुपाल के सौ अपराध क्षमा कर दूँगा। राजाओं, वे सब अपराध अब पूरे हो गये हैं। अतः आप सभी भूमिपतियों के देखते-देखते मैं अभी इसका वध किये देता हूँ।" ऐसा कहकर कुपित हुए शत्रुहन्ता भगवान् श्रीकृष्ण ने चक्र से उसी क्षण चेदिराज शिशुपाल का सिर उड़ा दिया।

तदनन्तर सभी नरेशों ने देखा कि चेदिराज के शरीर से एक उत्कृष्ट तेज निकल कर ऊपर उठ रहा है; मानो आकाश से सूर्य उदित हुआ हो। उस तेज ने विश्ववन्दित कमलदललोचन श्रीकृष्ण को नमस्कार किया और उसी समय उनके भीतर प्रविष्ट हो गया। यह देखकर सभी राजाओं को महान् आश्चर्य हुआ। बड़े-बड़े ऋषि, महात्मा, ब्राह्मणों तथा महाबली भूमिपालों ने भगवान् श्रीकृष्ण का वह अद्भुत पराक्रम देखकर अत्यंत प्रसन्न हो उनकी स्तुति करते हुए उन्हीं की शरण ली। पाण्डुनन्दन युधिष्ठिर ने अपने भाइयों से कहा, "दमघोषपुत्र वीर राजा

शिशुपाल का अंत्येष्टि-संस्कार बड़े सत्कार के साथ करो। इसमें देर न लगाओ।" पाण्डवों ने युधिष्ठिर की इस आज्ञा का यथार्थ रूप से पालन किया। उस समय कुन्तीनन्दन राजा युधिष्ठिर ने वहाँ आये हुए सभी भूमिपतियों के साथ चेदिदेश के राज्यसिंहासन पर शिशुपाल के पुत्र को अभिषिक्त कर दिया।

शिशुपाल की सद्गति होने के पश्चात् चक्रवर्ती धर्मराज युधिष्ठिर ने ऋत्विजों को पुष्कल दक्षिणा दी तथा सब का सत्कार करके विधिपूर्वक यज्ञान्त स्नान—अवभृथ-स्नान किया। इस प्रकार योगेश्वर भगवान् श्रीकृष्ण ने धर्मराज युधिष्ठिर का राजसूय यज्ञ पूर्ण किया और अपने सगे-संबंधी और सुहृदों की प्रार्थना पर कुछ महीनों तक वहीं रहे। इसके बाद राजा युधिष्ठिर की इच्छा न होने पर भी सर्वशक्तिमान् भगवान् श्रीकृष्ण ने उनसे अनुमति ले ली और अपनी रानियों तथा मंत्रियों के साथ इन्द्रप्रस्थ से द्वारकापुरी की यात्रा की।

महाराज युधिष्ठिर ने देवताओं, मनुष्यों और आकाशचारियों का यथायोग्य सम्मान किया तथा वे सब भगवान् श्रीकृष्ण एवं राजसूय यज्ञ की प्रशंसा करते हुए अपने-अपने स्थान को चले गये। सब तो सुखी हुए, परन्तु दुर्योधन से पाण्डवों की इस उज्जवल राजलक्ष्मी का उत्कर्ष सहन न हुआ, क्योंकि वह स्वभाव से ही पापी, कलहप्रेमी और कुरुवंश का नाश करने वाला एक महान् रोग था।

पाण्डवों की राजलक्ष्मी के उत्कर्ष से दुर्योधन अत्यधिक दुखी हुआ। इसका प्रत्यक्ष कारण यह भी था कि एक दिन अभिमानी दुर्योधन अपने दुःशासन आदि भाइयों के साथ मयदानव द्वारा निर्मित युधिष्ठिर की राज्यसभा देखने गया। उसके सिर पर मुकुट, गले में माला और हाथ में तलवार थी। वह क्रोधवश द्वारपालों और सेवकों को झिड़क रहा था। उस सभा में मयदानव ने ऐसी माया फैला रखी थी कि दुर्योधन ने उससे मोहित हो स्थल को जल समझकर अपने वस्त्र समेट लिये और जल को स्थल समझकर वह उसमें गिर पड़ा। उसको गिरते देखकर भीमसेन, राजरानियाँ तथा दूसरे नरपति हँसने लगे। युधिष्ठिर उन्हें ऐसा करने से रोक रहे थे, किन्तु उन्हें संकेत से श्रीकृष्ण का अनुमोदन प्राप्त हो चुका था। इससे दुर्योधन लज्जित हो गया, उसका रोम-रोम क्रोध से जलने लगा और द्वेष तथा ईर्ष्या की अग्नि भड़क उठी। अब वह अपना मुँह लटकाकर चुपचाप सभाभवन से निकलकर हस्तिनापुर चला गया। इस घटना को देखकर सत्पुरुषों में हाहाकार मच गया और धर्मराज युधिष्ठिर का मन खिन्न हो गया। यह सब होने पर भी भगवान् श्रीकृष्ण चुप थे। उनकी इच्छा थी कि किसी प्रकार पृथ्वी का भार उतर जाय। उन्हीं की इच्छा से, उन्हीं की लीला से दुर्योधन को यह भ्रम हुआ था।

युधिष्ठिर के राजसूय यज्ञ का महत्त्व

भगवान् श्रीकृष्णजी ने धर्म संस्थापन और दुष्टों के दमन के लिये ही अवतार लिया था। उन्होंने अपने उद्देश्य की पूर्ति के लिये युधिष्ठिर को प्रेरित करके इस महान् यज्ञ को कराया। युधिष्ठिर धर्म के पुत्र होने से धर्मराज कहे जाते थे। ऐसे धर्मात्मा राजा से राजसूय कराना सर्वथा समीचीन था। इस यज्ञ के प्रारंभ होने के पूर्व आसुरी प्रवृत्ति से युक्त जरासन्ध का वध भीमसेन के द्वारा भगवान् श्रीकृष्ण ने कराया। यज्ञ के मध्य में शिशुपाल का वध श्रीकृष्ण भगवान् ने स्वयं किया। शिशुपाल जरासन्ध का अनन्य मित्र था। राजसूय यज्ञ में उसकी यही मंशा थी कि यह यज्ञ किसी भी प्रकार पूरा न हो। इसलिये उसने भीष्म पितामह ऐसे सर्वगुण-सम्पन्न क्षत्रिय का कटुवाक्य कहकर अपमान किया था। अतः वह यज्ञविरोधी था। अंत में यज्ञ की गरिमा, युधिष्ठिरजी की लोकख्याति, राजलक्ष्मी, धन-सम्पत्ति और विभूति देखकर दुर्योधन जलभुन उठा। वह पाण्डवों का जन्मजात शत्रु था। आसुरी-सम्पत्ति का मूर्तिमान स्वरूप था। उसी को माध्यम बनाकर भगवान् अन्य आसुरी-वृत्ति वाले नरपतियों का संहार कराना चाहते थे। इसलिये राजसूय यज्ञ का परम महत्त्व है। यदि यह कहा जाय तो अत्युक्ति न होगी कि कौरवों के विनाश का प्रमुख कारण युधिष्ठिर का राजसूय यज्ञ ही था साथ ही उसी कारण आसुरीवृत्तिपरायण नरपतियों का भी संहार हुआ। युधिष्ठिर द्वारा धर्मराज्य का संस्थापन कराया गया।

□□

अध्याय—१५

द्यूतक्रीड़ा-प्रसंग और भगवान् द्वारा द्रौपदी की रक्षा

राजा युधिष्ठिर से विदा होकर दुर्योधन हस्तिनापुर की ओर रवाना हुआ। रास्ते में जाते समय वह नाना प्रकार की चिन्ताओं में डूबा हुआ था। वह उन्मत्त सा होकर लंबी-लंबी साँसें खींच रहा था। शकुनि ने उसकी चिन्ता का कारण पूछा। बार-बार पूछने पर उसने अपने मन की पापवृत्ति का उद्‌घाटन किया, "मामाजी पाण्डुपुत्र युधिष्ठिर को प्राप्त हुई उस प्रकाशमयी लक्ष्मी को देखकर मैं ईर्ष्यावश जल रहा हूँ। मैं आग में प्रवेश कर जाऊँगा, विष खा लूंगा अथवा जल में डूब मरूँगा, अब मैं जीवित नहीं रह सकूंगा। मैं उस राजलक्ष्मी को, उस दिव्य सभा को तथा रक्षकों द्वारा किये गये अपने उपहास को देखकर निरन्तर संतप्त हो रहा हूँ, मानो आग में जलता होऊँ। मामाजी, अब मुझे मरने की आज्ञा दीजिये, क्योंकि मैं अत्यधिक दुखी हूँ और ईर्ष्या की अग्नि में जल रहा हूँ। महाराज धृतराष्ट्र को मेरी यह अवस्था सूचित कर दीजियेगा।"

दुर्योधन की बात सुनकर शकुनि ने उसे आश्वासन देते हुए कहा, "राजन्, मैं वह उपाय जानता हूँ, जिससे युधिष्ठिर स्वयं पराजित होकर तुम्हारे अधीन हो सकते हैं।"

शकुनि की बात सुनकर दुर्योधन ने बड़ी आतुरता से कहा, "मामा यदि मेरे सगे-संबंधियों तथा अन्य महात्माओं की सतत सावधानी से किसी उपाय द्वारा पाण्डवों को जीता जा सके, तो वह मुझे बताइये।"

शकुनि बोला, "राजन्, कुन्तीनन्दन युधिष्ठिर को जुए का खेल बहुत प्रिय है, किन्तु वे उसे खेलना नहीं जानते। यदि महाराज युधिष्ठिर को द्यूतक्रीड़ा के लिये बुलाया जाय, तो वे पीछे नहीं हट सकेंगे। मैं जुआ खेलने में बहुत निपुण हूँ। इस कला में मेरी समानता करने वाला पृथ्वी पर दूसरा कोई नहीं है। अतः कुरुनंदन, तुम द्यूतक्रीड़ा के लिये युधिष्ठिर को बुलाओ। नरश्रेष्ठ, मैं पाशा फेंकने में कुशल हूँ। अतः युधिष्ठिर के राज्य तथा देदीप्ययान राजलक्ष्मी को तुम्हारे लिये अवश्य प्राप्त कर लूंगा, इसमें संशय नहीं है। दुर्योधन, तुम ये सारी बातें महाराज धृतराष्ट्र से कहो। उनकी आज्ञा मिल जाने पर मैं निश्चय ही पाण्डवों को जीत लूंगा।"

तदनन्तर शकुनि ने राजा धृतराष्ट्र से दुर्योधन की अस्वस्थता का चित्रण करते हुए कहा, "महाराज, दुर्योधन की कान्ति फीकी पड़ती जा रही है। वह सफेद और

दुर्बल हो गया है। उसकी बड़ी दयनीय दशा है। वह निरन्तर चिन्ता में डूबा रहता है। नरेश्वर, उसके मनोभाव समझिये। उसके हृदय में महान् शोक है, आप उसका पता क्यों नहीं लगाते ?"

शकुनि की बात सुनकर धृतराष्ट्र ने दुर्योधन से पूछा, "बेटा, तुम सुख-समृद्धि, राज्य, परिवार आदि सब से पूर्णतया सम्पन्न हो। तुम्हारे सभी भाई तुम्हारे सेवक हैं और आज्ञा में तत्पर रहते हैं। तुमने शस्त्र-शास्त्र दोनों विद्याएँ पूर्ण रूप से प्राप्त की हैं। फिर भी तुम इतने दुःखी क्यों हो ? तुम्हारे इस शोक का क्या कारण है ? यह मुझे बताओ।"

दुर्योधन ने उत्तर दिया, "पिताजी, मैं अच्छा खाता-पहनता हूँ, पर कायरों की भांति। कुन्तीनन्दन, युधिष्ठिर की वह अत्यंत प्रकाशमान राजलक्ष्मी देखकर मुझे भोजन अच्छा नहीं लगता। वही मेरी कान्ति को नष्ट करने वाली है। पिताजी, युधिष्ठिर को राजसूय यज्ञ में धन की जैसी प्राप्ति हुई है, वैसी मैंने पहले न तो देखी है और न सुनी ही है। पाण्डुपुत्र युधिष्ठिर की उस उत्कृष्ट राजलक्ष्मी को देखकर मेरे हृदय में जलन पैदा हो गयी है। अतः मुझे क्षण भर भी शान्ति नहीं मिलती। पिताजी, ऐसी परिस्थिति में मेरे इस जीवन से क्या लाभ ? पाण्डव दिनो-दिन बढ़ रहे हैं और हमारी उन्नति रुक गयी है।"

दुर्योधन के ऐसा करने पर शकुनि ने फिर उसे आश्वासन दिया और युधिष्ठिर के द्यूत खेलने के आमंत्रण पर बार-बार बल दिया। तत्पश्चात् दुर्योधन ने धृतराष्ट्र से कहा, "राजन्, मामा शकुनि अक्षविद्या का मर्म जानने वाले हैं और जुए के द्वारा युधिष्ठिर की राजलक्ष्मी अपहरण कर लेने का उत्साह रखते हैं। अतः इसके लिये इन्हें आज्ञा दीजिये।"

धृतराष्ट्र ने कहा, "बेटा दुर्योधन, महा बुद्धिमान् विदुर मेरे मंत्री हैं, जिनके आदेश के अनुसार मैं चलता हूँ। उनसे मिलकर परामर्श करने के बाद मैं यह समझ सकूंगा कि इस कार्य के संबंध में क्या निश्चय किया जाय। विदुर दूरदर्शी हैं। वे धर्म को सामने रख कर दोनों पक्षों के लिये उचित और परम हित की बात सोचकर उसके अनुकूल ही कार्य का निश्चय बतायेंगे।"

दुर्योधन ने कहा, "पिताजी, विदुरजी जब आपसे मिलेंगे, तो अवश्य ही आपको इस कार्य से निवृत्त कर देंगे। राजेन्द्र, यदि आपने इस कार्य से मुंह मोड़ लिया, तो मैं निस्सन्देह प्राण त्याग दूंगा। राजन्, मेरी मृत्यु हो जाने पर आप विदुर के साथ सुख से सहयोग और सारी पृथ्वी का राज्य भोगियेगा। मेरे जीवित रहने से आप क्या प्रयोजन सिद्ध करेंगे ?"

अपने पुत्र दुर्योधन का यह प्रेमपूर्ण आर्तवचन सुनकर राजा धृतराष्ट्र दुर्योधन

के मत में आ गये। वे अपने सेवकों से इस प्रकार बोले, "बहुत से शिल्पी लगकर एक परम सुन्दर दर्शनीय एवं विशाल सभाभवन शीघ्र निर्माण करें।" दुर्योधन की शान्ति के लिये ऐसा निश्चय करके राजा धृतराष्ट्र ने विदुरजी को बुलवाया।

जूए के संबंध में विदुरजी की सम्मति

विदुरजी से पूछे बिना राजा धृतराष्ट्र का कोई भी निश्चय नहीं होता था। जूए के दोषों को जानते हुए भी वे पुत्रस्नेह से उसकी ओर आकृष्ट हो गये थे। बुद्धिमान् विदुर कलह के द्वाररूप जूए का अवसर उपस्थित हुआ सुनकर और विनाश का मुख प्रकट हुआ जानकर धृतराष्ट्र के पास दौड़े आये। उन्होंने धृतराष्ट्र के चरणों में सिर रख कर प्रणाम किया और इस प्रकार कहा, "राजन्, मैं आपके इस निश्चय को पसंद नहीं करता। प्रभो, आप ऐसा प्रयत्न कीजिये जिससे द्यूत-क्रीड़ा न हो पावे। इस जूए के कारण आपके पुत्रों और पाण्डुपुत्रों में टकराव न होने पावे।"

धृतराष्ट्र मोहान्ध हो गये थे। विदुर की स्पष्ट राय सुनकर भी उन्होंने इस प्रकार कहा, "विदुर, यदि हम लोगों पर देवताओं की कृपा होगी तो मेरे पुत्रों और पाण्डुपुत्रों के साथ निस्सन्देह कलह न होगा। अशुभ हो या शुभ, हितकर हो या अहितकर, सुहृदों में यह द्यूतक्रीड़ा प्रारंभ होनी ही चाहिये। निस्सन्देह ऐसा अवसर भाग्य से ही प्राप्त होता है। विदुरजी, जब मैं, द्रोणाचार्य, भीष्मजी, तथा तुम—ये सब लोग सन्निकट रहेंगे, तब किसी प्रकार दैवविहित अन्याय नहीं होने पायेगा। तुम अति शीघ्र इन्द्रप्रस्थ जाओ और युधिष्ठिर को बुला लाओ। विदुर, मेरा निश्चय तुम युधिष्ठिर से न बताना; यह बात मैं तुमसे कहे देता हूँ। मैं दैव को भी प्रबल मानता हूँ, जिसकी प्रेरणा से यह द्यूतक्रीड़ा प्रारंभ होने जा रही है।"

तदनन्तर धृतराष्ट्र ने एकान्त में फिर दुर्योधन को समझाना प्रारंभ किया, "बेटा दुर्योधन, जूए का खेल नहीं होना चाहिये। विदुरजी शास्त्रमर्मज्ञ बृहस्पतिजी के शिष्य हैं। वे भी उन्हीं के समान ज्ञानवान् हैं। उनकी राय में जूए का खेल नहीं होना चाहिये। महाबुद्धिमान् विदुरजी हमें कोई ऐसी सलाह नहीं देंगे, जिससे हम लोगों का अहित होने वाला हो। विदुरजी, जो कहते हैं, उसी में मैं अपना सर्वोत्तम हित मानता हूँ। बेटा, तुम भी वही सब करो। मेरी समझ में तुम्हारे लिये हित-कर है। जूए में वैर-विरोध की संभावना दिखायी देती है। वैर-विरोध होने से राज्य का नाश हो जाता है। अतः पुत्र, जूआ खेलने का आग्रह छोड़ दो। तुम राजा हो, तुम्हें सभी वस्तुएँ प्राप्त हैं।"

धृतराष्ट्र के प्रयत्न करने पर भी दुर्योधन अपने हठ पर अड़ा रहा। वह अपने

संकल्प पर अडिग रहा। उसने फिर युधिष्ठिर की राजलक्ष्मी का वर्णन करना प्रारंभ कर दिया। युधिष्ठिर को राजाओं द्वारा भेंट में मिली हुई वस्तुओं, ऊनी वस्त्रों, सोने के सुंदर कलश, बहुमूल्य रत्नों, घोड़ों, हाथियों, दुधारू गायों, मोती, वैदूर्य आदि का विस्तृत ब्यौरा दिया। इसके अतिरिक्त उसने धृतराष्ट्र को अपने तिरस्कृत होने की गाथा बतलायी। उसने कहा, "पिताजी, बिन्दुसरोवर से लाये हुए रत्नों के द्वारा मयासुर ने एक कृत्रिम पुष्करिणी का निर्माण किया था, जो स्फटिक-मणि की शिलाओं से आच्छादित है। वह मुझे जल से भरी हुई सी दिखायी दी। पिताजी, जब मैं उसमें उतरने के लिये वस्त्र उतारने लगा, तो भीमसेन ठठा कर हँस पड़े। यह उपहास मुझे दग्ध किये दे रहा है।"

"नरेश्वर, मैंने पुनः एक वैसी ही बावली देखकर, जो कमलों से सुशोभित हो रही थी, समझा कि यह भी पहली पुष्करिणी की भाँति स्फटिकशिला से पाटकर बराबर कर दी गयी होगी; परन्तु वह वास्तव में जल से परिपूर्ण थी, इसलिये मैं भ्रम से उसमें गिर पड़ा। वहाँ श्रीकृष्ण अर्जुन के साथ मेरी ओर देखकर जोर से हँसने लगे। स्त्रियों सहित द्रौपदी भी मेरे हृदय में चोट पहुँचाती हुई हँस रही थी। मेरे सब कपड़े भीग गये थे। अतः युधिष्ठिर की आज्ञा से सेवकों ने मुझे दूसरे वस्त्र दिये। यह मेरे लिये बहुत दुःख और अपमान की बात हुई। महाराज, एक और वंचना मुझे सहनी पड़ी। एक जगह बिना द्वार के ही द्वार की आकृति बनी हुई थी। मैं उसी से निकलने लगा; अतः शिला से टकरा गया। इससे मेरे ललाट में बड़े जोर की चोट लगी। उस समय नकुल और सहदेव ने दूर से मुझे टकराते हुए देख निकट आकर अपने हाथों से मुझे पकड़ लिया और दोनों भाई साथ-साथ रहकर मेरे लिये दुःख प्रकट करने लगे। वहाँ सहदेव ने मुझे आश्चर्य में डालते हुए बार-बार यह कहा, 'राजन्, यह दरवाजा है, इधर चलिये।' महाराज, वहाँ भीमसेन ने मुझे 'धृतराष्ट्रपुत्र' कहकर संबोधित किया और हँसते हुए कहा, 'राजन, इधर दरवाजा है।'- मैंने उस सभा में जो-जो रत्न देखे हैं, उनके पहले कभी नाम भी नहीं सुने थे। अतः इन सब बातों से मेरे मन में बड़ा संताप हो रहा है।"

दुर्योधन की बात सुनकर धृतराष्ट्र ने उसे फिर समझाना प्रारंभ किया, "तात, दूसरे के धन की इच्छा करना नीच पुरुषों का काम है। जो भलीभाँति अपने धन से संतुष्ट तथा अपने धर्म में ही स्थित है, वही सुखी है और उन्नतिशील होता है। ये पाण्डुपुत्र तुम्हारी भुजाओं के समान हैं—इन्हें काटो मत। तुम भाइयों के धन के लिये मित्रद्रोह मत करो। देखो, जो तुम्हारे बाप-दादे हैं, वे ही उनके भी हैं।"

धृतराष्ट्र की कल्याणमयी बात सुनकर भी दुर्योधन अपने दुराग्रह पर आरूढ़ रहा। उसकी जिद उत्तरोत्तर बढ़ती गयी, क्योंकि यही होनहार था। उसने धृतराष्ट्र

से कहना प्रारंभ किया, "नरेश्वर, मनुष्य जन्म से कोई शत्रु नहीं होता। जिसके साथ एक-सी जीविका होती है, अर्थात् जो लोग एक ही वृत्ति से जीवन-निर्वाह करते हैं, वे ही ईर्ष्या के कारण आपस में एक दूसरे के शत्रु होते हैं, दूसरे नहीं। जो जन्मकाल से शरीर आदि की वृद्धि के समान धनवृद्धि की अभिलाषा करता है, वह कुटुम्बीजनों में बहुत आगे बढ़ जाता है। पराक्रम करना तत्काल उन्नति का कारण है। जबतक मैं पाण्डवों की सम्पत्ति को प्राप्त न कर लूं, तब तक मेरे मन में दुविधा ही रहेगी। इसलिये या तो मैं पाण्डवों की उस सम्पत्ति को ले लूंगा अथवा युद्ध में मर कर सो जाऊँगा। तभी मेरी दुविधा मिटेगी। महाराज, आज जो मेरी दशा है, इससे मेरे जीवित रहने से क्या लाभ? पाण्डव प्रतिदिन उन्नति कर रहे हैं और हम लोगों की वृद्धि अस्थिर है—अधिक काल तक टिकनेवाली नहीं जान पड़ती है।"

दुर्योधन की बात सुनकर शकुनि ने उसे उत्साहित कहते हुए कहा, "विजयी वीरों में श्रेष्ठ दुर्योधन, तुम पाण्डुपुत्रों की जिस लक्ष्मी को देखकर संतप्त हो रहे हो, उसका मैं द्यूत के द्वारा अपहरण कर लूंगा। तुम कुन्तीपुत्र, युधिष्ठिर को बुला भर लो।"

दुर्योधन और शकुनि की बात सुनकर राजा धृतराष्ट्र की बुद्धि पर मोह छा गया। बुद्धिमान् राजा धृतराष्ट्र ने दैव को परम दुस्तर माना और दैव के प्रताप से ही उनके चित्त पर मोह छा गया। वे कर्तव्याकर्तव्य का निर्णय करने में असमर्थ हो गये। तत्पश्चात् धृतराष्ट्र ने विदुरजी को यह आज्ञा दी, "विदुरजी, तुम महाराज युधिष्ठिर के पास जाकर मेरी आज्ञा से उन्हें शीघ्र यहाँ लिवा लाओ। उनसे कहना, मेरी यह विचित्र सभा अनेक प्रकार के रत्नों से जटित है। इसे बहुमूल्य शय्याओं और आसवों द्वारा सजाया गया है। युधिष्ठिर तुम अपने भाइयों के साथ यहाँ आकर इसे देखो और इसमें सुहृदों की द्यूतक्रीड़ा आरम्भ हो।"

विद्वानों में श्रेष्ठ विदुरजी ने धृतराष्ट्र का यह अन्यायपूर्ण आदेश सुनकर भाई की बात का अभिनन्दन नहीं किया और इस प्रकार कहा, "महाराज, मैं आपके इस आदेश का अभिनन्दन नहीं करता। आप ऐसा निंदनीय काम न कीजिये। इससे मुझे समस्त कुल के विनाश का भय है। नरेन्द्र, पुत्रों में भेद करने पर निश्चय ही आपको कलह का सामना करना पड़ेगा। इस जूए से मुझे भयंकर अनिष्ट की आशंका हो रही है।"

विदुरजी की बात राजा धृतराष्ट्र को रुचिकर नहीं प्रतीत हुई। उन्होंने कहा, "विदुर, यदि दैव प्रतिकूल न हो, तो मुझे कलह भी कष्ट नहीं दे सकेगा। विधाता का बनाया हुआ यह सम्पूर्ण जगत् दैव के अधीन होकर चेष्टा कर रहा है, स्वतंत्र

नहीं है। इसलिये विदुर, तुम मेरी आज्ञा से आज महाराज युधिष्ठिर और उनके भाइयों को तुरंत बुला लाओ।"

युधिष्ठिर का हस्तिनापुर आना और सबसे मिलना

तदनन्तर धृतराष्ट्र के बलपूर्वक भेजने पर विदुरजी परम बुद्धिमान पाण्डवों के पास पहुँचे। अजातशत्रु महाराज युधिष्ठिर ने विदुरजी का यथावत आदर-सत्कार करके उनसे पुत्र सहित धृतराष्ट्र की कुशल पूछी। विदुरजी ने कुशल मंगल का समाचार बतलाने के पश्चात् राजा धृतराष्ट्र का संदेश सुनाया, "कुरुराज धृतराष्ट्र ने पहले तुमसे कुशल और आरोग्य पूछ कर यह संदेश दिया है कि वत्स, मैंने तुम्हारी सभा के समान ही एक सभा तैयार करायी है। तुम अपने भाइयों के साथ आकर अपने दुर्योधन आदि भाइयों की इस सभा को देखो। इसमें सभी इष्टमित्र मिलकर द्यूतक्रीड़ा करें और मन बहलावें। हम सभी कौरव तुम सबसे मिलकर बहुत प्रसन्न होंगे।"

युधिष्ठिर ने पूछा, "विदुरजी, जूए में तो झगड़ा-फसाद होता है, कौन बुद्धिमान् व्यक्ति जूआ खेलना पसंद करेगा? आप क्या ठीक समझते हैं? हम सब लोग तो आपकी आज्ञा के अनुसार ही चलने वाले हैं।"

विदुरजी ने उत्तर दिया, "विद्वन्, मैं जानता हूँ कि जूआ अनर्थ की जड़ है। इसीलिये मैंने उसे रोकने का प्रयत्न भी किया था, तथापि राजा धृतराष्ट्र ने मुझे तुम्हारे पास भेजा है। यह सुनकर जो तुम्हें कल्याणप्रद जान पड़े, उसे तुम करो।" इसके बाद राजा युधिष्ठिर ने कहा, "बुद्धिमान् विदुरजी, मैं राजा धृतराष्ट्र की आज्ञा से जूए में अवश्य चलना चाहता हूँ। पुत्र को पिता सदैव प्रिय है। अतः आपने मुझे जैसा आदेश दिया है, वैसा ही करूँगा। मेरे मन में जूआ खेलने की इच्छा नहीं है। यदि मुझे राजा धृतराष्ट्र सभा में न बुलाते, तो मैं शकुनि से कभी जूआ न खेलता। किन्तु बुलाने पर मैं कभी पीछे नहीं हटूँगा, यह मेरा सदा का नियम है।"

विदुरजी से ऐसा कहकर धर्मराज युधिष्ठिर ने तुरंत ही यात्रा की सारी तैयारी करने के लिये आज्ञा दे दी। प्रातःकाल होने पर उन्होंने अपने भाई-बन्धुओं, सेवकों तथा द्रौपदी आदि स्त्रियों के साथ हस्तिनापुर की यात्रा की। जैसे उत्कृष्ट तेज आँख की ज्योति हर लेता है, उसी प्रकार दैव मनुष्य की बुद्धि को हर लेता है। दैव से ही प्रेरित होकर मनुष्य रस्सी में बँधे हुए की भाँति विधाता के वश में घूमता रहता है।

सेवकों को उन्होंने पहले चलने की आज्ञा दी। तत्पश्चात् स्वस्तिवाचन करा

कर धौम्य ऋषि को आगे करके स्वयं भाइयों-सहित उन्होंने हस्तिनापुर की ओर प्रस्थान किया। युधिष्ठिर के साथ हाथियों, घोड़ों, रथों और पैदल सिपाहियों की सेना भी चल रही थी।

हस्तिनापुर पहुँचने पर युधिष्ठिरजी सबसे पहले धृतराष्ट्र के भवन में जाकर उनसे मिले। इसी प्रकार महाराज युधिष्ठिर, भीष्म, द्रोण, कर्ण, कृपाचार्य और अश्वाथामा आदि के साथ भी यथायोग्य मिले। तत्पश्चात् महाबाहु युधिष्ठिर सोमदत्त से मिलकर, दुर्योधन, शल्य, शकुनि तथा जो राजा वहाँ पहले से ही आये हुए थे, उन सबसे मिले। फिर वीर दुःशासन, उसके समस्त भाई, राजा जयद्रथ तथा सम्पूर्ण कौरवों से मिलकर पतिव्रता गान्धारी जी का दर्शन किया। युधिष्ठिर ने गान्धारी जी को साष्टाङ्ग प्रणाम किया। उन्होंने अज्ञातशत्रु को स्नेह पूर्वक आशीर्वाद दिया।

जूए के अनौचित्य के संबंध में युधिष्ठिर और शकुनि का संवाद

युधिष्ठिर आदि द्यूतसभा-मण्डप में सभी राजाओं से यथायोग्य मिले। तपश्चात् शकुनि ने कहा, "महाराज युधिष्ठिर, सभा में पासा फेंकने वाला वस्त्र बिछा दिया गया है। सब आपकी ही प्रतीक्षा कर रहे हैं। अब पासे फेंककर जूआ खेलने का अवसर मिलना चाहिये।" शकुनि की बात सुनकर युधिष्ठिर ने कहा, "राजन्, जूआ तो एक प्रकार का छल है तथा पाप का कारण है। इसमें न तो क्षत्रियोचित पराक्रम दिखाया जा सकता है और न इसकी कोई निश्चित नीति है। फिर आप द्यूत की प्रशंसा क्यों कर रहे हैं ? शकुने, जुआरियों का छलकपट में ही सम्मान होता है। सज्जन पुरुष इसकी प्रशंसा नहीं करते। अतः तुम क्रूर मनुष्य की भाँति अनुचित मार्ग से हमें जीतने की चेष्टा न करो।

शकुनि बोला, "भूमिपाल, यदि पासा विपरीत पड़ जाय, तो हम खिलाड़ियों में से एक पक्ष को पराजित कर सकता है। अतः जय-पराजय दैवाधीन पासों के ही आश्रित है। उसी से पराजय रूपी दोष की प्राप्ति होती है। हारने की शंका तो हमें भी है। अतः आप शंका न कीजिये। दाँव लगाइये। अब विलम्ब न कीजिये।"

युधिष्ठिर ने फिर कहा, "मामाजी, धर्मानुकूल विजय तो युद्ध में ही प्राप्त होती है। जूआ तो पाप है। अतः क्षत्रियों के लिये युद्ध ही उत्तम है, जूआ नहीं। कुटिलता और शठतारहित युद्ध ही सत्पुरुषों का व्रत है। शकुने, हम लोग जिस धन से अपनी शक्ति के अनुसार ब्राह्मणों की रक्षा करने का ही प्रयत्न करते हैं, उसको तुम जूआ खेलकर हम लोगों से हड़पने की चेष्टा न करो।"

शकुनि ने कहा, "धर्मराज, जो द्यूतविद्या में पूर्ण शिक्षित है, वह अशिक्षितों पर शठता से ही विजय पाता है। विद्वान् पुरुष अविद्वानों को परास्त करता है, वह भी शठता ही है। किन्तु लोग उसे शठता नहीं कहते। राजन्, आप यदि मेरे पास आकर यह मानते हैं कि आपके साथ शठता की जायगी, एवं यदि आपको भय मालूम होता है, तो इस जूए के खेल से निवृत्त हो जाइये।"

युधिष्ठिर ने कहा, "राजन्, मैं बुलाने पर पीछे नहीं हटता, पर मेरा निश्चित व्रत है। दैव बलवान् है। मैं दैव के वश में हूँ। अच्छा तो यहाँ जिन लोगों का जमाव हुआ है, उनमें से किसके साथ मुझे जूआ खेलना पड़ेगा?"

दुर्योधन बोला, "महाराज, दाँव पर लगाने के लिये धन-सम्पत्ति तो मैं दूँगा। परन्तु मेरी ओर से खेलेंगे, ये मामा शकुनि।"

युधिष्ठिर ने कहा, "दूसरे के लिये दूसरे का जूआ खेलना मुझे तो अनुचित ही प्रतीत होता है। विद्वन्, इस बात को समझ लो, फिर इच्छानुसार जूए का खेल प्रारंभ हो।"

द्यूतक्रीड़ा का प्रारंभ

जुआ प्रारंभ होने जा रहा था। भीष्म पितामह, द्रोणाचार्य, कृपाचार्य और महात्मा विदुर असंतुष्ट चित्त से ही धृतराष्ट्र के पीछे-पीछे वहाँ आये। द्यूतक्रीड़ा प्रारंभ हो गयी। शकुनि के छल-कपट से महाराज युधिष्ठिर प्रत्येक दाँव हारते गये। उन्होंने समस्त रत्नों, रथों, दास-दासियों, हाथियों, घोड़ों, योद्धाओं, खजाने आदि सबको दाँव पर लगा दिया। किन्तु शकुनि प्रत्येक दाँव जीतकर हँसकर कहता जाता, "इस दांव को भी मैंने ही जीता।"

धृतराष्ट्र को विदुर की चेतावनी

वह भयानक द्यूतक्रीड़ा चल ही रही थी कि उसी समय विदुर जी का सात्विक तेज तमतमा उठा और वे धृतराष्ट्र से इस प्रकार बोले, "महाराज धृतराष्ट्र, मरणासन्न रोगी को जैसे औषधि अच्छी नहीं लगती, उसी प्रकार आप लोगों को मेरी शास्त्र-सम्मत बात भी अच्छी नहीं लगेगी। फिर भी मैं आपसे जो कुछ कह रहा हूँ, उसे अच्छी तरह सुनिये और समझिये। यह भरतवंश का विनाश करने-वाला दुर्योधन जब गर्भ से बाहर निकला था, गीदड़ के समान जोर-जोर से चिल्लाने लगा था। अतः यह निश्चय ही आपलोगों के विनाश का कारण बनेगा। राजन्, दुर्योधन के रूप में आपके घर के भीतर एक गीदड़ निवास कर रहा है। परन्तु आप मोहवश इस बात को समझ नहीं पाते।"

"दुरात्मा दुर्योधन जूए के नशे में इतना उन्मत्त है कि अपने ऊपर आनेवाले

संकट को नहीं देख रहा है। महारथी पाण्डवों के साथ वैर करके हमें पतन के गर्त में गिर कर मरना पड़ेगा, इस बात को नहीं समझ पा रहा है। आप यदि आज्ञा दें, तो ये सव्यसाची अर्जुन इस पापी दुर्योधन को बन्दी बना सकते हैं। इस पापी के बन्दी होने से समस्त कौरव सुख और आनन्द से रहेंगे। राजन्, दुर्योधन कौवा है और पाण्डव मोर। इस कौवे को देकर आप विचित्र पंखवाले मयूरों को खरीद लीजिये। इस गीदड़ के द्वारा आप इन पाण्डवरूपी शेरों को अपनाइये। शोक के समुद्र में डूबकर प्राण मत दीजिये।"

"समूचे कुल की भलाई के लिये एक मनुष्य को त्याग दे, गाँव के हित के लिये एक कुल को छोड़ दे, देश की भलाई के लिये एक गाँव को त्याग दे और आत्मा के उद्धार के लिये सारी पृथ्वी का ही परित्याग कर दे। इस द्रोह से आपका उसी तरह सर्वनाश हो जायगा, जैसे बंसी का काँटा निगल जाने से मछली का नाश हो जाता है। आपको भी मोहवश पछताना पड़ेगा।"

"कहीं ऐसा न हो कि पाण्डवों के साथ विरोध करने के कारण आपको पुत्र, मंत्री और सेना के साथ यमलोक में जाना पड़े। राजन्, देवताओं के साथ साक्षात् देवराज इन्द्र ही क्यों न हों, जब कुन्तीपुत्र संगठित होकर युद्ध के लिये तैयार होंगे, तो उनका मुकाबला कौन कर सकता है?"

"जैसे मतवाला बैल मदोन्मत्त होकर स्वयं ही अपने सींगों को तोड़ लेता है, उसी प्रकार यह दुर्योधन भी मदान्धता के कारण स्वयं अपने राज्य के मंगल का बहिष्कार कर रहा है। दुर्योधन युधिष्ठिर के साथ दाँव लगाकर जूआ खेल रहा है, साथ ही वह जीत भी रहा है। यह सोचकर तुम बहुत प्रसन्न हो रहे हो। किन्तु आज का यह अतिशय विनोद शीघ्र ही भयंकर युद्ध के रूप में परिणत होनेवाला है जिसमें अगणित मनुष्यों का संहार होगा।"

"इस जूए का निश्चय आपलोगों की गुप्त मंत्रणा के पश्चात् हुआ। शकुनि इसका नायक है। प्रतीप और शन्तनु के वंशजों, कौरवों की सभा में मेरी कही हुई बात ध्यान से सुनो। तुम लोग इस मूर्ख दुर्योधन के पीछे चलकर वैर की धधकती हुई भयंकर अग्नि में न कूदो। जूए के मद में उन्मत्त अजातशत्रु युधिष्ठिर जब अपना क्रोध न रोक सकेंगे तथा भीमसेन, अर्जुन एवं नकुल-सहदेव भी जब क्रुद्ध हो उठेंगे, उस समय भयानक युद्ध अवश्य छिड़ जायेगा। ऐसी स्थिति में तुम लोग विपत्ति के सागर में डूबने लगोगे, तो तुम लोगों का कौन त्राणदाता होगा? मेरी इच्छा है कि यह दुरात्मा शकुनि जहाँ से आया है, वहीं लौट जाय।"

दुर्योधन का विदुर को फटकारना और विदुर की उसे चेतावनी

विदुरजी की बात दुर्योधन को असहनीय प्रतीत होने लगी। वह क्रोध की अग्नि में धधकता हुआ बोला, "विदुर, तुम सदा हमारे शत्रुओं के ही सुयश की डींग हाँकते रहते हो। और हम सभी धृतराष्ट्र-पुत्रों की निन्दा किया करते हो। तुम किसके प्रेमी हो, यह हम भलीभाँति जानते हैं। हमें मूर्ख समझ कर तुम सदा हमारा अपमान ही करते रहते हो। तुम आस्तीन के साँप हो। तुम स्वामि-द्रोही हो। फिर भी तुम्हें लोग पापी नहीं कहते। तुम इस पाप से डरते क्यों नहीं ? निर्लज्ज विदुर, हमारे काम में बाधा क्यों डालते हो ? तुम जो मन में आता है, वही बक जाते हो। तुम्हारी जीभ पर लगाम नहीं है।"

"तुम हम लोगों का अपमान न करो। तुम शत्रुओं के साथ मेल करके प्रसन्न हो रहे हो। तुम्हारे मन को हम भलीभाँति जान चुके हैं। तुम बड़े-बूढ़ों के निकट बैठकर बुद्धि सीखो। अपने पूर्वार्जित यश की रक्षा करो। दूसरों के कामों में हस्त-क्षेप न करो। मैं अपने हित के संबंध में तुमसे कोई सलाह नहीं लेता।"

"विदुर, देखो, इस जगत् का शासन करने वाला एक ही है। दूसरा नहीं। वही शासक माता के गर्भ में सोये हुये शिशु पर भी शासन करता है; उसी के द्वारा मैं भी अनुशासित हूँ। जैसे जल स्वभावतः नीचे की ओर जाता है, वैसे ही वह जगन्नियन्ता मुझे जिस काम में लगाता है, मैं वैसे ही उसी काम में लगता हूँ।"

"विदुर, जो शत्रु का पक्षपाती हो, अपने से द्वेष रखता हो और अहित करने वाला हो, ऐसे मनुष्य को घर में नहीं रहने देना चाहिये। अतः तुम्हारी जहाँ इच्छा हो, चलो जाओ। कुलटा स्त्री को मीठी-मीठी बातों द्वारा कितनी सांत्वना की जाय, वह पति को छोड़ देती है।"

दुर्योधन के कटुवाक्य सुनकर भी विदुरजी विचलित नहीं हुए। उन्होंने अपनी संयत वाणी से फिर कहा, "राजकुमार दुर्योधन, तुम्हारी बुद्धि बड़ी मन्द है। तुम अपने को बुद्धिमान् और मुझे मूर्ख समझते हो। जो किसी पुरुष को सुहृद के पद पर स्थापित करके फिर स्वयं ही उस पर दोषारोपण करता है, वही मूर्ख है। इस संसार में सदा मन को प्रिय लगने वाले वचन बोलने वाले महापापी भी अवश्य मिल सकता है; परन्तु हितकर होते हुए भी अप्रिय वचन को कहने और सुनने वाले दोनों दुर्लभ हैं। जो धर्म में तत्पर रहकर स्वामी के प्रिय-अप्रिय का विचार छोड़ कर अप्रिय होने पर भी हितकर वचन बोलता है, वही राजा का सच्चा सहायक और हितैषी है। मैं तो चाहता हूँ कि महाराज धृतराष्ट्र और उनके पुत्रों को सदा

यश और धन दोनों प्राप्त हों, परन्तु दुर्योधन, तुम जैसे रहना चाहते हो, वैसे रहो। तुम्हें नमस्कार है।"

युधिष्ठिर का धन, राज्य, भाइयों तथा द्रौपदी-सहित अपने को भी हारना

द्यूतक्रीड़ा में युधिष्ठिर के बहुत काफी धन-सम्पत्ति हार जाने के पश्चात् शकुनि ने उनसे कहा, "कुन्तीनन्दन युधिष्ठिर, आप अब तक पाण्डवों का बहुत धन हार चुके। यदि आपके पास बिना हारा हुआ कोई धन शेष हो, तो बताइये।"

युधिष्ठिर बोले, "सुबल पुत्र, मेरे पास असंख्य धन है, जिसे मैं जानता हूँ। शकुने, तुम मेरे धन का परिमाण क्यों पूछते हो? अयुत, प्रयुत, शंकु, पद्म, अर्बुद, खर्व, शंख, निखर्व, महापद्म, कोटि, मध्य, परार्ध और पर इतना धन मेरे पास है। राजन्, खेलो, मैं इसी को दाँव पर रखकर तुम्हारे साथ खेलता हूँ।"

यह सुनकर शकुनि ने छल का आश्रय ले पुनः इसी निश्चय के साथ युधिष्ठिर से कहा, "लो, यह धन भी मैंने जीत लिया।" इसी प्रकार नकुल-सहदेव, अर्जुन, भीम भी जूए के दाँव पर लगा दिये गये और युधिष्ठिर उन्हें भी हार गया। इस पर युधिष्ठिर ने कहा, "मैं अपने सब भाइयों में बड़ा और सब का प्रिय हूँ। अतः अपने को ही दाँव पर लगाता हूँ। यदि मैं हार गया, तो पराजित दास की भाँति सब कार्य करूँगा।" यह सुनकर कपटी शकुनि ने निश्चयपूर्वक अपनी जीत घोषित करते हुए युधिष्ठिर से कहा, "यह दाँव भी मैंने ही जीती।"

इतना कहकर शकुनि फिर बोला, "राजन्, आप अपने को दाँव पर लगा कर जो हार गये, यह आपके द्वारा महान् अधर्म कार्य हुआ। धन के शेष रहते हुए अपने आपको हार जाना महान् पाप है। राजन्, आपकी प्रियतमा द्रौपदी एक ऐसा दाँव है, जिसे आप अब तक नहीं हारे हैं। अतः पांचालकुमारी कृष्णा को आप दाँव पर रखिये और इसके द्वारा फिर अपने को जीत लीजिये।"

युधिष्ठिर की मति दैव-वश भ्रष्ट हो गयी थी। उन्होंने जूए के नशे में द्रौपदी को दाँव पर लगाते हुए कहा, "सर्वाङ्ग सुन्दरी, सुमध्यमा, सर्वगुण सम्पन्न पांचाल कुमारी द्रौपदी को दाँव पर रखकर मैं तुम्हारे साथ जूआ खेलता हूँ। यद्यपि ऐसा करने में मुझे अत्यधिक कष्ट हो रहा है।"

धर्मराज के ऐसा कहते ही उस सभा में बैठे हुए बड़े-बूढ़ों के मुख से "धिक्कार है, धिक्कार है" की आवाज आने लगी, सारी सभा में हलचल मच गयी। भीष्म

द्रोण और कृपाचार्य आदि के शरीर से पसीना छूटने लगा। विदुरजी तो दोनों हाथों से अपना सिर थाम कर बेहोश-से हो गये।

धृतराष्ट्र मन ही मन प्रसन्न हो, उनसे बार-बार पूछ रहे थे, "क्या हमारे पक्ष की जीत हो रही है ?" वे अपनी प्रसन्नता की आकृति को न छिपा सके। दुःशासन आदि के साथ कर्ण को तो अपार हर्ष हुआ। सुबलपुत्र शकुनि ने, "मैंने यह दाँव भी जीत लिया।" ऐसा कहकर पाँसों को पुनः उठा लिया। उस समय वह विजयोल्लास में मदोन्मत्त हो रहा था।

विदुर का दुर्योधन को फटकारना

द्यूत में द्रौपदी को हारने के बाद युधिष्ठिर बहुत खिन्न हुए। इसके विपरीत दुर्योधन, दुःशासन, शकुनि और कर्ण के हर्ष की सीमा न रही। दुर्योधन ने विदुरजी से कहा, "विदुर, यहाँ आओ। तुम जाकर पाण्डवों की प्यारी और मनोनुकूल पत्नी द्रौपदी को यहाँ ले आओ। वह पापाचारिणी शीघ्र यहाँ आये। वह मेरे महल में झाड़ू लगाये। उसे वहीं दासियों के साथ रहना होगा।"

विदुरजी ने कहा, "अरे मूर्ख, तेरे जैसे नीच के ही मुख से ऐसा दुर्वचन निकल सकता है। और, तू कालपाश में बँधा हुआ है, इसलिये कुछ समझ नहीं पा रहा है। तू एक साधारण मृग होकर व्याघ्रों को अत्यंत क्रुद्ध कर रहा है। मूर्ख, द्रौपदी कभी दासी नहीं हो सकती, क्योंकि राजा युधिष्ठिर पहले अपने को हारकर द्रौपदी को दाँव पर लगाने का अधिकार खो चुके थे। उस दशा में उन्होंने इसे दाँव पर रक्खा है। अतः मेरा विश्वास है कि द्रौपदी हारी नहीं गयी।

प्रातिकामी द्वारा द्रौपदी को सभा में बुलवाना

धृतराष्ट्र-पुत्र दुर्योधन गर्व से उन्मत्त हो रहा था। उसने विदुर को 'धिक्कार है' ऐसा कहकर प्रातिकामी की ओर देखा और कहा, "प्रातिकामिन्, तुम द्रौपदी को यहाँ ले आओ। तुम्हें पाण्डवों से कोई भय नहीं है। ये विदुर तो डरपोक है, अतः सदा ऐसी ही बात कहा करते हैं। ये कभी हम लोगों की वृद्धि नहीं चाहते।"

दुर्योधन की आज्ञा से प्रातिकामी पाण्डवों की महारानी द्रौपदी के पास पहुँचा और उन्हें दुर्योधन की आज्ञा सुनाई, "द्रुपदकुमारी, धर्मराज युधिष्ठिर जुए के नशे में उन्मत्त हो गये थे। उन्होंने सर्वस्व हार कर आपको दाँव पर लगा दिया। दाँव में दुर्योधन ने आपको जीत लिया। अब आप धृतराष्ट्र के महल में पधारें। मैं आपको वहाँ दासी का काम करवाने के लिये ले चलता हूँ।"

द्रौपदी ने कहा, "प्रातिकामिन्' तू ऐसी बात कैसे कहता है ? कौन राजकुमार अपनी पत्नी को दाँव पर रख कर जुआ खेलेगा ? क्या राजा युधिष्ठिर जुए के नशे

में इतने पागल हो गये थे कि उनके पास जुआरियों को देने के लिये दूसरा कोई धन ही नहीं रह गया था ?"

प्रातिकामी ने उत्तर दिया, "राजकुमारी, जब जुआरियों को देने के लिये दूसरा कोई धन नहीं रह गया, तब अजातशत्रु युधिष्ठिर इस प्रकार जूआ खेलने लगे। पहले तो उन्होंने अपने भाइयों को दांव पर लगाया, उसके बाद अपने को और अंत में आपको भी दांव पर रख दिया।"

द्रौपदी ने कहा, "सूतपुत्र, तुम सभा में उन जुआरी महाराज के पास जाओ और जाकर यह पूछो कि 'आप पहले अपने को हारे थे या मुझे' सूतनन्दन, यह जानकर आओ। इसके पश्चात् मुझे ले चलो। राजा क्या करना चाहते हैं ? यह जानकर ही मैं दुःखिनी अबला उस सभा में चलूंगी।"

उस समय युधिष्ठिर अचेत और निष्प्राण-से हो रहे थे। अतः उन्होंने प्रातिकामी को भला-बुरा कुछ भी उत्तर नहीं दिया।

तब दुर्योधन बोला, "सूतपुत्र जाकर कह दो, द्रौपदी यहीं आकर अपने इस प्रश्न को पूछे। यहीं सब सभासद उसके प्रश्न और युधिष्ठिर के उत्तर को सुनें।" प्रातिकामी दुर्योधन के वश में था, इसलिये वह राजभवन में जाकर द्रौपदी से व्यथित होकर बोला, "दुर्योधन आदि सभासद तुम्हें सभा में बुला रहे हैं। मुझे तो ऐसा जान पड़ता है कि अब कौरवों के विनाश का समय आ गया है। दुर्योधन इतना गिर गया है कि तुम्हें सभा में बुलाने का साहस करता है। वह कभी अपने धन-वैभव की रक्षा नहीं कर सकता।"

द्रौपदी ने कहा, "सूतपुत्र निश्चय ही विधाता का ऐसा ही विधान है। बालक और वृद्ध सबको सुख-दुःख प्राप्त होते हैं। जगत् में एकमात्र धर्म को ही श्रेष्ठ बतलाया जाता है। यदि हम उसका पालन करें, तो वह हमारा कल्याण करेगा। तुम सभा में बैठे हुए कुरुवंशियों के पास जाकर मेरी यह धर्मानुकूल बात पूछो—'इस समय मुझे क्या करना चाहिये ?' वे धर्मात्मा, नीतिज्ञ और श्रेष्ठ महापुरुष मुझे जैसी आज्ञा देंगे, मैं निश्चय ही वैसा करूंगी।"

द्रौपदी का यह कथन सुनकर सूत प्रातिकामी ने पुनः सभा में जाकर द्रौपदी के प्रश्न को दोहराया किन्तु उस समय दुर्योधन के उस दुराग्रह को जानकर सभी नीचा मुंह किये बैठे रहे, कोई कुछ भी न बोल सका। इधर महात्मा पाण्डव सत्य के बंधन में बँध कर अत्यंत दीन और दुखी हो गये। उन्हें कुछ भी सूझ नहीं पड़ता था। उनके दीन मुंह को देखकर दुर्योधन अत्यंत प्रसन्न हो सूत से बोला, "प्रातिकामिन्, तुम द्रौपदी को यहीं ले आओ। उसके सामने ही धर्मात्मा कौरव उसके प्रश्न का उत्तर देंगे।"

तदनन्तर दुर्योधन के वशीभूत प्रतिकामी ने द्रौपदी के क्रोध से डरते हुए अपने मानापमान की चिन्ता न करके पुनः सभासदों से पूछा, "मैं द्रौपदी को क्या उत्तर दूँ ?"

सभा में द्रौपदी को ले आने के लिये दुःशासन का जाना और केश पकड़कर ले आना

दुर्योधन ने दुःशासन से कहा, "दुःशासन, यह मेरा सेवक सूतपुत्र प्रातिकामी बड़ा मूर्ख है। इसे भीमसेन का डर लगा हुआ है। तुम स्वयं द्रौपदी को यहाँ पकड़ ले आओ। हमारे शत्रु पाण्डव इस समय हम लोगों के वश में हैं। वे हमारा कर ही क्या सकते हैं ?" दुर्योधन का यह आदेश सुनकर दुःशासन उठ खड़ा हुआ और लाल-लाल आँख किये वहाँ से चल पड़ा। वहाँ पहुँच कर उसने द्रौपदी से इस प्रकार कहा, "पांचालि, आओ, आओ। तुम जूए में जीती जा चुकी हो। कृष्णे, अब लज्जा छोड़कर दुर्योधन की ओर देखो। हमने धर्म के अनुसार तुम्हें प्राप्त किया है। अतः तुम कौरवों की सेवा करो। अभी राजसभा में चली चलो।"

यह सुनकर द्रौपदी अत्यंत दुखी हुई। वह भयभीत होकर बूढ़े महाराज धृतराष्ट्र की स्त्रियों की ओर भागी। दुःशासन भी रोष से गर्जता हुआ बड़े वेग से उसके पीछे दौड़ा। उसने द्रौपदी के लंबे, नीले और लहराते हुए केशों को पकड़ लिया। दुःशासन उस बेचारी आर्त्त अबला को अनाथ की भाँति घसीटता हुआ सभा के समीप ले आया। वह बलपूर्वक द्रौपदी को खींचने लगा। द्रौपदी ने धीरे से कहा, "ओ मन्दबुद्धि दुष्टात्मा दुःशासन, मैं रजस्वला हूँ तथा मेरे शरीर पर एक ही वस्त्र है। इस दशा में मुझे सभा में ले जाना अनुचित है।"

यह सुनकर दुःशासन द्रौपदी के केशों को और जोर से पकड़कर कुछ बकने लगा। इधर यज्ञसेनकुमारी कृष्णा अपनी रक्षा के लिये सर्वपापहारी, सर्वविजयी, नरस्वरूप भगवान् श्रीकृष्ण को पुकारने लगी।

दुःशासन बोला, "द्रौपदी, तू रजस्वला, एकवसना अथवा नंगी ही क्यों न हो, हमने तुझे जूए में जीता है। अतः तू हमारी दासी हो चुकी है। इसलिये अब तुझे हमारी इच्छा के अनुसार दासियों में रहना पड़ेगा।"

द्रौपदी ने दुःशासन से कहा, "दुष्ट, क्रूरकर्मा, दुराचारी दुःशासन, तू इस प्रकार मुझे न खींच, न खींच। मुझे वस्त्रहीन मत कर। इन्द्र आदि देवता भी तेरी सहायता के लिये आ जायँ, तो भी मेरे पति राजकुमार पाण्डव तेरे इस अत्याचार को सहन नहीं कर सकेंगे। धर्मपुत्र महात्मा युधिष्ठिर धर्म में स्थित हैं। धर्म का स्वरूप अत्यंत सूक्ष्म है। मैं अपने पति के गुणों को छोड़कर वाणी द्वारा उनके परमाणु तुल्य छोटे-से छोटे दोष को भी कहना नहीं चाहती।"

"अहो, धिक्कार है ! भरतवंश के नरेशों का धर्म निश्चय ही नष्ट हो गया तथा क्षत्रिय धर्म के जाननेवाले इन महापुरुषों का सदाचार भी लुप्त हो गया। तभी तो सभी कुरुवंशी चुपचाप देख रहे हैं। जान पड़ता है द्रोणाचार्य, भीष्मपितामह, महात्मा विदुर तथा राजा धृतराष्ट्र में अब कोई शक्ति नहीं रह गयी है; तभी तो ये कुरुवंश के बड़े-बड़े महापुरुष दुर्योधन के इस भयानक पापाचार की ओर दृष्टिपात नहीं कर रहे हैं।"

द्रौपदी को अपने दीन पतियों की ओर देखती देख दुःशासन उसे बड़े वेग से झकझोर कर जोर-जोर से हँसते हुए 'दासी' कहकर पुकारने लगा। उस समय द्रौपदी मूर्च्छित-सी हो रही थी। कर्ण को बहुत प्रसन्नता हुई। उसने खिलखिला कर हँसते हुए दुःशासन के उस कथन की बड़ी सराहना की। शकुनि ने भी दुःशासन का अभिनन्दन किया। उस समय वहाँ जितने भी सभासद उपस्थित थे, उनमें से कर्ण, शकुनि और दुर्योधन को छोड़कर अन्य सब लोगों को सभा में इस प्रकार घसीटी जाती हुई द्रौपदी की दुर्दशा देखकर बड़ा दुःख हुआ।

द्रौपदी की यह दुरवस्था देखकर भीमसेन को बहुत पीड़ा हुई। वे युधिष्ठिर की ओर देखकर अत्यंत कुपित हो उठे। उन्होंने कहा, "महाराज, आप जूए के दाँवों में सब कुछ हारते गये, यहाँ तक कि हमलोगों को भी दाँव पर रख कर हार गये, पर मेरे मन में तनिक भी क्रोध नहीं हुआ, क्योंकि आप हमारे सर्वस्व के स्वामी हैं। पर द्रौपदी को जो दांव पर लगाया, इसे मैं बहुत ही अनुचित मानता हूँ। राजन्, आपके कारण ये नीच, नृशंस और अजितेन्द्रिय कौरव इसे नाना प्रकार के कष्ट दे रहे हैं। द्रौपदी की इस दुर्दशा के लिये मैं आप पर ही अपना क्रोध छोड़ता हूँ। आपकी दोनों बाहें जला डालूँगा। सहदेव, आग ले आओ।"

भीमसेन की रोषयुक्त वाणी सुनकर अर्जुन ने उन्हें समझाना शुरू किया, "भैया भीमसेन, तुमने पहले कभी ऐसी बातें नहीं कही थीं। निश्चय ही क्रूरकर्मा शत्रुओं ने तुम्हारी धर्मविषयक गौरवबुद्धि को नष्ट कर दिया है। भैया, शत्रुओं की कामना सफल न करो। उत्तम धर्म का ही आचरण करो। भला, अपने धर्मात्मा ज्येष्ठ भ्राता का अपमान कौन कर सकता है? महाराज युधिष्ठिर को शत्रुओं ने द्यूत के लिये बुलाया है। अतः क्षत्रिय-व्रत को ध्यान में रखकर दूसरों की इच्छा से इन्होंने जूआ खेला है। यह हमारे महान् यश का विस्तार करनेवाला है।" अर्जुन की बात सुनकर भीमसेन ने मन मार कर अपना क्रोध शान्त किया।

दुर्योधन का एक छोटा भाई धार्मिक बुद्धि का था। उसका नाम था विकर्ण। उसने भीष्म पितामह, द्रोणाचार्य, कृपाचार्य, धृतराष्ट्र आदि से यही प्रश्न किया, "युधिष्ठिर जूए में पहले अपने को हार जाने पर, द्रौपदी को दांव पर लगा सकते थे ?"

परन्तु उन लोगों ने इसका भला-बुरा कुछ भी उत्तर नहीं दिया। तत्पश्चात् उसने स्वयं इस प्रश्न का उत्तर इस प्रकार दिया, "ये पाण्डुनन्दन युधिष्ठिर द्यूतरूपी दुर्व्यसन में अत्यंत आसक्त हैं। इन्होंने धूर्त जुआरियों से प्रेरित होकर द्रौपदी को दाँव पर लगा दिया है। सती-साध्वी द्रौपदी समस्त पांडवों की समान रूप से पत्नी है, केवल युधिष्ठिर की ही नहीं है। इसके सिवा युधिष्ठिरजी पहले अपने आपको हार चुके थे। उसके बाद उन्होंने द्रौपदी को दाँव पर रक्खा है। इन सब बातों पर विचार करके मैं द्रुपद-कुमारी कृष्णा को जीती हुई नहीं मानता।"

विकर्ण की बात सुनकर सभी सभासद उसकी प्रशंसा करने लगे। उस समय वहाँ बहुत कोलाहल मच गया। विकर्ण की बात से कर्ण को बहुत क्रोध हुआ। वह क्रोध के कारण मूर्च्छित हो गया। कोलाहल शान्त होने पर कर्ण ने विकर्ण को समझा-बुझा कर शान्त किया। कर्ण ने एक बात और कही, जो अत्यंत अशोभनीय और अमर्यादित थी, "यह द्रौपदी अनेक पतियों के अधीन है। अतः यह निश्चय ही वेश्या है। यह एकवस्त्रा अथवा नंगी हो, तो भी यहाँ लायी जा सकती है। यह मेरा स्पष्ट मत है।"

इसके पश्चात् कर्ण ने दुःशासन को संबोधित कहते हुए कहा, "दुःशासन, यह विकर्ण अत्यंत मूढ़ है, तथापि विद्वानों की-सी बातें करता है। तुम पांडवों के और द्रौपदी के भी वस्त्र उतार लो।" कर्ण की बात सुनकर समस्त पाण्डव अपने-अपने उत्तरीय-वस्त्र उतार कर सभा में बैठ गये। दुःशासन ने उस भरी सभा में द्रौपदी का वस्त्र बलपूर्वक पकड़कर खींचना प्रारम्भ किया।

द्रौपदी का चीर-हरण एवं भगवान् द्वारा उसकी लज्जा-रक्षा

अब दुःशासन ने द्रौपदी के वस्त्र बलपूर्वक खींच कर उसे नंगी करना चाहा, तो उसने भगवान् श्रीकृष्ण का स्मरण किया। ऐसा विचार कर द्रौपदी ने बारंबार 'गोविन्द' और 'कृष्ण' का नाम लेकर पुकारा और आपत्तिकाल में अभय देने वाले जगत्पिता नारायण-स्वरूप भगवान् श्रीकृष्ण का मन ही मन चिन्तन किया, "हे गोविन्द, हे द्वारकावासी श्रीकृष्ण, हे गोपाङ्गनाओं के प्राणवल्लभ केशव। कौरव मेरा अपमान कर रहे हैं, क्या आप नहीं जानते? हे नाथ, हे रमानाथ, हे व्रजनाथ, हे संकटनाशन जनार्दन, मैं कौरवरूपी समुद्र में डूबी जा रही हूँ। मेरा उद्धार कीजिये। सच्चिदानन्द-स्वरूप श्रीकृष्ण, महायोगिन्, विश्वात्मन्, गोविन्द, कौरवों के बीच में कष्ट पाती हुई मुझ शरणागत अबला की रक्षा कीजिये।" इस प्रकार तीनों लोकों के स्वामी श्यामसुन्दर श्रीकृष्ण का चिन्तन करके मानिनी द्रौपदी आर्त होकर अंचल से मुँह ढककर जोर-जोर से रोने लगी।

द्रुपदनन्दिनी की यह करुण पुकार सुनकर कृपालु श्रीकृष्ण गद्गद हो गये तथा शय्या और आसन छोड़कर, दया से द्रवित हो पैदल ही दौड़ पड़े। यज्ञसेनकुमारी कृष्णा अपनी रक्षा के लिये श्रीकृष्ण, विष्णु, हरि आदि नामों को जोर-जोर से पुकार रही थी। इसी समय धर्मस्वरूप, सर्वव्यापी श्रीकृष्ण ने अव्यक्तरूप से उसके वस्त्र में प्रवेश करके भाँति-भाँति के सुन्दर वस्त्रों द्वारा द्रौपदी को आच्छादित कर लिया। द्रौपदी के वस्त्र खींचे जाते समय उसी तरह के दूसरे-दूसरे अनेक वस्त्र प्रकट होने लगे। उस समय वहाँ भयंकर कोलाहल मच गया। यह अद्भुत दृश्य देखकर सब राजा द्रौपदी की भूरि-भूरि प्रशंसा और दु:शासन की निन्दा करने लगे। सभा में वस्त्रों का ढेर लग गया। पर दु:शासन द्रौपदी को नग्न न कर सका। उसके बल का सारा अभिमान चूर-चूर हो गया। वह थककर निराश हो गया और मुँह नीचे कर बैठ गया। इस प्रकार सर्वशक्तिमान्, सर्वान्तर्यामिन् भगवान् श्रीकृष्ण ने द्रौपदी की रक्षा की।

भगवान् की इस अहैतुकी कृपा और अद्भुत लीला को देख कर भी दुर्योधन आदि कौरवों को चेत नहीं हुआ। वे तो भगवान् की माया से बिल्कुल मोहान्ध हो रहे थे। उन्हीं के माध्यम से वे आसुरीवृत्तिप्रधान क्षत्रियों का संहार करके पृथ्वी का भार हल्का करना चाहते थे। उन्होंने धर्मात्मा पाण्डवों की पग-पग पर रक्षा की। आगे के अध्यायों में भगवान् की कृपा और उनकी अद्भुत लीलाओं का विवेचन होगा।

□□

अध्याय—१६

वन में श्रीकृष्ण और उनकी महिमा

महाराज युधिष्ठिर को दुबारा द्यूत में फंसाकर शकुनि ने पाण्डवों को बारह वर्ष के लिये बनवास तथा तेरहवें वर्ष का अज्ञात-वास दे डाला। पाण्डव द्रौपदी को साथ लेकर वन में चले गये। विदुरजी ने कुन्ती को अपने साथ रख लिया। यह समाचार सुनकर पाँचालराजकुमार धृष्टद्युम्न, चेदिराज धृष्टकेतु तथा महापराक्रमी लोकविख्यात केकयराजकुमार आदि क्रोध में भरकर धृतराष्ट्र-पुत्रों की निन्दा करते हुए कुन्तीकुमारों से मिलने के लिये वन में गये और आपस में विचार करने लगे कि क्या करना चाहिए। भगवान् श्रीकृष्ण को आगे करके वे सभी क्षत्रियशिरोमणि धर्मराज युधिष्ठिर को चारों ओर से घेरकर बैठ गये। उस समय भगवान् श्रीकृष्ण विषादग्रस्त हो कुरुप्रवर युधिष्ठिर को नमस्कार करके इस प्रकार बोले, "राजाओ, जान पड़ता है कि अब पृथ्वी दुर्योधन, कर्ण, दुरात्मा शकुनि और दुःशासन—इन सब के रक्त का पान करेगी। युद्ध में इनको और इनके सब सेवकों को अन्य राजाओं सहित परास्त करके हम सब लोग धर्मराज युधिष्ठिर को पुनः चक्रवर्ती-नरेश के पद पर अभिषिक्त करें। जो दूसरे के साथ छल और कपट करके अथवा धोखा देकर सुख भोग रहा हो, उसे मार डालना चाहिये, यही सनातन धर्म है।"

कुन्तीपुत्रों के अपमान से भगवान् श्रीकृष्ण ऐसे कुपित हो उठे, मानो वे समस्त प्रजा को जलाकर भस्म कर देंगे। उन्हें इस प्रकार क्रोध करते देख अर्जुन ने उन्हें शान्त किया और उन सत्यकीर्ति महात्मा द्वारा पूर्व शरीरों में किये हुए कर्मों का कीर्तन आरम्भ किया।

अर्जुन द्वारा श्रीकृष्णजी की महिमा का वर्णन

अर्जुन ने कहा, "श्रीकृष्णजी, पूर्वकाल में गन्धमादन पर्वत पर आपने यत्रसायंगृह (यत्रसायंगृह मुनि वे होते हैं, जो जहाँ सायंकाल हो जाता है, वहीं घर की तरह निवास करते हैं।) मुनि के रूप में दस हजार वर्षों तक विचरण किया है अर्थात् नारायण ऋषि के रूप में निवास किया है। सच्चिदानंदस्वरूप श्रीकृष्ण पूर्वकाल में कभी इस धराधाम में अवतीर्ण हो आपने ग्यारह हजार वर्षों तक केवल जल पीकर रहते हुए पुष्कर तीर्थ में निवास किया है। मधुसूदन, आप विशालापुरी के बदरिकाश्रम में दोनों भुजाएँ ऊपर उठाये केवल वायु का आहार करते हुए सौ

वर्षों तक एक पैर से खड़े रहे हैं। कृष्ण, आप सरस्वती नदी के तट पर उत्तरीय वस्त्र तक का त्याग करके द्वादशवार्षिक यज्ञ करते समय शरीर से अत्यन्त दुर्बल हो गये थे। आपके सारे शरीर में फैली हुई नस-नाड़ियाँ स्पष्ट दिखायी देती थीं।"

"गोविन्द, आप पुण्यात्मा पुरुषों के निवासयोग्य प्रभासतीर्थ में जाकर लोगों को तप में प्रवृत्त करने के लिये शौच-सन्तोष।दि नियमों से स्थित हो महातेजस्वी स्वरूप से एक सहस्र दिव्य वर्षों तक एक ही पैर से खड़े रहे। ये सब बातें मुझसे श्रीव्यास ने बतायी हैं। केशव, आप क्षेत्रज्ञ (सब के आत्मा); सम्पूर्ण भूतों के आदि और अंत, तपस्या के अधिष्ठान, यज्ञ और सनातन पुरुष हैं।"

"आप भूमिपुत्र नरकासुर को मारकर अदिति के दोनों कुंडलों को ले आये थे। आपने ही सृष्टि के आदि में उत्पन्न होने वाले यज्ञ के उपयुक्त घोड़े की रचना की थी। सम्पूर्ण लोकों पर विजय पाने वाले आप लोकेश्वर प्रभु ने वह कर्म करके सामना करने के लिये आये हुए समस्त दैत्यों और दानवों का युद्धस्थल में वध किया। महाबाहु केशव, तदनन्तर शचीपति को सर्वेश्वर-पद प्रदान करके आप इस समय मनुष्यों में प्रकट हुए हैं।"

"परंतप, पुरुषोत्तम, आप ही पहले नारायण होकर फिर हरि-रूप में प्रकट हुए। ब्रह्मा, सोम, सूर्य, धर्म, धाता, यम, अनल, वायु, कुबेर, रुद्र, काल, आकाश, पृथ्वी, दिशाएँ, चराचर गुरु, सृष्टिकर्ता एवं अजन्मा आप ही हैं।"

"मधुसूदन श्रीकृष्ण, आपने चैत्ररथ वन में अनेक यज्ञों का अनुष्ठान किया है। आप सब के उत्तम आश्रय, देवशिरोमणि और महातेजस्वी हैं। जनार्दन, उस समय आपने प्रत्येक यज्ञ में पृथक्-पृथक् पूरी एक-एक करोड़ स्वर्णमुद्राएँ दक्षिणा के रूप में दीं। यदुनन्दन, अदिति के पुत्र तथा इन्द्र के छोटे भाई होकर आप सर्वव्यापी विष्णु के नाम से विख्यात हैं। परंतप श्रीकृष्ण, आपने वमनावतार के समय छोटे-से बालक होकर भी अपने दिव्य तेज से तीन पगों द्वारा द्युलोक, अन्तरिक्ष और भूलोक—तीनों को नाप लिया।"

"भूतात्मन्, आपने सूर्य के रथ पर स्थित हो द्युलोक और आकाश में व्याप्त होकर अपने तेज से भगवान् भास्कर को भी अत्यन्त प्रकाशित किया। विभो, आपने सहस्रों अवतार धारण किये हैं और उन अवतारों में सैकड़ों असुरों का, जो अधर्म में रुचि रखने वाले थे, वध किया है। आपने मुर दैत्य के लोहमय पाश काट दिये; निसुन्द और नरकासुर को मार डाला और प्राग्ज्योतिषपुर का मार्ग पुनः सकुशल यात्रा करने योग्य बना दिया। भगवन्, आपने जारूथी नगरी में भाहुति, क्राथ, साथियों-सहित शिशुपाल, जरासंध, शैव्य और शतधन्वा को परास्त किया।"

"इसी प्रकार मेघ के समान घर्घर शब्द करने वाले सूर्यतुल्य तेजस्वी रथ के द्वारा कुंडिनपुर जाकर आपने रुक्मी को युद्ध में जीता और भोजवंश की कन्या रुक्मिणी को अपनी पेटरानी के रूप में प्राप्त किया। प्रभो, आपने क्रोध से इन्द्रद्युम्न को मारा और यवनजातीय कसेरुमान् एवं सौभपति शाल्व को भी यमलोक पहुँचा दिया। साथ ही शाल्व के सौभ विमान को भी छिन्न-भिन्न करके धरती पर गिरा दिया। इस प्रकार इन पूर्वोक्त राजाओं को आपने युद्ध में मारा है। इरावती के तट पर आपने कार्तवीर्य अर्जुन के सदृश पराक्रमी भोज को युद्ध में मार गिराया। गोपति और तालकेतु—वे दोनों भी आपके ही हाथ से मारे गये। जनार्दन भोग-सामग्रियों से सम्पन्न तथा ऋषि-मुनियों की प्रिय अपने अधीन की हुई पुण्यमयी द्वारका नगरी को आप अन्त में समुद्र में विलीन कर देंगे।"

"मधुसूदन, वास्तव में आपमें न तो क्रोध है, न डाह है, न असत्य है और न निर्दयता ही है। दाशार्ह, फिर आपमें कठोरता तो हो ही कैसे सकती है? अच्युत, महल के मध्यभाग में बैठे और अपने तेज से प्रदीप्त आपके पास आकर सम्पूर्ण ऋषियों ने अभय की याचना की। परंतप मधुसूदन, प्रलयकाल में समस्त भूतों का संहार करके इस जगत् को स्वयं ही अपने भीतर रखकर आप अकेले ही रहते हैं। ब्रह्मा और शिव आपके ही शरीर से उत्पन्न हुए हैं। वे दोनों आपकी ही आज्ञा का पालन करते हैं।"

"भगवान् पुण्डरीकाक्ष, आप महान् बलवान् हैं। बलदेवजी आपके नित्य सहायक हैं। आपने बचपन में ही जो-जो महान् कर्म किये हैं, उन्हें पूर्ववर्ती अथवा परवर्ती पुरुषों ने न तो किया है और न करेंगे।"

भगवान् श्रीकृष्ण का अर्जुन को अपना ही स्वरूप बतलाना

श्रीकृष्ण के आत्मस्वरूप अर्जुन उन महात्मा श्रीकृष्ण से यों कहकर चुप हो गये। तत्पश्चात् भगवान् श्रीकृष्ण ने अर्जुन से इस प्रकार कहा, "पार्थ, तुम मेरे ही हो, मैं तुम्हारा ही हूँ। जो मेरे हैं, वे भी तुम्हारे ही हैं। जो तुमसे द्वेष रखता है, वह मुझसे भी द्वेष रखता है। जो तुम्हारे अनुकूल है, वह मेरे भी अनुकूल है। दुर्धर्ष वीर, तुम नर हो और मैं नारायण 'श्रीहरि' हूँ। इस समय हम दोनों नर-नारायण ऋषि ही इस लोक में आये हैं। कुन्तीकुमार, तुम मुझसे अभिन्न हो और मैं भी तुमसे पृथक् नहीं हूँ। भरतश्रेष्ठ, हम दोनों का भेद जाना नहीं जा सकता।"

इन लोगों की बात चल ही रही थी कि इतने में पाँचालकुमारी कृष्णा वहाँ आ गयी। वस्तुतः कृष्ण-भक्त द्रौपदी के प्रति कौरव-सभा में किये गये दुर्व्यवहार से भगवान् वासुदेव का हृदय बहुत ही व्यथित हो गया था। वे बहुत

क्षुब्ध थे। द्रौपदी को भगवान् वासुदेव का अत्यधिक भरोसा और विश्वास था। श्रीकृष्ण में उसकी अनन्य भक्ति थी। एक चक्रवर्ती सम्राट् की धर्मपत्नी कृष्णा का कौरवों की सभा में जो अपमान हुआ था, भरी सभा में दुःशासन ने जो उसे नग्न करने की चेष्टा की थी, दुर्योधन और कर्ण ने जिन अपमानजनक शब्दों से उसे तिरस्कृत और अपमानित किया था, उन सब से उस धर्मपरायणा, पतिव्रता क्षत्राणी का हृदय अत्यंत व्यथित हो रहा था। वह केवल सम्राज्ञी ही नहीं, शक्तिशाली पांचाल नरेश द्रुपद की एकलौती कन्या भी थी, और अर्जुन तथा भीम जैसे श्रेष्ठतम वीरों की धर्मपत्नी एवं धृष्टद्युम्न जैसे महाधनुर्धर की भगिनी। श्रीकृष्ण उसके सखा और संरक्षक थे। फिर भी द्रौपदी का इतना भयानक अपमान! क्या भगवान् वासुदेव इसे सहन कर सकते थे? आने वाली घटनाओं से इसका उत्तर मिल जायेगा।

द्रौपदी द्वारा भगवान् श्रीकृष्ण की स्तुति

श्रीकृष्ण भगवान् के सामने आते ही द्रौपदी बोली, "प्रभो, ऋषिगण प्रजासृष्टि के प्रारम्भ काल में एकमात्र आपको ही सम्पूर्ण जगत् का स्रष्टा एवं प्रजापति कहते हैं। महर्षि असित-देवल ने यही कहा है। दुर्द्धर्ष मधुसूदन, आपही विष्णु हैं आप ही यज्ञ हैं, आप ही यजमान हैं और आप ही यजन करने योग्य श्रीहरि हैं, ऐसा जमदग्निनंदन परशुराम का कथन है। पुरुषोत्तम, महर्षिगण आपको क्षमा और सत्य का स्वरूप कहते हैं। कश्यपजी का कहना है कि सत्य से प्रकट हुए यज्ञ भी आप ही हैं। भूतभावनु भूतेश्वर, आप साध्य देवताओं तथा कल्याणकारी रुद्रों के अधीश्वर हैं। नारदजी ने आपके सम्बन्ध में यही विचार प्रकट किया है।

"नरश्रेष्ठ, जैसे बालक खिलौनों से खेलता है, उसी प्रकार आप ब्रह्मा, शिव तथा इंद्र आदि देवताओं से बारम्बार क्रीड़ा करते रहते हैं। प्रभो, स्वर्गलोक आपके मस्तक से और पृथ्वी आपके चरणों से व्याप्त है। अन्य सब लोक आपके उदरस्वरूप हैं। आप सनातन पुरुष हैं। विद्या और तपस्या से सम्पन्न तथा तप के द्वारा शोधित अन्तःकरणवाले आत्मज्ञान से तृप्त महर्षियों में आप ही परम श्रेष्ठ हैं। पुरुषोत्तम, युद्ध में कभी पीठ न दिखानेवाले, सम्पूर्ण धर्मों से सम्पन्न पुण्यात्मा राजर्षियों के आप ही प्राप्तव्य हैं। आप ही प्रभु (सब के स्वामी), आप ही विभु (सर्वव्यापी), आप ही समस्त प्राणियों के रूप में नाना प्रकार की चेष्टाएँ कर रहे हैं। लोक, लोकपाल, नक्षत्र, दसों दिशाएँ, आकाश, चन्द्रमा और सूर्य—सभी आप में प्रतिष्ठित हैं। महाबाहो, भूलोक के प्राणियों की मृत्युपरवशता, देवताओं की अमरता तथा सम्पूर्ण जगत् के सभी कार्य सब कुछ आप में प्रतिष्ठित हैं।

द्रौपदी का भगवान् श्रीकृष्ण से करुणापूर्ण उलाहना

तत्पश्चात् द्रौपदी ने रोते हुए फिर कहा, "मधुसूदन, आपमें अतिशय भक्ति और श्रद्धा होने के कारण मैं आप से ही अपना दुःख निवेदन करूँगी, क्योंकि दिव्य और मानव-जगत् में जितने भी प्राणी हैं, उन सब के ईश्वर आप ही हैं। भगवान् श्रीकृष्ण, मेरे जैसी स्त्री, जो कुन्तीपुत्रों की पत्नी, आपकी अनन्य भक्त और धृष्टद्युम्न जैसे वीर की बहिन हो, क्या किसी तरह सभा में केश पकड़कर घसीट कर लायी जा सकती है ?

"माधव श्रीकृष्ण, मैं रजस्वला थी। मेरे कपड़ों पर रक्त के छींटे लगे थे। शरीर पर एक ही वस्त्र था और लज्जा और भय से मैं काँप रही थी। उस दशा में मुझ दुःखिनी अबला को कौरवों की सभा में घसीट कर लाया गया था। भरी सभा में राजाओं के बीच अत्यंत रजस्राव होने के कारण मैं रक्त से भीगी जा रही थी। उस अवस्था में मुझे देखकर धृतराष्ट्र के पापात्मा पुत्रों ने जोर-जोर से हँस कर मेरी हँसी उड़ायी थी। मधुसूदन, पाण्डवों, पांचालों और वृष्णिवंशी वीरों के जीते-जी धृतराष्ट्र के पुत्रों ने दासीभाव से मेरा उपभोग करने की इच्छा प्रकट की। श्रीकृष्ण, मैं धर्मतः भीष्म पितामह और धृतराष्ट्र दोनों की पुत्रवधू हूँ, तो भी उनके सामने ही बलपूर्वक दासी बनायी गयी।

"मैं तो संग्राम में श्रेष्ठ इन महाबली पाण्डवों की निन्दा करती हूँ। वे अपनी यशस्विनी धर्मपत्नी को शत्रुओं द्वारा सतायी जाती देख रहे थे। जनार्दन, भीमसेन के बल को धिक्कार है, अर्जुन के गाण्डीव धनुष को भी धिक्कार है, जो उन नराधमों द्वारा मुझे अपमानित होते देखकर भी सहन करते रहे। सत्पुरुषों द्वारा सदा आचरण में लाया हुआ यह धर्म का सनातन मार्ग है कि निर्बल पति भी अपनी पत्नी की रक्षा करते रहें। पत्नी की रक्षा करने से अपनी संतान सुरक्षित होती है और संतान की रक्षा होने पर अपने आत्मा की रक्षा होती है।

इतना कहकर पांचाली कान्तिमान् तथा कोमल हाथों से मुँह ढककर फूट-फूट कर रोने लगी। क्रोधावेश में बार-बार सिसकती और आँसू पोंछती हुई वह फिर बोली, "हे मधुसूदन, मेरे लिये न पति हैं, न पुत्र हैं, न बन्धु हैं, न भाई हैं, न पिता हैं और न तुम हो। नीच मनुष्यों द्वारा जो मेरा अपमान हुआ था, आप सब उसकी उपेक्षा कर रहे हैं, मानो इसके लिये आपके हृदय में तनिक भी दुःख नहीं है। उस समय कर्ण ने जो मेरी हँसी उड़ायी थी, वह दुःख मेरे हृदय से दूर नहीं होता है। भगवान् श्रीकृष्ण, चार कारणों से आपको सदा मेरी रक्षा करनी चाहिये। एक तो आप मेरे संबंधी हैं, दूसरे अग्निकुण्ड में उत्पन्न होने के कारण

मैं गौरवशालिनी हूँ, तीसरे आपकी अनन्य भक्त हूँ और चौथे आप मेरी रक्षा करने में सर्वथा समर्थ हैं।"

भगवान् श्रीकृष्ण का द्रौपदी को आश्वासन देना

द्रौपदी को इस प्रकार कौरवों के अपमान से मर्माहत देखकर भक्तवत्सल भगवान् वासुदेव का हृदय द्रवित हो उठा। वे बोले, "कृष्णे, तुम्हारे साथ जिन्होंने ऐसा दुर्व्यवहार दिया है, उनकी भी स्त्रियाँ अपने पतियों को अर्जुन के बाणों से छिन्न-भिन्न, रक्त से आप्लुत पृथ्वी पर पड़ा देखकर रोयेंगी। शोक न करो, मैं पांडवों के लिये सब कुछ कर सकता हूँ। कृष्णे, आसमान फट जाय, हिमालय विदीर्ण हो जाय, पृथ्वी के टुकड़े-टुकड़े हो जायँ, समुद्र सूख जाय, पर मेरी बात अन्यथा नहीं हो सकती।" अर्जुन ने इसका समर्थन करते हुए कहा, "सुभगे, रोओ मत। भगवान् मधुसूदन, जो कह रहे हैं, वह अवश्य होकर रहेगा; टल नहीं सकता।"

धृष्टद्युम्न ने कहा, "बहिन, मैं द्रोण को मार डालूंगा, शिखण्डी भीष्म का वध करेंगे, भीमसेन दुर्योधन को मार गिरायेंगे और अर्जुन कर्ण को यमलोक भेज देंगे। भगवान् श्रीकृष्ण का आश्रय पाकर हम लोग युद्ध में शत्रुओं के लिये अजेय हैं। देवराज इन्द्र भी हमें रण में परास्त नहीं कर सकते। फिर धृतराष्ट्र के पुत्रों की तो बात ही क्या है?"

इस प्रकार आगे होने वाले महाभारत के युद्ध के परिणाम को भगवान् श्रीकृष्ण ने धृष्टद्युम्न के मुख से कहला कर अपनी अनन्य आश्रिता द्रौपदी के दग्ध-हृदय को मानो अमृतवारि से सिंचित कर दिया। इसके पश्चात् भगवान ने धर्मराज युधिष्ठिर से कहा, "शिशुपाल की मृत्यु के पश्चात् शाल्व उसकी मृत्यु का बदला लेने के लिये द्वारका पर अपनी महती सेना लेकर चढ़ आया था। मैं उसी से युद्ध करता रहा। वह बड़ा पराक्रमी था, उसकी सैन्यशक्ति भी बढ़ी-चढ़ी थी। इसलिए युद्ध में उसको परास्त करके उसका वध करने में बहुत समय लग गया। इस युद्ध में फँसे रहने के कारण ही मैं हस्तिनापुर न आ सका। नहीं तो निमंत्रण के बिना भी मैं वहाँ आता और आपको जूआ खेलने से रोकता।"

भगवान् के शब्द सुनकर द्रौपदी का चित्त शान्त हो गया।

मार्कण्डेय जी द्वारा श्रीकृष्ण की महिमा का वर्णन

वन में धर्मराज युधिष्ठिर के पूछने पर महामुनि मार्कण्डेय जी ने भगवान् श्रीकृष्ण की महिमा का गान करते हुए कहा, "राजन्, मैं स्वयंभू, सनातन, अविनाशी, अव्यक्त, अत्यंत सूक्ष्म, निर्गुण एवं गुणस्वरूप पुराण पुरुष को नमस्कार

करके तुम्हें वह कथा अभी सुनाता हूँ। पुरुषसिंह, ये जो हम लोगों के पास बैठे हुए पीताम्बरधारी भगवान् जनार्दन हैं, ये ही संसार की सृष्टि और संहार करने वाले हैं। ये ही भगवान् समस्त प्राणियों के अन्तर्यामी आत्मा और उनके रचयिता हैं। ये पवित्र, अचिन्त्य एवं महान् आश्चर्यमय तत्व कहे जाते हैं। इनका न आदि है, न अंत। ये सर्वभूतस्वरूप, अव्यय और अक्षय हैं। ये ही सबके कर्ता हैं, इनका कोई कर्ता नहीं है। पुरुषार्थ की प्राप्ति में भी ये ही कारण हैं। ये अन्तर्यामी आत्मा होने से सब को जानते हैं, परंतु इन्हें वेद भी नहीं जानते। नृपशिरोमणे, पुरुषश्रेष्ठ, सम्पूर्ण जगत् का प्रलय होने के पश्चात् इन आदिभूत परमेश्वर से ही यह सम्पूर्ण आश्चर्यमय जगत् पुनः उत्पन्न होता है।

"सम्पूर्ण धर्मात्माओं में श्रेष्ठ भरतकुलतिलक युधिष्ठिर प्रलय के समय मुझे जिन कमलदललोचन देवता भगवान् बालमुकुन्द का दर्शन हुआ था, तुम्हारे सम्बन्धी ये भगवान् श्रीकृष्ण वे ही हैं। कुन्तीनन्दन, इन्हीं के वरदान से मुझे पूर्व जन्म की स्मृति भूलती नहीं। मेरी दीर्घकालीन आयु और स्वेच्छा मृत्यु भी इन्हीं की कृपा का प्रसाद है। ये वृष्णिकुलभूषण महाबाहु श्रीकृष्ण ही वे सर्वव्यापी, अचिन्त्यरूप, पुराण-पुरुष श्रीहरि हैं, जो पहले मुझे बालकरूप में दिखायी दिये थे। वे ही देवकी के गर्भ से अवतीर्ण हो भाँति-भाँति की लीलाएँ करते हुए-से दीख रहे हैं। इन आदिदेव स्वरूप, विजयशील, पीताम्बर पुरुषोत्तम वृष्णिकुलभूषण श्रीकृष्णजी को देखकर मुझे उस पुरातन घटना (प्रलयकाल) की स्मृति हो आयी। कुरुकुलश्रेष्ठ पाण्डवो, ये माधव ही समस्त प्राणियों के माता-पिता हैं। ये ही सब को शरण देनेवाले हैं। अतः तुम सब लोग इन्हीं की शरण में जाओ।"

दुर्वासा के कोप से रक्षा

एक बार दुर्योधन ने अपनी सेवा से दुर्द्धर्ष ऋषि दुर्वासा को प्रसन्न कर लिया। दुर्वासा ऋषि के शाप के भय से दुर्योधन ने उनकी खूब सेवा की। उसकी सेवा में शाप का भय ही प्रधान था। श्रद्धा का अभाव था। फिर भी दुर्वासा ऋषि की कसौटी पर दुर्योधन खरा उतरा। तब मुनि उस पर बहुत प्रसन्न हुए और उससे इस प्रकार बोले, "राजन्, तुम्हारा कल्याण हो। तुम्हारे मन में जो इच्छा हो, उसके लिये वर माँगो।"

दुर्वासा के इस वचन को सुनकर दुर्योधन ने यही समझा कि मेरा नया जन्म हुआ है।

मुनि संतुष्ट हों, तो क्या माँगना चाहिये, इस बात के लिये कर्ण और दुःशा-

शन आदि के साथ उसकी पहले से ही सलाह हो चुकी थी। उसी निश्चय के अनुसार दुर्बुद्धि दुर्योधन ने अत्यंत प्रसन्न होकर यह वर माँगा, "ब्रह्मन्, हमारे कुल में युधिष्ठिर सबसे ज्येष्ठ और श्रेष्ठ हैं। इस समय वे धर्मात्मा पाण्डुकुमार अपने भाइयों के साथ वन में निवास कर रहे हैं। युधिष्ठिर बड़े गुणवान् और सुशील हैं। जिस प्रकार आप मेरे अतिथि हुए, उसी तरह शिष्यों के सहित आप उनके भी अतिथि हों। यदि आपकी मुझ पर कृपा हो तो मेरी प्रार्थना से आप वहाँ ऐसे समय में जाइयेगा, जब परम सुन्दरी यशस्विनी, सुकुमारी राजकुमारी समस्त ब्राह्मणों तथा पाँचों पतियों को भोजन कराकर स्वयं भी भोजन करने के पश्चात् सुखपूर्वक बैठकर विश्राम कर रही हो।"

दुर्वासा ने कहा, "राजा दुर्योधन, तुम पर प्रेम होने के कारण मैं ऐसा ही करूँगा।" दुर्योधन से ऐसा कहकर विप्रवर दुर्वासा चले गये। उस समय दुर्योधन ने अपने आपको कृतार्थ माना। वह कर्ण का हाथ अपने हाथ में लेकर अत्यंत प्रसन्न हुआ।

कर्ण ने भी भाइयों-सहित राजा दुर्योधन से बड़े हर्ष के साथ इस प्रकार कहा, "कुरुनन्दन, सौभाग्य से हमारा काम बन गया। तुम्हारा अभ्युदय हो रहा है, यह भी भाग्य की बात है। तुम्हारे शत्रु पाण्डव विपत्ति के अपार महासागर में डूब गये, यह कितने सौभाग्य की बात है? पाण्डव दुर्वासाजी की क्रोधाग्नि में गिर गये हैं और अपने ही महापापों के कारण वे दुस्तर नरक में जा पड़े हैं।" छल-कपट की विद्या में प्रवीण कर्ण आदि इस प्रकार बातें करते और हँसते हुए प्रसन्न मन से अपने-अपने भवनों में गये।

तदनन्तर एक दिन महर्षि दुर्वासा इस बात का पता लगाकर कि पाण्डव लोग भोजन करके सुखपूर्वक बैठे और द्रौपदी भी भोजन से निवृत्त हो, आराम कर रही है, दस हजार शिष्यों से घिरे हुए उस वन में आये। महर्षि को आते देख राजा युधिष्ठिर भाइयों-सहित उनके पास गये। वे अपनी मर्यादा से कभी च्युत नहीं होते थे। उन्होंने उन अतिथि-देवता को लाकर श्रेष्ठ आसन पर आदरपूर्वक बैठाया और हाथ जोड़कर प्रणाम किया। फिर विधिपूर्वक पूजा करके उन्हें निमंत्रित किया और कहा, "भगवन्, अपना नित्यनियम पूरा करके भोजन के लिये शीघ्र पधारिये।"

यह सुनकर वे निष्पाप मुनि अपने शिष्यों के साथ स्नान करने के लिये चले गये। उन्होंने इस बात का तनिक भी विचार नहीं किया कि ये इस समय शिष्यों सहित मुझे भोजन कैसे दे सकेंगे। सारी मुनिमंडली ने जल में गोता लगाया। फिर सब लोग एकाग्रचित्त होकर ध्यान करने लगे।

पतिव्रता द्रौपदी को अन्न के लिये बड़ी चिन्ता हुई । जब बहुत सोचने-विचारने पर भी उसे अन्न मिलने का कोई उपाय नहीं सूझा, तब वह मन ही मन कंसनिकन्दन आनन्दकन्द भगवान् श्रीकृष्णजी का चिन्तन करने लगी ।

द्रौपदी द्वारा भगवान् श्रीकृष्ण की स्तुति और उनका उपस्थित होना

द्रौपदी ने भगवान् की इस प्रकार स्तुति करनी प्रारंभ की, "हे कृष्ण, हे महाबाहु श्रीकृष्ण, हे देवकीनन्दन, हे अविनाशी वासुदेव, चरणों में पड़े हुए दुखियों का कष्ट दूर करनेवाले हे जगदीश्वर, तुम्हीं सम्पूर्ण जगत् के आत्मा हो । अविनाशी प्रभो, तुम्हीं इस विश्व की उत्पत्ति और संहार करनेवाले हो । शरणागतों की रक्षा करनेवाले गोपाल, तुम्हीं समस्त प्रजा का पालन करनेवाले परात्पर परमेश्वर हो । आकूति (मन) और चित्ति (बुद्धि) के प्रेरक परमात्मन्, मैं तुम्हें प्रणाम करती हूँ ।

"सबके वरण करने योग्य वरदाता अनन्त, आओ । जिन्हें तुम्हारे सिवा दूसरा कोई सहायता देनेवाला नहीं है, उन असहाय भक्तों की सहायता करो । पुराणपुरुष, प्राण और मन की वृत्ति आदि तुम्हारे पास तक नहीं पहुँच सकती । सबके साक्षी परमात्मन्, मैं तुम्हारी शरण में आयी हूँ । शरणागतवत्सल देव, कृपा करके मुझे बचाओ ।

"नीलकमलदल के समान श्यामसुन्दर, कमलपुष्प के भीतर के भाग के समान किंचित् लाल नेत्रोंवाले पीताम्बरधारी श्रीकृष्ण, तुम्हारे वक्षस्थल पर कौस्तुभमणिमय आभूषण शोभा पाता है । प्रभो, तुम्हीं समस्त प्राणियों के आदि और अन्त हो । तुम्हीं सबके परम आश्रय हो । तुम्हीं परात्पर, ज्योतिर्मय, सर्वात्मा एवं सब ओर मुखवाले परमेश्वर हो ।

"स्वामिन्, ज्ञानी पुरुष तुम्हें ही इस जगत् का परम बीज और सम्पूर्ण सम्पदाओं की निधि बतलाते हैं । देवेश्वर, यदि तुम मेरे रक्षक हो, तो मुझ पर सारी विपत्तियाँ टूट पड़ें, तो भी मुझे उनसे भय नहीं है । भगवन्, पहले कौरव सभा में दुःशासन के हाथ से जैसे तुमने मुझे बचाया था, उसी प्रकार इस वर्तमान संकट से मेरा उद्धार करो ।"

द्रौपदी के इस प्रकार स्तुति करने पर अचिन्त्यगति परमेश्वर देवाधिदेव जगन्नाथ भक्तवत्सल भगवान् केशव को यह मालूम हो गया कि द्रौपदी पर कोई संकट आ गया है, फिर तो शय्या पर अपने पास ही सोई हुई रुक्मिणी को छोड़कर तुरन्त वहाँ आ पहुँचे । भगवान् को आया देख द्रौपदी को बहुत आनन्द हुआ । उसने उन्हें प्रणाम करके दुर्वासा मुनि के आने आदि का सारा समाचार कह

सुनाया। तब भगवान् श्रीकृष्ण ने द्रौपदी से कहा, "कृष्णे, इस समय मुझे बड़ी भूख लगी है; मैं भूख से अत्यंत पीड़ित हो रहा हूँ। पहले मुझे जल्दी भोजन करा। फिर सारा प्रबन्ध करती रहना।"

भगवान् की यह बात सुनकर द्रौपदी को बहुत लज्जा लगी। वह बोली, "भगवन्, सूर्यनारायण की दी हुई बटलोई से तभी तक भोजन मिलता है, जब तक में भोजन न कर लूं। देव, आज तो मैं भी भोजन कर चुकी हूँ। अतः अब उसमें अन्न नहीं रह गया है।

यह सुनकर भगवान् श्रीकृष्ण ने द्रौपदी से फिर कहा, "कृष्णे, मैं तो भूख और थकावट से आतुर हो रहा हूँ और तुझे हँसी सूझती है। यह परिहास का समय नहीं है। जल्दी जा और बटलोई लाकर मुझे दिखा।" इस प्रकार हठ करके भगवान् श्रीकृष्ण ने बटलोई मँगवायी। उसके गले में जरा-सा साग लगा हुआ था। उसे देख कर भगवान् श्रीकृष्ण ने लेकर खा लिया और द्रौपदी से कहा, "इस साग से सम्पूर्ण विश्व के आत्मा-यज्ञभोक्ता सर्वेश्वर भगवान् श्रीहरि तृप्त और संतुष्ट हों।" इतना कहकर सब का क्लेश दूर करनेवाले भगवान् श्रीकृष्ण सहदेव से बोले, "तुम शीघ्र जाकर मुनियों को भोजन के लिये बुला लाओ।"

सहदेवजी देवनदी में स्नान करने के लिये गये हुए उन दुर्वासा आदि सब मुनियों को भोजन के निमित्त बुलाने के लिये तुरंत गये। वे मुनिगण उस समय जल में उतर कर अघमर्षण मंत्र का जप कर रहे थे। सहसा उन्हें पूर्ण तृप्ति का अनुभव हुआ; बार-बार अन्नरस से युक्त डकारें आने लगीं। यह देखकर वे जल से बाहर निकले। सब की एक-सी अवस्था हो रही थी। वे सभी मुनि दुर्वासा की ओर देखकर बोले, "ब्रह्मर्षे, हम लोग राजा युधिष्ठिर को रसोई बनवाने की आज्ञा देकर स्नान करने के लिये आये थे। परन्तु इस समय इतनी तृप्ति हो रही है कि कण्ठ तक अन्न भरा हुआ जान पड़ता है। अब हम कैसे भोजन करेंगे? हमने जो रसोई तैयार करवायी है; वह व्यर्थ होगी। उसके लिये हमें क्या करना चाहिये?"

युधिष्ठिर के भय से मुनिमंडली-सहित दुर्वासा का भाग जाना

दुर्वासा चिन्तित होकर बोले, "वास्तव में व्यर्थ की रसोई बनवा कर हमने राजर्षि युधिष्ठिर का महान् अपराध किया है। कहीं ऐसा न हो कि पाण्डव क्रोधमयी दृष्टि से देखकर हमें भस्म कर दें। ब्राह्मणो, परम बुद्धिमान राजा अम्बरीष के प्रभाव को याद करके मैं उन भक्तजनों से सदा डरता रहता हूँ, जिन्होंने भगवान् श्रीहरि के चरणों का आश्रय ले रक्खा है। सब पाण्डव महामना, धर्मपरायण, विद्वान्, शूरवीर, व्रतधारी तथा तपस्वी हैं। वे सदा सदाचारपरायण तथा भगवान्

वासुदेव श्रीकृष्ण को अपना परम आश्रय मानने वाले हैं। पाण्डव कुपित होने पर हमको उसी प्रकार भस्म कर सकते हैं जैसे रूई के ढेर को आग। अतः शिष्यो, पाण्डवों से बिना पूछे ही तुरंत भाग चलो।"

गुरु दुर्वासा ऋषि के ऐसा कहने पर वे सब ब्राह्मण पाण्डवों से अत्यंत भयभीत हो दसों दिशाओं में भाग गये। सहदेवजी ने जब देवनदी में उन श्रेष्ठ मुनियों को नहीं देखा, तब वे वहाँ इधर-उधर उन्हें खोजने लगे। वहाँ रहने वाले तपस्वी मुनियों से उनके भागने का समाचार सुनकर सहदेवजी महाराज युधिष्ठिर के पास लौट आये और उन्होंने सारा वृत्तान्त उनसे बता दिया। तदनन्तर मन को वश में रखने वाले सब पाण्डव उनके लौट आने की आशा से कुछ देर तक उनकी प्रतीक्षा करते रहे।

पाण्डव सोचने लगे, "दुर्वासा ऋषि अकस्मात् आधी रात को आकर हम लोगों को छलेंगे। दैववश प्राप्त हुए इस महान् संकट से हमारा उद्धार कैसे होगा?" इसी चिन्ता में पड़कर वे बारंबार लंबी साँसें खींचने लगे। उनकी यह दशा देखकर भगवान् श्रीकृष्णजी ने युधिष्ठिर आदि सभी पांडवों को प्रत्यक्ष दर्शन दिया और कहा, "कुन्तीकुमारो परम क्रोधी महर्षि दुर्वासा से आप लोगों पर संकट आना जानकर द्रौपदी ने मेरा स्मरण किया था, इसीलिए मैं तुरन्त आ पहुँचा। अब आप लोगों को दुर्वासा मुनि से तनिक भी भय नहीं है। वे आपके तेज से डर कर पहले ही भाग गये हैं। जो लोग सदा धर्म में तत्पर रहते हैं, वे कभी कष्ट में नहीं पड़ते। अब मैं आप लोगों से जाने के लिये आज्ञा चाहता हूँ। यहाँ से द्वारकापुरी जाऊँगा। आप-लोगों का निरन्तर कल्याण हो।"

भगवान् श्रीकृष्ण का यह कथन सुनकर द्रौपदी सहित पांडवों का चित्त स्वस्थ हुआ। उनकी सारी चिन्ता दूर हो गयी और वे भगवान् से इस प्रकार बोले, "विभो, गोविन्द, तुम्हें अपना सहायक और संरक्षक पाकर हम बड़ी-बड़ी दुस्तर विपत्तियों से उसी प्रकार पार हुए हैं, जैसे महासागर में डूबते हुए मनुष्य जहाज का सहारा पाकर पार हो जाते हैं। तुम्हारा कल्याण हो। इसी प्रकार भक्तों का हित-साधन किया करो।" भगवान् श्रीकृष्ण द्वारकापुरी चले गये। इस प्रकार दुरात्मा धृतराष्ट्र-पुत्रों ने वनवासी पांडवों पर अनेक बार छल-कपट का प्रयोग किया, परन्तु भगवान् श्रीकृष्ण की कृपा से वे सब व्यर्थ हो गये।

शिवजी के द्वारा श्रीकृष्णजी की महिमा का वर्णन

भीमसेन द्वारा वन में पराभूत हो जयद्रथ ने गंगाद्वार (हरद्वार) में आकर उग्र तपस्या की। भगवान् शंकर ने प्रकट होकर उससे वर माँगने को कहा। जयद्रथ ने

रथ सहित पाँचों पाण्डवों को युद्ध में जीतने का वर माँगा। तब महादेवजी बोले, "ऐसा नहीं हो सकता। पाण्डव अजेय और अवध्य हैं। हाँ, तुम अर्जुन को छोड़कर शेष चार पांडवों को केवल एक दिन आगे बढ़ने से रोक सकते हो, क्योंकि अर्जुन देवेश्वर नर हैं, जिन्होंने भगवान् नारायण के साथ बदरिकाश्रम में तपस्या की थी। तुम तो क्या, सारे लोक मिलकर भी उनको नहीं जीत सकते। उनका सामना करना देवताओं के लिये भी कठिन है। मैंने उनको दिव्य अनुपम पाशुपत अस्त्र प्रदान किया है तथा अन्यान्य लोकपालों के द्वारा उनको वज्र आदि महान् दिव्यास्त्र प्राप्त हुए हैं।"

"राजन्, भगवान् विष्णु ही दुष्टों का दमन और धर्म का संरक्षण करने के लिये मनुष्यों के बीच यदुकुल में देवकी जी के गर्भ से अवतीर्ण हुए हैं। उन्हीं को श्रीकृष्ण कहते हैं। वे अनादि, अनन्त, अजन्मा, दिव्यस्वरूप, सर्वसमर्थ और विश्ववन्दित हैं। सिन्धुराज, विद्वान् पुरुष उन्हीं की महिमा गाते और उन्हीं के पावन चरित्र का वर्णन करते हैं। उन्हीं को अपराजित, शंख, चक्र, गदाधारी, पीतपट्टाम्बरविभूषित श्रीवत्सधारी भगवान् श्रीकृष्ण कहा गया है। अस्त्रविद्या के विद्वानों में श्रेष्ठ अर्जुन उन्हीं भगवान् श्रीकृष्ण के द्वारा सुरक्षित हैं। शत्रुवीरों का संहार करने वाले अतुल पराक्रमी श्रीमान् कमलनयन श्रीकृष्ण एक ही रथ पर अर्जुन के समीप बैठकर उनकी सहायता करते हैं। इस कारण अर्जुन को कोई नहीं जीत सकता। उनका वेग सहन करना देवताओं के लिये भी कठिन है; फिर कौन ऐसा मनुष्य है, जो युद्ध में उनपर विजय प्राप्त कर सके?" इतना कहकर भगवान् शिव अन्तर्धान हो गये। स्वयं देवाधिदेव भगवान् शंकर के श्रीमुख से भगवान् वासुदेव श्रीकृष्ण के विषय में इस तत्व को सुनकर किसको शंका रह सकती है?

विराट की सभा में श्रीकृष्ण

पाण्डवों के बारह वर्ष वनवास के और तेरहवाँ वर्ष अज्ञातवास का बीत गया। अज्ञातवास बीतते ही विराट नरेश की कन्या उत्तरा का ब्याह अर्जुन के वीर पुत्र अभिमन्यु के साथ हुआ। इस विवाह के अवसर पर राजा द्रुपद, सात्यकि, बलरामजी, श्रीकृष्ण तथा पाँचों भाई पाण्डव अपने पुत्रों के साथ उपस्थित थे। अन्यान्य नृपतिगण जो विराट नरेश के द्वारा उस शुभ अवसर पर आमंत्रित किये गये थे, वे भी वहाँ बैठे थे। सब के सामने 'पाण्डवों को राज्यप्राप्ति कैसे हो?' यही प्रश्न था। सब लोग भगवान् श्रीकृष्ण का मुँह जोह रहे थे कि वे क्या कहते हैं। अतएव भगवान् वासुदेव ने भाषण देना प्रारम्भ किया, "सम्भ्रान्त नृपतिगण, आप लोग जानते हैं कि किस प्रकार शकुनि ने छलपूर्वक जूए के द्वारा युधिष्ठिर को

परास्त कर राज्य हड़प लिया। परन्तु जूए में एक शर्त थी कि हारनेवाला बारह वर्ष वनवास और तेरहवें वर्ष अज्ञातवास में रहने के पश्चात् अपना राज्य पुनः प्राप्त कर सकता है। अतएव पाण्डव लोगों को अब शर्त के अनुसार उनका राज्य मिलना चाहिये। पाण्डवों ने बड़ा कष्ट झेलकर वनवास की अवधि पूरी की है। अब आप लोग ऐसा विचार कीजिये जिसमें धर्मराज युधिष्ठिर तथा राजा दुर्योधन दोनों का हित हो। आप लोग ऐसा मार्ग ढूंढ़ निकालिये जो इन कुरुवंश के वीरों के लिए धर्मानुकूल हो, धर्मराज युधिष्ठिर यदि धर्म के विरुद्ध देवताओं का भी राज्य यदि प्राप्त हो, तो उसे स्वीकार न करेंगे।

"धर्मराज को यदि धर्म और अर्थ से युक्त एक गाँव का भी राज्य मिले, तो वे उसको विभूषित करेंगे। आप सब राजाओं को विदित ही है कि धृतराष्ट्र के पुत्रों ने किस प्रकार अन्यायपूर्वक पाण्डवों का पैतृक राज्य हड़प लिया है। उन्होंने धर्मपूर्वक युद्ध में पाण्डवों को हराकर राज्य नहीं प्राप्त किया है फिर भी धर्मराज युधिष्ठिर उनकी भलाई ही करना चाहते हैं। इसके विपरीत धृतराष्ट्र के पुत्र निरन्तर पाण्डवों को सताने और इनका नाश करने की ही चेष्टा में रत रहते हैं। यदि धृतराष्ट्र के पुत्र इस प्रकार युद्ध की भावना से इनको सताते रहेंगे, तो उनके बाध्य करने पर ये भी युद्ध करके उनको मार डालेंगे। इनको आप अल्पसंख्यक न समझें। युद्ध का अवसर आने पर इनके हितैषी सुहृद भी अपनी पूरी शक्ति से इनकी सहायता करेंगे, इसमें सन्देह नहीं है। परन्तु शत्रुपक्ष क्या कहता है, यह जाने बिना कोई पक्का निर्णय कैसे किया जा सकता है? कोई धर्मशील, कुलीन, पवित्रात्मा और अप्रमत्त दूत भेजा जाय, जो उनको समझा-बुझा कर, उनके जोश-रोष को शान्त करके पाण्डवों को आधा राज्य देने के लिये उनको राजी कर सके।"

विराट की सभा में भगवान् वासुदेव के इस भाषण को सुनने से यह पूर्णरूप से स्पष्ट हो जाता है कि उनकी धर्म की नीति थी। इस भाषण में भगवान् ने वस्तु-स्थिति को स्पष्ट और निष्पक्ष भाव से अभिव्यक्त किया है। यद्यपि भगवान् श्रीकृष्ण कौरवों और पाण्डवों—दोनों को शान्तिपूर्वक मेलजोल रखकर चलते देखना चाहते थे, तथापि उनका यह दृढ़ मत था कि धर्म की जय होनी ही चाहिये। वे अधर्म का सर्वथा नाश चाहते थे।

नीति-निपुण भगवान् श्रीकृष्ण ने इसी प्रसंग में फिर कहा, "आप लोग जानते ही हैं कि कौरवों और पाण्डवों से हमारा एक-सा संबंध है। पाण्डव और कौरव दोनों ही हमारे साथ यथायोग्य अनुकूल व्यवहार करते हैं। आप सब राजा अवस्था,

विद्या एवं बुद्धि में श्रेष्ठ हैं और इसमें सन्देह नहीं कि हम सब आपके शिष्य के समान हैं। अतएव आप पाण्डवों की कार्यसिद्धि के लिये जो भी संदेश भेजेंगे, हम सब उसका समर्थन करेंगे। यदि दुर्योधन हमारा प्रस्ताव न स्वीकार करे, तो आप दूसरे राजाओं को युद्ध का निमंत्रण देकर सब के बाद हमें आमंत्रित कीजियेगा।"

□□

अध्याय १७

भगवान् शान्ति-दूत के रूप में

विराट की सभा का समाचार गुप्तचरों द्वारा प्राप्त कर दुर्योधन श्रीकृष्ण से युद्ध में सहायता माँगने के लिये द्वारका के लिये रवाना हुआ और उधर अर्जुन ने भी इसी मंतव्य से विराटनगरी से प्रस्थान किया।

रण-निमंत्रण

कुरुवंश के उन दोनों श्रेष्ठ वीरों—अर्जुन और दुर्योधन ने द्वारका पहुँच कर देखा कि श्रीकृष्णजी शयन कर रहे हैं। ऐसी अवस्था में वे दोनों वीर सोये हुए श्रीकृष्ण के पास गये। पहले दुर्योधन ने उनके शयनागार में प्रवेश किया और उनके सिरहाने की ओर रखे हुए एक श्रेष्ठ सिंहासन पर बैठ गया। तत्पश्चात् अर्जुन ने उनके शयनागार में प्रवेश किया। वे बड़ी नम्रता से हाथ जोड़े हुए श्रीकृष्ण के चरणों की ओर खड़े रहे। जागने पर वृष्णिकुलभूषण श्रीकृष्ण ने पहले अर्जुन को ही देखा। मधुसूदन ने उन दोनों का यथायोग्य आदर-सत्कार करके उनसे उनके आने का कारण पूछा। तब दुर्योधन ने भगवान् श्रीकृष्ण से हंसते हुए कहा, "माधव, पाण्डवों के साथ जो युद्ध होनेवाला है, उसमें आप मुझे सहायता दें। आपकी मेरे तथा अर्जुन के साथ एक-सी मित्रता है एवं हम लोगों का आपके साथ संबंध भी समान ही है। मधुसूदन, आज मैं ही आपके पास पहले आया हूँ। पूर्व-पुरुषों के सदाचरण का अनुसरण करनेवाले श्रेष्ठ पुरुष पहले आये हुए प्रार्थी की ही सहायता करते हैं। जनार्दन, आप इस समय संसार के सत्पुरुषों में सर्वश्रेष्ठ हैं। सभी लोग सर्वदा आपको सम्मान की दृष्टि से देखते हैं। अतः आप सत्पुरुषों के ही आचार का पालन करें।"

भगवान् श्रीकृष्ण ने कहा, "राजन्, इसमें सन्देह नहीं कि आप ही मेरे यहाँ पहले आये हैं, परन्तु मैंने पहले कुन्तीनंदन अर्जुन को देखा है। सुयोधन, आप पहले आये हैं और अर्जुन को मैंने पहले देखा है; इसलिये मैं दोनों की ही सहायता करूंगा। शास्त्र की आज्ञा है कि पहले बालकों को उनकी अभीष्ट वस्तु देनी चाहिये। अतः अवस्था में छोटे होने के कारण पहले कुन्तीकुमार अर्जुन ही अपनी अभीष्ट वस्तु पाने के अधिकारी हैं। मेरे पास दस करोड़ गोपों की सेना है, जो सब की सब मेरे समान ही बलिष्ठ शरीर वाले हैं। उन सब की 'नारायण' संज्ञा है। वे सभी युद्ध में डटकर लोहा लेनेवाले हैं। एक ओर तो वे दुर्द्धर्ष सैनिक युद्ध के लिये

उद्यत रहेंगे और दूसरी ओर से अकेला मैं रहूँगा। परंतु मैं न तो युद्ध करूँगा और न कोई शस्त्र ही धारण करूँगा। अर्जुन, इन दोनों में से कोई भी वस्तु, जो तुम्हारे मन को अधिक प्रिय जान पड़े, तुम पहले चुन लो; क्योंकि धर्म के अनुसार पहले तुम्हें ही अपनी मनचाही वस्तु चुनने का अधिकार है।"

श्रीकृष्णजी के ऐसा कहने पर कुन्तीकुमार धनंजय ने संग्रामभूमि में युद्ध न करनेवाले उन भगवान् श्रीकृष्ण को ही अपना सहायक चुना। वे साक्षात् शत्रुहन्ता नारायण हैं और अजन्मा होते हुए भी स्वेच्छा से देवता, दानव तथा समस्त क्षत्रियों के सम्मुख मनुष्यों में अवतीर्ण हुए हैं। दुर्योधन ने वह सारी सेना माँग ली, जो अनेक सहस्र सैनिकों की सहस्त्रों टोलियों में संगठित थी। उन योद्धाओं को पाकर और श्रीकृष्णजी को ठगा गया समझ कर राजा दुर्योधन को अपार प्रसन्नता हुई। वह सारी सेना लेकर दुर्योधन बलरामजी के पास गया और उसने उनसे अपने आने का सारा कारण बताया। बलरामजी ने दुर्योधन को इस प्रकार उत्तर दिया, "पुरुषसिंह दुर्योधन, पहले राजा विराट के वहाँ विवाहोत्सव के अवसर पर मैंने जो कुछ कहा था, वह सब तुम्हें मालूम ही हो गया होगा। तुम्हारे लिये मैंने श्रीकृष्ण को बाध्य करके कहा था कि हमारे साथ दोनों पक्षों का समान रूप से संबंध है। राजन्, मैंने वह बात बार-बार दुहरायी, परंतु श्रीकृष्ण को जँची नहीं और मैं श्रीकृष्ण को छोड़कर एक क्षण भी कहीं अन्यत्र ठहर नहीं सकता। अतः मैंने यह निश्चय किया है कि मैं न तो अर्जुन की सहायता करूँगा और न दुर्योधन की। पुरुषरत्न, तुम समस्त राजाओं द्वारा सम्मानित भरतवंश में उत्पन्न हुए हो। जाओ, क्षत्रियधर्म के अनुसार युद्ध करो।"

बलभद्रजी के ऐसा कहने पर दुर्योधन ने उन्हें हृदय से लगाया और श्रीकृष्ण को ठगा गया जानकर युद्ध में अपनी निश्चित विजय समझ ली। तदनन्तर दुर्योधन कृतवर्मा के पास गया। कृतवर्मा ने उसे एक अक्षौहिणी सेना दी। उस सारी सेना से घिरा हुआ दुर्योधन प्रसन्न होकर हस्तिनापुर लौट आया।

दुर्योधन के चले जाने पर पीताम्बरधारी जगत्स्रष्टा जनार्दन श्रीकृष्ण ने अर्जुन से पूछा, "पार्थ, मैं तो युद्ध करूँगा नहीं; फिर तुमने क्या सोचकर मुझे चुना है?" अर्जुन ने उत्तर दिया, "भगवन्, आप अकेले ही उन सब को नष्ट करने में समर्थ हैं, इसमें तनिक भी संशय नहीं है। पुरुषोत्तम, आपकी कृपा से मैं भी अकेला ही उन सब शत्रुओं का संहार करने में समर्थ हूँ। परन्तु आप संसार में यशस्वी हैं। आप जहाँ भी रहेंगे, वह यश आपका ही अनुसरण करेगा। मुझे भी यश की इच्छा है ही। इसीलिये मैंने आपका वरण किया है। भगवन्, मेरे मन में बहुत दिनों से

यह अभिलाषा थी कि आपको अपना सारथि बनाऊँ। अपने जीवन-रथ की बागडोर आपके हाथों में सौंप दूँ। मेरी इस चिरकालिक अभिलाषा को आप पूर्ण करें।"

भगवान् श्रीकृष्ण ने कहा, "पार्थ, तुम जो शत्रुओं पर विजय पाने में मेरे साथ स्पर्द्धा रखते हो, यह तुम्हारे लिये उचित ही है। मैं तुम्हारा सारथ्य करूँगा। तुम्हारा यह मनोरथ पूर्ण हो।" इसके पश्चात् अपनी इच्छा पूर्ति से प्रसन्न हुए अर्जुन श्रीकृष्ण जी के सहित मुख्य-मुख्य दशार्हवंशी यादवों से घिरे हुए पुनः युधिष्ठिर के पास लौट आये।

अर्जुन ने जब केवल केशव को वरण किया, तो दुर्योधन बहुत प्रसन्न हुआ और मन ही मन अर्जुन को महामूर्ख समझने लगा। परन्तु इसका रहस्य उसे ज्ञात न था। नर रूप अर्जुन अपने सखा नारायण को छोड़कर नारायणी सेना तो क्या त्रिलोक के अक्षय राज्य को भी वरण नहीं कर सकते थे। जिन नारायण श्रीकृष्ण जी की इच्छा मात्र से कोटि-कोटि ब्रह्माण्डों की सृष्टि और संहार होता है, उनकी शक्ति के सामने नारायणहीन नारायणी सेना तो क्या, विश्व का सारा सैन्यबल भी नगण्य था। नारायण के पास जो जिस अभिलाषा से जाता है, उसे उसी की प्राप्ति होती है। नारायण को चाहनेवाला नारायण को प्राप्त करेगा और क्षणभंगुर ऐश्वर्य की कामना करनेवाले को वह क्षणभंगुर ऐश्वर्य ही मिलेगा। भगवान् के पास जाकर कोई खाली हाथ नहीं लौटता।

संजय की दृष्टि में श्रीकृष्ण

जब उभय-पक्ष में सैन्य-संग्रह हो रहा था, तो धृतराष्ट्र युद्ध की विभीषिका का विचार आते ही घबरा उठे। उन्होंने पाण्डवों के पास युद्ध न करने का संदेश भेजा। संजय ने वहाँ से वापस आकर पाण्डवों का संदेश सुनाते हुए कहा, "राजन्, नर और नारायण (अर्जुन और श्रीकृष्ण) को आपका संदेश सुनाने के लिये मैं प्रयत्नपूर्वक अपने पैरों की अँगुलियों को ही देखता हुआ, हाथ जोड़ उनके अन्तःपुर में गया। तत्पश्चात् बातचीत करने में प्रवीण भगवान् श्रीकृष्ण की यह वाणी मेरे सुनने में आयी, जिसका एक-एक अक्षर शिक्षाप्रद है। उन्होंने कौरवों को यज्ञानुष्ठान कर लेने, ब्राह्मणों को दक्षिणा देने आदि पुण्य कर्मों को कर लेने की सम्मति दी है, क्योंकि धर्मराज युधिष्ठिर अब आक्रमण करने के लिये उतावले हो रहे हैं। भगवान् वासुदेव ने यह भी कहा है कि "जिस समय कौरव-सभा में द्रौपदी का वस्त्र खींचा जा रहा था, मैं हस्तिनापुर से बहुत दूर था। उस समय पतिव्रता कृष्णा ने आर्तभाव से 'गोविन्द' कहकर जो मुझे पुकारा था, उसका मेरे ऊपर बहुत बड़ा ऋण है और वह बढ़ता ही जा रहा है। वह मेरे हृदय से दूर नहीं होता।"

संजय की उक्ति से दो प्रमुख तथ्यों पर प्रकाश पड़ता है। एक तो यह कि संजय को भी विश्वास था कि अर्जुन और श्रीकृष्ण साक्षात् नर और नारायण हैं। दूसरे यह कि भगवान् वासुदेव के हृदय को कौरवसभा में आर्तस्वर से की हुई कृष्णा की 'गोविन्द, गोविन्द !' की पुकार अभी तक व्यथित कर रही है। संजय ने इन दो मूल तत्वों को अभिव्यक्त करके धृतराष्ट्र की मुंदी हुई आँखें खोलने की चेष्टा की।

आगे चलकर संजय ने पुनः धृतराष्ट्र से भगवान् वासुदेव के संबंध में निवेदन करते हुए कहा, "महाराज, जितेन्द्रिय विशिष्टात्मा पुरुषोत्तम श्रीकृष्ण इच्छा-मात्र से पृथ्वी, अन्तरिक्ष और द्युलोक को अपने वश कर सकते हैं। राजन्, आप जो बारंबार पाण्डवों के विषय में, उनके सार और असारभूत बल को जानने के लिये मुझसे पूछते रहते हैं, वह सब आप मुझसे संक्षेप में सुनिये। एक ओर सम्पूर्ण जगत् हो और दूसरी ओर अकेले भगवान् श्रीकृष्ण हों, तो सारभूत बल की दृष्टि से वे भगवान् जनार्दन ही सम्पूर्ण जगत् से बढ़कर सिद्ध होंगे। श्रीकृष्ण अपने मानसिक संकल्पमात्र से इस सम्पूर्ण जगत् को भस्म कर सकते हैं; परन्तु उन्हें भस्म करने में कोई भी समर्थ नहीं हो सकता।

जिस ओर सत्य, धर्म, लज्जा और सरलता है, उसी ओर भगवान् श्रीकृष्ण रहते हैं और जहाँ भगवान् श्रीकृष्ण हैं, वहीं विजय है। समस्त प्राणियों के आत्मा लीला पुरुषोत्तम भगवान् श्रीकृष्ण खेल-सा करते हुए ही पृथ्वी, अंतरिक्ष तथा स्वर्गलोक का संचालन करते हैं। वे इस समय लोक को मोहित-सा करते हुए, पाण्डवों के बहाने आपके अधर्मपरायण पुत्रों को भस्म कर डालना चाहते हैं। ये भगवान् केशव ही अपनी योगशक्ति से निरन्तर कालचक्र, संसारचक्र एवं युगचक्र को घुमाते रहते हैं। राजन्, मैं आप से सत्य कहता हूँ कि एकमात्र भगवान् श्रीकृष्ण ही काल, मृत्यु तथा चराचर जगत् के स्वामी एवं शासक हैं। महा योगेश्वर श्रीहरि सम्पूर्ण जगत् के स्वामी एवं ईश्वर होते हुए भी खेती को बढ़ानेवाले किसान की भाँति सदा नये-नये कर्मों का आरंभ करते रहते हैं। भगवान् केशव अपनी माया के प्रभाव से सब लोगों को मोह में डाले रखते हैं। किन्तु जो मनुष्य केवल उन्हीं की शरण ले लेते हैं, वे उनकी माया से मोहित नहीं होते।"

इसके पश्चात् व्यासजी ने संजय की प्रशंसा करते हुए धृतराष्ट्र से कहा, "राजा धृतराष्ट्र, मेरी बातों पर ध्यान दो। वास्तव में तुम श्रीकृष्ण के प्रिय हो, तभी तो तुम्हें संजय के समान दूत मिला है, जो तुम्हें कल्याण-साधन में लगाने की भर-सक चेष्टा करता है। यह संजय पुराण-पुरुष भगवान् श्रीकृष्ण को भलीभाँति जानता है और उनका जो परम तत्व है, वह भी इसे ज्ञात है। यदि तुम एकाग्र-

चित्त होकर इसकी बातें सुनोगे, तो यह तुम्हें महान् भय से मुक्त कर देगा। विचित्र-वीर्य कुमार, जो मनुष्य अपने धन से संतुष्ट नहीं है और काम आदि विविध बंधनों से बँध कर हर्ष और क्रोध के वशीभूत हो रहा है, वह काममोहित पुरुष अंधों के नेतृत्व में चलनेवाले अंधे की भाँति अपने कर्मों द्वारा प्रेरित होकर बारंबार यमराज के चंगुल में पड़ता रहता है। यह ज्ञानमार्ग एकमात्र परमात्मा की प्राप्ति करनेवाला है। जिस पर मनीषी (ज्ञानी) पुरुष चलते हैं, उस मार्ग को देख या जान लेने पर मनुष्य जन्म-मृत्यु रूप संसार को लाँघ जाता है और वह महात्मा पुरुष कभी इस संसार में आसक्त नहीं होता।"

संजय पुनः धृतराष्ट्र को समझाते हुए बोले, "महाराज, जिसने अपने मन को वश में नहीं किया है, वह कभी नित्यसिद्ध परमात्मा भगवान् श्रीकृष्ण को नहीं पा सकता। अपनी सम्पूर्ण इन्द्रियों को वश में किये बिना, दूसरा कोई कर्म उन परमात्मा की प्राप्ति का उपाय नहीं हो सकता। विषयों की ओर दौड़नेवाली इन्द्रियों की भोग कामनाओं का पूर्ण सावधानी के साथ त्याग कर देना, प्रमाद से दूर रहना तथा किसी भी प्राणी की हिंसा न करना—ये तीन निश्चय ही तत्वज्ञान की उत्पत्ति के कारण हैं। राजन्, आप आलस्य छोड़कर इन्द्रियों के संयम में तत्पर हो जाइये और अपनी बुद्धि को जैसे भी संभव हो, नियंत्रण में रखिये, जिससे वह अपने लक्ष्य से भ्रष्ट न हो। इन्द्रियों को दृढ़तापूर्वक संयम में रखना चाहिये। विद्वान् ब्राह्मण इसी को ज्ञान मानते हैं। यह ज्ञान ही वह मार्ग है, जिस पर मनीषी पुरुष चलते हैं। राजन्, मनुष्य अपनी इन्द्रियों पर विजय प्राप्त किये बिना भगवान् श्रीकृष्ण को नहीं पा सकते। जिसने शास्त्रज्ञान और योग के प्रभाव से अपने मन और इन्द्रियों को वश में कर रक्खा है, वही तत्त्वज्ञान प्राप्त कर प्रसन्न होता है।"

तदनन्तर संजय ने भगवान् श्रीकृष्ण के पवित्र नामों की व्युत्पत्ति धृतराष्ट्र को सुनायी, "राजन्, मैंने वसुदेवनन्दन श्रीकृष्ण के नामों की मंगलमयी व्युत्पत्ति सुन रक्खी है, उसमें से जितनी मुझे याद है, उतनी कह रहा हूँ। वास्तव में भगवान् श्रीकृष्ण समस्त प्राणियों की पहुँच से परे है। भगवान् श्रीकृष्ण समस्त प्राणियों के निवासस्थान हैं तथा वे सब भूतों में वास करते हैं, इसलिये 'वासु' हैं। देवताओं की उत्पत्ति के स्थान होने से और समस्त देवता उनमें वास करते हैं, इसलिये उन्हें 'देव' कहा जाता है। अतएव उनका नाम 'वासुदेव' है, इस प्रकार जानना चाहिये। वृहत् अर्थात् व्यापक होने के कारण वे ही 'विष्णु' कहलाते हैं। राजन्, मौन, ध्यान और योग से उनका बोध अथवा साक्षात्कार होता है, इसलिये आप उन्हें 'माधव' समझें। 'मधु' शब्द से प्रतिपादित पृथ्वी आदि सम्पूर्ण तत्वों के उपादान और अधिष्ठान होने के कारण मधुसूदन श्रीकृष्ण को 'मधुहा' कहा गया है। 'कृष्' धातु

'सत्ता' अर्थ का वाचक है और 'ण' अक्षर 'आनन्द' अर्थ का बोध कराता है, इन दोनों भावों से युक्त होने के कारण यदुकुल में अवतीर्ण हुए नित्य आनन्दस्वरूप श्रीविष्णु 'कृष्ण' कहलाते हैं। भगवान् के नित्य, अक्षय, अविनाशी एवं परमधाम का नाम 'पुण्डरीक' है। उसमें स्थित होकर जो 'अक्षत' भाव से विराजते हैं, वे भगवान् 'पुण्डारीकाक्ष' कहलाते हैं। अथवा 'पुण्डरीक' कमल के समान उनके अक्षि—नेत्र हैं, इसलिये उनका नाम 'पुण्डरीकाक्ष' है। दस्युजनों, चोर-डाकुओं को त्रास (अर्दन या पीड़ा) देने के कारण वे 'जनार्दन' कहलाते हैं। वे सत्य से कभी च्युत नहीं होते और न सत्य से कभी अलग ही होते हैं, इसलिये सद्भाव के संबंध से उनका नाम 'सात्वत' है। आर्ष कहते हैं वेद को, उससे भासित होने के कारण भगवान् का एक नाम 'आर्षभ' है। आर्षभ के योग से ही वे 'वृषभेक्षण' कहलाते हैं (वृषभ का अर्थ है वेद वही ईक्षण-नेत्र के समान उनका ज्ञापक है, इस व्युत्पत्ति के अनुसार 'वृषभेक्षण' नाम की सिद्धि होती है।) शत्रु सेनाओं पर विजय प्राप्त करनेवाले ये भगवान् श्रीकृष्ण किसी जन्मदाता के द्वारा जन्म ग्रहण नहीं करते, इसलिये 'अज' कहलाते हैं। देवता स्वयं प्रकाशरूप होते हैं, अतः उत्कृष्ट रूप से प्रकाशित होने के कारण भगवान् श्रीकृष्ण को 'उदर' कहा गया है और दम (इंद्रिय-संयम) नामक गुण से सम्पन्न होने के कारण उनका नाम 'दाम' है। इस प्रकार 'दाम' और 'उदर' इन दोनों शब्दों के संयोग से वे दामोदर कहलाते हैं। वे हर्ष अर्थात् सुख से युक्त होने के कारण 'हृषीक' हैं और सुख-ऐश्वर्य से सम्पन्न के कारण 'ईश' कहे गये हैं। इस प्रकार वे भगवान् 'हृषीकेश' नाम धारण करते हैं। अपनी दोनों बाहुओं द्वारा भगवान् इस पृथ्वी और आकाश को धारण करते हैं, इसलिये उनका नाम 'महाबाहु' है। श्रीकृष्ण कभी नीचे गिरकर क्षीण नहीं होते, अतः ('अधो न क्षीयते जात' इस व्युत्पत्ति के अनुसार) 'अधोक्षज' कहलाते हैं। वे नरों (जीवात्माओं) के अयन (आश्रय) हैं, इसलिये वे 'नारायण' भी कहलाते हैं। वे सर्वत्र पूर्ण हैं तथा सबके निवासस्थान हैं, इसलिये 'पुरुष' हैं और सब पुरुषों में उत्तम होने के कारण 'पुरुषोत्तम' भी उनकी संज्ञा है। वे सत् और असत् सबकी उत्पत्ति और लय के स्थान हैं तथा सर्वदा उन सब का ज्ञान रखते हैं, इसलिये उन्हें 'सर्व' कहते हैं। श्रीकृष्ण सत्य में प्रतिष्ठित हैं और सत्य उनमें प्रतिष्ठित है। वे भगवान् सत्य से भी उत्कृष्ट सत्य हैं। अतः उनका एक नाम 'सत्य' भी है। विक्रमण (वामनावतार में तीनों लोकों को आक्रान्त) करने के कारण वे भगवान् 'विष्णु' कहलाते हैं। वे सब पर विजय पाने से 'जिष्णु', शाश्वत (नित्य) होने से 'अनन्त' तथा गौओं (इन्द्रियों) के ज्ञाता और प्रकाशक होने के कारण (गां विन्दति इस व्युत्पत्ति के अनुसार) 'गोविन्द' कहलाते हैं। वे अपनी सत्ता-स्फूर्ति देकर

असत्य को भी सत्य सा कर देते हैं और इस प्रकार सारी प्रजा को मोह में डाल देते हैं। निरन्तर धर्म में तत्पर रहनेवाले उन भगवान् मधुसूदन का स्वरूप ऐसा ही है। अपनी मर्यादा से कभी च्युत न होनेवाले महाबाहु श्रीकृष्ण कौरवों पर कृपा करने के लिये यहाँ पधारने वाले हैं।" इतना कहकर संजय चुप हो गये।

धर्मराज अपने पक्ष के विराट, द्रुपद आदि राजाओं के साथ भगवान् वासुदेव के पास गये और बोले, "श्रीकृष्ण, धृतराष्ट्र लोभ में डूबे हुए हैं, धर्म को नहीं देखते। मैंने केवल उनसे पाँच गाँव मांगे हैं और इसी पर संधि करने को हम तैयार हैं। परन्तु दुष्टात्मा दुर्योधन इतना भी देने को तैयार नहीं है। माधव, ऐसी स्थिति में आप हमारे लिये अवसरोचित शीघ्र करने योग्य कर्तव्य क्या समझते हैं? हम क्या करें जिससे अर्थ और धर्म से वंचित न होना पड़े?"

धर्मराज के ऐसा कहने पर भगवान् ने कहा, "राजन्, मैं दोनों पक्षों के हित के लिये कौरवों की सभा में जाऊंगा।" श्रीकृष्ण को शान्ति-स्थापन के निमित्त कौरव-सभा में जाते देखकर युधिष्ठिर, भीम, अर्जुन, नकुल ने शान्ति-स्थापन की चेष्टा करने के लिये ही भगवान् से निवेदन किया। परन्तु सहदेव ने कहा, "शत्रु-दमन श्रीकृष्ण, महाराज युधिष्ठिर जो कुछ कहते हैं, वह सनातन धर्म है; परन्तु मैं चाहता हूँ कि आप ऐसा प्रयत्न करें कि युद्ध होकर रहे। श्रीकृष्ण, पांचालकुमारी द्रौपदी को वैसी दशा में सभा के भीतर लायी जाती देखकर दुर्योधन और दुःशासन के प्रति बढ़ा हुआ मेरा क्रोध, उनका वध किये बिना कैसे शान्त हो सकता है?" परम वीर सात्यकि ने इसका समर्थन किया और उसे सुनकर उपस्थित योद्धा भयंकर सिंहनाद करने लगे।

द्रौपदी परम तेजस्विनी क्षत्राणी थी। यज्ञ की अग्नि से उत्पन्न होने के कारण वह यज्ञाग्नि की भाँति ही क्रोध से दग्ध हो रही थी। उसने श्रीकृष्णजी से कहा, "भैया श्रीकृष्ण, मेरे इन केशों की ओर देखो। शत्रुओं के साथ संधि की इच्छा से आप जो-जो कार्य अथवा प्रयास करें, उन सब में दुःशासन के हाथों से खींचे हुए इन केशों को याद रखें। कमललोचन श्रीकृष्ण, यदि भीमसेन और अर्जुन कायर होकर कौरवों के साथ संधि की कामना करने लगे हैं, तो मेरे वृद्ध पिता जी अपने महारथी पुत्रों के साथ शत्रुओं से युद्ध करेंगे। मधुसूदन, मेरे पाँच महापराक्रमी पुत्र भी वीर अभिमन्यु को प्रधान बनाकर कौरवों के साथ संग्राम करेंगे। यदि मैं दुःशासन की भुजा को कटकर धूल में लोटती न देखूं, तो मेरे हृदय को क्या शान्ति मिलेगी?"

"माधव, प्रज्वलित अग्नि के समान इस प्रचण्ड क्रोध को हृदय में रखकर प्रतीक्षा करते मुझे तेरह वर्ष बीत गये हैं। आज भीमसेन के संधि के लिए कहे गये

वचन मेरे हृदय में बाण के समान लगे हैं, जिनसे पीड़ित होकर मेरा कलेजा फटा जा रहा है। हाय, ये महाबाहु आज मेरे अपमान को भुलाकर केवल धर्म का ही ध्यान कर रहे हैं।" इतना कहने के बाद पांचाली कृष्णा का कंठ आँसुओं से अवरुद्ध हो गया। वह काँपती हुई अश्रुगदगद वाणी में फूट-फूट कर रोने लगी।

भगवान् श्रीकृष्ण द्वारा द्रौपदी को आश्वासन

द्रौपदी की यह अवस्था देखकर महाबाहु केशव ने उसे सांत्वना देते हुए कहा, "कृष्णे, तुम शीघ्र ही भरतवंश की दूसरी स्त्रियों को भी इसी प्रकार रुदन करते देखोगी। भामिनी, जिन पर तुम कुपित हुई हो, उन विपक्षियों की स्त्रियां भी अपने कुटुम्बी, बन्धु-बांधव, मित्रवृंद तथा सेनाओं के मारे जाने पर इसी तरह रोयेंगी। महाराज युधिष्ठिर की आज्ञा तथा विधाता के रचे हुए अदृष्ट से प्रेरित हो भीम, अर्जुन, नकुल और सहदेव को साथ लेकर मैं भी वही करूँगा, जो तुम्हें अभीष्ट है। यदि काल के गाल में जानेवाले धृतराष्ट्र-पुत्र मेरी बात नहीं सुनेंगे, तो मारे जाकर धरती पर लोटेंगे और कुत्तों तथा सियारों के भोजन बन जायेंगे। हिमालय पर्वत अपनी जगह से टल जाय, पृथ्वी के टुकड़े-टुकड़े हो जायँ तथा नक्षत्रों-सहित आकाश टूट पड़े, परन्तु मेरी यह बात झूठी नहीं हो सकती। कृष्णे, अपने आँसुओं को रोको। मैं तुमसे सच्ची प्रतिज्ञा करके कहता हूँ, तुम शीघ्र ही देखोगी कि सारे शत्रु मार डाले गये और तुम्हारे पति राजलक्ष्मी से संपन्न हैं।"

श्रीकृष्ण का हस्तिनापुर को प्रस्थान

तत्पश्चात् भगवान् वासुदेव दिव्य रथ पर सवार हो सात्यकि तथा अन्यान्य वृष्णिवंशीय वीरों को साथ लेकर हस्तिनापुर की ओर चल पड़े। भगवान् श्रीकृष्ण का रथ हस्तिनापुर की ओर बड़े वेग से बढ़ा जा रहा था कि श्रीकृष्ण ने रास्ते के दोनों ओर ब्रह्मतेज से देदीप्यमान ऋषियों को खड़े देखा। भगवान् रथ रोक कर तुरंत उतर पड़े और महर्षियों को प्रणाम करके आदरपूर्वक उनसे बोले, "महात्माओ, सम्पूर्ण लोकों में कुशल तो है न? क्या धर्म का अच्छी तरह अनुष्ठान हो रहा है? क्षत्रिय आदि तीनों वर्ण ब्राह्मणों की आज्ञा के अधीन रहते हैं न? क्या पितरों, देवताओं और अतिथियों की पूजा भलीभांति सम्पन्न हो रही है?"

उन महर्षियों की पूजा करके भगवान् मधुसूदन ने फिर उनसे पूछा, "महात्माओ, आप लोगों का क्या कार्य है? भगवन् मैं आप लोगों की क्या सेवा करूँ? किस प्रयोजन से आपलोग इस भूतल पर पधारे हैं?" श्रीकृष्ण के ऐसा कहने पर कठोरव्रत धारण करने वाले नारद आदि सभी महर्षि उनका अभिनन्दन करने लगे। उस समय जमदग्निनंदन परशुरामजी ने मधुसूदन श्रीकृष्ण के पास जाकर उन्हें हृदय

से लगाया और इस प्रकार कहा, "महामते केशव, जिन्होंने पुरातन देवासुर-संग्राम को अपनी आँखों से देखा है; वे पुण्यात्मा देवर्षिगण, अनेक शास्त्रों के विद्वान् ब्रह्मर्षिगण, तथा आपका सम्मान करनेवाले तपस्वी राजर्षिगण सम्पूर्ण दिशाओं से एकत्र हुए भूमण्डल के क्षत्रिय नरेशों को, सभा में बैठे हुए भूपालों को तथा सत्यस्वरूप आप भगवान् जनार्दन को देखना चाहते हैं। इस परम दर्शनीय दृश्य का दर्शन करने के लिये ही हम हस्तिनापुर चल रहे हैं। शत्रुओं को संताप देनेवाले माधव, वहाँ कौरवों तथा अन्य राजाओं की मण्डली में आपके द्वारा कही जानेवाली धर्म और अर्थ से युक्त बातों को हम सुनना चाहते हैं। यदुकुलसिंह, वहाँ कौरव-सभा में भीष्म, द्रोण आदि प्रमुख व्यक्ति, परम बुद्धिमान् विदुर तथा आप पधारेंगे। गोविन्द, माधव, उस सभा में आपके तथा भीष्म आदि के मुख से जो दिव्य, सत्य और हितकर वचन प्रकट होंगे, उन सब को हमलोग सुनना चाहते हैं। महाबाहो, अब हम लोग आपसे पूछकर बिदा ले रहे हैं। पुनः आपका दर्शन करेंगे। वीर, आपकी यात्रा निर्विघ्न हो। जब सभा में पधारकर आप दिव्य आसन पर विराजमान होंगे, उसी समय बल और तेज से सम्पन्न आपके श्रीअंगों का हम पुनः दर्शन करेंगे।"

कौरवों द्वारा श्रीकृष्ण का भव्य स्वागत

दूतों के द्वारा भगवान् श्रीकृष्ण के पधारने का समाचार सुनकर धृतराष्ट्र के शरीर में रोमांच हो आया और वे दुर्योधन से कहने लगे, "कुरुनंदन एक अद्‌भुत और अत्यंत आश्चर्य की बात सुनायी पड़ती है। घर-घर में स्त्री-बालक और बूढ़े इसी की चर्चा करते हैं। जो यहाँ के निवासी हैं, वे तथा जो बाहर से आये हुए हैं, वे भी आदरपूर्वक उसी बात को कह रहे हैं। चौराहों पर और सभाओं में भी पृथक्-पृथक् वही चर्चा चल रही है। वह बात यह है कि पाण्डवों की ओर से परम पराक्रमी श्रीकृष्ण यहाँ पधारेंगे। वे मधुसूदन हम लोगों के माननीय तथा सब प्रकार से पूजनीय हैं। सम्पूर्ण लोकों का जीवन उन्हीं पर निर्भर है; क्योंकि वे सम्पूर्ण भूतों के अधीश्वर हैं। उन माधव में धैर्य, पराक्रम, बुद्धि और तेज—सब कुछ है। उन नरश्रेष्ठ श्रीकृष्ण का यहाँ उनके अनुरूप सम्मान होना चाहिये, क्योंकि वे सनातन धर्मस्वरूप हैं। सम्मानित होने पर वे हमारे लिये सुखदायक सिद्ध होंगे और सम्मानित न होने पर हमारे दुःख का कारण बन जायेंगे। शत्रुओं का दमन करने वाले भगवान् श्रीकृष्ण यदि हमारे सत्कार-साधनों से संतुष्ट हो गये, तो हम समस्त राजाओं में उनसे अपने सारे मनोरथ प्राप्त कर लेंगे। परंतप, तुम श्रीकृष्ण के स्वागत-सत्कार के लिये आज से ही तैयारी आरंभ कर दो। मार्ग में अनेक विश्राम-स्थल बनवाओ और उनमें सब प्रकार की मनोनुकूल उपभोग-सामग्री प्रस्तुत करो।"

कौरवों ने भगवान् वासुदेव के स्वागत में कोई कोर-कसर नहीं रखी। मार्ग में स्थान-स्थान पर उनके ठहरने के लिये राजोचित प्रबंध किये गये। परन्तु श्रीकृष्ण ने उनका उपयोग नहीं किया। भगवान् वासुदेव का दर्शन करने के लिये तथा अगवानी करने के लिये (दुर्योधन को छोड़कर) धृतराष्ट्र के सभी पुत्र, भीष्म, द्रोण, कृपाचार्य तथा सभी नागरिकों का समुद्र उमड़ पड़ा।

श्रीकृष्ण के स्वागतार्थ हस्तिनापुर खूब सजाया गया। अनेक प्रकार के रत्नों से खचित राजमार्ग भी सुशोभित हो रहा था। भगवान् वासुदेव के दर्शनार्थ सभी स्त्री-पुरुष, बच्चे-बूढ़े सड़क के किनारे आ गये थे। कोई भी घर में नहीं रह गया था। जब श्रीकृष्ण नगर में प्रवेश करने लगे, उस समय राजमार्ग पर भूमि पर खड़े हुए मनुष्य उनकी स्तुति कर रहे थे।

कुन्तीजी का दर्शन और उन्हें सांत्वना देना

कौरवों का समुचित आतिथ्य स्वीकार करके भगवान् विदुरजी के घर पधारे। वहाँ विदुर को पांडवों की गाथा सुनाकर कुन्ती से मिले। कुन्तीदेवी ने जब अपने शक्तिशाली पुत्रों के बीच रहकर विचरण करनेवाले माधव को देखा, तब उनकी आँखों से आँसुओं की वर्षा होने लगी। उन्होंने एक-एक करके अपनी सारी दुःख-गाथा तथा कौरवों के द्वारा पांडवों पर किये गये अत्याचारों को कह सुनाया और पूछा, "श्रीकृष्ण, इस दुःख का अन्त कब होगा ? प्रिय कृष्ण, राज्य चला गया, इसका मुझे दुःख नहीं, न जूए में हारने का दुःख है। मेरे पुत्रों को वन भेज दिया गया, इसका भी मुझे दुःख नहीं। परंतु जनार्दन, मेरी उस सुन्दरी बड़ी बहू, जिसे एक वस्त्र में सभा में जाना पड़ा और कर्कश वचन सुनने पड़े, उससे बढ़ कर दुःख की बात कौन हो सकती है ?"

भगवान् वासुदेव ने पाण्डवों का प्रणाम तथा उनकी कुशलता का समाचार कह कर कुन्ती को सांत्वना देते हुए कहा, "बुआ, दुःखी मत हो। तुम लोगों के दुःखों का शीघ्र ही अन्त होनेवाला है। तुम्हारे वीर और यशस्वी पुत्र शत्रुओं का संहार करके पुनः चक्रवर्ती राज्य प्राप्त करेंगे।

"महाप्राज्ञे, तुम वीरपत्नी, वीरजननी तथा समस्त सद्गुणों से संपन्न हो। तुम्हारी जैसी विवेकशील स्त्री को सुख और दुःख चुपचाप सहने चाहिये। तुम्हारे सभी पुत्र निद्रा, तंद्रा, क्रोध, हर्ष, भूख-प्यास, सर्दी-गर्मी इन सब को जीतकर सदा वीरोचित सुख का उपभोग करते हैं। वे महान् उत्साही और महाबली हैं। वे धीर पुरुष कर्तव्य-पालन के रूप में प्राप्त बड़े से बड़े क्लेशों को सहन करके अन्त में मनुष्यातीत भोगों में रमण करते हैं। महापुरुषों का कथन है कि अन्तिम स्थिति

(सुख-दुःख से अतीत) की प्राप्ति ही वास्तविक सुख है तथा सुख-दुख के बीच की ही स्थिति दुःख है। तुम शीघ्र ही देखोगी कि पाण्डव नीरोग अवस्था में तुम्हारे सामने उपस्थित हैं, उनके सम्पूर्ण मनोरथ सिद्ध हो गये हैं और वे अपने शत्रुओं का संहार करके साम्राज्य-लक्ष्मी से संयुक्त हो सम्पूर्ण जगत् के शासक-पद पर प्रतिष्ठित हैं।"

इस प्रकार आश्वासन पाकर पुत्रों आदि से दूर पड़ी हुई कुन्तीदेवी ने अज्ञान-, जनित मोह का विरोध करके भगवान् जनार्दन से कहा, "महाबाहु मधुसूदन श्रीकृष्ण जो पाण्डवों के लिये हितकर हो तथा जैसे-जैसे कार्य करना तुम्हें उचित जान पड़े, वैसे-वैसे करो। परंतप श्रीकृष्ण, धर्म का लोप न करते हुए, छल और कपट से दूर रहकर समयोचित कार्य करना चाहिये। मैं तुम्हारी सत्यपरायणता और कुलमर्यादा का भी प्रभाव जानती हूँ। हमारे कुल में तुम्हीं धर्म हो, तुम्हीं सत्य हो, तुम्हीं महान् तप हो, तुम्हीं रक्षक और तुम्हीं परब्रह्म परमात्मा हो। सब कुछ तुम में ही प्रतिष्ठित है। तुम जो कुछ कहते हो, वह सब तुम्हारे सन्निधान में सत्य होकर ही रहेगा। इसके पश्चात् महाबाहु गोविन्द कुन्तीदेवी की परिक्रमा करके उनसे आज्ञा ले दुर्योधन के घर की ओर चल दिये।

श्रीकृष्ण का दुर्योधन के घर जाना

दुर्योधन का घर इन्द्रभवन के समान उत्तम शोभा से सम्पन्न था। उसमें यथास्थान विचित्र आसन सजाकर रक्खे गये थे। श्रीकृष्ण ने उस गृह में प्रवेश किया। उन्होंने वहाँ दुर्योधन को देखा जो कौरवों तथा अनेक राजाओं से घिरा हुआ था। दुर्योधन के पास ही दुःशासन, कर्ण तथा सुबलपुत्र शकुनि—ये भी आसनों पर बैठे थे। भगवान् श्रीकृष्ण के आते ही महायशस्वी दुर्योधन मधुसूदन का सम्मान करते हुए मंत्रियों सहित उठ कर खड़ा हो गया। उस राजसभा में सुंदर रत्नों से विभूषित एक सुवर्णमय पर्यङ्क रक्खा हुआ था, जिस पर भाँति-भाँति के बिछौने बिछे हुए थे। भगवान् श्रीकृष्ण उसी पर विराजमान हुए। उस समय दुर्योधन ने जनार्दन की सेवा में गौ, मधुपर्क, जल, गृह तथा राज्य सब कुछ अर्पित कर दिया। उस पर्यङ्क पर बैठे हुए भगवान् गोविन्द निर्मल सूर्य के समान तेजस्वी प्रतीत हो रहे थे। राजाओं के सहित समस्त कौरव उनके पास आकर बैठ गये।

इसके बाद दुर्योधन ने श्रीकृष्णजी को भोजन करने के लिये निमंत्रित किया; परन्तु केशव ने उस निमंत्रण को स्वीकार नहीं किया। तब दुर्योधन ने कर्ण से सलाह लेकर कौरवसभा में श्रीकृष्ण से पूछा। पूछते समय उसकी वाणी में पहले तो मृदुता थी, परन्तु अंत में शठता प्रकट होने लगी, "जनार्दन, आपके लिये अन्न,

जल, वस्त्र और शय्या आदि जो वस्तुएँ प्रस्तुत की गयीं, उन्हें आपने ग्रहण क्यों नहीं किया ? आपने तो दोनों पक्षों को सहायता दी है, आप उभय पक्ष के हित-साधन में तत्पर हैं। माधव, आप हमारे प्रिय संबंधी भी हैं। आपको धर्म और अर्थ का सम्पूर्ण रूप से ज्ञान भी है। फिर मेरा आतिथ्य ग्रहण न करने का क्या कारण है ? इसे मैं सुनना चाहता हूँ।''

दुर्योधन के इस प्रकार प्रश्न करने पर महामनस्वी श्रीकृष्ण ने अपनी विशाल भुजा ऊपर उठा कर गंभीर वाणी में उत्तर देना प्रारंभ किया। उनका वह वचन परम उत्तम, युक्तिसंगत, दैन्यरहित, प्रत्येक शब्द की स्पष्टता से सुशोभित तथा स्थानभ्रष्टता एवं संकीर्णता आदि दोषों से रहित था। उन्होंने कहा, ''भारत, ऐसा नियम है कि दूत अपना प्रयोजन सिद्ध होने पर ही भोजन और सम्मान स्वीकार करते हैं। तुम भी मेरा उद्देश्य सिद्ध हो जाने पर मेरा और मेरे मंत्रियों का सत्कार करना।''

यह सुनकर दुर्योधन ने जनार्दन से कहा, ''आपको हम लोगों के साथ ऐसा अनुचित बर्ताव नहीं करना चाहिये। मधुसूदन, आपका उद्देश्य सफल हो या न हो, हम लोग तो आपके सम्मान का प्रयत्न करते ही हैं; किन्तु हमें सफलता नहीं मिल रही है। पुरुषोत्तम, हमें कोई ऐसा कारण नहीं ज्ञात होता, जिसके होने से आप हमारी प्रेमपूर्वक अर्पित की हुई पूजा ग्रहण न कर सकें। गोविन्द, आपके साथ हम लोगों का न तो कोई वैर है और न झगड़ा ही है। इन सब बातों का विचार करके आपको ऐसी बातें नहीं कहनी चाहिये।''

कृष्ण भगवान् ने मंत्रियों सहित दुर्योधन की ओर देखकर हंसते हुए उत्तर दिया, ''राजन्, मैं काम से, क्रोध से, द्वेष से, स्वार्थवश, बहानेबाजी अथवा लोभ से भी किसी प्रकार धर्म का त्याग नहीं कर सकता। किसी के घर का अन्न या तो प्रेम के कारण ग्रहण किया जाता है या आपत्ति में पड़ने पर। नरेश्वर, प्रेम तो तुम नहीं रखते और किसी आपत्ति में हम पड़े नहीं हैं। राजन्, पाण्डव तुम्हारे भाई ही हैं। वे अपने प्रेमियों का साथ देनेवाले और समस्त सद्गुणों से सम्पन्न हैं, तथापि तुम जन्म से ही उनके साथ अकारण द्वेष करते हो। बिना कारण ही कुन्तीपुत्रों के साथ द्वेष करना तुम्हारे लिये कदापि उचित नहीं है। पाण्डव सदा अपने धर्म में स्थित रहते हैं। अतः उनके विरुद्ध कौन क्या कह सकता है ? जो पाण्डवों से द्वेष करता है, वह मुझसे भी द्वेष करता है और जो उनके अनुकूल है, वह मेरे भी अनुकूल है। तुम मुझे धर्मात्मा पाण्डवों के साथ एकरूप हुआ ही समझो। जो काम और क्रोध के वशीभूत होकर किसी गुणवान् पुरुष के साथ

विरोध करना चाहता है, उसे पुरुषों में अधम कहा गया है। राजन्, जो कल्याण-मय गुणों से युक्त अपने कुटुम्बीजनों को मोह और लोभ की दृष्टि से देखना चाहता है, वह अपने मन और मोह को न जीतनेवाला पुरुष दीर्घकाल तक राजलक्ष्मी का उपभोग नहीं कर सकता। जो अपने मन को प्रिय न लगनेवाले गुणवान् व्यक्तियों को अपने व्यवहार द्वारा वश में कर लेता है, वह दीर्घकाल तक यशस्वी बना रहता है। जो द्वेष रखता हो, उसका अन्न नहीं खाना चाहिये। द्वेष रखनेवालों को खिलाना भी नहीं चाहिये। राजन्, तुम पाण्डवों से द्वेष रखते हो और पाण्डव मेरे प्राण हैं। तुम्हारा यह सारा अन्न दुर्भावना से दूषित है। अतः मेरे भोजन करने योग्य नहीं है। मेरे लिये तो यहाँ केवल विदुर का ही अन्न ग्रहण करने योग्य है। यह मेरी निश्चित धारणा है।''

अमर्षशील दुर्योधन से ऐसा कहकर महाबाहु श्रीकृष्ण उसके घर से बाहर निकले। वहाँ से निकल कर महामना भगवान् वासुदेव ठहरने के लिये महात्मा विदुर के भवन में गये। उस समय द्रोणाचार्य, कृपाचार्य, भीष्म पितामह, बाह्लीक तथा अन्य कौरवों ने भी भगवान् श्रीकृष्ण का अनुसरण किया।

विदुर का आतिथ्य-सत्कार स्वीकार करना

विदुर के घर में ठहरे हुए यदुवंशी वीर मधुसूदन से वे कौरव बोले, "वृष्णि-नन्दन, हमलोग रत्नधन से सम्पन्न अपने घरों को आपकी सेवा में समर्पित करते हैं।'' तब उन्होंने कहा, ''आप सब लोग अपने घरों को जायँ। आपके द्वारा मेरा सारा सम्मान सम्पन्न हो गया।''

कौरवों के चले जाने पर विदुरजी ने भगवान् श्रीकृष्ण को समस्त मनोवांच्छित वस्तुएं समर्पित करके प्रयत्नपूर्वक उनका पूजन किया। फिर उन्होंने भगवान् को अनेक प्रकार के पवित्र एवं गुणकारक अन्न-पान अर्पित किये।

रात में जब भगवान् श्रीकृष्ण भोजन करके विश्राम करने लगे, तो विदुर ने उनसे कहना प्रारंभ किया, "केशव, आपका दुर्योधन के यहाँ जाना उचित नहीं है। वह अभिमानी, दुराग्रही, बड़ों-बूढ़ों और अनुभवी शास्त्रज्ञ पुरुषों की बात न माननेवाला है। उस दुरात्मा को सन्मार्ग पर ले आना असंभव है। उसका मन भोगों में अत्यंत आसक्त है। वह अत्यंत शठ और मूर्ख है, फिर भी अपने को पंडित समझता है। वह कामी, लोलुप, चंचलबुद्धि, अविवेकी है। यदि आप उसे हित की बात बतायेंगे तो भी वह क्रोध, दंभ और अहंकार वश उसे स्वीकार नहीं करेगा।''

''केशव, धृतराष्ट्र के सभी पुत्रों ने यह पक्का विचार कर लिया है कि हमें

पांडवों का उनका यथोचित राज्यभाग नहीं देना है। यही उनका दृढ़ निश्चय है। इधर आप संधि के लिये प्रयत्न करते हुए उनमें उत्तम भ्रातृभाव जगाना चाहते हैं; परन्तु उन दुष्टों के प्रति आप जो कुछ भी कहेंगे, वह सब व्यर्थ ही होगा।"

"माधव, मूढ़ दुर्योधन, सैन्य संग्रह करके अपने को महान् शक्तिशाली और अजेय समझता है। अतः वह आपकी बात नहीं मानेगा। उसके प्रति कहा हुआ आपका प्रत्येक वाक्य निरर्थक होगा। जनार्दन, धृतराष्ट्र के सभी पुत्रों का यह दृढ़ निश्चय है कि देवता-सहित इन्द्र भी इस समय युद्ध के द्वारा हमारी इस सेना को परास्त नहीं कर सकते। दुर्बुद्धि दुर्योधन को इस बात का भी निश्चय है कि अकेला कर्ण ही शत्रुओं को जीतने में समर्थ है। इसलिये वह कदापि संधि नहीं करेगा। अतः कौरवों के बीच में आपका जाना मुझे अच्छा नहीं लगता है।"

विदुरजी को श्रीकृष्ण द्वारा संधि-स्थापना का औचित्य बतलाना

विदुरजी की विनय और प्रेमयुक्त वाणी सुनकर श्रीकृष्ण ने उनसे कहना प्रारंभ किया, "महात्मा विदुरजी, आपने मुझसे जो कुछ कहा है, यही सत्य, समयोचित और युक्तिसंगत है, तथापि मेरे आने का जो कारण है, उसे आप ध्यान देकर सुनें। धृतराष्ट्र-पुत्र दुर्योधन की दुष्टता और क्षत्रिय योद्धाओं के वैरभाव, जो मुझसे चिढ़कर और असंतुष्ट होकर दुर्योधन की सहायता के निमित्त आये हैं, —इन सब बातों को जानकर ही मैं कौरवों के पास आया हूँ। मनुष्य यदि शक्ति भर किसी धर्म कार्य को करने का प्रयत्न करते हुए भी, उसमें सफलता न प्राप्त कर सके, तो भी उसे उसका पुण्य तो अवश्य ही प्राप्त हो जाता है। इस विषय में मुझे रंचमात्र संदेह नहीं है। यह अत्यन्त भयंकर आपत्ति कर्ण और दुर्योधन द्वारा ही उपस्थित की गयी है, क्योंकि वे सभी आसुरी वृत्तिवाले नरेश इन्हीं दोनों का अनुसरण करते हैं। अतः इस विपत्ति का प्रादुर्भाव कौरवपक्ष में ही हुआ है। विदुरजी, मैं तो निष्कपट भाव से धृतराष्ट्र के पुत्रों, पांडवों तथा भूमण्डल के सभी क्षत्रियों के हित का ही प्रयत्न करूँगा। संसार के पापी, मूढ़ और शत्रुभाव रखने-वाले लोग मेरे विषय में यह न कहें कि श्रीकृष्ण ने समर्थ होते हुए भी क्रोध से भरे हुए कौरव-पांडवों को युद्ध से नहीं रोका। इसलिये भी मैं सन्धि कराने का पूर्ण प्रयत्न करूँगा। पूरा प्रयास कर लेने पर मैं निन्दा का पात्र नहीं बनूंगा। यदि मूर्ख और दुराग्रही दुर्योधन मेरे कष्ट निवारक एवं धर्म तथा अर्थ के अनुकूल बचनों को सुनकर भी उन्हें ग्रहण नहीं करेगा, तो उसे दुर्भाग्य के अधीन होना पड़ेगा। विदुरजी, आप दुर्योधन के पास जाने में मेरे लिये तनिक भी किसी प्रकार की आशंका न करें, क्योंकि यदि मैं कुपित हो जाऊँ तो यह समस्त राजा लोग एक

साथ मिलकर भी मेरा सामना करने में समर्थ न होंगे।"

दूसरे दिन दुर्योधन आदि श्रीकृष्णजी के पास आये और उन्होंने निवेदन किया, "श्रीकृष्णजी, महाराज धृतराष्ट्र सभा में आ गये हैं। भीष्म, आदि कौरव तथा अन्य राजागण भी वहाँ उपस्थित हैं। हे गोविन्द, जैसे स्वर्ग में देवतागण इन्द्र का आवाहन करते हैं उसी प्रकार ये लोग आपसे दर्शन देने की प्रार्थना करते हैं।" यह सुनकर भगवान् श्रीकृष्ण ने परम मधुर सांत्वनापूर्ण वचन द्वारा उनका अभिनन्दन किया और अपने दिव्य रथ पर बैठकर कौरव सभा की ओर प्रस्थान किया। यह खबर बिजली की तरह सारे नगर में फैल गयी। हस्तिनापुर का बाल-वृद्ध तथा युवा नर-नारियों का समूह भगवान् श्रीकृष्ण का दर्शन करने के लिये राजमार्ग की ओर दौड़ पड़ा।

जैसे सूर्य अपनी प्रभा से आकाश के तारों को तिरोहित कर देते हैं, उसी प्रकार महायशस्वी भगवान श्रीकृष्ण अपनी दिव्य कान्ति से कौरवों को आच्छादित करते हुए विदुर और सात्यकि का हाथ पकड़े हुए सभा में आये। उस समय भीष्म और द्रोणाचार्य आदि सब लोग भगवान् श्रीकृष्ण का सम्मान करने के लिये राजा धृतराष्ट्र को आगे करके अपने आसनों से उठकर आगे बढ़े। धृतराष्ट्र के उठने पर वहाँ चारों ओर बैठे हुए सभी नरेश उठकर खड़े हो गये। उस समय धर्मात्मा भगवान् श्रीकृष्ण ने मुसकराते हुए राजा धृतराष्ट्र, भीष्म; द्रोणाचार्य तथा अवस्था के अनुसार अन्य राजाओं से भी वार्तालाप किया। वहाँ सभा में पधारे हुए भगवान् श्रीकृष्ण का भूमण्डल के राजाओं तथा सभी कौरवों ने भलीभाँति पूजन किया। इसके पश्चात् परंतप श्रीकृष्ण ने देखा कि आकाश में कुछ ऋषि-मुनि भी खड़े हैं। उन्होंने भीष्मजी से कहा, "शान्तनुनन्दन, इस राजसभा को देखने के लिये ऋषि-गण भी पधारे हैं। इन्हें अत्यन्त सत्कारपूर्वक आसन देकर निमंत्रित किया जाय, क्योंकि इनके बैठे बिना कोई भी बैठ नहीं सकता।" भीष्मजी ने उनके बैठने आदि की तत्काल व्यवस्था की। अर्घ्य ग्रहण करके जब ऋषिगण उन आसनों पर बैठ गये, तब भगवान् श्रीकृष्ण तथा अन्य राजाओं ने आसन ग्रहण किया अमर्ष में भरे हुए कर्ण और दुर्योधन दोनों एक आसन पर श्रीकृष्ण के पास ही बैठे थे। उस समय वहाँ सबका मन भगवान् गोविन्द में ही लगा हुआ था। अतः सब चुपचाप बैठे थे। कोई कुछ भी नहीं बोल रहा था।

कौरवसभा में श्रीकृष्णजी का प्रभावशाली भाषण

सभा में सभी व्यक्ति शान्तभाव से बैठे थे। भगवान् श्रीकृष्ण ने गम्भीर गर्जना के साथ सारी सभा को सुनाते हुए धृतराष्ट्र की ओर देखकर इस प्रकार कहा,

"भरतनन्दन, मैं यहाँ आपसे यह प्रार्थना करने के लिये आया हूँ कि क्षत्रिय वीरों का संहार हुए बिना ही कौरवों और पाण्डवों में शान्ति स्थापना हो जाय। शत्रुदमन, मुझे इसके अतिरिक्त कोई बात आपसे नहीं कहनी है, क्योंकि जानने योग्य जितनी बातें हैं, वे सब आपको विदित ही हैं। भूपाल, इस समय समस्त राजाओं में यह कुरुवंश ही सर्वश्रेष्ठ है। इसमें शास्त्र एवं सदाचार का पूर्णतः आदर से पालन किया जाता है। यह कौरवकुल समस्त सद्‌गुणों से सम्पन्न है। राजन्, ऐसे उत्तम गुणसम्पन्न एवं अत्यंत प्रतिष्ठित कुल के होते हुए भी यदि इसमें आपके कारण कोई अनुचित कार्य हो, तो यह ठीक नहीं है।"

"कुरुनंदन, दुर्योधन आदि आपके पुत्र धर्म और अर्थ को पीछे करके क्रूर मनुष्यों के समान आचरण करने लगे हैं। पुरुषरत्न, ये अपने ही श्रेष्ठ बन्धुओं के साथ अशिष्ट बर्ताव करते हैं। लोभ ने इनके हृदय को ऐसा वशीभूत कर लिया है कि इन्होंने धर्म की मर्यादा तोड़ दी है। इस बात को आप भलीभाँति जानते हैं। कुरुश्रेष्ठ, इस समय यह अत्यंत भयंकर आपत्ति कौरवों में ही प्रकट हुई है। यदि इसकी उपेक्षा की गयी, तो यह समस्त भूमण्डल का विध्वंस कर डालेगी। भारत, यदि आप चाहते हों, तो इस भयानक विपत्ति का अब भी निवारण किया जा सकता है। इन दोनों पक्षों में शान्ति स्थापित होना मैं कठिन कार्य नहीं मानता हूँ। इस समय इन दोनों पक्षों में संधि कराना आपके और मेरे अधीन है। आप अपने पुत्रों को मर्यादा में रखिये और मैं पांडवों को नियंत्रण में रखूंगा।"

"प्रजानाथ, पांडवों के साथ वैर और विवाद का कोई अच्छा परिणाम नहीं हो सकता। यह विचार कर आप स्वयं ही संधि के लिये प्रयत्न करें। जनेश्वर, ऐसा करने से भरतवंशी पाण्डव आपके ही सहायक सिद्ध होंगे। आप पाण्डवों से सुरक्षित होकर धर्म और अर्थ का अनुष्ठान कीजिये। आपको पाण्डवों के समान संरक्षक प्रयत्न करने पर भी नहीं मिल सकते। महात्मा पांडवों से सुरक्षित होने पर आपको देवताओं-सहित इन्द्र भी नहीं जीत सकते, फिर किसी दूसरे राजा की तो बात ही क्या है? शत्रुसूदन नरेश, कौरव और पांडवों के साथ रहने पर आप सम्पूर्ण जगत् के सम्राट् होकर शत्रुओं के लिये अजेय हो जायेंगे।"

"महाराज, युद्ध छिड़ने पर तो महान् संहार ही दिखायी देता है। राजन्, इस प्रकार दोनों पक्षों का विनाश कराने में आप कौन-सा धर्म देखते हैं? भरतश्रेष्ठ, यदि पांडव युद्ध में मारे गये अथवा आपके महाबली पुत्र ही नष्ट हो गये, तो उस दशा में आपको कौन-सा सुख मिलेगा? यह बताइये। नृपश्रेष्ठ, भूमण्डल के समस्त राजा यहाँ एकत्र हो अमर्ष में भरकर इन प्रजाओं का नाश करेंगे। आप इस जगत्

की रक्षा कीजिए, जिससे इन समस्त प्रजाओं का नाश न हो। आपके प्रकृतिस्थ होने पर ये सब लोग बच जायेंगे।"

"भरतश्रेष्ठ, अब आपकी आयु भी क्षीण हो चली है। इस बुढ़ापे में आपका पाण्डवों के ऊपर वैसा ही स्नेह बना रहे, जैसा पहले था। अतः संधि कर लीजिये। कहीं ऐसा न हो कि पांडवों के साथ वैर बाँधने के कारण आपके धर्म और अर्थ दोनों नष्ट हो जायँ। राजन्, पांडवों ने आपको प्रणाम करके यह संदेश कहलाया है, तात, आपकी आज्ञा से बारह वर्षों तक हमने निर्जन वन में निवास किया है और तेरहवां वर्ष जनसमुदाय से भरे हुए नगर में अज्ञात रहकर बिताया है। हमने भारी दुःख सहन किया है तात, आप हमारे ज्येष्ठ पिता हैं। अतः हमारे विषय में की हुई अपनी प्रतिज्ञा पर डटे रहेंगे, अर्थात् वनवास से लौटने पर हमारा राज्य हमें प्रसन्नतापूर्वक लौटा देंगे। इसी निश्चय के अनुसार अपनी प्रतिज्ञा पर हम दृढ़तापूर्वक स्थित रहे हैं। अतः आप भी हमारे साथ की गई प्रतिज्ञा पर डटे रहें। राजन्, हमने सदा क्लेश उठाया है; अब हमें हमारा राज्य-भाग प्राप्त होना चाहिये।' भरतश्रेष्ठ, आपके पुत्र पांडवों ने इस सभा के लिये भी यह संदेश दिया है, 'आप समस्त सभासद्गण धर्म के ज्ञाता हैं। आपके रहते हुए यहाँ कोई अनुचित कार्य हो, यह शोभनीय नहीं है। जहाँ सभासदों के देखते-देखते अधर्म के द्वारा धर्म का और मिथ्या के द्वारा सत्य का गला घोंटा जाता हो, वहाँ के सभासद नष्ट हुए माने जाते हैं।' भरतश्रेष्ठ, जो पाण्डव सदा धर्म की ओर ही दृष्टि रखते हैं और उसी का विचार करके चुपचाप बैठे हैं, वे जो आपसे राज्य लौटा देने का अनुरोध करते हैं, वह सत्य, धर्मसम्मत और न्यायसंगत है।"

"नरेश्वर, आप जानते हैं कि अजातशत्रु युधिष्ठिर सदा सत्पुरुषों के धर्म पर स्थिर हैं। उनका आपके प्रति जो बर्ताव है, उससे भी आप अपरिचित नहीं हैं। आपलोगों ने उन्हें लाक्षागृह की आग में जलवाया तथा राज्य और देश से निकाल दिया; तो भी वे पुनः आपकी ही शरण में आये हैं। पुत्रों सहित आपने ही युधिष्ठिर को यहाँ से निकालकर इन्द्रप्रस्थ का निवासी बनाया। वहाँ रहकर उन्होंने समस्त राजाओं को अपने वश में किया और उन्हें आपका मुखापेक्षी बना दिया। राजन्, तो भी युधिष्ठिर ने कभी आपकी आज्ञा का उल्लङ्घन नहीं किया। ऐसे साधु युधिष्ठिर के राज्य तथा धन-धान्य का अपहरण कर लेने की इच्छा से सुबलपुत्र शकुनि ने अपना महान् कपट-जाल फैलाया। उस दयनीय अवस्था में पहुँचकर अपनी महारानी कृष्णा को सभा में तिरस्कारपूर्वक लायी गयी देखकर भी महामना युधिष्ठिर अपने क्षत्रियधर्म से विचलित नहीं हुए।"

"प्रजानाथ, आपके पुत्र लोभ में अत्यन्त आसक्त हो गये हैं, उन्हें काबू में

लाइये। राजन्, शत्रुओं का दमन करनेवाले कुन्ती के पुत्र आपकी सेवा के लिये भी तैयार हैं और युद्ध के लिये भी प्रस्तुत हैं। परंतप, जो आपके लिये विशेष हितकर जान पड़े, उसी मार्ग का अवलम्बन कीजिये।" भगवान् श्रीकृष्ण के इस कथन का समस्त राजाओं ने हृदय से आदर किया। वहाँ उसके उत्तर में कोई भी कुछ कहने को अग्रसर न हो सका।

इसके पश्चात् परम तेजस्वी परशुरामजी ने बतलाया, "प्राचीन काल में अति दुर्मद दम्भोद्भव नामक राजा ने सार्वभौम राज्य करते हुए गन्धमादन पर तप करनेवाले नर नारायण को युद्ध में ललकारा था। तब महात्मा नर ने एक मुट्ठी सींक लेकर उसकी सारी सेना को हतप्रभ करके छोड़ दिया। अन्त में उसका युद्धोन्माद समाप्त हो गया और वह नर-नारायण की शरण में आया। उसने उन दोनों महात्माओं को आर्त भाव से प्रणाम किया और अपनी त्रुटि के लिये क्षमा माँगी। साथ ही धर्माचरण में रत होने की प्रतिज्ञा लेकर दम्भोद्भव अपनी राजधानी लौट गया। इस प्रकार पूर्वकाल में महात्मा 'नर' ने यह महान् कर्म किया था। उनसे भी गुणों में बहुत श्रेष्ठ नारायण हो गये हैं। महाराज, ये ही 'नर और नारायण' भगवान् श्रीकृष्ण एवं अर्जुन हैं। ये दोनों पुरुषोत्तम और वीरों में अग्रगण्य हैं। इसलिये यदि तुम मेरी बात में श्रद्धा करते हो तो जैसे भी हो पांडवों के साथ संधि कर लो। कुरुश्रेष्ठ, तुम्हारा कुल इस पृथ्वी पर बहुत प्रतिष्ठित है। वह प्रतिष्ठा बनी रहे। इसके लिये अपने वास्तविक स्वार्थ का ही विचार करो।"

इस प्रकार परशुरामजी ने तथा उनके पश्चात् कण्व मुनि, देवर्षि नारद, भीष्म, द्रोण और विदुर के समझाने पर भी दुर्योधन ने उनकी एक न सुनी। इसके विपरीत उसने दर्प भरे वचनों से सब को निरुत्तर कर दिया, "प्रसिद्ध नीतिवेत्ता मातंग मुनि का कथन है कि वीर पुरुष सदा उद्योग ही करे, किसी के सामने झुके नहीं, क्योंकि उद्योग करना ही पुरुष का धर्म है। वीर पुरुष अकाल में ही कालकवलित भले हो जायँ, पर कभी किसी शत्रु के सामने सिर न झुकाये।" अतएव अपना हित चाहनेवाले इसी नीति का अनुसरण करते हैं।"

"केशव, मेरे पिताजी ने पूर्वकाल में जो राज्यभाग मेरे अधीन कर दिया है उसे कोई मेरे जीते जी फिर कदापि नहीं पा सकता। जनार्दन, जब तक राजा धृतराष्ट्र जीवित हैं, तब तक हमें और पाण्डवों को हथियार न उठाकर शान्तिपूर्वक जीवन बिताना चाहिये। श्रीकृष्ण, पहले भी राज्य का जो अंश दिया गया था; वह उन्हें देना उचित नहीं था। परंतु उन दिनों मैं बालक एवं पराधीन था। अतः अज्ञान एवं भय से जो कुछ उन्हें दे दिया गया था, उसे अब पाण्डव पुनः नहीं पा

संकते। केशव, इस समय मुझ महाबाहु दुर्योधन के जीते-जी पाण्डवों को भूमि का उतना अंश भी नहीं दिया जा सकता, जितना कि एक बारीक सूई की नोक से छिद सकता है।"

श्रीकृष्ण का दुर्योधन को फटकारना

दुर्योधन की वाणी सुनकर भगवान् श्रीकृष्ण ने उसे फटकारना शुरू किया, "दुरात्मा दुर्योधन, तुम इस सभा में धर्म की डींग हाँक रहे हो। क्षत्रियधर्म की दुहाई देते हुए तुम धर्मात्मा क्षत्रिय बनने का ढोंग कर रहे हो। तुमने धर्मात्मा पाण्डवों के साथ जो क्रूर कर्म किये हैं, क्या वे क्षत्रियोचित हैं? तुमने वारणावत में माता के सहित पाण्डवों को जीते ही जला डालने का कुचक्र रचा था। तुमने विष देकर, सर्प से कटाकर और हाथ-पैर बाँध कर जल में डुबा कर पाण्डवों को मार डालने का प्रयत्न किया था। तुमने अपने बड़े भाई की पत्नी को भरी सभा में बलपूर्वक मंगवा कर उसको नंगी करने का घृणित प्रयत्न किया था। क्या यही तुम्हारा क्षात्र धर्म है?" दुर्योधन को इस प्रकार फटकारकर धृतराष्ट्र, भीष्म, द्रोणाचार्य, कृपाचार्य आदि को संबोधन करते हुए उन्होंने कहा, "आपत्ति काल उपस्थित होने पर कुल की भलाई के लिये एक पुरुष का त्याग कर देना चाहिये। ग्राम के लिये कुल का, जनपद के लिये ग्राम का और आत्मकल्याण के लिये समस्त भूमण्डल का त्याग कर देना चाहिये।" अतएव हे राजन्, आप दुर्योधन को कैद करके पाण्डवों से संधि कर लें। ऐसा न हो कि आपके कारण समस्त क्षत्रियों का विनाश हो जाय।" इस प्रकार श्रीकृष्ण ने नीतियुक्त वचन कहते हुए अपना भाषण समाप्त किया।

इधर भगवान् भरी सभा में दुर्योधन को कैद करने की बात कह रहे थे, उधर दुर्योधन स्वयं कर्ण, शकुनि, दुःशासन आदि से मंत्रणा करके भगवान् श्रीकृष्ण को ही बन्दी बनाने का कुचक्र रचने लगा। परन्तु सात्यकि ने उनकी मंत्रणा का भेद जानकर महात्मा विदुर से इसका रहस्योद्घाटन कर दिया।

विदुरजी द्वारा भगवान् श्रीकृष्ण के अद्भुत बल और पराक्रम का वर्णन

महात्मा विदुरजी ने उसी सभा में दुर्योधन की इस कुमंत्रणा की भर्त्सना करनी आरंभ कर दी, "दुर्योधन, इस समय मेरी बात पर ध्यान दो। सौभद्वार में द्विविद नामक वानरों का एक प्रसिद्ध राजा रहता था, जिसने एक दिन पत्थरों की बड़ी भारी वर्षा करके भगवान् श्रीकृष्ण को आच्छादित कर दिया। उसने पराक्रम करके सभी उपायों से श्रीकृष्ण को पकड़ना चाहा, परन्तु इन्हें कभी न पकड़ सका।

उन्हीं श्रीकृष्ण को तुम बलपूर्वक पकड़ कर बन्दी बनाना चाहते हो ? पहले की बात है प्राग्ज्योतिषपुर में गये हुए श्रीकृष्ण को दानवों सहित नरकासुर ने भी बन्दी बनाने की चेष्टा थी परन्तु यह भी सफल न हो सका। इसके विपरीत वह स्वयं काल के हवाले कर दिया गया। उन्हीं श्रीकृष्ण को तुम बलपूर्वक अपने वश में करना चाहते हो ? अनेक युगों तथा असंख्य वर्षों की आयुवाले नरकासुर को युद्ध में मारकर श्रीकृष्ण उसके यहाँ से सहस्त्रों राजकन्याओं का उद्धार करके ले गये और उन सब के साथ उन्होंने विधिपूर्वक विवाह किये। निर्मोचन में छः हजार बड़े-बड़े असुरों को भगवान् ने पाशों में बाँध लिया। वे असुर भी जिन्हें बन्दी न बना सके, उन्हीं को तुम बलपूर्वक वश में करना चाहते हो ?"

"दुर्योधन, इन्होंने बाल्यावस्था में बकी पूतना का वध किया था और गोपों एवं गौवों की रक्षा के लिये अपने हाथ पर गोवर्धन पर्वत को धारण किया था। अरिष्टासुर, धेनुक, महाबली चाणूर, अश्वराज केशी और कंस भी लोकहित के विरुद्ध आचरण करने पर श्रीकृष्ण के ही हाथों मारे गये थे। जरासन्ध, दन्तवक्र, पराक्रमी शिशुपाल भी इन्हीं के हाथों से मारे गये। महापराक्रमी बाणासुर का मानमर्दन इन्हीं श्रीकृष्णजी ने ही दिया था। अन्य बहुत से आसुरी वृत्ति वाले राजाओं का वध भी इन्हीं जनार्दन श्रीकृष्ण ने किया है।"

"अमित तेजस्वी श्रीकृष्ण ने राजा वरुण पर विजय पायी है। इन्होंने अग्निदेव को भी पराजित किया है। पारिजात-हरण करते समय देवराज इन्द्र को भी पराजित किया है। उन्होंने एकार्णव जल में सोते समय मधु और कैटभ नामक दैत्यों का संहार किया था। दूसरा शरीर धारण करके हयग्रीव नामक राक्षस का भी इन्होंने ही वध किया था। ये ही सबके कर्त्ता हैं, इनका दूसरा कोई कर्त्ता नहीं है। सबके पुरुषार्थ के कारण भी ये ही हैं। वे भगवान् श्रीकृष्ण जो भी चाहें, वह सब अनायास ही कर सकते हैं। अपनी महिमा से कभी च्युत न होने वाले इन भगवान् गोविन्द की शक्ति अचिन्त्य और पराक्रम अद्भुत है। दुर्योधन, तुम इन्हें अच्छी तरह नहीं जानते। ये क्रोध में भरे हुए भयंकर विषधर सर्प के समान भयानक हैं। ये सन्त पुरुषों द्वारा प्रशंसित एवं महान् तेजराशि हैं। अनायास ही महान् पराक्रम करने वाले महाबाहु श्रीकृष्ण का तिरस्कार करने पर तुम अपने मंत्रियों सहित उसी प्रकार नष्ट हो जाओगे, जैसे पतिंगा आग में पड़कर भस्म हो जाता है।"

दिव्य दर्शन

विदुरजी के इस प्रकार कहने पर भगवान् वासुदेव ने मुसकराते हुए दुर्योधन

से कहा, "अरे मूर्ख, तुम मोहवश मुझे अकेला मान रहे हो। यह तुम्हारा परम अज्ञान है। देखो, सब पाण्डव, अन्धक और वृष्णिवंश के वीर यहीं हैं" इतना कहकर विपक्षियों का नाश करने वाले श्रीकृष्ण ने अट्टहास किया और तुरंत उनके श्रीअंगों से विद्युत् के समान कान्तिवाले अंगुष्ठ मात्र आकार के देवता आग की लपटें छोड़ने लगे। आदित्य, साध्य, वसु, अश्विनीकुमार, इन्द्र सहित मरुद्गण, विश्वदेव, यक्ष, गंधर्व, नाग और राक्षस विभिन्न अंगों में प्रकट हो गये। दाहिनी और बायीं भुजा में अर्जुन और बलराम तथा पृष्ठदेश, में युधिष्ठिर, भीमसेन, नकुल और सहदेव स्थित दीख पड़े। प्रद्युम्न आदि वृष्णिवंशी तथा अंधकवंशी योद्धा महान् अस्त्र-शस्त्र धारण किये भगवान् के अनुभाग में प्रकट हो गये। शंख, चक्र, गदा, शक्ति, शार्ङ्ग धनुष, हल तथा नन्दक नामक खड्ग—समस्त आयुध श्रीकृष्ण की अनेक भुजाओं में देदीप्यमान हो उठे। उनके नेत्रों से, नासिका-छिद्रों से, कानों से भयंकर धूमयुक्त आग की लपटें निकलने लगीं। सारे रोमकूपों से सूर्य के समान दिव्य किरणें छिटक उठीं। कृष्ण का यह भयंकर रूप देखकर भय से समस्त राजाओं ने आँखे मूंद लीं। द्रोण, भीष्म, विदुर तथा उपस्थित ऋषिगण इस दिव्य रूप को एकटक देखने लगे। उनको भगवान् वासुदेव ने दिव्य दृष्टि प्रदान कर दी। उस सभासदन में भगवान् श्रीकृष्ण का यह परम आश्चर्यमय रूप देखकर देवता आनन्द में भरकर पुष्प-वर्षा करने लगे और दुन्दुभियाँ बजाने लगे।

कुन्तीजी से मिलना

भगवान् वासुदेव ने निस्संदेह दौत्यकर्म को पूर्णतः निभाया। कौरवों और पांडवों में सन्धि कराने की पूरी-पूरी चेष्टा की। अन्त में अपने पूर्ण ऐश्वर्य को भी व्यक्त कर दिया, किन्तु दुर्योधन ने उनकी एक न मानी। इसलिये यह निश्चय हो गया कि अब युद्ध से ही निर्णय होगा। इसके पश्चात भगवान् रथ पर सवार होकर कुन्ती से मिलने गये। कुन्ती ने भगवान् से कहा, "केशव, अर्जुन से कहना कि उसके जन्म के समय में यह आकाशवाणी मैंने सुनी थी कि तेरा यह पुत्र भगवान् वासुदेव की सहायता से कौरवों को मारकर इस भूमण्डल को जीत लेगा और इसका यश स्वर्ग तक फैल जायगा।" क्षत्राणी जिस धर्मयुद्ध के लिये पुत्र को जन्म देती है, वह उपयुक्त अवसर अब आ गया है। वीरो, तुम प्राणों की बाजी लगाकर अपने पराक्रम से भूतल का राज्य प्राप्त करके उसका उपभोग करो। यही मैं तुमसे चाहती हूँ।" रानी कुन्ती का यह संदेश लेकर भगवान् वासुदेव अपने अनुयायियों के साथ उपप्लव्यनगर में पाण्डवों के पास पहुँचे। उन्होंने पाण्डवों से सारा समाचार कह सुनाया। अब सब युद्ध की तैयारी में लग गये।

□

अध्याय—१८

युद्ध में पाण्डवों का मार्गदर्शन एवं उनकी रक्षा

जब दोनों पक्षों की सेनाएँ कुरुक्षेत्र की युद्धभूमि में सुसज्जित होकर लड़ने के लिए एकत्र हो गयीं, तो महाराज युधिष्ठिर ने इस दृश्य का बड़ी सूक्ष्मता से निरीक्षण किया।

युधिष्ठिर भीष्म के द्वारा निर्मित अभेद्य व्यूह में अवस्थित कौरव सेना को देखकर घबरा गये। उन्होंने अर्जुन से कहा, "हम लोग अपनी सेनाओं के साथ प्राणसंकट की स्थिति में आ गये हैं। इस महान् व्यूह से हमारा उद्धार कैसे होगा ?"

अर्जुन भगवान् श्रीकृष्ण की महिमा भलीभाँति जानते थे। उन्होंने युधिष्ठिर से कहा, "देवासुर संग्राम में भी जब देवताओं ने असुरों के प्रबल सैन्यबल को देखा, तो वे हतोत्साहित हो गये थे। तब ब्रह्माजी ने उन्हें इस प्रकार समझाया, 'देवताओं, अधर्म, मोह और लोभ का त्याग कर उद्यम का सहारा ले अहंकार-रहित होकर युद्ध करो। जहाँ धर्म है, वहीं विजय है।' राजन्, विजय तो श्रीकृष्ण भगवान् का स्वाभाविक गुण है। वह श्रीमाधव की अनुगामी है। विजय के समान विनय भी उनका गुण है। श्रीगोविन्द का तेज अनन्त है। वे शत्रुओं के समूह में भी घबराते नहीं, क्योंकि वे सनातन पुरुष हैं। अतः जहाँ श्रीकृष्ण हैं, वहाँ विजय भी है।" इस प्रकार नरावतार अर्जुन ने युद्ध के पूर्व ही विजय प्राप्ति का समाश्वासन प्रदान किया। इसके द्वारा इस चरम सत्य को उद्घोषित किया कि जो भगवान् वासुदेव की कृपा प्राप्त कर चुके हैं, उनकी जीवन-नौका कभी मझधार में नहीं डूबती, उसका पार होना अवश्यम्भावी है।

श्रीकृष्ण की आज्ञा से अर्जुन का दुर्गापूजन

दुर्योधन की सेना को युद्ध के लिये उपस्थित देख श्रीकृष्णजी ने अर्जुन की विजय के लिये इस प्रकार कहा, "महाबाहो, तुम युद्ध के मुहाने पर खड़े हो। पवित्र होकर शत्रुओं को पराजित करने के लिये दुर्गादेवी की स्तुति और स्मरण करो।" परम बुद्धिमान् भगवान् वासुदेव का आदेश होने पर अर्जुन रथ से नीचे उतरकर दुर्गादेवी की स्तुति करने लगे, "माँ, तुम तुष्टि, पुष्टि, धृति हो तथा सूर्य, चन्द्रमा को बढ़ाने वाली दीप्ति भी तुम्हीं हो। युद्धभूमि में सिद्ध और चारण

तुम्हारा दर्शन करते हैं। माँ, तुम घोर जंगल में, भयपूर्ण दुर्गम स्थानों में, भक्तों के घरों में तथा पाताल में भी नित्य निवास करती हो। युद्ध में असुरों और दानवों को तुम्हीं पराजित करती हो।" अर्जुन के इस भक्तिभाव का अनुभव करके मनुष्यों पर वात्सल्य-भाव रखनेवाली माता दुर्गा अंतरिक्ष में भगवान् श्रीकृष्ण के सामने आकर खड़ी हो गयीं और इस प्रकार बोलीं, "पाण्डुनन्दन अर्जुन, तुम थोड़े ही समय में शत्रुओं पर विजय प्राप्त करोगे। दुर्द्धर्ष वीर, तुम तो साक्षात् नर हो। ये साक्षात् नारायण तुम्हारे सहायक हैं। तुम रणक्षेत्र में शत्रुओं के लिये अजेय हो। साक्षात् इन्द्र भी तुम्हें पराजित नहीं कर सकते।"

ऐसा कहकर वरदायिनी देवी दुर्गाजी वहाँ से क्षण भर में अन्तर्धान हो गयीं। वरदान पाकर अर्जुन को अपनी विजय का दृढ़ विश्वास हो गया। जहाँ न्यायोचित बर्ताव, तेज और कान्ति है, जहाँ श्री और बुद्धि है तथा जहाँ धर्म विद्यमान है, वहीं श्रीकृष्ण हैं और जहाँ श्रीकृष्ण हैं, वहीं विजय है।

युद्धभूमि में अर्जुन का मोह

भगवती दुर्गा का वरदान प्राप्त कर अर्जुन रथ पर आरूढ़ हुए और उन्होंने भगवान् श्रीकृष्ण से अपने रथ को दोनों सेनाओं के बीच में ले चलने के लिए कहा। वहाँ पहुँच कर अर्जुन ने जब भीष्म पितामह, गुरु द्रोण तथा अन्यान्य सहस्रों वीरों को देखा, जो उनके सगे-संबंधी थे और आपस में लड़कर एक दूसरे का प्राण लेने के लिये उद्यत थे, तब उनको मोह ने आ घेरा और उन्होंने श्रीकृष्ण भगवान् से स्पष्ट कह दिया, "भगवन्, मैं अपने सगे-संबंधियों को इहलोक के राज्य के लिये तो क्या, तीन लोकों का राज्य भी मिल जाय, तो भी न मारूँगा।"

अर्जुन के मोह का नाश

मोह के कारण अर्जुन के हाथ से गाण्डीव धनुष गिर रहा था। उनकी त्वचा भी दग्ध हो रही थी। मन भ्रमित हो रहा था और वे खड़े होने में भी असमर्थ थे। इस प्रकार शोक से उद्विग्न अर्जुन धनुष-बाण त्याग कर रथ के पिछले भाग में बैठ गये। अर्जुन की तो यह अवस्था हो गयी थी और उधर भगवान् अपने स्वरूप एवं मर्यादा में स्थित हँसते हुए अर्जुन से बातें करके उन्हें समझाने लगे। भगवान् श्रीकृष्ण ने अर्जुन से कहा, "हे अर्जुन, तुझे असमय में यह मोह किस हेतु से प्राप्त हुआ? क्योंकि न तो यह श्रेष्ठ पुरुषों द्वारा आचरित है न स्वर्ग को देने वाला है और न ही कीर्ति प्रदान करने वाला है। इसलिये हे अर्जुन, नपुंसकता को मत प्राप्त हो, तुझमें यह उचित नहीं जान पड़ती। हे परंतप, हृदय की तुच्छ दुर्बलता को त्याग कर युद्ध के लिए खड़ा हो जा।" इस प्रकार श्रीकृष्ण भगवान् ने

अर्जुन को लोकव्यावहारिक, तार्किक, मनोवैज्ञानिक, आध्यात्मिक, दार्शनिक सभी दृष्टियों से समझा कर उनके अज्ञानजनित मोह का नाश किया।

भगवान् श्रीकृष्ण ने अर्जुन को जिस तत्वज्ञान का उपदेश दिया, वह जगत् प्रसिद्ध 'श्रीमद्भगवद्गीता' में वर्णित है। इस महान् उपदेश के प्रसंग में भगवान् ने अर्जुन को अपने विराट्रूप तथा दिव्यरूप का भी दर्शन देकर उनके मोहजनित अंधकार को दूर कर दिया। भगवान् के उपदेश से अर्जुन आत्मस्थ हो गये और उन्होंने अपने उद्‌गार इस प्रकार अभिव्यक्त किये, "अच्युत, मेरा मोह नष्ट हो गया। आपकी कृपा से मैंने स्मृति प्राप्त कर ली। अब मेरा सन्देह दूर हो गया। मैं आपकी आज्ञा का पालन करूँगा।"

यह भगवद्गीता संसार के सभी आध्यात्मिक और दार्शनिक साहित्य का शिरोरत्न है। संजय धृतराष्ट्र से कहते है, "मैंने भगवान् वासुदेव और अर्जुन के इस अद्भुत रहस्ययुक्त और रोमांचकारी संवाद को सुना। व्यासजी की कृपा से साक्षात् योगेश्वर भगवान् श्रीकृष्ण के मुख से इस परम गुह्य योग को सुना। केशव और अर्जुन के इस पुण्यजनक अद्भुत संवाद को याद करके मैं बारंबार हर्षित हो रहा हूँ।"

एक पृथक् अध्याय में इसके आध्यात्मिक और दार्शनिक सिद्धान्तों का विवेचन किया जायगा।

भीष्म के ऊपर चक्र-अभियान

युद्ध के तीसरे दिन जब भीष्म पितामह उग्र रूप धारण कर पांडव सेना का भीषण संहार करने लगे, तब अर्जुन के रथ को लेकर भगवान् वासुदेव उनके सामने गये। भयानक युद्ध शुरू हो गया। भीष्म पाण्डव सेना का संहार करने लगे। भीष्म के भयानक शरों की वर्षा से पाण्डव सैनिक भागने लगे। सात्यकि ने उन्हें वापस लौटने को ललकारा, पर वे न लौटे।

भगवान् श्रीकृष्ण ने पाण्डव पक्ष के श्रेष्ठ राजाओं को सब ओर से भागते देखा और यह भी लक्ष्य किया कि अर्जुन भी कोमलता के साथ युद्ध कर रहे हैं और भीष्म इस संग्राम में अधिकाधिक प्रचंड होते जा रहे हैं। यह सब देखकर भगवान् श्रीकृष्ण सहन न कर सके। उन्होंने समस्त कौरवों को सब ओर से आक्रमण करते देख यशस्वी वीर सात्यकि की प्रशंसा करते हुए कहा, "सात्वतरत्न सात्यकि, जो भाग रहे हैं, वे भाग जायँ। तुम देखो, मैं अभी संग्राम भूमि में सहायक गणों के साथ भीष्म और द्रोणाचार्य को रथ से मार गिराता हूँ। सात्यकि, आज कौरव सेना का कोई भी रथी क्रोध में भरे हुए मुझ कृष्ण के हाथ से जीवित नहीं

बच सकता। मैं अपना भयंकर चक्र लेकर महान् व्रतधारी भीष्म के प्राण हर लूंगा।"

"सात्यके, सहायक गणों सहित भीष्म और द्रोण—इन दोनों महारथियों को युद्ध में मारकर मैं अर्जुन, महाराज युधिष्ठिर, भीमसेन तथा नकुल और सहदेव को प्रसन्न करूंगा। धृतराष्ट्र के सभी पुत्रों तथा उनके पक्ष में आये हुए सभी श्रेष्ठ नरेशों को मारकर मैं प्रसन्नतापूर्वक आज अजातशत्रु राजा युधिष्ठिर को राज्य से सम्पन्न कर दूँगा।"

ऐसा कहकर महापराक्रमी श्रीकृष्ण ने अपने पुरातन एवं तीक्ष्ण आयुध सुदर्शन चक्र का स्मरण किया। उनके चिन्तन करने मात्र से ही वह स्वयं उनके हाथ के अग्रभाग में प्रस्तुत हो गया। उसका प्रकाश सूर्य के समान और प्रभाव वज्र के तुल्य था। वसुदेवनन्दन महात्मा भगवान् श्रीकृष्ण घोड़ों की लगाम छोड़कर हाथ में उस चक्र को घुमाते हुए रथ से कूद पड़े। जिस प्रकार सिंह मदान्ध एवं उन्मत्त गजराज को मार डालने की इच्छा से उसकी ओर झपटे, उसी प्रकार वे भी अपने पैरों की धमक से पृथ्वी को कँपाते हुए युद्धस्थल में भीष्म की ओर बड़े वेग से दौड़े। वे कुपित होकर हाथ में चक्र उठाये बड़े जोर से गरज रहे थे। उन्हें इस रूप में देखकर सभी प्राणी भय से हाहाकार करने लगे। वे जगद्गुरु वसुदेवनंदन श्रीकृष्ण हाथ में चक्र लेकर मानो सम्पूर्ण जगत् का संहार करनेवाले थे। वे समस्त प्राणियों को जला कर भस्म कर डालने के लिये उठी हुई प्रलयाग्नि के समान प्रकाशित हो रहे थे।

भीष्म द्वारा भगवान् श्रीकृष्ण का आह्वान

भगवान् को चक्र लिये अपनी ओर वेगपूर्वक आते देख शान्तनुनंदन भीष्म तनिक भी भयभीत नहीं हुए। उन्हें किसी प्रकार की घबराहट भी नहीं हुई। वे दोनों हाथों से अपने महान् धनुष को खींचने लगे। उन्हें युद्धस्थल में तनिक भी मोह नहीं था। वे अनन्त पुरुषार्थशाली भगवान् श्रीकृष्ण का आह्वान करते हुए बोले, "आइये, आइये, देवेश्वर, जगन्निवास, आपको नमस्कार है। हाथ में चक्र लिये हुए माधव, सब को शरण देनेवाले लोकनाथ, आज युद्धभूमि में बलपूर्वक इस उत्तम रथ से मुझे मार गिराइये। श्रीकृष्ण, आज आपके हाथ से यदि मैं मारा जाऊंगा, तो इन्द्रलोक और परलोक में भी मेरा कल्याण होगा। अन्धक और वृष्णिवंश की रक्षा करने वाले वीर, आपके इस आक्रमण से तीनों लोकों में मेरा गौरव बढ़ गया और मेरी कीर्ति अक्षय हो गई।"

अर्जुन का उन्हें वापस लौटाना

मोटी, लम्बी और उत्तम भुजाओं वाले भगवान् को आगे बढ़ते देख, अर्जुन भी बड़ी उतावली के साथ रथ से कूद कर उनके पीछे दौड़े। उन्होंने निकट जाकर भगवान् की दोनों बाहें पकड़ लीं। आदिदेव आदि-योगी भगवान् श्रीकृष्ण बहुत रोष में भरे हुए थे। वे अर्जुन के पकड़ने पर भी न रुक सके। इसके पश्चात् किरीटधारी अर्जुन ने श्रीहरि के चरणों को बलपूर्वक पकड़ लिया और किसी प्रकार दसवें कदम पर पहुँचते-पहुँचते उन्हें रोका श्रीकृष्ण जी के खड़े हो जाने पर अर्जुन ने उनके चरणों में प्रणाम करके कहा, "केशव, आप अपना क्रोध रोकिये। प्रभो, आप ही पाण्डवों के परम आश्रय हैं। माधव, अब मैं अपनी प्रतिज्ञा के अनुसार कर्त्तव्य का पालन करूँगा। उसका त्याग कभी नहीं करूँगा। यह बात मैं अपने पुत्रों और भाइयों की शपथ खाकर कहता हूँ। उपेन्द्र आपकी आज्ञा मिलने पर मैं समस्त कौरवों का अन्त कर डालूँगा।"

अर्जुन की यह प्रतिज्ञा और कर्त्तव्यपालन का निश्चय सुनकर भगवान् श्रीकृष्ण का मन प्रसन्न हो गया। वे कुरुश्रेष्ठ अर्जुन का प्रिय करने के लिये उद्यत हो पुनः चक्र लिये रथ पर जा बैठे भगवान् श्रीकृष्ण ने पुनः घोड़ों की बागडोर सँभाली। इसके बाद पांचजन्य शंख लेकर उसकी ध्वनि से सम्पूर्ण दिशाओं को प्रतिध्वनित कर दिया। उनकी शंखध्वनि सुनकर कौरवपक्ष के प्रमुख वीर कोलाहल कर उठे।

भीष्म द्वारा नर-नारायण की महिमा का प्रतिपादन

महाभारत के युद्ध के चतुर्थ दिन दुर्योधन भीष्म पितामह के पास रात में गया और उसने उनसे पूछा, "पितामह, आप, द्रोणाचार्य, शल्य, कृपाचार्य, अश्वत्थामा आदि सब के सब महारथी माने जाते हैं। सभी कुलीन हैं और युद्ध में मेरे लिये अपना प्राण त्याग करने पर तत्पर हैं। मेरा तो ऐसा विश्वास है कि आप सब लोग मिल जायँ, तो तीनों लोकों पर भी विजय प्राप्त करने में समर्थ हो सकते हैं। परन्तु पांडवों के पराक्रम के सामने आप सब लोग टिक नहीं पा रहे हैं। इसका क्या कारण है ? किसका आश्रय लेकर ये कुन्तीपुत्र क्षण-क्षण हम लोगों पर विजय पा रहे हैं ?"

दुर्योधन की बात सुनकर भीष्म ने उससे कहा, "कुरुनंदन, नरेश्वर, मेरी बात सुनो। इस विषय में जो यथार्थ बात है, उसे बताता हूँ। मैंने अनेक बार पहले भी तुमसे ये बातें कही हैं। परन्तु तुमने उन्हें माना नहीं है। भरतश्रेष्ठ, तुम पाण्डवों के साथ संधि कर लो, इसी में मैं तुम्हारा और भूमण्डल का कल्याण समझता हूँ। तुम जो धर्मात्मा पांडवों का अपमान करते आये हो आज उसी का यह फल प्राप्त

हुआ है। महाबाहो, प्रभो, अनायास ही महान् कर्म करने वाले पाण्डवों की अवध्यता के जो कारण हैं, उन्हें मैं बताता हूँ, सुनो।"

"लोक में ऐसा कोई प्राणी न हुआ है, न है और न होगा जो शार्ङ्गधर भगवान् श्रीकृष्ण के द्वारा सुरक्षित इन सब पांडवों पर विजय प्राप्त कर सके। देवताओं, असुरों, और मनुष्यों में ऐसा कोई नहीं है, जो उन भगवान् श्रीकृष्ण को यथार्थ रूप से जान सके। महर्षियों, परशुराम, मार्कण्डेय, व्यास, नारद आदि ने मुझे श्रीकृष्ण की महिमा के सम्बन्ध में बहुत-सी बातें बतलायी हैं। भरतकुलभूषण, इस विषय को सुन और समझ कर मैं वसुदेवनन्दन भगवान् श्रीकृष्ण को अविनाशी, प्रभु, परमात्मा, लोकेश्वर और सर्वशक्तिमान् नारायण जानता हूँ। सम्पूर्ण जगत् के पिता ब्रह्मा जिनके पुत्र हैं, वे भगवान् वासुदेव, मनुष्यों के सदा आराध्य एवं पूजनीय हैं।"

"तात, वेदों में पारंगत विद्वान महर्षियों ने तथा मैंने तुमको अनेक बार मना दिया था कि तुम धनुर्धर भगवान् वासुदेव का विरोध न करो, पाण्डवों से लोहा न लो; परन्तु मोहवश तुमने इन बातों का कोई मूल्य नहीं समझा। मैं समझता हूँ कि तुम कोई क्रूर राक्षस हो; क्योंकि राक्षसों के ही समान तुम्हारी बुद्धि सदा तमोगुण से आच्छन्न रहती है। तुम भगवान् गोविन्द तथा पाण्डुनन्दन धनंजय से द्वेष करते हो। वे दोनों ही नर और नारायण देव हैं। तुम्हारे सिवा दूसरा कौन मनुष्य उनसे द्वेष कर सकता है? राजन् इसलिये तुम्हें यह बता रहा हूँ कि ये भगवान् श्रीकृष्ण सनातन, अविनाशी, सर्वलोक स्वरूप, नित्य शासक, धरणीधर एवं अविचल हैं। ये चराचर गुरु भगवान् श्रीहरि तीनों लोकों को धारण करते हैं। ये ही योद्धा हैं, ये ही विजय हैं और ये ही विजयी हैं। सबके कारणभूत परमेश्वर भी ये ही हैं। जहाँ श्रीकृष्ण हैं, वहाँ धर्म है और जहाँ धर्म है, वहीं विजय है। श्रीकृष्ण पांडवों को सदा कल्याणमयी बुद्धि प्रदान करते हैं, युद्ध में बल देते हैं और भय से नित्य उनकी रक्षा करते हैं।"

"नरेश्वर, सम्पूर्ण लोगों के पितामह भगवान् श्रीकृष्ण परम तेजस्वी हैं, मुनिजन इन्हें हृषीकेश कहते हैं। इस प्रकार इन भगवान् गोविन्द को तुम आचार्य, पिता और गुरु समझो। भगवान् श्रीकृष्ण जिनके ऊपर प्रसन्न हो जायँ, वह अक्षय लोकों पर विजय प्राप्त कर सकता है। भरतवंशी नरेश, इस बात को अच्छी तरह समझकर राजा युधिष्ठिर ने सम्पूर्ण हृदय से योगों के स्वामी, सर्वसमर्थ, जगदीश्वर एवं महात्मा श्रीकृष्ण की शरण ली है। तात दुर्योधन, इस प्रकार मैंने तुम्हें भगवान् केशव की यथार्थ महिमा बतायी है। पाण्डवों ने उनकी शरण ली है, इसी से वे अवध्य हैं और उन्हें निरन्तर विजय प्राप्त हो रही है।"

"राजन्, भगवान् श्रीकृष्ण पाण्डवों के प्रति प्रीति रखते हैं। अतएव तुम उनसे संधि कर लो। उन अपने बलवान् भाइयों को साथ लेकर पृथ्वी का राज्य भोगो। भगवान् नर-नारायण देव की अवज्ञा करने से तुम्हारा सर्वनाश हो जायगा।"

इस प्रकार भीष्म पर्व के आरंभ में अर्जुन के मुख से धर्मराज को आश्वासन देते हुए कहलाया गया है कि जहाँ भगवान् वासुदेव का आश्रय है वहाँ विनय है; और यहाँ भीष्म पितामह के मुख से कहलाया गया कि नारायण की अवज्ञा करने पर मनुष्य का सर्वनाश हो जाता है। सारांश यह कि जो जीव नारायण के आश्रित हैं, वह सफल हैं तथा जो जीव नारायण-विमुख है वह निष्फल है विनाशोन्मुख है।

जो सांसारिक ऐश्वर्य की प्राप्ति के लोभ में पड़ा है, वह भगवदाश्रित नहीं हो सकता। भीष्म के उपदेश का भी दुर्योधन के मन पर कोई प्रभाव न पड़ा और दूसरे दिन प्रातः पुनः दोनों सेनाएं युद्धक्षेत्र में एक दूसरे से भिड़ गयीं।

भीष्म पर पुनः भगवान् की कृपा

नवें दिन भगवान् श्रीकृष्ण ने देखा कि भीष्म ने युद्धिष्ठिर की सेना में प्रलय का दृश्य उपस्थित कर दिया है। महाबाहु माधव से यह सहन नहीं हुआ। वे रथ से कूद पड़े और हाथ में चाबुक लिये ही सिंहनाद करते हुए भीष्म की ओर वेग से दौड़े। रेशमी पीताम्बर धारण दिये, इन्द्रनील मणि के समान श्यामवर्ण जनार्दन भीष्म की ओर लपकते हुए इस प्रकार सुशोभित हो उठे, जैसे विद्युन्माला से अलंकृत श्याम मेघ शोभा पाता है। भगवान् को इस प्रकार क्रुद्ध देखकर भीष्म पितामह तनिक भी विचलित न हुए वह बोले, "आइये, आइये, कमलनयन, देवदेव, आपको नमस्कार है। सात्वतशिरोमणे, इस महासमर में आज मुझे मार गिराइये, देवाधिदेव, निष्पाप श्रीकृष्ण, आपके द्वारा संग्राम में मारे जाने पर भी मेरा परम कल्याण ही होगा : गोविन्द, आज इस युद्ध में मैं तीनों लोकों द्वारा सम्मानित हो गया। अनघ, मैं आपका दास हूँ। आप इच्छानुसार मुझ पर प्रहार कीजिये।"

बीच में ही दौड़कर अर्जुन ने भगवान् वासुदेव के पैर पकड़ लिये और प्रेमपूर्वक बोले, "महाबाहो, लौट पड़िये। अपनी प्रतिज्ञा झूठी न कीजिये। केशव, आपने जो पहले कहा था कि मैं युद्ध नहीं करूंगा, उसकी रक्षा कीजिये; नहीं तो लोग आपको मिथ्यावादी कहेंगे।"

भगवान् कितने शरणागतवत्सल हैं। पांडवों की रक्षा करते हुए वे अपनी प्रतिज्ञा को भी भूल जाते हैं। वे अर्जुन के विनय करने पर फिर लौट आये। उस दिन फिर घोर युद्ध हुआ और भीष्म के बाणों की मार से पाण्डव-सेना का पर्याप्त

संहार हुआ। संध्या के समय शिविर में जाने पर वृष्णिवंशी वीरों और पाण्डवों में गुप्त मंत्रणा होने लगी। युधिष्ठिर ने भगवान् से कहा, "श्रीकृष्ण, देखो, भयंकर पराक्रमी महात्मा भीष्म हमारी सेना का उसी प्रकार संहार कर रहे हैं, जैसे मदमत्त गजराज सरकंडों के जंगल को रौंद डालता है। माधव, जब तक भीष्मजी जीते हैं, तब तक हमारे जीतने की कोई आशा नहीं है। वे दिन-प्रतिदिन भयंकर होते जा रहे हैं और हमारी सेना का अधिकाधिक संहार होता जा रहा है। भीष्म जी अजेय हैं। उन्हें जीतना बहुत कठिन है।"

भगवान् वासुदेव बोले, "महाराज युधिष्ठिर, घबराने की कोई बात नहीं है। मैं शस्त्र ग्रहण करूंगा। यदि अर्जुन भीष्म को मारना नहीं चाहते, तो मैं युद्ध में पुरुषश्रेष्ठ भीष्म को ललकार कर कौरवों को देखते-देखते मार डालूंगा। जो पांडवों का शत्रु है, यह निस्सन्देह मेरा शत्रु है। जो आपके सुहृद हैं, वे मेरे हैं; और जो मेरे सुहृद हैं, वे आपके हैं। राजन्, आपका भाई अर्जुन मेरा सखा, संबंधी और शिष्य है। मैं अर्जुन के लिये अपना मांस भी काटकर दे दूंगा।"

यह सुनकर युधिष्ठिर ने कहा, "माधव, आप सब कुछ करने में समर्थ हैं। परंतु मैं आत्मगौरव के लिये आपको असत्यवादी नहीं बनने दूंगा। आप युद्ध किये बिना ही हमारी सहायता करते रहिये। श्रीकृष्णजी, मेरी भीष्मजी के साथ एक शर्त हो चुकी है। उन्होंने कहा है कि युद्ध तो वे केवल दुर्योधन के लिये करेंगे, परंतु युद्ध में परामर्श मुझे देंगे। इसलिये जनार्दन, हम लोग भीष्मपितामह के पास जाकर उनकी मृत्यु का उपाय पूछें। माधव, यद्यपि वे हमारे पिता के भी पिता और प्रिय हैं, तथापि उन वृद्ध पितामह को भी मैं मारना चाहता हूँ। धिक्कार है इस क्षात्र जीविका को!"

तदनन्तर भगवान् वासुदेव के साथ पांडव लोग भीष्म के शिविर में गये। वहां पहुँचकर उन्होंने भीष्म के चरणों में प्रणाम किया। उस समय कुरुकुल के पितामह ने सब का स्वागत करते हुए कहा, "पुत्रो, आज मैं तुम्हारी प्रसन्नता को बढ़ाने वाला कौन-सा कार्य करूं? तुम्हारी मांग को अत्यंत दुष्कर होने पर भी मैं पूरी करूंगा।" यह सुनकर धर्मराज बोले, "पितामह, युद्ध में हमारी जीत कैसे हो? हम राज्य कैसे प्राप्त करें? प्रभो, आप हमको अपनी मृत्यु का उपाय बताइये। आपके जीतेजी हम विजय की आशा नहीं कर सकते।" पितामह ने कहा, "राजन्, मेरा यह संकल्प है कि स्त्री को सामने देखकर मैं शस्त्र नहीं चला सकता। द्रुपद-पुत्र शिखण्डी पहले स्त्री था। उसको आगे करके पाण्डुपुत्र अर्जुन मेरे ऊपर शीघ्रता-पूर्वक चारों ओर से बाण-प्रहार करते हुए मार डालने की चेष्टा करें। इसी से तुम निश्चय विजय प्राप्त कर सकोगे।"

यह सब कुछ निश्चय हो जाने पर भी अर्जुन श्रद्धा के वशीभूत होकर भीष्म पर बाणों का घातक प्रहार न करते, यदि भगवान् वासुदेव उन्हें क्षत्रिय धर्म का स्मरण दिलाकर भीष्म के वध के लिये उत्साहित न करते। अतएव भीष्म-मृत्यु जो पांडवों की विजय का मूल कारण था, वह श्रीकृष्ण की प्रेरणा से ही हुई। भगवान् ने स्पष्ट कह दिया, "हे विजयी पार्थ, तुम क्षत्रिय धर्म में स्थित होकर युद्ध में भीष्म के वध की पहले प्रतिज्ञा करके अब उन्हें कैसे नहीं मारोगे? युद्धदुर्मद क्षत्रियप्रवर भीष्म को बिना मारे तुम्हारी विजय नहीं हो सकती।"

यह भगवद्वाणी अर्जुन के द्वारा भीष्म मृत्यु का कारण बनी। अर्जुन ने बाणों की वर्षा करके पितामह को रथ से गिराकर शरशय्या पर सुला दिया। तब बाणों की तकिया देकर और शर-सम्पात से पाताल-गंगा की धारा उत्पन्न करके सोये-सोये उनके मुख में गंगाजल प्रदान करके उनको परितृप्त कर दिया। भीष्म पितामह अर्जुन के इस अद्भुत कर्म से अत्यन्त हर्षित हो गये। उन्होंने सबके सामने अर्जुन की प्रशंसा में अपना उद्‌गार इस प्रकार अभिव्यक्त किया, "इस संसार में अर्जुन के समान पराक्रम करनेवाला दूसरा कोई नहीं है। आग्नेय, वारुण, सौम्य, वायव्य, वैष्णव, ऐन्द्र, पाशुपत, ब्राह्म, पारमेष्ठ्य, प्राजापत्य, धात्र, त्वाष्ट्र, सावित्र और वैवस्वत आदि समस्त दिव्यास्त्रों को इस सम्पूर्ण जगत् में एकमात्र अर्जुन अथवा देवकीनंदन भगवान् श्रीकृष्ण जानते हैं, दूसरा कोई नहीं।"

भीष्मजी के इन वाक्यों से स्पष्ट हो जाता है कि उस काल में आग्नेयादि दिव्यास्त्रों के ज्ञाता दो ही थे, वासुदेव श्रीकृष्ण और कुन्ती पुत्र धनंजय। वे दोनों अतिमानव थे, मानवों में सर्वश्रेष्ठ नर-नारायण थे।

धृतराष्ट्र द्वारा भगवान् श्रीकृष्ण के पराक्रम की प्रशंसा

भीष्म के धराशायी होने के पश्चात द्रोणपर्व के आरम्भ में धृतराष्ट्र भगवान् वासुदेव के पराक्रम की प्रशंसा करते हुए खेद प्रकट करते हैं कि दुर्योधन मोह के वश होकर भगवान् वासुदेव को नहीं पहचान रहा है। वह मृत्यु के फंदे में फँस गया है। श्रीकृष्ण की प्रशंसा करते हुए धृतराष्ट्र ने कहा, "शार्ङ्ग धनुष धारण करनेवाले पुरुषसिंह भगवान् श्रीकृष्ण जिनके आश्रय तथा हित चाहनेवाले हैं, उन कुन्तीपुत्रों की पराजय कैसे हो सकती है? भगवान् श्रीकृष्ण समस्त जगत् के परम गुरु हैं। समस्त लोगों के सनातन स्वामी हैं; संग्रामभूमि में सबकी रक्षा करनेवाले, दिव्यस्वरूप, सामर्थ्यशाली, दिव्य नारायण हैं। मनीषी पुरुष उनके दिव्य कर्मों का वर्णन करते हैं। उन्हीं भगवान् श्रीकृष्ण की लीलाओं का अपने मन की स्थिरता के लिये मैं भक्तिपूर्वक वर्णन करूंगा।"

"संजय, वसुदेवनंदन भगवान् श्रीकृष्ण के दिव्य कर्मों का वर्णन सुनो। उन्होंने जो-जो कार्य किये हैं, वैसा दूसरा कोई पुरुष कदापि नहीं कर सकता। संजय, बाल्यावस्था में ही जब वे गोपकुल में पल रहे थे, महात्मा श्रीकृष्ण ने अपनी भुजाओं के बल और पराक्रम को तीनों लोकों में विख्यात कर दिया था। यमुना के तटवर्ती वन में उच्चैःश्रवा के समान बलशाली और वायु के समान वेगवान् अश्वराज केशी रहता था। उसे श्रीकृष्ण ने मार डाला। इसी प्रकार एक भयंकर कर्म करनेवाला दानव वहाँ बैल का रूप धारण करके रहता था, जो गौओं और गोपों के लिये साक्षात् काल के समान था, उसे भी श्रीकृष्ण ने बाल्यावस्था में अपने हाथों से मार डाला।"

"तत्पश्चात् कमलनयन श्रीकृष्ण ने प्रलम्ब, नरकासुर, जम्भासुर, पीठ नामक महान् असुर और यमराजसदृश मुर का भी संहार किया। इसी प्रकार श्रीकृष्ण ने जरासंध के द्वारा सुरक्षित महातेजस्वी कंस को उसके गणोंसहित रणभूमि में मार गिराया। शत्रुहन्ता श्रीकृष्ण ने बलरामजी के साथ जाकर युद्ध में पराक्रम दिखानेवाले बलवान्, वेगवान् पूरी अक्षौहिणी सेना के अधिपति, भोजराज कंस के मझले भाई सुनामा को समर में सेनासहित दग्ध कर डाला। पत्नीसहित श्रीकृष्ण ने परम क्रोधी ब्रह्मर्षि दुर्वासा की आराधना की। अतः उन्होंने प्रसन्न होकर श्रीकृष्ण को बहुत से वर दिये।"

"कमलनयन श्रीकृष्ण ने स्वयंवर में गांधारराज की पुत्री को प्राप्त करके समस्त राजाओं को जीतकर उसके साथ विवाह किया। जनार्दन श्रीकृष्ण ने समग्र अक्षौहिणी सेना के अधिपति महाबाहु जरासंध को उपायपूर्वक दूसरे योद्धा भीमसेन के द्वारा मरवा दिया। बलवान् श्रीकृष्ण ने राजाओं की सेना के अधिपति पराक्रमी चेदिराज शिशुपाल को अग्रपूजन के समय विवाद करने के कारण बलिपशु की भाँति मार डाला। तत्पश्चात् माधव ने आकाश में स्थित रहनेवाले सौभ नामक दुर्द्धर्ष दैत्य—विमान को जो राजा शाल्व द्वारा सुरक्षित था, समुद्र के बीच पराक्रम करके मार गिराया। उन्होंने रणक्षेत्र में अंग, बंग, कलिंग, मगध, काशि, कोसल, वत्स, गर्ग, करूष तथा पौण्ड्र आदि देशों पर विजय पायी थी।"

"संजय, इसी प्रकार कमलनयन श्रीकृष्ण ने अवन्ती, दक्षिण प्रान्त, पर्वतीय देश, दशेरक, कश्मीर, औरसिक, पिशाच, मुद्गल, कम्बोज, वरधान, चोल, पांडव, त्रिगर्त, मालव, अत्यन्त दुर्जय दरद आदि देशों के योद्धाओं तथा नाना दिशाओं से आए हुए खशों, शकों और अनुयायियोंसहित कालयवन को भी जीत लिया।"

"पूर्वकाल में श्रीकृष्ण ने जलजन्तुओं से भरे हुए समुद्र में प्रवेश करके जल के भीतर निवास करनेवाले वरुण देवता को युद्ध में परास्त किया। उन हृषीकेश ने पातालनिवासी पंचजन नामक दैत्य को युद्ध में मारकर दिव्य पांचजन्य शंख प्राप्त किया। खांडव वन में अर्जुन के साथ अग्निदेव को संतुष्ट करके महाबली श्रीकृष्ण ने दुर्द्धर्ष आग्नेय अस्त्र चक्र को प्राप्त किया था। वीर श्रीकृष्ण गरुड़ पर आरूढ़ हो अमरावती पुरी में जाकर वहाँ के निवासियों को भयभीत करके महेन्द्र-भवन से पारिजात वृक्ष उठा ले आये। राजाओं में से किसी को ऐसा नहीं सुना है, जिसे श्रीकृष्ण ने जीता न हो।"

"संजय; उस दिन मेरी सभा में कमलनयन श्रीकृष्ण ने जो महान् आश्चर्य-मय दिव्यरूप प्रकट किया था, उसे इस संसार में उनके सिवा और दूसरा कौन कर सकता है? मैंने प्रसन्न होकर भक्तिभाव से भगवान् श्रीकृष्ण के उस ईश्वरीय रूप का जो दर्शन किया, वह सब आज भी मुझे अच्छी तरह स्मरण है। मैंने उन्हें प्रत्यक्ष की भाँति जान लिया था। संजय, बुद्धि और पराक्रम ने युक्त भगवान् हृषीकेश के कर्मों का अन्त नहीं जाना जा सकता।"

"संजय, जब पांडवों के लिये श्रीकृष्ण कवच बाँधकर युद्ध के लिये तैयार हो जायँ, उस समय वहाँ कोई भी योद्धा उनका सामना करने के लिये तैयार न होगा। यदि सब कौरव पांडवों को जीत लें, तो वृष्णिभूषण भगवान् श्रीकृष्ण उनके हित के लिये अवश्य शस्त्र ग्रहण करेंगे। उस दशा में पुरुषसिंह महाबाहु श्रीकृष्ण सब राजाओं तथा कौरवों को रणभूमि में मारकर सारी पृथ्वी कुन्ती को दे देंगे। जिसके सारथि सम्पूर्ण इन्द्रियों के नियन्ता श्रीकृष्ण तथा योद्धा अर्जुन हैं, रणभूमि में उस रथ का सामना करनेवाला दूसरा कौन रथ होगा? किसी भी उपाय से कौरवों की जय होती नहीं दिखायी देती। इसलिये तुम मुझसे सब समाचार कहो। वह युद्ध किस प्रकार हुआ? अर्जुन श्रीकृष्ण के आत्मा हैं और श्रीकृष्ण किरीटधारी अर्जुन के आत्मा हैं। अर्जुन में विजय नित्य विराजमान है और श्रीकृष्ण में कीर्ति का सनातन निवास है। अर्जुन सम्पूर्ण लोकों में कभी कहीं भी पराजित नहीं हुए हैं। श्रीकृष्ण में असंख्य गुण हैं। दुर्योधन मोहवश सच्चिदानन्दस्वरूप भगवान् केशव को नहीं जानता। वह दैवयोग से मोहित हो मौत के फंदे में फँस गया है। वह भगवान् श्रीकृष्ण और धनंजय अर्जुन को नहीं जानता। वे दोनों पूर्व देवता महात्मा नर और नारायण हैं।

जयद्रथ-वध में भगवान् श्रीकृष्ण मुख्य सहायक

द्रोणपर्व के आरम्भ में सुभद्रानंदन अभिमन्यु ने रोमांचकारी और कौरवसेना

को ध्वस्त करनेवाला अपूर्व युद्ध किया। उससे त्राण पाना कठिन समझ कर द्रोण, कर्ण आदि महारथियों ने न्याय और नीति को तिलांजलि देकर उसे मार डाला। इससे पाण्डव सेना में कुहराम मच गया। अर्जुन प्रतिज्ञा कर बैठे कि दूसरे दिन सूर्यास्त के पहले तक यदि मैंने जयद्रथ का वध नहीं किया तो स्वयं चिता जलाकर उसमें जल मरूँगा। कारण यह था कि शिवजी के वरदान के कारण जयद्रथ ने पाण्डव सेना के महारथियों को अभिमन्यु की सहायता करने से वंचित कर दिया था। इसलिये अभिमन्यु के वध का मूल कारण वही था। अर्जुन की इस प्रतिज्ञा के कारण कौरवों के लिये यह युद्ध निर्णयात्मक था। कौरवों ने अपनी सारी शक्ति जयद्रथ को बचाने में लगा दी। द्रोणाचार्य ने एक अभेद्य व्यूह की रचना की और प्रवेशद्वार पर स्वयं डट गये।

उस व्यूह के मुहाने पर खड़े हुए आचार्य द्रोण के पास पहुँचकर अर्जुन ने भगवान् श्रीकृष्ण की अनुमति से द्रोणाचार्य को प्रणाम किया और उनसे कहा, "भगवन् आप मेरा कल्याण चिन्तन कीजिये और मुझे आशीर्वाद दीजिये। मैं आपकी कृपा से इस अभेद्य सेना में प्रवेश करना चाहता हूँ। प्रभो, मैं आपके प्रसाद से ही आज के इस भयंकर युद्ध में जयद्रथ को मारना चाहता हूँ। आप मेरी इस प्रतिज्ञा की रक्षा कीजिये।"

भगवान् श्रीकृष्ण की नीति अपूर्व है। गुरुजनों के प्रति विनीत भाव प्रकट करने से उनके भीतर स्वभावतः सौम्य वात्सल्यभाव जाग्रत होता है। युद्ध प्रारम्भ होने के पूर्व ही गुरु दोण के चित्त को कोमल बना देने का यह उनका सुन्दर उपक्रम था। परन्तु गुरु द्रोण अर्जुन की बात सुनकर मुसकराते हुए बोले, "अर्जुन, किन्तु मुझको पराजित किये बिना जयद्रथ को मारना संभव नहीं है।" इसके बाद तत्काल ही दोनों गुरु-शिष्य में युद्ध प्रारम्भ हो गया। तब भगवान् ने अर्जुन से कहा, "अर्जुन, देखो यहाँ अधिक समय बिताना ठीक नहीं है।" अर्जुन 'जैसी आपकी आज्ञा' कहकर द्रोणाचार्य की परिक्रमा करके लौट पड़े और बाणों की वर्षा करके आगे बढ़ गये। यह देखकर द्रोण बोले, "पाण्डुनंदन अर्जुन, कहाँ चले? तुम तो रण में शत्रु को पराजित किये बिना कभी लौटते नहीं?" अर्जुन ने उन्हें उत्तर दिया, "ब्रह्मन्, आप मेरे गुरु हैं शत्रु नहीं। ऐसा कौन है जगत् में, जो युद्ध में आपको पराजित कर सके?" इतना कहकर अर्जुन ने आगे बढ़कर कौरव सेना का संहार करना शुरू कर दिया। यह देखकर दुर्योधन आचार्य के पास आया और कहने लगा, "आचार्य आश्चर्य है कि आपके रहते अर्जुन हमारी सेना में घुस गया, और वहाँ प्रलय का दृश्य उपस्थित कर रहा है।"

द्रोणाचार्य ने कहा, "राजन्, श्रीकृष्ण अर्जुन के सारथि हैं और उनके घोड़े

अति शीघ्रगामी है। इसलिये थोड़ा भी अवकाश पाने पर अर्जुन तत्काल सेना में घुस जाते हैं। मैं देखता ही रह जाता हूँ।" दुर्योधन ने कहा, "आचार्य, आप समस्त धनुर्धरों में श्रेष्ठ हैं। यदि वह आपको भी लाँघ कर आगे बढ़ गया, तो उसे मैं कैसे रोक सकूँगा ?" यह सुनकर द्रोणाचार्य ने कहा, "आज संसार के सारे धनुर्धर भगवान् वासुदेव के सामने ही कुन्तीकुमार अर्जुन को तुम्हारे साथ युद्ध में उलझे रहने की अद्भुत घटना को देखें।" इतना कहकर उन्होंने दुर्योधन को एक सुवर्णमय अभेद्य कवच से विभूषित कर अर्जुन का सामना करने के लिये भेज दिया।

सायंकाल तक घोर युद्ध होता रहा। दुर्योधन के अभेद्य कवच बाँधे रहने के कारण अर्जुन उसे परास्त न कर सके। सारे कौरव महारथियों के द्वारा सुरक्षित जयद्रथ मर न सका। सूर्यदेव तीव्रगति से अस्ताचल की ओर जा रहे थे। भगवान् वासुदेव ने शीघ्रता-पूर्वक अर्जुन से कहा, "देखो, रणभूमि में छः महारथियों को परास्त किये बिना जयद्रथ मारा नहीं जा सकता। मैं सूर्यदेव को ढँकने के लिये कोई युक्ति करूँगा, जिससे जयद्रथ अकेला ही सूर्य को अस्त हुआ देखेगा और वह दुष्ट प्रसन्न होकर तुम्हारे विनाश के लिये उतावला होकर सामने आ जायेगा उस समय तुम उसके ऊपर घातक प्रहार करना।"

तब योगी, योगयुक्त, और योगेश्वर भगवान् श्रीकृष्ण ने सूर्य को ढँकने के लिये अन्धकार की सृष्टि की, तदनन्तर केवल जयद्रथ सिर उठाकर बारंबार सूर्यनारायण की ओर देखने लगा। भगवान् वासुदेव ने कहा, "अर्जुन, पहचान लो, जयद्रथ सामने है। परन्तु उसका सिर जमीन पर न गिरने पाये। कुण्डल सहित इसके मस्तक को काटकर वन में तपस्या करनेवाले इसके पिता वृद्धक्षत्र की गोद में गिरा दो। यदि इसका सिर पृथ्वी पर गिरा तो, तुम्हारे सिर के भी सौ टुकड़े हो जायेंगे। ऐसा ही इसको वरदान मिला है।"

भगवान् श्रीकृष्ण ने इस प्रकार अर्जुन को भयानक द्विविध विपत्ति से बचा लिया। अर्जुन ने एक ऐसा बाण मारा, जो जयद्रथ के सिर को लेकर आकाश में उड़ता हुआ वृद्धक्षत्र की गोद में गिरा। वह वन में सायंकालीन संध्या कर रहा था। जैसे ही वह संध्या करके उठा, जयद्रथ का सिर जमीन पर गिर पड़ा और गिरते ही वृद्धक्षत्र के सिर के सौ टुकड़े हो गये। अर्जुन की प्रतिज्ञा पूरी हो गयी। अर्जुन की प्रतिज्ञा के कारण पांडवों के ऊपर एक महान् संकटकाल उपस्थित हो गया था। वह भगवान् वासुदेव की कृपा से ही दूर हुआ, इसमें सन्देह नहीं। पाण्डवों की सेना में इस संवाद से आनन्द की लहर दौड़ गयी। युधिष्ठिर भगवान् श्रीकृष्ण की नाना प्रकार से स्तुति करने लगे।

युधिष्ठिर द्वारा भगवान् श्रीकृष्ण की स्तुति

युधिष्ठिर ने भगवान् श्रीकृष्ण की स्तुति में अपने उद्‌गार इस प्रकार अभिव्यक्त किये, "श्रीकृष्ण, गोविन्द, सौभाग्यवश आपके द्वारा सुरक्षित हुए अर्जुन ने पापी जयद्रथ को मारकर मुझे महान् हर्ष प्रदान किया है। परन्तु जिनके आप आश्रय हैं, उन हम लोगों के लिये विजय और सौभाग्य की प्राप्ति अद्‌भुत बात नहीं है। मधुसूदन, सम्पूर्ण जगत् के गुरु आप जिनके रक्षक हैं, उनके लिये तीनों लोकों में कहीं कुछ भी दुष्कर नहीं है। गोविन्द, हम आपकी कृपा से शत्रुओं पर निश्चय ही विजय पायेंगे। उपेन्द्र, आप सदा सब प्रकार से हमारे प्रिय करने और हमारे हित साधन में लगे हुए हैं। हम लोगों ने आपका आश्रय लेकर शस्त्रों द्वारा युद्ध की तैयारी की है—ठीक उसी तरह जैसे देवता इन्द्र का आश्रय लेकर युद्ध में असुरों के वध का उद्योग करते हैं।"

"जनार्दन, आपकी बुद्धि, बल और पराक्रम से इस अर्जुन ने यह देवताओं के लिये असंभव कर्म कर दिखाया है। श्रीकृष्ण, बाल्यावस्था से ही आपने जो बहुत से अलौकिक, दिव्य और महान् कर्म किये हैं, उन्हें जब से मैंने सुना है, तभी से यह निश्चित रूप से जान लिया है कि मेरे शत्रु मारे गये और मैंने भूमण्डल का राज्य प्राप्त कर लिया। शत्रुसूदन, आपकी कृपा से प्राप्त हुए पराक्रम द्वारा इन्द्र सहस्त्रों दैत्यों का संहार करके देवराज के पद पर प्रतिष्ठित हुए हैं। वीर हृषीकेश, आपके ही प्रसाद से यह स्थावर-जंगम रूप जगत् अपनी मर्यादा में स्थित रहकर जप और होम आदि सत्कर्मों में संलग्न होता है।"

"महाबाहो, नरश्रेष्ठ, पहले यह सारा जगत् एकार्णव के जल में निमग्न हो अंधकार में विलीन हो गया था। फिर आपकी ही कृपादृष्टि से यह वर्तमान रूप में उपलब्ध हुआ। जो सम्पूर्ण जगत् की सृष्टि करनेवाले आप अविनाशी परमात्मा हृषीकेश का दर्शन पा जाते हैं, वे कभी मोह के वशीभूत नहीं होते। आप पुराण-पुरुष, परम देव, देवताओं के भी देवता, देवगुरु एवं सनातन परमात्मा हैं। जो लोग आपकी शरण में आ जाते हैं, वे कभी मोह में नहीं पड़ते। हृषीकेश, आप आदि अंत से रहित, विश्वविधाता और अविकारी देवता हैं। जो आपके भक्त है और आपके आश्रित हैं, वे बड़े-बड़े संकटों से पार हो जाते हैं। आप परम पुरातन पुरुष हैं। पर से भी पर हैं। आप परमेश्वर की शरण लेनेवाले पुरुष को परम ऐश्वर्य की प्राप्ति होती है। भुक्ति और मुक्ति उसे दोनों ही सुलभ हैं।"

चारों वेद जिनके यश का गान करते हैं, जो सम्पूर्ण वेदों में गाये जाते हैं, उन महात्मा श्रीकृष्ण की शरण लेकर मैं सर्वोत्तम ऐश्वर्य—कल्याण प्राप्त करूंगा।

पुरुषोत्तम आप परमेश्वर हैं। पशु, पक्षी तथा मनुष्यों के भी ईश्वर हैं। 'परमेश्वर' कहे जानेवाले इन्द्रादि लोकपालों के भी स्वामी हैं। सर्वेश्वर, जो सबके ईश्वर हैं, उनके भी आप ही ईश्वर हैं। आपको बारंबार नमस्कार है। विशालनेत्र माधव आप ईश्वरों के भी ईश्वर एवं शासक हैं। प्रभो, आपका अभ्युदय हो। सर्वात्मन्, आप ही सब की उत्पत्ति और प्रलय के कारण हैं। जो अर्जुन के मित्र, अर्जुन के हितैषी और अर्जुन के रक्षक हैं, उन भगवान् श्रीकृष्ण की शरण लेकर मनुष्य सुखी हो जाता है।"

"निष्पाप श्रीकृष्ण, प्राचीन काल के महर्षि मार्कण्डेय आपके चरित्र को जानते हैं। उन मुनिश्रेष्ठ ने पहले वनवास के समय आपके प्रभाव और माहात्म्य का मुझसे वर्णन किया था। असित, देवल, महातपस्वी नारद, तथा मेरे पितामह व्यास ने आपको ही सर्वोत्तम विधि बताया है। आप ही तेज, आप ही परब्रह्म, आप ही सत्य, आप ही महान् तप, आप ही श्रेय, आप ही उत्तम यश, आप ही विमल कीर्ति और आपही जगत् के परम कारण हैं। आपने ही इस सम्पूर्ण स्थावर-जंगम की सृष्टि की है। प्रलयकाल आने पर यह पुनः आपमें ही लीन हो जाता है।"

"जगत्पते, वेदवेत्ता पुरुष आपको आदि-अंत से रहित, दिव्यस्वरूप, विश्वेश्वर, धाता, अजन्मा, अव्यक्त, भूतात्मा, महात्मा, अनन्त तथा विश्वतोन्मुख आदि नामों से संबोधित करते हैं। आपका रहस्य परम गूढ़ है। आप सब के आदि कारण और इस जगत् के स्वामी हैं। आपही परमदेव, नारायण, परमात्मा और परमेश्वर हैं। ज्ञानस्वरूप श्रीहरि तथा मुमुक्षुओं के परम आश्रय भगवान् विष्णु भी आप ही हैं। आपके यथार्थ स्वरूप को देवता भी नहीं जानते। आपही पुराण पुरुष तथा पुराणों से भी परे हैं। आपके ऐसे-ऐसे गुणों तथा भूत, वर्तमान, एवं भविष्यकाल में होनेवाले कर्मों की गणना करनेवाला इस भूलोक में या स्वर्ग में भी कोई नहीं है। जैसे इन्द्र देवताओं की रक्षा करते हैं, उसी प्रकार हम सब लोग आपके द्वारा सर्वदा रक्षणीय हैं। हमें आप सर्वगुणसम्पन्न सुहृद् के रूप में प्राप्त हुए हैं।"

कर्ण द्वारा घटोत्कच-वध और इससे श्रीकृष्णजी की लक्ष्यपूर्ति

द्रोणपर्व में घटोत्कच-वध की घटना भगवान् श्रीकृष्ण की दूरदर्शिता तथा 'कण्टकेनैव कण्टकम्' नीति का सुन्दर दृष्टान्त है। जयद्रथ-वध के बाद कर्ण ने युद्ध में भीषण उग्र रूप धारण किया। श्रीकृष्णजी अर्जुन को उसका सामना करने से बचाते थे, क्योंकि उसके पास इन्द्र की दी हुई अमोघ शक्ति थी और उसको वह अर्जुन के ऊपर छोड़ने के लिये ही रक्खे हुए था। इसलिये उन्होंने घटोत्कच को कर्ण के मुकाबले में खड़ा करने का विचार किया। घटोत्कच दुर्द्धर्ष दैत्य था।

वह महापराक्रमी भीमसेन का पुत्र था। उसकी माता हिडिम्बा दैत्यकुमारी थी। श्रीकृष्णजी के निर्देशानुसार पवनपुत्र भीमसेन ने घटोत्कच का आवाहन किया। तत्काल ही वह उपस्थित होकर कवच, धनुषबाण और खड्ग धारण किये श्रीकृष्ण और अर्जुन को प्रणाम करके श्रीकृष्ण से बोला, "भगवन्, मैं सेवा में उपस्थित हुआ हूँ, आज्ञा दीजिये।"

भगवान् वासुदेव ने उसको प्रोत्साहन देते हुए कहा, "घटोत्कच, मैंने तुम्हारा इसलिये आवाहन किया है कि अब तुम्हारे पराक्रम दिखाने का समय आ पहुँचा है। तुम्हारे बन्धु पांडव संकट में पड़ गये हैं। तुम इनके सहायक बनो। तुम बड़े वीर, पराक्रमी और अत्यंत शक्तिशाली हो। तुम्हारे पास नाना प्रकार के अमोघ अस्त्र-शस्त्र हैं तथा राक्षसी माया का भी प्रबल बल है। देखो, शत्रुपक्ष का महान् धनुर्धर कर्ण पाण्डवों की सेना का विनाश कर रहा है। उसकी बाणवर्षा से व्यथित होकर पांचाल सैनिक भागे जा रहे हैं। वीरश्रेष्ठ घटोत्कच, तुम अपना प्रबल पराक्रम दिखलाकर शत्रुसेना का संहार करो और कर्ण को मार डालो।" तत्पश्चात् अर्जुन ने भी श्रीकृष्ण की बातों का समर्थन करते हुए कहा, "घटोत्कच, मेरी सेना में तीन ही वीर श्रेष्ठ माने जाते हैं, तुम, महाबाहु सात्यकि तथा पाण्डुनंदन भीमसेन। इसलिये हे वीर घटोत्कच, तुम सात्यकि को सहायक बनाकर रणभूमि में कर्ण को उसी प्रकार मार डालो, जैसे पूर्वकाल में स्कन्द को साथ लेकर इन्द्र ने तारकासुर को मारा था।"

भगवान् वासुदेव और अर्जुन की बात सुनकर परम उत्साह से आविष्ट होकर घटोत्कच ने कहा, "आप लोग जैसा कह रहे हैं, वैसा ही मैं हूँ। आपकी आज्ञा से मैं कर्ण का वध करने जा रहा हूँ; परन्तु मैं द्रोणाचार्य का भी अच्छी तरह मुकाबला कर सकता हूँ। आज मैं रात में सूतपुत्र कर्ण के साथ वह संग्राम करूँगा, जिसकी चर्चा जब तक यह पृथ्वी रहेगी, तब तक लोग करते रहेंगे।"

इतना कहकर घटोत्कच आवेश में आकर युद्धभूमि में अद्भुत पराक्रम दिखाने लगा। राक्षसी माया के द्वारा उसने ऐसा युद्धकौशल दिखलाया, जैसा कभी सुनने में नहीं आया था। उसने द्रोणाचार्य और कर्ण के रहते कौरव-सेना का अत्यधिक संहार किया। कौरव पक्ष के महारथी किंकर्तव्यविमूढ़ हो गये। कौरव-सेना में चारों ओर भगदड़ मच गयी। सर्वत्र क्रन्दन और चिल्लाहट ही सुनायी पड़ने लगी। घटोत्कच ने युद्धभूमि में भीमकाय राक्षसराज अलम्बुष को पकड़ कर और दोनों हाथों से ऊपर उठाकर जमीन पर उसी प्रकार दे मारा, जैसे विष्णु भगवान् ने मयासुर को पछाड़ा था। घटोत्कच राक्षसी माया का आश्रय ले कभी जलधारा की वृष्टि करता, कभी आग बरसाता और कभी पत्थरों की वर्षा करता। उसने

शत्रुपक्ष के महाराक्षस वीर अलम्बुष को भी मार डाला। अब तो कौरवसेना में हड़कम्प मच गया। घटोत्कच की माया से त्रस्त होकर सब कौरवों ने कर्ण से कहा, "कर्ण, तुम इन्द्र की दी हुई शक्ति से शीघ्र ही इस राक्षस को मार डालो। देखो, इस राक्षस के द्वारा धृतराष्ट्रपुत्र कौरव नष्ट होते जा रहे हैं।"

घटोत्कच को कौरव-सेना का संहार करते देख और अन्य किसी प्रकार से बध्य न देखकर कर्ण ने अपनी उस दिव्य शक्ति का प्रयोग करके उसे मार डाला। उसके मरते ही कौरव-सेना में आनन्द की लहर व्याप्त हो गयी और पाण्डव-सेना में शोक छा गया। परंतु भगवान् वासुदेव हर्ष में निमग्न होकर सिंहनाद करने लगे। उन्होंने अर्जुन को छाती से लगा लिया। वे अर्जुन से बोले, "धनंजय, कार्तिकेय के समान शक्तिशाली और पराक्रमी कर्ण के सामने खड़ा होने वाला संसार में कोई नहीं था। वह यदि दिव्य कवच-कुंडल से युक्त होता, अथवा देवराज इन्द्र की दी हुई शक्ति उसके पास होती, तो उसको जीतना संभव न होता। भाग्यवश उसका कवच-कुंडल छिन गया और भाग्यवश उसकी वह अमोघशक्ति घटोत्कच पर छोड़ दी गयी।"

सात्यकि ने भगवान् से पूछा, "प्रभो, कर्ण को उस शक्ति पर पूर्ण विश्वास था, फिर भी उसने अर्जुन के ऊपर क्यों नहीं छोड़ा?" श्रीकृष्णजी ने उत्तर दिया, "सात्यकि, दुर्योधन आदि गुप्त मंत्रणा करके कर्ण को उकसाते थे कि इन्द्र की दी हुई अमोघ शक्ति को अर्जुन पर ही छोड़ना। परंतु मैं ही राधापुत्र कर्ण को मोहित कर देता था, इसी कारण वह अर्जुन पर शक्ति का प्रयोग नहीं कर पाता था। वह शक्ति अर्जुन के लिये मृत्युस्वरूप है, इस चिन्ता में अहर्निश डूबे रहने के कारण न तो मुझे नींद आती थी और न मन में कभी हर्ष होता था। इस कारण हे सात्यकि, अर्जुन को मानो मरकर लौटा हुआ देखकर आज मुझे अत्यंत हर्ष हो रहा है।"

उधर घटोत्कच-वध की आलोचना करते हुए धृतराष्ट्र ने संजय से कहा, "कर्ण के पास जब ऐसी अमोघ शक्ति थी, तब उसका प्रयोग उसने अर्जुन पर क्यों नहीं किया? आश्चर्य की बात है कि ऐसी अमोघ शक्ति, जो कौरवों की विजय का आधार थी, श्रीकृष्ण ने घटोत्कच के ऊपर प्रयुक्त कराकर दूसरे के लिये निष्फल कर दिया।"

वास्तव में श्रीकृष्णजी की नीति को समझना आसान नहीं है। उन पुरुषसिंह वासुदेव ने यह सोचकर कि घटोत्कच यदि कर्ण को मार डालेगा तो पाण्डवों का बड़ा लाभ होगा, और यदि कर्ण इन्द्र की दी हुई शक्ति का प्रयोग करके घटोत्कच को मार देता है, तो भी पाण्डवों का काम बन जायगा। इसीलिये उन्होंने युद्ध में

कर्ण के द्वारा घटोत्कच को मरवा दिया। धृतराष्ट्र का यह सोचना ठीक था। परन्तु भगवान् वासुदेव की लीला अपरम्पार है। उनके किस कार्य में क्या हेतु है, इसको समझना आसान नहीं है। यदि कंस, जरासंध और शिशुपाल जैसे महापराक्रमी वीरों का भगवान् वासुदेव ने सफाया न कर दिया होता, तो कौरवों की शक्ति अजेय हो गयी होती। हाँ, यह प्रश्न उठाया जा सकता है कि भगवान् ने कर्ण की अमोघ शक्ति का निशाना घटोत्कच ही को क्यों बनाया? इसका उत्तर यह है कि वे धर्म की रक्षा के लिये किसी न किसी बहाने आसुरीवृत्ति वाले पुरुषों का संहार करते रहते हैं। घटोत्कच ब्राह्मणों और यज्ञों से द्वेष रखनेवाला तथा धर्म का लोप करनेवाला पापात्मा था। इसी कारण भगवान् ने उसे मरवा डाला। श्रीकृष्णजी ने स्वयं कहा है, "यदि महायुद्ध में कर्ण अपनी शक्ति से उसको नहीं मार डालता, तो वह भीमसेन का पुत्र घटोत्कच मेरे द्वारा मारा जाता।"

नारायणास्त्र से भीमसेन का त्राण

कृपाचार्य से अपने पिता द्रोणाचार्य के वध का समाचार सुनकर अश्वत्थामा अत्यधिक कुपित हो उठा। उसने पाण्डवसेना के ऊपर नारायणास्त्र का प्रयोग कर दिया। भगवान् वासुदेव ने पाण्डव सेना के सैनिकों को आदेश दिया, "अपने-अपने वाहनों से नीचे उतर कर शस्त्र डाल दो; नारायणास्त्र से बचने का एकमात्र उपाय यही है।" सब लोगों ने भगवान् की आज्ञा का पालन किया और उनके निर्देशानुसार अपने-अपने अस्त्र डाल दिये। परन्तु भीमसेन गरजते हुए आगे बढ़े। उन्होंने अर्जुन को संबोधित करते हुए कहा, "गाण्डीवधारी अर्जुन, तुम गाण्डीव को मत डाल देना, नहीं तो चन्द्रमा के समान तुम्हें कलंक लग जायेगा।"

अर्जुन ने कहा, "भैया भीमसेन, नारायणास्त्र, गौ और ब्राह्मण—इसके सामने गाण्डीव को नीचे डाल दिया जाय, यही मेरा उत्तम व्रत है।" इसके पश्चात् देखते देखते भीमसेन तथा उनका रथ, घोड़े और सारथि—वे सभी अश्वत्थामा के अस्त्र से आच्छादित हो आग की लपटों के भीतर आते हुए दीख पड़े। ऐसी दशा में नर-नारायण अर्थात् अर्जुन और श्रीकृष्ण ने रथ से उतरकर शीघ्र आगे बढ़कर शस्त्रास्त्र से युक्त भीमसेन को रथ से नीचे उतार दिया। तब वह नारायणास्त्र अपने-आप शान्त हो गया। यदि भगवान् वासुदेव ने नारायणास्त्र से बचने का उपाय न बताया होता, तो अश्वत्थामा के द्वारा प्रयोग किये गये नारायणास्त्र से सारी पाण्डवसेना नष्ट हो जाती।

नारायणास्त्र को विफल होता देखकर अश्वत्थामा ने पाण्डवसेना पर आग्नेयास्त्र का प्रयोग किया और उस अस्त्र के द्वारा भयानक संहार प्रारम्भ हो गया। तब

अर्जुन ने उसके शमन के लिये ब्रह्मास्त्र का प्रयोग किया, जिससे आग्नेयास्त्र शान्त हो गया। यह देखकर अश्वत्थामा को बहुत दुःख और परम ग्लानि हुई। वह रथ से कूद पड़ा और 'धिक्कार है, धिक्कार है' कहता हुआ रणभूमि से भागा। अचानक उसको वहाँ महर्षि व्यास आते हुए दिखायी दिये। उनको प्रणाम करके द्रोणपुत्र ने गद्‌गद स्वर से पूछा, "महर्षे, यह माया है या यदृच्छा? मेरी समझ में नहीं आ रहा है? यह अस्त्र मिथ्या कैसे हो गया? मुझसे क्या भूल हो गयी? मैंने तो सर्वसंहारक अस्त्र का प्रयोग किया था, उससे श्रीकृष्ण और अर्जुन कैसे बच गये?"

व्यासजी ने अश्वत्थामा को इस प्रश्न का उत्तर देते समय पुनः नर-नारायण-तत्त्व पर प्रकाश डालते हुए कहा, "द्रोणपुत्र, सुनो, हमारे पूर्वजों के भी पूर्वज आदिदेव जगन्नाथ, नारायण हैं। वे सब कुछ करने में समर्थ हैं। वे भगवान् किसी कार्यवश धर्म के पुत्र रूप में अवतीर्ण हुए। उस सूर्य के समान तेजस्वी नारायण ने हिमालय पर्वत पर खड़े होकर दोनों भुजाएं ऊपर उठाये छाछठ हजार वर्षों तक केवल वायु पीकर घोर तप किया। उसके तप के तेज से द्युलोक और भूलोक के बीच का अंतरिक्ष देदीप्यमान हो उठा। जब वे उस तप से साक्षात् ब्रह्मस्वरूप में स्थित हो गये, तब उनके सामने भगवान् शंकर का आविर्भाव हुआ। भगवान् नारायण ने उनकी स्तुति की। उस स्तुति से प्रसन्न होकर शंकरजी ने उन्हें वरदान दिया, "नारायण, तुम मेरे अनुग्रह से मनुष्यों, देवताओं तथा गंधर्वों में असीम बल-पराक्रम से युक्त होओगे। देवता, असुर, नाग, पिशाच, गंधर्व, यक्ष, राक्षस आदि समस्त प्राणी युद्ध में तुमको जीत नहीं सकेंगे।" द्रोणकुमार, वे ही नारायण श्रीकृष्ण के रूप में अपनी माया से विचरण कर रहे हैं। नारायण के ही तप से उत्पन्न महामुनि 'नर' उनके समान ही शक्तिशाली हैं। वे 'नर' ही अर्जुन के रूप में अवतीर्ण हैं।"

अश्वत्थामा को पराजित करने के लिये अर्जुन को प्रोत्साहन

कर्ण पर्व के सोलहवें अध्याय में जब अर्जुन ने संशप्तकों का विनाश कर दिया, देवताओं ने उस पर सुमन दृष्टि की। साथ ही आकाशवाणी भी हुई, "जो सदा चन्द्रमा की कान्ति, अग्नि की दीप्ति, वायु का बल तथा सूर्य की द्युति धारण करते हैं, एक ही रथ में विराजमान वे दोनों वीर श्रीकृष्ण और अर्जुन ब्रह्मा और शंकर के समान सदा अजेय हैं। ये सर्वभूतों में श्रेष्ठ वीर नर-नारायण हैं।" इस आश्चर्य जनक देववाणी को सुनकर भी द्रोणपुत्र अश्वत्थामा ने रणभूमि में श्रीकृष्ण और अर्जुन पर धावा बोल दिया। भगवान् वासुदेव ने देखा कि अश्वत्थामा निरन्तर आक्रमण करता जा रहा है और अर्जुन उसे गुरुपुत्र समझ कर केवल रक्षात्मक

युद्ध कर रहे हैं। तब उन्होंने अर्जुन को प्रोत्साहित करते हुए कहा, "पार्थ, आज मैं अद्भुत बात देख रहा हूँ। द्रोणकुमार रण में तुमसे आगे बढ़ता जा रहा है। क्या तुम्हारे हाथ में गाण्डीव नहीं है। भरतश्रेष्ठ, यह गुरुपुत्र है, इस प्रकार उसे सम्मान देते हुए उसकी उपेक्षा न करो। पार्थ, यह उपेक्षा करने का समय नहीं है।"

अर्जुन नर थे। नर का स्वभाव ही है कि वह संसार में मोह के वश होकर कर्त्तव्य को भूल जाता है। महाभारत के युद्ध में ऐसा अनेक बार देखा गया है कि अर्जुन जैसा संसार का श्रेष्ठतम धनुर्धर और परम पराक्रमी मोह के वशीभूत होकर कर्त्तव्य की अवहेलना कर बैठता है। कर्त्तव्य की अवहेलना करने से जीवन में निश्चय ही पराजय का सामना करना पड़ता है। परन्तु जिसके सखा और सहायक भगवान् वासुदेव हैं, उसकी पराजय कैसे होती? भगवान् पाण्डुपुत्र अर्जुन को निरन्तर प्रमाद से मुक्त करते रहते थे। अर्जुन को गुरुपुत्र के मोह में पड़कर प्रमाद करने से भगवान् बार-बार मना किया। अन्त में अर्जुन ने आवेश में आकर अश्वत्थामा को पराजित किया।

बड़ों की हत्या तथा आत्महत्या का आदर्श

युधिष्ठिर के ऊपर अचानक कौरव सेना के सेनापति कर्ण ने आक्रमण करके उनको घायल कर दिया। वे अपने शिविर में विश्राम करने चले गये। उधर संशप्तकों की सेना के साथ युद्ध करते समय अर्जुन को इसका समाचार मिला। उन्होंने भगवान् श्रीकृष्ण से युधिष्ठिर को देखने के लिये शिविर में आने की इच्छा प्रकट की। शिविर में युधिष्ठिर शय्या पर पड़े थे। बाणों के चुभ जाने के कारण। उनके अंग-अंग में बहुत पीड़ा हो रही थी। उसी समय भगवान् श्रीकृष्ण और अर्जुन एक साथ वहाँ जा पहुँचे। उन दोनों को आया देखकर युधिष्ठिर को भ्रम हो गया कि अर्जुन कर्ण को मारकर आ रहा है और वे प्रसन्न होकर दोनों की अभ्यर्थना करने लगे। परन्तु जब उनको पता लगा कि अभी कर्ण मारा नहीं गया है, तो वे बोले "श्रीकृष्ण, मैं कौरवों, सुहृदों तथा जो लोग युद्ध की इच्छा से एकत्र हुए हैं, उन सब के बीच में आज सूतपुत्र कर्ण के अधीन हो गया। मेरे जीवन को धिक्कार है।"

इतना कहकर धर्मराज ने अर्जुन की ओर देखकर कहना प्रारंभ किया, "अर्जुन धिक्कार है तुम्हारे इस गाण्डीव धनुष को, धिक्कार है तुम्हारी भुजाओं के पराक्रम को, धिक्कार है तुम्हारे असंख्य बाणों को, धिक्कार है हनुमान् जी के द्वारा चिह्नित तुम्हारी ध्वजा को तथा धिक्कार है अग्नि के द्वारा प्रदत्त तुम्हारे इस

रथ को। अर्जुन, यदि तुम कर्ण को नहीं मार सकते, तो पाण्डव सेना में किसी दूसरे को अपना गाण्डीव धनुष दे दो।"

युधिष्ठिर के इतना कहते ही अर्जुन ने आवेश में आकर तलवार खींच ली और कहा, "माधव, मेरी प्रतिज्ञा है कि जो मुझे गाण्डीव धनुष दूसरे को देने की बात कहेगा और उसकी निन्दा करेगा, उसका मैं सिर उतार लूंगा।" श्रीकृष्ण जी ने कहा, "अरे, तुम यह क्या पागलपन करने जा रहे हो ? बड़ों की हत्या तलवार से नहीं होती। उनके मुंह पर उनकी निन्दा—अपमान कर देना उनकी हत्या कर देना है। अतः पार्थ, महाराज युधिष्ठिर को आज 'तुम' कह दो। हे भारत, तुम कहने से गुरुजन की निश्चय ही मौत हो जाती है।"

भगवान् वासुदेव के ऐसा कहने पर अर्जुन 'तुम' तथा निन्दायुक्त कठोर वाक्य कह-कह कर महाराज युधिष्ठिर की भर्त्सना करने लगे और इस प्रकार भ्रातृ-वध के महापाप से बच गये। परन्तु अपने इस व्यवहार से वे अत्यधिक खिन्न, क्षुब्ध एवं दुखी हो गये। उन्हें बहुत पश्चात्ताप होने लगा। उन्हें इतनी आत्मग्लानि हुई कि उन्होंने प्रायश्चित्त स्वरूप आत्मघात करने के लिये फिर अपनी तलवार निकाल ली। तब भगवान् श्रीकृष्ण ने उन्हें फिर समझाया, और कहा, "अर्जुन, अब तुम फिर भयानक भूल करने पर उतारू हो गये हो। जानते हो कि अपने मुंह से अपने गुणों का वर्णन करना ही आत्मघात है। अतएव तुम वही करो।" अर्जुन ने वही किया इस प्रकार भगवान् श्रीकृष्ण ने उन्हें आत्मघात से भी बचा लिया। इसके पश्चात् उन्होंने प्रतिज्ञा की, "कर्ण को बिना मारे आज मैं युद्धस्थल से नहीं लौटूंगा।"

भगवान् वासुदेव की इस लीला से यह शिक्षा मिलती है कि गृह-कलह पराजय और विपत्ति का मूल है। बुद्धिमान मनुष्य को चाहिये कि इसको बढ़ने न दे और चतुराई से इसको समाप्त कर दे। साथ ही यह भी शिक्षा मिलती है कि बड़ों का अपमान ही उनकी हत्या करना है तथा अपने मुंह से अपनी बड़ाई करना ही आत्मघात करना है।

भगवान् श्रीकृष्ण के आदेश से कर्ण-वध

अब कर्ण और अर्जुन का निर्णयात्मक युद्ध प्रारंभ हो गया। कर्ण वीर और महत्वाकांक्षी था। परन्तु उसके सारथि शल्य थे, जो बराबर अर्जुन और श्रीकृष्ण की प्रशंसा करके, उसे हतोत्साहित करने की चेष्टा करते रहते थे; और इधर अर्जुन के सारथि भगवान् वासुदेव बराबर अर्जुन को प्रोत्साहित करते रहते थे। युद्ध में कर्ण के प्रहार के सामने अर्जुन के प्रहार हल्के पड़ते थे। समुद्र में चलनेवाले ज्वार-भाटे

के समान उस समय कौरव और पाण्डव सेना की स्थिति हो रही थी। जब कर्ण बाण-वर्षा करता, तो कौरव सेना आगे बढ़ती थी और पाण्डव सेना पीछे भागने लगती थी; और जब अर्जुन शरसंधान करते तब पाण्डव सेना आगे बढ़ती और कौरव सेना पीछे भागती। इन दोनों महाधनुर्धरों का युद्ध देखने के लिये आकाश में देवता लोग उपस्थित थे। अन्त में जब कर्ण ने देखा कि बहुत पराक्रम दिखलाने पर भी युद्ध में वह अर्जुन को नीचा नहीं दिखा पा रहा है, तो उसने सर्पमुख बाण को निकाला। उस बाण को कर्ण ने अर्जुन के मारने के लिये रख छोड़ा था और उसकी पूजा वह नित्य किया करता था। उस बाण का प्रयोग करते देख कर इन्द्र सहित सारे लोकपाल हाहाकार कर उठे।

उस महाप्रज्वलित बाण को बड़े वेग से आते देखकर भगवान् श्रीकृष्ण ने युद्धभूमि में आसानी से अपने श्रेष्ठ रथ को पैर से दबाकर कुछ पृथ्वी में धंसा दिया। तब इन्द्र का दिया हुआ वह किरीट जो भूतल, आकाश, द्युलोक तथा वरुणलोक में भी प्रसिद्ध था तथा अर्जुन के सिर को विभूषित कर रहा था, उससे वह शर टकरा गया। अतः कर्ण का प्रयास सफल न हो सका। भगवान् वासुदेव की रथ हाँकने की कला से उनकी अनुपम चातुरी सिद्ध होती है। महाभारत की सारी लड़ाई में ऐसा कौशल किसी भी पुरुष ने कहीं नहीं दिखलाया।

अर्जुन ने बड़ी उतावली से तीव्र बाणों से कर्ण के मर्मस्थानों को क्षतविक्षत कर दिया। अत्यंत आहत हो जाने के कारण कर्ण तरकस और धनुष छोड़कर रथ पर लडखड़ाता हुआ मूर्च्छित हो गया। उस समय उसकी मुट्ठी ढीली हो गयी थी। अर्जुन ने उस संकट के समय कर्ण को मारने की इच्छा नहीं की। इस पर भगवान् श्रीकृष्ण ने अर्जुन को चेतावनी देते हुए कहा, "अर्जुन, तुम लापरवाही क्यों दिखाते हो? विद्वान् पुरुष कभी दुर्बल से दुर्बल शत्रु को भी नष्ट करने के लिये किसी अवसर की प्रतीक्षा नहीं करते। इसलिये सदा शत्रुता रखने वाले इस अद्वितीय वीर कर्ण को सहसा कुचल डालने के लिये तुम शीघ्रता करो।" अर्जुन ने भगवान् के वचनों का आदर किया।

अब कर्ण के वध का समय आ पहुँचा था। महात्मा परशुराम ने कर्ण को जो-जो भार्गवास्त्र प्रदान किये थे, उस समय उसे एकदम विस्मृत हो गये। साथ ही पृथ्वी उसके रथ के बायें पहिये को निगलने लगी। श्रेष्ठ ब्राह्मण के शाप से उस समय उसका रथ डगमगाने लगा और उसका पहिया पृथ्वी में धँस गया। यह देख सूतपुत्र कर्ण समरांगण में व्याकुल हो उठा। फिर भी वह पूरी शक्ति से युद्ध करता रहा। श्रीकृष्णजी अर्जुन को बारंबार उसका वंध करने के लिये उत्तेजित करते रहे। इतने ही में पृथ्वी ने राधापुत्र कर्ण के रथ के पहिये को पूर्णरूप से ग्रस

लिया। पहिया फँस जाने के कारण कर्ण क्रोध से आँसू बहाने लगा और रोषावेश से युक्त अर्जुन की ओर देखकर इस प्रकार बोला।

कर्ण की दुहाई

"महाधनुर्धर कुन्ती कुमार अर्जुन, दो घड़ी प्रतीक्षा करो, जिससे मैं इस फँसे हुए पहिये को पृथ्वीतल से निकाल लूं। पार्थ दैवयोग से मेरे इस बायें पहिये को धरती में फँसा हुआ देखकर तुम कापुरुषोचित कपटपूर्ण बर्ताव का परित्याग करो।" अर्जुन को बाणों की झड़ी लगाये हुए देखकर वह फिर दुहाई देने लगा। "कुन्ती-नन्दन, जिस मार्ग पर कायर चला करते हैं, उसी पर तुम भी न चलो। तुम युद्ध कौशल में विशिष्ट वीर के रूप में विख्यात हो। पाण्डुनन्दन, तुम्हें तो अपने आपको और भी विशिष्ट ही सिद्ध करना चाहिये। अर्जुन, जो केश खोलकर खड़ा हो, युद्ध से मुँह मोड़ चुका हो, ब्राह्मण हो, हाथ जोड़कर शरण में आया हो, हथियार डाल चुका हो, प्राणों की भीख माँगता हो, जिसके बाण, कवच और अन्य आयुध नष्ट हो चुके हों, ऐसे पुरुष पर उत्तम व्रत का पालन करने वाले शूरवीर शस्त्रों का प्रहार नहीं करते हैं।"

"पाण्डुनन्दन, तुम लोक में महान् शूरवीर और सदाचारी माने जाते हो। युद्ध के धर्मों को पूर्णतया जानते हो। तुम्हें दिव्यास्त्रों का पूर्ण ज्ञान है। तुम अमेय आत्मबल से सम्पन्न तथा युद्धस्थल में कार्तवीर्य के समान पराक्रमी हो। महाबाहो, जब तक मैं इस फँसे हुए पहिये को निकाल रहा हूँ, तब तक तुम रथारूढ़ होकर मुझ भूमि पर खड़े हुए को बाणों की मार से व्याकुल न करो। पाण्डुनन्दन, मैं वसुदेवनन्दन श्रीकृष्ण अथवा तुमसे तनिक भी डरता नहीं हूँ। तुम क्षत्रियपुत्र हो, एक उच्च कुल का गौरव बढ़ाते हो। इसलिये मैं तुमसे ऐसी बात कहता हूँ। पाण्डव, तुम दो घड़ी तक मुझे क्षमा करो।"

श्रीकृष्णजी की कर्ण को फटकार

जब कर्ण अर्जुन से धर्म की इस प्रकार दुहाई देकर, उनसे अपने ऊपर बाण न छोड़ने का आग्रह कर रहा था, तो श्रीकृष्णजी को उसकी धर्मपरायणता की बात सहन न हुई। उन्होंने कर्ण को इस प्रकार फटकार बतानी प्रारंभ की, "राधानंदन, सौभाग्य की बात है कि अब यहाँ तुम्हें धर्म की बात याद आ रही है। प्रायः यह देखने में आता है कि नीच व्यक्ति विपत्ति पड़ने पर धर्म की दुहाई देते हैं। अपने पापपूर्ण कर्मों की ओर उनकी दृष्टि नहीं जाती। कर्ण जब तुमने तथा दुर्योधन, दुःशासन, शकुनि ने एक वस्त्र धारण करने वाली रजस्वला द्रौपदी

को सभा में बुलवाया था, उस समय तुम्हारे मन में धर्म का विचार नहीं उठा था ? जब कौरव सभा में जूए के खेल का ज्ञान न रखनेवाले राजा युधिष्ठिर को जानबूझ कर छलपूर्वक हराया था, उस समय तुम्हारा धर्म कहाँ चला गया था ? कर्ण, वनवास का तेरह वर्ष बीत जाने पर भी जब तुमने पांडवों का राज्य उन्हें वापस नहीं दिया था, उस समय तुम्हारा धर्म कहाँ लुप्त हो गया था ?''

''कर्ण, जब दुर्योधन ने तुम्हारी ही सलाह लेकर भीमसेन को विषमिश्रित अन्न खिलाया और उन्हें सर्पों से डँसवाया, उस समय तुम्हें धर्म की बिल्कुल याद न आई ? राधानंदन, उन दिनों वारणावत नगर में लाक्षागृह के भीतर सोये हुए कुन्तीकुमारों को जब तुमने जलाने का प्रयत्न कराया, उस समय तुम्हारा धर्म कहाँ चला गया था ? कर्ण, याद है न, तुमने द्रौपदी से कहा था, ''कृष्णे, पाण्डव नष्ट हो गये । सदा के लिये नरक में पड़ गये । अब तू किसी दूसरे पति का वरण कर ले ।'' जब तू ऐसी बातें कहते हुए द्रौपदी को निकट से आँखें फाड़-फाड़कर देख रहे थे, उस समय तुम्हारा धर्म कहाँ विलुप्त हो गया था ?''

''कर्ण, फिर राज्य के लोभ में पड़कर तुमने शकुनि की सलाह पर जब पांडवों को दुबारा जूए के लिये बुलवाया, उस समय तुम्हारा धर्म कहाँ छिप गया था ? जब युद्ध में तुमने बहुत से महारथियों से मिलकर बालक अभिमन्यु को चारों ओर से घेर कर मार डाला था, उस समय तुम्हारा धर्म कहाँ तिरोहित हो गया था ? यदि उन अवसरों पर यह धर्म नहीं था, तो आज भी यहाँ सर्वथा धर्म की दुहाई देकर तालु सुखाने से क्या लाभ ? सूत, यहाँ धर्म के कितने ही कार्य क्यों न कर डालो, तथापि जीते-जी तुम्हारा छुटकारा नहीं हो सकता । पुरुषसिंह पाण्डव सदैव अपने धर्म से सुरक्षित हैं । अतः इनके द्वारा धृतराष्ट्र के पुत्रों का अवश्य नाश हो जायेगा ।''

भगवान् श्रीकृष्ण के ऐसा कहने पर कर्ण ने लज्जा से अपना सिर झुका लिया । उससे कुछ भी उत्तर देते नहीं बना । इसके बाद श्रीकृष्ण ने अर्जुन से इस प्रकार कहा, ''महाबली पार्थ, तुम इस आततायी कर्ण को दिव्यास्त्र से ही घायल करके मार गिराओ ।''

भगवान् श्रीकृष्ण की बात सुनकर किरीटधारी अर्जुन कर्ण को मारने की इच्छा से बहुत निष्ठुर बन गये । कर्ण की सारी करतूतें उनके सामने आकर खड़ी हो गयीं । अर्जुन ने सूर्य के समान प्रकाशित होनेवाले अंजलिक नामक दिव्यास्त्र का प्रयोग किया । बलवान् अर्जुन के द्वारा छोड़ा हुआ वह सूर्य के समान तेजस्वी बाण आकाश और दिशाओं को प्रकाशित करने लगा । जैसे देवराज इन्द्र ने अपने वज्र से वृत्रासुर का मस्तक काट दिया था, उसी प्रकार अर्जुन ने उस बाण द्वारा कर्ण

का सिर धड़ से अलग कर दिया। कर्ण के मारे जाने पर युद्ध में घायल हुए कौरव-सैनिक अर्जुन के प्रज्वलित होते हुए महान् ध्वज को बारंबार देखते हुए भय से पीड़ित होकर भागने लगे।

शल्य-वध के लिये युधिष्ठिर को प्रोत्साहन

कर्ण के मरने के पश्चात् मद्रराज शल्य कौरव सेना के सेनापति बनाये गये। उनमें अपूर्व उत्साह था। उन्होंने दुर्योधन को आश्वासन देते हुए कहा, "कुरुनंदन, आज मैं पांडवों की सेनाओं को चारों ओर से भगा दूँगा। प्रभो, युद्धस्थल में तुम्हारा प्रिय होरने के लिये आज मैं द्रोणाचार्य, भीष्म, कर्ण से भी बढ़कर पराक्रम दिखाता और जूझता हुआ रणभूमि में सब ओर विचरण करूंगा।" शल्य की बात सुनकर समस्त योद्धाओं को कर्ण के मारे जाने का थोड़ा सा भी दुःख नहीं रह गया। वे सब के सब प्रसन्नचित्त होकर हर्ष से भर गये और यह मानने लगे कि कुन्ती के पुत्र मद्रराज शल्य के वश में पड़कर अवश्य ही मारे जायेंगे। कौरवसेना के मन में अत्यधिक उत्साह था।

उस समय कौरवसेना का वह महान् हर्षनाद सुनकर राजा युधिष्ठिर ने समस्त क्षत्रियों के सामने ही भगवान् श्रीकृष्ण से कहा, "माधव, धृतराष्ट्रपुत्र दुर्योधन ने समस्त सेनाओं द्वारा सम्मानित महाधनुर्धर मद्रराज शल्य को सेनापति बनाया है। यह यथार्थ रूप से जानकर आप जो उचित हो, वैसा करें; क्योंकि आप ही हमारे नेता और संरक्षक हैं। इसलिये अब जो कार्य आवश्यक हो, उसका संपादन कीजिये।

भगवान् श्रीकृष्ण की ओजस्वी वाणी

भगवान् श्रीकृष्ण ने युधिष्ठिर से कहा, "धर्मराज युधिष्ठिर, मैं ऋतायनकुमार राजा शल्य को भलीभांति जानता हूँ। वे परम बलवान्, महातेजस्वी, महामनस्वी, विद्वान्, विचित्र युद्ध करनेवाले और शीघ्रतापूर्वक अस्त्र-शस्त्रों का प्रयोग करनेवाले हैं। भीष्म, द्रोण और कर्ण, ये सब लोग युद्ध में जैसे पराक्रमी थे, वैसे ही या उनसे भी बढ़कर पराक्रमी मैं मद्रराज शल्य को मानता हूँ। मैं बहुत सोचने पर भी युद्धपरायण शल्य के अनुरूप दूसरे किसी योद्धा को नहीं पा रहा हूँ। भरतनंदन, शिखण्डी, अर्जुन, भीम, सात्यकि और धृष्टद्युम्न से भी वे रणभूमि में अधिक बलशाली और पराक्रमी हैं। महाराज, सिंह और हाथी के समान पराक्रमी मद्रराज शल्य प्रलयकाल में प्रजा पर कुपित हुए काल के समान निर्भय होकर रणभूमि में विचरण करेंगे।"

"पुरुषसिंह, धर्मराज, आपका पराक्रम सिंह के समान है। आज आपके सिवा युद्धस्थल में दूसरे को ऐसा नहीं देखता, जो शल्य के सम्मुख होकर युद्ध कर सके।

कुरुनंदन, देवताओं-सहित इस सम्पूर्ण जगत् में आपके सिवा दूसरा कोई ऐसा पुरुष नहीं है, जो रण में कुपित हुए मद्रराज शल्य को मार सके। इसलिये प्रतिदिन समरांगण में जूझते और आपकी सेना को विक्षुब्ध करते हुए राजा शल्य को आप उसी प्रकार मार डालिये, जैसे इन्द्र ने शम्बरासुर का वध किया था। वीर शल्य अजेय हैं। दुर्योधन ने उनका बड़ा सम्मान किया है। युद्ध में मद्रराज के मारे जाने पर निश्चय ही आपकी विजय होगी।"

"महाराज, कुन्तीकुमार, उनके मारे जाने पर आप समझ लें कि दुर्योधन की सारी विशाल सेना ही मार डाली गयी। इस समय मेरी इस बात को सुनकर महारथी मद्रराज पर आक्रमण कीजिये और महाबाहो, जैसे इन्द्र ने नमुचि का वध किया था, उसी प्रकार आप भी उन्हें मार डालिये। 'ये मेरे मामा हैं' ऐसा समझकर आपको उन पर दया नहीं करनी चाहिये। आप क्षत्रिय-धर्म को सामने रखते हुए मद्रराज शल्य को मार डालें। भीष्म, द्रोण और कर्णरूपी महासागर को पार कर० आप अपने सेवकों सहित शल्यरूपी गाय की खुरी में न डूब जाइये। राजन्, आपका जो तपोबल और क्षात्रबल है, वह अमोघ है। वह सब रणभूमि में दिखाइये और इस महारथी शल्य को मार डालिये।" शत्रुहन्ता भगवान् श्रीकृष्ण ऐसी ओजस्वी वाणी में धर्मराज युधिष्ठिर को अनुप्रेरित कर सायंकाल पांडवों से सम्मानित हो अपने शिविर में चले गये।

द्रोणाचार्य, भीष्म पितामह तथा सूतपुत्र कर्ण के मारे जाने पर भी धृतराष्ट्र के पुत्रों के मन में यह प्रबल आशा हो गयी कि शल्य रणभूमि में सम्पूर्ण कुन्ती-कुमारों का वध कर डालेंगे। धृतराष्ट्र-पुत्र मद्रराज शल्य का आश्रय ले वे अपने-आपको सनाथ मानने लगे। शल्य ने युद्धभूमि में प्रबल पराक्रम दिखाया। उन्होंने धर्मराज युधिष्ठिर के धनुष, कवच आदि काट कर उनके रथ के घोड़ों को भी मार गिराया। धर्मराज युधिष्ठिर के घोड़े और सारथि मारे गये थे। इसलिये वे क्रोध से उद्दीप्त हो प्रज्वलित अग्नि के समान जान पड़ते थे। उन्होंने अपने शत्रु मद्रराज पर फिर बलपूर्वक आक्रमण किया। उस समय श्रीकृष्णजी के वचन को स्मरण करके उन्होंने शीघ्र ही शल्य को मार डालने का निश्चय किया। धर्मराज के घोड़े और सारथि तो मारे ही जा चुके थे। केवल रथ शेष था। अतः उसी पर खड़े होकर उन्होंने शल्य पर शक्ति के प्रयोग का विचार किया।

महात्मा युधिष्ठिर ने परम पराक्रमी शल्य के अद्भुत कर्म को देख-सुनकर और उन्हें अपना ही भाग अवशिष्ट जानकर, जैसा श्रीकृष्ण ने कहा था उसके अनुसार शल्य के वध का संकल्प किया। उन्होंने मणि और सुवर्णमय दण्ड से युक्त तथा

सोने के समान प्रकाशित होने वाली शक्ति हाथ में ली और मन ही मन कुपित हो सहसा रोष से जलती हुई आँखें फाड़कर मद्रराज शल्य की ओर देखा। युधिष्ठिर ने उस समय शल्य का वध करने के लिये उसे घोर मंत्रों ने अभिमंत्रित करके उस देदीप्यमान शक्ति को शल्य के ऊपर बड़े वेग से चलाया। पूर्वकाल में त्रिपुरों का विनाश करते समय भगवान् महेश्वर का जैसा उग्र स्वरूप प्रकट हुआ था, वैसा ही शल्य के संहारकाल में धर्मराज युधिष्ठिर का रूप जान पड़ता था। वे अपने किरणसमूहों से प्रभा का पुंज बिखेर रहे थे। शक्ति प्रभाव को रोकना असंभव था। उसकी चोट सहने के लिये मद्रराज शल्य गरज उठे, मानो हवन की हुई घृतधारा को ग्रहण करने के लिये अग्निदेव प्रज्वलित हो उठे हों। वह शक्ति राजा शल्य के मर्मस्थानों को विदीर्ण करके उनके विशाल वक्षस्थल को चीरती तथा विस्तृत यश को दग्ध करती जल की भाँति पृथ्वी में समा गयी। उसकी गति कहीं भी कुंठित नहीं होती थी। मद्रराज शल्य धर्मराज युधिष्ठिर के सामने ही अपनी दोनों भुजाओं को फैलाकर धराशायी हो गये। उनके धराशायी होने पर उनकी विशाल सेना भी पाण्डवों और उनके सैनिकों द्वारा मारी गयी। विजय से उल्लसित होनेवाले दृढ़ धनुर्धर पाण्डवों की मार खाकर कौरवसेना घबरा उठी और भ्रान्त सी होकर सम्पूर्ण दिशाओं में भागने लगी।

दुर्योधन-वध में श्रीकृष्णजी का योगदान

शल्य के मरने के पश्चात् दुर्योधन ने अपनी शक्ति की आजमाइश का फिर दुस्तर प्रयास किया। किन्तु भगवान् की अनुकम्पा से पाण्डवों का उत्साह बहुत बढ़ गया था। उन्होंने दुर्योधन के सैनिकों का संहार कर डाला। इसके उपरान्त दुर्योधन खिन्न होकर द्वैपायन सरोवर में जाकर जलस्तम्भन करके जल के भीतर छिप गया। भगवान् वासुदेव के साथ पाण्डव उस सरोवर पर पहुँचे और युधिष्ठिर ने उसे युद्ध के लिये ललकारा। बहुत वाद-विवाद के पश्चात् दुर्योधन जल से बाहर निकला। धर्मात्मा युधिष्ठिर ने युद्ध में भी दुर्योधन के साथ जूए का दांव लगा दिया, "दुर्योधन, तुम हमलोगों में से एक को भी मारकर राजा हो जाओ।" युधिष्ठिर की इस बात को सुनकर धृतराष्ट्रपुत्र दुर्योधन ने कहा, "मैं इस बात को सदा याद करता हूँ कि गदायुद्ध में मेरी समानता करनेवाला कोई दूसरा नहीं है। सामने आने पर मैं गदा के द्वारा सभी लोगों को मार डालूंगा। मेरा वचन सत्य है या मिथ्या, यह इसी मुहूर्त में स्पष्ट हो जायगा। आज मेरे साथ जो भी युद्ध करने को उद्यत हो, वह गदा उठावे।"

श्रीकृष्णजी का युधिष्ठिर को फटकारना

जब इस प्रकार कहकर दुर्योधन बार-बार गर्जना करने लगा, उस समय

भगवान् श्रीकृष्ण अत्यन्त कुपित होकर युधिष्ठिर से बोले, "युधिष्ठिर, यदि यह दुर्योधन युद्ध में तुमको, अर्जुन को अथवा नकुल या सहदेव को ही युद्ध के लिये वरण करे तब क्या होगा ? राजन्, आपने वनों ऐसी दुःसाहसपूर्ण बात कह डाली कि 'तुम हममें से किसी एक को मारकर कौरवों के राजा हो जाओ।' मैं नहीं मानता कि आप लोग युद्ध में गदाधारी दुर्योधन का सामना करने में समर्थ हैं। राजन्, इसने भीमसेन का वध करने की इच्छा से उनकी लोहे की मूर्ति के साथ तेरह वर्षों तक गदायुद्ध का अभ्यास किया है।"

"भरतभूषण, अब हमलोग अपना कार्य कैसे सिद्ध कर सकते हैं ? नृपश्रेष्ठ, आपने दयावश यह दुःसाहसपूर्ण कार्य कर डाला है। कुन्तीपुत्र, मैं भीमसेन के सिवा, दूसरे किसी को ऐसा नहीं देखता, जो गदायुद्ध में दुर्योधन का सामना कर सके। परन्तु भीमसेन ने भी अधिक अभ्यास और परिश्रम नहीं किया है। इस समय आपने पहले के ही समान यह जूए का खेल आरंभ कर दिया है। प्रजानाथ, आपका यह जूआ शकुनि के जूए से कहीं अधिक भयंकर है। राजन्, माना कि भीमसेन बलवान् और समर्थ हैं, परन्तु दुर्योधन ने अभ्यास अधिक किया है। एक ओर बलवान् हो और दूसरी ओर युद्ध का अभ्यासी, तो उनमें युद्ध का अभ्यासी बड़ा माना जाता है।"

"महाराज, आपने शत्रु को समान मार्ग पर ला दिया है। अपने आपको तो भारी संकट में फँसाया ही है, हमलोगों को भी भारी कठिनाई में डाल दिया है। भला कौन ऐसा होगा, जो सब शत्रुओं को जीत लेने के बाद जब एक ही शेष रह जाय और वह भी संकट में पड़ा हो, तो उसके साथ हाथ में आये हुए राज्य को दाँव पर लगा कर हार जाय ? इस प्रकार वह एक के साथ युद्ध करने की शर्त रखकर लड़ना पसंद करे ? मैं संसार में किसी भी शूरवीर को, वह देवता ही क्यों न हो, ऐसा नहीं देखता, जो आज रणभूमि में गदाधारी दुर्योधन को परास्त करने में समर्थ हो।"

"फिर भी आपने बारंबार कहा है कि 'तुम हमलोगों में से एक को भी मारकर राजा हो जाओ।' निश्चय ही राजा पाण्डु और कुन्तीदेवी की संतान राज्य भोगने की अधिकारिणी नहीं है। विधाता ने इसे अनन्तकाल तक वनवास करने अथवा भीख माँगने के लिये ही पैदा किया है।"

भीम और दुर्योधन में वाग्युद्ध

"श्रीकृष्णजी की युधिष्ठिर के प्रति यह फटकार सुनकर भीमसेन अत्यधिक उत्साहित होकर बोले, "श्रीकृष्णजी, आप विषाद न करें। मैं आज वैर की उस

अन्तिम सीमा तक पहुँच जाऊँगा, जहाँ पहुँचना दूसरों के लिये अत्यंत कठिन है। इसमें तनिक भी संशय नहीं है कि मैं युद्ध में दुर्योधन को मार डालूँगा। मेरी यह गदा दुर्योधन की गदा से डेढ़गुनी भारी है।" भीमसेन के इस उत्साह की भगवान् श्रीकृष्ण ने भूरि-भूरि प्रशंसा की। इसके पश्चात् भीमसेन ने गदा लेकर दुर्योधन को युद्ध के लिये ललकारा। उस समय दुर्योधन के मन में न घबराहट थी, न भय। न ग्लानि थी और न व्यथा। वह युद्धस्थल में सिंह के समान निर्भय खड़ा था।

भीमसेन ने रोषयुक्त वाणी में दुर्योधन से कहना प्रारंभ किया, "दुरात्मन्, तूने भरी सभा में राजस्वला द्रौपदी को क्लेश पहुँचाया, शकुनि की सलाह लेकर राजा युधिष्ठिर को कपटपूर्ण जूए में हराया तथा निरपराध कुन्तीपुत्रों पर जो पाप एवं अत्याचार किये थे, उन सब का महान् अशुभ फल तू अपनी आँखों से देख ले। तेरी ही करतूतों से हम सब लोगों के पितामह महायशस्वी गंगानन्दन भीष्मजी आज शरशय्या पर पड़े हुए हैं। आचार्य द्रोण, कर्ण, प्रतापी शल्य तथा वैर का आदि स्रष्टा वह शकुनि—ये सभी रणभूमि में मारे गये हैं। तेरे भाई, शूरवीर पुत्र, सैनिक तथा युद्ध में पीठ न दिखानेवाले अन्य बहुत से शौर्यसम्पन्न नरेश भी मृत्यु के अधीन हो गये हैं। अब इस वंश का नाश करनेवाला नराधम, एकमात्र तू ही बच गया है। आज इस गदा से तुझे भी मार डालूँगा। इसमें संशय नहीं है।"

"क्षत्रियाधम, आज रणभूमि में मैं तेरा सारा घमंड चूर्ण कर दूँगा। तेरे मन में राज्य पाने की अब भी बड़ी भारी अभिलाषा है, उसका तथा पांडवों पर किये गये अत्याचारों का भी मैं अन्त कर दूँगा।"

अमर्षशील दुर्योधन को भीमसेन की बातें सहन न हुईं। उसने भीमसेन से कहा, "वृकोदर, बहुत बढ़-बढ़ कर बातें बनाने से क्या लाभ? बहुत शेखी मत बघारो। आज मेरे साथ भिड़ तो सही। मैं तेरा सारा हौसला पस्त कर दूँगा। ओ पापी, आज कौन सा ऐसा शत्रु है, जो मेरे हाथ में गदा रहते हुए भी मुझे मार सके। न्यायपूर्वक युद्ध करते हुए देवताओं के राजा इन्द्र भी मुझे परास्त नहीं कर सकते। शरद ऋतु के निर्जल मेघ की भाँति व्यर्थ गर्जना न कर। आज तेरे पास जितना बल हो, वह सब युद्ध में दिखा।"

दुर्योधन के वध में भगवान् श्रीकृष्ण का सहयोग

भीमसेन और दुर्योधन का गदायुद्ध प्रारंभ हो गया। दोनों एक-दूसरे पर घातक प्रहार करने लगे। दुर्योधन इस कला में अद्वितीय था। भगवान् ने अर्जुन से कहा, "अर्जुन, इन दोनों को गदायुद्ध की शिक्षा एक सी मिली है। परन्तु भीमसेन बल में अधिक हैं और दुर्योधन उनकी अपेक्षा अभ्यास और प्रयत्न में बढ़ा हुआ

है। अतएव भीम धर्मपूर्वक युद्ध करके उसको न जीत सकेंगे। वे अन्यायपूर्वक युद्ध करके ही दुर्योधन का वध करें।"

तदनन्तर श्रीकृष्ण का यह संकेत पाकर अर्जुन ने भीमसेन को देखते हुए अपनी जंघा ठोंककर दुर्योधन की जांघ पर प्रहार करने का इशारा किया और भीमसेन ने वैसा ही करके उसे पछाड़ दिया। वह घायल होकर पृथ्वी पर गिर पड़ा।

धृतराष्ट्र के फौलादी चंगुल से भीमसेन की रक्षा

समस्त सेनाओं का संहार हो जाने पर धर्मराज युधिष्ठिर ने जब सुना कि हमारे बूढ़े ताऊ (धृतराष्ट्र) संग्राम में मरे हुए वीरों का अंत्येष्टि कर्म कराने के लिये हस्तिनापुर से चल दिये हैं, तब वे स्वयं पुत्रशोक से आतुर राजा धृतराष्ट्र के पास अपने सब भाइयों के साथ गये। उस समय भगवान् श्रीकृष्ण, सात्यकि और युयुत्सु भी उनके पीछे-पीछे गये। उस स्थल का वातावरण अत्यंत करुणामय और शोकपूर्ण था। युधिष्ठिर ने कुररी की भाँति क्रन्दन करती हुई स्त्रियों के घेरे को लाँघ कर अपने ताऊ धृतराष्ट्र को प्रणाम किया। तत्पश्चात् सभी पाण्डवों ने धर्मानुसार ताऊ को प्रणाम करके अपने नाम बताये।

पुत्रवध से पीड़ित हुए पिता ने शोक से व्याकुल हो युधिष्ठिर को हृदय से लगाया; परन्तु उस समय उनका मन प्रसन्न नहीं था। धर्मराज को हृदय से लगा-कर उन्हें सांत्वना दे धृतराष्ट्र भीम को इस प्रकार खोजने लगे, मानो आग बनकर उन्हें जला डालना चाहते हों। उस समय उनके मन में भयंकर दुर्भावना जाग उठी थी। भीमसेन के प्रति उनका भयंकर रोष था। शोकरूपी वायु से बढ़ी हुई उनकी क्रोधमयी अग्नि ऐसी दिखाई दे रही थी, मानो यह भीमसेनरूपी वन को जलाकर भस्म कर देना चाहती हो।

भीमसेन के प्रति उनके अशुभ संकल्प को जानकर अन्तर्यामी भगवान् श्रीकृष्ण ने भीमसेन को झटका देकर हटा दिया और दोनों हाथों से उनकी लोहमयी मूर्ति धृतराष्ट्र के सामने कर दी। महाज्ञानी और परम बुद्धिमान् भगवान् श्रीकृष्ण को पहले से ही उनका अभिप्राय ज्ञात हो गया था; इसलिये उन्होंने वहाँ यह व्यवस्था पहले से ही कर रक्खी थी। बलवान् राजा धृतराष्ट्र ने भीम की उस लोहमयी प्रतिमा को असली भीम समझा और उसे दोनों बाँहों से दबा कर चूर-चूर कर दिया। परन्तु अत्यधिक बल लगाने से वे पृथ्वी पर गिर पड़े और उनके मुंह से खून निकलने लगा। उस समय उनके विद्वान सारथि संजय ने उन्हें पकड़कर उठाया और समझा-बुझा कर शान्त करते हुए कहा, "राजन्, अपको ऐसा नहीं करना चाहिये था।"

जब रोष का आवेश दूर हो गया, तो धृतराष्ट्र क्रोध छोड़कर शोक में डूब गये और 'हा भीम, हा भीम' कहते हुए विलाप करने लगे। उन्हें भीमसेन के वध की आशंका से पीड़ित और क्रोध से शून्य हुआ जानकर लीला पुरुषोत्तम श्रीकृष्ण ने इस प्रकार कहा, "महाराज धृतराष्ट्र, आप शोक न करें। ये भीम आपके हाथ नहीं मारे गये। प्रभो, वह तो लोहे की एक प्रतिमा थी, जिसे आपने चूर-चूर कर डाला। भरतश्रेष्ठ, आपको क्रोध के वशीभूत हुआ जान मैंने मृत्यु के दाढ़ों में फँसे हुए भीमसेन को पीछे खींच लिया था। बल में आपकी समानता करनेवाला कोई नहीं है। महाबाहो, आपकी दोनों भुजाओं की पकड़ कौन मनुष्य सह सकता है ? जैसे यमराज के पास पहुँच कर कोई भी जीवित नहीं बच सकता, उसी प्रकार आपकी भुजाओं के बीच में पड़ जाने पर किसी के प्राण नहीं बच सकते। कुरुनन्दन, इसलिये आपके पुत्र दुर्योधन ने जो भीमसेन की लोहमयी प्रतिमा बनवा रखी थी, वही मैंने आपको भेंट कर दी थी। राजेन्द्र, आपका मन पुत्रशोक से संतप्त होकर धर्म से विचलित हो गया है। इसीलिये आप भीमसेन को मार डालना चाहते थे। नरेश्वर, आपके लिये यह कदापि उचित न होगा कि आप भीमसेन का वध करें। महाराज, भीमसेन न मारते तो भी आपके पुत्र जीवित न रह सकते थे, क्योंकि उनकी आयु पूरी हो चुकी थी। अतः हमलोगों ने सर्वत्र शान्ति स्थापित करने के उद्देश्य से जो कुछ किया है, उन सब बातों का आप भी अनुमोदन करें।"

श्रीकृष्णजी का धृतराष्ट्र को फटकार कर उनका क्रोध शान्त करना

धृतराष्ट्र जब शौचकृत्य पूर्ण कर चुके, तब भगवान् मधुसूदन ने फिर उनसे कहा, " राजन्, आपने वेदों और नाना प्रकार के शास्त्रों का श्रवण किया है। सभी पुराणों और राजधर्मों का पृथक् रूप से श्रवण किया है। ऐसे विद्वान्, परम बुद्धिमान् और बलाबल का निर्णय करने में समर्थ होकर भी अपने ही अपराध से होने वाले इस विनाश को देखकर आप ऐसा क्रोध क्यों कर रहे हैं ? भरतनंदन, मैंने तो उसी समय आपसे यह बात कह दी थी। भीष्म पितामह, द्रोणाचार्य, विदुर और संजय ने भी आपको कई बार समझाया था। राजन्, परन्तु आपने किसी की बात नहीं मानी।"

"कुरुनंदन, हमलोगों ने आपको बहुत रोका; परन्तु आपने बल और शौर्य में पांडवों को बढ़ा-चढ़ा जानकर भी हमारा कहना नहीं माना। जो हित की बात बताने पर भी हिताहित की बात नहीं समझ पाता, वह अन्याय का आश्रय ले बड़ी भारी विपत्ति में पड़कर शोक करता है। भरतनंदन, आप अपनी ओर तो देखिये।

आपका बर्ताव सदा ही न्याय के विपरीत रहा है। राजन्, आप अपने मन को वश में न करके सदा दुर्योधन के अधीन रहे हैं। अपने ही अपराध से विपत्ति में पड़कर आप भीमसेन को क्यों मार डालना चाहते हैं ? इसलिये क्रोध को रोकिये और अपने दुष्कर्मों को याद कीजिये। जिस नीच दुर्योधन ने मन में ईर्ष्या, द्वेष और जलन रखने के कारण पांचाल राजकुमारी कृष्णा को भरी सभा में बुलवा कर अपमानित किया, वैर का बदला लेने के विचार से भीमसेन ने उसे मार डाला। आप अपने और अपने दुरात्मा पुत्र दुर्योधन के उस अत्याचार पर तो विचार कीजिये, जब कि बिना किसी अपराध के ही आपने पांडवों का परित्याग कर दिया था।''

जब इस प्रकार भगवान् श्रीकृष्ण ने सब सच्ची-सच्ची बातें कह डालीं, तो धृतराष्ट्र ने श्रीकृष्णजी से कहा, ''महाबाहु माधव, आप जैसा कह रहे हैं, ठीक ऐसी ही बात है; परन्तु पुत्र-स्नेह प्रबल होता है, जिसने मुझे धैर्य से विचलित कर दिया था। श्रीकृष्ण, सौभाग्य की बात है कि आपसे सुरक्षित होकर बलवान्, सत्यपराक्रमी, पुरुषसिंह भीमसेन मेरी दोनों भुजाओं के बीच में नहीं आये। माधव, अब इस समय मैं एकदम शान्त हूँ। मेरा क्रोध उतर गया है और चिन्ता भी दूर हो गयी है। समस्त राजाओं तथा अपने पुत्रों के मारे जाने पर अब मेरा प्रेम और हितचिन्तन पाण्डु के इन पुत्रों पर ही आश्रित है।'' तदनन्तर रोते हुए धृतराष्ट्र ने सुन्दर शरीरवाले भीमसेन, अर्जुन, नकुल और सहदेव को अपने अंगों से लगाया और उन्हें सांत्वना देकर कहा, ''तुम्हारा कल्याण हो।''

गान्धारी का श्रीकृष्ण जी को शाप

अपने पुत्रों, सगे-संबंधियों और अन्य नरेशों को युद्ध में मारे जाने से गान्धारी के मन में अत्यधिक शोक और क्षोभ हुआ। पहले तो वह पांडवों को शाप देने को उद्यत हुयी। पर व्यासजी के समझाने पर वह शान्त हो गयी। इसके पश्चात् वह श्रीकृष्ण की ओर उन्मुख होकर बोली, ''श्रीकृष्ण, जो नरश्रेष्ठ अपने शस्त्र के वेग से देवताओं को नष्ट कर सकते थे, वे ही युद्ध में मार डाले गये हैं। यह समय का उलटफेर तो देखो। माधव, निश्चय ही दैव के लिये कोई भी कार्य कठिन नहीं है; क्योंकि उसने क्षत्रियों द्वारा ही इन शूरवीर क्षत्रिय-शिरोमणियों का संहार करा डाला है।''

''श्रीकृष्ण, मेरे वेगशाली पुत्र तो उसी दिन मार डाले गये, जब तुम सन्धि-स्थापन में अपूर्ण मनोरथ होकर लौट गये थे। मुझसे तो शान्तनुनंदन भीष्म तथा ज्ञानी विदुरजी ने उसी दिन कह दिया था कि 'अब तुम अपने पुत्रों पर स्नेह न

करो।' जनार्दन, उन दोनों की यह दृष्टि मिथ्या नहीं हो सकती थी। अतः थोड़े ही समय में मेरे सारे पुत्र युद्ध की आग में जलकर भस्म हो गये।"

ऐसा कहकर शोक से मूर्च्छित हुई गान्धारी धैर्य छोड़कर पृथ्वी पर गिर पड़ी। अत्यधिक दुःख से उसकी विवेकशक्ति नष्ट हो गयी। उसका क्रोध अत्यधिक बढ़ गया। सारे अंग क्रोध से थर-थर काँपने लगे। सारी इन्द्रियाँ व्याकुल हो उठीं। गान्धारी ने सारा दोष भगवान् श्रीकृष्ण के ही माथे मढ़ दिया। उसने क्रोधावेश में भगवान् श्रीकृष्ण से कहना प्रारम्भ किया।

"श्रीकृष्ण, जनार्दन पाण्डव और धृतराष्ट्र के पुत्र आपस में लड़कर भष्म हो गये। तुमने इन्हें नष्ट होते हुए देखकर इनकी उपेक्षा कैसे कर दी? महाबाहु मधुसूदन, तुम अत्यधिक शक्तिशाली थे। तुम्हारे पास बहुत से सेवक और सैनिक थे। तुम महान् बल से प्रतिष्ठित हो। दोनों पक्षों से अपनी बात मनवा लेने की सामर्थ्य तुममें मौजूद थी। तुमने वेदशास्त्रों और महात्माओं की बातें सुनी और जानी थीं। यह सब होते हुए भी तुमने स्वेच्छा से कुरुकुल के नाश की उपेक्षा की। जानबूझ कर इस वंश का विनाश होने दिया। यह तुम्हारा महान् दोष और अपराध है। अतः तुम उसका फल प्राप्त करो।"

"चक्र और गदाधारण करनेवाले केशव, मैंने पति के सेवा से जो कुछ भी तप अर्जित किया है, उस दुर्लभ तपोबल से तुम्हें शाप दे रही हूँ। गोविन्द, तुमने आपस में मारकाट मचाते हुए कुटुम्बी कौरवों और पाण्डवों की उपेक्षा की है। इसलिये तुम अपने भाई-बन्धुओं का भी विनाश कर डालोगे। मधुसूदन, आज से छत्तीसवाँ वर्ष उपस्थित होने पर तुम्हारे कुटुम्बी, मंत्री और पुत्रादि सभी आपस में लड़कर मर जायेंगे। तुम सबसे अपरिचित और लोगों की आँख से ओझल होकर अनाथ के समान वन में विचरोगे और किसी निन्दित उपाय से मृत्यु को प्राप्त होओगे। इन भरतवंश की स्त्रियों के समान तुम्हारे कुल की स्त्रियाँ भी पुत्रों तथा भाई-बन्धुओं के मारे जाने पर इसी तरह सगे-संबंधियों की लाशों पर गिरेंगी।"

श्रीकृष्णजी की असंगता और निर्भीकता

गान्धारी के इस उग्र शाप को सुनकर भगवान् अच्युत अपनी महिमा से तनिक भी च्युत न हुए। उन्होंने मुस्कराते हुए गान्धारी से कहा, "क्षत्राणी, माता गान्धारी, मैं जानता हूँ, यह ऐसा ही होने वाला है। तुम तो किये हुए को ही कह रही हो। इसमें सन्देह नहीं कि वृष्णिवंश के यादव दैव से नष्ट होंगे। शुभे, वृष्णिकुल का संहार करनेवाला मेरे सिवा दूसरा कोई नहीं है। यादव दूसरे मनुष्यों एवं देवताओं और दानवों के लिये भी अवध्य हैं। अतः आपस में ही लड़-

कर नष्ट होंगे।'' श्रीकृष्ण के ऐसा कहने पर पांडव मन ही मन भयभीत हो गये। उन्हें बड़ा उद्वेग हुआ। वे सब के सब अपने जीवन से निराश हो गये।

गर्भ में परीक्षित की रक्षा

द्रोणपुत्र अश्वत्थामा ने अपने पिता का बदला लेने के लिये अभिमन्यु के गर्भस्थ शिशु को गर्भ में मार डालने के लिये ब्रह्मास्त्र का प्रयोग किया। भय से विह्वल हो कर उत्तरा दौड़ी-दौड़ी भगवान् श्रीकृष्ण के पास जाकर बोली, "देवाधिदेव, जगदीश्वर, आप योगेश्वर हैं। आप मेरी रक्षा कीजिये, रक्षा कीजिये। आपके अतिरिक्त इस लोक में मुझे अभय देनेवाला और कोई नहीं है। प्रभो, आप सर्वशक्तिमान् हैं। यह दहकता हुआ लोहे का बाण मेरी ओर दौड़ा आ रहा है। स्वामिन्, यह मुझे भले ही जला डाले, परन्तु मेरे गर्भ को नष्ट न करे, ऐसी कृपा कीजिये।''

भक्तवत्सल भगवान् श्रीकृष्ण उत्तरा की बात सुनते ही जान गये कि अश्वत्थामा ने पांडवों के वंश को निर्वीज करने के लिये ब्रह्मास्त्र का प्रयोग किया है। उसी समय पांडवों ने भी देखा कि जलते हुए पाँच बाण आ रहे हैं। इसलिये उन्होंने भी अपने-अपने अस्त्र उठा लिये। सर्वशक्तिमान् भगवान् श्रीकृष्ण ने अपने अनन्य प्रेमियों, शरणागत भक्तों पर महान् विपत्ति आयी जानकर अपने अमोघ अस्त्र सुदर्शन-चक्र से उन निज जनों की रक्षा की। योगेश्वर श्रीकृष्ण समस्त प्राणियों के हृदय में विराजमान आत्मा हैं। उन्होंने उत्तरा के गर्भ को पांडवों की वंशपरम्परा चलाने के लिये अपनी माया के कवच से ढंक दिया। यद्यपि ब्रह्मास्त्र अमोघ है और उसके निवारण का कोई उपाय भी नहीं है, फिर भी भगवान् श्रीकृष्ण के तेज के सामने आकर वह शान्त हो गया। यह कोई आश्चर्य की बात नहीं है, क्योंकि भगवान् तो सर्व आश्चर्यमय हैं, वे ही अपनी निज शक्ति माया से स्वयं अजन्मा होकर भी इस संसार की सृष्टि, रक्षा और संहार करते हैं।

उत्तरा के गर्भ में स्थित वह वीर शिशु परीक्षित जब ब्रह्मास्त्र के तेज से जलने लगा, तो उसने देखा कि उसकी आँखों के सामने एक ज्योतिर्मय पुरुष है। वह देखने में अँगूठे भर का है, परन्तु उसका स्वरूप बहुत ही निर्मल है। अत्यंत सुन्दर श्याम शरीर है, बिजली के समान चमकता हुआ पीताम्बर धारण किये हुए है और सिर पर सोने का मुकुट झिलमिला रहा है। उस निर्विकार पुरुष की बड़ी ही सुन्दर लंबी-लंबी चार भुजाएँ हैं। कानों में तपाये हुए स्वर्ण के सुन्दर कुण्डल हैं, आँखों में लालिमा है, हाथ में लूके के समान जलती हुई गदा लेकर उसे बार-बार घुमाता जा रहा है और स्वयं शिशु के चारों ओर घूम रहा है। जैसे सूर्य अपनी

किरणों से कुहरे को भगा देते हैं, वैसे ही वह उस गदा के द्वारा ब्रह्मास्त्र के तेज को शान्त करता जा रहा था। उस पुरुष को अपने समीप देखकर वह गर्भस्थ शिशु सोचने लगा कि यह कौन है? इस प्रकार उस दस मास के गर्भस्थ शिशु के सामने ही धर्मरक्षक अप्रमेय भगवान् श्रीकृष्ण ब्रह्मास्त्र के तेज को शान्त करके वहीं अन्तर्धान हो गये।

भगवान् श्रीकृष्ण ने युद्धारंभ के पहले ही कह दिया था, "हे अर्जुन, ये शत्रुपक्ष के वीर मेरे द्वारा पहले मारे जा चुके हैं। अर्जुन तू निमित्त मात्र बन जा।" वस्तुतः मारने और जिलाने वाले तो भगवान् वासुदेव ही हैं। उन्होंने ही अर्जुन को प्रोत्साहित करके भीष्म का वध कराया था, "अर्जुन, तुमने मेरी बातें सुनीं, स्थिर होकर भीष्म को मार डालो। देखो नीतिकार बृहस्पति ने भी कहा है कि बड़े से बड़ा गुरुजन, वृद्ध, सर्वगुण-सम्पन्न पुरुष भी यदि शस्त्र लेकर मारने के लिये सामने उद्यत हो, तो उसे मार डालना चाहिये।"

भगवान् वासुदेव ने ही 'अश्वत्थामा मारा गया'—यह छलयुक्त उद्घोष कराकर द्रोणवध का रास्ता साफ कर दिया। कर्णवध के संबंध में उन्होंने ही अर्जुन से कहा था, "अर्जुन, कर्ण के वध का एक ही योग है। छिद्र प्राप्त होने पर जब वह असावधान हो, उसके रथ का चक्र धँस जाने पर वह संकट में पड़ जाय, तब मेरे संकेत को पाकर तुम उसे मार डालो।" जब उसके रथ का चक्र जमीन में धँस गया और कर्ण उसको सँभालने के लिये नीचे उतरा, तब श्रीकृष्णजी ने कहा, "पार्थ, जब तक कर्ण रथ पर नहीं चढ़ता, तब तक शर से इसका सिर काट लो।"

शल्य के वध के लिये श्रीकृष्णजी ही ने धर्मराज युधिष्ठिर को प्रोत्साहित किया, "राजन्, आपके पास जो तपोबल और क्षात्रबल है, उसे आज युद्ध में प्रदर्शित करके शल्य को मार डालिये।" दुर्योधन के वध के लिये उन्होंने ही अर्जुन को बता दिया था कि भीम अन्याय युद्ध से ही दुर्योधन के ऊपर विजय प्राप्त कर सकेंगे। अर्जुन ने अपनी जाँघ ठोंक कर भीम को इशारा दे दिया था।

इस प्रकार स्पष्ट हो जाता है कि वस्तुतः मारनेवाले भगवान् श्रीकृष्ण ही हैं और जिलानेवाले भी वे ही हैं। द्रोणपुत्र अश्वत्थामा के नारायणास्त्र से उन्होंने सारी पाण्डवसेना की रक्षा की। कर्ण के सर्पमुख बाण से उन्होंने ही अर्जुन की रक्षा की। महाभारत के युद्ध में स्थान-स्थान पर पांडवों को मृत्यु के मुख से बचाने के लिये श्रीकृष्णजी ने विभिन्न नीतियों का प्रयोग किया। महाभारत पढ़ने से यह बात एकदम स्पष्ट हो जाती है कि यद्यपि नर के द्वारा युद्ध की प्रगति विजय की ओर होती है, तथापि मुख्यतः नारायण ही सब कुछ करते हैं। वस्तुतः जो इस

अखिल विश्व में सृष्टि, पालन और संहार की क्रीड़ा करता है, उसी के पालन और संहार की क्रीड़ा का ज्वलन्त दृष्टान्त भगवान् श्रीकृष्ण का चरित्र है। सम्पूर्ण वेद का मुख जो प्रणव है, वह तथा सत्य, ज्ञान, यज्ञ, तितिक्षा, इन्द्रिय-संयम, सरलता और परमतत्व—यह सब कुछ वासुदेव ही हैं। वेदज्ञ जन उसी को सनातन पुरुष और विष्णु जी मानते हैं। वही संसार की सृष्टि और प्रलय करनेवाला अव्यक्त एवं सनातन ब्रह्म है। वही ब्रह्म वृष्णिकुल में श्रीकृष्ण रूप से अवतीर्ण हुआ है। ये अविनाशी परमात्मा श्रीकृष्ण ही पितर, देवता, ऋषि, यक्ष, राक्षस, असुर और मनुष्य आदि की रचना करते हैं।

□□

अध्याय—१६

भीष्म पर कृपा

दुर्योधन के मारे जाने पर युधिष्ठिर को संसार एवं राज्य के प्रति अत्यधिक ग्लानि हुई। अर्जुन ने कर्त्तव्य की भावना को उनके सामने रख कर शुद्ध कर्म की महत्ता पर प्रकाश डाला और क्षत्रिय धर्म की विशिष्टता पर बल दिया। तत्पश्चात् महामुनि व्यास ने अनेक तर्कों, युक्तियों और शास्त्रों का दृष्टान्त देकर युधिष्ठिर को समझाया। युधिष्ठिर अपना प्राणत्याग करने पर आमादा थे। इस पर व्यास मुनि ने उनसे कहा, "धर्मराज युधिष्ठिर, अपना धर्म दोषयुक्त भी हो, तो भी उसमें स्थित रहनेवाले तुम जैसे धर्मात्मा नरेश के लिये अपने शरीर का परित्याग करना शोभा की बात नहीं है। कुन्तीनंदन, यदि युद्ध आदि में रागद्वेष के कारण निंद्यकर्म बन गये हों, तो शास्त्रों में उन दूषित कर्मों के लिये प्रायश्चित का विधान है। परन्तु जिसका शरीर ही नहीं रहेगा, उसे तो प्रायश्चित न कर सकने के कारण उन पाप कर्मों के फलस्वरूप परागत, दुःख ही प्राप्त होगा। राजन्, यदि जीवित रहोगे तो उन कर्मों का प्रायश्चित कर लोगे और यदि प्रायश्चित के बिना ही मर गये, तो परलोक में तुम्हें संतप्त होना पड़ेगा।" इतना कहने के अनन्तर व्यासजी ने युधिष्ठिर को समझाते हुए काल की प्रबलता पर अत्यधिक बल दिया और देवासुर के संग्राम के दृष्टान्त द्वारा धर्मद्रोहियों के दमन का औचित्य सिद्ध किया। जो धर्म का विनाश चाहते हुए अधर्म के प्रवर्तक हो रहे हों, उन दुरात्माओं का वध करना ही उचित है।

तत्पश्चात् वेदवेत्ताओं में श्रेष्ठ व्यासजी ने सर्वज्ञ महात्माओं में सबसे प्राचीन नारदजी की ओर देखकर युधिष्ठिर से कहा,

भीष्म की महिमा का व्यास द्वारा कथन

"महाबाहु युधिष्ठिर, यदि तुम धर्म का पूर्ण रूप से विवेचन सुनना चाहते हो, तो कुरुकुल के वृद्ध पितामह भीष्म के पास जाओ। गंगापुत्र भीष्म सम्पूर्ण धर्मों के ज्ञाता और सर्वज्ञ हैं। ये धर्मरहस्य के विषय में तुम्हारे मन में स्थित हुए सम्पूर्ण संदेहों का निवारण करेंगे। जिन्हें दिव्य नदी त्रिपथगा गंगा देवी ने जन्म दिया है, जिन्होंने इन्द्रादि सम्पूर्ण देवताओं का साक्षात दर्शन किया है तथा जिन शक्तिशाली भीष्म ने बृहस्पति आदि देवर्षियों को बारंबार अपनी सेवा द्वारा संतुष्ट करके राजनीति का अध्ययन किया है, उनके पास चलो।"

"शुक्राचार्य जिस शास्त्र को जानते हैं तथा देवगुरु विप्रवर बृहस्पति को जिस शास्त्र का ज्ञान है, वह सम्पूर्ण शास्त्र कुरुश्रेष्ठ भीष्म ने व्याख्या सहित प्राप्त किया है। ब्रह्मचर्यव्रत का दृढ़तापूर्वक पालन करके महाबाहु भीष्म ने भृगुवंशी च्यवन तथा महर्षि वशिष्ठजी से वेदाङ्गोंसहित वेदों का अध्ययन किया है। इन्होंने ब्रह्माजी के ज्येष्ठ पुत्र परम तेजस्वी सनत्कुमारजी से अध्यात्म ज्ञान की शिक्षा पायी है। पुरुष प्रवर भीष्म ने मार्कण्डेय के मुख से सम्पूर्ण यतिधर्म का ज्ञान प्राप्त किया है और देवराज इन्द्र तथा परम पराक्रमी परशुराम से अस्त्र-शस्त्रों की शिक्षा पायी है।"

"मनुष्यों में उत्पन्न होकर भी इन्होंने मृत्यु को अपनी इच्छा के अधीन कर रखा है। पुण्यात्मा ब्रह्मर्षि सदा उनके सभासद रहे हैं। ज्ञानयज्ञ में कोई भी ऐसी बात नहीं है, जिसका उन्हें ज्ञान न हो। सूक्ष्म धर्म और अर्थ के तत्व के अद्भुत ज्ञाता महात्मा भीष्म तुम्हें धर्म का उपदेश देंगे। वे धर्मज्ञ महात्मा अपने प्राणों का परित्याग करें, इसके पहले ही तुम इनके पास चलो।"

युधिष्ठिर का विषाद और भगवान् श्रीकृष्ण का उद्बोधन

भीष्मजी की महत्ता के संबंध में व्यासजी से सुनकर युधिष्ठिर का विषाद अत्यधिक बढ़ गया। वे व्यासजी से कहने लगे, "श्रेष्ठ मुने, मैं अपने भाई-बन्धुओं का यह रोमांचकारी संहार करके सम्पूर्ण लोकों का अपराधी बन गया हूँ। मैंने इस सम्पूर्ण भूमण्डल का विनाश किया है। भीष्मजी सरलतापूर्वक युद्ध करनेवाले थे, तो भी मैंने युद्ध में उन्हें छल से मरवा डाला। अब फिर मैं उन्हीं से अपनी शंकाएं किस प्रकार पूछूं? क्या इसके योग्य मैं रह गया हूँ? अब मैं कैसे उन्हें अपना मुंह दिखा सकता हूँ?"

युधिष्ठिर की इस विषादयुक्त वाणी को सुनकर भगवान् श्रीकृष्ण ने उन्हें धैर्य बंधाते हुए इस प्रकार कहा, "नृपतिशिरोमणि युधिष्ठिर, अब आप अत्यंत हठपूर्वक शोक को ही पकड़े न रहें। भगवान् व्यास जो आज्ञा आपको दे रहे हैं, आप वही करें। महाबाहो, जैसे वर्षाकाल में लोग मेघ की ओर टकटकी लगाये देखते हैं, उससे जल की याचना करते हैं, उसी प्रकार ये सारे ब्राह्मण और आपके ये महातेजस्वी भाई आपसे धैर्य धारण करने की प्रार्थना करते हुए आपके पास बैठे हैं। महाराज, मरने से बचे हुए राजा लोग और चारों वर्णों की प्रजाओं से युक्त यह सारा कुरु-जांगल देश इस समय आपकी सेवा में उपस्थित है।"

"शत्रुओं को मारने और संताप देनेवाले नरेश, इन महामना ब्राह्मणों का प्रिय करने के लिये भी आपको इनकी बात मान लेनी चाहिये। आप अमित तेज-

स्वी गुरुदेव व्यास की आज्ञा से हम सुहृदों और द्रौपदी का प्रिय कीजिये तथा सम्पूर्ण जगत् के हितसाधन में लग जाइये।"

श्रीकृष्णजी के ऐसा कहने पर महामनस्वी राजा युधिष्ठिर सम्पूर्ण जगत् के हित के लिये उठ खड़े हुए। साक्षात् भगवान् श्रीकृष्ण द्वैपायन व्यास, अर्जुन तथा अन्य बहुत से लोगों के समझाने-बुझाने पर महायशस्वी युधिष्ठिर ने मानसिक दुःख और संताप को त्याग दिया। पाण्डुनंदन युधिष्ठिर ने श्रेष्ठ पुरुषों के उपदेश को सुना था। वेदशास्त्रों के ज्ञान की तो वे निधि ही थे। सुने हुए शास्त्रों तथा सुनने योग्य नीतिग्रंथों के विचार में भी वे निष्णात थे। उन्होंने अपने कर्तव्य का निश्चय करके मन में पूर्ण शान्ति पा ली। तत्पश्चात् शास्त्रीय विधि से युधिष्ठिर का राज्याभिषेक हुआ। धर्मराज युधिष्ठिर ने महाराज धृतराष्ट्र का पूर्ण सम्मान करते हुए उनके अधीन रहकर राज्य का भार सँभाला। अपने भाइयों तथा अन्य लोगों को विभिन्न कार्यों पर नियुक्त किया।

युधिष्ठिर द्वारा भगवान् की स्तुति एवं कृतज्ञता-प्रकाशन

सम्पूर्ण नगर की प्रजा को प्रसन्न करके वे हाथ जोड़कर महात्मा वासुदेव श्रीकृष्ण के पास गये और मधुर वाणी में इस प्रकार बोले, "बुद्धिमानों में श्रेष्ठ अच्युत, आपकी रात सुख से बीती है न? सारी ज्ञानेन्द्रियाँ प्रसन्न तो हैं न? बुद्धिमानों में श्रेष्ठ श्रीकृष्ण, बुद्धिदेवी ने आपका आश्रय लिया है न? प्रभो, हमने आपकी ही कृपा से राज्य पाया है। भगवन्, आप ही तीनों लोकों के आश्रय और पराक्रम हैं। आपकी दया से हमने विजय तथा उत्तम यश प्राप्त किये हैं और धर्म से भ्रष्ट नहीं हुए हैं।"

श्रीकृष्ण द्वारा भीष्म की प्रशंसा

धर्मराज युधिष्ठिर इस प्रकार श्रीकृष्ण जी से कहते चले जा रहे थे। परन्तु भगवान् ने उन्हें कोई उत्तर नहीं दिया। वे उस समय प्रगाढ़ ध्यान में निमग्न थे। युधिष्ठिर ने भगवान् श्रीकृष्ण से प्रश्न किया, "अमितपराक्रमी, जगत् के आश्रयदाता पुरुषोत्तम, आप यह किसका ध्यान कर रहे हैं? यह तो महान् आश्चर्य की बात है। इस त्रिलोकी का कुशल तो है न? आप तो जाग्रत, स्वप्न, सुषुप्ति—तीनों अवस्थाओं से परे तुरीय ध्यानमार्ग का आश्रय लेकर स्थूल, सूक्ष्म और कारण तीनों शरीरों से ऊपर उठ गये हैं। इससे मेरे मन को अत्यधिक आश्चर्य हो रहा है।"

"आपके शरीर में रहनेवाली और श्वास-प्रश्वास आदि पाँच कर्म करनेवाली प्राणवायु अवरुद्ध हो गयी है। आपने अपनी प्रसन्न इन्द्रियों को मन में स्थापित कर

लिया है। गोविन्द, मन तथा वाक् आदि सम्पूर्ण इन्द्रियाँ आपके द्वारा बुद्धि में लीन कर दी गयी हैं। समस्त गुणों और इन्द्रियों के अनुग्राहक देवताओं को आपने क्षेत्रज्ञ आत्मा में स्थापित कर दिया है। आपके रोंगटे खड़े हो गये हैं। जरा भी हिलते नहीं हैं। मन तथा बुद्धि भी स्थिर हैं। माधव, आप काठ, दीवार और पत्थर की तरह निश्चेष्ट हो गये हैं। भगवन्, देवदेव, जैसे वायुशून्य स्थान में रक्खे हुए दीपक की लौ कांपती नहीं, एकतार जलती रहती है, उसी प्रकार आप भी स्थिर हैं, मानो पाषाण की मूर्ति हों। देव, यदि मैं सुनने का अधिकारी होऊँ और यदि यह आपका कोई गोपनीय रहस्य न हो, तो मेरी इस जिज्ञासा का निवारण कीजिये। इसके लिये मैं आपकी शरण में आकर बारम्बार याचना करता हूँ।"

"पुरुषोत्तम, आप ही इस जगत् के बनाने और विलीन करनेवाले हैं। आप ही क्षर और अक्षर पुरुष हैं। आपका न आदि है और न अन्त। आप ही सब के आदि कारण हैं। मैं आपकी शरण में आया भक्त हूँ और माथा टेक कर आपके चरणों में प्रणाम करता हूँ। धर्मात्माओं में श्रेष्ठ प्रभो, इस ध्यान का यथार्थ तत्व और रहस्य मुझे आप बता दीजिये।"

युधिष्ठिर की यह प्रार्थना सुनकर मन, बुद्धि तथा इन्द्रियों को अपने स्थान में स्थापित करके भगवान् श्रीकृष्ण मुसकराते हुए इस प्रकार बोले—

श्रीकृष्णजी ने कहा, "राजन् बाणशय्या पर पड़े हुए पुरुषसिंह भीष्म जो इस समय बुझती हुई आग के समान हो रहे हैं, मेरा ध्यान कर रहे हैं। इसलिये मेरा मन भी उन्हीं में लगा हुआ है। बिजली की गड़गड़ाहट के समान जिनके धनुष की टंकार को देवराज इन्द्र भी नहीं सह सके थे, उन्हीं भीष्म के चिन्तन में मेरा मन लगा हुआ है। जिन्होंने काशीपुरी में समस्त राजाओं के समुदाय को वेगपूर्वक परास्त करके काशिराज की तीनों कन्याओं का अपहरण किया था, उन्हीं भीष्म के पास मेरा मन चला गया है।"

"जो लगातार तेईस दिनों तक भृगुनंदन परशुरामजी के साथ युद्ध करते रहे, तो भी परशुरामजी जिन्हें परास्त न कर सके, उन्हीं भीष्म के पास मैं मन के द्वारा पहुँच गया था। वे भीष्मजी अपनी सम्पूर्ण इन्द्रियों की वृत्तियों को एकाग्र कर बुद्धि के द्वारा मन का संयम करके मेरी शरण में आ गये थे, इसलिये मेरा मन भी उन्हीं में जा लगा था। तात, भूपाल, जिन्हें गंगादेवी ने विधिपूर्वक अपने गर्भ में धारण किया था और जिन्हें महर्षि वसिष्ठ के द्वारा वेदों की शिक्षा प्राप्त हुई थी, उन्हीं भीष्म के पास मैं मन ही मन पहुँच गया था।"

"जो महातेजस्वी बुद्धिमान् भीष्म दिव्यास्त्रों तथा अंगोंसहित चारों वेदों को

धारण करते हैं, उन्हीं के चिन्तन में मेरा मन लगा हुआ था। पाण्डुकुमार धर्मराज, जो जमदग्निनन्दन परशुरामजी के प्रिय शिष्य तथा सम्पूर्ण विद्याओं के आधार हैं, उन्हीं भीष्मजी का मन ही मन चिन्तन कर रहा था। भरतश्रेष्ठ, वे भूत, भविष्य और वर्तमान तीनों कालों की बातें जानते हैं। धर्मज्ञों में श्रेष्ठ उन्हीं भीष्म का मैं मन ही मन चिन्तन करने लगा था।"

"राजन्, जब पुरुषसिंह भीष्म अपने कर्मों के अनुसार स्वर्गलोक में चले जायेंगे, उस समय यह वसुन्धरा अमावस्या की रात्रि के समान श्रीविहीन हो जायगी। अतः महाराज युधिष्ठिर, आप भयानक पराक्रमी गंगानन्दन भीष्म के पास चलकर उनके चरणों में प्रणाम कीजिये और आपके मन में जो सन्देह हो, उसे पूछिये।"

"पृथ्वीनाथ, धर्म, अर्थ, काम और मोक्ष, इन चारों विद्याओं को, होता, उद्गाता, ब्रह्मा और अध्वर्यु से संबंध रखनेवाले यज्ञादि कर्मों को, चारों आश्रमों के धर्मों को तथा सम्पूर्ण राजधर्मों को उनसे पूछिये। कौरववंश का भार सँभालने वाले भीष्मरूपी सूर्य जब अस्त हो जायेंगे, उस समय सब प्रकार के ज्ञानों का प्रकाश बुझ जायगा। इसलिये मैं आपको वहाँ चलने के लिये बार-बार कहता हूँ।"

युधिष्ठिर द्वारा भगवान् श्रीकृष्ण के आदेश का पालन

भगवान् श्रीकृष्ण का वह उत्तम और यथार्थ वचन सुनकर धर्मज्ञ युधिष्ठिर का गला भर आया और वे आँसू बहाते हुए श्रीकृष्णजी से कहने लगे, "माधव, भीष्म पितामह के प्रभाव के सम्बन्ध में आप जो कुछ भी कह रहे हैं, वह सब अक्षरशः यथार्थ है। उसमें मुझे भी रंचमात्र सन्देह नहीं है। महातेजस्वी केशव, मैंने महात्मा ब्राह्मणों के मुख से भी भीष्मजी के महान् सौभाग्य और प्रभाव का वर्णन सुना है। माधव, यदि आपका विचार मेरे ऊपर अनुग्रह करने का है, तो हमलोग आपको ही आगे करके भीष्मजी के पास चलेंगे।"

"महाबाहो, सूर्य के उत्तरायण होते ही कुरुकुलभूषण भीष्म देवलोक को चले जायेंगे। अतः उन्हें आपका दर्शन अवश्य प्राप्त होना चाहिये। आप आदिदेव तथा क्षर-अक्षर पुरुष हैं। आपका दर्शन उनके लिये परम कल्याणकारी होगा, क्योंकि आप ब्रह्ममयी निधि हैं।"

राजा धर्मराज का यह वचन सुनकर श्रीकृष्णजी तुरंत रथ पर सवार होकर युधिष्ठिर के साथ उस स्थान पर जा पहुँचे, जहाँ प्रभावशाली गंगानंदन भीष्मजी बाण शय्या पर सोये हुए थे। उन्होंने देखा कि भीष्मजी शरशय्या पर सो रहे हैं और अपनी किरणों से घिरे हुए सायंकालिक सूर्य के समान प्रकाशित हो रहे हैं।

जैसे देवता इन्द्र की उपासना करते हैं, उसी प्रकार बहुत से महर्षि ओघवती नदी के तट पर परम धर्ममय स्थान में उनके पास बैठे हुए थे।

श्रीकृष्णजी, धर्मराज, अन्य चारों पांडव तथा कृपाचार्य आदि सब लोग दूर से ही उन्हें देखकर अपने-अपने रथ से उतर गये और मन को वशीभूत करके वहाँ बैठे हुए मुनियों की सेवा में उपस्थित हुए। श्रीकृष्ण, सात्यकि तथा अन्य राजाओं ने व्यासजी आदि महर्षियों को प्रणाम करके भीष्मजी को मस्तक झुकाया। तदनन्तर सभी यदुवंशी, पांडव वृद्ध पितामह भीष्मजी का दर्शन करके उन्हें चारों ओर से घेरकर बैठ गये। इसके पश्चात् श्रीकृष्णजी ने भीष्म को सुनाकर इस प्रकार कहा--

श्रीकृष्णजी द्वारा भीष्म के गुण-प्रभाव का वर्णन

"वक्ताओं में श्रेष्ठ भीष्मजी, क्या आपकी सारी ज्ञानेन्द्रियाँ पहले की ही भाँति प्रसन्न और चैतन्य हैं? आपकी बुद्धि व्याकुल तो नहीं हुई है? आपको बाणों की चोट सहने का जो कष्ट उठाना पड़ा है, उससे आपके शरीर में विशेष पीड़ा तो नहीं हो रही है? क्योंकि मानसिक दुःख से शारीरिक क्लेश अधिक प्रबल होता है, उसे सहना कठिन हो जाता है।"

"प्रभो, आपने निरन्तर धर्म में तत्पर रहनेवाले पिता शान्तनु के वरदान से मृत्यु को अपने अधीन कर लिया है। जब आपकी इच्छा हो, तभी मृत्यु हो सकती है, अन्यथा नहीं। राजन्, यदि शरीर में कोई महीन भी काँटा गड़ जाय, तो वह भारी वेदना पैदा करता है। फिर जो बाणों के समूह से चुन दिया गया है, उस आपके शरीर की पीड़ा के विषय में तो कहना ही क्या है?"

"भरतनन्दन, आपके सामने यह कहना उचित न होगा कि सभी प्राणियों के जन्म और मरण प्रारब्ध के अनुसार नियत हैं। अतः आपको दैव का विधान समझ कर अपने मन में कोई दुख नहीं मानना चाहिये। आपको कोई क्या उपदेश देगा? आप तो देवताओं को भी उपदेश देने में समर्थ हैं। पुरुषप्रवर भीष्मजी, आप ज्ञान में सबसे बढ़े-चढ़े हैं। आपकी बुद्धि में भूत, भविष्य और वर्तमान सब कुछ प्रतिष्ठित है।"

"महामते, प्राणियों का संहार कब होता है? धर्म का क्या फल है? और उसका उदय कब होता है? ये सारी बातें आपको भलीभाँति ज्ञात हैं। आप एक समृद्धिशाली राज्य के अधिकारी थे, आपके सम्पूर्ण अंग स्वस्थ और सुन्दर थे, आपको कोई रोग भी नहीं था और आप हजारों स्त्रियों के बीच में रहते थे, तो भी मैं आपको ऊर्ध्वरेता, अखण्ड ब्रह्मचारी देखता हूँ।"

पृथ्वीनाथ, मैंने तीनों लोकों में सत्यवादी, एकमात्र धर्म में तत्पर, शूरवीर,

महापराक्रमी तथा बाणशय्या पर शयन करने वाले आप शान्तनुनन्दन भीष्म के सिवा दूसरे किसी ऐसे प्राणी को न देखा है और न सुना ही है। आपने स्वाभाविक मृत्यु को अपनी महान् तपस्या से रोक रक्खा है।"

"शान्तनुनन्दन भीष्म, सत्य, तप, दान, यज्ञानुष्ठान, धनुर्वेद, नीतिशास्त्र, प्रजापालन, कोमल व्यवहार, बाहर-भीतर की शुद्धि, मन और इन्द्रियों के संयम तथा सम्पूर्ण प्राणियों के हित साधन में आपके समान मैंने किसी दूसरे महारथी को नहीं सुना है। आप सम्पूर्ण देवता, गन्धर्व, असुर, यक्ष और राक्षसों को एकमात्र रथ के द्वारा ही जीत सकते थे, इसमें संशय नहीं है।"

"महाबाहो भीष्म, आप वसुओं में वासव (इन्द्र) के समान हैं। आपके समान गुणों में कोई नहीं है। आप कैसे और क्या हैं, यह मैं जानता हूँ। आप पुरुषों में उत्तम और अपनी शक्ति के लिये देवताओं में भी विख्यात हैं। नरेन्द्र, मनुष्यों में आपके समान गुणों से युक्त पुरुष इस पृथ्वी पर न तो मैंने कहीं देखा है और न सुना ही है। भीष्मजी, आप से यह निवेदन है कि ये ज्येष्ठ पाण्डव अपने कुटुम्बी-जनों के वध से अत्यधिक संतप्त हो रहे हैं। आप, अपनी अमृतवाणी द्वारा इनका शोक, मोह और सन्देह दूर करें।"

भारत, शास्त्रों में चारों वर्णों और आश्रमों के लिये जो-जो धर्म बताये गये हैं, वे सब आपको पूर्ण रूप से ज्ञात हैं। चारों विद्याओं में जिन धर्मों का प्रतिपादन किया गया है तथा चारों होताओं के जो कर्त्तव्य बताये गये हैं, वे भी सब आपको ज्ञात हैं। योग और सांख्य में जो सनातन धर्म नियत हैं तथा चारों वर्णों के लिये जो अविरोधी धर्म बताया गया है, जिसका सभी लोग पालन करते हैं, वह सब भी आपको व्याख्या सहित प्राप्त है। विलोम क्रम से उत्पन्न हुए वर्णसंकरों का जो धर्म है, उसमें भी आपकी पूरी पैठ है। देश, जाति और कुल के धर्मों के क्या लक्षण हैं, उसे भी आप पूर्ण रीति से जानते हैं। वेदों में प्रतिपादित तथा शिष्ट पुरुषों द्वारा कथित धर्मों को भी आप सदा से ही जानते हैं। इतिहास और पुराणों के अर्थ आपको पूर्ण रूप से ज्ञात हैं। सारा धर्मशास्त्र सदा आपके मन में स्थित है।"

"पुरुषप्रवर, संसार में जो कोई संदेहग्रस्त विषय हैं, उनका समाधान करने-वाला आपके सिवा दूसरा कोई नहीं है। नरेन्द्र, धर्मराज युधिष्ठिर के हृदय में जो शोक उमड़ आया है, उसे आप अपनी बुद्धि के द्वारा दूर कीजिये। आप जैसे विद्वान्, बुद्धिमान् और शास्त्रज्ञ पुरुष ही मोहग्रस्त मनुष्य के शोक-संताप दूर करके उसे शान्ति दे सकते हैं।"

भीष्म द्वारा श्रीकृष्णजी की स्तुति

परम बुद्धिमान् वसुदेवनन्दन भगवान् श्रीकृष्ण का वचन सुनकर भीष्मजी ने अपना मुँह कुछ ऊपर उठाया और हाथ जोड़कर कहा, "सम्पूर्ण लोकों की उत्पत्ति और प्रलय के अधिष्ठान भगवान् श्रीकृष्ण, आपको नमस्कार है। हृषीकेश, आप ही इस जगत् की सृष्टि और संहार करने वाले हैं। आपकी कभी पराजय नहीं होती। इस विश्व के रचयिता परमेश्वर, आपको बारंबार नमस्कार है। आप पाँचों भूतों से परे और सम्पूर्ण प्राणियों के लिये मोक्षस्वरूप हैं।"

"तीनों लोकों में व्याप्त हुए श्रीकृष्ण, आपको नमस्कार है। तीनों गुणों से अतीत परमेश्वर, आपको प्रणाम है। योगेश्वर, आपको नमस्कार है। आप ही सब के परम आधार हैं। पुरुषप्रवर, आपने मेरे संबंध में जो बात कही है, उससे मैं तीनों लोकों में व्याप्त हुए आपके दिव्य भावों का साक्षात्कार कर रहा हूँ। गोविन्द, आपका जो सनातन रूप है, उसे भी मैं देख रहा हूँ। आपने ही अत्यंत तेजस्वी वायु का रूप धारण करके ऊपर के सातों लोकों को व्याप्त कर रक्खा है।"

"जनार्दन, स्वर्गलोक आपके मस्तक से और वसुन्धरा देवी आपके पैरों से व्याप्त हैं। दिशाएँ आपकी भुजाएँ हैं और सूर्य नेत्र हैं। भगवन्, मैं आपकी शरण में आया हूँ। मैं आपका भक्त हूँ और अभीष्ट गति को प्राप्त करना चाहता हूँ। कमलनयन, सुरश्रेष्ठ, मेरे लिये जो कल्याणकारी उपाय हो, उसी का संकल्प कीजिये।"

श्रीकृष्णजी द्वारा भीष्म को आश्वासन

श्रीकृष्णजी ने कहा, "राजन्, मुझमें आपकी पराभक्ति है। इसीलिये मैंने आपको अपने दिव्य स्वरूप का दर्शन कराया है। राजेन्द्र, जो मेरा भक्त नहीं है, अथवा भक्त होने पर भी सरल स्वभाव का नहीं है, जिसके मन में शान्ति नहीं है, उसे मैं अपने स्वरूप का दर्शन नहीं कराता। आप मेरे भक्त तो हैं ही, साथ ही आपका स्वभाव भी सरल है। आप इन्द्रिय-संयम, तपस्या, सत्य और दान में तत्पर रहनेवाले तथा परम पवित्र हैं। भूपाल, आप अपने तपोबल से ही मेरा दर्शन करने के योग्य हैं। आपके लिये वे दिव्य लोक प्रस्तुत हैं जहाँ से लौटकर फिर इस लोक में नहीं आना पड़ता।"

"कुरुवीर भीष्म, अब आपके जीवन के कुल छप्पन दिन शेष हैं। तदनन्तर आप इस शरीर का त्याग करके अपने शुभ कर्मों के फलस्वरूप उत्तम लोकों में जायेंगे। देखिये, ये प्रज्वलित अग्नि के समान देवता और वसु विमानों में बैठकर अदृश्य रूप से रहते हुए सूर्य उत्तरायण होने और आपके आने की बाट जोह रहे

हैं। जब भगवान् सूर्य कालवश दक्षिणायन से लौटते हुए उत्तर दिशा के मार्ग पर लौटेंगे, उस समय आप उन्हीं लोकों में जाइयेगा, जहाँ पहुँच कर ज्ञानी पुरुष फिर इस संसार में नही लौटते हैं।"

युधिष्ठिर के लिये धर्मोपदेश करने का आदेश

श्रीकृष्णजी ने पुनः भीष्म से कहा, "वीर भीष्म, जब आप परलोक चले जाइयेगा, उस समय सारे ज्ञान लुप्त हो जायेंगे। ये सब लोग आपके पास धर्म का विवेचन कराने के लिये आये हैं। ये सत्यपरायण युधिष्ठिर बन्धुजनों के वध के शोक से अपना सारा ज्ञान और विवेक खो बैठे हैं। अतः आप इन्हें धर्म, अर्थ, काम और मोक्ष की यथार्थ बातें सुनाकर शीघ्र ही इनका शोक और मोह दूर कीजिये।"

भीष्म द्वारा असमर्थता प्रकट करना

श्रीकृष्णजी का यह धर्म और अर्थ से युक्त हितकर वचन सुनकर शान्तनुनंदन भीष्म ने दोनों हाथ जोड़कर कहा, "लोकनाथ, महाबाहो, शिव, नारायण, अच्युत आपका यह वचन सुनकर मैं आनन्द के समुद्र में निमग्न हो गया हूँ। भला, मैं आपके समीप क्या कह सकूंगा? क्योंकि वाणी का समस्त विषय आपकी वेदमयी वाणी में प्रतिष्ठित है। देवाधिदेव, लोक में कहीं भी जो कुछ कर्तव्य किया जाता है, वह सब आप परमेश्वर से ही प्रकट हुआ है। जो मनुष्य देवराज इन्द्र के निकट देवलोक का वृतान्त बताने का साहस कर सके, वही आपके सामने धर्म, अर्थ, काम और मोक्ष की बात कह सकता है।"

"मधुसूदन, इन बाणों के गड़ने से जो जलन हो रही है, उससे मेरे मन में अत्यधिक व्यथा है। सारा शरीर पीड़ा के मारे शिथिल हो गया है और बुद्धि भी कुछ काम नहीं दे रही है। गोविन्द, ये बाण विष और अग्नि के समान मुझे निरन्तर पीड़ा दे रहे हैं। अतः मुझमें कुछ भी कहने की शक्ति नहीं रह गयी है। मेरा बल शरीर को छोड़ता-सा जान पड़ता है। ये प्राण निकलने को उतावले और आतुर हो रहे हैं। मेरे मर्मस्थानों में बड़ी पीड़ा हो रही है। अतः मेरा चित्त भ्रान्त हो गया है। दुर्बलता के कारण मेरी जीभ तालु में सट जाती है। ऐसी दशा में मैं कैसे बोल सकता हूँ? प्रभो, आप मुझ पर पूर्ण रूप से प्रसन्न हो जाइये। महाबाहो, क्षमा कीजिये। मैं बोल नहीं सकता। आपके निकट प्रवचन करने में बृहस्पतिजी भी शिथिल हो सकते हैं; फिर मेरी क्या बिसात है?"

"जनार्दन, मुझे न तो दिशाओं का ज्ञान है और न आकाश एवं पृथ्वी का भान हो रहा है। केवल आपके प्रभाव से ही जी रहा हूँ। इसलिये आप स्वयं ही

धर्मराज के कल्याण की बात बताइये। आप शास्त्रों के भी शास्त्र हैं। श्रीकृष्णजी, आप जगत् के कर्ता और सनातन पुरुष हैं। आपके रहते हुए मेरे जैसा कोई भी मनुष्य कैसे उपदेश कर सकता है? क्या गुरु के रहते हुए शिष्य उपदेश देने का अधिकारी है?"

भगवान् श्रीकृष्ण का भीष्म को वर देना

भीष्मजी की बात सुनकर श्रीकृष्णजी ने कहा, "आप कुरुकुल का भार वहन करनेवाले, महापराक्रमी, धैर्यवान, स्थिर तथा सर्वार्थदर्शी हैं। आपका यह कथन सर्वथा युक्तिसंगत है। गंगानन्दन भीष्म, प्रभो, बाणों के आघात से होनेवाली पीड़ा के विषय में जो आपने कहा है, उसके लिये आप मेरी प्रसन्नता से दिये हुए इस 'वर' को ग्रहण करें। गंगाकुमार, अब आपको न ग्लानि होगी न मूर्च्छा, न दाह होगा, न रोग, भूख और प्यास का कष्ट भी नहीं रहेगा। अनघ, आपके अंतःकरण में सम्पूर्ण ज्ञान प्रकाशित हो उठेंगे। आपकी बुद्धि किसी भी विषय में कुंठित नहीं होगी।"

"भीष्मजी, आपका मन मेघ के आवरण से मुक्त हुए चन्द्रमा की भांति रजोगुण और तमोगुण से रहित होकर सदा सत्वगुण में स्थित रहेगा। आप जिस धर्मयुक्त या अर्थयुक्त विषय का चिन्तन करेंगे, उसमें आपकी बुद्धि सफलतापूर्वक आगे बढ़ती जायेगी। भीष्म, ज्ञानदृष्टि से सम्पन्न होकर आप संसार बंधन में पड़ने वाले सम्पूर्ण जीव समुदाय को उसी तरह यथार्थ रूप से देख सकेंगे, जैसे मत्स्य निर्मल जल में सब कुछ देखता रहता है।"

तदनन्तर भीष्मजी की अनुमति लेकर श्रीकृष्णजी, पांडवगण, अन्य नरेश तथा समस्त ऋषिगण दूसरे दिन आने को कहकर विदा हुए। दूसरे दिन युधिष्ठिर और उनके सभी भाई, श्रीकृष्णजी, धृतराष्ट्र और कुछ राजा तथा नारदादि ऋषिगण भीष्मजी की सेवा में उपस्थित हुए।

भगवान् श्रीकृष्ण और भीष्मजी की बातचीत

भीष्मजी के पास पहुँचने पर नारदजी ने कहा, "युधिष्ठिरजी तथा अन्य भूपालगण, आपलोग गंगानंदन भीष्मजी से धर्म और ब्रह्म के विषय में प्रश्न कीजिये, क्योंकि अब ये भगवान् सूर्य की भांति अस्त होनेवाले हैं। अतः आप सब लोग इनसे अपने मन की बात पूछ लें।" नारदजी के ऐसा कहने पर सभी एक दूसरे का मुँह ताकने लगे; किसी को उनसे कुछ पूछने का साहस नहीं हुआ। ऐसी स्थिति में युधिष्ठिर ने भगवान् श्रीकृष्ण को लक्ष्य करके कहा, "दिव्यज्ञानसम्पन्न देवकीनंदन भगवान् श्रीकृष्ण को छोड़कर दूसरा कोई ऐसा नहीं है, जो पितामहजी से प्रश्न कर

सके।" इसके पश्चात् श्रीकृष्ण से कहने लगे, "मधुसूदन, यदुश्रेष्ठ, आप ही पहले वार्तालाप आरंभ कीजिये। आप ही हम सब लोगों में सम्पूर्ण धर्मों के ज्ञाता हैं।"

इसके बाद श्रीकृष्णजी ने भीष्मजी के निकट पहुँच कर पूछा, "नृपश्रेष्ठ भीष्मजी, आपकी रात सुख से बीती है न? क्या आपको सभी ज्ञातव्य विषयों का सुस्पष्ट रूप से दर्शन करानेवाली निर्मल बुद्धि प्राप्त हो गयी? निष्पाप भीष्म, क्या आपके अन्तःकरण में सब प्रकार के ज्ञान प्रकाशित हो रहे हैं? आपके हृदय में ग्लानि तो नहीं है? आपका मन व्याकुल तो नहीं हो रहा है?"

भीष्मजी ने उत्तर दिया, "वृष्णिनंदन, आपकी कृपा से मेरे शरीर की जलन, मन का मोह, थकावट, विकलता, ग्लानि तथा रोग—ये सब तत्काल दूर हो गये हैं। परम तेजस्वी पुरुषोत्तम, अब मैं हाथ पर रखे हुए फल की भाँति भूत, भविष्य और वर्तमान तीनों कालों की सभी बातें सुस्पष्ट देख रहा हूँ। अच्युत, वेदों में जो धर्म बताये गये हैं तथा वेदान्तों-उपनिषदों द्वारा जिनको जाना गया है, उन सब धर्मों को मैं आपके वरदान के प्रभाव से प्रत्यक्ष देख रहा हूँ। जनार्दन, शिष्ट पुरुषों ने जिस धर्म का उपदेश दिया है, वह भी मेरे हृदय में स्फुरित हो रहा है। देश, जाति और कुल के धर्मों का भी इस समय मुझे पूर्ण ज्ञान है। चारों आश्रमों के सारभूत तत्व भी, मेरे हृदय में प्रकाशित हो रहे हैं। इस समय मैं सम्पूर्ण राजधर्मों को भी भलीभाँति जानता हूँ।"

"जनार्दन, आपके निरन्तर चिन्तन से मेरी शक्ति इतनी अधिक बढ़ गयी है कि मैं जवान-सा हो गया हूँ। आपके प्रसाद से अब मैं कल्याणकारी उपदेश देने में समर्थ हूँ। माधव, तो भी मैं यह जानना चाहता हूँ कि आप स्वयं ही पाण्डुपुत्र युधिष्ठिर को कल्याणकारी उपदेश क्यों नहीं देते हैं? यह शीघ्र बताइये।"

भगवान् श्रीकृष्ण ने भीष्मजी से कहा, "कुरुनंदन, आप मुझे ही यश और श्रेय का मूल समझें। संसार में जो सत् और असत् पदार्थ हैं, वे सब मुझसे ही उत्पन्न हुए हैं। महातेजस्वी भीष्म, मुझे इस जगत में आपके महान् यश की प्रतिष्ठा बढ़ानी है। अतः मैंने अपनी विशाल बुद्धि आपको समर्पित की है।"

"भीष्मजी, आप युधिष्ठिर के प्रश्न करने पर, उसके उत्तर में जो कुछ कहेंगे, वह वेद के सिद्धान्त की भाँति इस भूतल पर मान्य होगा। जो मनुष्य आपके इस उपदेश को प्रमाण मान कर उसे अपने जीवन में उतारेगा, वह मृत्यु के बाद सब प्रकार के पुण्यों का फल प्राप्त कर लेगा। भीष्म, इसीलिये मैंने आपको दिव्य बुद्धि प्रदान की है कि आपके महान् यश का इस भूतल पर विस्तार हो। जगत् में जब तक भूतल पर मनुष्य के यश का विस्तार होता रहता है, तब तक उसकी परलोक में अचल स्थिति बनी रहती है, यह निश्चय है।"

"नरेश्वर, मरने से बचे हुए ये भूपाल आपके पास धर्म की जिज्ञासा लेकर बैठे हैं। आप इन सब को धर्म का उपदेश करें। आपकी अवस्था सब से बड़ी है। आप सदाचार एवं शास्त्रज्ञान से सम्पन्न हैं। साथ ही समस्त राजधर्मों तथा अन्य धर्मों के ज्ञान में भी आप निष्णात हैं। जन्म से लेकर आज तक किसी ने भी आप में कोई दोष नहीं देखा है। सब राजा इस बात को स्वीकार करते हैं कि आप सम्पूर्ण धर्मों के ज्ञाता हैं। राजन्, आप इन राजाओं को उसी प्रकार उत्तम नीति का उपदेश करें, जैसे पिता अपने पुत्र को सद्धर्म की शिक्षा देता है। आपने देवताओं और ऋषियों की सदा उपासना की है। इसलिये आपको अवश्य ही समस्त धर्मों का उपदेश करना चाहिये।"

"मनीषी पुरुषों ने यह धर्म बताया है कि श्रेष्ठ विद्वान् से जब कुछ पूछा जाय, तो उसे उचित है कि वह जिज्ञासु को धर्म का उपदेश दे। प्रभो, जो मनुष्य जानते हुए भी श्रद्धालु जिज्ञासु को उपदेश नहीं देता, उसे अत्यंत दुःखदायक दोष की प्राप्ति होती है। अतः भरतश्रेष्ठ, धर्म के जाननेवाले अपने पुत्रों और पौत्रों के पूछने पर उन्हें सनातन धर्म का उपदेश करें, क्योंकि आप धर्मशास्त्रों के पूर्ण विद्वान् हैं।"

तदनन्तर मनीषी भीष्म ने भगवान् श्रीकृष्ण के आदेश से युधिष्ठिरजी तथा अन्य श्रद्धालु जिज्ञासुओं को अर्थ, धर्म, काम और मोक्ष संबंधी सभी प्रश्नों का समुचित उत्तर दिया। इस प्रकार भगवान् श्रीकृष्णजी ने भीष्मजी पर महती अनुकम्पा की और उनकी कीर्ति की वृद्धि की।

□□

अध्याय—२०

श्रीकृष्ण की दिनचर्या

भगवान् श्रीकृष्ण प्रतिदिन ब्राह्ममुहूर्त में उठ जाते और हाथ-मुँह धोकर अपने मायातीत आत्मस्वरूप का ध्यान करने लगते। उस समय उनका रोम-रोम आनन्द से खिल उठता था। भगवान् का वह आत्मस्वरूप सजातीय, विजातीय और स्वगत भेद से रहित एक, अखण्ड हैं, क्योंकि उसमें किसी प्रकार की उपाधि या उपाधि के कारण होनेवाला अन्य वस्तु का अस्तित्व नहीं है। और यही कारण है कि वह अविनाशी सत्य है। जैसे चन्द्रमा-सूर्य आदि नेत्रेन्द्रिय के द्वारा और नेत्रेन्द्रिय चन्द्रमा-सूर्य के द्वारा प्रकाशित होती है, वैसे वह आत्मस्वरूप दूसरे के द्वारा प्रकाशित नहीं, स्वयंप्रकाश है। इसका कारण यह है कि अपने स्वरूप में ही सदा-सर्वदा और काल की सीमा से परे भी एकरस स्थित रहने के कारण अविद्या उसका स्पर्श भी नहीं कर सकती। इसी से प्रकाश्य-प्रकाशक का भाव उसमें नहीं है। जगत् की उत्पत्ति, स्थिति और नाश की कारणभूता ब्रह्मशक्ति, विष्णुशक्ति और रुद्रशक्ति के द्वारा केवल इस बात का अनुमान हो सकता है कि वह आत्मस्वरूप एकरस, सत्तारूप और आनन्दमय है। उसी को समझाने के लिये 'ब्रह्म' नाम से कहा जाता है। भगवान् श्रीकृष्ण अपने उसी आत्मस्वरूप का प्रतिदिन ध्यान करते।

इसके बाद वे विधिपूर्वक निर्मल और पवित्र जल में स्नान करते। फिर शुद्ध धोती पहनकर, दुपट्टा ओढ़कर यथाविधि नित्यकर्म संध्या-वंदन आदि करते। इसके बाद हवन करते और मौन होकर गायत्री-जप करते। क्यों न हो, वे सत्पुरुषों के पात्र आदर्श जो हैं। इसके बाद सूर्योदय होने के समय सूर्योपस्थान करते और अपने कलास्वरूप देवता, ऋषि तथा पितरों का तर्पण करते। फिर कुल के बड़े-बूढ़ों और ब्राह्मणों की विधिपूर्वक पूजा करते।

तदनन्तर परम मनस्वी श्रीकृष्ण दुधार, पहले-पहल ब्यायी हुई, बछड़ोंवाली सीधी-शान्त गौओं का दान करते। उस समय उन्हें सुंदर वस्त्रों से सजा दिया जाता और मोतियों की माला पहना दी जाती। वे ब्राह्मणों को वस्त्राभूषणों से सुसज्जित करके रेशमी वस्त्र, मृगचर्म और तिल के साथ गौओं का दान करते। इसके पश्चात् अपनी विभूतिरूप गौ, ब्राह्मण, देवता, कुल वृद्धजन, गुरुजन और समस्त प्राणियों को प्रणाम करके मांगलिक वस्तुओं का स्पर्श करते।

यद्यपि भगवान् के शरीर का सहज सौन्दर्य ही मनुष्य-लोक का अलंकार है, फिर भी वे अपने पीताम्बरादि दिव्य वस्त्र, कौस्तुभादि आभूषण, पुष्पों के हार और चन्दनादि दिव्य अंगराग से अपने को आभूषित करते। इसके बाद वे घी और दर्पण में अपना मुखारविन्द देखते एवं गाय, बैल, ब्राह्मण और देव-प्रतिमाओं का दर्शन करते।

फिर पुरवासी और अन्तःपुर में रहनेवाले चारों वर्णों के लोगों की अभिलाषाएं पूर्ण करते। इसके बाद अपनी अन्य प्रजा की कामना पूर्ति करके उसे संतुष्ट करते और इन सब को प्रसन्न देखकर स्वयं बहुत ही आनन्दित होते थे। वे पुष्पमाला, ताम्बूल, चन्दन और अंगराग आदि वस्तुएँ पहले ब्राह्मण, स्वजन-संबंधी, मंत्री और रानियों में बाँट देते; फिर उनसे बची हुई स्वयं अपने काम में लाते।

भगवान् यह सब करते होते, तब तक दारुक नामक सारथि सुग्रीव आदि घोड़ों से जुता हुआ अत्यंत अद्भुत रथ ले आता और प्रणाम करके भगवान् के सामने खड़ा हो जाता। इसके बाद भगवान् श्रीकृष्ण सात्यकि और उद्धवजी के साथ अपने हाथ से सारथि का हाथ पकड़ कर रथ पर सवार होते, ठीक वैसे ही जैसे भुवन-भास्कर सूर्य उदयाचल पर आरूढ़ होते हैं।

उस समय रनिवास की स्त्रियाँ लज्जा और प्रेमभरी चितवन से उन्हें निहारने लगतीं और बड़े कष्ट से उन्हें विदा करतीं। भगवान् मुसकरा कर उनके चित्त को चुराते हुए महल से निकलते। भगवान् श्रीकृष्ण समस्त श्रेष्ठ यदुवंशियों के साथ सुधर्मा नाम की सभा में प्रवेश करते। उस सभा की ऐसी महिमा थी कि जो व्यक्ति उस सभा में जा बैठते, उन्हें भूख-प्यास, शोक-मोह, जरा-मृत्यु ये छः उर्मियाँ नहीं सताती थीं। इस प्रकार भगवान् श्रीकृष्ण सब रानियों से अलग-अलग विदा होकर एक ही रूप में सुधर्मा-सभा में प्रवेश करते और वहाँ जाकर श्रेष्ठ सिंहासन पर विराजते।

उनकी अंगकान्ति से दिशाएं प्रकाशित होती रहतीं। उस समय यदुवंशी वीरों के बीच यदुवंशशिरोमणि भगवान् श्रीकृष्ण की ऐसी शोभा होती, जैसे आकाश में तारों से घिरे हुए चन्द्रदेव सुशोभित होते हैं। सभा में विदूषकगण विभिन्न प्रकार के हास्य-विनोद से सभासदों का मनोरंजन करते। नटाचार्य अपनी अभिनय-चातुरी से लोगों को रिझाते। नर्तकियाँ कलापूर्ण नृत्यों से अलग-अलग अपनी टोलियों के साथ भगवान् की सेवा करतीं। उस समय मृदंग, वीणा, पखावज, बाँसुरी, झाँझ और शंख बजने लगते और सूत, मागध तथा बंदीजन नाचते-गाते और भगवान् की स्तुति करते।

कोई-कोई व्याख्या कुशल ब्राह्मण वहाँ बैठकर वेदमंत्रों की व्याख्या करते और

कोई पूर्वकालीन पवित्र कीर्ति नरपतियों के चरित्र कह कर सुनाते। अर्थ, धर्म, काम और मोक्ष संबंधी सिद्धान्तों का सूक्षातिसूक्ष्म विवेचन किया जाता। राजनीति की बारीक से बारीक बातें सुलझायी जातीं। युद्ध संबंधी नीति का निर्धारण किया जाता और चारों वर्णों की प्रजा के कल्याण की बात का चिन्तन किया जाता।

कभी-कभी ऋषिगण भी पधार कर भगवान् श्रीकृष्ण का दर्शन करते और अपने प्रत्यक्ष अनुभव की बातें सभासदों तथा भगवान् श्रीकृष्ण को सुनाते। भगवान् श्रीकृष्ण उनका अत्यधिक सम्मान और आतिथ्य-सत्कार करके उन्हें विदा करते। प्रजा को यदि किसी प्रकार का कष्ट होता, तो उसे तुरंत दूर कर देते। सारांश यह है की सुधर्मा सभा में विराजमान होकर प्रजा के हित साधन में वे पूर्णतया तत्पर हो जाते थे।

□□

अध्याय—२१

लीला-संवरण

भगवान् श्रीकृष्ण सत्पुरुषों के एकमात्र आश्रय हैं। उन्होंने वेदोक्त धर्म का बार-बार आचरण करके लोगों को यह बात दिखला दी कि घर ही धर्म, अर्थ, काम और मोक्ष के साधन का स्थान है। इसलिये वे गृहस्थोचित श्रेष्ठ धर्म का आश्रय लेकर व्यवहार कर रहे थे।

प्राचीन काल में देवासुर संग्राम के समय बहुत से भयंकर असुर मारे गये थे। वे ही मनुष्यों में उत्पन्न हुए थे और बड़े घमंड से प्रजा को सताने लगे। उन्हीं का संहार करने के लिये भगवान् ने श्रीकृष्ण के रूप में अवतार ग्रहण किया था। उनके कार्य में सहयोग देने के लिये भगवान् की आज्ञा से देवताओं ने ही यदुवंश में अवतार लिया था। वे सब भगवान् श्रीकृष्ण को अपना स्वामी और आदर्श मानते थे। जो यदुवंशी उनके अनुयायी थे, उनकी सब प्रकार से उन्नति हुई। यदुवंशियों का चित्त इस प्रकार भगवान् श्रीकृष्ण में लगा रहता था कि उन्हें सोने-बैठने, घूमने-फिरने, बोलने-खेलने और नहाने-धोने आदि कामों में अपने शरीर की सुधि न रहती थी। वे जानते ही न थे कि हमारा शरीर क्या कर रहा है। उनकी समस्त शारीरिक क्रियाएँ यंत्र की भांति अपने आप होती रहती थीं।

भगवान् के स्वरूप की यह कितनी बड़ी महिमा है कि उनसे प्रेम करनेवाले भक्त और द्वेष करनेवाले शत्रु दोनों ही उनके स्वरूप को प्राप्त हुए। श्रीकृष्णजी ही समस्त जीवों के आश्रयस्थान हैं। यद्यपि वे सदा-सर्वदा सर्वत्र उपस्थित ही रहते हैं, फिर भी कहने के लिये उन्होंने देवकीजी के गर्भ से जन्म लिया। यदुवंशी वीर पार्षदों के रूप में उनकी सेवा करते रहते थे। उन्होंने अपनी दूरदर्शी नीति और बाहुबल से अधर्म का अन्त कर दिया, असुरों और आसुरी प्रवृत्ति के राजाओं का भी संहार कर डाला।

प्रकृति से अतीत परमात्मा ने अपने द्वारा स्थापित धर्म-मर्यादा की रक्षा के लिये दिव्य लीला-शरीर धारण किया और उसके अनुरूप अनेकानेक अद्भुत चरित्रों का अभिनय किया। भगवन् श्रीकृष्ण ने बलरामजी तथा अन्य यदुवंशियों के साथ मिलकर बहुत से दैत्यों का संहार किया। कौरव और पांडवों में भी मारकाट मचानेवाला अत्यंत प्रबल कलह उत्पन्न कराके पृथ्वी का भार उतार दिया। कौरवों ने कपटपूर्ण जूए से, तरह-तरह के अपमानों से तथा द्रौपदी के केश खींचने आदि

अत्याचारों से पांडवों को अत्यंत क्रोधित कर दिया था। उन्हीं पांडवों को निमित्त बनाकर भगवान् श्रीकृष्ण ने दोनों पक्षों में एकत्र हुए राजाओं को मरवा डाला और इस प्रकार पृथ्वी का भार हल्का कर दिया।

यदुवंशियों के संहार के संबंध में भगवान् का संकल्प

पृथ्वी के भार को हल्का करने के पश्चात् श्रीकृष्णजी ने विचार किया कि "लोक-दृष्टि से पृथ्वी का भार दूर हो जाने पर भी वस्तुतः मेरी दृष्टि से अभी तक दूर नहीं हुआ; क्योंकि जिस पर कोई भी विजय न प्राप्त कर सके, वह यदुवंश अभी तक पृथ्वी पर विद्यमान है। यह यदुवंश मेरे आश्रित है और हाथी, घोड़े, जनबल, धनबल आदि विशाल वैभव के कारण उच्छृंखल हो रहा है; अन्य किसी देवता आदि से भी इसकी किसी प्रकार पराजय नहीं हो सकती। बाँस के वन में परस्पर संघर्ष से उत्पन्न अग्नि के समान इस यदुवंश में भी परस्पर कलह खड़ा करके मैं शान्ति प्राप्त कर सकूँगा और इसके बाद स्वेच्छा से अपने धाम में जाऊँगा।"

भगवान् सर्वशक्तिमान् और सत्यसंकल्प हैं। उन्होंने इस प्रकार अपने मन में निश्चय करके ब्राह्मणों के शाप के बहाने अपने ही वंश का संहार कर डाला। वे सब को समेट कर अपने धाम में ले गये। श्रीकृष्णजी की दिव्यमूर्ति त्रिलोकी के सौन्दर्य का तिरस्कार करनेवाली थी। उन्होंने अपनी सौन्दर्य-माधुरी से सब के नेत्र अपनी ओर आकर्षित कर लिये थे। उनकी वाणी, उनके उपदेश परम मधुर और दिव्यातिदिव्य थ। उनके द्वारा उन्हें स्मरण करनेवालों के चित्त उन्होंने छीन लिये थे। उनके चरण कमल त्रिलोक-सुन्दर थे। जिसने उनके एक चरणचिह्न का भी दर्शन कर लिया, उसकी बहिर्मुखता दूर भाग गयी; वह प्रपंच से ऊपर उठ कर उन्हीं की सेवा में लग गया। उन्होंने अनायास ही पृथ्वी पर अपनी कीर्ति का विस्तार कर दिया, जिसका बड़े-बड़े सुकवियों ने बड़ी ही सुन्दर भाषा में वर्णन किया है। वह इसलिये कि मेरे चले जाने के बाद लोग मेरी इस कीर्ति का गान, श्रवण और स्मरण करके इस अज्ञानरूप संसार से सुगमतया पार हो जायेंगे। इसके बाद परमैश्वर्यशाली भगवान् श्रीकृष्ण ने अपने धाम को प्रयाण किया।

भगवान् श्रीकृष्ण ने वह शरीर धारण करके पृथ्वी में मंगलमय पुनीत कर्मों का संपादन किया। वे पूर्णकाम प्रभु द्वारकाधाम में रहकर क्रीड़ा करते रहे और उन्होंने अपनी उदार कीर्ति की स्थापना की। अन्त में श्रीहरि ने अपने कुल के संहार की इच्छा की, क्योंकि अब पृथ्वी का भार उतरने में इतना ही शेष रह गया था। अब भगवान् श्रीकृष्ण महाराज उग्रसेन की राजधानी द्वारकापुरी में वसुदेवजी के घर यादवों का संहार करने के लिये कालरूप से ही निवास कर रहे थे। उस

समय उनके विदा कर देने पर विश्वामित्र, असित, कण्व, दुर्वासा, भृगु, अंगिरा, कश्यप, वामदेव, अत्रि, वसिष्ठ और नारद आदि महान् ऋषि द्वारका के पास ही पिण्डारकक्षेत्र में जाकर निवास करने लगे।

एक दिन यदुवंश के कुछ उद्दण्ड कुमार खेलते-खेलते उन ऋषियों के पास जा पहुँचे। उन्होंने बनावटी नम्रता से उनके चरणों में प्रणाम करके प्रश्न किया। वे जाम्बवतीनंदन साम्ब को स्त्री के वेश में सजाकर ले गये और कहने लगे, "ब्राह्मणों, यह कजरारी आँखोंवाली सुन्दरी गर्भवती है। यह आपसे एक बात पूछना चाहती है। परन्तु स्वयं पूछने में सकुचाती है। आपलोगों का ज्ञान अबाध है; आप सर्वज्ञ हैं। इसे पुत्र की उत्कट लालसा है और अब प्रसव का समय निकट आ गया है। आपलोग बताइये, यह कन्या जन्मेगी या पुत्र ?"

जब उन कुमारों ने इस प्रकार उन ऋषि-मुनियों को धोखा देना चाहा, तो वे भगवद्प्रेरणा से क्रोधित हो उठे। उन्होंने कहा, "मूर्खो, यह एक मूसल पैदा करेगी, जो तुम्हारे कुल का नाश करनेवाला होगा।" ऋषियों की यह बात सुनकर वे कुमार बहुत ही डर गये। उन्होंने तुरन्त साम्ब का पेट खोलकर देखा, तो सचमुच उसमें लोहे का एक मूसल मिला। अब तो वे पछताने लगे और कहने लगे, "हम बड़े अभागे हैं। देखो, हमलोगों ने यह क्या अनर्थ कर डाला ? अब लोग हमें क्या कहेंगे ?"

इस प्रकार वे बहुत ही घबरा गये तथा मूसल लेकर अपने निवासस्थान में गये। उस समय उनके चेहरे फीके पड़ गये थे। मुख कुम्हला गये थे। उन्होंने भरी सभा में सब यादवों के सामने ले जाकर उस मूसल को रख दिया और राजा उग्रसेन से सारी घटना कह सुनायी। जब सब लोगों ने ब्राह्मणों के शाप की बात सुनी और अपनी आँखों से उस मूसल को देखा, तो सब के सब द्वारकावासी विस्मित और भयभीत हो गये। वे भलीभाँति जानते थे कि ब्राह्मणों का शाप कभी झूठा नहीं होता।

यदुराज उग्रसेन ने उस मूसल को चूरा-चूरा करा डाला और उसे तथा लोहे के बचे हुए छोटे टुकड़े को समुद्र में फेंकवा दिया। इसके संबंध में उन्होंने भगवान् श्रीकृष्ण से कोई सलाह न ली; ऐसी ही उनकी प्रेरणा थी। उस लोहे के टुकड़े को एक मछली निगल गयी और चूरा तरंगों के साथ बह-बह कर समुद्र के किनारे आ लगा। वह थोड़े ही दिनों में एरक (बिना गाँठ की एक घास) के रूप में उग आया। मछली मारने वाले मछुओं ने समुद्र में दूसरी मछलियों के साथ उस मछली को भी पकड़ लिया; उसके पेट में जो लोहे का टुकड़ा था, उसको 'जरा' नामक व्याध ने अपने बाण के नोंक में लगा लिया। भगवान् सब कुछ जानते थे। वे

इस शाप को उलट भी सकते थे। फिर भी उन्होंने ऐसा करना उचित न समझा। कालरूपधारी प्रभु ने ब्राह्मणों के शाप का अनुमोदन ही किया, क्योंकि यही उनकी इच्छा थी। इसके साथ ही साथ गांधारी ने जो शाप उन्हें दिया था, उसे भी तो पूरा करना था।

देवताओं की भगवान् से स्वधाम सिधारने के लिये प्रार्थना

अपने पुत्र सनकादिकों, देवताओं और प्रजापतियों के साथ ब्रह्माजी, भूतगणों के साथ सर्वेश्वर महादेवजी और मरुद्गणों के साथ देवराज इन्द्र द्वारकानगरी में आये। साथ ही सभी आदित्यगण, आठों वसु, अश्विनीकुमार, ऋभु, अंगिरा के वंशज ऋषि, ग्यारहों रुद्र, विश्वेदेव, साध्यगण, गंधर्व, अप्सराएँ, नाग, सिद्ध, चारण, गुह्यक, ऋषि, पितर, विद्याधर, और किन्नर भी वहीं पहुँचे। इन लोगों के आगमन का उद्देश्य यह था कि मनुष्य का-सा मनोहर वेश धारण करनेवाले और अपने श्यामसुन्दर विग्रह से सभी लोगों का मन अपनी ओर खींचकर रमा लेनेवाले भगवान् श्रीकृष्ण का दर्शन करें; क्योंकि इस समय उन्होंने अपना विग्रह प्रकट करके उसके द्वारा तीनों लोकों में ऐसी पवित्र कीर्ति का विस्तार किया है, जो समस्त लोकों के पाप-ताप को सदा के लिये मिटा देती है।

द्वारकापुरी सब प्रकार की सम्पत्ति और ऐश्वर्यों से समृद्ध तथा अलौकिक दीप्ति से देदीप्यमान हो रही थी। यहाँ आकर उन लोगों ने अनूठी छवि से युक्त भगवान् श्रीकृष्ण के दर्शन किये। भगवान् की रूपमाधुरी का निर्निमेष नेत्रों से पान करने पर भी उनके नेत्र तृप्त नहीं होते थे। वे एकटक बहुत देर तक उन्हें देखते ही रहे। उन लोगों ने स्वर्ग के उद्यान, नंदनवन, चैत्ररथ आदि के दिव्य पुष्पों से जगदीश्वर भगवान् श्रीकृष्ण को ढँक दिया और वे विचित्र-दिव्य पदों तथा अर्थों से युक्त वाणी के द्वारा उनकी स्तुति करने लगे।

देवताओं द्वारा प्रार्थना

देवताओं ने भगवान् श्रीकृष्ण की इस प्रकार प्रार्थना करनी प्रारंभ की, "स्वामी, कर्मों के विकट फंदों से छूटने की इच्छावाले मुमुक्षुजन भक्तिभाव से अपने हृदय में जिसका चिन्तन करते रहते हैं, आपके उसी चरणकमल को हमलोगों ने अपनी बुद्धि, इन्द्रिय, प्राण, मन और वाणी से साक्षात् नमस्कार किया है। अजित, आप मायिक रज आदि गुणों में स्थित होकर इस अचिंत्य नामरूपात्मक प्रपंच की त्रिगुणमयी माया के द्वारा अपने-आप में ही रचना-पालन और संहार करते हैं। यह सब करते हुए भी इन कर्मों से आप लिप्त नहीं होते हैं, क्योंकि आप राग-द्वेषादि

दोषों से सर्वथा मुक्त हैं और अपने निरावरण अखंड स्वरूपभूत परमानन्द में निमग्न रहते हैं।"

"स्तुति करने योग्य परमात्मन्, जिन मनुष्यों की चित्तवृत्ति रागद्वेषादि से कलुषित है, वे उपासना, वेदाध्ययन, दान, तपस्या और यज्ञादि कर्म भले ही करें, परन्तु उनकी अंतःकरण शुद्धि नहीं हो सकती। हाँ, श्रद्धालु भक्त आपकी आनन्दमयी लीलाओं का श्रवण कर और उसी में रमण कर आपको सहजभाव से प्राप्त कर लेते हैं। प्रभो, आपके चरणकमल हमारी समस्त अशुभ कामनाओं, विषय वासनाओं को भस्म करने के लिये अग्निस्वरूप हों। वे अग्नि के समान हमारे पाप-तापों को भस्म कर दें।"

"अनन्त, वामनावतार में दैत्यराज बलि की दी हुई पृथ्वी को नापने के लिये जब आपने अपना पग उठाया था और वह सत्यलोक में पहुँच गया था, तब वह ऐसा जान पड़ता था, मानो कोई बहुत बड़ा विजयध्वज हो। ब्रह्माजी के द्वारा आपके पद-प्रक्षालन के पश्चात् उससे गिरती हुई गंगाजी के जल की तीन धाराएँ ऐसी जान पड़ती थीं, मानो उसमें लगी हुई तीन पताकाएँ फहरा रही हों। उसे देखकर असुरों की सेना भयभीत हो गयी थी और देवसेना निर्भय।"

"आपका वह चरणकमल साधु स्वभाव पुरुषों के लिये आपके धाम वैकुण्ठलोक की प्राप्ति का और दुष्टों के लिये अधोगति का कारण है। भगवन् आपका वही पादपद्म हम भजन करनेवालों के सारे पाप-ताप को बहा दे। ब्रह्मा आदि जितने भी शरीरधारी हैं, वे सत्व, रज और तम इन तीनों गुणों के पारस्परिक टक्करों में फँसे रहते हैं। वे सुख-दुख के थपेड़ों से बाहर नहीं हैं और ठीक वैसे ही आपके अधीन हैं, जैसे नथे हुए बैल अपने स्वामी के वश में रहते हैं। आप उनके लिये भी कालस्वरूप हैं। उनके जीवन का आदि, मध्य और अंत आपके ही अधीन है। इतना ही नहीं आप प्रकृति और पुरुष से भी परे स्वयं पुरुषोत्तम हैं। आपके चरणकमल हमलोगों का कल्याण करें। प्रभो, आप इस जगत् की उत्पत्ति, स्थिति और प्रलय के परम कारण हैं; क्योंकि शास्त्रों ने ऐसा कहा है कि आप प्रकृति, पुरुष और महत्तत्त्व के भी नियंत्रण करनेवाले महाकाल हैं। शीत, ग्रीष्म और वर्षाकालरूप तीन नाभियोंवाले संवत्सर के रूप में सब को क्षय की ओर ले जानेवाले काल आप ही हैं। आपकी गति अबाध और गंभीर है। आप स्वयं पुरुषोत्तम हैं। यह पुरुष आपसे शक्ति प्राप्त करके अमोघवीर्य हो जाता है और फिर माया के साथ संयुक्त होकर विश्व के महत्तत्त्वरूप गर्भ का स्थापन करता है। इसके बाद वह महत्तत्त्व त्रिगुणमयी माया का अनुसरण करके पृथ्वी, जल, तेज, वायु, आकाश,

अहंकार और मनरूप सात आवरणों (परतों) वाले इस सुवर्णवर्ण ब्रह्माण्ड की रचना करता है।"

"इसलिये हृषीकेश, आप समस्त चराचर जगत् के अधीश्वर हैं। यही कारण है कि माया की गुण-विषमता के कारण बननेवाले विभिन्न पदार्थों का उपभोग करते हुए भी आप उसमें लिप्त नहीं होते। यह केवल आपकी ही बात है। आपके अतिरिक्त दूसरे तो स्वयं उनका त्याग करके भी उन विषयों से डरते रहते हैं। सोलह हजार से अधिक रानियाँ आपके साथ रहती हैं। वे सब विविध कलाओं से, विविध रीतियों से आपका मन आकर्षित करना चाहती हैं, परन्तु फिर भी वे आपका मन तनिक भी न डिगा सकीं, वे अपने प्रयास में असफल ही रहीं।"

"आपने त्रिलोक की पापराशि को धो बहाने के लिये दो प्रकार की पवित्र नदियाँ बहा रक्खी हैं – एक तो आपकी अमृतमयी लीला से भरी हुई कथानदी और दूसरी आपके पाद-प्रक्षालन के जल से भरी गंगाजी। अतः सत्संगसेवी विवेकीजन कानों के द्वारा आपकी कथानदी में और शरीर के द्वारा गंगाजी में गोता लगाकर दोनों ही तीर्थों का सेवन करते हैं और अपने पाप-ताप मिटा देते हैं।"

समस्त देवताओं और भगवान् शंकर साथ ही ब्रह्माजी ने इस प्रकार श्रीकृष्ण भगवान् की स्तुति की। इसके बाद वे प्रणाम करके अपने धाम में जाने के लिये आकाश में स्थित होकर भगवान् से इस प्रकार कहने लगे—

स्वधाम पधारने के लिये ब्रह्माजी की प्रार्थना

समस्त देवताओं के अगुआ होकर ब्रह्माजी ने भगवान् श्रीकृष्ण से प्रार्थना की, "सर्वात्मन् प्रभो, पहले हमलोगों ने आपसे अवतार लेकर पृथ्वी का भार उतारने के लिये प्रार्थना की थी। आपने उस काम को हमारी प्रार्थना के अनुसार ही यथोचित रूप से पूरा कर दिया। आपने सत्यपरायण साधुपुरुषों के कल्याणार्थ धर्म की स्थापना भी कर दी और दसों दिशाओं में ऐसी कीर्ति फैला दी, जिसे सुन-सुनाकर सब लोग अपने मन का मैल मिटा देते हैं। आपने यह सर्वोत्तम रूप धारण करके यदुवंश में अवतार लिया और जगत् के हित के लिये उदारता और पराक्रम से भरी अनेकानेक लीलाएँ कीं। प्रभो, कलियुग में जो साधु स्वभाव मनुष्य आपकी इन लीलाओं का श्रवण-कीर्तन करेंगे, वे सुगमता से ही इस अज्ञानरूप अंधकार से पार हो जायेंगे।"

"पुरुषोत्तम सर्वशक्तिमान् प्रभो, आपको यदुवंश में अवतार ग्रहण किये एक सौ पचीस वर्ष बीत गये हैं। सर्वाधार, अब हमलोगों का ऐसा कोई काम बाकी नहीं है, जिसे पूर्ण करने के लिये आपके यहाँ रहने की आवश्यकता हो। ब्राह्मणों

के शाप के कारण आपका यह कुल भी एक प्रकार से नष्ट ही हो चुका है। इसलिये बैकुण्ठनाथ, यदि आप उचित समझें तो अपने परमधाम में पधारिये और अपने सेवक हम लोकपालों का तथा हमारे लोकों का पालनपोषण कीजिये।

भगवान् श्रीकृष्ण का आश्वासन

ब्रह्माजी की प्रार्थना सुनकर भगवान् श्रीकृष्ण ने उनसे कहा, "ब्रह्माजी, आप जैसा कहते हैं, मैं पहले से ही वैसा निश्चय कर चुका हूँ। मैंने आपलोगों का सब काम पूरा करके पृथ्वी का भार उतार दिया। परन्तु अभी एक काम बाकी है। वह यह कि यदुवंशी बल-विक्रम, वीरता-शूरता और धन-संपत्ति से उन्मत्त हो रहे हैं। ये सारी पृथ्वी को ग्रस लेने पर तुले हुए हैं। इन्हें मैंने ठीक वैसे ही रोक रक्खा है, जैसे समुद्र को उसके तट की भूमि। यदि मैं घमंडी और उच्छृङ्खल यदुवंशियों का यह विशाल वंश नष्ट किये बिना ही चला जाऊँगा, तो यह सब मर्यादा का उल्लङ्घन करके सारे लोकों का संहार कर डालेंगे। निष्पाप ब्रह्माजी अब ब्राह्मणों के शाप से इस वंश का नाश प्रारंभ हो चुका है। इसका अन्त हो जाने पर मैं आपके धाम में होकर जाऊँगा।"

यदुवंशियों को प्रभास क्षेत्र चलने की सम्मति

भगवान् श्रीकृष्ण के ऐसा कहने पर ब्रह्माजी ने उन्हें प्रणाम किया और देवताओं के साथ वे अपने धाम को चले गये। उनके जाते ही द्वारकापुरी में भयंकर अपशकुन और बड़े-बड़े उत्पात उठ खड़े हुए। उन्हें देखकर यदुवंश के बड़े-बूढ़े भगवान् श्रीकृष्ण के पास आये। भगवान् श्रीकृष्ण ने उनसे यह बात कही, "गुरुजनों, आजकल द्वारका में जिधर देखिये, उधर ही भयानक अपशकुन और उत्पात हो रहे हैं। आप लोग जानते ही हैं कि ब्राह्मणों ने हमारे वंश को ऐसा शाप दे दिया है, जिसे टाल सकना बहुत ही कठिन है। मेरा ऐसा विचार है कि यदि हम लोग अपने प्राणों की रक्षा चाहते हों, तो हमें यहाँ नहीं रहना चाहिये। अब विलम्ब करने की आवश्यकता नहीं है। हमलोग आज ही परम पवित्र प्रभास क्षेत्र के लिये निकल पड़ें।"

"प्रभास क्षेत्र की महिमा बहुत प्रसिद्ध है। जिस समय दक्ष प्रजापति को शाप से चन्द्रमा को राज्यक्षमा रोग ने ग्रस लिया था, उस समय उन्होंने प्रभासक्षेत्र में जाकर स्नान किया और वे तत्क्षण उस पापजन्य रोग से मुक्त हो गये। साथ ही उन्हें कलाओं की अभिवृद्धि भी प्राप्त हो गयी। हमलोग भी प्रभासक्षेत्र में चलकर स्नान करेंगे, देवता और पितरों का तर्पण करेंगे। साथ ही विविध प्रकार के व्यंजन और पकवानों द्वारा श्रेष्ठ ब्राह्मणों को भोजन करायेंगे। वहाँ हमलोग उन

सत्पात्र ब्राह्मणों को बड़ी-बड़ी दक्षिणा देंगे। इस प्रकार उनके द्वारा अपने बड़े-बड़े संकटों को वैसे ही पार कर जायेंगे, जैसे कोई जहाज के द्वारा समुद्र पार कर लेता है।"

भगवान् की यह सम्मति सुनकर यदुवंशियों ने एक मत से प्रभासक्षेत्र जाने का निश्चय कर लिया। सब के सब वहाँ पहुँचने की तैयारी में जुट गये।

उद्धवजी की चिन्ता और भगवान् से मिलन

उद्धवजी भगवान् के अनन्य प्रेमी और सेवक थे। उन्होंने जब यदुवंशियों को यात्रा की तैयारी करते देखा, भगवान् की आज्ञा सुनी और अत्यंत घोर अपशकुन देखे, तो वे भगवान् श्रीकृष्ण के पास एकान्त में गये। उन्होंने श्रीकृष्णजी के चरणों पर अपना सिर रखकर प्रणाम किया और हाथ जोड़कर उनसे प्रार्थना की, "योगेश्वर आप देवाधिदेवों के भी अधीश्वर हैं। आपकी लीलाओं के श्रवण, कीर्तन से जीव पवित्र हो जाता है। आप सर्वशक्तिमान् परमेश्वर हैं। आप चाहते, तो ब्राह्मणों के शाप को मिटा सकते थे। परन्तु आपने वैसा किया नहीं। इससे मैं यह समझा गया कि अब आप यदुवंश का संहार करके, इसे समेट कर अवश्य ही इस लोक का परित्याग कर देंगे।"

"परन्तु घुँघराली अलकों वाले श्यामसुन्दर, मैं आधे क्षण के लिये भी आपके चरणकमलों के त्याग की बात सोच भी नहीं सकता। मेरे जीवनसर्वस्व, मेरे स्वामी, आप मुझे भी अपने धाम में ले चलिये। प्यारे श्रीकृष्ण, आपकी एक-एक लीला मनुष्यों के लिये परम मंगलमयी और कानों के लिए अमृतस्वरूप है। जिसे एक बार उस रस का चसका लग जाता है, उसके मन में फिर किसी दूसरी वस्तु के लिये लालसा ही नहीं रह जाती। प्रभो, हम तो उठते-बैठते, सोते-जागते, घूमते-फिरते आपके साथ रहे हैं। हमने आपके साथ स्नान किया, खेल खेले, भोजन किया; कहाँ तक गिनावें, हमारी एक-एक चेष्टा और क्रिया आपके साथ जुड़ी रही। आप हमारे प्रियतम हैं; और तो क्या आप हमारे आत्मा ही हैं। ऐसी स्थिति में हम आपके अनन्य प्रेमी भक्त आपको कैसे छोड़ सकते हैं?"

"हमने आपकी धारण की हुई माला पहनी, आपके लगाये हुए चन्दन लगाये, आपके उतारे हुए वस्त्र पहने और आपके धारण किये हुए गहनों से अपने आप को सजाते रहे। हम आपकी जूठन खाने वाले सेवक हैं। इसलिये हम आपकी माया पर अवश्य ही विजय प्राप्त कर लेंगे। अतः प्रभो, हमें आपकी माया का डर नहीं है, डर है तो केवल आपके वियोग का।"

"प्रभो, हम भलीभाँति जानते हैं कि माया को पार कर लेना अत्यंत दुष्कर है। बड़े-बड़े ऋषि-मुनि दिगम्बर रहकर और आजीवन नैष्ठिक ब्रह्मचर्य का पालन करके अध्यात्मविद्या की प्राप्ति के लिये अत्यंत परिश्रम करते हैं। इस प्रकार कठिन साधना से उन संन्यासियों के हृदय निर्मल हो जाते हैं और तब कहीं वे समस्त वृत्तियों की शान्तिरूप नैष्कर्म्य-अवस्था में स्थित होकर आपके 'ब्रह्म' नामक धाम को प्राप्त होते हैं। महायोगेश्वर, हमलोग तो कर्ममार्ग में ही भ्रम-भटक रहे हैं। परन्तु इतना निश्चित है कि हम आपके भक्तजनों के साथ आपके गुणों और लीलाओं की चर्चा करेंगे तथा मनुष्य की सी लीला करते हुए आपने जो कुछ किया या कहा है, उसका स्मरण-कीर्तन करते रहेंगे। साथ ही आपकी चालढाल, मुसकान, चितवन और हास-परिहास की स्मृति में तल्लीन हो जायेंगे। केवल इसी से हम दुस्तर माया को पार कर लेंगे। इसलिये हमें माया से पार जाने की नहीं, आपके विरह की चिन्ता है। आप हमें छोड़िये नहीं, साथ ले चलिये।

भगवान् श्रीकृष्ण का उद्धवजी को उपदेश

जब उद्धवजी ने देवकीनंदन भगवान् श्रीकृष्ण से इस प्रकार प्रार्थना की, तो उन्होंने अपने अनन्य प्रेमी सखा एवं सेवक उद्धवजी से कहा, "महाभाग्यवान् उद्धव, तुमने मुझसे जो कुछ पूछा है, मैं वही करना चाहता हूँ। ब्रह्मा, शंकर और इन्द्रादि लोकपाल भी अब यही चाहते हैं कि मैं उनके लोकों से होता हुआ अपने धाम को जाऊँ। पृथ्वी पर देवताओं का जितना भी काम करना था उसे मैं पूरा कर चुका। इसी काम के लिये ब्रह्माजी की प्रार्थना से मैं बलरामजी के साथ अवतीर्ण हुआ था। अब यह यदुवंश ब्राह्मणों के शाप से भस्म हो चुका है; पारस्परिक फूट, कलह और युद्ध से नष्ट हो जायेगा। आज के सातवें दिन समुद्र इस पुरी द्वारका को डुबो देगा।"

"प्यारे उद्धव, जिस क्षण मैं मर्त्यलोक का परित्याग कर दूँगा, उसी क्षण इसके सारे मंगल नष्ट हो जायेंगे। थोड़े ही दिनों में पृथ्वी पर कलियुग का बोलबाला हो जायगा। जब मैं इस पृथ्वी का त्याग कर दूँ, तो तुम इस पर मत रहना। साधु उद्धव, कलियुग के अधिकांश लोगों की रुचि अधर्म में ही होगी। अब तुम अपने आत्मीय स्वजन और बन्धु-बांधवों का स्नेह-संबंध तोड़ दो और अनन्य प्रेम से मुझमें अपना मन लगा कर समदृष्टि से पृथ्वी में स्वच्छन्द विचरण करो। इस जगत् में जो कुछ मन से सोचा जाता है, वाणी से कहा जाता है, नेत्रों से देखा जाता है और श्रवणादि इन्द्रियों से क्रिया की जाती है, वह सब नाशवान् है। सपने की तरह मन का विलास है इसलिये मायामात्र है, मिथ्या है—ऐसा समझ लो।"

जिस पुरुष का मन अशान्त है, असंयत है, उसी को पागल की भाँति अनेक वस्तुएँ मालूम पड़ती हैं। वास्तव में यह चित्त का भ्रम ही है। नानात्व का भ्रम हो जाने पर ही 'यह गुण है' और 'यह दोष है' इस प्रकार की कल्पना करनी पड़ती है। जिसकी बुद्धि में गुण और दोष का भेद बैठ गया है, उसी के लिये कर्म, अकर्म और विकर्म रूप भेद का प्रतिपादन हुआ है। इसलिये उद्धव, तुम पहले अपनी समस्त इन्द्रियों को अपने वश में कर लो, उसकी बागडोर अपने हाथों में ले लो। केवल इन्द्रियों को ही नहीं, बल्कि चित्त की समस्त वृत्तियों को भी रोक लो। तत्पश्चात् ऐसा अनुभव करो कि यह सारा प्रपंचात्मक जगत् अपने आत्मा में ही फैला हुआ है; और आत्मा मुझ सर्वात्मा इन्द्रियातीत ब्रह्म से एक है, अभिन्न है।"

"जब वेदों के मुख्य तात्पर्य—निश्चयरूप ज्ञान और अनुभवरूप विज्ञान से भलीभाँति सम्पन्न होकर तुम अपने आत्मा के अनुभव में ही आनन्दमग्न रहोगे, तो सम्पूर्ण देवता आदि शरीरधारियों के आत्मा हो जाओगे। इसलिये किसी भी विघ्न से तुम पीड़ित नहीं हो सकोगे, क्योंकि उन विघ्नों और विघ्न करनेवालों के आत्मा भी तुम्हीं होगे। जो पुरुष गुण और दोष-बुद्धि से अतीत हो जाता है, वह बालक के समान निषिद्ध कर्म से निवृत्त हो जाता है, परन्तु दोष बुद्धि से नहीं। वह विहित कर्म का अनुष्ठान करता है, परन्तु गुणबुद्धि से नहीं। जिसने श्रुतियों के तात्पर्य का यथार्थ ज्ञान प्राप्त कर लिया और उनका साक्षात्कार भी कर लिया वह त्रिगुणातीत हो जाता है। ऐसा अनुभवी पुरुष समस्त प्राणियों का हितैषी सुहृद हो जाता है और उसकी वृत्तियाँ सर्वदा शान्त रहती हैं। वह समस्त प्रतीयमान विश्व को मेरा ही स्वरूप—आत्मस्वरूप देखता है; अतः उसे कभी जन्म-मृत्यु के चक्कर में नहीं पड़ना पड़ता।"

तदनन्तर उद्धवजी ने अनेक प्रश्नों द्वारा परमार्थतत्व संबंधी सिद्धान्तों की जिज्ञासा की और भगवान् श्रीकृष्ण ने उनकी समस्त शंकाओं का विधिवत् समाधान किया। उद्धवजी की समस्त शंकाएँ भगवान् के उपदेश से निर्मूल हो गयीं। उन्होंने हाथ जोड़कर कहा, "प्रभो, मैं मोह के महान् अन्धकार में भटक रहा था। आपके सत्संग से वह सदा के लिये भाग गया। भला, जो अग्नि के पास पहुँच गया उसके सामने क्या शीत, अंधकार और उसके कारण होनेवाला भय ठहर सकते हैं? भगवन् आपकी मोहिनी माया ने मेरा ज्ञानदीपक छीन लिया था, परन्तु आपने कृपा करके उसे फिर अपने सेवक को लौटा दिया। आपने मेरे ऊपर महान् अनुग्रह की वर्षा की है। ऐसा कौन होगा, जो आपके इस कृपा-प्रसाद का अनुभव करके

आपके चरणकमलों को छोड़ दे और किसी दूसरे का आश्रय ले ? महायोगेश्वर, मेरा आपको नमस्कार है। अब कृपा करके मुझ शरणागत को ऐसी आज्ञा दें, जिससे आपके चरणकमलों में मेरी अनन्य भक्ति बनी रहे।''

भगवान् के आदेश से उद्धवजी का बदरिकाश्रम गमन

भगवान् श्रीकृष्णजी ने उद्धवजी से कहा, ''उद्धवजी, अब तुम मेरी आज्ञा से बदरीवन चले जाओ। वह मेरा ही आश्रम है। वहाँ गंगाजल का स्नान और पान करके तुम पवित्र हो जाओगे। अलकनंदा के दर्शन मात्र से तुम्हारे सारे पाप-ताप नष्ट हो जायेंगे। वहाँ निस्पृह वृत्ति से अपने आप में मस्त रहना। सर्दी-गर्मी, सुख-दुःख, जो कुछ आ पड़े, उसे समभाव से सहन करना। स्वभाव सौम्य रखना, इन्द्रियों को वश में रखना, चित्त शान्त रखना और बुद्धि समाहित। तुम मेरे स्वरूप के ज्ञान और अनुभव में निमग्न रहना। मैंने तुम्हें जो कुछ शिक्षा दी है, उसका एकान्त में विचारपूर्वक अनुभव करते रहना। अपनी वाणी और चित्त मुझमें ही लगाये रखना और मेरे बताये हुए भागवतधर्म में प्रेम से रम जाना। अन्त में तुम त्रिगुण और उनसे संबंध रखनेवाली गतियों को पार करके उनसे परे मेरे परमार्थस्वरूप में मिल जाओगे।''

भगवान् का आदेश सुनकर उद्धवजी ने उनकी परिक्रमा की और उनके चरणों पर सिर रखा। इसमें सन्देह नहीं कि उद्धवजी संयोग-वियोग से होनेवाले सुख-दुःख के द्वन्द्व से परे थे, क्योंकि वे भगवान् के निर्द्वन्द्व चरणों की शरण ले चुके थे, फिर भी वहाँ से चलते समय उनका चित्त प्रेमावेश से भर गया। उन्होंने अपने नेत्रों की झरती हुई अश्रुधारा से भगवान् के चरणकमलों को भिगो दिया। भगवान् के प्रति प्रेम करके उसका त्याग करना संभव नहीं है। उन्हीं के वियोग की कल्पना से उद्धवजी कातर हो गये, उनका त्याग करने में समर्थ न हुए। बार-बार विह्वल होकर मूर्छित होने लगे। कुछ समय के बाद उन्होंने भगवान् श्रीकृष्ण के चरणों की पादुकाएँ अपने सिर पर रख लीं और बार-बार उनके चरणों में प्रणाम करके वहाँ से प्रस्थान किया।

भगवान् के परम प्रेमी भक्त उद्धवजी हृदय में उनकी दिव्य छवि धारण किये बदरिकाश्रम पहुँचे और वहाँ उन्होंने तपोमय जीवन व्यतीत करके जगत् के एकमात्र हितैषी भगवान् श्रीकृष्ण के उपदेशानुसार उनकी स्वरूपभूत परमगति प्राप्त की।

यदुकुल का संहार

उद्धव के बदरिकाश्रम चले जाने पर भगवान् श्रीकृष्ण ने द्वारकापुरी की स्त्रियों,

वृद्धों और बालकों को तो शंखोद्धार क्षेत्र भेज दिया और स्वयं बलरामजी के साथ सभी यदुवंशियों को लेकर प्रभासक्षेत्र की ओर पदार्पण किया। प्रभासक्षेत्र पहुँच कर यादवों ने यदुवंशशिरोमणि भगवान् श्रीकृष्ण के आदेशानुसार बड़ी श्रद्धा और भक्ति से शान्तिपाठ आदि तथा और भी सब प्रकार के मंगल कृत्य किये। यह सब तो उन्होंने किया। परन्तु दैव ने उनकी बुद्धि हर ली।

मैरेयक मदिरा के नशे में परस्पर युद्ध और एक दूसरे का संहार

सभी यदुवंशी मैरेयक नामक मदिरा का पान करने लगे, जिसके नशे से बुद्धि नष्ट हो जाती है। वह पीने में तो अवश्य मीठी लगती है, परन्तु परिणाम में सर्वनाश करनेवाली है। उस तीव्र मदिरा के पान से सब के सब उन्मत्त हो गये। नशे में मतवाले होकर वे घमंडी और एक दूसरे से लड़ने-झगड़ने लगे। वास्तव में वे भगवान् श्रीकृष्ण की महामाया से मोहित होकर मूढ़ हो गये थे। उस समय वे क्रोध में भरकर एक दूसरे पर आक्रमण करने लगे और धनुष-बाण, तलवार, भाले, गदा, तोमर, आदि अस्त्रों और शस्त्रों से वहाँ समुद्रतट पर ही एक दूसरे से भिड़ गये।

मतवाले यदुवंशी रथों, हाथियों, घोड़ों, गधों, ऊँटों, खच्चरों, बैलों, भैंसों और मनुष्यों पर भी सवार होकर एक-दूसरे को बाणों से घायल करने लगे, मानो जंगली हाथी एक दूसरे पर चोट कर रहे हों। सब की सवारियों पर ध्वजाएं फहरा रही थीं। पैदल सैनिक भी आपस में उलझ गये थे। प्रद्युम्न साम्ब से, अक्रूर भोज से, अनिरुद्ध सात्यकि से, सुभद्र संग्रामजित् से, भगवान् श्रीकृष्ण के भाई गद, उसी नाम के उनके पुत्र से और सुमित्र सुरथ से युद्ध करने लगे। ये सभी भयंकर और दुर्मद योद्धा थे और क्रोधावेश में एक-दूसरे का नाश करने पर तुल गये थे। इनके अतिरिक्त निशठ, उल्मुक, सहस्रजित्, शतजित् और भानु आदि यादव भी एक-दूसरे से गुंथ गये। भगवान् श्रीकृष्ण की माया ने तो इन्हें अत्यंत मोहित कर ही रक्खा था, इधर मदिरा के नशे ने भी इन्हें अंधा बना दिया था।

दाशार्ह, वृष्णि, अन्धक, भोज, सात्वत, मधु, अर्बुद, माथुर, शूरसेन, विसर्जन, कुकुर और कुन्ती आदि वंशों के लोग सौहार्द्र और प्रेम को भुलाकर आपस में मारकाट करने लगे। मूढ़तावश पुत्र पिता का, भाई भाई का, भानजा मामा का, नाती नाना का, मित्र मित्र का, सुहृद् सुहृद् का, चाचा भतीजे का तथा एक गोत्रवाले आपस में एक-दूसरे का वध करने लगे। अन्त में जब उनके सब बाण समाप्त हो गये, धनुष टूट गये और शस्त्रास्त्र नष्ट-भ्रष्ट हो गये, तब उन्होंने

अपने हाथों से समुद्रतट पर लगी हुई एरका नाम की घास उखाड़नी शुरू की। यह वही घास थी, जो ऋषियों के शाप के कारण उत्पन्न हुए लोहमय मूसल के चूरे से पैदा हुई थी। उनके हाथों में आते ही वह घास वज्र के समान कठोर मुद्गरों के रूप में परिणत हो गयी। अब वे रोष में भर कर उसी घास के द्वारा अपने विपक्षियों पर प्रहार करने लगे। भगवान् श्रीकृष्ण ने उन्हें मना किया, तो उन्होंने उनको और बलरामजी को भी अपना शत्रु समझ लिया। उन आततायियों की बुद्धि ऐसी भ्रष्ट हो गयी थी कि वे उन्हें मारने के लिये उनकी ओर दौड़ पड़े।

अब भगवान् श्रीकृष्ण और बलरामजी भी क्रोध में भरकर युद्धभूमि में इधर-उधर विचरने लगे। मुट्ठी की मुट्ठी एरका घास उखाड़ कर वे दोनों उन्हें मारने लगे। एरका घास की मुट्ठी ही मुद्गर के समान चोट करती थी। जैसे बाँसों की रगड़ से उत्पन्न होकर दावानल बाँसों को ही भस्म कर देता है, वैसे ही ब्रह्मशाप से ग्रस्त और भगवान् श्रीकृष्ण की माया से मोहित यदुवंशियों के स्पर्द्धामूलक क्रोध ने उनका ध्वंस कर दिया। जब भगवान् श्रीकृष्ण ने देखा कि समस्त यदुवंशियों का संहार हो चुका, तो उन्होंने यह सोचकर संतोष की सांस ली कि पृथ्वी का बचा-खुचा भार भी उतर गया।

बलरामजी ने समुद्रतट पर बैठकर एकाग्रचित्त से परमात्मचिन्तन करते हुए अपने आत्मा को आत्मस्वरूप में ही स्थिर कर लिया और लीलाधारी मनुष्य शरीर का परित्याग कर दिया।

जरा व्याध द्वारा भगवान् श्रीकृष्ण पर बाण-संधान

भगवान् श्रीकृष्ण ने देखा कि मेरे बड़े भाई बलरामजी परमपद में लीन हो गये, तो वे एक पीपल के वृक्ष के नीचे जाकर चुपचाप धरती ही पर बैठ गये। उन्होंने उस समय अपनी अंगकान्ति से देदीप्यमान चतुर्भुजरूप धारण कर रक्खा था और धूम्र से रहित अग्नि के समान दिशाओं को प्रकाशित कर रहे थे। वर्षाकालीन मेघ के समान साँवले शरीर से तपे हुए सुवर्ण के समान ज्योति निकल रही थी। वक्षस्थल पर श्रीवत्स का चिह्न सुशोभित था। वे रेशमी पीताम्बर की धोती और वैसा ही दुपट्टा धारण किये हुए थे। बड़ा ही मंगलमय स्वरूप था। मुख कमल पर सुन्दर मुसकान और कपोलों पर नीली-नीली अलकें बड़ी ही सुहावनी लगती थीं। कमल के समान सुन्दर सुकुमार नेत्र थे। कानों में मकराकृत कुंडल झिलमिला रहे थे। कमर में करधनी, कंधे पर यज्ञोपवीत, माथे पर मुकुट, कलाइयों में कंगन, बाँहों में बाजूबंद, वक्षस्थल पर हार, चरणों में नूपुर, अंगुलियों में अंगूठियाँ और गले में कौस्तुभमणि सुशोभित हो रही थी। घुटनों तक वनमाला लटकी हुई थी।

शंख, चक्र, गदा आदि आयुध मूर्तिमान होकर प्रभु की सेवा कर रहे थे। उस समय भगवान् अपनी दाहिनी जाँघ पर बायाँ चरण रखकर बैठे थे। लाल-लाल तलवा रक्तकमल के समान चमक रहा था।

जरा नामक एक बहेलिया था। उसने मूसल से बचे हुए टुकड़े से अपने बाण की गाँसी बना ली थी। उसे दूर से भगवान् का लाल-लाल तलवा हरिन के मुख के समान जान पड़ा। उसने उसे हरिन समझ कर अपने उसी बाण से बाँध दिया।

जरा का पश्चाताप

जब वह पास आया, तब उसने देखा कि 'अरे ये तो चतुर्भुज पुरुष हैं।' अब तो वह अपराध कर चुका था। इसलिये डर के मारे काँपने लगा। और दैत्यदलन भगवान् श्रीकृष्ण के चरणों पर सिर रखकर धरती पर गिर पड़ा। उसने कहा, "हे मधुसूदन, मैने अनजाने में यह पाप किया है। सचमुच मैं महान् पापी हूँ। आप परम यशस्वी और निर्विकार हैं। आप कृपा करके मेरा अपराध क्षमा कर दीजिये। सर्वव्यापक सर्वशक्तिमान् प्रभो, महात्मालोग कहा करते हैं कि आपके स्मरण मात्र से मनुष्यों का अज्ञानान्धकार नष्ट हो जाता है। बड़े खेद की बात है कि मैंने स्वयं आपका ही अनिष्ट कर दिया। वैकुण्ठनाथ, मैं निरपराध हरिनों को मारनेवाला महापापी हूँ। आप मुझे अभी मार डालिये, क्योंकि मर जाने पर मैं फिर कभी आप जैसे महापुरुषों का ऐसा अपराध न करूँगा। भगवन्, सम्पूर्ण विद्याओं के पारदर्शी ब्रह्माजी और उनके पुत्र रुद्रजी आदि भी आपकी योगमाया का विलास नहीं समझ पाते, क्योंकि उनकी दृष्टि भी आपकी माया से आच्छादित है। ऐसी अवस्था में हमारे जैसे पापयोनि के लोग उसके विषय में कह ही क्या सकते हैं?"

जरा को आश्वासन और उसे सद्गति देना

जरा की बात सुनकर भगवान् ने उससे कहा, "हे जरे, तू डर मत। उठ, उठ। यह तो तूने मेरे मन का ही काम किया है। जा मेरी आज्ञा से तू उस स्वर्ग में निवास कर, जिसकी प्राप्ति बड़े-बड़े पुण्यवानों को होती है।" भगवान् श्रीकृष्ण तो अपनी इच्छा से शरीर धारण करते हैं। जब उन्होंने जरा व्याध को यह आदेश दिया, तो उसने उनकी तीन बार परिक्रमा की, प्रणाम किया और वह विमान पर सवार होकर स्वर्ग चला गया।

उनका सारथि दारुक

भगवान् श्रीकृष्ण का सारथि दारुक उनका पता लगाते-लगाते उनके समीप पहुँचा। दारुक ने वहाँ पहुँच कर देखा कि भगवान् श्रीकृष्ण पीपल के वृक्ष के नीचे आसन

लगाये बैठे हैं। असह्य तेजवाले आयुध मूर्तिमान होकर उनकी सेवा में संलग्न हैं। उन्हें देखकर दारुक के हृदय में प्रेम की बाढ़ आ गयी। नेत्रों से आँसुओं की धारा बहने लगी। वह रथ से कूदकर भगवान् के चरणों पर गिर पड़ा। उसने प्रार्थना की, "प्रभो, रात्रि के समय चन्द्रमा के अस्त हो जाने पर राह चलनेवाले की जैसी दशा हो जाती है, आपके चरणकमलों का दर्शन पाकर मेरी भी दशा वैसी ही हो गयी है। मेरी दृष्टि नष्ट हो गयी है, चारों ओर अँधेरा छा गया है। अब न तो मुझे दिशाओं का ज्ञान है और न मेरे हृदय में शान्ति ही है। अभी दारुक ऐसा कह ही रहा था कि उसके सामने ही भगवान् का गरुड़ध्वज रथ पताका और घोड़ों के साथ आकाश में उड़ गया। उसके पीछे-पीछे भगवान् के दिव्य आयुध भी चले गये। यह सब देखकर दारुक के आश्चर्य की सीमा न रही।

भगवान् श्रीकृष्ण ने दारुक से कहा, "दारुक, अब तुम द्वारका चले जाओ और वहाँ यदुवंशियों के पारस्परिक संहार, भैया बलरामजी की परमगति और मेरे स्वधामगमन की बात कहो। उनसे कहना कि अब आप लोगों को अपने परिवार-वालों के साथ द्वारका में नहीं रहना चाहिये। मेरे न रहने पर समुद्र उस नगरी को डुबो देगा। सब लोग अपनी-अपनी सम्पत्ति, कुटुम्ब और मेरे माता-पिता को लेकर अर्जुन के संरक्षण में इन्द्रप्रस्थ चले जायँ। दारुक, तुम मेरे द्वारा उपदिष्ट भागवत-धर्म का आश्रय लो और ज्ञाननिष्ठ होकर सब की उपेक्षा कर दो तथा इस दृश्य को मेरी माया की रचना समझ कर शान्त हो जाओ।" भगवान् का यह आदेश पाकर दारुक ने उनकी परिक्रमा की और चरणकमल अपने सिर पर रख कर बारंबार प्रणाम किया। तदनन्तर वह उदास मन से द्वारका के लिये चल पड़ा।

श्रीभगवान् का स्वधामगमन

दारुक के चले जाने पर ब्रह्माजी, शिव-पार्वती, इन्द्रादि लोकपाल, मरीचि आदि प्रजापति, बड़े-बड़े ऋषि-मुनि, पितर, सिद्ध, गन्धर्व, विद्याधर, नाग, चारण, यक्ष, राक्षस, किन्नर, अप्सराएँ तथा गरुड़लोक के विभिन्न पक्षी आदि भगवान् श्रीकृष्ण के परमधाम-प्रस्थान को देखने के लिये बड़ी उत्सुकता से वहाँ आये। वे सभी भगवान् श्रीकृष्ण के जन्म और लीलाओं का गान एवं वर्णन कर रहे थे। उनके विमानों से सारा आकाश भर गया था। वे बड़ी भक्ति से भगवान् पर पुष्पों की वर्षा कर रहे थे। सर्वव्यापक भगवान् श्रीकृष्ण ने ब्रह्माजी और अपने विभूति-स्वरूप देवताओं को देखकर अपने आत्मा को स्वरूप में स्थित किया और कमल के समान नेत्र बंद कर लिये।

भगवान् का श्रीविग्रह उपासकों के ध्यान और धारण का मंगलमय आधार

और समस्त लोकों के लिये परम रमणीय आश्रय है; इसलिये उन्होंने योगियों के समान अग्निदेवता-संबंधी योगधारणा के द्वारा उसको जलाया नहीं, सशरीर अपने धाम चले गये। उस समय स्वर्ग में नगारे बजने लगे और आकाश में पुष्पों की वर्षा होने लगी। भगवान् श्रीकृष्ण के पीछे-पीछे इस लोक से सत्य, धर्म, धैर्य, कीर्ति और श्रीदेवी भी चली गयीं। भगवान् श्रीकृष्ण की गति मन और वाणी से परे है; तभी तो वे जब अपने धाम में प्रवेश करने लगे, तो ब्रह्मादि देवता भी उन्हें न देख सके। इस घटना से उन्हें अत्यधिक विस्मय हुआ। ब्रह्माजी और भगवान् शंकर आदि देवता भगवान् की यह परम योगमयी गति देखकर बहुत विस्मय के साथ उनकी प्रशंसा करते हुए अपने लोक में चले गये।

जैसे नट विविध प्रकार के स्वांग बनाता है, परन्तु रहता है उन सब से निर्लेप, वैसे भगवान् का मनुष्यों के समान जन्म लेना, लीला करना, और फिर उसे संवरण कर लेना उनकी माया का विलासमात्र है, अभिनयमात्र है। वे स्वयं ही इस जगत् की सृष्टि करके इसमें प्रवेश करके विहार करते हैं और अन्त में संहार-लीला करके अपने अनन्त महिमामय स्वरूप में ही स्थित हो जाते हैं। उन्होंने कालों के महाकाल भगवान् शंकर को भी युद्ध में जीत लिया। सान्दीपनि गुरु का पुत्र यमपुरी चला गया था, परन्तु वे उसे मनुष्य शरीर के साथ लौटा लाये। अत्यन्त अपराधी, अपने शरीर पर ही प्रहार करनेवाले जरा नामक व्याध को भी सदेह स्वर्ग भेज दिया।

यद्यपि भगवान् श्रीकृष्ण सम्पूर्ण जगत की उत्पत्ति, स्थिति और संहार के कारण हैं और सम्पूर्ण शक्तियों को धारण करनेवाले हैं तथापि उन्होंने अपने शरीर को इस संसार में बचा रखने की इच्छा नहीं की। इससे उन्होंने यह आदर्श उपस्थित किया कि इस मनुष्य शरीर से मुझे क्या प्रयोजन है? आत्मनिष्ठ पुरुषों के लिये यही आदर्श है कि वे शरीर रखने की चेष्टा न करें।

द्वारकापुरी की दशा

इधर दारुक भगवान् के विरह से व्याकुल होकर द्वारका आया और वसुदेवजी तथा उग्रसेनजी के चरणों पर गिर-गिर कर उन्हें आँसुओं से भिगोने लगा। उसने अपने को सँभाल कर यदुवंशियों के विनाश का पूरा-पूरा विवरण कह सुनाया। उसे सुनकर लोग बहुत ही दुखी हुए और मारे शोक के मूर्छित हो गये। भगवान् श्रीकृष्ण के वियोग से विह्वल होकर वे लोग सिर पीटते हुए वहाँ तुरन्त पहुँचे, जहाँ उनके भाई-बन्धु निष्प्राण होकर पड़े हुए थे। देवकी, रोहिणी और वसुदेवजी अपने प्यारे पुत्र श्रीकृष्ण और बलराम को न पाकर शोक की व्यथा से बेहोश हो गये।

उन्होंने भगवद्विरह से व्याकुल होकर वहीं अपने प्राण छोड़ दिये। स्त्रियों ने अपने-अपने पतियों के शव पहचान कर उन्हें हृदय से लगा लिया और वे उनके साथ चिता पर बैठकर भस्म हो गयीं। बलरामजी की पत्नियाँ उनके शरीर, वसुदेवजी की पत्नियाँ उनके शव को और भगवान् की पुत्रवधुएँ अपने पतियों की लाशों को लेकर अग्नि में प्रवेश कर गयीं। भगवान् श्रीकृष्ण की रुक्मिणी आदि पटरानियाँ उनके ध्यान में निमग्न होकर अग्नि में प्रविष्ट हो गयीं।

द्वारकावासियों को लेकर अर्जुन का इन्द्रप्रस्थ-प्रस्थान

अर्जुन अपने प्रियतम और सखा भगवान् श्रीकृष्ण के विरह मे पहले तो बहुत व्याकुल हो गये, फिर उन्होंने उन्हीं के गीतोक्त सदुपदेशों का स्मरण करके अपने मन को सँभाला। यदुवंश के मृत व्यक्तियों में जिनको कोई पिण्ड देनेवाला न था, उनका श्राद्ध अर्जुन ने क्रमशः विधिपूर्वक करवाया। भगवान् के न रहने पर समुद्र ने एकमात्र भगवान् श्रीकृष्ण का निवासस्थान छोड़कर एक ही क्षण में सारी द्वारकापुरी डुबो दी। भगवान् श्रीकृष्ण का निवास-स्थान स्मरण मात्र से ही सारे पाप-तापों का नाश करनेवाला और सर्वमंगलों को भी मंगल बनानेवाला है। पिंडदान के अनन्तर बची-खुची स्त्रियों, बच्चों और बूढ़ों को लेकर अर्जुन इन्द्रप्रस्थ आये। वहाँ सबको यथायोग्य बसा कर अनिरुद्ध के पुत्र वज्र का राज्याभिषेक कर दिया।

इसी प्रकार युधिष्ठिर आदि पाण्डवों को अर्जुन से यह बात मालूम हुई कि यदुवंशियों का संहार हो गया है। पाण्डवों ने भी अपने वंशधर परीक्षित को राज्य-पद पर अभिषिक्त करके हिमालय की वीरयात्रा की।

अध्याय—२२

श्रीकृष्ण का अलौकिक व्यक्तित्व

भारतीय वाङ्मय में भगवान् श्रीकृष्ण का व्यक्तित्व अलौकिकता और अनेक-रूपता से संपन्न है। अनेक कवियों, भक्तों, दार्शनिकों, राजनीतिकों, चित्रकारों, नीतिमर्मज्ञों ने अपने श्रद्धा-सुमन उनके प्रति अर्पित किये हैं, करते जा रहे हैं और करते रहेंगे; तो भी वह चिर-नवीन ही बना रहेगा। उसकी प्रवाहगति जैसी की तैसी बनी रहेगी। जैसे ही पतितपावनी त्रिपथगा गंगाजी की धारा प्रतिक्षण नवीन जलराशि से पूरित होकर, नवीन ही बनी रहती है, वैसे ही उनका दिव्य चरित्र और व्यक्तित्व सर्वदा नवीनता से ही युक्त रहेगा। वास्तव में वह मन, वाणी, बुद्धि से परे है।

भगवान् श्रीकृष्ण का आविर्भाव विषम परिस्थितियों में हुआ। उस समय आसुरीवृत्ति वाले व्यक्तियों की प्रधानता थी। ऐसे मनुष्यों में श्रेष्ठ आचरण का सर्वथा अभाव रहता है। वे दम्भ, मान और मद से युक्त होते हैं। वे अपने अज्ञानान्धकार से मिथ्या सिद्धान्तों को ग्रहण करके भ्रष्ट आचरणों से युक्त होकर इस संसार में बर्तते हैं। इन्द्रिय-जन्य विषयों के भोगों को अपने जीवन का परम लक्ष्य मानते हैं। वे आशारूप सैंकड़ों पाशों में जकड़े रहते हैं। सदैव इसी चिन्ता में रहते हैं कि किसी भी प्रकार विषयों की प्राप्ति हो। उनकी पूजा-उपासना भी इसी निमित्त होती है। वे धन-सम्पत्ति, कुटुम्ब, अहंकार, बल, घमंड, काम, क्रोध, क्रूर कर्म, अन्याय, परपीड़ा आदि में ही अपने मानव-जीवन की इतिश्री समझ लेते हैं। ऐसे पुरुषों की दृष्टि में सत्पुरुष, सज्जन, धर्मपरायण, न्यायप्रिय व्यक्ति आँख की किरकिरी के समान गड़ते रहते हैं। श्रीकृष्णजी के आविर्भाव के पूर्व ऐसे व्यक्तियों का बाहुल्य और बोलबाला था। उनका अवतार आसुरीवृत्ति के नाश के निमित्त ही हुआ था। अपनी जीवनलीला के अन्तिम क्षणों तक वे इसी कार्य के संपादन में रत रहे।

श्रीकृष्ण का प्राकट्य भी अत्यंत प्रतिकूल परिस्थितियों में हुआ। माता देवकीजी और पिता वसुदेवजी क्रूर कंस के कारागृह में कैदी थे। क्रूर संतरियों का कठोर पहरा था। प्रकट होने का समय भी बहुत भयंकर था। भाद्रपक्ष के कृष्णपक्ष की अष्टमी की रात्रि थी। चारों ओर बादल छाये थे। घनघोर अंधकार था। बादल गरज रहे थे, बिजली कड़क रही थी और वृष्टि भी हो रही थी।

यमुना भी खूब उमड़ी थीं किन्तु उनके पिता ने जब उन्हें लेकर गोकुल की ओर प्रस्थान किया, तो समस्त संकटकालीन परिस्थितियाँ उनकी कृपा से स्वतः दूर होती गयीं। पहरेदार योगमाया द्वारा घोर निद्रा में मोहित होकर अपनी सुधबुध खोखर खर्राटे भरने लगे। हथकड़ियाँ अपने आप खुल गयीं। जेल के फाटक भी स्वतः खुल गये। उफनती हुई यमुनाजी ने वसुदेव को गोकुल जाने का मार्ग दे दिया। भगवान् की महामाया ने कन्या-प्रसव करनेवाली यशोदाजी को भी मूर्छित कर दिया था। अतः वसुदेवजी नवजात शिशु को यशोदा के पास रखकर नवजात कन्या (महामाया) को लेकर वापस आकर पुनः जेल में बन्दी हो गये। भगवान् श्रीकृष्ण की अलौकिकता उनके आविर्भावकाल से ही प्रकट होने लगी। क्रूर कंस को योगमाया को धरती पर पटकने में करारा तमाचा लगा। उसकी सारी हेकड़ी समाप्त हो गयी। आकाशवाणी सुनकर तो वह अत्यधिक भयभीत हो गया। इस प्रकार अपने जन्म के अवसर पर ही श्रीकृष्ण ने प्रदर्शित कर दिया कि प्रतिकूल आसुरी वृत्ति का दमन और अनुकूल दैवी सम्पत्ति का अभ्युदय होगा।

उनके बाल्यजीवन और बाल-लीलाओं से उनके अलौकिक चरित्र की झाँकी मिलनी प्रारम्भ हो जाती है। उन्हें मार डालने के लिये कंस ने अतुल पराक्रमी दैत्यों को नियोजित किया। वे सब अभिमान में भरे हुए उनका वध करने के लिये उत्साह पूर्वक आये। महादानवी पूतना अपने स्तनों में कालकूट विष लगा कर उन्हें दूध पिलाने के बहाने परम सुन्दरी के वेश में आयी। परन्तु सर्वान्तर्यामी श्रीकृष्णजी ने उसे तुरन्त काल के हवाले कर दिया। तत्पश्चात् एक से एक प्रचण्ड पराक्रमी दैत्य आते गये, जैसे शकटासुर, तृणावर्त, वत्सासुर बकासुर, अघासुर, प्रलम्बासु आदि पर वे सब का संहार करते गये।

ग्वालबालों के सखा

श्रीकृष्ण भगवान् प्रकृति की परम रमणीय भूमि वृन्दावन में ग्वालबालों के साथ गौ चराते समय विविध प्रकार की क्रीड़ाएँ करते थे। उनके साथ-साथ भोजन करते। सब की खाद्य-सामग्री का अलग-अलग स्वाद लेते और अपने श्रीमुख से उसकी प्रशंसा करते। उन ग्वालबालों का श्रीकृष्ण की अलौकिक शक्ति में सहज विश्वास था। संकटकालीन परिस्थिति आने पर वे सहज भाव से अपने प्यारे सखा 'कान्ह' अथवा 'कन्हैया' का स्मरण करते, और 'कन्हैया' भी तत्काल उन्हें भीषण संकटों से उबार लेते थे। कभी उन्हें आँखें मुंदवा कर भयानक दावानल का पान करके उन्हें दावाग्नि से सुरक्षित कर लेते थे और कभी अघासुर के पेट में गये ग्वालबालों की रक्षा उसका उदर विदीर्ण करके रहते थे। ब्रह्माजी द्वारा

ग्वालबालों के अपहरण कर लेने पर स्वयं ग्वालबालों का वेश धारण करके पूरे वर्ष भर तक ब्रह्माजी को मोहित किये रहे। कालियनाग ने अपने प्रचण्ड विष से आसपास के यमुना-जल को विषाक्त बना दिया था। उनके सखा उसी विषाक्त जल का पान करके मूर्च्छित होकर मृत्यु के मुंह में पहुँच गये थे। भगवान् श्रीकृष्ण ने अपनी अलौकिक योगशक्ति से उन्हें जीवित कर दिया। साथ ही कालियनाग का दमन करके उसे यमुनाजी का त्याग कर देने को बाध्य कर दिया।

ज्येष्ठ भ्राता बलरामजी में अलौकिक प्रीति

अपने ज्येष्ठ भ्राता बलरामजी में श्रीकृष्ण भगवान् की अनोखी प्रीति थी। एक प्रकार से गोचारण करते समय बलरामजी श्रीकृष्णजी के संरक्षक के रूप में थे। साथ ही लीला करने में एक दूसरे के सहचर। एक ओर ग्वालबाल भगवान् श्रीकृष्ण ने चरित्रों की मधुर तान छेड़े रहते थे, तो दूसरी ओर बलरामजी के साथ वनमाला पहने हुए श्रीकृष्ण मतवाले भौरों की सुरीली गुनगुनाहट में अपना स्वर मिलाकर मधुर संगीत अलापने लगते थे। दैत्यों के दलन में वे एक दूसरे के पूरक थे। तालवन में बलरामजी के सहयोग से ही उन्होंने धेनुकासुर और उसके बन्धु-बान्धवों का संहार करके सभी ग्वालबालों को तालफलों का रसास्वादन कराया। कंस के आमंत्रण पर उसका धनुष-यज्ञ देखने के लिये दोनों भाई साथ-साथ उसके दरबार में पहुँचे। भगवान् श्रीकृष्ण और बलरामजी को मारने के लिये दो प्रधान दैत्य नियुक्त किये थे। वे थे चाणूर और मुष्टिक। चाणूर का वध तो श्रीकृष्णजी ने किया और मुष्टिक का बलरामजी ने। सांदीपनि गुरु के आश्रम में दोनों ही साथ-साथ अध्ययन करने गये और साथ-साथ विद्यार्जन किया।

रुक्मिणीहरण के समय भगवान् श्रीकृष्ण अकेले ही रथ पर सवार होकर कुंडिनपुर गये। पर बलरामजी स्नेहवश उनकी सहायता के लिये उनके पीछे-पीछे ही चतुरंगिणी सेना लेकर पहुँचे। रुक्मिणी को युद्ध में जीतकर भगवान् श्रीकृष्ण ने रुक्म के बाल मूंडकर उसका विकृत वेश बना दिया। इस पर बलरामजी ने श्रीकृष्ण को लजवाया कि अपने सम्बन्धी के साथ ऐसा दुर्व्यहार नहीं करना चाहिये।

अनेक बार दोनों भाइयों में मतभेद भी हुआ। जब अर्जुन ने उनकी बहिन सुभद्रा का हरण किया, तो उनके इस कार्य में श्रीकृष्णजी की सम्मति थी। पर बलरामजी इसके विरोधी थे। अन्त में श्रीकृष्ण के समझाने पर वे शान्त हो गये। इसी प्रकार भीमसेन ने गदायुद्ध में अधर्म और अन्याय का सहारा लेकर दुर्योधन पर विजय पायी थी। हालांकि भगवान् श्रीकृष्ण के संकेत से ही अर्जुन ने

अपनी जाँघ ठोंककर भीमसेन को इशारा किया था कि दुर्योधन की जाँघ पर ही गदा-प्रहार करो, तभी वह जीता जा सकेगा। संयोगवश बलरामजी भी वहाँ उपस्थित थे। उनसे यह अन्याय सहन नहीं हुआ। वे क्रोधावेश में कुछ इधर-उधर करने पर उतारू हो गये। पर श्रीकृष्ण ने उन्हें समझा-बुझा कर शान्त कर दिया। इस प्रकार दोनों भाइयों की अलौकिक प्रीति आदर्श थी। यदुवंशियों के संहार में दोनों भाइयों ने एरका घास द्वारा साथ-साथ उनका वध किया। संहार हो जाने पर बलरामजी ने योग द्वारा अपने शरीर का परित्याग कर दिया। ऐसी स्थिति में भगवान् श्रीकृष्ण ने भी महाप्रयाण कर दिया और वे स्वधाम चले गये।

गुरुजनों के प्रति अपूर्व श्रद्धा

अपने गुरुजनों के प्रति भगवान् श्रीकृष्ण का दृढ़ अनुराग लोक-विख्यात है। वरुण के सेवक द्वारा नंदबाबा का अपहरण कर लिये जाने पर वे तुरन्त वरुणलोक पहुँच कर नंदबाबा को मुक्त कर लाये। सांदीपनि गुरु के गुरुदक्षिणा माँगने पर उनके मृत पुत्र को यमपुरी से जीवित वापस लाकर उन्हें सहर्ष लौटा दिया। देवकीजी ने कंस द्वारा मारे गये अपने पुत्रों को देखने की उत्कट अभिलाषा प्रकट की, भगवान् श्रीकृष्ण ने उन्हें पातालपुरी से ले आकर अपनी माता के समक्ष उपस्थित कर दिया। इस प्रकार उनकी इच्छा की पूर्ति की। देवकीजी ने उन पुत्रों का लाड़प्यार करके उनके जाने की अनुमति दे दी।

मथुरा से नन्दबाबा तथा अन्य गोपजन विदा होकर गोकुल की ओर चले, तो भगवान् श्रीकृष्ण ने उनके पास पहुँच कर जो भाव अभिव्यक्त किये, वे बड़े मार्मिक और कारुणिक हैं। भीष्म पितामह शरशय्या पर पड़े थे। महाभारत के युद्ध की समाप्ति के पश्चात् श्रीकृष्णजी महाराज युधिष्ठिर को लेकर उनके पास उपस्थित हुए। उन्होंने भीष्म पितामह का अत्यधिक सत्कार किया। भीष्मजी की प्रशंसा करते हुए उन्होंने कहा, "आपके इस लोक से चले जाने पर सारे ज्ञान लुप्त हो जायेंगे; संसार में जो संदेहग्रस्त विषय हैं, उनका समाधान करनेवाला आपके सिवा दूसरा कोई नहीं है।"

भगवान् श्रीकृष्ण अजातशत्रु युधिष्ठिर के ममेरे भाई थे और उम्र में छोटे थे। अतएव उनमें पारस्परिक आत्मीयता और प्रेम का होना स्वाभाविक था। पर श्रीकृष्णजी उनकी धर्मपरायणता पर मुग्ध थे। इसी कारण उन्हें अत्यधिक सम्मान देते थे। इसी प्रकार विदुरजी धर्मपरायण, न्यायप्रिय, ज्ञानी एवं तत्त्वदर्शी थे। साथ ही भगवान् श्रीकृष्ण में उनकी अनन्य भक्ति थी। भगवान् श्रीकृष्ण भी उन्हें बहुत सम्मान देते थे। वे जब पाण्डवों के दूत बनकर हस्तिनापुर गये, उस समय

उन्होंने दुर्योधन आदि के आतिथ्य को साफ इनकार कर दिया। उन्होंने विदुरजी के आतिथ्य-सत्कार को सहर्ष स्वीकार किया। इसी प्रकार कुन्तीदेवी, धृतराष्ट्र, द्रोणाचार्य आदि के प्रति भी उनका पूर्ण सम्मान भाव था।

गोपियों के प्रति अनन्य प्रेम

भगवान् के प्रति गोपियों की अनन्य प्रीति और आत्मसमर्पण भाव आध्यात्मिक साधनाप्रणाली में विख्यात है। भक्ति के पाँच प्रकार हैं—शान्त, दास्य, सख्य, वात्सल्य और दाम्पत्य अथवा मधुर। दाम्पत्य भक्ति की सर्वश्रेष्ठ साधिका गोपियाँ मानी जाती हैं। वे श्रीकृष्णजी को उनकी शिशु अवस्था से निष्काम प्रेम करने लगी थीं। किसी न किसी बहाने उनका दर्शन करना चाहती थीं। उनकी प्राप्ति के लिये गोपियों ने कठोर तपस्या और साधना की थी। मथुरा जाने पर श्रीकृष्णजी के वियोग में गोपियाँ अत्यधिक व्याकुल थीं। उन्हें सांत्वना देने के लिये भगवान् ने उद्धवजी को ब्रजभूमि भेजा। उद्धवजी श्रीकृष्णजी के अनन्य भक्त और सखा थे। वे तत्वज्ञानी थे। गोपियों को तो वे समझाने गये। परन्तु उनके अनन्य प्रेम के सम्मुख वे स्वयं द्रवीभूत हो गये। छः महीने तक ब्रजभूमि में रहकर वे इस प्रकार अभिलाषा करने लगे, "इस पृथ्वी पर केवल इन गोपियों का ही शरीर धारण करना श्रेष्ठ एवं सफल है; क्योंकि ये सर्वात्मा भगवान् श्रीकृष्ण के परम प्रेममय दिव्य महाभाव में स्थित हो गयी हैं। मेरे लिये तो सबसे अच्छी बात यही होगी कि मैं इस वृन्दावन धाम में कोई झाड़ी, लता अथवा ओषधि—जड़ी-बूटी बन जाऊँ। अहा, यदि मैं ऐसा बन जाऊँगा, तो मुझे इन ब्रजांगनाओं की चरणधूलि निरन्तर सेवन करने को मिलती रहेगी। इनके चरण-रज में स्नान करके मैं कृतकृत्य हो जाऊँगा।"

भगवान् श्रीकृष्ण अकृतज्ञ नहीं थे। गोपियों के दुबारा मिलने पर उनके प्रेम की प्रगाढ़ता की प्रशंसा करते हुए उन्होंने कहा, "सखियो, बड़े सौभाग्य की बात है कि तुम सब लोगों को मेरा अनन्य प्रेम प्राप्त हो चुका है, जो मेरी ही प्राप्ति करानेवाला है। मेरे प्रति की हुई प्रेमाभक्ति प्राणियों को अमृतत्व प्रदान करने में समर्थ है।" इसके पश्चात् उन गोपियों को ब्रह्मज्ञान-प्राप्ति का पूर्ण अधिकारी समझ कर उन्हें इस प्रकार उपदेश दिया, "प्यारी गोपियो, जैसे घट, पट आदि जितने भी भौतिक पदार्थ हैं, उनके आदि, मध्य और अन्त में, बाहर और भीतर, उनके मूल कारण पृथ्वी, जल, अग्नि, वायु और आकाश ही ओतप्रोत हो रहे हैं; वैसे ही जितने भी पदार्थ हैं, उनके पहले, पीछे, बीच में, बाहर और भीतर केवल मैं ही मैं हूँ।" भगवान् श्रीकृष्ण ने इस प्रकार गोपियों को अध्यात्मज्ञान का उपदेश

दिया। उसी उपदेश के बार-बार स्मरण से गोपियों का जीवकोश—लिङ्ग शरीर नष्ट हो गया और वे भगवान् से एक हो गयीं। जैसे समुद्र में मिलने पर नदियाँ अपने नामरूप को त्याग कर समुद्ररूप हो जाती हैं। उसी प्रकार गोपियाँ भगवान् श्रीकृष्ण से एक होकर अपने नाम रूप का परित्याग करके कृष्णमय हो गयीं।

ऋषियों, ब्राह्मणों और सन्त पुरुषों में प्रगाढ़ श्रद्धा

भगवान् श्रीकृष्ण के धर्मसंस्थापन में ऋषियों और ब्राह्मणों के पूजन और आतिथ्य-सत्कार के प्रति पर्याप्त अनुराग की भावना थी। उनका यह दृढ़ विश्वास था कि उनके पूजन से शक्ति और सात्विकी वृति की वृद्धि अवश्यम्भावी है। उनका अपमान करना आसुरी वृत्ति का प्रधान लक्षण है। उनके सत्कार से वर्णाश्रम धर्म की व्यवस्था अपने आप सुचारु ढंग से चलती रहती है। उन्होंने स्वयं इसका आदर्श सबके सामने उपस्थित किया। उनकी नित्य की दिनचर्या का प्रमुख अंग था—ऋषियों और ब्राह्मणों की पूजा और आतिथ्य सत्कार करना। उन्हें देखते ही वे अपना आसन त्याग देते थे। जब वे शान्ति-दूत बनकर दुर्योधन और धृतराष्ट्र को समझाने हस्तिनापुर गये थे, तो उत्सुकतावश ऋषियों की मण्डली भगवान् के प्रवचन को श्रवण करने के लिये हस्तिनापुर गयी थी। वे ऋषिगण आकाश में खड़े थे। श्रीकृष्णजी ने उन्हें देखते ही, अपना सिंहासन त्याग दिया और भीष्मजी से कहा, "भीष्मजी पहले आकाश में खड़े हुए ऋषियों के बैठने की पूरी व्यवस्था कर दीजिये, तब हम लोग बैठ सकेंगे।" उनके बैठने की पूर्ण व्यवस्था हो गयी, तभी उन्होंने एवं सभी सभासदों ने अपना-अपना आसन ग्रहण किया।

उनकी यह नित्य की दिनचर्या थी कि ब्राह्मणों को भोजन कराये बिना स्वयं भोजन नहीं करते थे। इस सम्बन्ध में वे अपने कुटुम्बियों को भी सतर्क और सावधान करते रहते थे। राजा नृग की कथा सुनाकर वे इसका जीवन्त दृष्टान्त देते थे। युधिष्ठिर के राजसूय यज्ञ में उन्हीं की अग्रपूजा हुई। सबलोगों को तो यज्ञ में पृथक्-पृथक् कर्म विभाजित किये गये किंतु भगवान् ने अपने हिस्से में ब्राह्मणों और पूजनीय व्यक्तियों के पद-प्रक्षालन का भार ग्रहण किया। इससे बढ़कर और क्या उदाहरण प्रस्तुत किया जा सकता है?

मित्रों के प्रति असीम स्नेह

भगवान् श्रीकृष्ण का मित्रों के प्रति असीम अनुराग और स्नेह था। सुदामाजी ने सांदीपन के आश्रम में श्रीकृष्णजी के साथ-साथ अध्ययन किया था। वे परम संतोषी और भगवन्निष्ठ ब्राह्मण थे। पत्नी के अत्यधिक आग्रह करने पर वे थोड़े से चिवड़े लेकर कृष्णजी से मिलने द्वारकापुरी गये। सुदामाजी को देखते ही

श्रीकृष्ण भगवान् आनन्द से विह्वल हो गये। अपनी आँसुओं से उन्होंने उन ब्राह्मणदेव के पैर धोये। रात्रि भर गुरु के आश्रम और उनके स्नेह की चर्चा करते रहे। स्वयं रुक्मिणी सुदामा की सेवा में लगी रहीं। सभी को आश्चर्य हो रहा था कि यह दरिद्र भाग्यशाली ब्राह्मणदेव कौन हैं, जिसकी परिचर्या, सेवा-शुश्रूषा स्वयं भगवान् ही कर रहे हैं। सुदामा जब द्वारकापुरी से चलने लगे, तो श्रीकृष्ण जी ने उन्हें स्वतः तो कुछ नहीं दिया। पर एक मुट्ठी चिवड़ा चबाने के लिये उनके घर पर धन-सम्पत्ति का अंबार लगा दिया। सुदामा का घर महल के रूप में परिणत हो गया, नौकरों-चाकरों, विविध भोग-सामग्रियों से भर गया। यह उनकी मित्रता का अद्वितीय दृष्टान्त है।

इसी प्रकार उद्धवजी भगवान् श्रीकृष्ण के अनन्य सेवक, सखा और उनके परम भक्त थे। भगवान् के स्वधाम-गमन के कुछ ही पूर्व उनके समीप पहुँचकर वे फूट-फूट कर रोने लगे। उनके भावी विरह की चिन्ता से अत्यधिक व्याकुल हो गये। भगवान् श्रीकृष्ण ने उन्हें अध्यात्मविद्या का उपदेश देकर उनके शरीर जन्य अहंकार को दूर कर उन्हें तपस्या करने के लिये बदरिकाश्रम भेज दिया।

भक्तों के सर्वस्व

भक्तों का भगवान् में निवास होता है, और भगवान् का निवास भक्तों में। अपने अनन्य भक्त का वे तनिक भी कष्ट नहीं देख सकते। उनकी प्रतिज्ञा है—

अनन्याश्चिन्तयन्तो मां ये जनाः पर्युपासते।
तेषां नित्याभियुक्तानां योगक्षेमं वहाम्यहम्॥

—श्रीमद्भगवद्गीता, अध्याय ९, श्लोक २२

अर्थात्, जो अनन्य भाव से मेरे में स्थित हुए भक्तजन मुझ परमेश्वर का निरन्तर चिन्तन करते हुए, निष्काम भाव से भजते हैं, उन नित्य एकीभाव से मेरे में स्थितिवाले पुरुषों का योगक्षेम मैं स्वयं प्राप्त कर देता हूँ। अप्राप्त की प्राप्ति का नाम 'योग' है और प्राप्ति की रक्षा का नाम क्षेम है। श्रीमद्भागवत एवं अन्य पुराणों तथा महाभारत में उनकी इस कृपा के अनेक दृष्टान्त मिलते हैं। द्रौपदी उच्च कोटि की पतिव्रता एवं भगवद्भक्त थीं। वे कृष्ण को अपना रक्षक, हितैषी एवं परम आत्मीय तो मानती ही थीं, साथ ही उनकी सर्वव्यापकता एवं सर्वशक्तिमत्ता में भी उनका पूर्ण विश्वास था। जब कौरवों की सभा में दुष्ट दुःशासन ने इन्हें नंगी करना चाहा और भीष्मादिक आदि धर्मपरायण और तेजस्वी सभासदों में से किसी की यह हिम्मत नहीं हुई कि इस अमानुषी अत्याचार को रोके; उस समय अपनी लाज बचाने का कोई दूसरा उपाय न देखकर इन्होंने

अत्यंत आतुर होकर भगवान् श्रीकृष्ण को पुकारा। सच्चे हृदय की करुण पुकार भगवान् बहुत जल्दी सुनते हैं। श्रीकृष्ण उस समय द्वारका में थे। वहाँ से वे तुरन्त दौड़े आये और धर्मरूप से द्रौपदी के वस्त्रों में छिपकर उनकी लाज बचायी। भगवान् की कृपा से द्रौपदी की साड़ी अनन्तगुना बढ़ गयी। दुःशासन क्रोधावेश में उसे जितना ही अधिक वेग से खींचता था, उतना ही वह बढ़ती जाती थी। देखते-देखते वहाँ वस्त्र का ढेर लग गया। महाबली दुःशासन की प्रचण्ड भुजाएँ थक गयीं। परन्तु साड़ी के छोर का अन्त नहीं आया। उपस्थित सारे समाज ने भगवद्भक्ति का अद्भुत चमत्कार देखा। अन्त में दुःशासन ने अपनी हार मान ली और वह चुपचाप बैठ गया।

दूसरा दृष्टान्त उनकी महिमा का यह है। दुर्योधन द्वारा भेजे गये दुर्वासा ऋषि अपने दस हजार शिष्यों सहित उस समय पहुँचे, जब पांडव भोजन कर चुके थे और द्रौपदी भी खा-पीकर विश्राम कर रही थी। सूर्य द्वारा प्रदत्त बटलोई का सारा अन्न समाप्त हो चुका था। युधिष्ठिर ने दुर्वासाजी को शिष्यों सहित भोजन करने का निमन्त्रण दे दिया। ऋषि तो उन्हें नीचा दिखाकर शाप देने के चक्कर में पड़े ही थे। अतः उन्होंने निमन्त्रण स्वीकार कर लिया और शिष्यों सहित वे स्नान करने के लिये चले गये। द्रौपदी ऐसी असाधारण परिस्थिति देख महान् चिंता में पड़ गयी। उन्होंने मन ही मन अपने आराध्यदेव भगवान् श्रीकृष्ण का स्मरण किया। सर्वान्तर्यामी, सर्वशक्तिमान् भगवान् द्रौपदी की आन्तरिक प्रार्थना सुनकर आ उपस्थित हुए उन्होंने बटलोई में लगे हुए शाक के एक कण को अपने मुख में डाल कर दुर्वासा सहित सभी ऋषियों को तृप्त कर दिया। वे सब चुपचाप शान्त भाव से बिना धर्मराज से मिले खिसक गये। भगवान् श्रीकृष्णजी की भक्तवत्सलता का यह अनुपम उदाहरण है।

भीष्मजी भगवान् श्रीकृष्ण के अनन्य भक्त थे युद्ध वे पाण्डवों के विरुद्ध कौरवों की ओर से कर रहे थे। भीषण सैन्य-संहार कर रहे थे। भीष्मजी की प्रतिष्ठा बढ़ाने के लिये, उन्होंने अपनी प्रतिज्ञा मिथ्या करके अस्त्र लेकर रथ से कूद कर उन्हें मारने के लिये दौड़ पड़े। भगवान् की इस भक्तवत्सलता को देखकर भीष्म कृतकृत्य हो गये। दो बार उन्होंने भीष्म के लिये अपनी प्रतिज्ञा भंग की।

अब समरभूमि में बाण-शय्या पर पड़े हुए बाणों से बिंधे हुए भीष्म श्रीकृष्णजी के चिन्तन में निमग्न थे, उसी समय वे भी भीष्म के चिन्तन में ध्यानमग्न हो गये थे। युधिष्ठिर के पूछने पर उन्होंने इस रहस्य का उद्घाटन किया। वे युधिष्ठिर-सहित सभी पांडवों को तथा अन्य प्रतिष्ठित व्यक्तियों को लेकर भीष्म पितामह के पास गये। उन्होंने वर देकर भीष्मजी के मानसिक और शारीरिक

ताप, विषाद और पीड़ा को तुरंत दूर कर दिया। उन्हें प्रेरणा देकर उनसे धर्मोपदेश कराकर उनके गौरव और प्रतिष्ठा को बढ़ाया। इस प्रकार उनकी भक्तवत्सलता के अनेक दृष्टान्त भरे पड़े हैं।

अलौकिक कर्मनिष्ठता

लोककल्याण के निमित्त भगवान् ने निष्काम कर्मयोग के आदर्श दृष्टान्त रखे। धर्म-संस्थापना और साधुजनों के कल्याणार्थ उन्होंने पग-पग पर पाण्डवों को निर्देश दिये। धर्मराज युधिष्ठिर सत्यभाषण के महान् व्रती थे। उनकी प्रतिज्ञा थी कि वे असत्यभाषण नहीं करेंगे। किन्तु द्रोणाचार्य के वध के लिये धर्मराज युधिष्ठिर से श्रीकृष्णजी ने झूठ बुलवा ही दिया। "अश्वत्थामा मारा गया" युधिष्ठिर के मुंह से यह कहलाकर धृष्टद्युम्न द्वारा द्रोणाचार्य का वध करा दिया। वे जानते थे कि यहाँ 'अधर्म' ही 'धर्म' है, क्योंकि वे कर्मगति के पूर्ण ज्ञाता थे। फिर आततायी कौरवों की ओर से वे घमासान युद्ध कर रहे थे। दुर्योधन को प्रसन्न करने के लिये, उन्होंने महारथियों से मिलकर अभिमन्यु का वध कराया था। इससे बढ़कर कौन सा पाप हो सकता था ?

अर्जुन भीष्मजी से सदैव मृदु युद्ध करते थे। यह बात भगवान् श्रीकृष्ण को अच्छी नहीं लगती थी। अर्जुन का यह तर्क था कि जिसकी गोदी में धूलधूसरित शरीर से बैठकर क्रीड़ा की है, उस पूज्य पितामह पर कठोर अस्त्र का प्रयोग किस प्रकार करूँ ? भगवान् श्रीकृष्ण ने अर्जुन को क्षत्रिय धर्म का स्मरण दिलाया और भीम के वध के लिए प्रोत्साहित किया। उन्होंने अर्जुन से कहा, "यदि बड़े से बड़ा गुरुजन अपने हाथ में अस्त्र-शस्त्र लेकर युद्ध करने के लिये आ जाय, तो उसे आततायी समझ कर उसका वध कर डालना चाहिये। इसमें रंचमात्र पाप नहीं है। हे विजयी पार्थ, तुम क्षत्रिय धर्म में स्थित होकर युद्ध में भीष्म के वध की पहले प्रतिज्ञा करके, अब उन्हें कैसे नहीं मारोगे ? युद्धदुर्मद क्षत्रियप्रवर भीष्म को बिना मारे तुम्हारी विजय नहीं हो सकती है ?" यह भगवद्वाणी अर्जुन के द्वारा भीष्म वध का कारण बनी। अर्जुन ने बाणों की वर्षा करके पितामह को रथ से गिराकर शरशय्या पर सुला दिया।

कर्ण के वध के भी श्रीकृष्ण ही मूल कारण बने। रथ का पहिया पृथ्वी में धंस जाने के कारण कर्ण रथ से नीचे उतर पड़ा और धर्म की दुहाई देकर अर्जुन से समय माँगने लगा। अर्जुन असमंजस में पड़ गये। किन्तु उस समय श्रीकृष्ण ने कर्ण के किये हुए पापों का स्मरण कराते हुए, अर्जुन को प्रोत्साहित किया, "इस आततायी का तत्काल वध कर डालो। अब इसे युद्ध का अवसर भूल कर भी मत

दो। इसी आततायी ने कई महारथियों के साथ अभिमन्यु को घेर कर उसकी हत्या करायी थी, तब इसका धर्म कहाँ चला गया था?" अर्जुन ने भगवान् की आज्ञा शिरोधार्य की और कर्ण का वध कर दिया।

महारथी शल्य के वध में भी श्रीकृष्णजी की ही बलवती प्रेरणा थी। उन्होंने धर्मराज युधिष्ठिर को उन्हें उनके क्षात्रबल और तपोबल का स्मरण कराकर शल्य वध के लिये अनुप्रेरित किया।

सारी कौरवसेना के संहार के पश्चात् युधिष्ठिर ने दुर्योधन से कहा, "दुर्योधन, तुम पाँच पांडवों में से किसी एक के साथ युद्ध जीतकर, राजा बन जाओ।" भगवान् श्रीकृष्ण ने युधिष्ठिर की इस बेतुकी बात को सुनकर क्रोधावेश में कहा, "अब आप फिर युद्ध का जुआ खेलने जा रहे हैं। गदायुद्ध में भीमसेन ही इसका सामना कर सकते हैं, दूसरा कोई भी पाण्डव नहीं। इसने गदायुद्ध का निरन्तर अभ्यास किया है। सचमुच कुन्ती और पाण्डु के पुत्र भिक्षा ही माँगने योग्य हैं।" जिन धर्मराज युधिष्ठिर का भगवान् श्रीकृष्ण इतना सम्मान करते थे, उन्हीं के प्रमाद करने के कारण उन्होंने युधिष्ठिर की इतनी भर्त्सना की। श्रीकृष्ण की बात सुनकर युधिष्ठिर की स्थिति दयनीय हो गयी।

इसी प्रकार गदायुद्ध में भीमसेन और दुर्योधन का युद्ध अनिर्णयात्मक ही रहता, यदि श्रीकृष्णजी का संकेत पाकर अर्जुन अपनी जाँघ ठोंक कर इशारे से भीमसेन को यह न बताते कि दुर्योधन की जाँघ पर गदा का प्रहार करो। भीमसेन ने दुर्योधन की जाँघ पर गदा से प्रहार किया, जिसके फलस्वरूप वह धराशायी हो गया और विजय पांडवों की हुई। अतः श्रीकृष्ण भगवान् की अद्भुत कार्यकुशलता से कौरव-पक्ष की पराजय और पाण्डव-पक्ष की विजय हुई।

अद्भुत नीतिज्ञ

भगवान् श्रीकृष्ण परम नीतिज्ञ थे। उन्होंने स्थान-स्थान पर नीति के बल पर विजय प्राप्त की। जरासन्ध प्रबल पराक्रमी राजा था। वह आसुरी वृत्ति युक्त राजा था। उसने बहुत से राजाओं को बन्दी बनाकर उन्हें कारागृह में डाल रक्खा था। उनकी बलि देकर वह भगवान् शंकर को प्रसन्न करना चाहता था। उसकी सारी तपस्या लोगों को दुःख देने के लिये होती थी। भगवान् श्रीकृष्ण ने अपनी नीतिनिपुणता से बिना किसी सेना की सहायता से उसके ऊपर विजय प्राप्त की। भीमसेन और अर्जुन को लेकर उससे द्वन्द्व युद्ध की भिक्षा माँगी। उसने भीमसेन से द्वन्द्व युद्ध करना स्वीकार किया। श्रीकृष्णजी ने वृक्ष की डाली लेकर बीच से उसे चीर कर यह संकेत कर दिया कि यह इसी तरह चीरे जाने पर ही मारा जा सकता

है। अन्यथा इसका वध करना असंभव है। भीमसेन ने उनका इशारा समझ लिया और उसी के अनुसार जरासन्ध का वध कर दिया। जरासन्ध की मृत्यु के पश्चात् उसके पुत्र को अभिषिक्त करके राजसिंहासन पर प्रतिष्ठित कर दिया। इसका परिणाम यह हुआ कि वह पाण्डवों और श्रीकृष्णजी का जीवन पर्यन्त विश्वासपात्र मित्र बना रहा। महाभारत के युद्ध में वह पाण्डवपक्ष की ओर से लड़ा।

शिशुपाल भगवान् श्रीकृष्ण का जन्मजात शत्रु था। युधिष्ठिर के राजसूय यज्ञ में श्रीष्कृण भगवान् की अग्रपूजा हुई। इससे वह जलभुन कर श्रीकृष्ण को खरीखोटी सुना कर अनाप-शनाप बकने लगा। भरी सभा में वह अभद्र व्यवहार और अशिष्टता की चरमसीमा पर पहुँच गया। उसके इस प्रकार के व्यवहार से अधिकांश राजा क्षुब्ध और दुखी हो गये। सभी राजाओं की दृष्टि में शिशुपाल को दोषी और उद्दण्ड सिद्ध करके चक्रसुदर्शन द्वारा श्रीकृष्णजी ने उसका वध कर दिया। उसका वध होने पर भगवान् श्रीकृष्ण ने उसके पुत्र का अभिषेक करा दिया।

कंस का वध करने पर यदि भगवान् श्रीकृष्ण चाहते, तो स्वयं राजा बन सकते थे। परन्तु उन्होंने ऐसा करना उचित नहीं समझा, क्योंकि यह नीति के विरुद्ध कार्य था। उन्होंने क्रूर कंस के पिता उग्रसेन को मथुरा का राजा बना कर अपनी दूरदर्शिता का परिचय दिया। इसी प्रकार उन्होंने कालयवन ऐसे महापराक्रमी को सोते हुए राजा मुचुकुन्द की दृष्टि द्वारा भस्म कराकर बहुत बड़ा कंटक दूर किया। भगवान् श्रीकृष्ण ने पग-पग पर कुशल राजनीति का परिचय दिया है।

परम स्थितप्रज्ञ

श्रीमद्भगवद्गीता के दूसरे अध्याय के पचपनवें श्लोक से लेकर बहत्तरवें श्लोक तक स्थितप्रज्ञ पुरुष के लक्षण और उसकी महिमा का भगवान् श्रीकृष्ण ने निरूपण किया है। वास्तव में उनकी कृपा से ही स्थितप्रज्ञ की दुर्लभ स्थिति प्राप्त होती है, तो उनके संबंध में कहना ही क्या ? वे तो स्थितप्रज्ञों के भी स्थितप्रज्ञ हैं। फिर भी शास्त्रीय दृष्टि से स्थितप्रज्ञ पुरुष के कतिपय लक्षण इस प्रकार हैं—"हे अर्जुन, जिस काल में वह पुरुष मन में स्थित सम्पूर्ण कामनाओं को भलीभाँति त्याग देता है, और आत्मा से आत्मा में ही संतुष्ट रहता है, उस काल में वह स्थिर प्रज्ञ कहा जाता है। दुःखों की प्राप्ति होने पर जिसके मन में उद्वेग नहीं होता, सुखों की प्राप्ति में जो सर्वथा निःस्पृह है तथा जिसके राग, भय और क्रोध नष्ट हो गये हैं, ऐसा मुनि स्थिरबुद्धि कहा जाता है। जो मनुष्य सर्वत्र स्नेहरहित हुआ उस-उस शुभ या अशुभ वस्तु को प्राप्त होकर न प्रसन्न होता है और न द्वेष करता है, उसकी बुद्धि स्थिर है।"

"कछुआ सब ओर से अपने अंगों को जैसे समेट लेता है, वैसे ही जब वह पुरुष इन्द्रियों के विषयों से इन्द्रियों को सब ओर से हटा लेता है, तब उसकी बुद्धि स्थिर है, ऐसा समझना चाहिये। जिस पुरुष की इन्द्रियां इन्द्रियों के विषयों से सब प्रकार निग्रह की हुई हैं, उसी की बुद्धि स्थिर है। सम्पूर्ण प्राणियों के लिये जो रात्रि के समान है, उस नित्य ज्ञानस्वरूप परमानन्द की प्राप्ति में स्थितप्रज्ञ योगी जागता है और जिस नाशवान् सांसारिक सुख की प्राप्ति में सब प्राणी जागते हैं, परमात्म-तत्व को जाननेवाले मुनि के लिये वह रात्रि के समान है।"

"जैसे नाना नदियों के जल सब ओर से परिपूर्ण, अचल प्रतिष्ठा वाले समुद्र में उसको विचलित न करते हुए समा जाते हैं, वैसे ही सब भोग जिस स्थितप्रज्ञ पुरुष में किसी प्रकार का विकार उत्पन्न किये बिना ही समा जाते हैं, वही पुरुष परम शान्ति को प्राप्त होता है, भोगों को चाहने वाला नहीं। जो पुरुष सम्पूर्ण कामनाओं को त्यागकर, ममतारहित, अहंकाररहित और स्पृहारहित हुआ विचरता है, वही शान्ति को प्राप्त होता है।"

"हे अर्जुन, यह ब्रह्म को प्राप्त हुए पुरुष की स्थिति है। इसको प्राप्त होकर योगी कभी मोहित नहीं होता और अन्तकाल में भी इसी ब्राह्मी स्थिति में स्थित होकर ब्रह्मानंद को प्राप्त होता है।"

जिनके दर्शन, लीला और गुणों के श्रवण, मनन, चिन्तन और निरन्तर अभ्यास करने से साधकों को स्थितप्रज्ञता प्राप्त होती है, उन सर्वशक्तिमान्, सर्वाधार परमात्मा भगवान् श्रीकृष्ण को स्थितप्रज्ञता के बन्धन में बांधना समीचीन नहीं है। इसीलिये उन्हें 'महा योगिन्' एवं 'महायोगेश्वर' की संज्ञा दी गयी है।

भगवान् श्रीकृष्ण के चरित्र एवं व्यक्तित्व को आंकना और उसकी मीमांसा करना आसान नहीं है। ब्रह्माजी, देवराजइन्द्र, और भगवान् शंकर उनकी महिमा को जानते तो अवश्य हैं, पर उसका पूर्ण कथन नहीं कर सकते। इसलिये वेदों में उन्हें 'नेति नेति' की संज्ञा दी गयी है। किन्तु सांसारिक लौकिक व्यक्तियों के सन्तोष के निमित्त उनके व्यक्तित्व का इस प्रकार निरूपण किया जा सकता, "वे उत्तम शील, शम, दम, पराक्रम, वीरता, सुन्दर शरीर, उत्तम दर्शन, सुडौल आकृति, धैर्य, सरलता, कोमलता, रूप और बल आदि सद्गुणों से सम्पन्न हैं। सब प्रकार के दिव्य और अद्भुत अस्त्र-शस्त्र उनके पास सदा विद्यमान रहते हैं। वे योगमाया से सम्पन्न और असंख्य नेत्रोंवाले हैं। उनका हृदय अत्यंत विशाल और उदार है।"

"वे अविनाशी, वीर, मित्रजनों के प्रशंसक, जाति एवं बन्धु-बान्धवों के प्रेमी, क्षमाशील, अहंकाररहित, ब्राह्मणभक्त, वेदों का उद्धार करनेवाले, भयातुर पुरुषों

का भय दूर करनेवाले और मित्रों का आनन्द बढ़ानेवाले हैं। वे समस्त प्राणियों को शरण देनेवाले, दीन-दुखियों के पालन में तत्पर, शास्त्रज्ञानसम्पन्न, धनवान्, सर्वभूतवन्दित, शरण में आये हुए शत्रुओं को भी वर देनेवाले, धर्मज्ञ, नीतिज्ञ, नीतिमान्, वेदों के वक्ता और जितेन्द्रिय हैं।"

□□

अध्याय—२३

श्रीकृष्ण-दर्शन

वैसे तो भगवान् श्रीकृष्ण ने अपनी महिमा और प्रभाव का वर्णन स्वयं अपने श्रीमुख से महाभारत, श्रीमद्भागवत तथा अन्य पुराणों में स्थान-स्थान पर किया है, साथ ही भक्तों, तत्वज्ञानी ऋषियों ने उनके स्वरूप और माहात्म्य का विवेचन किया है, पर श्रीमद्भगवद्गीता में उनकी वाणी की अजस्र मंदाकिनी प्रवाहित हुई है। श्रीमद्भगवद्गीता महाभारत के भीष्मपर्व का एक अंश है, जिसमें १८ अध्याय और ७०० श्लोक हैं।

(१) गीता की महिमा

श्रीमद्भगवद्गीता साक्षात् श्रीकृष्ण भगवान् की दिव्य वाणी है। इसकी महिमा अपार है, अपरिमित है। इसका यथार्थ में वर्णन कोई नहीं कर सकता। इतिहास-पुराणों में स्थान-स्थान पर इसकी महिमा का गुणगान किया गया है; परन्तु जितनी महिमा इसकी अब तक गायी गयी है, उसे एकत्र कर लिया जाय, तो भी यह नहीं कहा जा सकता कि इसकी महिमा इतनी ही है। सच्ची बात तो यह है कि इसकी महिमा का पूर्णतया वर्णन हो नहीं सकता। इसलिये वह अपरिमित है।

गीता एक परम रहस्यमय ग्रंथ है। इसमें सम्पूर्ण वेदों और शास्त्रों का सार संग्रह किया गया है। इसकी रचना इतनी सरल और सुन्दर है कि थोड़ा अभ्यास करने से भी मनुष्य इसको सहज ही समझ सकता है; परन्तु इसका आशय इतना गूढ़ और गंभीर है कि आजीवन निरन्तर अभ्यास करते रहने पर भी उसका अन्त नहीं आता। प्रतिदिन नये-नये भाव उत्पन्न होते रहते हैं, इससे वह सदा नवीन बना रहता है। एकाग्रचित्त होकर श्रद्धा-भक्ति सहित विचार करने पर इनके पद-पद में परम रहस्य भरा हुआ प्रत्यक्ष प्रतीत होता है। भगवान् के गुण, प्रभाव, स्वरूप, मर्म और उपासना तथा कर्म एवं ज्ञान का वर्णन जिस प्रकार इस गीता-शास्त्र में किया गया है, वैसा अन्य ग्रंथों में एक साथ मिलना कठिन है। भगवद्-गीता एक ऐसा अनुपमेय शास्त्र है, जिसका एक भी शब्द सदुपदेश से खाली नहीं है। उसमें जितनी भी बातें कही गयी हैं, वे सभी अक्षरशः यथार्थ हैं। गीता में सारे शास्त्रों का अध्यात्म विषयक सार भरा हुआ है। उसे सारे शास्त्रों का खजाना कहें, तो भी अत्युक्ति न होगी। गीता का भलीभांति ज्ञान हो जाने पर,

सब शास्त्रों का तात्विक ज्ञान अपने-आप हो सकता है, उसके लिये अलग से परिश्रम करने की आवश्यकता नहीं रहती।

गीता गंगा से भी बढ़कर है। शास्त्रों में गंगा-स्नान का फल मुक्ति बतलाया गया है; परंतु गंगा में स्नान करनेवाला स्वयं मुक्त हो सकता है, वह दूसरों को तारने की सामर्थ्य नहीं रखता। किन्तु गीतारूपी गंगा में गोते लगानेवाला स्वयं तो मुक्त होता ही है, वह दूसरों को भी तारने में समर्थ हो जाता है। गंगा तो भगवान् के चरणों से उत्पन्न हुई हैं, और गीता साक्षात् भगवान् नारायण के मुखारविन्द से निकली है।

स्वयं भगवान् वेदव्यास ने कहा है—

गीता सुगीता कर्तव्या किमन्यैः शास्त्रसंग्रहैः।
या स्वयं पद्मनाभस्य मुखपद्माद् विनिःसृता॥
(महाभारत, भीष्म०, ४३/१)

अर्थात्, "गीता का ही भली प्रकार से गान करना चाहिये। अन्य शास्त्रों के संग्रह की क्या आवश्यकता है? क्योंकि वह स्वयं पद्मनाभ भगवान् के साक्षात् मुख-कमल से निकली हुई है।" इस श्लोक में 'पद्मनाभ' शब्द का प्रयोग करके महा-भारतकार ने यही बात व्यक्त की है। तात्पर्य यह है कि यह गीता उन्हीं भगवान् के मुखकमल से निकली है, जिनके नाभिकमल से ब्रह्माजी उत्पन्न हुए और ब्रह्माजी के मुख से वेद प्रकट हुए, जो सम्पूर्ण शास्त्रों के मूल हैं।

गीता को हम स्वयं भगवान् से भी बढ़कर कहें, तो कोई अत्युक्ति न होगी। भगवान् ने स्वयं कहा है,

गीताश्रयेऽहं तिष्ठामि गीता मे चोत्तमं गृहम्।
गीताज्ञानमुपाश्रित्य त्रींल्लोकान् पालयाम्यहम्॥
—वाराहपुराण

अर्थात्, "मैं गीता के आश्रय में रहता हूँ। गीता मेरा श्रेष्ठ गृह है। गीता के ज्ञान का सहारा लेकर ही मैं तीनों लोकों का पालन करता हूँ।"

श्रीमद्भगवद्गीता में भगवान् श्रीकृष्ण मुक्तकंठ से यह घोषणा करते हैं कि जो कोई मेरी इस गीतारूप आज्ञा का पालन करेगा, वह निस्सन्देह मुक्त हो जायगा। यही नहीं भगवान् कहते हैं कि जो कोई इसका अध्ययन करेगा, उसके द्वारा ज्ञान-यज्ञ से मैं पूजित होऊँगा। जब गीता के अध्ययन मात्र को इतना माहात्म्य है, तब जो मनुष्य इसके उपदेशों के अनुसार अपना जीवन बना लेता है और इसका रहस्य अपने भक्तों को धारण कराता है तथा उनमें इसका विस्तार और प्रचार करता

है, उसकी तो बात ही क्या है। उसके लिये तो भगवान् कहते हैं कि वह मेरा अतिशय प्रिय करनेवाला है। वह भगवान् को प्राणों से भी बढ़ कर प्यारा होता है, यह भी कहा जाय तो कुछ अनुचित न होगा। भगवान् अपने ऐसे भक्तों के अधीन बन जाते हैं। अच्छे पुरुषों में भी यह देखा जाता है कि उनके सिद्धान्तों का पालन करनेवाला जितना उन्हें प्रिय होता है, उतने प्यारे उन्हें अपने प्राण भी नहीं होते। गीता भगवान् का प्रधान रहस्यमय आदेश है। ऐसी दशा में उसका पालन करनेवाला उन्हें प्राणों से भी बढ़कर प्रिय हो, इसमें आश्चर्य ही क्या है ?

गीता भगवान् का श्वास है, हृदय है और उनकी वाङ्मयी मूर्ति है। जिसके हृदय में, वाणी में, शरीर में तथा समस्त इन्द्रियों एवं उनकी क्रियाओं में गीता रम रही है, वह पुरुष गीता की साक्षात् मूर्ति है। उसके दर्शन, स्पर्श, भाषण और चिन्तन से भी दूसरे मनुष्य परम पवित्र बन जाते हैं। फिर उसके आज्ञा-पालन एवं अनुकरण करनेवालों की तो बात ही क्या है ? वास्तव में गीता के समान संसार में यज्ञ, दान, तप, तीर्थ, व्रत, संयम और उपवास आदि कुछ भी नहीं है।

गीता ज्ञान का अथाह समुद्र है। इसके अन्तर्गत ज्ञान का अनन्त भाण्डार भरा पड़ा है। इसका तत्त्व समझाने में बड़े-बड़े दिग्गज विद्वान् और तत्त्वालोचक महात्माओं की वाणी भी कुंठित हो जाती है; क्योंकि इसका पूर्ण रहस्य भगवान् श्रीकृष्ण ही जानते हैं। उनके बाद इसके संकलनकर्ता महामुनि व्यासजी और श्रोता अर्जुन का नंबर आता है। गीता अनन्त भावों का अथाह समुद्र है। रत्नाकर में जैसे गहरा गोता लगाने पर रत्नों की प्राप्ति होती है, वैसे ही इस गीता सागर में गहरी डुबकी लगाने से जिज्ञासुओं को नित्य नूतन विलक्षण भाव-रत्न-राशि की उपलब्धि होती है। गीता का मुख्य लक्ष्य अनादिकाल से अज्ञानवश संसार-समुद्र में पड़े हुए जीव को परमात्मा की प्राप्ति करवा देने में है और उसके लिये गीता में ऐसे उपाय बताये गये हैं, जिनसे मनुष्य अपने सांसारिक कर्तव्य-कर्मों का भलीभांति आचरण करता हुआ ही परमात्मा को प्राप्त कर सकता है। व्यवहार में परमात्मा के प्रयोग की यह अद्भुत कला गीता में बतलायी गयी है।

गीता की शिक्षा पर विचार करने पर यह कहा जा सकता है कि गीता में बतलाये हुए साधनों के अनुसार आचरण करने का अधिकार मनुष्यमात्र को है। जगद्गुरु भगवान् का यह उपदेश समस्त मानवजाति के लिये है—किसी खास वर्ण अथवा किसी खास आश्रम के लिये नहीं। यही गीता की विशेषता है। भगवान् ने अपने उपदेश में जगह-जगह 'मानव' "नर" 'देहभृत' आदि शब्दों का प्रयोग

करके इस बात को स्पष्ट कर दिया है। भगवान् ने स्पष्ट शब्दों में कहा है कि मनुष्यमात्र अपने-अपने शास्त्रविहित कर्मों के संपादन द्वारा सर्वव्यापी परमेश्वर की पूजा करके सिद्धि प्राप्त कर सकता है। गीता के अठारहवें अध्याय के छियालीसवें श्लोक में यह बात स्पष्ट रूप से कह दी गयी है—

यतः प्रवृत्तिर्भूतानां येन सर्वमिदं ततम् ।
स्वकर्मणा तमभ्यर्च्य सिद्धिं विन्दति मानवः ॥

(गीता, अध्याय १८, श्लोक ४६)

अर्थात् "हे अर्जुन, जिस परमात्मा से सर्वभूतों की उत्पत्ति हुई है और जिससे यह सर्व जगत् व्याप्त है उस परमेश्वर को अपने स्वाभाविक कर्म द्वारा पूजकर मनुष्य परम सिद्धि को प्राप्त होता है।"

अब श्रीमद्भगवद्गीता में पाये जाने वाले दार्शनिक सिद्धान्तों पर दृष्टि डाली जायगी। श्रीमद्भगवद्गीता की गणना प्रस्थानत्रयी में की जाती है। उपनिषद्, ब्रह्मसूत्र और श्रीमद्भगवद्गीता प्रस्थानत्रयी के अन्तर्गत आते हैं। यह कहना असंगत न होगा कि भारतीय अध्यात्मवाद और दर्शन की मूल भित्ति प्रस्थानत्रयी हैं। सभी प्रसिद्ध आचार्यों ने श्रीमद्भगवद्गीता पर अपने भाष्य लिखे हैं। प्रत्येक भाष्य में भाष्यकारों के पृथक्-पृथक् मत हैं। अतः किसी एक को सही मानना, और दूसरे को गलत मानना न तो न्यायसंगत ही समझा जायगा और न समीचीन ही होगा। वास्तव में गीता ऐसा अलौकिक ग्रंथ है कि उसमें अपने-अपने सिद्धान्तों के प्रतिपादन के लिये सभी भाष्यकारों को पर्याप्त सामग्री मिल जाती है। मध्यकालीन और आधुनिक भाष्यकारों ने भी अपनी-अपनी निष्ठा, संस्कारों के अनुसार पृथक्-पृथक् दृष्टिकोण से अपने ढंग से गीता का विश्लेषण किया है। किसी भाष्यकार ने गीता में सगुण ब्रह्म को वरीयता प्रदान की है, तो किसी ने निर्गुण ब्रह्म को श्रेष्ठ माना है। इसी प्रकार किसी ने साधना-पद्धति में निष्काम कर्मयोग को, किसी ने ज्ञानयोग एवं किसी ने भक्तियोग को श्रेयस्कर बतलाया है। हम इस विवाद में न पड़कर समन्वयात्मक दृष्टिकोण को अपनाने का प्रयास करेंगे।

(२) परमात्व-तत्व

भगवद्गीता के अध्यात्मज्ञान का और वेदान्त शास्त्र का पहला सिद्धान्त यह है कि प्रकृति और पुरुष से भी परे एक सर्वव्यापक, अव्यक्त और अमृत तत्व है, जो चर-अचर सृष्टि का मूल है।

निर्गुण ब्रह्म

सांख्यों की प्रकृति यद्यपि अव्यक्त है, तथापि वह त्रिगुणात्मक अर्थात् सगुण

है। परंतु प्रकृति और पुरुष का विचार करते समय गीता के आठवें अध्याय के बीसवें श्लोक में कहा गया है कि जो सगुण है वह नाशवान् है; इसलिये इस अव्यक्त और सगुण प्रकृति का भी नाश हो जाने पर अंत में जो कुछ अव्यक्त शेष रह जाता है, वही सारी सृष्टि का सच्चा और नित्य तत्त्व है। इसी को निर्गुण ब्रह्म कहते हैं—

परस्तस्मात्तु भावोऽन्योऽव्यक्तोऽव्यक्तात्सनातनः।
यः स सर्वेषु भूतेषु नश्यत्सु न विनश्यति ॥

अर्थात्, "परन्तु उस अव्यक्त से भी अति परे, दूसरा अर्थात् विलक्षण जो सनातन अव्यक्त भाव है, वह सच्चिदानन्द पूर्णब्रह्म परमातमा सब भूतों के नष्ट हो जाने पर भी नहीं नष्ट होता।"

आगे पन्द्रहवें अध्याय के सत्रहवें श्लोक में क्षर (व्यक्त) और अक्षर (अव्यक्त), इस भाँति सांख्य शास्त्र के अनुसार दो तत्त्व बतला कर यह वर्णन किया है—

उत्तमः पुरुषस्त्वन्यः परमात्मेत्युदाहृतः।
यो लोकत्रयमाविश्य बिभर्त्यव्यय ईश्वरः ॥

अर्थात्, जो इन दोनों से भी भिन्न है, वही उत्तम पुरुष है। उसी को परमात्मा कहते हैं। वही अव्यय और सर्वशक्तिमान् है; और वही तीनों में व्याप्त होकर उसकी रक्षा करता है।

यह पुरुष क्षर और अक्षर, अर्थात् 'व्यक्त' और 'अव्यक्त' इन दोनों से परे है। इसलिये इसे 'पुरुषोत्तम' कहा गया है —

यस्मात्क्षरमतीतोऽहमक्षरादपि चोत्तमः
अतोऽस्मि लोके वेदे च प्रथितः पुरुषोत्तमः

अथात्, "क्योंकि मैं नाशवान्, जड़वर्ग क्षेत्र से तो सर्वथा अतीत हूँ और माया में स्थित अविनाशी जीवात्मा से भी उत्तम हूँ; इसलिये लोक में और वेद में भी 'पुरुषोत्तम' नाम से प्रसिद्ध हूँ।"

महाभारत में भी भृगु ऋषि ने भरद्वाज से 'परमात्मा' शब्द की व्याख्या करते हुए कहा है—

आत्मा क्षेत्रज्ञ इत्युक्तः संयुक्तः प्राकृतैर्गुणैः।
तैरेव तु विनिर्मुक्तः परमात्मेत्युदाहृतः ॥

—महाभारत, शान्तिपर्व, अध्याय १८७, श्लोक २४

अर्थात्, "जब आत्मा प्रकृति में या शरीर में बद्ध रहता है, तब उसे क्षेत्रज्ञ या जीवात्मा कहते हैं; और यही प्राकृत गुणों से यानी प्रकृति या शरीर के गुणों से मुक्त होने पर 'परमात्मा' कहलाता है।" संभव है कि 'परमात्मा' की उपर्युक्त दो

व्याख्याएँ भिन्न-भिन्न जान पड़ें, परन्तु वे भिन्न नहीं हैं। क्षर-अक्षर सृष्टि और जीव (अथवा सांख्य शास्त्र के अनुसार अव्यक्त प्रकृति और पुरुष) इन दोनों से परे एक ही परमात्मा है। इसलिये यह कहा जाता है कि वह क्षर-अक्षर के परे है; और कभी कहा जाता है कि वह जीव के या जीवात्मा के (पुरुष के) परे है। अतः एक ही परमात्मा की ऐसे द्विविध व्याख्याएँ कहने में वस्तुतः कोई भिन्नता नहीं हो जाती।

हाँ, इस भेद पर पाठक सदैव ध्यान रखें कि भगवद्गीता में 'अक्षर' और 'अव्यक्त' शब्दों का प्रयोग प्रकृति से परे के परब्रह्म के स्वरूप को दिखलाने के लिये भी किया गया है (गीता अध्याय ८, श्लोक २०; अध्याय ११, श्लोक ३७ तथा अध्याय १५, श्लोक १६ और १७)। जब इस प्रकार वेदान्त की दृष्टि को स्वीकार किया गया, तब इसमें सन्देह नहीं कि प्रकृति को 'अक्षर' कहना उचित नहीं है—चाहे वह प्रकृति 'अव्यक्त' भले ही हो।

सृष्टि के उत्पत्तिक्रम के विषय में सांख्यों के सिद्धान्त गीता को भी मान्य हैं। इसलिये उनकी निश्चित परिभाषा में कुछ परिवर्तन न कर, उन्हीं के शब्दों में क्षर-अक्षर या व्यक्त-अव्यक्त का वर्णन गीता में किया गया है। परन्तु स्मरण रहे कि इस वर्णन से प्रकृति और पुरुष के परे जो तीसरा उत्तम पुरुष है, उसके सर्वशक्तित्व में कुछ भी बाधा नहीं होने पाती। इसका परिणाम यह हुआ कि जहाँ भगवद्गीता में परब्रह्म के स्वरूप का वर्णन किया गया है, वहाँ सांख्य और वेदान्त के मतान्तर का सन्देह मिटाने के लिये (सांख्य) अव्यक्त के भी परे का अव्यक्त और (सांख्य) अक्षर से भी परे का अक्षर, इस प्रकार के शब्दों का प्रयोग करना पड़ा है। गीता पढ़ते समय इस बात का सदैव ध्यान रखना चाहिए कि 'अव्यक्त' और 'अक्षर' ये दोनों शब्द कभी सांख्यों की प्रकृति के लिये और कभी वेदान्तियों के परब्रह्म के लिये, अर्थात् दो प्रकार से प्रयुक्त हुए हैं। वेदान्त की दृष्टि से सांख्यों की अव्यक्त प्रकृति के भी परे दूसरा अव्यक्त जगत् का मूल ही है। जगत् के आदितत्व के विषय में सांख्य और वेदान्त में उपर्युक्त भेद है।

तेरहवें अध्याय के एकतीसवें, बत्तीसवें और तेंतीसवें श्लोकों में निर्गुण ब्रह्म का दृष्टान्तों द्वारा स्पष्टीकरण किया गया है—

अनादित्वान्निर्गुणत्वात्परमात्मायमव्ययः।
शरीरस्थोऽपि कौन्तेय न करोति न लिप्यते॥

अर्थात्, हे अर्जुन, अनादि होने से और गुणातीत होने से यह अविनाशी परमात्मा शरीर में स्थित हुआ भी वास्तव में न करता है और न लिपायमान होता है।"

यथा सर्वगतं सौक्ष्म्यादाकाशं नोपलिप्यते ।
सर्वत्रावस्थितो देहे तथात्मा नोपलिप्यते ।।

अर्थात्, "जिस प्रकार सर्वत्र व्याप्त हुआ भी आकाश सूक्ष्म होने के कारण लिपायमान नहीं होता, वैसे ही सर्वत्र देह में स्थित हुआ भी आत्मा गुणातीत होने के कारण देह के गुणों से लिपायमान नहीं होता है ।"

यथा प्रकाशयत्येकः कृत्स्नं लोकमिमं रविः ।
क्षेत्रं क्षेत्री तथा कृत्स्नं प्रकाशयति भारत ।।

अर्थात्, "हे अर्जुन, जिस प्रकार एक ही सूर्य इस सम्पूर्ण लोक को प्रकाशित करता है, उसी प्रकार एक ही आत्मा सम्पूर्ण क्षेत्र को प्रकाशित करता है, अर्थात् नित्य बोधस्वरूप एक आत्मा की ही सत्ता से सम्पूर्ण जड़ वर्ग प्रकाशित होता है ।"

सगुण ब्रह्म

उपनिषदों का आध्यात्मिक आदर्शवाद गीता में ईश्वरवादी धर्म के रूप में परिणत हो गया है, जिसमें प्रेम, प्रार्थना और भक्ति सबका समावेश है । जब तक हमें परब्रह्म का साक्षात्कार नहीं होता और हम आनुभविक जगत् के पक्ष से ही कार्य करते हैं, हम उक्त विषय की व्याख्या सर्वोपरि ईश्वर की, जिसे गीता में पुरुषोत्तम कहा गया है, कल्पना के आधार पर कर सकते हैं । परमार्थ सत्ता का अशीरधारी होना ही मनुष्य की दृष्टि में उसका पूर्ण महत्व नहीं रखता । गीता उपनिषदों के. आदर्शवाद को मनुष्यजाति के दैनिक जीवन के अनुकूल बनाने के लिये उत्सुक है और उसके लिये वह उक्त परमसत्ता की दैवीय क्रिया तथा प्रकृति के कार्यों में भाग लेने का समर्थन करती है । यह हमारे सामने एक ऐसे ईश्वर की कल्पना करती है, जो मनुष्य के कुल जीवन के लिये संतोषप्रद है । गीता का ईश्वर ऐसी यथार्थसत्ता है, जो केवल अनन्त और केवल श्रान्त दोनों से ऊपर है । परमात्मा संसार का जनक (उत्पादक) तथा कारण है, जो अभिवाज्य शक्ति के रूप में समस्त प्राणिमात्र में व्याप्त है । नैतिक गुण आध्यात्मिक गुणों के साथ जुड़े हुए हैं—

कविं पुराणमनुशासितारमणोरणीयांसमनुस्मरेद्यः ।
सर्वस्य धातारमचिन्त्यरूपयादित्यवर्णं तमसः परस्तात् ।।

—गीता, अध्याय ८, श्लोक ६

अर्थात् "जो पुरुष सर्वज्ञ, अनादि, सब के नियन्ता, सूक्ष्म से भी अति सूक्ष्म, सब के धारण-पोषण करनेवाले, अचिन्त्य स्वरूप, सूर्य के सदृश नित्य चेतन प्रकाशरूप, अविद्या से अति परे, शुद्ध सच्चिदानंदघन परमात्मा को स्मरण करता है ।"

ओमित्येकाक्षरं ब्रह्म व्याहरन्मामनुस्मरन् ।
यः प्रयाति त्यजन्देहं स याति परमां गतिम् ।।

— गीता, अध्याय ८, श्लोक १३

अर्थात्, "जो पुरुष, ॐ ऐसे इस एक अक्षरस्वरूप ब्रह्म को उच्चारण करता हुआ और उसके अर्थस्वरूप मुझे चिन्तन करता हुआ, शरीर को त्याग कर जाता है, वह पुरुष परमगति को प्राप्त होता है।"

गीता लक्षणभेद को पृथक्त्व-कारण मानने के हेत्वाभास को स्वीकार करने के लिये तैयार नहीं है। यह सब प्रकार के अमूर्त भावात्मक विरोधों का परस्पर समन्वय करती है। पहले परस्पर भेद करके तब उसमें परस्पर समन्वय स्थापित किये बिना विवेक अपना कार्य नहीं कर सकता। ज्योंही हम परमतत्व का चिन्तन करने लगेंगे, हमें अन्तर्दृष्टि के पात्र तथ्य को विचार की परिभाषा में परिणत करना होगा। विशुद्ध सत् शून्य रूप में परिणत हो गया, और अब हमारे सम्मुख सत् तथा शून्य का संयुक्त अथवा समन्वित रूप है। यह संयुक्त रूप ऐसा ही यथार्थ है जैसा कि विचार। इस रहस्य का उद्घाटन तभी होता है जब कि हम अन्तर्दृष्टि के स्तर तक उठते हैं।

निर्गुण ब्रह्म सगुण ब्रह्म में अपनी माया से प्रकट होता है। यह माया परमब्रह्म की अचिन्त्य और अतर्क्य शक्ति है। माया परमब्रह्म का अभिन्न अंग है। जैसे मिर्च से तिताई अभिन्न है, जल से शीतलता और अग्नि से उष्णता पृथक् नहीं है, उसी प्रकार निर्गुण ब्रह्म से उसकी महामाया भी पृथक् नहीं है। इस माया को लेकर दर्शन के क्षेत्र में बहुत तर्क-वितर्क, वाद-विवाद हुआ है, पर समस्या का समाधान न हुआ और न हो सकेगा। इस स्थल पर केवल इतना ही समझ लेना अलम् होगा कि वह परमात्मा की अचिन्त्यशक्ति और सर्वशक्तिमयी शक्ति है जो अघटित को घटित करके दिखाती है।

परमात्मा अविनाशी एवं अजन्मा होने पर भी अपनी प्रकृति को अपने अधीन करके अपनी योगमाया से प्रकट होते हैं, अर्थात् निर्गुण ब्रह्म अपनी अचिन्त्य शक्ति से सगुण ब्रह्म (अवतार) के रूप में प्रकट होता है—

अजोऽपि सन्नव्ययात्मा भूतानामीश्वरोऽपि सन् ।
प्रकृतिं स्वामधिष्ठाय संभवाम्यात्ममायया ।।

—गीता, अध्याय ४, श्लोक ६

अर्थात्, मेरा जन्म प्राकृत मनुष्यों के सदृश नहीं है; मैं अविनाशी-स्वरूप, अजन्मा होने पर भी तथा सब भूतप्राणियों का ईश्वर होने पर भी अपनी प्रकृति को अधीन करके योगमाया से प्रकट होता हूँ।"

भगवान् श्रीकृष्ण अपने अवतार-ग्रहण का उद्देश्य गीता में इस प्रकार बतलाते हैं—

यदा यदा हि धर्मस्य ग्लानिर्भवति भारत।
अभ्युत्थानमधर्मस्य तदात्मानं सृजाम्यहम् ।। ७ ।।
परित्राणाय साधूनां विनाशाय च दुष्कृताम् ।
धर्मसंस्थापनार्थाय संभवामि युगे युगे ।। ८ ।।

—गीता, अध्याय ४, श्लोक ७ और ८

अर्थात्, हे भारत, जब-जब धर्म की हानि और अधर्म की वृद्धि होती है, तब-तब ही मैं अपने रूप को रचता हूँ अर्थात् प्रकट करता हूँ। क्योंकि साधु पुरुषों का उद्धार करने के लिये और दूषित कर्म करनेवालों का नाश करने के लिये तथा धर्म स्थापन करने के लिये, युग-युग में प्रकट होता हूँ।"

भगवान् के अवतार-ग्रहण के संबंध में बहुत से विद्वान् लोग भी भ्रमित हो जाते हैं। वास्तव में अवतार श्री, ज्ञान, वैराग्य और ऐश्वर्य आदि षट् गुणों से पूर्ण रूप से प्रतिष्ठित होता है। निर्गुण ब्रह्म में ये गुण छिपे रहते हैं, पर सगुण ब्रह्म अथवा अवतार में स्पष्ट रूप से दृष्टिगोचर होते हैं। अवतार 'कर्तुम् अकर्तुम् अन्यथा कर्तुम्,' अर्थात् 'करने, न करने और अन्यथा करने में' पूर्ण समर्थ होता है। अन्तर्दृष्टि-सम्पन्न व्यक्ति ही इस गूढ़ रहस्य को समझने में समर्थ होता है।

साधारणतया सब अवतार परब्रह्म के अंश या कला रूप में ही व्यक्त रूप है किन्तु भागवत कृष्ण को अपवादरूप बताते हुए उसे पूर्ण व्यक्त या षोडशकला-पूर्ण अवतार कहती है, "कृष्णास्तु भगवान् स्वयम्।" कृष्ण का जो रूप वर्णन किया जाता है वह उनकी पूर्णता का उपलक्षण या संकेत करनेवाला है। उनके सिर पर जो मोर-मुकुट है वह चित्र-विचित्र रंगों के होने से मनुष्य की दृष्टि को आप्लावित कर देता है। उनका वर्ण आकाश की भाँति श्याम है, वन्य फूलों से गुंथी हुई वनमाला सौर-जगत् तथा नक्षत्रमंडल का प्रतीक है। उनका विविध रागरागिनियों में बाँसुरी बजाना, उनका जगत् के प्राणियों को संदेश देना है। पीताम्बर उनका परिधान है, वह उस प्रकाश के प्रभामंडल का प्रतीक है, जो समस्त अंतरिक्ष में व्याप्त है। उनके वक्षःस्थल पर जो श्रीवत्स का चिह्न है, वह भक्त की भक्ति का प्रतीक है, जिसे वे मनुष्यजाति के प्रति प्रगाढ़ प्रेम के कारण बड़े गौरव के साथ धारण किये हुए हैं। वे भक्तों के हृदय में निवास करते हैं और मनुष्य जाति के प्रति उनका आकर्षण इतना अधिक है कि उनके दोनों पैर जो इस आकर्षण के प्रतीक हैं, एक-दूसरे के ऊपर रखे हुए हैं, जिससे कि उन्हें पूरी दृढ़ता प्राप्त हो सके।

अवतारों की कल्पना मनुष्य-जाति के लिये एक नया आध्यात्मिक संदेश प्रस्तुत करती है। अवतार संघर्षशील हैं जो पाप, अनाचार, अत्याचार के विरुद्ध संघर्ष करते हैं। यदि ईश्वर हमारी दृष्टि में मनुष्यों का रक्षक है, तो जब कभी पापरूप शक्तियाँ मनुष्य-जीवन को नष्ट करने में प्रवृत्त हों, उस ईश्वर को अवश्य प्रकट होना चाहिये। हिन्दूधर्म के पुराणशास्त्रों के अनुसार, जब कभी रावण या कंस जैसे पापिष्ट लोग प्रभुता प्राप्त कर लेते हैं, तब इन्द्र, ब्रह्मा आदि नैतिक व्यवस्था के प्रतिनिधि, भूमि के प्रतिनिधि समेत सर्वशक्तिमान् परमात्मा के दरबार में जाकर क्रन्दन करते हैं और संसार के अन्याय-शमन की माँग करते हैं। यों तो त्राण का कार्य निरन्तर होता रहता है, किन्तु विशेष अवसरों पर, इस कार्य के ऊपर अधिक बल देना पड़ता है। अवतार का अभिप्राय ईश्वर का शरीरधारी होने से है। सर्वशक्तिमान् परमात्मा एक विशेष प्रयोजन को लेकर पृथ्वी पर अवतरित होता है। और उस सीमित रूप में अपने को बाँध कर, ज्ञान, शक्ति, ऐश्वर्य आदि की पूर्णता रखता है। मनुष्य-जाति के महान् संकट-कालों में विभिन्न अवतार हुए हैं। दैवीय तथा अध्यात्मवृत्ति वाले मर्यादा-पुरुषोत्तम का अवतार गृहस्थ जीवन की पवित्रता तथा प्रेममय जीवन का आदर्श प्रस्तुत करता है। लीला पुरुषोत्तम भगवान् श्रीकृष्ण का अवतार हमें संसार के युद्धक्षेत्र में साहस के साथ प्रवेश करने का उपदेश देता है।

विराट्-स्वरूप

परमात्मा के सगुण स्वरूप से उसका विराट्-स्वरूप अभिन्न है। अवतारों में यह विशेषता होती है कि वे अपने अनन्य भक्त को अपने ही अन्तर्गत सृष्टि के समग्र रूप को दिखा सकते हैं। मर्यादा पुरुषोत्तम भगवान् श्रीराम ने कौसल्या को अपने विराट्-स्वरूप को दिखलाया। इसी प्रकार सीता के स्वयंवर में एक ही श्रीराम के अपनी-अपनी भावना के अनुसार लोगों ने विविध रूप में दर्शन किये—'जाकी रही भावना जैसी। प्रभु मूरति तिन देखी तैसी ॥' भगवान् श्रीकृष्ण ने जब अर्जुन से दसवें अध्याय (विभूति योग) में अपनी विभूतियों का वर्णन किया, तो अर्जुन ने एकादश अध्याय (विश्वरूप दर्शनयोग) में उन्हें प्रत्यक्ष देखने की प्रार्थना की। भगवान् ने अर्जुन को दिव्य-दृष्टि प्रदान करके उन्हें विराट्-स्वरूप का प्रत्यक्ष दर्शन कराया।

वास्तव में मौलिक एकत्व के गर्भ में विश्व की समस्त प्रगति अवस्थित है, जिसके अन्दर भूत, वर्तमान और भविष्यत् सब कुछ सर्वोपरि सत्ता भगवान् श्रीकृष्ण में अवस्थित हैं। यह समस्त विश्व-प्रपंच उन्हीं के उत्पन्न होता है, उन्हीं में स्थित

है और अन्त में उन्हीं में वह लीन हो जाता है। अतः सृष्टि के रचयिता, पालन-कर्ता और संहारक वे ही हैं।

श्रीकृष्णजी अर्जुन को सम्पूर्ण विश्वरूप का एक बिस्तृत आकार में दर्शन कराते हैं (गीता, अध्याय ११, ६ से २६ श्लोक तक)। नित्यता के प्रकाश में अर्जुन भगवान् के विराट्-स्वरूप का दर्शन करते हैं, कृष्ण की विराट्-आकृति को इस जीवन की सीमाओं का उल्लंघन करते हुए देखते हैं, जिसने सम्पूर्ण विश्व को, सम्पूर्ण अन्तरिक्ष को व्याप्त कर लिया है। अर्जुन ने विभिन्न लोकों को उस विराट् रूप के अन्दर से बड़े-बड़े जल-प्रपातों की भाँति अपना-अपना मार्ग बनाकर निकलते देखा।

सर्वोपरि भगवान् श्रीकृष्ण अपने क्रियाशील स्वभाव अथवा 'स्वां प्रकृतिम्' का उपयोग करके जीवों की सृष्टि करते हैं, जो अपनी-अपनी प्रकृति के द्वारा निर्णीत मार्ग में स्वयं अपने-अपने भाग्यों का निर्माण करते हैं। जहाँ एक ओर वह सर्वोपरि ब्रह्म के द्वारा अपनी आदिम शक्ति का प्रयोग नश्वर संसार में करके सम्पन्न होता है, वहाँ दूसरी ओर एक अन्य पक्ष भी है, जिसका सम्बन्ध इस सबके साथ नहीं है। वह अशरीरी निरपेक्ष परम तत्त्व है और अन्तःस्थित इच्छाशक्ति भी है। वह ऐसा कारण है, जिसका अन्य कोई कारण नहीं है। वह स्वयं अचल है किन्तु समस्त विश्व का वह संचालक है।

सगुण-निर्गुण (उभय पक्ष)

श्रीमद्भगवद्गीता में भगवान् श्रीकृष्ण के निर्गुण और सगुण दोनों स्वरूपों की झाँकी प्रस्तुत की गयी है। किन्तु इसके अतिरिक्त कहीं-कहीं निर्गुण और सगुण, इन दोनों को एकत्र करके भी अव्यक्त परमेश्वर का वर्णन किया गया है। जैसे—

न च मत्स्थानि भूतानि पश्य मे योगमैश्वरम्।
भूतभृन्न च भूतस्थो ममात्मा भूतभावनः ॥५॥ (गीता, अध्याय ६ श्लोक ५)

अर्थात् "वे सब भूत मेरे में स्थित नहीं हैं, किन्तु मेरी योगमाया और प्रभाव को देख कि भूतों का धारण-पोषण करनेवाला और भूतों का उत्पन्न करनेवाला भी मेरा आत्मा वास्तव में भूतों में स्थित नहीं है।"

ज्ञेयं यत्तत्प्रवक्ष्यामि यज्ज्ञात्वामृतमश्नुते।
अनादिमत्परं ब्रह्म न सत्तन्नासदुच्यते ॥

—गीता, अध्याय १३, श्लोक १२

अर्थात, "हे अर्जुन, जो जानने योग्य है, तथा जिसको जान कर मनुष्य परमानन्द को प्राप्त होता है, उसको अच्छी प्रकार कहूँगा। वह आदिरहित, परमब्रह्म

अकथनीय होने से न सत् कहा जाता है और न असत् ही कहा जाता है।"

सर्वेन्द्रियवान् होने का जिसमें भास हो, परन्तु जो सर्वेन्द्रियरहित है और निर्गुण होकर भी, जो गुणों का उपभोग करनेवाला है—

सर्वेन्द्रियगुणाभासं सर्वेन्द्रियविवर्जितम् ।
असक्तं सर्वभृच्चैव निर्गुणं गुणभोक्तृ च ।।

—गीता, अध्याय १३, श्लोक १४

अर्थात, "सम्पूर्ण इन्द्रियों के विषयों को जाननेवाला है, परन्तु वास्तव में सब इन्द्रियों से रहित है। आसक्तिरहित और गुणों से अतीत हुआ भी अपनी योगमाया से सबको धारण-पोषण करनेवाला और गुणों को भोगनेवाला है।"

वह दूर है और समीप भी है—

बहिरन्तश्च भूतानामचरं चरमेव च ।
सूक्ष्मत्वात्तदविज्ञेयं दूरस्थं चान्तिके च तत् ।।

—गीता, अध्याय १३, श्लोक १५

अर्थात, "वह परमात्मा चराचर सब भूतों के बाहर और भीतर परिपूर्ण है और चर-अचर रूप भी वही है। वह अति सूक्ष्म होने से अविज्ञेय है तथा अति समीप में और दूर में भी वही स्थित है।"

वह परमात्मा अविभक्त है और विभक्त भी दीख पड़ता है—

अविभक्तं च भूतेषु विभक्तमिव च स्थितम् ।
भूतभर्तृ च तज्ज्ञेयं ग्रसिष्णु प्रभविष्णु च ।।

—गीता, अध्याय १३, श्लोक १६

अर्थात, "वह परमात्मा विभागरहित, एकरूप से आकाश के सदृश परिपूर्ण हुआ भी चराचर सम्पूर्ण भूतों में पृथक्-पृथक् के सदृश स्थित प्रतीत होता है। (जैसे महाकाश विभागरहित स्थिति हुआ भी घड़ों में पृथक्-पृथक् के सदृश प्रतीत होता है, वैसे ही परमात्मा सब भूतों में एकरूप से स्थित हुआ भी पृथक्-पृथक् की भाँति प्रतीत होता है) वह जाननेयोग्य परमात्मा विष्णुरूप से भूतों को धारण-पोषण करनेवाला, रुद्ररूप से संहार करनेवाला तथा ब्रह्माणरूप से सबका उत्पन्न करनेवाला है।"

इस प्रकार परमेश्वर के स्वरूप का सगुण-निर्गुण मिश्रित, अर्थात् परस्पर-विरोधी वर्णन भी किया गया है।

निष्कर्ष

आरंभ में दूसरे ही अध्याय में कहा गया है कि "यह परमात्मा अव्यक्त,

अचिन्त्य और अविकार्य है'' (गीता, अध्याय २, श्लोक २५)। फिर तेरहवें अध्याय में, ''यह परमात्मा अनादि, निर्गुण और अव्यक्त है; इसलिये शरीर में रहकर भी न तो यह कुछ करता है और न किसी में लिप्त होता है।'' (गीता, अध्याय १३, श्लोक ३१)। इस प्रकार परमात्मा के शुद्ध, निर्गुण, निरवयव निर्विकार, अचित्य, अनादि और अव्यक्त रूप की श्रेष्ठता का वर्णन गीता में किया गया है। अधिकारी-भेद से सगुण ब्रह्म का आश्रय लेकर साधक उपासना के द्वारा उत्तरोत्तर आगे बढ़ते हुए परम ब्रह्म के निर्गुण तत्त्व का साक्षात्कार कर लेता है। ऐसी स्थिति में निर्गुण, सगुण एवं निर्गुण-सगुण दोनों ही एक हो जाते हैं। साक्षात्कार अथवा आत्मानुभूति की इस महा अवस्थाँ को 'त्रिगुणातीत' अथवा 'तुरीयावस्था' माना गया है। संत तुकाराम ने इसे 'गूंगे का गुण' की संज्ञा दी है। अतः सगुण अथवा निर्गुण अथवा सगुण-निर्गुण किसी का सहारा लेकर परम निर्गुण तत्त्व तक पहुँचा जा सकता है।

(३) माया

निर्विशेष, निर्लक्षण ब्रह्म से सविशेष और सलक्षण जगत् की उत्पत्ति कैसे हुई? एक ब्रह्म से विविध नामरूपात्मक जगत् की सृष्टि किस प्रकार हुई? इन प्रश्नों के वास्तविक उत्तर के लिये 'माया' के स्वरूप को जानना नितान्त आवश्यक है। उपनिषदों में अस्फुट रूप में मायावाद का सिद्धान्त विद्यमान है। प्रोफेसर रानाडे ने उपनिषदों में मायावाद के समर्थक पन्द्रह उद्धरण देकर यह मत प्रकट किया है, ''यद्यपि 'माया' शब्द का प्रयोग उपनिषदों में बहुत बार नहीं हुआ है, फिर भी 'माया' शब्द का अन्तर्गत भाव उनमें विद्यमान हैं।'' (रानाडे, कंस्ट्रक्टिव सर्वे आफ़ उपनिषदिक फिलासफी, पृष्ठ २२७)। अस्तु सामान्यतः स्वीकृत मत यही है कि उपनिषदों में मायावाद का सिद्धान्त वर्तमान है और आचार्य शंकर ने अपने अद्वैतवाद के प्रतिपादन में उसका पूर्ण विवेचन किया है। ब्रह्म की जगत्-रचना में माया को ही सर्व प्रधान कारण मानना समीचीन है।

माया ब्रह्म की अचिन्त्य और अव्यक्त शक्ति है। वह ब्रह्म से अभिन्न है, जैसे जल से तरंगें भिन्न नहीं हैं, उसी प्रकार माया भी ब्रह्म से भिन्न नहीं है। ईश्वर शून्य से जगत् का निर्माण नहीं करता, बल्कि अपने सत् स्वरूप से करता है। प्रलयकाल में समस्त जगत्, जिसमें जीव भी सम्मिलित हैं- एक सूक्ष्म अवस्था में उसी परम सत्ता के अन्दर विद्यमान रहते हैं। माया भी उसी परम सत्ता में विलीन रहती है। वास्तव में माया परमब्रह्म का स्वरूप ही है, उससे पृथक् नहीं है।

श्वेताश्वतर उपनिषद् में माया के स्वरूप के संबंध में इस प्रकार कहा गया है।

मायां तु प्रकृतिं विद्यान्मायिनंतु महेश्वरम् ।
तस्यावयवभूतैस्तु व्याप्तं सर्वमिदं जगत् ।।

—श्वेताश्वतर उपनिषद, अध्याय ४, मंत्र १०

अर्थात्, "भगवान् की शक्तिरूपा 'प्रकृति' 'माया' नाम से जानी जाती है। इसका आधिपति परब्रह्म परमात्मा महेश्वर है। उस परमेश्वर की शक्तिरूपा प्रकृति के ही अंगभूत कारण-कार्यसमुदाय से यह सम्पूर्ण जगत् व्याप्त हो रहा है।"

वह माया जो अविद्या को उत्पन्न नहीं करती, सात्विकी माया कहलाती है। जब इसमें मल का अंश आ जाता है, तब यह अज्ञान अथवा अविद्या को जन्म देती है। भगवान् श्रीकृष्ण विद्यागत माया अथवा सात्विकी माया को अपने अधीन करके समस्त कार्य सम्पादन करते हैं। जीव आत्मस्वरूप होते हुए भी अविद्यागत माया के अधीन होकर नाना प्रकार के पाप-पुण्य कर्मों को करके जन्म-मृत्यु के चक्र में फँसा रहता है। इस प्रकार ईश्वर और जीव में महान् अन्तर है। ईश्वर विद्यागत माया का स्वामी होता है और माया उसकें अधीन रहकर सारे कार्य करती है। (प्रकृति स्वामधिष्ठाय संभवाम्यत्ममायया, गीता, अध्याय ४, श्लोक ६)। इसके विपरीत जीवात्मा, परमब्रह्म का स्वरूप होते हुए भी अविद्यागत माया के अधीन होकर सुख-दुःख को भोगनेवाला होता है। वह भोगप्राप्ति के लिये नाना प्रकार के द्वन्द्वात्मक कर्मों में फँसा रहता है। हाँ, ब्रह्मज्ञान हो जाने पर बोधोपलब्धि के पश्चात् वह मुक्त होकर ब्रह्मस्वरूप ही हो जाता है।

गीता इस मत का खंडन करती है कि "यह जगत् मिथ्या है। इसका कोई निश्चित आधार नहीं है, इसका कोई शासक नहीं है, केवल इच्छा के कारण तत्वों के परस्पर मिलने से यह बन गया है और कुछ नहीं इत्यादि।"—

असत्यमप्रतिष्ठं ते जगदाहुरनीश्वरम् ।
अपरस्परसंभूतं किमन्यत्कामहैतुकम् ।।

—गीता, अध्याय १६, श्लोक ८

अर्थात्, "वे आसुरी प्रकृतिवाले मनुष्य कहते हैं कि जगत् आश्रयरहित और सर्वथा झूठा है एवं बिना ईश्वर के अपने आप स्त्री-पुरुष के संयोग से उत्पन्न हुआ है इसलिये केवल भोगों को भोगने के लिये ही है। इसके सिवा और क्या है?" इसका तात्पर्य यह हुआ कि गीता के अनुसार, इस जगत् में जो विकास हमें दृष्टिगोचर होता है, वह यथार्थ है और ईश्वर उसका अधिष्ठाता है। ऐसा कोई संकेत नहीं है कि यह जगत् अनन्त और असीम के हृदय का एक कष्टमय स्वप्नमात्र है। गीता के अनुसार इस परिणमनरूप जगत् में रहते हुए कालातीत आत्मसत्तारूपी अमरत्व को प्राप्त किया जा सकता है। हमारे सामने सर्वश्रेष्ठ

पुरुषोत्तम (भगवान् श्रीकृष्ण) का दृष्टान्त है। जब हम माया से ऊपर उठते हैं, तो काल, देश और कारण हमसे दूर नहीं हो जाते। जगत् सर्वथा विलुप्त नहीं हो जाता, किन्तु मात्र अपने आशय में परिवर्तन कर लेता है।

पुरुषोत्तम कोई दूरस्थ चमत्कार का विषय नहीं है, जो एक सर्वोपरि अवस्था में हम सबसे दूर हो, बल्कि वह प्रत्येक मनुष्य और पदार्थ के शरीर और हृदय में अवस्थित है। वह परस्पर-संबद्ध सब जीवनों का नियन्ता है। आत्मा और भूतद्रव्य का यह जगत् उसके सत्व का परिणाम है। अभिव्यक्त अवस्था में जीव एक-दूसरे से पृथक् रहते हैं तथा अपने आदिस्रोत (परमात्म-तत्व) को भूले रहते हैं। गीता में इस जगत् की तुलना एक ऐसे वृक्ष से की गयी है, जिसकी जड़ें ऊपर को ओर और शाखाएँ नीचे की ओर हैं। (गीता, अध्याय १५, श्लोक १)

प्रकृति जगत् के सामान्य रूप का नाम है। बराबर रहनेवाली प्रतिद्वन्द्विताएँ, नाना प्रकार के जीवों का एक दूसरे को खा जाना, विकसित होना, परस्पर भेदभाव करना, संगठन करना और भौतिक पदार्थों में जान डालना—ये सब कार्य प्रकृति के हैं। भगवान् ने गीता में कहा है, "पृथ्वी, जल, अग्नि, वायु, आकाश, मन, बुद्धि और अहंकार—ये आठ विभाग मेरी प्रकृति के हैं।"—यह ईश्वर का निम्न श्रेणी का रूप है और जो रूप इन सबको शक्ति देता है और जगत् को धारण करता है, वह उसका उच्चतर रूप है—

> भूमिरापोऽनलो वायुः खं मनो बुद्धिरेव च।
> अहंकार इतीयं मे भिन्ना प्रकृतिरष्टधा ॥४॥
> अपरेयमितस्त्वन्यां प्रकृतिं विद्धि मे पराम्।
> जीवभूतां महाबाहो ययेदं धार्यते जगत् ॥५॥
>
> —गीता, अध्याय ७, श्लोक ४ और ५

अर्थात्, "हे अर्जुन, पृथ्वी, जल, अग्नि, वायु, आकाश तथा मन, बुद्धि और अहंकार भी ऐसे यह आठ प्रकार से विभक्त हुई मेरी प्रकृति है। यह आठ प्रकार के भेदोंवाली तो अपरा है, अर्थात् मेरी जड़ प्रकृति है। हे महाबाहो, इससे दूसरी को मेरी जीवरूप परा, अर्थात चेतन प्रकृति जान, जिससे यह सम्पूर्ण जगत् धारण किया जाता है।"

माया अविद्या अथवा अज्ञान है जो हमारी प्रकृति में ही निहित है और परम सत्य को हमसे छिपा देती है तथा हमें अहंकार और संसार के कर्तृत्व के द्वारा संसार-चक्र में आबद्ध कर देती है; जिससे मुक्त होकर हम आत्मज्ञान प्राप्त कर सकते हैं, जो हमारी सत्ता का चरम सत्य है और हमारे जीवन का परम निश्रेयस् है। माया ही जगत् की प्रकृति है। 'माया', 'अविद्या' तथा 'अव्यक्त' सब समा-

नार्थक शब्द हैं। यह परमब्रह्म की अव्यक्त शक्ति है, जिसके आदि का पता नहीं चलता। वह गुणत्रय से युक्त होकर अविद्यारूपणी है। उसका पता उसके कार्य से चलता है। वही इस जगत् को उत्पन्न करती है। माया सत् भी नहीं है, असत् भी नहीं है और उभयरूप भी नहीं है। वह न भिन्न है, न अभिन्न है, और न भिन्ना-भिन्न उभयरूप है। न अंगसहित है और न अंगरहित है और न उभयस्वरूप ही है। वह अत्यन्त अद्भुत और अनिर्वचनीय है; वह ऐसी है, जो कहीं न जा सके। सबसे विलक्षण होने से उसे 'अनिर्वचनीय' कहा जाता है। जो पदार्थ सद्रूप से अथवा असद्रूप से वर्णित न किया जा सके, उसे 'अनिर्वचनीय' कहते हैं। माया को 'सत्' इसलिये नहीं कहा जा सकता, क्योंकि आत्मज्ञान (ब्रह्मज्ञान) से उसकी निवृत्ति हो जाती है। 'सत्' तो त्रिकालवाधित होता है। अतः यदि वह 'सत्' होती, तो कभी बाधित नहीं होती। माया की प्रतीति होने के कारण, उसे 'असत्' कहना भी न्यायसंगत नहीं जँचता, क्योंकि 'असत्' वस्तु कभी प्रतीयमान नहीं होती। इस प्रकार माया में 'बाध' तथा 'प्रतीति' उभयविध विरुद्ध गुणों का सद्-भाव रहने से उसे 'अनिर्वचनीय' ही कहना युक्तिसंगत प्रतीत होता है। तर्क की सहायता से माया का ज्ञान प्राप्त करना अंधकार से अंधकार को दूर करने के समान है। सूर्योदय काल में अन्धकार की निवृत्ति स्वतः हो जाती है, इसी प्रकार ज्ञानोदय काल में माया का बाध अपने आप हो जाता है।

माया ऐन्द्रजालिक शक्ति की भाँति विविध प्रकार की नामरूपात्मक सृष्टि रचती है। परन्तु उसके इस कार्य से ब्रह्म को, जो नित्य, शुद्ध, बुद्ध और पूर्ण है, कुछ क्षति नहीं पहुँचती। वह कूटस्थ ब्रह्म सदैव अविकारी और असंग ही रहता है। जिस प्रकार कोई बाजीगर अपनी बाजीगरी के कार्यों से किसी काल में प्रभा-वित नहीं होता, उसी प्रकार ब्रह्म भी मायाकृत प्रपंच से सदैव विमुक्त रहता है। माया असत्य होते हुए भी भावरूप है, अभावरूप नहीं है; क्योंकि उसकी व्यावहारिक सत्ता तो अवश्य ही है। मायाकृत प्रपंच का सत्य वस्तु के साथ वही संबंध है, जो 'प्रतिभासिक' सत्ता का 'व्यावहारिक' सत्ता के साथ है। सीपी में चाँदी का भ्रम तभी तक रहता है, जब तक सीपी का यथार्थ ज्ञान नहीं होता। सीपी का यथार्थ ज्ञान होते ही चाँदी की सत्ता नष्ट हो जाती है। ठीक उसी प्रकार माया और उसके नामरूपात्मक प्रपंच तभी तक भासते हैं, जब तक ब्रह्म के सत्य होने की अनुभूति नहीं होती। जिस प्रकार स्वप्न के पदार्थ उसी समय तक सत्य प्रतीत होते हैं, जब तक जाग्रतावस्था का अनुभव नहीं होता। बाजीगर द्वारा रचित कल्पित पदार्थों की सत्ता जिस प्रकार स्वाधीन अथवा सत्य नहीं है, उसी प्रकार अनादि अविद्याकृत प्रपंच की सत्ता ब्रह्म से स्वाधीन अथवा सत्य नहीं है। जैसे

मरुस्थल में जल का सर्वथा, जल का चिह्न मात्र भी नहीं है, तथापि मृगतृष्णा-जल भासता है और बहुत से प्राणी उसके ढूंढ़ने में व्यग्र रहते हैं; ठीक उसी प्रकार यह प्रपंच मिथ्या और असत्य होते हुए भी ब्रह्म में ही भासता है और अज्ञानी जीव इसके बंधन में पड़कर कष्ट उठाते हैं।

माया की शक्ति से विविध भूतों और जीवों का विकास होता है। यद्यपि समस्त शरीरों में यही सच्चिदानन्द ब्रह्म अखंड रूप से विद्यमान है, तथापि माया-कृत नाना उपाधि भेदों के कारण, वह अनेक शरीरों में भिन्न-भिन्न रूप से वर्तमान प्रतीत होता है। प्रत्येक जीव में जो सत्य और अविकारी तत्त्व है, वह शुद्ध परम ब्रह्म है। समस्त स्थूल और सूक्ष्म शरीर, जो एक जीव को दूसरे से पृथक् और भिन्न करते हैं, माया के ही कार्य हैं। अतएव जो अनादि, अनिर्वचनीय अघट-घटना पटीयसी माया है, वही जगत् का उपादान कारण है अथवा मायोपाधि ब्रह्म (ईश्वर) ही जगत् का उपादान और निमित्त कारण है। मायोपहित ब्रह्म ईश्वर कहलाता है और इसी ईश्वर से प्रेरित होकर माया उत्तरोत्तर सृष्टि विकासक्रम में नाना प्रकार के भिन्न रूपों में परिणत होती है।

माया की दो शक्तियाँ हैं—आवरण तथा विक्षेप। इन्हीं की सहायता से वस्तु-रूप ब्रह्म के यथार्थ रूप को आवृत्त कर उसमें अवस्तु रूप जगत् की प्रतीत का उदय होता है। आवरणशक्ति ब्रह्म के युद्ध स्वरूप को मानो ढंक लेती है और विक्षेपशक्ति उस ब्रह्म में आकाश आदि प्रपंच को उत्पन्न कर देती है। जिस प्रकार एक छोटी सी मेज़ दर्शकों के नेत्र को ढंक देने के कारण अनेक योजन विस्तृत आदित्यमंडल को आच्छादित सी कर लेती है, उसी प्रकार परिचित्र अज्ञान अनुभव-कर्ताओं की बुद्धि को ढंक देने के कारण अपविच्छिन्न असंसारी आत्मा को आच्छा-दित सा कर देता है। इसी शक्ति को 'आवरण-शक्ति' कहा जाता है। यह आवरण-शक्ति शरीर के अन्दर द्रष्टा और दृश्य तथा शरीर के बाहर ब्रह्म और सृष्टि के भेद को आवृत कर देती है। जिस प्रकार रज्जु का अज्ञानावृत्त भाव रज्जु में अपनी शक्ति से सर्पादि की उद्भावना करता है, ठीक उसी भाँति माया भी अज्ञानाच्छादित आत्मा में उस शक्ति के बल पर आकाश आदि जगत्-प्रपंच की उत्पत्ति करती है। माया की यही शक्ति विक्षेप शक्ति कहलाती है।

मायोपाधिक ब्रह्म (ईश्वर) ही जगत् का निर्माता है। चैतन्य पक्ष के अवलम्बन करने पर ब्रह्म जगत् का निमित्त कारण है और उपाधि पक्ष की दृष्टि में वही ब्रह्म उपादान कारण है। अतः ब्रह्म की जगत्-रचना में माया को ही सर्व प्रधान कारण मानना समीचीन है। परन्तु इस दुस्तर माया को परमात्मा के अनन्य उपासक भक्त आसानी से तर जाते हैं—

दैवी ह्येषा गुणमयी मम माया दुरत्यया ।
मामेव ये प्रपद्यन्ते मायामेतां तरन्ति ते ।।१४।।
—गीता, अध्याय ७, श्लोक १४

अर्थात, "यह अलौकिक अर्थात् अति अद्भुत त्रिगुणमयी मेरी योगमाया बड़ी दुस्तर है। परन्तु जो पुरुष मुझे ही निरन्तर भजते हैं, वे इस माया को उल्लंघन कर जाते हैं, अर्थात् इसका अतिक्रमण कर जाते हैं।"

(४) जीवात्मा

अविद्या अथवा अन्तःकरणोपाधिक चेतन 'जीव' कहलाता है। शरीरेन्द्रिय संघात का शासक एवं कर्मफलभोक्ता आत्मा को 'जीव' कहते हैं। वास्तव में शारीरिक उपाधियाँ उत्पन्न होती हैं; आत्मा नित्य होने से कभी उत्पन्न नहीं होता। जीवात्मा अनादि और सत्स्वरूप है। इसका अभिप्राय यह है कि जीव आगन्तुक नहीं है, किन्तु एव सनातन सत्ता है, जिसकी व्याख्या उद्भक के रूप में नहीं की जा सकती।

परमब्रह्म और जीव में नितान्त एकता है। इसलिये जीव भी शुद्ध, चैतन्य, अकर्ता, विभु, पूर्ण और सर्वशक्तिमान् है। "इस आत्मा को शस्त्रादि नहीं काट सकते और इसको आग नहीं जला सकती है। इसको जल नहीं गीला कर सकते हैं और वायु नहीं सुखा सकता है; क्योंकि यह आत्मा अच्छेद्य है, यह आत्मा अदाह्य, अक्लेद्य और अशोष्य है। यह आत्मा नित्य, सर्वव्यापक, अचल, स्थिर रहनेवाला और सनातन है। यह आत्मा अव्यक्त अर्थात् इन्द्रियों का अविषय और यह आत्मा विकाररहित अर्थात् न बदलनेवाला कहा जाता है।" (गीता, अध्याय २, श्लोक २३, २४ और २५)। ऐसा जीवात्मा मायाकृत उपाधियों के सम्बन्ध से अपने को अमित से मित, सर्वव्यापी से परिच्छिन्न, समझ कर अपने को कर्ता, भोक्ता तथा अपूर्ण और अशक्त समझने लगता है। इसका परिणाम यह होता है कि वह कर्म के चक्र में फँस कर नाना प्रकार के शुभाशुभ कर्म के सम्पादन में जुटा रहता है। जीवों को फल देनेवाला ईश्वर भी व्यवहारदशा में सत्य है। ईश्वर जीवों के कर्मानुसार उन्हें शुभाशुभ कर्मों का भोग प्रदान करता है।

जीवात्मा में आत्मचैतन्य प्रकट होने की तीन अवस्थाएँ हैं—जाग्रत, स्वप्न, सुषुप्ति। मनुष्य-योनि में इन तीनों अवस्थाओं का पूर्ण विकास रहता है। मनुष्य से इतर निम्नयोनियों में इन अवस्थाओं की अपूर्णता रहती है। कोई-कोई ऐसी निम्न योनियाँ होती हैं, जिनमें मात्र सुषुप्ति की सी ही अवस्था रहती है।

जीवात्मा की तीन अवस्थाएँ

जीव में आत्मचैतन्य के प्रकट होने की तीन अवस्थाएँ इस प्रकार हैं—जाग्रत,

स्वप्न, सुषुप्ति। जाग्रतावस्था में हम संसार के विविध कार्यों में संलग्न रहते हैं। हम उठते-बैठते, लिखते-पढ़ते, खाते-पीते, आते-जाते तथा अन्य प्रकार के व्यवहार करते हैं। स्वप्नावस्था में हमारी इन्द्रियाँ बाहरी जगत् से हटकर निश्चेष्ट हो जाती हैं। उस समय हम निद्रित रहते हैं। उस समय भी चैतन्य विद्यमान रहता है; तभी तो हम स्वप्न में देखे हुए को और न देखे हुए को, सुने हुए और न सुने हुए को, अनुभव करते हैं, नाना देशों में परिभ्रमण करते हैं, अघटित घटनाओं को घटित होते हुए देखते हैं। तात्पर्य यह है कि स्वप्नावस्था में इसी चेतन सत्ता की शक्ति से स्वप्नमयी सृष्टि का निर्माण हो जाता है और उस स्वप्नमयी सृष्टि में जीव सुख-दुःख का अनुभव करता है। सुषुप्ति अवस्था का अभिप्राय है, ऐसी प्रगाढ़ निद्रा, जिस अवस्था में सोया हुआ पुरुष किसी भोग की कामना नहीं करता और न कोई स्वप्न ही देखता है। परन्तु अखण्ड, अद्वितीय और अद्वैत चैतन्य उस अवस्था में भी साक्षी और द्रष्टा के रूप में विराजमान रहता है। तभी तो हम सुषुप्ति अवस्था से जाग्रतावस्था में आने पर कहते हैं कि 'आज तो मैं ऐसा सोया कि कुछ भी न जान सका।' यदि चेतन तत्व न विराजमान रहता, तो यह अनुभूति किस प्रकार होती? परन्तु यह महत् चैतन्य जीवोपाधि के कारण परिच्छिन्न सा प्रतीत होता है। परन्तु शुद्ध और अखण्ड चैतन्य इन तीन अवस्थाओं के चैतन्य से तथा अन्नमय, प्राणमय, मनोमय, विज्ञानमय और आनन्दमय इन पंचकोशों के चैतन्य से सर्वथा भिन्न है। वह महत् चैतन्य इन सबका प्रकाशक होने पर भी इनसे सर्वथा असंपृक्त है। अतएव आत्मा ब्रह्म के समान ही सच्चिदानन्द रूप है। ब्रह्म जब शरीर ग्रहण कर अन्तःकरण से अवच्छिन्न हो जाता है, तब वह जीव की संज्ञा धारण कर लेता है।

जीव की अंतर्मुखी और बहिर्मुखी दो वृत्तियाँ होती हैं। जब वे वृत्तियाँ बहिर्मुखी होती हैं, तब विषयों को प्रकाशित करती हैं और जब वे अंतर्मुखी होती हैं तब अहंकर्त्ता को अभिव्यक्त करती हैं। विद्यारण्य स्वामी ने जीव में विद्यमान चैतन्य सत्ता की उपमा नृत्यशाला में रखे हुए प्रज्वलित दीपक से दी है—"नृत्यशाला में रखा हुआ दीपक प्रभु (नृत्यशाला के मालिक) को, सभासदों को तथा नर्तकी को समान रूप से प्रकाशित किया करता है। वह किसी के प्रकाश के लिये घटता-बढ़ता नहीं है। जब नृत्यशाला में से सब लोग चले जाते हैं और वहाँ कोई भी नहीं रहता, तब भी वह स्वयं प्रकाशित रहता है। उसी प्रकार जीव में स्थित, वह साक्षी चैतन्य तत्त्व अहंकार को, विषयों को और बुद्धि को प्रकाशित करता रहता है। सुषुप्ति के समय, जब अहंकार, विषय और बुद्धि आदि कुछ भी नहीं रहतीं, तब वह साक्षी चेतनतत्त्व पहले की भाँति स्वयं प्रकाशित रहता है।"

(विद्यारण्य, पंचदशी, नाटक दीप, श्लोक ११ और १२)।

वेदान्त के मतानुसार 'व्यष्टि' और 'समष्टि' में कोई अन्तर नहीं है। 'व्यष्टि' का अभिप्राय है व्यक्ति विशेष का शरीर और 'समष्टि' का आशय है समूहात्मक जगत्। वेदान्त तीन प्रकार का शरीर मानता है—स्थूल, सूक्ष्म और कारण। इनके अभिमानी जीव के तीन नाम हैं। स्थूल शरीर का अभिमानी जीव 'विश्व', सूक्ष्म का अभिमानी 'तैजस्' तथा कारण का अभिमानी 'प्राण' कहा जाता है। इसी प्रकार समष्टि के स्थूल शरीर के अभिमानी को 'विराट्' (वैश्वानर), सूक्ष्म शरीर के अभिमानी को 'सूत्रात्मा' (हिरण्यगर्भ) और समष्टि के कारण शरीर के अभिमानी को 'ईश्वर' कहा जाता है। अद्वैत वेदान्त के अनुसार 'व्यष्टि' और 'समष्टि' के अभिमानी पुरुष सर्वथा अभिन्न हैं। आत्मा इन तीनों का प्रकाशक और स्वतंत्र सत्ता है।

गीता का परम लक्ष्य हमारी मित (सीमित) जीवसत्ता के अन्तर्भूत चरम सत्य के रूप में इस अमित (असीम) और चिरन्तन श्रीकृष्ण-तत्त्व (अध्यात्म तत्त्व) की प्रतिष्ठा और इसके साक्षात्कार का जीवन के परम निःश्रेयस् के रूप में प्रतिपादन है। यह मित (सीमित) जीव तत्त्व, जिसका हमें अपरोक्ष ज्ञान है, इस अखिल व्यापक अध्यात्म तत्त्व से भिन्न नहीं है। वह उसका अन्तर्निहित सत्य है और एक तीव्र अनुभव की अवस्था में उसका साक्षात्कार अवश्यम्भावी है। जीव के व्यावहारिक स्वरूप का और अमित (अनन्त) ब्रह्म के स्वरूप का भेद व्यवहार और अनुभव का एक साधारण तथ्य है। किन्तु यह भेद आत्यान्तिक भेद नहीं माना जा सकता। जीव और ब्रह्म की सामान्य चेतनता में कोई अन्तर नहीं है। अन्त में केवल एक ही परम चैतन्य शेष रहता है, जो अनन्त और व्यापक तथा सभी पदार्थों को अपने में गुम्फित किये हुए है—

मत्तः परतरं नान्यत्किञ्चिदस्ति धनंजय।
मयि सर्वमिदं प्रोतं सूत्रे मणिगणा इव॥

—गीता, अध्याय ७, श्लोक ७

अर्थात्, "इसलिये हे धनंजय, मेरे सिवा किंचिन्मात्र भी दूसरी वस्तु नहीं है। यह सम्पूर्ण जगत् सूत्र में सूत्र के मणियों के सदृश मेरे में गुंथा हुआ है।" अतः हमारी भौतिक सत्ता की मितता का हमारी आध्यात्मिक सत्ता की अमितता से कोई असामंजस्य नहीं है। आत्मा का स्वरूप स्वतंत्र है और स्वतंत्रता का अर्थ है अनन्तता। चेतना के अन्तर्गत एक ऐसा तत्त्व है जो समस्त चेतना के विषय से अतीत है। व्यक्तित्व और मितता की चेतना में एक अनन्त और व्यापक तत्त्व निहित है, जो उससे सीमित नहीं हो सकता।

जीवात्मा के विकास की श्रेणियाँ

जगत् चार मुख्य वर्गों या कोटियों में विभक्त है—खनिज, उद्भिज, पशु और मनुष्य। स्वामी रामतीर्थ ने जीवात्मा के विकास को इन्हीं श्रेणियों में विभाजित किया। उनका यह विभाजन सर्वथा मौलिक और अनुभव-युक्त है—

१. **खनिज-मनुष्य** : ऐसी कोटि के मनुष्यों का जीवन खनिज पदार्थों का सा जीवन है। ये ऐसे मनुष्य हैं, जिनके सब काम-काज एक सीमित केन्द्र-बिन्दु अथवा अवात्मा अर्थात् साढ़े तीन हाथ मापवाले शरीर के छोटे से वृत्त में केन्द्रीभूत हैं। वे अधम कोटि के स्वार्थी होते हैं। ऐसे मनुष्यों के सारे कार्य इन्द्रिय-तृप्ति के लिये हुआ करते हैं। इनके सभी प्रयत्नों का उद्देश्य केवल अधोगति करनेवाले सुखों की तलाश है। इन्हें स्त्री-बच्चों के भूखों मरने की चिन्ता नहीं रहती। उनकी कर्मशीलता या गति निर्जीव गति है। मनुष्य में यही खनिज जीवन है।

२. **उद्भिज-मनुष्य** : ये, वे लोग हैं, जो अपनी स्त्री और बच्चों के पारिवारिक वृत्त के इर्द-गिर्द घूमते रहते हैं। स्वार्थी खनिज मनुष्यों की अपेक्षा इनका दर्जा ऊँचा है, क्योंकि ये केवल अपने ही शरीर का हित नहीं साधते, बल्कि अपनी स्त्री और बच्चों के हित का भी पर्याप्त ध्यान रखते हैं। खनिज मनुष्यों की अपेक्षा उद्भिज मनुष्यों के आत्मा का विकास अधिक होता है। इनमें शुद्धता भी खनिज मनुष्यों की अपेक्षा अधिक होती है।

३. **पशु-मनुष्य** : ऐसे मनुष्यों का केन्द्र खनिज और उद्भिज मनुष्यों की अपेक्षा अधिक विस्तृत होता है। इन्होंने अपनी अभेदता ऐसी वस्तु से कर ली है, जो इस तुच्छ शरीर अथवा कौटुम्बिक वृत्तों से ऊँची या विशाल है। ये लोग अपने वर्ग या सम्प्रदाय अथवा राज्य से अपनी अभेदता कर लेते हैं। ये लोग साम्प्रदायिक हैं और किसी जाति या बिरादरी से अपनी अभेदता स्थापित कर लेते हैं। इनकी उपयोगिता अनेक कुटुम्बों और व्यक्तियों तक फैलती है। जिन लोगों के प्रति उनका झुकाव है, उनके प्रति ऐसे मनुष्य बहुत उपयोगी सिद्ध होते हैं। परन्तु ऐसे मनुष्य भी सीमित दायरे में बँधे हैं। उन्हें इस सीमा से आगे बढ़ना ही चाहिये।

४. **वास्तविक मनुष्य** : यह वह मनुष्य है, जो सम्पूर्ण राष्ट्र या जाति से अपनी अभेदता स्थापित कर लेता है। उसे 'देशभक्त' की संज्ञा दी जा सकती है। उनका वृत्त बहुत विस्तृत होता है। जांति-पांत, वर्ण, नाम और संज्ञा का ध्यान छोड़कर वह अपने देश के समस्त निवासियों का पक्ष पुष्ट करना ही अपना कर्त्तव्य समझता है। वह अति धन्य है, अथवा हार्दिक स्वागत के योग्य है। वह बड़ा ही भला है। वह मनुष्य तो है, पर इससे अधिक नहीं।

इन चार श्रेणियों के अतिरिक्त मनुष्यों की एक ऐसी श्रेणी भी है, जो 'देव मनुष्य' कहा जा सकता है। ऐसे मनुष्य परिस्थितियों से परे हो चुके होते हैं। ऐसा मनुष्य एक ऐसा वृत्त है, जिसका केन्द्र सर्वत्र है और परिधि कहीं नहीं है। यह 'देववृत्त' अथवा 'ईश्वरवृत्त' है। ये मुक्त पुरुष हैं, अर्थात् सारे कष्ट, भय, शारीरिक कामनाओं और स्वार्थपरायणता से मुक्त हैं। इस प्रकार के मनुष्यों को गीता में 'स्थितप्रज्ञ', 'त्रिगुणातीत' अथवा 'अनन्य भक्त' कहा गया है।

वास्तव में जीव अविद्या के वश में होकर अपने को देह से, मन से, बुद्धि से अभिन्न समझ लेता है। परिणामस्वरूप शरीर आदि के दुःखों को वह अपना ही दुःख मानकर दुखी बन जाता है। अविद्याजनित क्लेश से दुखी होनेवाले जीव के क्लेशों से ईश्वर उसी प्रकार तनिक भी प्रभावित नहीं होता, जिस प्रकार जल से भरे हुए घट में सूर्य के हिलते-डुलते प्रतिबिम्ब से सूर्य नहीं प्रभावित होता है। जीव न तो साक्षात् ईश्वर ही है और न वह वस्त्वन्तर ही है। वह ईश्वर का आभास उसी प्रकार है, जिस प्रकार जल में सूर्य का प्रतिबिम्ब। एक जलराशि में जब सूर्य का प्रतिबिम्ब कंपित होता है, तो दूसरी जलराशि में पड़नेवाले सूर्य का प्रतिबिम्ब कंपित नहीं होता। इसी प्रकार जब एक जीव कर्म और कर्मफल के साथ संबद्ध है, तब दूसरा जीव उससे संबद्ध नहीं हो सकता। इसी कारण जो जीव जैसा कर्म करता है, वही उसका कर्मफल भोगता है, दूसरा जीव नहीं। सामान्य रूप से सभी जीव ईश्वर के आभास हैं—

ममैवांशो जीवलोके जीवभूतः सनातनः।
मनः षष्ठानीन्द्रियाणि प्रकृतिस्थानि कर्षति ॥

—गीता, अध्याय १५, श्लोक ७

अर्थात्, "इस देह में यह जीवात्मा मेरा ही सनातन अंश है। और यही इन त्रिगुणमयी माया में स्थित हुई मनसहित पाँचों ज्ञानेन्द्रियों का आकर्षण करता है।" जल में पड़नेवाले सूर्य का प्रतिबिम्ब जल के बढ़ने से बढ़ता है और जब जल घटता है, तो वह संकुचित हो जाता है। जब जल हिलता है, तो वह भी हिलता है। इस प्रकार प्रतिबिम्ब जलधर्म का अनुयायी होता है। पर बिम्बस्थानीय सूर्य ज्यों का त्यों और स्वतंत्र रहता है, उसमें किसी प्रकार का परिवर्तन नहीं होता। इसी प्रकार ब्रह्म वास्तव में विकारहीन है, एकरूप है, परन्तु वह जिन देह, इन्द्रिय आदि उपाधियों को धारण करता है, उनके धर्मों को ग्रहण करता सा प्रतीत होता है। पर यह बात है नहीं। अतः जीव ईश्वर के अंश के समान है। वह परमेश्वर का आभास है, प्रतिबिम्ब है। अविद्या के कारण ही जीव शरीर, मन, इन्द्रियों और बुद्धि आदि के साथ संबद्ध हो जाता है और उसी के फलस्वरूप अनेक प्रकार

के कष्टों को भोगता है। परन्तु ईश्वर का इससे कोई संपर्क नहीं रहता। जीव शुभाशुभ कर्मों का भोक्ता है और ईश्वर ही उसे फल देता है। जीव जगत् की सृष्टि-रचना करने में असमर्थ है, क्योंकि अविद्या के कारण उसकी शक्ति तिरोहित हो गयी है।

(५) पुनर्जन्मवाद

मनुष्य माया के अधीन और बहिर्मुखी वृत्ति की प्रधानता के कारण माया के आकर्षणों में लिप्त रहते हैं। शब्द, स्पर्श, रूप, रस, गन्ध संबंधी नाना भोगों को भोगते हुए उसी में अपने कर्तव्य की इतिश्री समझ लेते हैं। इसीलिये मनुष्य विषयों के अधीन होकर इधर-उधर भटक रहा है। इस जगत् में मनुष्य अपनी अपूर्णता के कारण जन्म लेता है। जब तक हम परम सत्य, सच्चिदानन्द का साक्षात्कार नहीं कर लेंगे, तब तक जीवन-मरण के चक्कर में घूमते रहना अनिवार्य है। जब हम माया के ऊपर उठेंगे और अपने यथार्थ स्वरूप को पहचानेंगे, तभी हम अपने पृथकत्व से छुटकारा पा सकेंगे।

उपनिषदों में पुनर्जन्म का सिद्धान्त स्पष्ट रूप से पाया जाता है। गीता में उपनिषदों के आध्यात्मिक सिद्धान्तों से अत्यधिक प्रभावित है। अतः उसमें पुनर्जन्म का सिद्धान्त मिलना स्वाभाविक ही है। अब हम दोनों में पाये गये पुनर्जन्म के सिद्धान्तों की पृथक्-पृथक् समीक्षा करेंगे—

योनिमन्ये प्रपद्यन्ते शरीरत्वाय देहिनः।
स्थाणुमन्येऽनुसंयन्ति यथाकर्म यथा श्रुतम् ॥

कठोपनिषद, अध्याय २, वल्ली २, मंत्र ७

अर्थात्, "अपने-अपने शुभाशुभ कर्मों के अनुसार और शास्त्रादि द्वारा देखे-सुने भावों से निर्मित अन्तःकालीन वासना के अनुसार मरने के पश्चात् कितने ही जीवात्मा मनुष्य योनि में उत्पन्न होते हैं। इनमें जिनके पाप-पुण्य समान होते हैं, वे मनुष्य का और जिनके पुण्य कम तथा पाप अधिक होते हैं, वे पशु-पक्षी का शरीर धारण करके उत्पन्न होते हैं और कितने ही जिनके पाप अत्यधिक होते हैं स्थावरभाव को प्राप्त होते हैं, अर्थात् वृक्ष, लता, तृण, पर्वत आदि जड़ शरीर में उत्पन्न होते हैं।"

यदेवेह तदमुत्र यदमुत्र तदन्विह।
मृत्योः स मृत्युमाप्नोति य इह नानेव पश्यति।

कठोपनिषद, अध्याय २, वल्ली १, मंत्र १०

अर्थात, "जो सर्वशक्तिमान्, सर्वान्तर्यामी, सर्वरूप, सबके परम कारण परम

ब्रह्म पुरुषोत्तम यहाँ इस पृथ्वीलोक में हैं वही वहाँ परलोक में अर्थात् देव-गन्धर्वादि विभिन्न लोकों में भी हैं; तथा जो वहाँ हैं, वे ही यहाँ भी हैं। एक ही परमात्व-तत्त्व अखिल ब्रह्माण्ड में व्याप्त है। जो उन एक ही परमब्रह्म को लीला से नाना नामों और रूपों में प्रकाशित देखकर अज्ञानवश उनमें नानात्त्व की कल्पना करता है, उसे पुनः-पुनः मृत्यु के अधीन होना पड़ता है। उनके आवागमन का चक्र सहज ही नहीं छूटता।"

मनुष्य के सच्चिदानंद परमब्रह्म का साक्षात्कार करने पर, जीवात्मा और परमात्मा की अभेदता और अभिन्नता स्थापित कर लेने पर जीवात्मभाव से मुक्त होकर परमात्मभाव में पूर्ण रूप से स्थित होकर मुक्त हो जाता है और जन्म-मृत्यु के चक्र से छूटकर परब्रह्म हो जाता है।—

स यो ह वै तत्परं ब्रह्म वेद ब्रह्मैव भवति नऽस्याब्रह्मवित्कुले भवति।
तरति शोकं तरति पाप्मानं गुहाग्रन्थिभ्यो विमुक्तोऽमृतो भवति।

मुण्डकोपनिषद्, मुण्डक ३, खण्ड २, मंत्र ९

अर्थात्, "जो कोई भी उस परब्रह्म परमात्मा को जान लेता है, वह ब्रह्म ही हो जाता है। उसके कुल में अर्थात् उसकी शिष्य-परंपरा में कोई भी शिष्य ब्रह्म को न जाननेवाला नहीं होता। वह सब प्रकार शोक और चिन्ताओं से सर्वथा पार हो जाता है, सम्पूर्ण पापसमुदाय से सर्वथा तर जाता है, हृदय में स्थित सब प्रकार के संशय-विपर्यय देहाभिमान, विषयासक्ति आदि ग्रन्थियों से सर्वथा छूटकर, अथवा अन्नमय, प्राणमय, मनोमय, विज्ञानमय और आनन्दमय कोशों का अतिक्रमण कर ब्रह्मस्वरूप हो जाता है, और जन्म-मृत्यु से रहित हो जाता है।

भगवान् श्रीकृष्ण ने अर्जुन से कहा है—

बहूनि मे व्यतीतानि जन्मानि तव चार्जुन।
तान्यहं वेद सर्वाणि न त्वं वेत्थ परंतप॥

गीता, अध्याय ४, श्लोक ५

अर्थात्, "हे अर्जुन, मेरे और तेरे बहुत से जन्म हो चुके हैं। परन्तु हे परंतप, उन सब को तू नहीं जानता और मैं जानता हूँ।"

भगवान् श्रीकृष्ण सर्वशक्तिमान् परमात्मा हैं अपनी योगमाया का आश्रय लेकर अवतार ग्रहण करते हैं। अतः वे वर्तमान, भूत, भविष्यत् की सारी बातें जानते हैं, अर्जुन जीव के प्रतीक होने के कारण माया से आच्छन्न हैं। अतः वे अपने जन्मों को नहीं जानते।

प्रकृति में तीन गुण होते हैं—सत्व, रज और तम। प्रत्येक मनुष्य में किसी

न किसी गुण की अधिकता होती है। मरणोपरान्त वह व्यक्ति किसी एक गुण की प्रधानता के कारण उसी के अनुरूप योनि में जन्म धारण करता है—

यदा सत्त्वे प्रबुद्धे तु प्रलयं याति देहभृत्।
तदोत्तमविदां लोकानमलान्प्रतिपद्यते ॥१४॥
रजसि प्रलयं गत्वा कर्मसंगिषु जायते।
तथा प्रलीनस्तमसि मूढयोनिषु जायते ॥१५॥

गीता, अध्याय १४, श्लोक १४ और १५

अर्थात्, "हे अर्जुन, जब वह जीवात्मा सत्त्वगुण की वृद्धि में मृत्यु को प्राप्त होता है, तब तो उत्तम कर्म करनेवालों के मलरहित अर्थात् दिव्य स्वर्गादि लोकों को प्राप्त होता है। और रजोगुण के बढ़ने पर अर्थात् जिस काल में रजोगुण बढ़ता है, उस काल में मृत्यु को प्राप्त होकर, कर्मों की आसक्तिवाले मनुष्यों में उत्पन्न होता है तथा तमोगुण के बढ़ने पर मरा हुआ पुरुष कीट, पशु आदि मूढ़ योनियों में उत्पन्न होता है।"

गीता के सोलहवें अध्याय में तो भगवान् श्रीकृष्ण ने स्पष्ट शब्दों में कहा है—"अहंकार, बल, घमंड, कामना और क्रोधादि के परायण हुए एवं दूसरों की निन्दा करनेवाले पुरुष अपने और दूसरों के शरीर में स्थित मुझ अन्तर्यामी परमात्मा से द्वेष करनेवाले हैं। ऐसे, उन द्वेष करनेवाले पापाचारी और क्रूरकर्मी, नराधमों को मैं संसार में बारंबार आसुरी योनियों में ही गिराता हूँ, अर्थात् कूकर-शूकर आदि नीच योनियों में ही उत्पन्न करता हूँ। इसलिये, हे अर्जुन, वे मूढ़ पुरुष जन्म-जन्म में आसुरी योनि को प्राप्त हुए मेरे को न प्राप्त होकर, उससें भी अति नीच गति को ही प्राप्त होते हैं अर्थात् घोर नरकों में पड़ते हैं।"

(गीता, अध्याय १६, श्लोक १८, १९ और २०)

सकामी पुण्यात्मा पुरुषों को भी जन्म-मृत्यु की परम्परा का चक्र अनवरत जारी रहता है। "वे पुरुष अपने पुण्यों के फलस्वरूप इन्द्रलोक को प्राप्त होकर स्वर्ग में दिव्य देवताओं के भोगों को भोगते हैं। और वे स्वर्गलोक में महान् भोगों को भोग कर, पुण्य क्षीण होने पर मृत्युलोक को प्राप्त होते हैं।" इस प्रकार जीवन-मरण की परम्परा चलती ही रहती है (गीता, अध्याय ९, श्लोक २० और २१)

भगवान् ने स्पष्ट निर्देश किया है कि ब्रह्मलोक से लेकर सब लोक पुनरावर्ती स्वभाववाले हैं। अर्थात् ऐसे हैं, जिन्हें प्राप्त करके फिर संसार में आना पड़ता है—

आब्रह्मभुवनाल्लोका पुनरावर्तिनोऽर्जुन।

(गीता, अध्याय ८, श्लोक १६)

हाँ, जो साधक परमात्व-तत्व का निरन्तर चिन्तन करते रहते हैं, वे तद्रूप हो जाते हैं, वे आवागमन के चक्र से सदैव के लिये छूट कर मुक्त हो जाते हैं। गीता स्थल-स्थल पर इसका निर्देश देती है! यथा—

अनेक जन्म संसिद्धस्ततो याति परां गतिम् ॥

गीता, अध्याय ६, श्लोक ४५

अर्थात्, "अनेक जन्मों से अन्तःकरण की शुद्धि रूप सिद्धि को प्राप्त हुआ और अति प्रयत्न से अभ्यास करनेवाला योगी सम्पूर्ण पापों से अच्छी प्रकार शुद्ध होकर, उस साधन के प्रभाव से परम गति को प्राप्त होता है, अर्थात् परमात्मा को प्राप्त होता है।"

दैवी ह्येषा गुणमयी मम माया दुरत्यया।
मामेव ये प्रपद्यन्ते मायामेतां तरन्ति ते ॥

गीता, अध्याय ७, श्लोक १४

अर्थात्, "यह अलौकिक अर्थात् अति अद्भुत त्रिगुणमयी माया बड़ी दुस्तर है, परन्तु जो पुरुष मेरे को ही निरन्तर भजते हैं, वे इस माया का उल्लंघन कर जाते हैं अर्थात् संसार को तर जाते हैं।"

बहूनां जन्मनामन्ते ज्ञानवान्मां प्रपद्यते।
वासुदेवः सर्वमिति स महात्मा सुदुर्लभः ॥

गीता, अध्याय ७, श्लोक १९

अर्थात्, "जो बहुत जन्मों के अन्त के जन्म में तत्वज्ञान को प्राप्त हुआ ज्ञानी सब कुछ वासुदेव ही है, अर्थात् वासुदेव के सिवाय अन्य कुछ है ही नहीं, इस प्रकार मेरे को भजता है, वह महात्मा अति दुर्लभ है।"

ओमित्येकाक्षरं ब्रह्म व्याहरन्मामनुस्मरन्।
यः प्रयाति त्यजन्देहं स याति परमां गतिम् ॥

गीता, अध्याय ८, श्लोक १३

अर्थात्, "जो पुरुष, ॐ ऐसे इस एक अक्षर रूप ब्रह्म को उच्चारण करता हुआ और उसके अर्थस्वरूप मेरे को चिन्तन करता हुआ शरीर को त्याग कर जाता है, वह पुरुष परम गति—ब्रह्म पद को प्राप्त होता है।"

सारांश यह कि मनुष्य जब तक पुण्य-पापों का संपादन करता रहता है, तब तक उसके जन्म-मरण का अनवरत चक्र चलता रहता है। पुण्य कर्मों के फलस्वरूप उत्तम लोकों में जाकर भोगों को भोगकर पुण्य क्षीण होने पर मर्त्यलोक में वापस लौट आता है। पाप कर्मों के सम्पादन करने से उसे बार-बार अधम योनियों में जन्म लेना पड़ता है। अन्त में परमात्मा का अनन्य भाव से चिन्तन करने पर

परमात्मस्वरूप-आत्मस्वरूप होकर मुक्त हो जाता है। और जन्म-मरण के चक्कर से मुक्त हो जाता है।

(६) मन

"मन्यते अनेन इति मनः" अर्थात्, जिसके द्वारा मनन करने का कार्य सम्पादित हो, वह मन है। भारतीय आध्यात्मिक ग्रंथों में मन के संबंध में बहुत कुछ कहा गया है। यह मानव-शरीर का अत्यंत सूक्ष्म अंश है। यह वह अदृश्य शक्ति है, जिसके द्वारा संकल्प-विकल्प होता है। मन में ज्ञान और कर्म दोनों ही अंशों का समावेश है। वेदान्त-शास्त्र में यह अंतःकरण-चतुष्टय का एक अंग माना गया है। अंतःकरण में मन, बुद्धि, चित्त और अहंकार का सम्मिश्रण रहता है। योगशास्त्र में मन ही को चित्त की उपाधि प्रदान की गयी, बौद्ध एवं जैन धर्मों के अन्तर्गत मन को षष्ठ इन्द्रिय की संज्ञा प्रदान की गयी है। मन मानव-शरीरस्थ महान् शक्ति है। मन में अनन्त सर्जना-शक्ति है। पुराणों के अनुसार ब्रह्मा की उत्पत्ति परमात्मा के मन से और ब्रह्मा के मन से संसार की रचना हुई। इस प्रकार सृष्टि की उत्पत्ति का मूल कारण मन है।

तैत्तिरीयोपनिषद् में भृगुवल्ली द्वितीय अनुवाक से षष्ठ अनुवाक तक अन्न-ब्रह्म, प्राण-ब्रह्म, मन-ब्रह्म, विज्ञान-ब्रह्म और आनन्द-ब्रह्म का उल्लेख किया गया है। इन्हीं के आधार पर वेदान्त-ग्रंथों में अन्नमय कोश, प्राणमय कोश, मनोमय कोश, विज्ञानमय कोश तथा आनन्दमय कोश की कल्पना की गयी है। वास्तव में मनोमय कोश सबसे व्यापक, दृढ़ और बन्धन का हेतु है।

कठोपनिषद् में मन की प्रबलता की ओर संकेत किया गया है—

> आत्मानं रथिनं विद्धि शरीरं रथमेव तु।
> बुद्धिं तु सारथिं विद्धि मनः प्रग्रहमेव च ॥

—कठोपनिषद्, अध्याय १, वल्ली ३, मंत्र ३

अर्थात्, "उस आत्मा को (कर्मफल भोगनेवाले) रथ का स्वामी जान और शरीर को रथ समझ। शरीररूपी रथ अश्वरूपी इन्द्रियों से खींचा जाता है। बुद्धि को सारथी समझ। संकल्प-विकल्पादि रूप मन को प्रग्रह (लगाम) समझ। जिस प्रकार घोड़े लगाम से नियंत्रित होकर चलते हैं, उसी प्रकार ज्ञानेन्द्रियाँ भी मन से नियंत्रित होकर ही अपने-अपने विषयों में प्रवृत्त होती हैं।"

"योगवासिष्ठ में भी मन का स्वरूप अत्यन्त व्यापक माना गया है। बुद्धि, चित्त, अहंकार, कर्म, कल्पना, स्मृति, वासना, अविद्या, मल, माया, प्रकृति, जीव, इन्द्रिय, देह, ब्रह्मा, विराट्, नारायण, ईश, प्रजापति आदि सब मन के स्वरूप माने

गये हैं।" (दी फिलासफी आफ् द योगवासिष्ठ, भीखनलाल आत्रेय, पृष्ठ २०१-२०४ तक।)

इसी प्रकार उपनिषदों में कहा गया है—

मन एव मनुष्याणां कारणं बंधमोक्षयोः।
बंधाय विषयासंगि मोक्षे निर्विषयं स्मृतम्॥

(मैत्र्यु, ६, ३४; अमृतबिंदु २)

अर्थात्, "मनुष्यों के (कर्मों का) बंधन या मोक्ष पाने का मन ही कारण है। मन के विषयासक्त होने से बंधन और निर्विषय या निष्काम अर्थात् निःसंग होने से मोक्ष प्राप्त होता है।"

गीता में भगवान् श्रीकृष्ण ने यही बात विशेष बल देकर बतलायी है—

कर्मेन्द्रियाणि संयम्य य आस्ते मनसा स्मरन्।
इन्द्रियार्थान्विमूढात्मा मिथ्याचारः स उच्यते॥ ६॥
यस्त्विन्द्रियाणि मनसा नियम्यारभतेऽर्जुन।
कर्मेन्द्रियैः कर्मयोगमसक्तः स विशिष्यते॥ ७॥

—गीता, अध्याय ३, श्लोक ६ और ७

अर्थात्, "जो मूढ़बुद्धि पुरुष कर्मेन्द्रियों को हठ से रोककर, इन्द्रियों के भोगों को मन से चिन्तन करता रहता है, वह मिथ्याचारी अर्थात् दम्भी कहा जाता है। और हे अर्जुन, जो पुरुष मन से इन्द्रियों को वश में करके अनासक्त हुआ कर्मेन्द्रियों से कर्मयोग का आचरण करता है, वह श्रेष्ठ है।"

भगवान् ने इसी प्रकार विभूति अध्यायवाले दसवें अध्याय में मन को अपनी ही विभूति बतलायी है—

इन्द्रियाणां मनश्चास्मि भूतानामस्मि चेतना॥

गीता, अध्याय १०, श्लोक २२

अर्थात्, "इन्द्रियों में मैं मन हूँ और भूतप्राणियों में चेतना अर्थात् ज्ञानशक्ति हूँ।"

गीता के छठवें अध्याय में अर्जुन ने मन की चंचलता और हठधर्मिता के संबंध में भगवान् से प्रश्न किया, "हे मधुसूदन, जो यह ध्यान योग आपने समत्वभाव से कहा है, मन के चंचल होने से मैं इसकी स्थिति बहुत काल तक ठहरनेवाली नहीं देखता हूँ। क्योंकि हे कृष्ण, यह मन बड़ा चंचल और प्रमथन स्वभाव वाला है। यह बड़ा दृढ़ और बलवान् है। इसलिये उसका वश में करना मैं वायु की भाँति दुष्कर मानता हूँ।"

योऽयं योगस्त्वया प्रोक्तः साम्येन मधुसूदन।
एतस्याहं न पश्यामि चंचलत्वात्स्थितिं स्थिराम ।। ३३ ।।
चंचलं हि मनः कृष्ण प्रमाथि बलवद् दृढम्।
तस्याहं निग्रहं मन्ये वायोरिव सुदुष्करम् ।। ३४ ।।

अर्जुन के प्रश्न का उत्तर श्रीकृष्ण भगवान् ने इस प्रकार उत्तर दिया—

असंशयं महाबाहो मनो दुर्निग्रहं चलम्।
अभ्यासेन तु कौन्तेय वैराग्येण च गृह्यते ।। ३५ ।।
असंयतात्मना योगो दुष्प्राप इति मे मतिः।
वश्यात्मना तु यतता शक्योऽवाप्तुमुपायतः ।। ३६ ।।

गीता, अध्याय ६, श्लोक ३५ और ३६

अर्थात् "हे महाबाहो, निस्सन्देह मन चंचल और कठिनता से वश में होने-वाला है; परन्तु हे कुन्तीपुत्र अर्जुन, अभ्यास अर्थात् स्थिति के लिये बारंबार यत्न करने से वैराग्य से वश में होता है। इसलिये इसे अवश्य वश में करना चाहिये। क्योंकि मन को वश में न करनेवाले पुरुष द्वारा योग दुष्प्राप्य है, अर्थात् प्राप्त होना कठिन है और स्वाधीन मन वाले प्रयत्नशील पुरुष द्वारा साधन करने से प्राप्त होना सहज है, यह मेरा मत है।"

(७) प्रणवोपासना

परमहंस श्रीरामकृष्ण कहा करते थे, "सारे वेदों की समाप्ति गायत्रीमंत्र में हो जाती है। गायत्री की समाप्ति ओंकार में, ओंकार की समाप्ति निर्विकल्प सामाधि में और निर्विकल्प समाधि का पर्यवसान सहजावस्था में होता है।" यह ओंकार वेदों का सार तत्त्व है। उपनिषदों में स्थान-स्थान पर ओंकार की महिमा का प्रतिपादन किया गया है। छान्दोग्योपनिषद् में ओंकार का ही सारा विस्तार माना गया है। "जिस प्रकार पत्ते की नसों से सम्पूर्ण पत्ते, पत्तों के अवयव-समूह अनुविद्ध अर्थात् व्याप्त रहते हैं, इसी प्रकार, परब्रह्म के प्रतीक ओंकार रूप ब्रह्म द्वारा सम्पूर्ण वाक्शब्द समूह व्याप्त है।" (छन्दोग्योपनिषद्, अध्याय २, खण्ड २३, मंत्र ३)

माण्डूक्योपनिषद् में केवल बारह मंत्र हैं। इन बारहों मंत्रों में ओंकार की ही महिमा का प्रतिपादन किया गया है। यहाँ हम माण्डूक्य उपनिषद् के पहले मंत्र के आधार पर ओंकार की विशेषता की समीक्षा करने की चेष्टा करेंगे—

ओमित्येतदक्षरमिदं सर्वं तस्योपव्याख्यानं भूतं भवद्भविष्यदिति
सर्वमोङ्कार एव। यच्चान्यत् त्रिकालातीतं तदप्योंकार एव ।।

माण्डूक्योपनिषद्, मंत्र १

सारांश यह कि उस उपनिषद् में परमब्रह्म, परमात्मा के समग्र रूप का तत्त्व समझाने के लिये उनके चार पादों की कल्पना की गयी है। नाम और नामी की एकता का प्रतिपादन करने के लिये प्रणव (ॐ) की अ, उ और म्—इन तीन मात्राओं के साथ और मात्रारहित उसके अव्यक्तरूप के साथ परब्रह्म परमात्मा के एक-एक पाद की समता दिखलायी गयी है। इस प्रकार इस मंत्र में परब्रह्म परमात्मा का नाम, जो ओंकार है, उसको समग्र पुरुषोत्तम से अभिन्न मानकर यह कहा गया है कि 'ओम्' यह अक्षर ही पूर्णब्रह्म अविनाशी परमात्मा है। यह प्रत्यक्ष दिखायी देनेवाला जड़-चेतन का समुदायरूप सम्पूर्ण जगत् उन्हीं का उपव्याख्यान अर्थात् उन्हीं की निकटतम महिमा का निदर्शक है। जो स्थूल और सूक्ष्म जगत् पहले उत्पन्न होकर उनमें विलीन हो चुका है और जो इस समय वर्तमान है तथा जो भविष्य में उनसे उत्पन्न होनेवाला है—वह सब का सब, अर्थात् भूत, वर्तमान और भविष्य ओंकार ही है, अर्थात् परब्रह्म परमात्मा ही है। तथा जो तीनों कालों से अतीत इससे भिन्न है, वह भी ओंकार ही है। कारण, सूक्ष्म और स्थूल—इन तीन भेदोंवाला जगत् और इसको धारण करनेवाले परब्रह्म के जिस अंश की इसके आत्मरूप में और आधाररूप में अभिव्यक्ति होती है, उतना ही उन परमात्मा का स्वरूप नहीं है। इससे अलग भी वे हैं। अतः उनका अभिव्यक्त अंश और उससे अतीत भी जो कुछ है, वह सब मिलकर ही परब्रह्म परमात्मा का समग्र रूप है।

अभिप्राय यह कि जो कोई परब्रह्म को केवल साकार मानते हैं या निराकार मानते हैं—उन्हें सर्वज्ञता, सर्वाधारता, सर्वकारणता, सर्वेश्वरता, आनंद विज्ञान आदि कल्याणमय गुणों से सम्पन्न नहीं मानते, वे सब उन परब्रह्म के एक-एक अंश को ही परमात्मा मानते हैं। पूर्णब्रह्म परमात्मा साकार भी है, निराकार भी है तथा साकार-निराकार दोनों से रहित भी है। सम्पूर्ण जगत् उन्हीं का स्वरूप है और वे इससे सर्वथा अलग भी हैं। वे सर्वगुणों से रहित निर्विशेष भी हैं और सर्वगुणसम्पन्न भी—यह मानना ही उन्हें सर्वाङ्गपूर्ण मानना है।

प्रश्नोपनिषद् में ओंकार की उपासना की महिमा का इस प्रकार निरूपण किया गया है—"एक मात्रा अर्थात् एक अंग को लक्ष्य बनाकर उपासना करनेवाले साधक को ऋग्वेद की ऋचाएँ मनुष्यलोक में पहुँचा देती है। दो मात्रा की उपासना करनेवाले को अर्थात् जगत् के ऊँचे-से-ऊँचे स्वर्गीय ऐश्वर्य को लक्ष्य बनाकर ओंकार की उपासना करनेवालों को यजुर्वेद के मंत्र चन्द्रलोक में ले जाते हैं। जो उपासक इन सबमें परिपूर्ण इनके आत्मस्वरूप परमेश्वर की ओंकार के द्वारा उपासना करता है, उसको सामवेद के मंत्र उस ब्रह्मलोक में पहुँचा देते हैं

जिसे ज्ञानीजन जानते हैं। सम्पूर्ण रहस्य को समझनेवाले बुद्धिमान् मनुष्य बाह्य जगत् में आसक्त न होकर ओंकार की उपासना द्वारा समस्त जगत् के आत्मरूप उन परब्रह्म परमात्मा को प्राप्त कर लेते हैं, जो परम शान्त—सब प्रकार के विकारों से रहित हैं, जहां न बुढ़ापा है, न मृत्यु है, जो अजर, अमर, निर्भय एवं सर्वश्रेष्ठ परम पुरुषोत्तम हैं। (प्रश्नोपनिषद् प्रश्न ५, मंत्र ७)

मुण्डकोपनिषद् में प्रणवोपासना की विधि इस प्रकार बतलायी गयी है—

प्रणवो धनुः शरो ह्यात्मा ब्रह्म तल्लक्ष्यमुच्यते।
अप्रमत्तेन वेद्धव्यं शरवत्तन्मयो भवेत् ॥४॥

मुण्डकोपनिषद्, मुण्डक १, खण्ड २, मंत्र ४

अर्थात्, "परब्रह्म का वाचक प्रणव (ओंकार) ही मानो धनुष है, यह जीवात्मा ही बाण है और परमब्रह्म परमेश्वर ही उसके लक्ष्य हैं। तत्परता से उनकी उपासना करनेवाले प्रमादरहित साधक द्वारा ही वह लक्ष्य बेधा जा सकता है। इसलिये हे सौम्य, तुझे पूर्वोक्त रूप से उस लक्ष्य को बेधकर बाण की ही भाँति उसमें तन्मय हो जाना चाहिये।"

कठोपनिषद् में यह बात बतलायी गयी कि प्रणव की महिमा का गुणगान समस्त वेद करते हैं। इसकी उपासना से सगुण और निर्गुण ब्रह्म दोनों की प्राप्ति हो सकती है—

सर्वे वेदा यत् पदमामनन्ति
तपांसि सर्वाणि च यद् वदन्ति।
यदिच्छन्तो ब्रह्मचर्यं चरन्ति
तत्ते पदं संग्रहेण ब्रवीम्योमित्येतत् ॥१५॥
एतद्ध्येवाक्षरं ब्रह्म एतद्ध्येवाक्षरं परम्
एतद्ध्येवाक्षरं ज्ञात्वा यो यदिच्छति तस्य तत् ॥१६॥
एतदालम्बनं श्रेष्ठमेतदालम्बनं परम्।
एतदालम्बनं ज्ञात्वा ब्रह्मलोके महीयते ॥१७॥

कठोपनिषद्, अध्याय १, वल्ली २, मंत्र १५, १६ और १७)

अर्थात्, "समस्त वेद नाना प्रकार और नाना छन्दों से जिसका प्रतिपादन करते हैं, सम्पूर्ण तप आदि साधनों का जो एकमात्र परम लक्ष्य है तथा जिसको प्राप्त करने की इच्छा से साधक निष्ठापूर्वक ब्रह्मचर्य का अनुष्ठान किया करते हैं, उस पुरुषोत्तम भगवान् का परमतत्त्व मैं तुम्हें संक्षेप में बतलाता हूं। वह है 'ॐ' यह एक अक्षर।" ॥१५॥

"यह अविनाशी प्रणव—'ॐ' ही तो ब्रह्म (परमात्मा का स्वरूप) है और यही

परब्रह्म परमपुरुष पुरुषोत्तम है अर्थात् उस ब्रह्म और परब्रह्म दोनों का ही नाम ॐ है। अतः इस तत्त्व को समझकर साधक इसके द्वारा दोनों में से किसी भी अभीष्ट रूप को प्राप्त कर सकता है।" ॥१६॥

"यह ओंकार परब्रह्म परमात्मा की प्राप्ति के लिए सब प्रकार के आलम्बनों में से सब से श्रेष्ठ आलम्बन है और यही चरम आलम्बन है। इससे परे और कोई आलम्बन नहीं है। इस रहस्य को समझकर जो साधक श्रद्धा और प्रेमपूर्वक इसपर निर्भर रहता है, वह निस्सन्देह परब्रह्म परमेश्वर की प्राप्ति का परम गौरव लाभ करता है।" ॥१७॥

इस प्रकार उपनिषदों में ॐ की उपासना, उसकी महिमा मुक्तकण्ठ से गुणगान किया है। भगवद्गीता उपनिषदों से अत्यधिक प्रभावित है। स्थल-स्थल पर ओंकार की महत्ता का संकेत किया गया है। यथा—

ॐ तत्सदिति निर्देशो ब्रह्मणस्त्रिविधः स्मृतः
ब्राह्मणास्तेन वेदाश्च यज्ञाश्च विहिता पुरा ॥

गीता, अध्याय १७, श्लोक २३

अर्थात्, "हे अर्जुन, ॐ, तत्, सत् ऐसे यह तीन प्रकार का सच्चिदानन्दघन ब्रह्म का नाम कहा है। उसी से सृष्टि के आदिकाल में ब्राह्मण और वेद तथा यज्ञादिक रचे गये हैं।"

तस्मादोमित्युदाहृत्य यज्ञदानतपः क्रिया।
प्रवर्तन्ते विधानोक्ताः सततं ब्रह्मवादिनाम ॥

गीता, अध्याय १७, श्लोक २४

अर्थात् "इसलिये वेद को कथन करने वाले श्रेष्ठ पुरुषों की शास्त्रविधि से नियत की हुई यज्ञ, दान और तपरूप क्रियाएँ सदा 'ॐ' ऐसे इस परमातमा के नाम को उच्चारण करके ही आरम्भ होती है।"

नौवें अध्याय में ॐ को जानने योग्य में श्रेष्ठ बतलाया गया है—

पिताहमस्य जगतो माता धाता पितामहः।
वेद्यं पवित्रमोंकार ऋक्साम यजुरेव च ॥

गीता, अध्याय ९, श्लोक १७

अर्थात्, "हे अर्जुन, मैं ही इस सम्पूर्ण जगत् का धाता, अर्थात् धारण-पोषण करनेवाला एवं कर्मों के फल को देनेवाला तथा पिता, माता और पितामह हूँ और जानने योग्य पवित्र ओंकार तथा ऋग्वेद, सामवेद एवं यजुर्वेद भी मैं ही हूँ।"

सातवें अध्याय में ॐ को सभी वेदों का सारतत्व बतलाया गया है—

रसोऽहमप्सु कौन्तेय प्रभास्मि शशिसूर्ययोः ।
प्रणवः सर्ववेदेषु शब्दः खे पौरुषं नृषु ।।

गीत, अध्याय ७, श्लोक ८

अर्थात्, "हे अर्जुन, जल में मैं रस हूँ तथा चन्द्रमा और सूर्य में प्रकाश हूँ। सम्पूर्ण वेदों में ओंकार हूँ तथा आकाश में शब्द और पुरुषों में पुरुषत्व हूँ।"

भगवान् श्रीकृष्ण ने आठवें अध्याय में प्रणवोपासना के ऊपर अत्यधिक बल दिया है। उनका कथन है कि जो साधक ॐ का उच्चारण करते हुए शरीर का परित्याग करता है, वह परम गति को प्राप्त होता है। यहाँ उल्लेखनीय बात यह है कि जिन-जिन भावों का निरन्तर स्मरण किया जाता है, वे ही भाव अन्तकाल में स्मरण आते हैं। इसका प्रमुख कारण यह है कि मनुष्य अन्तकाल में जिस-जिस भी भाव को स्मरण करता हुआ शरीर को त्यागता है, उस-उस ही भाव को प्राप्त होता है क्योंकि साधक जिस भाव का चिन्तन करता है, अन्तकाल में भी प्रायः उसी का चिन्तन और स्मरण होता है। अतत अभ्यास से ही यह शक्य है। इसीलिये भगवान् ने कहा—

ओमित्येकाक्षरं ब्रह्म व्याहरन्मामनुस्मरन् ।
यः प्रयाति त्यजन्देहं स याति परमां गतिम् ।।

गीता, अध्याय ८, श्लोक १३

अर्थात्, "जो पुरुष, ॐ ऐसे इस एक अक्षररूप ब्रह्म को उच्चारण करता हुआ और उसके अर्थस्वरूप मेरे को चिन्तन करता हुआ, शरीर को त्याग कर जाता है, वह पुरुष परमगति को प्राप्त होता है।"

इस प्रकार गीता में प्रणवोपासना की उपादेयता पर सूत्र रूप में अत्यधिक बल दिया गया है।

(८) साधन-सम्पन्नता

कोई भी मनुष्य शान्ति के रहस्य को जो एकमात्र स्थायी और निरापद है, तब तक नहीं प्राप्त कर सकता, जब तक कि वह भासमान आत्मनिर्भरता अथवा पृथकत्व के बंधन को नहीं तोड़ देता। यथार्थ मोक्ष से तात्पर्य है कि आत्मा का ऊपर उठना अथवा परमात्व-तत्त्व के साथ संयुक्त होना, चाहे वह तर्क के द्वारा हो, चाहे निष्काम कर्मयोग के द्वारा, चाहे भक्ति के द्वारा अथवा चाहे योग के द्वारा सिद्ध हो। जिस परमपद की प्राप्ति के लिये हम साधनों को करते हैं वही एकमात्र परम उत्कृष्ट है।

सभी मनुष्य कर्म करने में स्वतंत्र हैं। यह सब मनुष्यों के सामर्थ्य में है कि

वे पाप का नाश कर सकें, शारीरिक भ्रष्टाचार को दूर कर सकें तथा वासना की दासता से इन्द्रियों की रक्षा कर सकें। प्रत्येक मनुष्य का यह जन्मजात अधिकार है कि वह अपने को बंधनों से मुक्त करे और पूर्णत्त्व को प्राप्त करे। अल्प में सुख नहीं है, भूयापद में ही परम सुख और शान्ति है। 'नाऽल्पे सुखमस्ति', क्योंकि 'यो वै भूमा तथा सुखम्' 'मनुष्य जब तक अपनी अधोगामी प्रवृत्तियों का परित्याग नहीं कर देता, तब तक वह ऊर्ध्वगामी नहीं हो सकता। भगवद्गीता का यह उद्‌बोधन वाक्य प्रत्येक साधक का चरम लक्ष्य होना चाहिये—

उद्धरेदात्मनात्मानं नात्मानमवसादयेत्।
आत्मैव ह्यात्मनो बन्धुरात्मैव रिपुरात्मनः॥

गीता, अध्याय ६, श्लोक ५

अर्थात्, "मनुष्य को चाहिये कि अपने द्वारा अपने आपका संसार-समुद्र से उद्धार करे और अपने आत्मा को अधोगति में न पहुँचावे; क्योंकि यह जीवात्मा आप ही अपना मित्र है और आप ही अपना शत्रु है।" मनुष्य बुद्धि, इच्छा और भावना इन सब का सम्मिश्रण है; इस प्रकार अपने आत्मा के सत्य प्रकाश का साक्षात्कार इन्हीं सब के द्वारा प्राप्त करने की चेष्टा करता है। वह सर्वोपरि यथार्थसत्ता—परम तत्त्व के ज्ञान द्वारा, अथवा किसी आत्मनिष्ठ महात्मा पुरुष के प्रति प्रेम एवं भक्ति के द्वारा अथवा अपनी इच्छा को किसी दैवीय प्रयोजन के अधीन करके लक्ष्य को प्राप्त कर सकता है। उसके अपने अन्दर एक प्रकार की प्रेरणा है, जो उसे बाध्य करती है कि वह उक्त भिन्न-भिन्न दिशाओं में इस अल्पज्ञ आत्मा से ऊपर उठ सके। हम चाहे जिस दृष्टिकोण को भी अंगीकार करें, लक्ष्य सब का एक ही है। यह हमारे नाना पक्षों की एक समान क्षमता ही है, जिससे परमतत्त्व की प्राप्ति होती है, सौन्दर्य का निर्माण होता है और हमारा आचरण निर्दोष और अनुकरणीय होता है।

गीता इस विषय पर विशेष बल देती है कि चेतनामय जीवन के किसी भी पक्ष को हम भुला नहीं सकते, अर्थात् सर्वतोमुखी उन्नति की आवश्यकता है। नाना प्रकार के दृष्टिकोण या पक्ष एक अविकल एवं अखण्ड दैवीय जीवन में जाकर पूर्णता को प्राप्त होते हैं। ईश्वर सत, चित् और आनन्द है; यथार्थ सत्य एवं आनन्द-स्वरूप है। वह परम ब्रह्म ज्ञान की प्राप्ति के लिये पुरुषार्थ करनेवालों के लिये अपनी अभिव्यक्ति एक शाश्वत प्रकाश के रूप में करता है, जो निर्मल और स्वच्छ है और मध्याह्न के सूर्य की भाँति पूर्ण ज्योतिर्मय है। उसमें अंधकार का लेशमात्र नहीं है, वह साधकों के समक्ष शाश्वत, निष्पक्ष, न्यायपरायण एवं दृढ़रूप में प्रकट होता है। इसी प्रकार ऐसे व्यक्तियों के लिये जो भावप्रधान हैं, वह शाश्वत प्रेम

और पवित्रता के सौन्दर्यरूप में प्रकट होता है। ज्यों-ज्यों हम अपने गन्तव्य स्थान के समीप पहुँचने लगते हैं, त्यों-त्यों मार्ग की रुकावटें कम होती जाती हैं। जब हम गन्तव्य लक्ष्य तक पहुँच जाते हैं, तो रुकावटों की समाप्ति हो जाती है।

गीता में एक स्थल पर आध्यात्मिक साधनों का उल्लेख किया गया है। उनके संबंध में कुछ बातें स्पष्ट कर देनी आवश्यक हैं। पहली बात यह है कि वे सभी साधन समन्वयात्मक हैं। उनमें एकाङ्गीपन नहीं है। वे साधन सर्वाङ्गीण हैं और भारतीय साधना-प्रणाली के सर्वथा अनुकूल हैं। दूसरी महत्त्वपूर्ण विशेषता यह है कि वे साधन सिद्धि और साधनरूप दोनों में प्रयुक्त होते हैं। अभ्यासकाल में वे साधन साधनस्वरूप हैं। अभ्यासकाल में वे श्रमसाध्य हैं। सिद्धावस्था में वे ही साधन सिद्धि के स्वरूप हो जाते हैं। सिद्ध पुरुष के वे सहजस्वरूप हो जाते हैं, स्वभाव हो जाते हैं। अतः साधन और सिद्धि के साधनों के बीच विभाजन की कोई रेखा नहीं खींची जा सकती। तीसरी विशेषता यह है कि ये साधन सार्वभौमीय हैं। मनुष्यमात्र इन साधनों में तत्पर हो सकते हैं। चौथी उल्लेखनीय बात यह है कि भगवान् श्रीकृष्ण ने इन साधनों के सम्पादन के संबंध में जल्दबाजी बरतने को नहीं कहा है। उन्होंने कहा है 'शनैः शनैः इसका अभ्यास करना चाहिये (गीता अध्याय ६, श्लोक २५)। साथ ही यह भी आश्वासन दिया कि इस धर्म का थोड़ा भी आचरण महत् भय से रक्षा करता है (गीता, अध्याय २, श्लोक ४०) एवं इस पर भी बल दिया है कि शुभकर्म संपादित करनेवाले साधक की दुर्गति तो होती ही नहीं (गीता, अध्याय ६, श्लोक ४०)। वह सिद्धि तो अवश्य प्राप्त कर लेता है, चाहे उसके लिये जन्म ही क्यों न लेने पड़ें (गीता, अध्याय ६, श्लोक ४५)। पाँचवीं और अन्तिम बात यह है कि भगवान् श्रीकृष्ण द्वारा बतलायी गयीं साधनाएँ भक्तिमार्ग, ज्ञानमार्ग, निष्काम कर्मयोग सभी प्रकार के मार्गों में समान रूप से उपयोगी हैं।

भगवान् श्रीकृष्ण ने गीता के सोलहवें अध्याय में दैवी सम्पदा का उल्लेख इस प्रकार किया है—"सर्वथा भय का अभाव, अन्तःकरण की पूर्ण स्वच्छता, तत्वज्ञान के निमित्त ध्यानयोग में निरन्तर दृढ़ स्थिति, सात्विक दान, यज्ञ का अनुष्ठान, स्वाध्याय (आध्यात्मिक ग्रंथों का अध्ययन), तप (स्वधर्म पालन के लिये कष्ट-सहन), शरीर और इन्द्रियों के सहित अन्तःकरण की सरलता, अहिंसा (मन, वाणी और शरीर से किसी प्रकार भी किसी को कष्ट न देना), यथार्थ और प्रिय भाषण, अक्रोध, कर्मों में कर्तापन के अभिमान का त्याग, अन्तःकरण की उपरामता अर्थात् चित्त की चंचलता का अभाव, किसी की भी निन्दादि न करना, सभी प्राणियों में हेतुरहित दया, इन्द्रियों का विषयों के साथ संयोग होने पर भी आसक्ति का न

होना, कोमलता, लोक और शास्त्र से विरुद्ध आचरण में लज्जा, व्यर्थ की चेष्टाओं का अभाव, तेज, क्षमा, धैर्य, बाहर-भीतर की शुद्धि, किसी में भी शत्रुभाव न होना, अपने में पूज्यता के अभिमान का अभाव।" (गीता, अध्याय १६, श्लोक १, २ और ३)

इसी प्रकार तेरहवें अध्याय में भी परमात्म-प्राप्ति के साधनों को भगवान् ने इस प्रकार बतलाया है। सोलहवें और तेहरवें अध्याय के साधनों में से किसी-किसी साधन की पुनरावृत्ति भी हो गयी है। वे साधन इस प्रकार हैं—"श्रेष्ठता के अभिमान का अभाव, दम्भाचरण का अभाव, प्राणिमात्र को किसी भी प्रकार न सताना, क्षमाभाव, मन-वाणी की सरलता, श्रद्धाभक्ति-सहित गुरु की सेवा, बाहर-भीतर की शुद्धि, अन्तःकरण की स्थिरता, मन और इन्द्रियों के सहित शरीर का निग्रह, इस लोक और परलोक के सम्पूर्ण भोगों में आसक्ति का अभाव, अहंकार का भी अभाव, जन्म, मृत्यु, जरा और व्याधि में दुःख-दोषों का बारंबार विचार करना, पुत्र, स्त्री, घर तथा धनादि में आसक्ति का अभाव, ममता का न होना, प्रिय-अप्रिय की प्राप्ति में सदा ही चित्त का सम रहना, परमेश्वर में एकीभाव से स्थिति, ध्यानयोग के द्वारा अव्यभिचारिणी भक्ति, एकान्त और शुद्ध देश में रहने का स्वभाव, विषयासक्त मनुष्यों के समुदाय में प्रेम का न होना, अध्यात्मज्ञान में नित्य स्थिति, तत्वज्ञान के अर्थरूप परमात्मा को सर्वत्र देखना—ये सब साधन तत्त्वज्ञान की प्राप्ति के साधन हैं। और जो इससे विपरीत हैं वह अज्ञान हैं।" गीता, अध्याय १३, श्लोक ७ से ११ तक)

इसी प्रकार गीता के सत्रहवें अध्याय में, शरीर-संबंधी, वाणी-संबंधी और मनसंबंधी तपों का अत्यंत सुन्दर विश्लेषण किया गया है—

देवता, ब्राह्मण, गुरु एवं ज्ञानी जनों का पूजन, पवित्रता, सरलता, ब्रह्मचर्य और अहिंसा, यह शरीर संबंधी तप कहा जाता है।" (गीता, अध्याय १७, श्लोक १४)।

"जो उद्वेग न करनेवाला, हितकारी एवं यथार्थ भाषण है, और जो वेद-शास्त्रों के पढ़ने का एवं परमेश्वर के नाम-जप का अभ्यास है, वह निस्सन्देह वाणी-संबंधी तप कहा गया है।" (गीता, अध्याय १७, श्लोक १५)

"मन की प्रसन्नता, शान्तभाव, भगवत-चिन्तन करने का स्वभाव, मन का निग्रह और अन्तःकरण की पवित्रता—ये सब मनसंबंधी तप कहे जाते हैं।" (गीता, अध्याय १७, श्लोक १६)

सारांश यह कि गीता का प्रत्येक अध्याय साधनों से भरा पड़ा है। यदि प्रत्येक अध्याय से उन साधनों को बताया जाय, तो अत्यधिक विस्तार हो जायेगा।

अंत में यह बता देना आवश्यक प्रतीत होता है कि समस्त साधनों की समाप्ति स्थितप्रज्ञ (गीता, अध्याय २, श्लोक ५५ से ७२ तक), अनन्य भक्त (गीता, अध्याय १२, श्लोक २ से २० तक) अथवा त्रिगुणातीत (गीता, अध्याय १४ श्लोक २२ से २७ तक) हो जाने में है। प्रत्येक से एक-एक श्लोक की बानगी देकर उनकी महत्ता देखी जा सकती है—

स्थितप्रज्ञ का उदाहरण—

प्रजहाति यदा कामान्सर्वान्पार्थ मनोगतान्।
आत्मन्येवात्मना तुष्टः स्थितप्रज्ञस्तदोच्यते ॥

गीता, अध्याय २, श्लोक ५५

अर्थात्, "हे अर्जुन, जिस काल में यह पुरुष मन में स्थित सम्पूर्ण कामनाओं को त्याग देता है, उस काल में आत्मा से ही आत्मा में संतुष्ट हुआ स्थितप्रज्ञ कहा जाता है।"

अनन्य भक्त की स्थिति इस प्रकार होती है—

यो न हृष्यति न द्वेष्टि न शोचति न कांक्षति।
शुभाशुभपरित्यागी भक्तिमान्यः स मे प्रियः ॥

गीता, अध्याय १२, श्लोक १७

अर्थात्, "जो न कभी हर्षित होता है, न द्वेष करता है, न शोच करता है, न कामना करता है तथा जो शुभ और अशुभ सम्पूर्ण कर्मों के फल का त्यागी है, वह भक्तियुक्त पुरुष मेरे को प्रिय है।"

गुणातीत का दृष्टान्त यह है—

प्रकाशं च प्रवृत्तिं च मोहमेव च पाण्डव।
न द्वेष्टि संप्रवृत्तानि न निवृत्तानि कांक्षति ॥

गीता, अध्याय १४, श्लोक २२

अर्थात् "हे अर्जुन, जो पुरुष सत्त्वगुण के कार्यरूप प्रकाश को, रजोगुण के कार्यरूप प्रवृत्ति को और तमोगुण के कार्यरूप मोह को भी न तो प्रवृत्त होने पर बुरा समझता है और न निवृत्त होने पर उनकी आकांक्षा करता है, वह त्रिगुणातीत माना जाता है।" तात्पर्य यह है कि जो पुरुष सच्चिदानन्दघन परब्रह्म में ही नित्य एकीभाव से स्थित हुआ इस त्रिगुणमयी माया के प्रपंचरूप संसार से सर्वथा अतीत हो गया है, उस गुणातीत पुरुष के अभिमानरहित अन्तःकरण में तीनों गुणों के कार्यरूप प्रकाश, प्रवृत्ति और मोहादि वृत्तियों के प्रकट होने न होने पर किसी काल में भी इच्छा-द्वेष आदि विकार नहीं होते हैं, यही उसके गुणों से अतीत होने के प्रधान लक्षण हैं।

(६) ज्ञानमार्ग

मनुष्य-जीवन का परम पुरुषार्थ और चरम लक्ष्य आत्मोपलब्धि है। जो दिव्य ज्योति परमात्मा ने हमारे अंतर्गत रखी है, उसी का साक्षात्कार करना, उसी के साथ मिल-जुल कर एक हो जाना, मानव-जीवन का सर्वोपरि उद्देश्य है। मनुष्य की मानसिक अवस्था, संस्कार, क्षमता आदि को ध्यान में रखते हुए परमतत्त्व के साक्षात्कार के लिये भिन्न-भिन्न मार्ग निकाले गये। यद्यपि उन मार्गों की संख्या निर्धारित करना टेढ़ी खीर है, किन्तु मोटे रूप से परमतत्त्व की प्राप्ति के लिये चार मार्ग प्रमुख माने गये हैं—ज्ञानमार्ग, कर्ममार्ग, भक्तियोग और योगमार्ग। अब गीता के अनुसार प्रत्येक का विवेचन किया जायगा। सर्वप्रथम ज्ञानमार्ग का वर्णन किया जा रहा है। 'मैंपन' रूपी शारीरिक अहंभाव को नष्ट कर सच्चिदानन्दघन परब्रह्म में स्थित होकर उसी की एकता की अनुभूति करना ज्ञान है। इस ब्रह्मात्मैक्य स्थिति में पूर्णरूपेण निमग्न हो जाना ज्ञान की पूर्णावस्था है। अनेकत्व में निरन्तर एकत्व का दर्शन करना ज्ञान है।

गीता दो प्रकार के ज्ञान का प्रतिपादन करती है—एक वह जो बुद्धि के द्वारा बाह्य जगत् के अस्तित्त्व को समझने का प्रयत्न करता है और दूसरा वह जो अन्तर्दृष्टि के बल से इन अकस्मात घटनाओं की श्रृंखला में की पृष्ठभूमि में जो परम तत्त्व है, उसे ग्रहण करता है। मनुष्य की आत्मा जब तार्किक बुद्धि के अधीन रहती है, तो अपने को प्रकृति के अन्दर खो बैठने के प्रति प्रवृत्त होती है और उसी की गतिविधि के साथ अपना तादात्म्य समझने लगती है। इस जीवन के तथ्य को अर्थात् इसके उद्भव एवं यथार्थता के ज्ञान को ग्रहण करने के लिये इसे मिथ्या ज्ञान के पाश से अपने को मुक्त करना आवश्यक है।

विज्ञानविषयक ज्ञान रजोगुणप्रधान है एवं आध्यात्मिक ज्ञान सत्त्वगुण प्रधान है। यदि हम भौतिक विज्ञान के आंशिक तथ्यों को भूल से आत्म-संबंधी पूर्ण तथ्य समझ लें, तो हमें निम्न श्रेणी का ज्ञान प्राप्त होता है और उसमें निम्नतम श्रेणी के तमोगुण का प्राधान्य रहता है। जब तक भौतिक ज्ञान के स्तर पर रहते हैं, आत्मविषयक तथ्य केवल कल्पनामात्र रहता है। इसका विश्लेषण गीता के अठारहवें अध्याय में इस प्रकार किया गया है—

सर्वभूतेषु येनैकं भावमव्ययमीक्षते।
अविभक्तं विभक्तेषु तज्ज्ञानं विद्धि सात्त्विकम्॥

गीता, अध्याय १८, श्लोक २०

अर्थात्, "जिस ज्ञान से मनुष्य पृथक्-पृथक् सब भूतों में, एक अविनाशी

परमात्म-भाव को विभागरहित, समभाव से देखता है, उस ज्ञान को तो तू सात्विक ज्ञान (ब्रह्मज्ञान, आत्मज्ञान) जान ।"

पृथक्त्वेन तु यज्ज्ञानं नानाभावान्पृथग्विधान् ।
वेत्ति सर्वेषु भूतेषु तज्ज्ञानं विद्धि राजसम् ॥

—गीता, अध्याय १८, श्लोक २१

अर्थात्, "जिस ज्ञान के द्वारा, मनुष्य सम्पूर्ण भूतों में भिन्न-भिन्न प्रकार के अनेक भावों को न्यारा-न्यारा करके जानता है, ज्ञान को तू राजस जान ।"

तामसिक ज्ञान की परिभाषा इस प्रकार की गयी है—

यत्तु कृत्स्नवदेकस्मिन्कार्ये सक्तमहैतुकम् ।
अतत्त्वार्थवदल्पं च तत्तामसमुदाहृतम् ॥

—गीता, अध्याय १८, श्लोक २२

अर्थात्, "जो एक कार्यरूप शरीर में ही संपूर्णता के समान आसक्त है, अर्थात् जिस विपरीत ज्ञान के द्वारा मनुष्य क्षणभंगुर नश्वर शरीर को ही आत्मा मानकर, उसमें सर्वस्व की भांति आसक्त रहता है तथा जो बिना युक्तिवाला, तत्त्व अर्थ से रहित और तुच्छ है, वह ज्ञान तामस कहा गया है ।"

यदि हमें परम सत्य तक पहुँचना है तो भौतिक विज्ञान के स्थान में दूसरी ही साधना का आश्रय लेना होगा । गीता की सम्मति में 'परिप्रश्न' अथवा अनुसंधान के साथ-साथ सेवा का भी मेल होना आवश्यक है—

तद्विद्धि प्रणिपातेन परिप्रश्नेन सेवया ।
उपदेक्ष्यन्ति ते ज्ञानं ज्ञानिनस्तत्त्वदर्शिनः ॥

—गीता, अध्याय ४, श्लोक ३४

अर्थात्, "तत्त्व के जाननेवाले ज्ञानी पुरुषों से अच्छी तरह दंडवत, प्रणाम तथा सेवा और निष्कपट भाव से किये हुए प्रश्न द्वारा उस ज्ञान को जान, वे मर्म को जाननेवाले ज्ञानीजन तुझे उस ज्ञान का उपदेश करेंगे ।"

अन्तर्दृष्टि की शक्ति के विकास के लिये हमें मन को दूसरी दिशा में घुमाने की आवश्यकता है, अर्थात् आत्मा के दृष्टिकोण में परिवर्तन होना आवश्यक है । अर्जुन ने अपने को साधारण दृष्टि के द्वारा सत्य के दर्शन में असमर्थ पाया और इसीलिए भगवान् श्रीकृष्ण ने उन्हें दिव्य दृष्टि प्रदान की—

न तु मां शक्यसे द्रष्टुमनेनैव स्वचक्षुषा ।
दिव्यं ददामि ते चक्षुः पश्य मे योगमैश्वरम् ॥

—गीता, अध्याय ११, श्लोक ८

अर्थात्, "परन्तु मेरे को इन अपने प्राकृत नेत्रों द्वारा देखने को निस्सन्देह

समर्थ नहीं है, इसी से मैं तेरे लिये दिव्य अर्थात् अलौकिक चक्षु देता हूँ, उससे तू मेरे प्रभाव को और योगशक्ति को देख।" इसके फलस्वरूप अर्जुन ने भगवान् श्रीकृष्ण में विराट्स्वरूप का प्रत्यक्ष दर्शन किया और उन्हें प्रत्यक्षानुभूति हुई कि संसार का समस्त रूप भगवान् श्रीकृष्ण का ही स्वरूप है, उनसे पृथक् नहीं है।

गीता का मत है कि इस प्रकार की आध्यात्मिक दृष्टि की प्राप्ति के लिये मनुष्य को अपने में अन्तर्निहित होने का ज्ञान प्राप्त करना चाहिये और अपने मन को उच्चतम यथार्थसत्ता के अन्दर स्थित करना चाहिये। केवल बुद्धि के दोष से ही नहीं किन्तु स्वार्थ की लालसा से भी परम सत्य हमारी दृष्टि से ओझल रहता है। अज्ञान बौद्धिक भ्रम ही नहीं है अपितु आध्यात्मिक अन्धापन है। इसे दूर करने के लिये हमें शरीर एवं इन्द्रियों के मल को हटाकर अन्तःकरण को निर्मल करना होगा एवं आध्यात्मिक दृष्टि को प्रज्वलित करना होगा। वासना की अग्नि और इच्छा की अशान्ति का दमन करना आवश्यक है।

श्रद्धावाँल्लभते ज्ञानं तत्परः संयतेन्द्रियः।
ज्ञानं लब्ध्वा परां शान्तिमचिरेणाधिगच्छति॥

—गीता, अध्याय ४, श्लोक ३६

अर्थात्, "हे अर्जुन, जितेन्द्रिय, तत्पर हुआ श्रद्धावान् पुरुष ज्ञान को प्राप्त करता है। ज्ञान को प्राप्त कर तत्क्षण भगवत्प्राप्तिरूप परम शान्ति को प्राप्त हो जाता है।"

चंचल और अस्थायी मन को एक प्रशान्त जलाशय की भाँति स्थिर रखना आवश्यक है, जिससे कि उसके अन्दर ज्ञान ऊपर से ठीक-ठीक प्रतिबिम्बित हो सके। बुद्धि अथवा सत् और असत् में करनेवाली शक्ति को प्रशिक्षित करना आवश्यक है।

भोगैश्वर्यप्रसक्तानां तयापहृतचेतसाम्।
व्यवसायात्मिका बुद्धिः समाधौ न विधीयते।

—गीता, अध्याय २, श्लोक ४४

अर्थात्, "दिखाऊ शोभायुक्त वाणी द्वारा हरे हुए चित्तवाले तथा भोग और ऐश्वर्य में आसक्तिवाले उन पुरुषों के अन्तःकरण में निश्चयात्मक बुद्धि नहीं होती है।" यह शक्ति किस दिशा में कितना अधिक कार्य करती है, यह हमारे पूर्व के संस्कारों के ऊपर निर्भर करता है।

मानसिक-प्रशिक्षण की प्रणाली में गीता ने योगसाधना को भी स्वीकार किया है। इस साधना के द्वारा हम मन, शरीर एवं यों को पवित्र करके दैवीय शक्ति प्राप्त कर सकते हैं। इससे एकाग्रता प्राप्त हो सकती है और इस एकाग्रता

के द्वारा हम सर्वोपरि ब्रह्म का साक्षात्कार कर परमानन्द की प्राप्ति क— सकते हैं। यथार्थसत्ता तक पहुँचने के पश्चात् उसके साथ तादात्म्य स्थापित करना योग का चरम लक्ष्य है। गीता के छठवें अध्याय में इसका विश्लेषण किया गया है।

जहाँ एक बार ज्ञानसंबंधी अनुभव प्राप्त हो गया, तो चेतना के इतर पक्ष भी, यथा भावना और इच्छा, अपने आपको प्रकट करने लगते हैं। ईश्वर का दर्शन आध्यात्मिक प्रकाश में तथा सुख के वातावरण में प्राप्त होता है। सम्पूर्ण जीवन की महत्वाकांक्षा एक प्रकार से अनन्त की निरन्तर आराधना बन जाती है। ज्ञाता भी एक भक्त है और उन सबमें सर्वश्रेष्ठ है—

तेषां ज्ञानी नित्ययुक्त एकभक्तिर्विशिष्यते।
प्रियो हि ज्ञानिनोऽत्यर्थमहं स च मम प्रियः।

—गीता, अध्याय ७, श्लोक १७

अर्थात् "उनमें भी नित्य मुझमें एकीभाव से स्थित हुआ अनन्यप्रेम भक्ति-वाला ज्ञानी भक्त अति उत्तम है, क्योंकि मेरे को तत्त्व से जाननेवाले ज्ञानी को मैं अत्यन्त प्रिय हूँ और वह ज्ञानी भी मेरे को अत्यंत प्रिय है।"

सत्य का ज्ञान अपने हृदय को सर्वोपरि ब्रह्म के साथ नियोजित करना है, उसे स्पर्श करना और उसकी अर्चना करना है।

अहं सर्वस्य प्रभवो मत्तः सर्वं प्रवर्तते।
इति मत्वा भजन्ते मां बुधा भावसमन्विताः ॥८॥
मच्चित्ता मद्गतप्राणा बोधयन्तः परस्परम्।
कथयन्तश्च मां नित्यं तुष्यन्ति च रमन्ति च ॥९॥

—गीता अध्याय १०, श्लोक ८ और ९

अर्थात्, "मैं वासुदेव ही सम्पूर्ण जगत् की उत्पत्ति का कारण हूँ और मेरे से ही सब जगत् चेष्टा करता है, इस प्रकार तत्त्व से समझ कर श्रद्धा और भक्ति से युक्त हुए बुद्धिमान भक्तजन मुझ परमेश्वर को ही निरन्तर भजते हैं। और वे निरन्तर मेरे में मन लगानेवाले भक्तजन, सदा ही मेरी भक्ति की चर्चा के द्वारा आपस में मेरे प्रभाव को जानते हुए तथा गुण और प्रभाव सहित मेरा कथन करते हुए ही संतुष्ट होते हैं और मुझ वासुदेव में ही निरन्तर रमण करते हैं।" उसका क्रियात्मक प्रभाव भी होता है। जितने ही अधिक प्रगाढ़रूप में हमें अपने स्वरूप का ज्ञान होगा, उतनी ही अधिक गहराई के साथ हम औरों की यथार्थ आवश्यकताओं को जान सकेंगे। कल्याणकारी कर्म केवल ज्ञान का मूल सिद्धान्त ही नहीं, अपितु चरित्र का ध्रुव नक्षत्र बन जाता है। गौतम बुद्ध एवं परमहंस रामकृष्ण प्रत्यक्ष प्रमाण हैं। ब्रह्मज्ञानी भय, चिन्ता और रोष से परे हो जाता है। निर्बलता और

अंधविश्वास के गहरे गर्त से निकल कर प्रकाश की समभूमि पर स्थित हो जाता है। सभी अवस्थाओं और प्रत्येक परिस्थितियों में उसका चित्त सम और अचल रहता है। उसके चारों ओर आनन्द का अनन्त सागर लहराने लगता है।

(१०) योगमार्ग

योग भारतवर्ष का सबसे प्राचीन एवं महत्वपूर्ण साधन है। शुक्ल यजुर्वेद के तैंतीसवें और चालीसवें अध्यायों में योगसंबंधी विशिष्ट विषयों का उल्लेख किया गया है। उपनिषदों में योगसंबंधी बहुत सी बातों का संकेत मिलता है। कठोपनिषद् और श्वेताश्वतर उपनिषद् में ये बातें विशेष रूप से पायी जाती हैं।

योग के संबंध में कठोपनिषद् में इस प्रकार बताया गया है, "योगाभ्यास करते-करते जब मन के सहित पाँचों ज्ञानेन्द्रियाँ भलीभाँति स्थिर हो जाती हैं और बुद्धि भी परम तत्त्व में इस प्रकार स्थित हो जाती है कि उससे कोई भी चेष्टा नहीं बनती, उस स्थिति को योगीगण परमगति—योग की सर्वोत्तम स्थिति बतलाते हैं।" (कठोपनिषद्, अध्याय २, वल्ली ३, मंत्र १०)। "इन्द्रिय, मन और बुद्धि स्थिर धारणा का ही नाम योग है—ऐसा अनुभवी योगी महानुभाव मानते हैं; क्योंकि उस समय साधक विषयदर्शनरूप सब प्रकार के प्रमाद से सर्वथा रहित हो जाता है। परन्तु यह योग उदय और अस्त होनेवाला है। अतः योगी को परब्रह्म में निरन्तर स्थित रहने के लिये दृढ़ अभ्यास करते रहना चाहिए।" (कठोपनिषद्, अध्याय २, वल्ली ३, मंत्र ११)। इसी प्रकार द्वितीय अध्याय की तीसरी ही वल्ली के संख्या १२, १३, १४, १५, १६ और १७ मंत्रों में योगसंबंधी बातों का उल्लेख मिलता है।

श्वेताश्वतर उपनिषद् में तो प्रारंभ से लेकर अंत तक योग की प्रमुखता प्राप्त होती है। इस उपनिषद् में तो बैठने की विधि, (श्वेताश्वतर उपनिषद्, अध्याय २, मंत्र ८) प्राणायाम का विधान, आहार की नियमबद्धता, मनोनिग्रह, स्थान का चयन, (श्वेताश्वतर उपनिषद् अध्याय २, मंत्र ९, १०), कुहरा, धुँआ, सूर्य, वायु, अग्नि, जुगनू, बिजली, स्फटिकमणि, आदि दृश्यों का योगी द्वारा दर्शन (श्वेताश्वतर उपनिषद्, अध्याय २, मंत्र ११) का वर्णन मिलता है। योगी द्वारा प्राप्त शक्तियों का उल्लेख भी किया गया है। योगमार्ग की प्रारम्भिक सिद्धियाँ इस प्रकार हैं—"योगी का शरीर हल्का हो जाता है, आलस्य और प्रमाद का अभाव हो जाता है। वह नीरोग रहता है। भौतिक पदार्थों में उसकी आसक्ति समाप्ति हो जाती है। उसके शरीर का वर्ण उज्ज्वल हो जाता है। स्वर अत्यंत मधुर और स्पष्ट हो जाता है। शरीर से अच्छी सुगन्धि निकलने लगती है। मल और मूत्र बहुत

ही स्वल्प मात्रा में होने लगते हैं" (श्वेताश्वतर उपनिषद्, अध्याय २, मंत्र १३) अंत में योगसाधना की परमसिद्धि प्राप्त होती है। वह परमसिद्धि यह है कि परब्रह्म का निरन्तर सर्वत्र दर्शन करना। इसका वर्णन इस उपनिषद् में अन्त तक पाया जाता है। इस प्रकार योग भारतीय दर्शन और धर्म का गौरवपूर्ण अंग है। महर्षि पतंजलि योगसूत्रों के सर्वप्रथम रचयिता हैं।

योग शब्द का प्रयोग विभिन्न अर्थों में होता है। कोशकारों ने 'योग' शब्द के तीन दर्जन से ऊपर अर्थ लिखे हैं। पर जब योग शब्द का प्रयोग आध्यात्मिक साधना-प्रणाली में करते हैं, तो इसका अभिप्राय होता है—वह विशिष्ट साधन-प्रणाली जिसके द्वारा आत्मा और परब्रह्म में एकात्मकता, अथवा तादात्म्यभाव स्थापित किया जा सके। इस दृष्टि से महर्षि पतंजलि का यह सूत्र विशेष विचारणीय है—'योगश्चित्ति वृत्ति निरोधः' अर्थात् बिखरी हुई विशृंखल चित्तवृत्तियों को केन्द्रीभूत कर परमात्त्व-तत्त्व से युक्त करना ही योग है। जिस अवस्था में परब्रह्म की सत्ता (सच्चिदानन्द) चैतन्य और आनन्द साधना द्वारा अपने आप ही अन्तःकरण में प्रस्फुटित हो जाय, उसी का नाम 'योग' है।

योग के आठ अंग माने गये हैं, यम, नियम, आसन, प्राणायाम, प्रत्याहार, धारणा, ध्यान और समाधि। अहिंसा, सत्य, अस्तेय, ब्रह्मचर्य और अपरिग्रह यम के पाँच अंग हैं। पातंजल-योग दर्शन के अनुसार नियम के भी पाँच भेद हैं—शौच, सन्तोष, तप, स्वाध्याय और ईश्वर प्रणिधान। 'स्थिर सुखमासनम्' (पातंजल योग दर्शनम्, साधनपाद २, सूत्र ४६) अर्थात् निश्चल होकर एक ही स्थिति में चिरकाल बैठने का अभ्यास ही आसन है। महर्षि पतंजलि के अनुसार आसन की सिद्धि हो जाने के पश्चात् श्वास-प्रश्वास की गति का नियंत्रित हो जाना ही 'प्राणायाम' है (पातंजल योगदर्शनम्, साधनपाद २, सूत्र ४६)

प्रत्याहार में साधक की इन्द्रियाँ अपने कार्य से विलग होकर मन के अनुकूल हो जाती हैं। (पातंजल, योगदर्शनम, साधनपाद २, सूत्र ५४) धारणा में मन को किसी स्थान या वस्तु-विशेष पर केन्द्रीभूत करना पड़ता है। ध्येय के आधारभूत आश्रय पर चित्त को एकाग्र करके नियोजित करना ही धारणा है। (पातंजल योगदर्शनम्, विभूतिपाद ३, सूत्र १)

धारणा के पश्चात् ध्यान आता है। चित्तवृत्ति को निरन्तर ध्येयवस्तु में नियोजित करना ध्यान है। (पातंजल, योगदर्शनम, विभूतिपाद ३, सूत्र २)।

समाधि योग की चरमावधि है। वह परम गति है। इस अवस्था में मन तथा बुद्धि के सहित पाँचों ज्ञानेन्द्रियाँ निश्चल हो जाती हैं, यही ब्राह्मी स्थिति है। महर्षि पन्तजलि ने इसका आभास इस भाँति दिया है, "ध्यान करते-करते जब

चित्त ध्येय के ही आकार में परिणत हो जाय और त्रिपुटी (ध्याता, ध्येय और ध्यान) का सर्वथा अभाव हो जाय, वही समाधि है। (पातंजल, योगदर्शनम् विभूति पाद ३, सूत्र ३)

सारांश यह कि योग के यम और नियम आचारात्मक प्रवृत्ति से संबद्ध है। आसन और प्राणायाम शारीरिक शुद्धि के निमित्त हैं। प्रत्याहार, धारणा, ध्यान और समाधि अंतरंग साधन हैं। ये चारों क्रमशः एक दूसरे की अपेक्षा अधिक सूक्ष्म और अंतरंग हैं। इन्द्रियाँ अपने-अपने विषयों को त्यागकर अंतर्मुख होकर चित्त में समाहित हो जायँ, यही प्रत्याहार है। विशिष्ट स्थान पर चित्त को केन्द्रीभूत कर देना धारणा है। चित्त का अपने लक्ष्य से चलायमान न होना ही ध्यान है। ध्याता, ध्येय और ध्यान तीनों का एक हो जाना 'असंप्रज्ञात' समाधि है। असंप्रज्ञात समाधि में स्थित होकर साधक अपने आतमस्वरूप में स्थित हो जाता है और प्रकृति के बन्धनों से मुक्त हो जाता है।

अब हमें इस बात पर दृष्टि डालनी है कि उपर्युक्त योगसाधना की प्रणाली गीता में कहाँ तक पायी जाती है। पहले ही बतलाया जा चुका है कि गीता विचित्र समन्वयात्मक ग्रंथ है। अतः इसमें योगसाधना-संबंधी क्रियाएँ पर्याप्त मात्रा में पायी जाती हैं। वे पतंजलि के 'योगदर्शनम्', अथवा योगसंबंधी अन्य ग्रंथों पर भले ही घटित न हों, किन्तु गीता के योगसंबंधी साधनों और उन ग्रंथों के साधनों में अधिकांश स्थलों पर एकरूपता और सामंजस्य की प्रवृत्ति प्रचुर मात्रा में प्राप्त होती है। उदाहरणार्थ, यम के अन्तर्गत पाँच अंग हैं— अहिंसा, सत्य, अस्तेय, ब्रह्मचर्य और अपरिग्रह। नियम के भी पाँच अंग हैं—शौच, सन्तोष, तप, स्वाध्याय और ईश्वर प्रणिधान – ये दसों अंग गीता में ढूंढ़ने पर अवश्य मिल जायेंगे। गीता में स्थल-स्थल पर ये सभी अंग बिखरे पड़े हैं उदाहरणार्थ, स्वाध्याय, तप, अहिंसा, सत्य, अपरिग्रह, शौच आदि अंगों का स्पष्टरूप से नाम दिया गया है (गीता, अध्याय १६, श्लोक १ से ३ तक) तथा (गीता, अध्याय १७, श्लोक १४ और १५)

योग की साधना करनेवाले के लिये पवित्र एकान्त स्थान का गीता में निर्देश किया गया है। साथ ही यह भी बताया गया है कि शुद्ध भूमि में कुश, मृगछाला और वस्त्र हैं उपरोपरि जिसके ऐसे अपने आसन को न अति ऊँचा और न अति नीचा स्थापित करे। यह आसन स्थिर हो, चलायमान न हो। (गीता, अध्याय ६, श्लोक ११)

उस उपर्युक्त आसन पर बैठकर तथा मन को एकाग्र करके, चित्त और इन्द्रियों की क्रियाओं को वश में करके अन्तःकरण की शुद्धि के लिये योग का अभ्यास करे (गीता, अध्याय ६, श्लोक १२)।

इसके अतिरिक्त योगासन की सर्वमान्य विधि भी गीता में बतलायी गयी है, "काया, शिर एवं ग्रीवा को समान और अचल धारण करे और अपनी नासिका के अग्रभाग की ओर दृष्टि रखे; दृष्टि इधर-उधर न जाकर नासिका के अग्रभाग में ही स्थिर होकर जमी रहे।" (गीता, अध्याय ६, श्लोक १३)।

भगवान् श्रीकृष्ण ने संतुलित आहार-विहार, शयन-जागरण, कर्मों में यथायोग्य चेष्टा पर बल दिया है—

नात्यश्नतस्तु योगोऽस्ति न चैकान्तमनश्नतः।
न चाति स्वप्नशीलस्य जाग्रतो नैव चार्जुन ॥१६॥
युक्ताहारविहारस्य युक्तचेष्टस्य कर्मसु।
युक्तस्वप्नावबोधस्य योगो भवति दुःखहा ॥१७॥

—गीता, अध्याय ६, श्लोक १६ और १७

अर्थात्, "हे अर्जुन, यह योग न तो बहुत खानेवाले का सिद्ध होता है और न बिल्कुल न खानेवाले का तथा न अति शयन करने के स्वभाववाले का और न अत्यन्त जागनेवाले का सिद्ध होता है। यह दुःखों का नाश करनेवाला योग तो यथायोग्य आहार और विहार करनेवाले का और यथायोग्य शयन करने तथा जागनेवाले का ही सिद्ध होता है।" कहने का तात्पर्य यह कि भगवान् श्रीकृष्ण ने अतिमार्ग का वर्जन किया है। उन्होंने मध्यममार्ग के आचरण पर विशेष बल दिया है।

गीता में प्राणायाम-क्रिया की ओर भी दृष्टि डाली गयी है, "अन्य योगीजन अपानवायु में प्राणवायु को हवन करते हैं, वैसे ही दूसरे योगीगण प्राणवायु में अपानवायु को हवन करते हैं, तथा अन्य योगीजन प्राण और अपान की गति को रोककर, प्राणायाम में परायण होते हैं। दूसरे नियमित आहार करने वाले योगी-जन प्राणों को प्राणों में ही हवन करते हैं।" (गीता, अध्याय ४, श्लोक २९ और ३०)।

सात्विक पुरुष (योगी) के आहार की ओर भी गीता में स्पष्ट निर्देश है—

आयुः सत्त्वबलारोग्य सुखप्रीतिविवर्धनाः।
रस्याः स्निग्धाः स्थिरा हृद्याः आहाराः सात्त्विकप्रियाः ॥

—गीता, अध्याय १७, श्लोक ८

अर्थात्, "आयु, बुद्धि, बल, आरोग्य, सुख और प्रीति को बढ़ानेवाले एवं रसयुक्त, चिकने और स्थिर रहनेवाले तथा स्वभाव से ही मन को प्रिय ऐसे भोजन करने के पदार्थ सात्विक पुरुष (योगी) को प्रिय होते हैं।"

योगी के यम, नियम, आसन, प्राणायाम के संबंध में गीता की मीमांसा की जा चुकी। अब प्रत्याहार, धारणा, ध्यान और समाधि के सम्बन्ध में गीता के विचारों पर प्रकाश डालने का प्रयास किया जायेगा। प्रत्याहार का अभिप्राय है कि साधक इन्द्रियों को उनके विषयों से हटाकर मन के अनुकूल करने का अभ्यास करे—

संकल्पप्रभवान्कामांस्त्यक्त्वा सर्वानशेषतः।
मनसैवेन्द्रियग्रामं विनियम्य समन्ततः॥

—गीता, अध्याय ६, श्लोक २४

अर्थात्, "इसलिये साधक को चाहिये कि संकल्प से उत्पन्न होनेवाली सम्पूर्ण कामनाओं को निःशेषता से अर्थात् वासना और आसक्तिसहित त्यागकर और मन के द्वारा इन्द्रियों के समुदाय को सब ओर से भलीभाँति वश में करे।"

धारणा में मन को किसी वस्तुविशेष पर केन्द्रीभूत करना पड़ता है। गीता में धारणा के संबंध में इस प्रकार बताया गया है—

शनैः शनैरुपरमेद्बुद्धया धृतिगृहीतया।
आत्मसंस्थं मनः कृत्वा न किंचिदपि चिन्तयेत॥

—गीता, अध्याय ६, श्लोक २५

अर्थात्, "क्रम-क्रम से अभ्यास करता हुआ योगी उपरामता को प्राप्त होवे तथा धैर्ययुक्त बुद्धि द्वारा मन को परमात्मा में स्थित करके, परमात्मा के अतिरिक्त और कुछ भी चिन्तन न करे।"

चित्तवृत्ति को निरन्तर ध्येयवस्तु नियोजित करना ध्यान है। गीता में जगह-जगह पर ध्यान की प्रगाढ़ता की विशेषता बतलायी गयी है—"योग के अभ्यास से अत्यन्त वश में किया हुआ चित्त, जिस काल में परमात्मा में ही भलीभाँति स्थित हो जाता है, उस काल में सम्पूर्ण कामनाओं से स्पृहारहित हुआ पुरुष योगयुक्त ऐसा कहा जाता है। जिस प्रकार वायुरहित स्थान में स्थित दीपक नहीं चलायमान होता है, वैसी उपमा परमात्मा के ध्यान में लगे हुए योगी के जीते हुए चित्त की कही गयी है।" (गीता, अध्याय ६, श्लोक १८ और १९)।

इस प्रकार यम, नियम, आसन, प्राणायाम, प्रत्याहार, धारणा और ध्यान के पश्चात् योगी को समाधिवस्था की प्राप्ति होती है। समाधि-प्राप्ति ही योगी का परम लक्ष्य है। उससे बढ़कर संसार में कोई अन्य लाभ नहीं है। बड़े से बड़ा दुःख उसे डिगा नहीं सकता। आत्मस्वरूप में स्थित होने के कारण उस योगी को निरन्तर सर्वत्र ब्रह्म के ही दर्शन होते हैं। (गीता, अध्याय ६, श्लोक २०, २१ और २२)।

ऐसा समाधिवान् पुरुष अपने ही समान सम्पूर्ण प्राणियों को देखने लगता है।

जो योगी सुख अथवा दुःख को सभी प्राणियों को सम देखता है, वह योगी परम श्रेष्ठ माना गया है। (गीता, अध्याय ६, श्लोक ३२)।

(११) कर्ममार्ग

कर्म 'कृ' धातु से बना है, जिसका अर्थ 'करना' है। सामान्य रूप से प्राणिमात्र कर्म करने में निरत रहते हैं। निम्न कोटि के जीव से उच्चश्रेणी के मनुष्य तक जीवनपर्यन्त अपने-अपने स्वभाव और संस्कार के अनुसार कर्म करने में लगे रहते हैं। जिन कर्मों को अनुष्ठान से परमतत्त्व की प्राप्ति होती, वे ही कर्म मनुष्य जीवन में स्पृहणीय है। उन्हीं शुभ, कल्याणमय, लोकोपकारी कर्मों के अनुष्ठान पर गीता में विशेष बल दिया गया है। गीता के आधुनिक व्याख्याकारों—जैसे लोकमान्य तिलक, महात्मा गाँधी, योगी अरविन्द और बिनोवा भावे आदि भास्यकारों ने गीता के अनुसार जगत् के कल्याण के निमित्त कर्मसम्पादन को भगवद्प्राप्ति का सर्वश्रेष्ठ साधन माना है।

कर्मों को अनादि और परमात्मा का स्वरूप माना गया है--

कर्म ब्रह्मोद्भवं विद्धि ब्रह्माक्षरसमुद्भवम्।
तस्यात्सर्वगतं ब्रह्म नित्यं यज्ञे प्रतिष्ठितं ॥

—गीता, अध्याय ३, श्लोक १५

अर्थात्, "उस कर्म को तू वेद से उत्पन्न हुआ जान और वेद अविनाशी परमात्मा से उत्पन्न हुए हैं। इससे सर्वव्यापी परम अक्षर, परमात्मा सदा ही यज्ञ में प्रतिष्ठित हैं।"

जो मनुष्य इस लोक में इस प्रकार चलाये हुए सृष्टिचक्र के अनुसार नहीं बर्तता है अर्थात् शास्त्रानुसार कर्मों को नहीं करता है, वह इन्द्रियों के सुख को भोगनेवाला पाप-आयु पुरुष व्यर्थ ही जीता है (गीता, अध्याय ३, श्लोक १६)।

परन्तु जो मनुष्य आत्मा में ही प्रीतिवाला और आत्मा में ही तृप्त तथा आत्मा में संतुष्ट हो, उसके लिये कोई भी कर्तव्य नहीं है। (गीता, अध्याय ३, श्लोक १७)। पर 'आत्म-तृप्ति' वाली स्थिति सभी साधनों की समाप्ति वाली स्थिति है।

लोकसंग्रह की भावना से प्रेरित होकर जनकादि ज्ञानीजन भी आसक्तिरहित कर्मसंपादन के द्वारा परम सिद्धि प्राप्त कर चुके हैं (गीता, अध्याय ३, श्लोक २०)। भगवान् श्रीकृष्ण का कथन है, "यदि मैं सावधान होकर कदाचित् कर्म में प्रवृत्त न होऊँ, तो सभी मनुष्य मेरा अनुकरण करने लगें और वे मार्गभ्रष्ट हो जायें और मैं स्वयं सृष्टि का संहारकर्ता हो जाऊँ।" (गीता, अध्याय ३, श्लोक २३ और २४)

गीता का कहना है कि कर्म ही के द्वारा हमारा समस्त संसार के साथ संबंध स्थिर होता है। नैतिकता की समस्या केवल मानवीय जगत् से ही संबंध रखती है। जगत् के समस्त प्राणियों में केवल मनुष्य ही ऐसा है, जो अपने उत्तर-दायित्व का विचार करता है। मनुष्य की महत्त्वाकांक्षा आध्यात्मिक सुख की प्राप्ति के लिये होती है, किन्तु वह जगत् के भौतिक तत्त्वों से इसे प्राप्त नहीं कर सकता। इन्द्रियों से जो सुख मनुष्य को प्राप्त होता है, उसमें रजोगुण की ही प्रधानता रहती है और आत्मज्ञान के सुख में सत्त्वगुण की प्रमुखता होती है। (गीता, अध्याय २, श्लोक ७१ तथा अध्याय १८, श्लोक ३६ से ३८ तक)

गीता के अनुसार मनुष्य को सबसे उन्नत कोटि का संतोष तभी हो सकता है कि जब वह अपने को स्वतंत्र कर्ता समझना छोड़कर यह अनुभव करने लगे कि ईश्वर अपनी अनन्त कृपा से जगत् का मार्गप्रदर्शन करता है। मनुष्य की अन्तरात्मा को यह देखकर परम सन्तोष होता है कि इस जगत् में भी आत्मा का निवास है। सत्कर्म वह है जो मनुष्य को मोक्ष प्राप्त कराने और आत्मा को पूर्णता प्राप्त कराने में सहायक होता है। अतः जिन कर्मों के सम्पादन से पूर्णता और प्रगति हो सके, वे ही पुण्य हैं और जिनकी संगति इसके साथ न बैठे, वे पाप हैं। वास्तव में पूर्ण पुरुष को आत्मा जगत् में कार्य कर रही है। पुण्यात्मा व्यक्ति को इसके साथ सहयोग करना चाहिये और संसारमात्र के कल्याण को अपना लक्ष्य बनाना चाहिये। (गीता, अध्याय ५, श्लोक २५ तथा अध्याय १२, श्लोक ४)

इन्द्रिय-निग्रह धर्मात्मा पुरुष का विशेष लक्षण और सहज स्वभाव बन जाता है। वासना हमारे धार्मिक स्वरूप की स्वतंत्रता का अपहरण कर लेती है। इससे विवेकशक्ति चेतनाशून्य हो जाती है और तर्कशक्ति पर भी प्रतिबन्ध लग जाता है। मन की अनियंत्रित प्रेरणाओं को उद्दाम रूप में खुला छोड़ देने से शरीर के अन्दर निवास करनेवाली आत्मा दास बन जाती है और सीमित दायरे में बँध जाती है। (गीता, अध्याय ६, श्लोक ४६ तथा अध्याय ८, श्लोक २७)

गीता हमें अनासक्ति के भाव को विकसित करने तथा कर्मफल के प्रति उदासीनता का भाव रखने एवं योग की भावना तथा निष्पक्षता को भी विकसित करने का आदेश करती है।—यथा

कर्मण्येवाधिकारस्ते मा फलेषु कदाचन।
मा कर्मफलहेतुर्भूर्मा ते संगोऽस्त्वकर्मणि ।।४७।।
योगस्थः कुरु कर्माणि संगं त्यक्त्वा धनंजय।
सिद्ध्यसिद्ध्यो समो भूत्वा समत्वं यो उच्यते ।।४८।।

—गीता, अध्याय २, श्लोक ४७ और ४८

अर्थात्, "हे अर्जुन, तेरा कर्म करनेमात्र में ही अधिकार होवे फल में कभी नहीं और तू कर्मों के फल की वासनावाला भी मत हो तथा तेरी कर्म न करने में भी प्रीति न होवे। हे धनंजय, आसक्ति को त्याग कर एवं सिद्धि और असिद्धि में समान बुद्धिवाला होकर योग में स्थित हुआ कर्मों को कर, यह समत्वभाव ही योग नाम से कहा जाता है।"

सच्चा त्याग इसी में है। अज्ञान के कारण जो कर्म को छोड़ता है, वह तमोगुण त्याग है। परिणामों के भय से, जैसे शारीरिक कष्ट के भय से कर्मों को छोड़ना भी त्याग है, किन्तु यह त्याग रजोगुणयुक्त त्याग है। परन्तु अनासक्ति की भावना से और परिणामों के भय से सर्वथा रहित कर्म का सर्वोत्तम स्वरूप है, क्योंकि इसमें सात्विक गुण का प्राचुर्य है। (गीता, अध्याय १७, श्लोक ११ और १२)

इस मर्त्यलोक में विश्राम नहीं है, यहाँ तो जीवनपर्यन्त कर्म करते रहना चाहिये। कर्म ही संसारचक्र की गति को जारी रखता है और प्रत्येक व्यक्ति को अपनी ओर से पूरा प्रयत्न इसकी गति को जारी रखने में करना चाहिये। (गीता, अध्याय ३, श्लोक १० और १६)

गीता की समस्त योजना यही संकेत करती है कि निरन्तर कर्म करने में प्रवृत्त रहना चाहिये। जब तक हमें मोक्ष प्राप्त न हो, कर्म करते रहना अनिवार्य है, पहले तो हमें मोक्षप्राप्ति के लिये कर्म करना है और मोक्षप्राप्ति कर लेने पर दैवीय शक्ति के साधन के रूप में हमें कर्म करना है। अवश्य ही उस समय मन को तैयार करने का कार्य शेष नहीं रह जाता। मुक्तात्माओं के लिये किन्हीं विशेष नियमों का पालन करना आवश्यक नहीं है।

गीता हमें आदेश करती है कि हम इस प्रकार कर्म करें कि कर्म हमें बंधन में न जकड़ सकें। स्वयं प्रभु भी मनुष्यजाति के कल्याण के लिये कर्म करते हैं। यद्यपि परमार्थ की दृष्टि से वे स्वात्मनिर्भर तथा इच्छारहित हैं, तो भी उन्हें संसार में कुछ न कुछ कार्य सम्पन्न करना ही होता है। इसीलिये अर्जुन को आदेश दिया गया कि युद्ध करो और अपने कर्तव्य का पालन करो। मुक्तात्माओं का भी यह कर्तव्य है कि वे दूसरों को अपने अन्तःस्थित दैवीय शक्ति की खोज करने में सहायता करें। मनुष्यजाति की सेवा ही ईश्वर की उपासना है—

यतः प्रवृत्तिर्भूतानां येन सर्वमिदं ततम्।
स्वकर्मणा तमभ्यर्च्य सिद्धिं विन्दति मानवः॥

—गीता, अध्याय १८, श्लोक ४६

अर्थात्, "हे अर्जुन, जिस परमात्मा से सर्वभूतों की उत्पत्ति हुई है और जिससे

यह सर्व जगत् व्याप्त है उस परमेश्वर को अपने स्वाभाविक कर्म के द्वारा पूजकर मनुष्य परमसिद्धि को प्राप्त करता है।"

निष्काम भाव से तथा विदेहवृत्ति से संसार एवं ईश्वर के निमित्त किया गया कर्म बन्धन का कारण नहीं होता। "और इस प्रकार के कर्म मुझे बंधन में नहीं जकड़ सकते, क्योंकि मैं उक्त कर्मों से सर्वथा उदासीन भाव से ऊँचे स्थान पर अवस्थित हूँ।"—

न च मां तानि कर्माणि निबन्धन्ति धनंजय।
उदासीनवदासीनमसक्तं तेषु कर्मसु ॥
—गीता, अध्याय ९, श्लोक ९

अर्थात्, "हे अर्जुन, उन कर्मों में आसक्तिरहित और उदासीन के सदृश स्थित हुए, मुझ परमात्मा को वे कर्म नहीं बाँधते हैं।

चातुर्वर्ण्यं मया सृष्टं गुणकर्म विभागशः।
तस्य कर्तारमपि मां विद्धयकर्तारमव्ययम् ॥१३॥
न मां कर्माणि लिम्पन्ति न मे कर्मफले स्पृहा।
इति मां योऽभिजानाति कर्मभिर्न स बध्यते ॥१४॥
—गीता, अध्याय ४, श्लोक १३ और १४

अर्थात्, "हे अर्जुन, गुण और कर्मों के विभाग से ब्राह्मण, क्षत्रिय, वैश्य और शूद्र मेरे द्वारा रचे गये हैं। उनके कर्ता को भी मुझ अविनाशी परमेश्वर को तूं अकर्ता ही जान। क्योंकि कर्मों के फल में मेरी स्पृहा नहीं है। इसीलिये मेरे को कर्म लिपायमान नहीं करते। इस प्रकार जो मेरे तत्त्व को जानता है, वह भी कर्मों में नहीं बंधता है।" जिस कर्म का संकेत गीता में किया गया है वह कौशलपूर्ण कर्म है। 'योग कर्मसु कौशलम्' अर्थात् कर्मों में कुशलता का नाम योग है। (गीता, अध्याय २, श्लोक ५०)

पूर्ण मोक्ष की प्राप्ति के बाद अहंकार का सारा अस्तित्व मिट जाना चाहिये। अहंकार कितना ही पवित्र क्यों न हो, एक बाधा उत्पन्न करनेवाला आवरण है और उसका बन्धन ज्ञान और आनन्द के साथ है। सब गुणों से ऊपर उठकर एक अमूर्त तथा विश्वव्यापी दृष्टिकोण को स्वीकार करना – यही आदर्श अवस्था है –

नान्यं गुणेभ्यः कर्तारं यदा द्रष्टानुपश्यति।
गुणेभ्यश्च परं वेत्ति मद्भावं सोऽधिगच्छति ॥
—गीता, अध्याय १४, श्लोक १९

अर्थात्, " हे अर्जुन, जिस काल में द्रष्टा अर्थात् समष्टि चेतन में एकीभाव से स्थित हुआ साक्षी पुरुष तीनों गुणों के सिवाय अन्य किसी को कर्ता नहीं देखता है,

अर्थात् गुण ही गुणों में बर्तते हैं, ऐसा देखता है और तीनों गुणों से अति परे सच्चिदानंदघनस्वरूप मुझ परमात्मा को तत्त्व से जानता है, उस काल में वह पुरुष मेरे स्वरूप को प्राप्त होता है।"

यज्ञों के संबंध में जो वैदिक कल्पना थी, गीता उसे परिवर्तित करके आध्यात्मिक ज्ञान के साथ उसका समन्वय प्रस्तुत करती है (गीता अध्याय ४, श्लोक २४ से २७ तक)। गीता के अनुसार सच्चा यज्ञ इन्द्रियों के सुख का होम कर देने ही में है। यह आहुति जिस परमदेव को समर्पित की जाती है, वह सर्वोपरि ब्रह्मतत्त्व है। वही यज्ञपुरुष या यज्ञों का अधिष्ठाता है—

श्रेयान्द्रव्यमयाद्यज्ञाज्ज्ञानयज्ञः परंतप।
सर्वं कर्माखिलं प्रार्थ ज्ञाने परिसमाप्यते।

—गीता, अध्याय ४, श्लोक ३३

अर्थात्, "हे अर्जुन, सांसारिक वस्तुओं से सिद्ध होनेवाले यज्ञ से ज्ञानरूप यज्ञ सब प्रकार श्रेष्ठ है; क्योंकि हे पार्थ, सम्पूर्ण यावन्मात्र कर्म ज्ञान में समाप्त होते हैं, अर्थात् ब्रह्मज्ञान ही उनकी पराकाष्ठा है।"

यह कर्ममार्ग हमें एक ऐसी दशा को प्राप्त कराता है जहां भावना, इच्छा और ज्ञान सब विद्यमान रहते हैं—

यथैधांसि समिद्धोऽग्निर्भस्मसात्कुरुतेऽर्जुन।
ज्ञानाग्नि सर्वकर्माणि भस्मसात्कुरुते तथा॥

—गीता, अध्याय ४, श्लोक ३७

अर्थात्, "हे अर्जुन, जैसे प्रज्वलित अग्नि ईंधन को भस्म कर देता है, वैसे ही ज्ञानरूप अग्नि सम्पूर्ण कर्मों को भस्मीभूत कर देता है।"

गीता मनुष्यसमाज के वर्णपरक विभागों तथा जीवन की विभिन्न स्थितियों अर्थात् आश्रमों की व्यवस्था को स्वीकार करती है। मनोभाव एवं विचार की दृष्टि से निम्नश्रेणी के स्तर पर अवस्थित मनुष्य एकदम से ऊँची अवस्था में नहीं पहुँच सकते। उन्हें यथार्थ मनुष्यता तक पहुँचने की प्रक्रिया के लिये निश्चय ही दीर्घकाल और यहां तक कि कई जन्मों से गुजरने की आवश्यकता है। उन्नत दिशा में उठने के लिये जो चार अवस्थाओं अर्थात् चार आश्रमों का विधान किया गया है, और जो मौलिक रूप से चार प्रकार के व्यक्तियों के अनुकूल है, उसे गीता अंगीकार करती है। वर्ण का आधार गुणों को बताते हुए गीता प्रत्येक व्यक्ति को अपने वर्ण के कर्तव्यपालन का आदेश करती है—

स्वधर्ममपि चावेक्ष्य न विकम्पितुमर्हसि ।
धर्म्याद्धि युद्धाच्छ्रेयोऽन्यत्क्षत्रियस्य न विद्यते ॥

गीता, अध्याय २, श्लोक ३१

अर्थात्, "अपने धर्म को देखकर भी तू भय करने को योग्य नहीं है, क्योंकि धर्मयुक्त युद्ध से बढ़कर दूसरा कोई कल्याणकारक कर्तव्य क्षत्रिय के लिये नहीं है।"

वास्तव में स्वधर्म वह कर्म है जो अपनी आत्मा के विधान के अनुकूल हो। यदि हम धर्मशास्त्र-विहित कर्तव्यों का पालन करते रहें, तो वही सच्ची ईश्वर पूजा है—

श्रेयान्स्वधर्मो विगुणः परधर्मात्स्वनुष्ठितात् ।
स्वभावनियतं कर्म कुर्वन्नाप्नोति किल्विषम् ॥

—गीता, अध्याय १८, श्लोक ४७

अर्थात्, "इसलिये अच्छी प्रकार आचरण किए हुए दूसरे के धर्म से, गुण-रहित भी अपना धर्म श्रेष्ठ है, क्योंकि स्वभाव से नियत किए हुए स्वधर्म रूप कर्म को करता हुआ मनुष्य पाप को नहीं प्राप्त होता।"

श्रेयान्स्वधर्मो विगुणः परधर्मात्स्वनुष्ठितात् ।
स्वधर्मे निधनं श्रेयः परधर्मो भयावह ॥

—गीता, अध्याय ३, श्लोक ३५

अर्थात्, "अच्छी प्रकार आचरण किये हुए दूसरे धर्म से गुणरहित भी अपना धर्म अति उत्तम है। अपने धर्म में मरना भी कल्याणकारक है और दूसरे का धर्म भय को देनेवाला है।"

कर्म की सिद्धि के लिये पांच अवयवों का होना आवश्यक है—

अधिष्ठानं तथा कर्ता करणं च पृथग्विधम् ।
विविधाश्च पृथक्चेष्टा दैवं चैवात्र पंचमम् ॥

—गीता, अध्याय १८, श्लोक १४

"कर्म संपादन में पांच अवयव आवश्यक हैं—आधार, कर्ता, न्यारे-न्यारे करण, नाना प्रकार की चेष्टाएं और दैव। इन्हीं पांचों के समन्वय से कर्म का स्वरूप निर्धारित होता है।"

जिसके आश्रय कर्म किये जायें, उसका नाम आधार है। जो कर्म को संपादित करता है, वह कर्ता है। जिन-जिन इन्द्रियादिकों के और साधनों के द्वारा कर्म किये जाते हैं, उनका नाम 'करण' है। कर्म करने पर अनेक चेष्टाओं का होना भी स्वाभाविक है। ये चेष्टाएं शारीरिक, मानसिक दोनों प्रकार की हो सकती हैं। पूर्वकृत शुभाशुभ कर्मों के संस्कारों का नाम 'दैव' है।

परन्तु ऐसा होने पर भी जो पुरुष अशुद्ध बुद्धि होने के कारण, अपने को कर्ता समझता है, वह अहंकारी और नासमझ है। सत् कर्मों के सम्पादन के फलस्वरूप जिस व्यक्ति की बुद्धि निर्मल हो चुकी हो एवं परमात्म-चिंतन करते-करते जिसका अहंभाव दग्ध हो चुका हो, वह पुरुष इन सब लोकों को मारकर भी वास्तव में न तो मारता है और न पाप से बँधता है—

यस्य नाहंकृतो भावो बुद्धिर्यस्य न लिप्यते।
हत्वापि स इमाँल्लोकान्न हन्ति न निबध्यते।

—गीता, अध्याय १८, श्लोक १७

अर्थात्, "हे अर्जुन, जिस पुरुष के अन्तःकरण में कर्ता हूँ, ऐसा भाव नहीं है तथा जिसकी बुद्धि सांसारिक पदार्थों में और सम्पूर्ण कर्मों में लिप्त नहीं होती, वह पुरुष इन सब लोकों को मारकर भी वास्तव में न तो मारता है और न पाप से बँधता है।"

इस स्थिति की प्राप्ति के लिये परमतत्त्व में आत्मसमर्पण अत्यंत आवश्यक है, साथ ही अनासक्ति भाव का होना भी अपरिहार्य है—

ब्रह्मण्याधाय कर्माणि संगं त्यक्त्वा करोति यः।
लिप्यते न स पापेन पद्मपत्रमिवाम्भसा॥

—गीता, अध्याय ५, श्लोक १०

अर्थात्, "जो पुरुष सब कर्मों को परमात्मा में अर्पण करके और आसक्ति को त्यागकर कर्म करता है, वह जल से कमल के पत्ते के समान पाप से लिपायमान नहीं होता।"

(१२) भक्तिमार्ग

भक्तिमार्ग भारत में बहुत प्राचीन समय से प्रचलित है और इसी को उपासना भी कहते हैं। ईश, मुण्डक, श्वेताश्वतर, नारायण आदि उपनिषदों में, महाभारत के शान्तिपर्व श्रीमद्भगवद्गीता आदि (महाभारत के अंश) में, श्रीमद्भागवत आदि पुराणों में, नारद पंचरात्र आदि आगम ग्रंथों में, भक्तिदर्शन आदि सूत्रग्रंथों में तथा अनेकानेक अन्य 'आगम निगम पुराण' की शाखा-प्रशाखाओं में भक्ति के सिद्धान्त भरे पड़े हैं।

भक्ति का लक्षण शाण्डिल्यसूत्र (२) में इस प्रकार दिया गया है—'सा परानुरक्तिरीश्वरे', अर्थात् ईश्वर के प्रति निरतिशय प्रेम को ही भक्ति कहते हैं।

देवर्षि नारद ने अपने भक्तिसूत्र के अन्तर्गत भक्ति के निम्नलिखित भेद बतलाये हैं—

गुणमाहात्म्यासक्ति रूपासक्ति पूजासक्ति स्मरणासक्ति दास्यासक्ति सख्यासक्ति कान्ताशक्ति वात्सल्यासक्ति आत्मनिवेदनासक्ति तन्मयासक्ति परमविरहासक्ति।

—देवर्षि नारद, भक्तिसूत्र, सूत्र ८२

इस प्रकार देवर्षि नारद के अनुसार भक्ति के उपर्युक्त ग्यारह भेद हैं। किन्तु यह भक्ति भागवतपुराण के अनुसार नौ प्रकार की है—

श्रवणं कीर्तनं विष्णोः स्मरणं पादसेवनम्।
अर्चनं वन्दनं दास्यं सख्यं आत्मानिवेदनम्॥

—श्रीमद्भागवत, स्कन्ध ७, अध्याय ५, श्लोक २३

माध्व सिद्धान्त में उपर्युक्त नवधा भक्ति को ही माना गया है। नारद पंचसूत्र, शाण्डिल्यसूत्र तथा भक्ति तरंगिणी आदि ग्रंथों में भी नवधा भक्ति की ही विवेचना प्राप्त होती है।

भागवतपुराण में उस भगवद्विषयक प्रेम को निर्हेतुक, निष्काम और निरन्तर माना गया है। 'अहेतुकव्यवहिता या भक्तिः पुरुषोत्तमे' (भागवतपुराण ३, २९, १२)। जब भक्ति इस हेतु की जाती है—'हे परमात्मा, मुझे अमुक वस्तु दे' तब वैदिक यज्ञयागादिक कर्मों के समान उसमें भी कुछ न कुछ व्यापार का स्वरूप समाविष्ट हो जाता है। ऐसी भक्ति 'राजस' कहलाती है। राजस भक्ति से चित्त की शुद्धि तुरन्त नहीं होती, कालान्तर में होती है। जब तक चित्त की शुद्धि पूरी-पूरी नहीं होती, तब तक परमात्मा की प्राप्ति संभव नहीं है। अध्यात्मशास्त्र प्रतिपादित पूर्ण निष्कामता का तथ्य इस प्रकार भक्तिमार्ग में भी बना रहता है। इसीलिये गीता में भगवान् श्रीकृष्ण ने भक्तों की चार श्रेणियां बताकर, उनमें निष्पृह ज्ञानी भक्त को सर्वश्रेष्ठ भक्त माना है—

चतुर्विधा भजन्ते मां जनाः सुकृतिनोऽर्जुन।
आर्तो जिज्ञासुरर्थार्थी ज्ञानी च भरतर्षभ ॥१६॥
तेषां ज्ञानी नित्ययुक्त एकभक्तिर्विशिष्यते।
प्रियो हि ज्ञानिनोऽत्यर्थमहं स च मम प्रियः ॥१७॥

—गीता, अध्याय ७, श्लोक १६ और १७

अर्थात्, हे भरतवंशियों में श्रेष्ठ अर्जुन, उत्तम कर्म करनेवाले अर्थार्थी, आर्त, जिज्ञासु और ज्ञानी अर्थात् निष्कामी ऐसे चार प्रकार के भक्तजन मुझको भजते हैं। उनमें भी नित्य मुझमें एकीभाव से स्थित हुआ अनन्यप्रेम भक्तिवाला ज्ञानी भक्त अति उत्तम है; क्योंकि मेरे को तत्व से जाननेवाले ज्ञानी को मैं अत्यंत प्रिय हूं और वह ज्ञानी भी मुझे अति प्रिय है।"

मनुष्य के मन की स्वाभाविक रचना ऐसी है कि सगुण वस्तुओं में से भी जो

वस्तु अव्यक्त होती है, अर्थात् जिसका कोई विशेष रूपरंग आदि नहीं और इसलिये जो नेत्रादि इन्द्रियों को अगोचर है, उस पर प्रेम रखना या हमेशा उसका चिन्तन कर मन को उसी में स्थिर करके वृत्ति को तदाकार करना मनुष्य के लिये बहुत कठिन और दुःसाध्य भी है। क्योंकि मन स्वभाव से ही चंचल है, इसलिये जब तक मन के सामने आधार के लिये कोई दृष्टिगोचर स्थिर वस्तु न हो, तब तक वह मन बार-बार भूल जाया करता है कि स्थिर कहाँ होना है। चित्त का यह मानसिक कार्य बड़े-बड़े अभ्यासी पुरुषों को भी दुष्कर प्रतीत होता है, तो फिर साधारण मनुष्यों के लिये कहना ही क्या ?

गीता में इसीलिये भगवान् श्रीकृष्ण ने निर्गुणोपासना को अत्यधिक दुरूह बताया है—

क्लेशोऽधिकतरस्तेषामव्यक्तासक्तचेतसाम् ।
अव्यक्ता हि गतिर्दुःखं देहवद्भिरवाप्यते ।

गीता, अध्याय १२, श्लोक ५

अर्थात्, "उन सच्चिदानन्द निराकार ब्रह्म में आसक्त हुए चित्तवाले पुरुषों के साधन में क्लेश अथवा परिश्रम विशेष है, क्योंकि देहाभिमानियों से अव्यक्त-विषयक गति दुःखपूर्वक प्राप्त की जाती है। भावार्थ यह कि जब तक शरीर में अभिमान रहता है, तब तक शुद्ध सच्चिदानंदघन निराकार ब्रह्म में स्थिति होनी कठिन है।"

जो परमेश्वर अचिन्त्य, सर्वसाक्षी, सर्वव्यापी, सर्वाधार, सर्वशक्तिमान्, जगदात्मा होकर भी हमारे समान हमसे बोलेगा, हम पर प्रेम करेगा, हमको सन्मार्ग दिखायेगा और हमें सद्गति देगा, जिसे हम लोग अपना कह सकेंगे, जिसे हमारे सुख-दुःखों के साथ सहानुभूति हो सकेगी, जो हमारे अपराधों को क्षमा करेगा, जिसके साथ हम लोगों का यह प्रत्यक्ष संबंध उत्पन्न हो कि 'हे परमेश्वर, मैं तेरा हूँ और तू मेरा है' जो पिता के समान मेरी रक्षा करेगा और माता के समान प्यार करेगा, अथवा जो गतिर्भर्ता प्रभुः साक्षी निवासः शरणं सुहृत् (गीता, अध्याय ९, श्लोक १८)—अर्थात् जिसके विषय में मैं यह कह सकूंगा कि 'तू मेरी गति, तू मेरा विश्रामस्थल है, तू मेरा अन्तिम आधार है', ऐसा कहकर बच्चों की भाँति प्रेमपूर्वक तथा लाड़ से जिसके स्वरूप का आकलन मैं कर सकूंगा, वही परमात्मा-विषयक सच्ची निष्ठा और अनन्य भक्ति है। सत्यसंकल्प, समस्त ऐश्वर्यसम्पन्न, भक्तवत्सल, दयासागर, परम पवित्र, परम उदार, परम कारुणिक, परम पूज्य, सर्वसुंदर सकल गुणनिधान, अथवा संक्षेप में कहें तो ऐसे लाड़ले, सगुण प्रेमगम्य और व्यक्त यानी प्रत्यक्ष रूपधारी सुलभ परमेश्वर ही के स्वरूप

का सहारा मनुष्य भक्ति लिये स्वभावतः लिया करता है। भक्त को अपने इष्टदेव परमात्मा में निरतिशय और निर्हेतुक प्रेम करना ही पड़ेगा। भक्त को अपने आराध्यदेव में अपनी तादात्म्य भावना करनी ही पड़ेगी। इसमें सन्देह नहीं कि अध्यात्म-विचार से या अव्यक्तोपासना से परमेश्वर का जो ज्ञान होता है, वही भक्ति से भी होता है।

भक्त्या मामभिजानाति यावान्यश्चास्मि तत्त्वतः।
ततो मां तत्त्वतो ज्ञात्वा विशते तदनन्तरम्॥

गीता, अध्याय १८, श्लोक ५५

अर्थात्, "उस परा भक्ति के द्वारा मेरे को तत्त्व से जो भलीभाँति जानता है कि मैं जो और जिस प्रभाववाला हूँ तथा उस भक्ति से मेरे को तत्त्व से जानकर तत्काल ही मेरे में प्रवेश हो जाता है, अर्थात् अनन्यभाव से मेरे को प्राप्त हो जाता है। फिर उसकी दृष्टि में मुझ वासुदेव के सिवा और-कुछ भी नहीं रहता।"

भक्त अपने को सर्वथा परमात्मा के ऊपर छोड़ देता है। उसी पर निर्भर रहना उसका स्वभाव बन जाता है। परमात्मा का नितान्त अवलम्बन लेना ही उसका विशेष गुण बन जाता है। "अपने मन को मेरे अन्दर लीन कर दो, मेरे भक्त बनो। मेरे आगे झुक जाओ। प्रत्येक दशा में तुम्हें मेरे पास आना ही है। तुम मेरे प्रिय सखा हो, इसलिये मैं तुमसे सत्य प्रतिज्ञा करता हूँ। सब धर्मों को छोड़कर केवल मेरा ही आश्रय ग्रहण करो। सोच मत करो, मैं तुम्हें सब पापों से छुड़ा दूँगा।"—

सर्वधर्मान्परित्यज्य मामेकं शरणं व्रज।
अहं त्वां सर्वपापेभ्यो मोक्षयिष्यामि मा शुचः।

गीता, अध्याय १८, श्लोक ६६

परमात्मा का आश्वासन है कि भक्ति अनन्य भाव से की जानी चाहिये। वह हमें विश्वास दिलाता है वह हमारे ज्ञान को, भूलों के कारण, उसमें जितनी भी त्रुटियाँ होंगी, उन्हें दृष्टि से ओझल करके अपने अनन्त प्रकाश एवं विश्वकल्याण की पवित्रता के रूप में परिवर्तित कर देगा। अनन्य भक्त को, "केवल अपने उपास्यदेव के ऊपर दृष्टि रखनी चाहिए, केवल उसी के संबंध में भाषण करे और उसी का चिन्तन करे।" (नारद सूत्र, ५५)

ऐसा भक्त जो कुछ भी कर्म करता है, वह परमात्मा के निमित्त ही करता है। वह अपने प्रत्येक कर्म को परमात्मा में समर्पित करता जाता है, जिसका फल यह होता है कि वह वासनाशून्य और अहंकार विहीन हो जाता है। अतः उसके समस्त

पाप-पुण्यों के समूह नष्ट हो जाते हैं। वह वास्तविक संन्यासी बनकर, समस्त कर्मबंधनों से छूट कर परमात्मस्वरूप हो जाता है--

यत्करोषि यदश्नासि यज्जुहोषि ददासि यत्।
यत्तपस्यसि कौन्तेय तत्कुरुष्व मदर्पणम् ।।२७।।
शुभाशुभफलैरेवं मोक्ष्यसे कर्मबन्धनैः।
संन्यासयोगयुक्तात्मा विमुक्तो मामुपैष्यसि ।।२८।।

गीता, अध्याय ९, श्लोक २७ और २८

अर्थात्, "इसलिये, हे अर्जुन तू जो कुछ कर्म करता है, जो कुछ खाता है, जो कुछ हवन करता है, जो कुछ दान देता है, जो कुछ स्वधर्माचरणरूप तप करता है, वह सब मुझ में अर्पित कर। इस प्रकार कर्मों को मेरे अर्पण करनेरूप संन्यास-योग से युक्त हुए मनवाला तू शुभाशुभ फलरूप कर्मबंधन से मुक्त हुआ मेरे को ही प्राप्त होवेगा।" यह सर्वातीत परब्रह्म के प्रति नितान्त त्याग है। इसके फल-स्वरूप भक्त अपने लक्ष्य तक पहुँच जाता है, अमरत्व और आत्मसंतोष को प्राप्त कर लेता है। वह भक्त फिर न किसी वस्तु के लिये इच्छा रखता है, न दुःख करता है। वह सुख और शान्ति से आपूर्ण हो जाता है एवं परमात्मा में तन्मय हो जाता है। (नारदसूत्र, ४-७ तक)

गीता के अनुसार सच्ची भक्ति परमात्मा में पूर्ण विश्वास, उससे प्रेम, उसके प्रति श्रद्धा एवं उसके अन्दर प्रवेश का नाम है।

सच्ची भक्ति के लिये श्रद्धा का होना परमावश्यक है। बिना श्रद्धा के भक्ति का होना असंभव है। इष्टदेव में श्रद्धा का होना ही भक्ति का प्रथम उपादान है। सभी मनुष्यों की श्रद्धा उनके अन्तःकरण के अनुरूप होती है। जो पुरुष जैसी श्रद्धावाला है वह स्वयं भी वही है। जैसी जिसकी श्रद्धा होती है, वैसा ही उसका स्वरूप है—

श्रद्धामयोऽयं पुरुषो यो यच्छ्रद्धः स एव सः।

गीता, अध्याय १७, श्लोक ३

श्रद्धा अथवा विश्वास साधना के क्षेत्र में महत्त्वपूर्ण तत्त्व है, इसलिये देवताओं के लिये भी गीता में स्थान प्राप्त है, क्योंकि मनुष्य उनके अन्दर विश्वास रखते हैं। अनन्त ब्रह्म अपने को विविध रूपों में मनुष्य के सामने प्रस्तुत करता है। वैदिक देवताओं की पूजा गीता को मान्य है—

येऽप्यन्यदेवता भक्ता यजन्ते श्रद्धयान्विताः
तेऽपि मामेव कौन्तेय यजन्त्य विधिपूर्वकम् ।।

गीता, अध्याय ९, श्लोक २३

अर्थात्, "हे अर्जुन, यद्यपि श्रद्धा से युक्त हुए जो सकामी भक्त, दूसरे देवताओं को पूजते हैं, वे भी मेरे को ही पूजते हैं, किन्तु उनका वह पूजना अविधिपूर्वक है अर्थात् अज्ञानपूर्वक है।"

गीता ऐसे व्यक्तियों को जो क्षुद्र देवताओं की पूजा करते हैं उनके ऊपर तरस खाकर, उक्त प्रकार की पूजा की छूट भी देती है। यदि पूजा भक्ति के साथ की जाय, तो वह हृदय को धीरे-धीरे पवित्र करती है तथा मन को उच्चतम चेतना के लिये तैयार करती है—

यो यो यां यां तनुं भक्तः श्रद्धयार्चितुमिच्छति।
तस्य तस्याचलां श्रद्धां तामेव विदधाम्यहम्॥

गीता, अध्याय ७, श्लोक २१

अर्थात्, "जो-जो सकामी भक्त जिस-जिस देवता के स्वरूप को श्रद्धा से पूजना चाहता है, उस-उस भक्त की मैं उस ही देवता के प्रति श्रद्धा को स्थिर करता हूँ।"

इस प्रकार गीता में सहिष्णुता की प्रवृत्ति पायी जाती है। किन्तु साथ ही यह भी बतलाया गया है कि जो देवताओं के पास पहुँचने का व्रत लेते हैं, उन्हें देवता मिल जाते हैं, जो पितरों के पास पहुँचने का व्रत लेते हैं वे पितरों को प्राप्त कर लेते हैं और जो भूतों को पूजनेवाले हैं वे भूतों को प्राप्त होते हैं। (गीता, अध्याय ६, श्लोक २५ तथा अध्याय १७, श्लोक ४)। पर इन देवताओं, पितरों आदि की पूजा से जो सिद्धि प्राप्त होती है, वह स्थायी नहीं है, वह नश्वर है। स्थायित्व तो पुरुषोत्तम (जो सब का स्वामी है) की ही उपासना में है।

विभूति अध्याय (दसवें अध्याय) में भगवान् श्रीकृष्ण ने समस्त विशेष विभूतियों को अपना ही स्वरूप बतलाकर उनका चिन्तन करने को अर्जुन को निर्देश दिया। पर अध्याय के अन्त में निष्कर्ष के रूप में यही बतलाया कि "हे अर्जुन, इस बहुत जानने से तेरा क्या प्रयोजन है, मैं इस सम्पूर्ण जगत् को अपनी योगमाया के एक अंशमात्र से धारण करके स्थित हूँ। इसलिये मेरे को ही तत्त्व से जानना चाहिये।" (गीता, अध्याय १०, श्लोक ४२)

ग्यारहवें अध्याय में समस्त विश्व को ही ईश्वर का स्वरूप बताया गया है। बारहवें अध्याय में अधिष्ठाता के रूप में ईश्वर का वर्णन है। सारांश यह कि ब्रह्मा से लेकर एक क्षुद्र पौधे तक जितना भी जीवित जगत् है, जन्म एवं मृत्यु के अधीन है और उसका कारण कर्म है। केवल सच्चिदानन्दघन परब्रह्म, जिसे पुरुषोत्तम कहते हैं, भक्ति का विषय बन सकते हैं। देवतादिकों की पूजा के साधन उस तरफ पहुँचने के लिये केवल मार्ग बना सकते हैं।

ईश्वर की शक्ति, ज्ञान तथा साधुता का चिन्तन, अनन्यभाव से निरन्तर करना चाहिये। उसका स्मरण, अन्यान्य व्यक्तियों के साथ उसके गुणों के विषय में संभाषण, अपने साथियों के साथ उसके स्तुतिपरक गीतों का गायन और समस्त कर्मों को ईश्वर की सेवा के भाव से करना—ये सब साधन नारद ने सुझाये हैं। (नारदसूत्र —१६-१८) इसके लिये कोई निश्चित विधि-विधान नहीं बनाये जा सकते।

भक्त एक मौन प्रार्थना से परमात्मा के पास जाता है। परन्तु साधना करते-करते, अपने प्रभु के गुणों का चिन्तन करते-करते वह समस्त जगत् को 'वासुदेवमय' देखने लगता है। उसकी भक्ति अन्त में जाकर प्रेममय हर्षोन्माद तथा असीम सुख के रूप में परिणत हो जाती है। अपने इष्टदेव की सर्वव्यापकता और एकरूपता देखने के कारण उसके समस्त शोक-मोह दग्ध हो जाते हैं। 'जब भक्ति पूर्णता को पहुँच जाती है, तब भक्त और भगवान् एक दूसरे के अन्दर घुल-मिलकर परमानन्द के रूप में आ जाते हैं और एक ही जीवन के पक्ष बनकर अपनी अभिव्यक्ति करते हैं।—

अनन्याश्चिन्तयन्तो मां ये जनाः पर्युपासते।
तेषां नित्याभियुक्तानां योगक्षेमं वहाम्यहम् ॥

गीता, अध्याय ९, श्लोक २२

अर्थात्, "जो अनन्यभाव से मेरे में स्थित हुए भक्तजन मुझ परमेश्वर को निरन्तर चिन्तन करते हुए, निष्काम भाव से भजते हैं उन नित्य एकीभाव से मेरे में स्थितिवाले पुरुषों का योगक्षेम मैं स्वयं प्राप्त कर देता हूँ। भगवत् के स्वरूप की प्राप्ति का नाम 'योग' है और भगवत्-प्राप्ति के निमित्त किये हुए साधन की रक्षा का नाम 'क्षेम' है।"

(१३) मोक्ष

आध्यात्मिक साधना में हम ज्ञानमार्ग, योगमार्ग, कर्ममार्ग अथवा भक्तिमार्ग में चाहें हम जिस प्रणाली का अनुसरण करें गन्तव्य लक्ष्य एक ही है और वह है सच्चिदानन्दघन पूर्ण ब्रह्म के साथ जीवात्मा का शाश्वत संयोग। जब साधन-द्वारा मन पवित्र हो जाता है, अहंकार नष्ट हो जाता है तो मनुष्य को सर्वोपरि ब्रह्म के साथ तादात्म्य प्राप्त हो जाता है। चाहे हम किसी मार्ग का अवलम्बन करके अपने गन्तव्यलक्ष्य तक पहुँचें, अन्त में उसका साक्षात्कार होता ही है। चाहे हम किसी भी मार्ग का सहारा लेकर पहुँचें, अन्त में हमें मिलता है उनका दर्शन, तथा दैवी जीवन का दर्शन और उन्हीं के अन्दर निवास। मोक्ष एक अनुभव अथवा सत्य का प्रत्यक्ष दर्शन है।

मुक्ति अथवा मोक्ष सर्वोपरि ब्रह्म के साथ संयुक्त हो जाने का नाम है। इसके अन्य भी कई नाम हैं—मुक्ति, ब्राह्मी स्थिति (ब्रह्म में स्थित हो जाना), नैष्कर्म्य या कर्म का त्याग, निस्त्रैगुण्य, अर्थात् सत्त्व, रजस् और तमस् का जिसमें अभाव हो, निर्वाण, कैवल्य अर्थात् एकान्तरूप मोक्ष, ब्रह्मभाव, अर्थात् ब्रह्म हो जाना।

निरपेक्ष अनुभूति में समस्त विश्व की एकता का अनुभव होता है। "आत्मा ही सब प्राणियों में है और समस्त प्राणी आत्मा के अन्दर निहित हैं।" (गीता, अध्याय ६, श्लोक २६) पूर्णता की यह अवस्था धार्मिकता के उन फलों से कहीं अधिक है जो वैदिक विधि-विधानों के अनुष्ठान, यज्ञों के अनुष्ठान और अन्य सब उपायों के परिणाम हो सकते हैं—

वेदेषु यज्ञेषु तपःसु चैव
दानेषु यत्पुण्यफलं प्रदिष्टम्।
अत्येति तत्सर्वमिदं विदित्वा
योगी परं स्थानमुपैति चाद्यम्॥

अर्थात्, "योगी पुरुष इस रहस्य को तत्त्व से जानकर वेदों के पढ़ने में तथा यज्ञ, तप और दानादिकों के करने में जो पुण्यफल कहा है, उन सबको निस्सन्देह उल्लङ्घन कर जाता है और सनातन परमपद को प्राप्त होता है।"

मुक्तात्मा निर्गुण होती है। वह नित्य आत्मा के साथ मिलकर एकत्व प्राप्त करती है—

अन्तकाले च मामेव स्मरन्मुक्त्वा कलेवरम्।
यः प्रयाति स मद्भावं याति नास्त्यत्र संशयः॥

गीता, अध्याय ८, श्लोक ५

अर्थात्, "जो पुरुष अन्तकाल में मेरे को स्मरण करता हुआ शरीर को त्याग कर जाता है, वह मेरे साक्षात् स्वरूप को प्राप्त होता है, इसमें कुछ भी संशय नहीं है।"

वास्तव में मुक्तावस्था एक ऐसी अवस्था है जो सब प्रकार की विधियों और गुणों से रहित है, भावहीन, स्वतंत्र तथा शान्तिमय है। यह केवलमात्र मृत्यु के विद्यमानता की ही दशा नहीं, अपितु सर्वोच्च सत्ता की अवस्था को प्राप्त हो जाना है। उस अवस्था में आत्मा अपने को जन्म और मृत्यु के ऊपर, अनन्त, नित्य तथा अभिव्यक्तियों की उपाधियों से परे अनुभव करती है। परन्तु हमें यह बात न भूलनी चाहिये कि मोक्ष की शान्ति मृत्यु की शान्ति नहीं और न वह अनन्त आनन्द की शून्यता है। वह शान्ति उच्चतम जीवन से अनुप्राणित है। मोक्ष में

जगत् का बाध हो जाता है, पर बाध का अभिप्राय सत्ता का अन्त नहीं है। ब्रह्म के साथ अपृथक् तादात्म्य होने के कारण जगत् की सत्ता सनातन है।

प्रत्येक मनुष्य अपने से महत्तर स्वरूप में अपनी आत्मा का विकास खोजता है। आत्मविकास की इस आकांक्षा का विकास मोक्ष में ही है। शांकर वेदान्त के अनुसार मोक्ष हमारी व्यक्तिगत सता का विनाश नहीं, बल्कि एक अनन्त व्यक्तित्व के रूप में उसका विकास है। व्यक्तित्व हमारी सत्ता की इकाई नहीं, प्रत्युत हमारी सार्वभौमिक और अनन्त चेतना की अखण्डता और एकरूपता है। इस सार्वभौमिक चेतना की अनुभूति में विरोध और परत्व भावना का अन्त हो जाता है और उसकी महान् आत्मा से अनन्त प्रेम तथा असीम करुणा की धारा प्रवाहित होने लगती है, जिससे संसार के त्रिताप की जलन शान्त हो जाती है। मोक्ष इस जगत् में ही इसी जीवन के अन्तर्गत प्राप्य है तथा मोक्ष में प्राप्त उसकी आध्यात्मिक सत्ता देहावसान के पश्चात् भी अक्षुण्ण रहती है (छान्दोग्योपनिषद्, ७/२५/२/, शांकरभाष्य)। अतः मोक्ष न हमारी सत्ता का विखण्डन है और न हमारी सत्ता का विकेन्द्रीकरण, अपितु दोनों का एक अनन्त आत्मा के रूप में विकास है। आत्मज्ञाने द्वारा हमारी भावना का स्वरूप परिणत हो जाने के कारण अहंकार और पृथकत्व का भाव विलीन हो जाता है, किन्तु हमारे व्यक्तित्व की अखण्डता और चेतना की केन्द्रीयता अक्षुण्ण रहती है।

अब हमारे सामने यह प्रश्न है कि मुक्तावस्था में क्या कर्म करना संभव है? इस प्रकार का निदान गीता में दोनों रूपों में पाया जाता है। अर्थात् मुक्त पुरुष कर्म नहीं भी कर सकता है, और कर भी सकता है। श्री रामकृष्ण परमहंस कहा करते थे कि समाधि-प्राप्त पुरुष दो प्रकार के होते हैं। एक तो वे हैं जो समाधि में स्थित हो जाने पर फिर वहाँ से नीचे नहीं उतरते, उसी के आनन्द में सदैव के लिये लीन हो जाते हैं और दूसरे वे पुरुष हैं, जो लोककल्याण की भावना से बड़े श्रम के साथ समाधि से नीचे उतर कर जगत् का कल्याण करते रहते हैं।

गीता में बताया गया है कि जो व्यक्ति आत्मा में ही प्रीतिवाला और आत्मा में ही तृप्त तथा आत्मा में ही संतुष्ट होवे, उसके लिये कोई कर्तव्य नहीं है। (गीता, अध्याय ३, श्लोक १७)

दूसरी ओर गीता का यह भी निर्देश है कि जीवन और धर्म से भी मोक्ष का कोई असामंजस्य नहीं हो सकता। ब्रह्म के साथ तादात्म्यभाव प्राप्त कर मुक्त पुरुष जगत् का नया महत्व धारण कर लेता है। आध्यात्मिक अनन्तता के रूप में व्यक्तित्व एक नयी कोटि प्राप्त कर लेता है और जीवन आत्मतंत्र परार्थ होकर एक नया मूल्य प्राप्त कर लेता है। आचार्य शंकर लोक-संग्रहार्थ कर्म को मुक्त पुरुष का एक-

मात्र कर्तव्य मानते हैं और उसके लिये अन्य किसी कर्म का विधान स्वीकार नहीं करते। (गीता, अध्याय, श्लोक ११, शांकर भाष्य) अतः वेदान्तिक आदर्श में जीवन और व्यवहार का निषेध नहीं किया गया है, बल्कि मोक्ष की अवस्था में भी उन्हें उच्चतम स्थान और श्रेष्ठतम महत्व दिया गया है।

मुक्त पुरुष अपने लिये स्वयं ही नियम बन जाता है। वह स्वराट् हो जाता है एवं विश्वराट् भी। नियमों और विधानों की आवश्यकता उनके लिये है, जो स्वभाव से ही आत्मा की प्रेरणा के अनुकूल आचरण नहीं करते। किन्तु जो अपने अहंकार से ऊपर उठ चुके हैं, नैतिकता उनके जीवन की सत्ता का स्वरूप बन जाती है और नियम प्रेम में पर्यवसित हो जाता है। ज्ञान की उच्च सिद्धावस्था में उच्चतम नैतिक कर्म उसके स्वाभाविक अंग बन जाते हैं। आत्मज्ञान प्राप्त कर लेने पर सर्वात्मभाव प्राप्त हो जाता है और कोई भी वस्तु हमारे लिये अन्य नहीं रह जाती। कामना का कोई प्रेरक नहीं रहता और कामना न रहने पर अहंकार भी जाता रहता है। (बृहदारण्यकोपनिषद् (४/४/६, शांकरभाष्य)। कामना के नाश होने पर कर्म पुण्यापुण्य के उपचय का कारण भी नहीं होता (बृहदारण्यकोपनिषद्, ४/४/५, शांकर भाष्य)।

लोककल्याण के लिये श्रेष्ठतम नैतिक कर्म मुक्त ज्ञानी के लिये बाह्यतंत्र द्वारा विहित रूप से नहीं, प्रत्युत आत्माभिव्यक्ति के रूप में कर्तव्य हो जाता है। आत्मज्ञान केवल भेद का भाव दूर कर देता है, जो समस्त अनर्थ का मूल है; किन्तु वह कर्म का निरोध नहीं करता (बृहदारण्यकोपनिषद्, ४/५/१५, शांकर भाष्य)। अनैतिक तथा निषिद्ध आचरण के ऊपर उठना अध्यात्म-मन्दिर के द्वार पर प्रवेश करने के लिये आवश्यक गुण है जो इनसे विरत नहीं हो चुका है, वह अध्यात्म-पथ पर चरण रखने के योग्य नहीं है। (कठोपनिषद्, १/२/२४, शांकर भाष्य)

मुक्त व्यक्ति समस्त पुण्य-पाप से परे है। पुण्य भी पूर्णता के रूप में परिणत हो जाता है। मुक्त पुरुष जीवन के केवल नैतिक नियम से ऊपर उठकर प्रकाश, महत्ता और आध्यात्मिक जीवन की शक्ति को पहुँचता है। सामान्य नियमों तथा विधिविधानों से वह परे है। गीता के अनुसार मुक्त व्यक्ति अपने-आप में कभी उद्विग्नता का भाव नहीं आने देते। दूसरों को भी वे कभी उद्विग्न नहीं करते—

यस्मान्नोद्विजते लोको लोकान्नोद्विजते च यः।
हर्षामर्षभयोद्वेगैर्मुक्तो यः स च मे प्रियः॥

गीता, अध्याय १२, श्लोक १५

अर्थात्, "जिससे कोई भी जीव उद्वेग को प्राप्त नहीं होता है और जो स्वयं

भी किसी जीव से उद्वेग को प्राप्त नहीं होता है तथा हर्ष-अमर्ष, भय और उद्वेगादिकों से मुक्त है, वह भक्त मेरे को प्रिय है।"

जगत् के कल्याण के लिये कार्य करना मुक्त पुरुष का स्वभाव बन जाता है। ये श्रेष्ठ व्यक्ति समान मन से इस लोक के सब पदार्थों के साथ व्यवहार करते हैं। वे गतिशील और रचनात्मक धार्मिक जीवन के प्रतीक हैं और इस बात का सदैव ध्यान रखते हैं कि सामाजिक नियम मनुष्य के जीवन के धार्मिक पक्ष को पुष्ट करने में पूर्णतया सहायक सिद्ध हों। वे अपने नियत कर्म को करते हैं, जिसका आदेश उनके अन्दर अवस्थित दैवी शक्ति करती है।

(१४) मानवता को गीता का अमर सन्देश

श्रीमद्भगवद्गीता एक आध्यात्मिक जीवन-दर्शन है, जो मनुष्य को उच्चतम आध्यात्मिक गौरव तथा जीवन के मूल्यों को अत्यंत महत्व प्रदान करता है। यह अभ्यास ग्रंथ है। प्रत्येक धर्म का, प्रत्येक जागरूक व्यक्ति इससे प्रेरणा प्राप्त कर अपने जीवन को समुन्नत बना सकता है। गीता जीवन के व्यावहारिक और आध्यात्मिक मूल्यों को अत्यधिक महत्व प्रदान करती है। जीवन के समस्त नैतिक मूल्यों का अध्यात्म में ही पर्यवसान करती है।

कुछ लोगों की यह धारणा है कि गीता केवल विद्वानों और साधु-संन्यासियों के अध्ययन और मनन की ही वस्तु है। परन्तु उनकी यह धारणा भ्रामक है। जिस प्रकार गीता विद्वानों, साधकों और साधु-संन्यासियों की आकांक्षाओं की पूर्ति करती है, उसी प्रकार साधारण मनुष्यों की माँग को पूर्ण करने में वह सर्वथा समर्थ है। वास्तव में गीता व्यावहारिक धर्म का मूर्तिमान स्वरूप है। समस्त मानवता उसे अपना कर सुखी हो सकती है।

अत्यधिक संकीर्ण, स्वार्थपरायण और अभिमानी हो जाने के कारण मनुष्य पशुकोटि में आ जाता है। परंतु पाशविक प्रकृति मात्र एक संयोग है। मनुष्य के अंतर्गत एक महान् दैवीयशक्ति निहित है, जो उसे सदैव आध्यात्मिकता की ओर प्रेरित करती रहती है। पाशविक शक्ति जब अपनी चरमसीमा पर पहुँच जाती है, तो वह ऐसे जघन्य कृत्य करने पर आमादा हो जाती है, जिससे मानवमात्र को अपार क्षति उठानी पड़ती है। इतिहास इस बात का साक्षी है कि मनुष्य की स्वार्थलिप्सा, संकीर्णता, अहंभावना के आधिक्य से भीषण नरसंहारकारी युद्ध हुए हैं। राष्ट्र में ही यह वस्तु देखने को नहीं मिलती, बल्कि व्यक्ति-व्यक्ति, परिवार-परिवार तथा समाज के सभी अंगों में यह स्पष्ट दृष्टिगोचर होती है।

नरसंहारकारी युद्धों के कारण मानवता को अपार क्षति उठानी पड़ी है। युद्ध

के जघन्य कुकृत्यों से मानवजाति परम प्रताड़ित, संत्रस्त, भयाक्रान्त और निराश हुई है। जिस शान्ति में युद्ध का अंत होता है, उसी शान्ति में फिर नवीन संघर्ष की तैयारी और भी जोरों से प्रारंभ हो जाती है। इस प्रकार अज्ञानजनित अहंकार के फलस्वरूप यह क्रम अनवरत चलता रहता है। इस दृष्टि से मनुष्य का इतिहास बर्बरता और रक्तपात का इतिहास है। किन्तु यही सब कुछ नहीं है।

मनुष्य के भीतर छिपे हुए असुर ने उसके अंतर्निहित ईश्वर को कुछ समय के लिये आक्रान्त भले ही कर लिया हो, किन्तु उसे परास्त नहीं कर सका है और न कर सकेगा। घोरतम निराशा में भी आशा परिलक्षित होती रही है। युद्ध की विभीषिकाओं और भयंकर चीत्कार में भी मनुष्य क्षीण स्वर में शान्ति का आवाहन करता रहा है। असत्य के बीच होते हुए भी, उसने सदा सत्य की पुकार की है। अंधकार से आवृत्त होने पर भी, उसने सदा प्रकाश की कामना की है; मृत्यु से आक्रान्त होने पर भी उसने सदा अमृतत्व की आकांक्षा की है। मनुष्य की इस अदम्य सत्याकांक्षा तथा पूर्णत्व और शान्ति की कामना में ही उसके आध्यात्मिक लक्ष्यप्राप्ति की अमर आशा सन्निहित है।

गीता के सम्यक् आचरण से मनुष्य सत्याकांक्षा एवं पूर्णत्व की गति सुनिश्चित है। गीता के अनुसार आत्मानुभव मानवजीवन का चरम लक्ष्य है। आत्मा हमारे अस्तित्व का परम सत्य तथा जीवन का चरम लक्ष्य है। सब में एक ही आत्मा समान रूप से व्याप्त है। अतः अपनी आत्मा के सच्चिदानंदघन के अनुभव के द्वारा हम सर्वात्मभाव की प्राप्ति करने में समर्थ होते हैं। वही हमारा परम निःश्रेयस् और वही हमारा वास्तविक मोक्ष है। आत्मस्वरूप में पूर्णरूप से प्रतिष्ठित होने पर सात्विक और नैतिक गुणों की प्रतिष्ठा स्वतः हो जाती है और वे सद्गुण व्यक्ति, परिवार, समाज, राष्ट्र और विश्व के अध्यात्मिकीकरण में सहायक सिद्ध होते हैं। अब संक्षेप में गीता द्वारा प्रतिपादित कुछ सद्गुणों का विवेचन किया जा रहा है -

(क) निष्काम कर्म : गीता निष्काम कर्म के सम्पादन पर अत्यधिक बल देती है। सिद्धात्मा मुक्त पुरुषों से भी निष्काम कर्म अपेक्षित है। भगवान् श्रीकृष्ण स्वयं इसके जीवन्त दृष्टान्त हैं। स्वामी विवेकानन्द और स्वामी रामतीर्थ ने आप्तकाम और वीतराग संन्यासी होते हुए भी जगत्-कल्याण के निमित्त जिस निष्काम कर्म का सम्पादन किया, वह अविस्मरणीय है। अकर्मण्यता जड़ता है, क्रिया ही हमारा जीवन, प्राण और शक्ति है। प्रकृति स्वतः कर्मण्यता का पाठ पढ़ाती है। एक ओर आबद्ध सरोवर है और दूसरी ओर बहती हुई सरिता। बहती हुई नदी निरन्तर कर्मठ है, इसी कारण उसका जल स्वच्छ, तरोताजा, निर्मल,

चित्ताकर्षक और पीनेयोग्य है। इसके विपरीत सीमाबद्ध, अकर्मण्य सरोवर का जल गंदा, मैला, बदबूदार और चिपचिपाने वाला होता है। गीता का संदेश है कि सदैव कर्मरत रहो। 'तस्मादुत्तिष्ठ कौन्तेय' (इसलिये हे अर्जुन, उठो)। निष्काम कर्म के अनुष्ठान से व्यक्ति, समाज, राष्ट्र और विश्व में जिस असीम शक्ति का जागरण होगा, वह वर्णनातीत है।

(ख) आत्मत्याग : गीता का समस्त आचार दर्शन और नैतिक आधार आत्मत्याग पर अवलम्बित है। जब तक हम स्वार्थ को एक सीमित रूप में देखते रहेंगे और उसी को मनुष्य की मूल प्रकृति मानते रहेंगे, तब तक मानवीय स्वार्थों का सामंजस्य कभी नहीं हो सकता और न आत्मत्याग की ही भावना आ सकती है। इसीलिये अहंकार की क्षुद्र मनोवृत्ति का परित्याग गीता की महती शिक्षा है। क्षुद्र अहंभाव के परित्याग से मनुष्य में आत्मभावना का व्यापक विकास होता है, जिसके फलस्वरूप उसकी क्षुद्र मनोवृत्तियाँ और संकीर्ण भावनाएँ भस्मीभूत हो जाती हैं। उसमें आत्मत्याग की भावना स्वतः आ जाती है। बीज यदि चाहता है कि वह एक सुन्दर कलिका के रूप में प्रस्फुटित हो, तो पहले उसे अपने-आप को खाद में गला देना होगा। पूर्ण आत्मत्याग अन्त में फल लाता है, उसका फल लाना अनिवार्य है। सभी आध्यात्मिक शिक्षक और उपदेशक इस बात को मानने में नहीं हिचकेंगे कि हम जितना ही अधिक वितरण करते हैं, उतना ही अधिक पाने के अधिकारी बनते जाते हैं।

(ग) क्षुद्र अहंभाव की विस्मृति : गीता के अनुसार शरीर इन्द्रियों, मन और बुद्धि को ही आत्मा समझ लेना क्षुद्र अहं है। निरन्तर अभ्यास और वैराग्य भावना से इस क्षुद्र अहं के नष्ट हो जाने पर व्यापक अहंभाव (आत्मभाव) का विकास होता है। इसकी व्यापकता की अनुभूति कर 'व्यष्टिभाव' 'समष्टिभाव' में विलीन हो जाता है। व्याख्यानदाताओं को इस बात का पूर्ण अनुभव होगा कि जब वे विशाल जनसमूह में भाषण करते हैं, तो ज्योंही 'मैं भाषण कर रहा हूँ' उनके मन में यह अहंभाव जगता है, त्योंही व्याख्यान फीका पड़ जाता है। यह क्षुद्र अहंभाव का परिणाम है। गीता का संदेश है कि क्षुद्र अहंभाव का परित्याग करो। क्षुद्र अहंभाव के परित्याग से शरीर, मन बुधि की अहंभावना समाप्त हो जाती है। इसके विस्मृत होने पर संसार के समस्त कार्यकलाप क्रीड़ा का रूप धारण कर लेते हैं। इस उच्च मनोवृत्ति के प्राप्त होने पर कार्य के प्रति एक नया दृष्टिकोण प्राप्त हो जाता है और क्षुद्र अहंभाव की स्वतः निवृत्ति हो जाती है।

(घ) सार्वभौमिक प्रेम : गीता के सर्वात्मभाव के आदर्श में व्यक्तित्व का असाधारण विकास होता है। एक विश्वात्मा के रूप में हमारे व्यक्तित्व के विकास

में हमारे जीवन का विकास होता है। स्वार्थों के संघर्ष का मूल व्यक्तित्व की एक-रूपता में नहीं, बल्कि व्यक्तियों की पृथक् भावना में है। हमारा मित सत्ता का एक अमित व्यक्तित्व में विकसित होने में इस संघर्ष का मूलोच्छेदन हो जाता है। जब हम परमतत्त्व, आत्मस्वरूप का साक्षात्कार कर लेते हैं तथा समस्त प्राणियों में सर्वात्म भाव की अनुभूति कर लेते हैं, तो स्वार्थों के साम्य के द्वारा तद्गत संघर्ष दूर हो जाता है एवं स्वार्थ-साम्य की गति साध्यैकत्व की ओर हो जाती है। इस आध्यात्मिक एकत्व की भावना और साध्यैकत्व पूर्ण समन्वय तथा अनन्त सार्वभौमिक प्रेम का भाव उदय हो जाता है, जो इस जगत् को आनन्द और शान्ति का दिव्य लोक बना देने में समर्थ है। गीता के इस आदर्श में मानवता की समस्त आकांक्षाओं की पूर्ति हो सकती है। सार्वभौमिक प्रेम के आध्यात्मिक एकत्व भाव में पृथकत्व अहंकार का अन्त हो जाता है। इसी सार्वभौमिक प्रेम के आधार पर संसार में स्थायी शान्ति की संस्थापना की जा सकती है।

अतः गीता का संदेश है कि तुम प्रेम करो और लोग तुमसे प्रेम करेंगे। "परस्परं भावयन्तः श्रेयः परमवाप्स्यथ" (गीता, अध्याय ३, श्लोक ११), अर्थात्, "इस प्रकार आपस में कर्त्तव्य समझ कर उन्नति करते हुए परम कल्याण को प्राप्त होओगे।" हाथ यदि जीवित रहना चाहता है, तो उसे शरीर के अन्य अंगों से प्रेम करना होगा। यदि वह अपने को सब अंगों से पृथक् कर ले और सोचे कि मेरी कमाई से दूसरे अंग क्यों लाभ उठायें, तो हाथ का काम हो चुका। उसका मरण अनिवार्य है। जिसे हम लोग सहयोग और सहकारिता कहते हैं, वे इसी सार्वभौमिक प्रेम के बाह्य रूपान्तर हैं।

(ङ) **प्रसन्नता** : गीता निष्काम कर्म के सम्पादन पर बहुत अधिक बल देती है। अतः निष्काम कर्म के सम्पादन में अपने परिश्रम के फल के लिये कभी चिन्तित और व्यग्र नहीं होना चाहिये। भविष्य की चिन्ता नहीं करनी चाहिये, क्योंकि आत्मानुभव में भूत और भविष्य का लोप हो जाता है। केवल वर्तमान अवशिष्ट रहता है और वह सत्, शाश्वत और अखण्ड है। गीता के सिद्धान्तानुसार सफलता और असफलता की चिन्ता करना समीचीन नहीं है। "सिद्ध्य सिद्ध्यो समो भूत्वा समत्वं योग उच्यते।" (गीता, अध्याय ३, श्लोक ४८) अर्थात् "सिद्धि और असिद्धि में समान बुद्धिवाला होकर योग में स्थित हुआ कर्मों को कर। यह समत्वभाव ही योगनाम से कहा जाता है।"

निष्काम कर्म स्वयं अपने में फल है। वह स्वयं अपना पारितोषिक है। अतः भूतकाल के पीछे खिन्न और दुखी होना मूर्खता है। भविष्य की चिन्ता करना भी श्रेयस्कर नहीं है। अतः प्रत्यक्ष वर्तमान में निष्काम कर्म करो। दिन-रात काम

करो। इस प्रकार की भावना मनुष्य को प्रत्येक स्थिति में प्रसन्न रखती है। प्रकृति ने प्रसन्नचित्त निष्काम कर्मयोगी को प्रत्येक प्रकार की सहायता देने का वचन पहले से दे रक्खा है। यदि जितना ज्ञात है, उतना तुम यथार्थरूप में पार कर लेते हो, तो आगे का मार्ग अपने आप सूझ पड़ेगा। यदि अँधेरी रात में तुम्हें बीस मील चलने का अवसर प्राप्त हो और हाथ का दीपक केवल दस फुट तक ही प्रकाश फेंकता हो तो सम्पूर्ण अंधेरे मार्ग की चिन्ता से क्यों मरे जाते हो? तुम्हें तो अंधकार में एक पग भी नहीं चलना पड़ेगा। इस प्रकार एक आदर्श और सच्चे निष्काम कर्मयोगी को अपने पथ में कभी अव्यर्थ बाधा नहीं पड़ती। यह प्रकृति का अनिवार्य नियम है। फिर भविष्य की घटना की चिन्ताओं से अपने हृदय के उल्लास को क्यों ठंडा करते हो?

गीता का सिद्धान्त जीवन की प्रत्येक विषम से विषम परिस्थितियों में प्रसन्नता का पाठ पढ़ाता है निष्काम कर्म के अनुष्ठान में जिस क्षण तुम सफलता से मुँह मोड़ लेते हो, ज्योंही तुम फलादि की आकांक्षा और चिन्ता से मुक्त हो जाते हो और वर्तमान कर्त्तव्य के सम्पादन पर अपनी समस्त शक्ति केन्द्रीभूत कर देते हो, बस उसी क्षण सफलता तुमसे आ मिलती है। अतएव तुम सफलता के पीछे मत दौड़ो, सफलता को अपना ध्येय मत बनाओ और तभी तत्क्षण सफलता स्वयं तुम्हें ढूँढ़ने लगेगी। न्यायालय में न्यायाधीश को वादी-प्रतिवादी, वकील तथा चपरासियों को खोजना नहीं पड़ता। वह तो केवल न्यायासन पर बैठ भर जाय, फिर न्यायालय के सारे व्यापार, सारी क्रियाएँ अपने-आप चलने लगती हैं।

अतएव पूर्ण प्रसन्नता के साथ अपने निष्काम कर्म में जुट जाओ और सफलता के लिये जिन-जिन वस्तुओं की आवश्यकता पड़ेगी, वे सब अपने-आप उपस्थित हो जायेंगी। गीता का यह डिंडिम-घोष है कि प्रत्येक परिस्थिति में प्रसन्नचित्त रहो।—

आत्मवश्यैर्विधेयात्मा प्रसादमधिगच्छति ॥

गीता, अध्याय २, श्लोक ६४

अर्थात्, "अपने वश में की हुई इद्रियों द्वारा विषयों को भोगता हुआ अन्तः-करण की प्रसन्नता को प्राप्त होता है।" उस प्रसन्नता के होने पर इसके सम्पूर्ण दुःखों का अभाव हो जाता है और उस प्रसन्नचित्तवाले अभ्यासी पुरुष की बुद्धि शीघ्र ही अच्छी तरह से पूर्णब्रह्म परमेश्वर में प्रतिष्ठित हो जाती है।

(च) निर्भीकता : गीता के अनुसार समस्त अनर्थों का मूल भेद-की भावना है। यह घृणा और भय को उत्पन्न करती है। घृणा और भय ही समस्त जीवन

और जगत् में समस्त दुःख और अशान्ति के कारण है। घृणा और भय का मूल पृथकत्व अथवा अन्यत्व की भावना में है। भय हमारी आत्मसंरक्षण की प्रवृत्ति का ही प्रतिरूप है। हम अपनी सत्ता, शरीर और स्वत्व की रक्षा करना चाहते हैं, जिन्हें हम अविद्या के वशीभूत होकर अपनी आत्मा समझ बैठे हैं। जब हम अपने वास्तविक स्वरूप से अपरिचित होते हैं, तो हम अनात्मा की, जो वस्तुतः नश्वर है रक्षा करना चाहते हैं। आध्यात्मिक मूल्यों के स्थान पर भौतिक मूल्यों का परिणाम परिग्रह और उसके संरक्षण की भावना में होता है। ऐसे व्यक्तियों के विचार कि "मैंने आज यह तो पाया है और आगे इस मनोरथ को प्राप्त करूँगा। मेरे पास आज यह इतना धन है और कल इतना और हो जायेगा।" (गीता, अध्याय १६, श्लोक १३)। इस प्रकार के विचार में अपनी ही नहीं दूसरों की आत्मा अथवा उनके वास्तविक स्वरूप का अज्ञान भी निहित है। सबका वास्तविक स्वरूप एक ही आत्मा है। इसलिये आध्यात्मिक एकत्व ही परम सत्य और परमार्थ है। अन्यत्व की भावना में भय का मूल है।

जब हम अविनाशी आत्मा का अपने मूल सत्य के रूप में दर्शन कर लेते हैं तथा सर्वात्मा के रूप में उसकी प्रत्यक्षानुभूति कर लेते हैं, तो भय और घृणा का जड़ोन्मूलन हो जाता है। जो नित्य, अविनाशी और अद्वैत आत्मा का साक्षात्कार कर लेता है, उसके लिये भय का कारण शेष नहीं रहता। इस तत्त्व को जानकर मनुष्य पूर्णकाम और कृतार्थ हो जाता है (गीता, अध्याय १५, श्लोक २०)।

अमृत आत्मा के लिये विनाश का भय नहीं है। इस आत्मा को शस्त्रादि नहीं काट सकते हैं और इसको आग नहीं जला सकती है। इसको जल नहीं गीला कर सकता है और न वायु सुखा सकता है। यह आत्मा अच्छेद्य, अदाह्य अक्लेद्य और अशोष्य है। यह आत्मा निस्सन्देह नित्य, सर्वव्यापक, अचल, स्थिर रहनेवाला और सनातन है (गीता अध्याय २, श्लोक २३ और २४) जब हम सर्वात्मभाव का अनुभव कर लेते हैं, तो इससे भिन्न कुछ नहीं रहता, जो भय का कारण हो। (तैत्तिरीयोपनिषद्, २/९/१, शांकरभाष्य) इसी अवस्था में व्यक्तिगत तथा सामूहिक अभयत्व संभव है। इसे धारण करने पर मनुष्य पर मनुष्य के अत्याचार का अन्त हो सकता है। इसी साधन द्वारा जीवन और जगत् में स्थायी शान्ति की स्थापना की जा सकती है। अतः निर्भीकता ही परम शक्तिपुंज है, उसे ग्रहण करना मानव-मात्र के लिये कल्याणकारी है।

(छ) आत्मनिर्भरता : गीता का यह अमर संदेश है कि तुम्हारी आत्मा वास्तविक आत्मा परब्रह्म, मायोपाधिक ईश्वर एवं सर्वशक्तिसम्पन्न ईश्वर है। यह एक वास्तविकता और परम सत्य है। इसकी अनुभूति से अपने में अपूर्व आत्म-

विश्वास का जागरण होता है। आत्मविश्वास हमें पूर्ण आत्मनिर्भर बनाता है। अपने ऊपर निर्भर रहने पर हमें प्रेयस् और श्रेयस् दोनों की प्राप्ति होती है। अपने ऊपर निर्भर रहने पर संसार में कुछ भी प्राप्त करना असंभव नहीं रह जाता।

सिंह जंगल का राजा है, क्योंकि वह स्वयं अपने ऊपर निर्भर रहता है। उसमें साहस है, शक्ति है, आत्मविश्वास और आत्मनिर्भरता है। अतः कोई भी बाधा उसका मार्ग अवरुद्ध नहीं कर सकती। दूसरी ओर हाथियों को देखो, जिन्हें विशालकाय होने के कारण पहली दृष्टि में यूनानियों ने "चलते-फिरते पर्वत" की संज्ञा दी थी। वे सदा भयभीत, संत्रस्त और अपने शत्रुओं से सदा सशंकित रहते हैं। वे सर्वदा झुंडों में रहते हैं और सोते समय अपने चारों ओर पहरेदार नियुक्त कर देते हैं। उनमें से एक भी आत्मनिर्भर नहीं रहता और न अपनी अपार शक्ति का अनुभव करता है। वे अपने को शक्तिहीन मानते हैं और एक ही सिंह के समक्ष झुण्ड के झुण्ड हाथी भाग खड़े होते हैं; जब कि एक ही हाथी, एक ही चलता-फिरता पहाड़ बीसों शेरों को अपने पैरों से रौंद कर मिट्टी में मिला सकता है।

गीता का सन्देश है कि किसी बाह्य शक्ति पर अवलम्बित मत रहो। सारी शक्ति का केन्द्र तो अपना अन्तःकरण ही है। अतः उसी पर निर्भर रहकर आत्म-निर्भर बनो। (गीता, अध्याय ६, श्लोक ४)

गीता का स्पष्ट आदेश है कि मनुष्य को आत्मशक्ति अर्जित करना नितान्त आवश्यक है। यही जीवन का परम पुरुषार्थ और चरम लक्ष्य है। आत्मविजय, साहस, निर्भयता, प्रेम, सौहार्द, त्याग, एकत्व, बन्धुत्व से ही पूर्णता प्राप्त की जा सकती है और उसका परिणाम यह होगा कि यह जगत् दिव्य लोक में परिणत हो जायेगा।

(ज) समता : गीता में समता की बात प्रधान रूप से आयी है। ज्ञान, कर्म योग एवं भक्ति—चारों ही मार्गों में साधनारूप में समता की आवश्यकता बतलायी गयी है। साधन भी उसके बिना अधूरा है, सिद्धि तो अधूरी है ही। जिसमें समता नहीं, वह सिद्ध ही कैसी? दूसरे अध्याय के पन्द्रहवें श्लोक में 'समदुःखसुखं' पद से ज्ञानमार्ग के साधकों में समतावाले को ही अमृतत्व अर्थात् मुक्ति का अधिकारी बतलाया गया है। दूसरे अध्याय के अड़तालीसवें श्लोक में सिद्ध्यसिद्ध्योः समो भूत्वा समत्वं योग उच्यते' इस श्लोकार्द्ध के द्वारा कर्मयोग के साधक को समतायुक्त होकर कर्म करने की आज्ञा दी गयी है। बारहवें अध्याय के १८वें और १९वें इन दो श्लोकों में सिद्ध भक्त के लक्षणों में समता का उल्लेख किया गया है। उसी अध्याय के २०वें श्लोक में भक्तिमार्ग के साधक के लिये इन्हीं गुणों के सेवन की बात कही गयी है। इसी प्रकार छठे अध्याय के सातवें

श्लोक से नौवें श्लोक तक योगी को सम बतलाया गया है। चौदहवें अध्याय के २४-२५वें श्लोकों में गुणातीत के लक्षणों में भी समता का प्रधान रूप से समावेश पाया जाता है।

इस समता का तत्त्व सुगमता के साथ भलीभांति समझाने के लिये भगवान् श्रीकृष्ण ने गीता में नाना प्रकार से सम्पूर्ण क्रिया, भाव, पदार्थ और भूतप्राणियों में समता की व्याख्या की है। उदाहरणार्थ, मनुष्यों में समता को प्रतिपादित करनेवाला यह श्लोक है—

सुहृन्मित्रार्युदासीनमध्यस्थद्वेष्यबन्धुषु।
साधुष्वपि च पापेषु समबुद्धिर्विशिष्यते ॥

गीता, अध्याय ६, श्लोक ९

अर्थात् "सुहृद, मित्र, वैरी, उदासीन, मध्यस्थ, द्वेषी और बन्धुगणों, धर्मात्माओं और पापियों में भी समान भाव रखनेवाला अति श्रेष्ठ है।"

मनुष्यों और पशुओं में समता इस प्रकार प्रदर्शित की गयी है—

विद्याविनयसम्पन्ने ब्राह्मणे गवि हस्तिनि।
शुनि चैव श्वपाके च पण्डिताः समदर्शिनः ॥

गीता, अध्याय ५, श्लोक १८

अर्थात्, "ज्ञानीजन विद्या और विनययुक्त ब्राह्मण में तथा गौ, हाथी, कुत्ते और चाण्डाल में भी समदर्शी होते हैं।"

इतना ही नहीं सम्पूर्ण जीवों में समता का भाव रखने का गीता में निर्देश दिया गया है—

आत्मौपम्येन सर्वत्र समं पश्यति योऽर्जुन।
सुखं वा यदि वा दुःखं स योगी परमो मतः ॥

गीता, अध्याय ६, श्लोक ३२

अर्थात्, "हे अर्जुन, जो योगी अपनी भांति सम्पूर्ण भूतों में सम देखता है और सुख अथवा दुःख को भी सब में सम देखता है, वह योगी परम श्रेष्ठ माना गया है।"

कहीं-कहीं पर भगवान् ने व्यक्ति, क्रिया, पदार्थ और भाव की समता का एक ही साथ वर्णन किया है, जैसे—

समः शत्रौ च मित्रे च तथा मानापमानयोः।
शीतोष्ण सुखदुःखेषु समः संगविवर्जितः ॥

अध्याय ६, श्लोक १८

अर्थात् "जो शत्रु-मित्र में और मान-अपमान में सम है तथा सरदी-गरमी और सुख-दुःखादि द्वन्द्वों में सम है और आसक्तिरहित है, (वह श्रेष्ठ भक्त है)।

यहाँ शत्रु-मित्र 'व्यक्ति' के वाचक हैं, मान-अपनाम 'परकृत क्रिया' हैं, शीत-ऊष्ण पदार्थ हैं और सुख-दुःख भाव हैं।

समदुःखसुखः स्वस्थः समलोष्टाश्म काञ्चनः ।
तुल्यप्रियाप्रियो धीरस्तुल्यनिन्दात्मसंस्तुतिः ।।

गीता, अध्याय १४, श्लोक २४

अर्थात, "जो निरन्तर आत्मभाव में स्थित सुख-दुःख को समान समझनेवाला, मिट्टी, पत्थर और स्वर्ग में समान भाववाला, ज्ञानी, प्रिय तथा अप्रिय को एक-सा माननेवाला और अपनी निन्दा-स्तुति में समान भाववाला है, (वही गुणातीत है)।"

इसमें भी दुःख-सुख भाव हैं, लोष्ट अश्म और कांचन पदार्थ हैं, निन्दा-स्तुति 'परकृत क्रिया हैं और प्रिय-अप्रिय 'प्राणी', 'भाव', 'पदार्थ', तथा 'क्रिया' सभी के वाचक हैं।

इस प्रकार जो सर्वत्र समदृष्टि है, व्यवहार में कथनमात्र की अहंता-ममता रहते हुए भी, जो सब में समबुद्धि रखता है, जिसका समष्टिरूप समस्त संसार में आत्मभाव है, वह समतायुक्त पुरुष है और वही सच्चा साम्यवादी है।

गीता के साम्यवाद और आजकल के कहे जानेवाले साम्यवाद में बहुत अन्तर है। आजकल का साम्यवाद ईश्वर-विरोधी है और यह गीतोक्त साम्यवाद सर्वत्र ईश्वर को देखता है। वह धर्म का विरोधी है, यह पग-पग पर धर्म की पुष्टि करता है। वह हिंसामय है, यह अहिंसा का प्रतिपादक है। वह स्वार्थमूलक है, यह स्वार्थ को समीप भी नहीं आने देता। वह खान-पान स्पर्शादि में एकता रखकर आन्तरिक भेदभाव रखता है, यह खानपान-स्पर्शादि में शस्त्रमर्यादानुसार यथायोग्य भेद रखकर भी आन्तरिक भेद नहीं रखता और सब में आत्मा को अभिन्न देखने की शिक्षा देता है। उसका लक्ष्य केवल धनोपासना है, इसका लक्ष्य ईश्वरप्राप्ति है। उसमें अपने दल का अभिमान है और दूसरों का अनादर है, इसमें सर्वथा अभिमान्यशून्यता है और सारे जगत् में परमात्मा को देखकर सब का सम्मान करना है। उसमें बाहरी व्यवहार की प्रधानता है, इसमें अन्तःकरण के भाव की प्रधानता है। उसमें भौतिक सुख मुख्य है, इसमें आध्यात्मिक सुख प्रधान है। उसमें परधन और परमत से असहिष्णुता है, इसमें सब का समान आदर है। उसमें रागद्वेष है, इसमें रागद्वेष का अभाव है। इस प्रकार मानवता के लिये भगवान् श्रीकृष्ण के उपर्युक्त सन्देशों को अपना कर समस्त विश्व का नया दृष्टिकोण बन सकता है और स्वार्थपरायणता की इतिश्री हो सकती है।